Die Fairness Opinion

Wissenschaftliche Schriften zur Wirtschaftsprüfung

Herausgegeben vom Institut der Wirtschaftsprüfer in Deutschland e.V. (IDW)

Die Fairness Opinion

von Dr. iur. André Oliver Westhoff

Düsseldorf 2006

> **Bibliografische Information Der Deutschen Bibliothek**
> Die Deutsche Bibliothek verzeichnet diese Publikation
> in der Deutschen Nationalbibliografie;
> detaillierte bibliografische Daten sind im Internet über
> http://dnb.ddb.de abrufbar.

ISBN 10: 3-8021-1246-6
ISBN 13: 978-3-8021-1246-1

© 2006 IDW Verlag GmbH, Tersteegenstr. 14, 40474 Düsseldorf
Die IDW Verlag GmbH ist ein Unternehmen des Instituts der Wirtschaftsprüfer in Deutschland e.V.
(IDW).

www.idw-verlag.de

Das Werk einschließlich aller seiner Teile ist urheberrechtlich geschützt. Jede Verwertung außerhalb der engen Grenzen des Urheberrechtsgesetzes ist ohne vorherige schriftliche Einwilligung des Verlages unzulässig und strafbar. Dies gilt insbesondere für Vervielfältigungen, Übersetzungen, Mikroverfilmungen und die Einspeicherung und Verbreitung in elektronischen Systemen. Es wird darauf hingewiesen, dass im Werk verwendete Markennamen und Produktbezeichnungen dem marken-, kennzeichen- oder urheberrechtlichen Schutz unterliegen.

Die Angaben in diesem Werk wurden sorgfältig erstellt und entsprechen dem Wissensstand bei Redaktionsschluss. Da Hinweise und Fakten jedoch dem Wandel der Rechtsprechung und der Gesetzgebung unterliegen, kann für die Richtigkeit und Vollständigkeit der Angaben in diesem Werk keine Haftung übernommen werden. Gleichfalls werden die in diesem Werk abgedruckten Texte und Abbildungen einer üblichen Kontrolle unterzogen; das Auftreten von Druckfehlern kann jedoch gleichwohl nicht völlig ausgeschlossen werden, so dass für aufgrund von Druckfehlern fehlerhafte Texte und Abbildungen ebenfalls keine Haftung übernommen werden kann.

Druck und Bindung: Koninklijke Wöhrmann, Zutphen, Niederlande

Geleitwort

Das aus dem angelsächsischen, insbesondere US-amerikanischen Rechtskreis stammende Rechtsinstitut der *„fairness opinion"* stellt die Stellungnahme eines sachverständigen Beraters zur Angemessenheit einer angebotenen Leistung im Rahmen einer Unternehmenstransaktion sowie gegebenenfalls zur „Fairness" der Transaktionsbedingungen aus finanzwirtschaftlicher Sicht dar. Mit dem Einsatz einer *„fairness opinion"* wird das Ziel verfolgt, die Entscheidungsträger bei der Transaktion zu informieren, zu unterstützen und abzusichern. Berichte ähnlicher Art kennt zwar auch das deutsche Recht, teilweise auf der Grundlage europäischer Vorgaben. Fundamentaler Unterschied – der sich auch wie ein roter Faden durch die gesamte vorliegende Arbeit zieht – ist aber, dass es bei der *fairness opinion* der *Markt* war, der die entsprechenden Aufklärungs- und Beratungspflichten eingefordert hat, während es in Deutschland und Europa der *Gesetzgeber* war, der entsprechende Vorgaben gemacht hat – mag er dabei auch die Interessen des Marktes im Auge gehabt haben. Für den Juristen hat dies freilich zur Folge, dass er dieses Informationsinstrument nicht mit derselben Intensität zur Kenntnis nimmt, wie er dies täte, wenn es eine gesetzliche Grundlage hätte. Der zentrale Verdienst des Verfassers liegt daher darin, die Problematik auf der Grundlage des – zudem stark wirtschaftlich geprägten – Lebenssachverhalts zu analysieren.

Vor dem beschriebenen Hintergrund hat die angelsächsisch geprägte *„fairness opinion"* inzwischen eine Rezeption in Deutschland und Kontinentaleuropa erfahren. Mittlerweile ist sie fester Bestandteil nahezu jeder großen Transaktion. Die vorliegende Arbeit wendet sich über diesen tatsächlichen Befund hinaus aber insbesondere auch den haftungsrechtlichen Konsequenzen zu, die eine nicht ausreichend informiert getroffene Entscheidung für die Leitungsorgane einer Kapitalgesellschaft haben können. Nicht erst seit der ARAG/Garmenbeck-Entscheidung des BGH gewinnen die Sorgfaltspflichten der Verwaltungsorgane in diesem Zusammenhang nämlich auch in Deutschland deutlich an rechtspraktischer Bedeutung. Das Erfordernis der angemessenen Informationsbasis für Entscheidungen wurde zudem unlängst vom deutschen Gesetzgeber im UMAG kodifiziert.

Die vorliegende Arbeit stellt einen der außerordentlich seltenen Fälle dar, in denen ein Nicht-Jurist eine juristische Doktorarbeit verfasst hat. *Westhoff* ist nämlich „von Haus aus" Diplom-Kaufmann und hat das „Recht" zur juristischen Promotion durch „Quereinstieg" erworben. Hervorzuheben ist, dass *Westhoff* besonders in den rechtsvergleichenden Teilen seiner Arbeit (deutlich) mehr bietet als ein typischer deutscher Jurist: So wird durchgehend die Rechtslage in den Vereinigten Staaten von Amerika, in der Schweiz und in Österreich in seine Überlegungen einbezogen. Der entscheidende Gewinn der Arbeit liegt aber auch in einer sich durch die ganze Arbeit hindurchziehenden Interdisziplinarität von Betriebswirtschaftslehre und Rechtswissenschaft, wie sie besser kaum geleistet werden könnte.

Die von dem Verfasser erarbeiteten Ergebnisse dürften daher in Theorie und Praxis auf großes Interesse stoßen.

Prof. Dr. Heribert Hirte

Vorwort

Erste Ideen zu dieser Arbeit entstanden während meines Auslandsstudiums an der Cornell University in Ithaca, New York insbesondere auf Grund der Vorlesung „*Topics at the Crossroads of Law and Finance*" der Cornell Law School und der Johnson Graduate School of Management.

Mein erster und tief empfundener Dank gilt meinem verehrten akademischen Lehrer, Herrn Prof. Dr. Heribert Hirte, LL.M. (Berkeley), für die Aufnahme an seinen Lehrstuhl und für die Betreuung dieser Arbeit. Dies ist umso bemerkenswerter, als er mir als fachfremdem Absolventen das Vertrauen entgegenbrachte, eine juristische Thematik selbständig zu bearbeiten.

Mein weiterer Dank gilt Herrn Prof. Dr. Dr. Dr. h.c. mult. Klaus Hopt, MCJ (NYU), für die Erstellung des Zweitgutachtens sowie der Bibliothek des Max-Planck-Instituts für ausländisches und internationales Privatrecht in Hamburg für die Zurverfügungstellung von Literatur.

Danken möchte ich auch der Harvard Law School, die es mir ermöglichte, mich während meines dortigen Forschungsaufenthalts U.S.-amerikanischem Recht mit Bezug auf das Thema der Dissertation zu widmen. Ohne den Zugang zu diesen Materialien hätte die Arbeit in ihrer vorliegenden Form nicht entstehen können.

Mein Dank gilt darüber hinaus zahlreichen Vertretern der Praxis in den USA und in Europa, die mir einen zutiefst aufschlussreichen Einblick in die Praxis der Fairness Opinion ermöglicht haben. Damit konnten die Belange der Ersteller von Fairness Opinions, der Rechtsberater, der Unternehmensorgane, der Anteilseigner und der Übernahmekommissionen Berücksichtigung in dieser Arbeit finden.

Insbesondere möchte ich meinen Eltern, Helga und Hermann J. Westhoff, für ihre dauerhafte Förderung, Hilfe und Zuneigung danken. Ohne sie hätte diese Arbeit nicht umgesetzt werden können. Ihnen ist dieses Buch daher in Liebe und Dankbarkeit gewidmet.

Die vorliegende Arbeit lag der rechtswissenschaftlichen Fakultät der Universität Hamburg im Wintersemester 2005/2006 als Promotion vor. Rechtsprechung und Literatur sind bis zum Herbst 2005 eingearbeitet, soweit möglich auch darüber hinaus.

Wien im Sommer 2006   Dr. iur. André O. Westhoff, lic. oec. St. Gallen

Inhaltsübersicht

Erster Teil Einleitung 1

A. Thematik 1
B. Zielsetzung 3
C. Gang der Untersuchung 3

Zweiter Teil *Gatekeeper*-Modell auf Basis der *Principal-Agent*-Theorie 6

A. Grundlagen der *Principal-Agent*-Theorie 6
B. Begriff und Funktion von *Gatekeepern* 8
C. Anwendung des *Gatekeeper*-Konzepts auf *Fairness Opinions* 10
D. Zwischenergebnis 12

Dritter Teil Genesis der *Fairness Opinion* in den USA 13

A. Begriffliches Verständnis der *Fairness Opinion* 13
B. Konzeptionelles Verständnis der *Fairness Opinion* 29
C. Anwendungsbereiche der *Fairness Opinion* in den USA 66
D. Zwischenergebnis 69

Vierter Teil Rezeption des Konzepts in Deutschland 70

A. Verbreitung der *Fairness Opinion* in der Transaktionspraxis 70
B. Funktionen der Unternehmensbewertung in Deutschland 73
C. Funktionen der *Fairness Opinion* 82
D. Abgrenzung der *Fairness Opinion* 119
E. Qualifikation der Ersteller einer *Fairness Opinion* 140
F. Anwendungsbereiche der *Fairness Opinion* in Deutschland 147

Fünfter Teil *Expectation-Performance Gap* der *Fairness Opinion* 209

A. Wahrnehmung des Marktes für *Fairness Opinions* 209
B. Systematisierung der *Principal-Gatekeeper*-Beziehung 211
C. Marktkontrolle 224

Sechster Teil Offenlegungspflichten gegenüber Aktionären 229

A. Offenlegungspflichten für *Fairness Opinions* in den USA 230
B. Offenlegungspflichten für *Fairness Opinions* in Deutschland 246
C. Offenlegungspflichten im europäischen Vergleich 273
D. Zwischenergebnis 277

Siebter Teil Dritthaftung der Ersteller einer *Fairness Opinion* 279

A. Zielsetzung der Dritthaftung 279
B. Dritthaftung in den USA 281
C. Dritthaftung in Deutschland 315
D. Versicherungsoptionen für den Ersteller der *Fairness Opinion* 345

Achter Teil Regulierung von *Fairness Opinions* 348

A. Regulative Kontrolle der *Gatekeeper* 348
B. Regulierung der Ersteller von *Fairness Opinions* 352

Neunter Teil Zusammenfassung und Ausblick 382

A. Organverantwortung und Anwendungsbereich der *Fairness Opinion* 383
B. Offenlegungspflichten 384
C. Dritthaftung 385
D. Ausblick 386
E. Kernthesen 387

Inhaltsverzeichnis

Erster Teil Einleitung ... 1

A. Thematik ... 1
B. Zielsetzung ... 3
C. Gang der Untersuchung ... 3

Zweiter Teil Gatekeeper-Modell auf Basis der Principal-Agent-Theorie ... 6

A. Grundlagen der *Principal-Agent*-Theorie ... 6
B. Begriff und Funktion von Gatekeepern ... 8
   I. Ursprung der *Gatekeeper*-Forschung ... 8
   II. *Gatekeeper* im Kontext des Kapitalmarkts ... 8
C. Anwendung des *Gatekeeper*-Konzepts auf *Fairness Opinions* ... 10
D. Zwischenergebnis ... 12

Dritter Teil Genesis der *Fairness Opinion* in den USA ... 13

A. Begriffliches Verständnis der *Fairness Opinion* ... 13
   I. Definition der *Fairness Opinion* ... 13
   II. Ursprung der *Fairness Opinion* ... 14
   III. Bestandteile der *Fairness Opinion* ... 15
      1.) *Opinion Letter* ... 16
         a) Adressat des *Opinion Letters* ... 16
         b) Zusammenfassung der Transaktion ... 16
         c) Vorgehen und Methoden ... 16
         d) Grenzen und Beschränkungen der *Fairness Opinion* ... 17
            aa) Informationsquellen ... 17
            bb) Verwendungsbestimmung der *Fairness Opinion* ... 18
            cc) Offenlegung potenzieller Interessenkonflikte ... 18
            dd) Zwischenergebnis ... 19
         e) Bestätigung der wirtschaftlichen Angemessenheit ... 19
         f) Zwischenergebnis ... 20
      2.) *Valuation Memorandum* ... 20
   IV. Prozess zur Erstellung der *Fairness Opinion* ... 22
      1.) Zusammenstellung der Datenbasis ... 23
      2.) Durchführung einer *Due Diligence* ... 23

		3.)	Durchführung von Unternehmensbewertungen	24

3.) Durchführung von Unternehmensbewertungen 24
4.) Interner Review der *Fairness Opinion* 25
5.) Präsentation gegenüber den Verwaltungsorganen der Gesellschaft 25

V. Abgrenzung zwischen *Fairness Opinion* und *Inadequacy Opinion* 25

VI. Ersteller von *Fairness Opinions* 26

B. Konzeptionelles Verständnis der *Fairness Opinion* 29

I. Rechtsgrundlagen im US-amerikanischen Recht 29

1.) Auswahl des Landesrechts 29
2.) Grundlagen des Kapitalmarktrechts 30
   a) *Securities Act of 1933* und *Securities Exchange Act of 1934* 30
   b) Funktion der *Securities and Exchange Commission (SEC)* 31
   c) Bedeutung der *Rule 10b-5 Securities Exchange Act of 1934* 31
3.) Erfassung der *Fairness Opinion* 32
   a) *Non-Arm's-Length*-Transaktionen 32
   b) *Arm's Length*-Transaktionen 33
   c) Zwischenergebnis 33

II. Legitimationsinstrument 33

1.) Verantwortung des Leitungsorgans 34
   a) *Business Judgment Rule* 34
      aa) Tatbestandsvoraussetzungen der *Business Judgment Rule* 35
      bb) Funktion der *Business Judgment Rule* 36
   b) *Duty of Care* 37
      aa) Sorgfaltspflichten 37
      bb) Präzisierung der Informationspflichten infolge *Smith v. van Gorkom* 38
         aaa) Hintergrund des *Trans Union Case* 39
         bbb) Entscheidung und Beurteilungsmaßstab des *Delaware Supreme Courts* ... 40
         ccc) Bewertung der Entscheidung im US-amerikanischen Schrifttum 43
         ddd) Reaktion der US-amerikanischen Praxis 45
         eee) Reaktion der Gesetzgebung in *Delaware* 46
         fff) Zwischenergebnis 46
      cc) Weitere Konkretisierung der Informationspflicht des Leitungsorgans 47
         aaa) *Unocal*- und *Unitrin*-Grundsätze für Verteidigungsmaßnahmen 48
         bbb) *Revlon*-Grundsätze für Kontrolltransaktionen 50
         ccc) Pflichten des Leitungsorgans auf Käuferseite 52
   c) *Duty of Loyalty* 53
   d) *Entire Fairness Test* 54
      aa) Anwendung des *Entire Fairness Tests* 54
      bb) Prozess der Entscheidungsfindung (*„Fair Dealing"*) 55
      cc) Angemessenheit der Gegenleistung (*„Fair Price"*) 56
      dd) Funktion einer *Fairness Opinion* im *Entire Fairness Test* 57
      ee) Möglichkeiten zur Umgehung des *Entire Fairness Tests* 58
   e) Legitimationswirkung einer *Fairness Opinion* 59

III. Argumentationsinstrument 61

IV. Verhandlungsinstrument 64

V. Zwischenergebnis 65

C. Anwendungsbereiche der *Fairness Opinion* in den USA 66

  I. *Fairness Opinions* aus Verkäuferperspektive 67

  II. *Fairness Opinions* aus Käuferperspektive 68

  III. *Fairness Opinions* aus Treuhänderperspektive 69

  IV. *Fairness Opinions* aus Perspektive von Regulierungsbehörden 69

D. Zwischenergebnis 69

Vierter Teil Rezeption des Konzepts in Deutschland 70

A. Verbreitung der *Fairness Opinion* in der Transaktionspraxis 70

  I. Deutschland 70

  II. Kontinentaleuropäischer Vergleich 72

  III. Zwischenergebnis 73

B. Funktionen der Unternehmensbewertung in Deutschland 73

  I. Kölner Funktionenlehre 74

   1.) Hauptfunktionen der Unternehmensbewertung 74
      a) Beratungsfunktion 74
      b) Vermittlungsfunktion 75
      c) Argumentationsfunktion 76
   2.) Nebenfunktionen der Unternehmensbewertung 77
      a) Bilanzbemessungsfunktion 77
      b) Steuerbemessungsfunktion 78
      c) Vertragsgestaltungsfunktion 78

  II. Funktionenlehre des Instituts der Wirtschaftsprüfer 78

   1.) Funktion als neutraler Gutachter 79
   2.) Funktion als Berater 79
   3.) Funktion als Schiedsgutachter 80

  III. Zwischenergebnis 81

C. Funktionen der *Fairness Opinion* 82

  I. Legitimationsfunktion 82

   1.) Organverantwortung des Vorstands 83
      a) Sorgfaltspflichten des Vorstands vor Umsetzung des UMAG 83
      b) Rezeption der *Business Judgment Rule* für den Vorstand 84
         aa) Aktienrechtliche Normierung der *Business Judgment Rule* 84
         bb) Tatbestandsvoraussetzungen des § 93 AktG i.d. Neufassung durch das UMAG 85
            aaa) Unternehmerische Entscheidung 86
            bbb) Gutgläubigkeit 86
            ccc) Handeln ohne Sonderinteressen und sachfremde Einflüsse 86
            ddd) Handeln auf der Grundlage angemessener Information 87

eee) Ausschlussgründe 88
fff) Zwischenergebnis 89
cc) Verteilung der Darlegungs- und Beweislast 89
dd) Konkretisierung der Informationsobliegenheit 91
c) Treuepflicht des Vorstands 95
d) Geltendmachung von Pflichtverletzungen im Rahmen der Organinnenhaftung ... 98
aa) Durchsetzung durch den Aufsichtsrat 98
bb) Durchsetzung durch die Minderheit 99
aaa) § 147 AktG i.d.Neufassung durch das KonTraG 99
bbb) §§ 147 ff. AktG i.d. Neufassung durch das UMAG 100
cc) Zwischenergebnis 101
e) Geltendmachung von Pflichtverletzungen im Rahmen der Organaußenhaftung ... 101
2.) Legitimationswirkung einer *Fairness Opinion* für Vorstandsentscheidungen 103

3.) Grenzen der Mandatierung von *Fairness Opinions* durch den Vorstand 107

4.) Pflichtverletzungen des Vorstands innerhalb eines *Fairness-Opinion*-Mandats 108

5.) Organverantwortung des Aufsichtsrats 110
    a) Sorgfaltspflichten des Aufsichtsrats 110
    b) *ARAG/Garmenbeck*-Entscheidung des BGH 111
        aa) Präventive Kontrollfunktion des Aufsichtsrats 111
        bb) Nachträgliche Kontrollfunktion des Aufsichtsrats 112
    c) Rezeption der *Business Judgment Rule* für den Aufsichtsrat 112
    d) Geltendmachung von Pflichtverletzungen im Rahmen der Organinnenhaftung ... 113
    e) Geltendmachung von Pflichtverletzungen im Rahmen der Organaußenhaftung ... 113
    f) Treuepflichten des Aufsichtsrats 114

6.) Legitimationsfunktion einer *Fairness Opinion* für Aufsichtsratsentscheide 115

7.) Zwischenergebnis 117

II. Argumentationsfunktion 117

III. Verhandlungsfunktion 118

IV. Zwischenergebnis 119

D. Abgrenzung der Fairness Opinion 119

I. Prüfungsberichte nach deutschem Recht 119

1.) Cluster der gesetzlichen Prüfberichte 120
    a) Verschmelzungsprüfung 120
    b) Vertrags- und *Squeeze-Out*-Prüfung 121
    c) Sacheinlageprüfung 122

2.) Funktion von Prüfberichten 122

3.) Adressat von Prüfungsberichten 123

4.) Ersteller von Prüfungsberichten 123
    a) Vertrags- und *Squeeze-Out*-Prüfungen 123
    b) Verschmelzungsprüfungen 123
    c) Sacheinlageprüfungen 125
    d) Zwischenergebnis 125

5.) Auskunftsrecht des Prüfers 126

6.) Bewertungsstandards der Prüfberichte 127
    a) Prüfungsstandard IDW S 1 127
        aa) Objektivierter Unternehmenswert 127
        bb) Subjektiver Unternehmenswert 128
        cc) Bewertungsmethoden 128
        dd) Dokumentation der Unternehmensbewertung 129
    b) Abgrenzung zur *Fairness Opinion* 130
7.) Testat der wirtschaftlichen Angemessenheit 132
8.) Zwischenergebnis 133

II. *Comfort Letters* in Deutschland 134

1.) Entwicklung des *Comfort Letters* in den USA 134
2.) Anwendungsbereich des *Comfort Letters* in Deutschland 135
3.) Adressaten des *Comfort Letters* in Deutschland 136
4.) Ersteller des *Comfort Letters* in Deutschland 137
5.) Inhaltliche Anforderungen an einen *Comfort Letter* 137
6.) Vergleich des *Comfort Letters* mit der *Fairness Opinion* 138

E. Qualifikation der Ersteller einer *Fairness Opinion* 140

I. Marktübersicht Deutschland 140

II. Regulierung einzelner Ersteller von *Fairness Opinions* 141

1.) Wirtschaftsprüfer 141
    a) Vereinbarkeit der Erstellung von *Fairness Opinions* mit der Abschlussprüfung 141
    b) Vereinbarkeit der Erstellung von *Fairness Opinions* mit Standesrecht 143
2.) Investment Banken 144

III. Europäischer Vergleich 144

1.) Schweiz 144
2.) Österreich 145

F. Anwendungsbereiche der *Fairness Opinion* in Deutschland 147

I. Gesellschaftsrechtliche Anwendungsgebiete der *Fairness Opinion* 147

1.) Abfindungsanspruch des ausscheidenden Gesellschafters 147
    a) Unternehmensverträge (§§ 291 ff. AktG) 147
        aa) Angemessene Abfindung (§ 305 AktG) 148
        bb) Angemessener Ausgleich (§ 304 AktG) 148
        cc) Unternehmensvertragsbericht 148
        dd) Prüfung der Angemessenheit (§ 293b Abs. 1 AktG) 148
        ee) Anwendungsbereich der *Fairness Opinion* 149
        ff) Zwischenergebnis 149
    b) Ausschluss von Minderheitsaktionären (*Squeeze Out*, §§ 327a ff. AktG) 150
        aa) *Squeeze-Out*-Bericht 150
        bb) Prüfung der Angemessenheit 150
        cc) Berichtspflicht des Vorstands der betroffenen Gesellschaft 151

		dd)	Anwendungsbereich der *Fairness Opinion* 152
			aaa) Perspektive der Zielgesellschaft 152
			bbb) Perspektive des Hauptaktionärs 152
		ee)	Zwischenergebnis 153
	c)	Mehrheitseingliederungen (§§ 319 ff. AktG) 153
		aa)	Eingliederungsbericht 154
		bb)	Prüfung der Angemessenheit (§ 320 Abs. 3 Satz 1 AktG) 154
		cc)	Anwendungsbereich der *Fairness Opinion* 155
			aaa) Perspektive der späteren Hauptgesellschaft 155
			bbb) Perspektive der Zielgesellschaft 155
		dd)	Zwischenergebnis 155
2.)	Kapitalerhöhungen (§§ 183 ff. AktG) 156
	a)	Strukturierungsalternativen 156
		aa)	Kapitalerhöhung gegen Sacheinlage (§ 183 AktG) 156
		bb)	Bedingte Kapitalerhöhungen mit Sacheinlagen (§ 194 AktG) 156
		cc)	Genehmigtes Kapital gegen Sacheinlage (§ 205 AktG) 157
	b)	Unternehmensbewertung und Prüfungspflicht 157
	c)	Umfang der gesetzlichen Prüfung 158
		aa)	Prüfungspflicht in Höhe des geringsten Ausgabebetrags 158
		bb)	Erweiterte Prüfungspflicht in Höhe des Aufgelds 158
		cc)	Stellungnahme 159
		dd)	Anwendungsbereich der *Fairness Opinion* 160
			aaa) Sachkapitalerhöhung 160
			bbb) Ausnutzung eines genehmigten Kapitals 161
	d)	Zwischenergebnis 163
3.)	Umwandlungen und grenzüberschreitende Fusionen 163
	a)	Verschmelzungen (§§ 2 ff. UmwG) 163
		aa)	Strukturierungsalternativen 163
			aaa) Verschmelzungen durch Aufnahme (§ 2 Nr. 1 UmwG) 164
			bbb) Verschmelzungen durch Neugründung (§ 36 Abs. 1 Satz 1 UmwG i.V.m. § 29 Abs. 1 UmwG) 164
		bb)	Unternehmensbewertung zur Ermittlung des Umtauschverhältnisses 164
		cc)	Unternehmensbewertung zur Ermittlung der Barabfindung 165
		dd)	Prüfung der Verschmelzung (§ 60 Abs. 1 i.V.m. §§ 9-12 UmwG) 166
		ee)	Anwendungsbereich der *Fairness Opinion* bei Verschmelzungen 167
		ff)	Zwischenergebnis 168
	b)	Grenzüberschreitende Verschmelzungen 168
		aa)	Strukturierungsalternativen 168
		bb)	Unternehmensbewertung 169
		cc)	Überprüfung der Angemessenheit 169
		dd)	Anwendungsbereich einer *Fairness Opinion* 169
		ee)	Zwischenergebnis 170
	c)	Spaltungen (§§ 123 ff. UmwG) 170
		aa)	Strukturierungsalternativen 170
			aaa) Aufspaltung (§ 123 Abs. 1 UmwG) 171
			bbb) Abspaltung (§ 123 Abs. 2 UmwG) 171
			ccc) Ausgliederung (§ 123 Abs. 3 UmwG) 171
		bb)	Unternehmensbewertung bei Spaltungen 171
		cc)	Überprüfbarkeit der Angemessenheit (§§ 125 Satz 1 i.V.m. 60 Abs. 1 UmwG) 172
		dd)	Anwendbarkeit der *Fairness Opinion* bei Spaltungen 172
		ee)	Zwischenergebnis 173
	d)	Formwechselnde Umwandlungen (§§ 190 ff. UmwG) 173
		aa)	Unternehmensbewertung bei formwechselnden Umwandlungen 173

bb) Prüfung bei formwechselnden Umwandlungen 174
cc) Anwendbarkeit der *Fairness Opinion* bei Formwechseln 174
dd) Zwischenergebnis 174
e) Demutualisierungen von Versicherungsvereinen auf Gegenseitigkeit (VVaG) 174
aa) Strukturierungsalternativen 175
aaa) Formwechsel (§§ 190, 291 UmwG) 175
bbb) Verschmelzung auf eine Versicherungsaktiengesellschaft (§ 109 UmwG) 176
ccc) Vermögensübertragungen (§ 180 Abs. 2 i.V.m. § 176 Abs. 2 Satz 4 UmwG
bzw. § 184 Abs. 2 i.V.m. § 176 Abs. 2 Satz 4 UmwG) 176
ddd) Bestandsübertragung (§§ 11, 44 VAG) 177
bb) Anwendungsbereich einer *Fairness Opinion* 177
cc) Zwischenergebnis 178

II. Kapitalmarktrechtliche Anwendungsbereiche von *Fairness Opinions* 178

1.) Öffentliche Angebote 178

a) Strukturierungsalternativen öffentlicher Angebote 179
aa) Öffentliches Erwerbsangebot (§§ 10 ff. WpÜG) 179
bb) Freiwilliges Übernahmeangebot (§§ 29 ff. WpÜG) 179
cc) Pflichtgebot gemäß §§ 35 ff. WpÜG 179
dd) Zwischenergebnis 179
b) Pflicht zur Stellungnahme der Verwaltungsorgane der Zielgesellschaft 180
c) Interessenlage 181
d) Offenlegung von Interessenkonflikten 182
e) Stellungnahme zu Art und Höhe der Abfindung 183
aa) Angemessenheitsbegriff 183
aaa) Mindestpreisregelung der EU-Übernahmerichtlinie 184
bbb) Mindestpreisregelung der WpÜG-Angebotsverordnung 184
bb) Wirtschaftliche Betrachtungsweise 185
cc) Zwischenergebnis 186
aa) Europäische Übernahmerichtlinie 187
bb) Übernahmekodex 187
cc) Wertpapiererwerbs- und Übernahmegesetz (WpÜG) 188
aaa) Rechtsgrundlage § 14 WpÜG-DiskE 188
bbb) Rechtsgrundlage § 27 WpÜG 190
ccc) Stellungnahme und Zwischenergebnis 191
dd) Anwendungsbereich der *Fairness Opinion* für Zielgesellschaften 191
g) *Fairness Opinion* aus Bieterperspektive 193
h) Abwehrmaßnahmen, § 33 WpÜG 194
i) Zwischenergebnis 195

2.) Aktienrückkäufe (§ 71 Abs. 1 Nr. 8 AktG) 195

a) Individuell ausgehandelter Rückkauf (*Negotiated Repurchase*) 196
b) Öffentliches Rückkaufangebot (*Tender Offer*) 197
c) Anwendungsbereich der *Fairness Opinion* 198

III. Vertragsrechtliche Anwendungsbereiche für *Fairness Opinions* 199

1.) Entscheidungsfindung durch die Verwaltungsorgane 199

2.) Beschlussfassung der Hauptversammlung 199

a) Vorlagepflicht nach der *Holzmüller*-Entscheidung 199
b) Freiwillige Vorlage an die Hauptversammlung, § 119 Abs. 2 AktG 200
c) Berichts- und Prüfungspflichten 200
d) Anwendungsbereich der *Fairness Opinion* 200

3.) Zwischenergebnis 201

IV.	Zwischenergebnis	201
V.	Europäischer Vergleich	203
	1.) Österreich	203
	a) Perspektive des Anbieters	204
	b) Perspektive der Zielgesellschaft	204
	c) Rückerwerbsangebote für eigene Aktien	205
	2.) Schweiz	206
	a) Perspektive des Anbieters	206
	b) Perspektive der Zielgesellschaft	207
	c) Rückerwerbsangebote für eigene Aktien	208

Fünfter Teil *Expectation-Performance Gap* der *Fairness Opinion* 209

A. Wahrnehmung des Marktes für *Fairness Opinions* 209

B. Systematisierung der *Principal-Gatekeeper*-Beziehung 211

    I. Ansatz der Neuen Institutionenökonomik 211

        1.) *Hidden Characteristics* 211

        2.) *Hidden Action* 213

        3.) *Hidden Intention* 213

    II. Modell eines *Expectation-Performance Gap* der *Fairness Opinion* 214

        1.) *Performance below Standards* 215

            a) Honorarstruktur 215

                aa) Direkte Incentivierung des Erstellers 215

                bb) Indirekte Incentivierung des Erstellers 216

                cc) Zwischenergebnis 218

            b) Klientenbeziehungen 219

            c) *League Table Credit* 220

            d) Zwischenergebnis 221

        2.) Standards 222

        3.) Erwartungen 222

        4.) Zwischenergebnis 223

C. Marktkontrolle 224

    I. Reputation der *Professional Service Firm* 224

        1.) Schutzwirkung von Reputation 224

        2.) Anwendbarkeit für *Fairness Opinions* 225

        3.) Exkurs: Reputation bei Wertpapieranalysen und Börsengängen 226

        4.) Zwischenergebnis 227

    II. Interne Verfahren und Richtlinien 227

XIX

III. Zwischenergebnis 228

Sechster Teil Offenlegungspflichten gegenüber Aktionären 229

A. Offenlegungspflichten für *Fairness Opinions* in den USA 230

    I.   **Offenlegungspflichten für *Fairness Opinions* nach *Securities Law*** 231

        1.) Offenlegungspflichten bei *Going-Private*-Transaktionen 231
            a) Anwendungbereich *Rule 13e-3* 231
            b) Offenlegungspflichten nach *Rule 13e-3* 232
            c) Zwischenergebnis 233
        2.) Offenlegungspflichten bei Unternehmenszusammenschlüssen 234
            a) Anwendungbereich *Rule 14d-9* 234
            b) Offenlegungspflichten nach *Rule 14d-9* 234
            c) Anwendungsbereich *Form S-4* 235
            d) Offenlegungspflichten nach *Form S-4* 235
        3.) Kürzung einer *Fairness Opinion* 236

        4.) Grenzen der Offenlegungspflichten nach dem *Securities Exchange Act* 236

    II.   **Offenlegungspflichten für *Fairness Opinions* nach *Case Law*** 237

        1.) Offenlegung des *Opinion Letters* 237

        2.) Offenlegung des *Valuation Memorandums* 238
            a) Beurteilungsmaßstab der Entscheidungen 238
            b) Informationsgehalt des *Valuation Memorandums* 239
                aa) *In re Pure Resources, Inc., Shareholders Litigation* 239
                bb) *Skeen v. Jo-Ann Stores, Inc.* 240
                cc) *Matador Capital Management Corp. v. BRC Holdings, Inc.* 241
                dd) *Tanzer Economic Associates, Inc. v. Haynie* 241
                ee) Stellungnahme und Zwischenergebnis 242
            c) Anwendbarkeit für nicht einseitig dominierte Transaktionen 242
            d) Aktuelle Offenlegungspraxis nach *In re Pure Resources* 243
                aa) *Selected-Transaction*-Analyse 244
                bb) *Selected-Companies*-Analyse 244
                cc) *Sum-of-the-Parts*-Analyse 244
                dd) *Discounted-Cash-Flow*-Analyse 245
                ee) *Historical-Exchange-Ratio*-Analyse 245
                ff) *Pro-Forma-Merger*-Analyse 245
                gg) *Premiums-Paid*-Analyse 245

    III. Stellungnahme und Zwischenergebnis 246

B. Offenlegungspflichten für *Fairness Opinions* in Deutschland 246

    I.   **Offenlegungspflichten für Wirtschaftsprüfungsgutachten** 246

        1.) Unternehmensverträge (§§ 291 ff. AktG) 247

        2.) Ausschluss von Minderheitsaktionären (*Squeeze Out*, §§ 327a ff. AktG) 247

        3.) Mehrheitseingliederungen (§§ 319 ff. AktG) 247

4.) Umwandlungen nach UmwG 247
    a) Verschmelzungen (§§ 2 ff. UmwG) 247
    b) Formwechselnde Umwandlungen (§§ 190 ff. UmwG) 248
        aa) Gesetzliche Regelung 248
        bb) Rechtsprechung 248
        cc) Schrifttum 248
5.) Zwischenergebnis 249

II. Umfang der Offenlegungspflichten für Wirtschaftsprüfungsgutachten 249

III. Informationsrechte betreffend *Fairness Opinions* 251

1.) Gesellschaftsrechtliche Offenlegungspflichten für *Fairness Opinions* 252
    a) Rechtsgrundlage § 131 Abs. 1 Satz 1 AktG 252
        aa) Offenlegungspflicht innerhalb der Hauptversammlung 252
        bb) Begrenzung des Auskunftsrechts (§ 131 Abs. 3 AktG) 254
    b) Rechtsgrundlage Analogie zu den gesetzlichen Obliegenheiten zur Auslegung und Erteilung von Abschriften an die Aktionäre 254
        aa) Auslegung in den Geschäftsräumen und Übersendung an Aktionäre 254
            aaa) *Altana/Milupa*-Entscheidung 255
            bbb) Schrifttum 256
            ccc) Stellungnahme 256
        bb) Kürzung einer *Fairness Opinion* 257
            aaa) Entscheidungen der Instanzgerichte 258
            bbb) Stellungnahme 258
        cc) Zwischenergebnis 259
    c) Rechtsgrundlage § 130 Abs. 5 AktG 259
        aa) Regelungsgehalt des § 130 Abs. 5 AktG 259
        bb) Handhabung der Praxis 260
        cc) Anwendbarkeit von § 130 Abs. 5 AktG für eine *Fairness Opinion* 260
        dd) Zwischenergebnis 262
2.) Kapitalmarktrechtliche Veröffentlichungspflichten für *Fairness Opinions* 262
    a) Handhabung der Praxis bei Erwerbsangeboten 262
    b) Rechtsgrundlage 13. Richtlinie („Übernahmerichtlinie") 263
    c) Rechtsgrundlage § 27 WpÜG 263
        aa) Regelungsgehalt des § 27 WpÜG 263
        bb) Auslegung § 27 Abs. 3 i.V.m. § 14 WpÜG 264
        cc) Zwischenergebnis 268
3.) Rechtsgeschäftliche Verschwiegenheitsvereinbarungen 268
4.) Sprache der *Fairness Opinion* 269
5.) Offenlegungspflichten bei *Opinion Shopping* 270
    a) *Opinion Shopping* 270
    b) Behandlung von *Multiple Contracting* bei Jahresabschlussprüfern 270
    c) Offenlegungspflicht für negative *Fairness Opinions* 271
    d) Offenlegungspflicht über eine Mandatsablehnung 272

C. Offenlegungspflichten im europäischen Vergleich 273

I. Schweiz 273

1.) Berichtspflicht des Verwaltungsrats der Zielgesellschaft 273

2.) Offenlegungspflicht des *Opinion Letters* 273
3.) Offenlegungspflicht des *Valuation Memorandums* 274
   a) Von der Zielgesellschaft mandatierte *Fairness Opinions* 274
   b) Von der Anbieterin mandatierte Bewertungsgutachten 275
II. Österreich 276
1.) Berichtspflicht des Verwaltungsrats der Zielgesellschaft 276
2.) Offenlegungspflicht des Sachverständigenberichts (§ 14 Abs. 3 öÜbG) 276
D. Zwischenergebnis 277

Siebter Teil Dritthaftung der Ersteller einer *Fairness Opinion* 279

A. Zielsetzung der Dritthaftung 279
B. Dritthaftung in den USA 281

I. Dritthaftung von Jahresabschlussprüfern 281
1.) *Ultramares Corp. v. Touche, Niven & Co.* 282
2.) *The Reasonably Foreseeable Approach* 283
3.) *The Second Restatement's Actually Foreseeable Approach* 284
4.) Übertragbarkeit auf die *Fairness Opinion* 285

II. Anspruchsgrundlagen der Dritthaftung für *Fairness Opinions* 285
1.) *Federal Securities Actions* 286
   a) Grundlagen der *Federal Securities Actions* 286
   b) Qualifikation des Erstellers der *Fairness Opinion* als *Statutory Underwriter* 286
   c) *Herskowitz v. Nutri/System, Inc.* 287
   d) Zwischenergebnis 288
2.) *Fiduciary Duties* des Erstellers der *Fairness Opinion* 288
   a) Grundlagen der *Fiduciary Duties* 288
   b) *Weinberger v. UOP, Inc.* 289
   c) *Schneider v. Lazard Frères & Co.* 290
   d) *In re Shoe-Town, Inc. Stockholders Litigation* 294
   e) *Stuchen v. Duty Free International* 295
   f) *Meyer v. Goldman, Sachs & Co.* 296
   g) Zwischenergebnis 296
3.) *Negligent Misrepresentation* 297
   a) Grundlagen der *Negligent Misrepresentation* 297
   b) *Weinberger v. UOP, Inc. (Dissenting Opinion)* 298
   c) *Brug v. Enstar Group, Inc.* 299
   d) *Wells v. Shearson Lehman/American Express, Inc.* 299
   e) *Dowling v. Narragansett Capital Corp.* 301
   f) *Collins v. Morgan Stanley Dean Witter* 301
   g) Zwischenergebnis 303
4.) Handlungsalternativen 304

III. Sorgfaltsstandards für die Erstellung von *Fairness Opinions* 305
    1.) *Joseph v. Shell Oil Co.* 306
    2.) *Kahn v. Dairy Mart Conveniences Stores* 306
    3.) *Schneider v. Lazard Frères* 306
    4.) *Herskowitz v. Nutri/System, Inc.* 307
    5.) Zwischenergebnis 307

IV. Vereinbarungen zur Haftungsvermeidung 307
    1.) Informationsbasis 307
        a) *Robert W. Lemmon et al. v. First Boston Corp* 308
        b) *In re Global Crossing, Ltd.* 308
        c) *In re AOL Time Warner, Inc. Securities and „ERISA" Litigation* ... 309
        d) *Richardson v. White, Weld & Co.* 309
        e) Schrifttum 310
        f) Stellungnahme 310
    2.) Haftungsverlagerung auf die Gesellschaft 311
    3.) Einschränkung des Adressatenkreises 312
    4.) Handlungsalternativen 313

V. Zwischenergebnis 314

C. Dritthaftung in Deutschland 315

I. Dritthaftung des Jahresabschlussprüfers 315
    1.) Grundlagen 315
    2.) Anwendbarkeit für die *Fairness Opinion* 316

II. Dritthaftung bei *Fairness Opinions* 317
    1.) Prospekthaftung 318
        a) Börsenrechtliche Prospekthaftung 318
        b) Spiegelbildliche Anwendung von § 12 Abs. 1 Nr. 1 WpÜG 319
        c) Bürgerlich-rechtliche Prospekthaftung 320
        d) Haftung des Abschlussprüfers für unrichtige Angaben (§ 37d WpHG n.F.) ... 321
    2.) Auskunftsvertrag 321
        a) Ausdrücklicher Auskunftsvertrag 321
        b) Stillschweigender Auskunftsvertrag 322
    3.) Drittschadensliquidation 324
    4.) Vertrauenshaftung (§ 311 Abs. 3 i.V.m. § 280 Abs. 1 BGB) 324
        a) Tatbestandsvoraussetzungen 324
        b) Einschränkungen des Vertrauenstatbestands 325
            aa) Sorgfaltsmaßstab 326
            bb) Gläubigerkreis 326
        c) Zwischenergebnis 327
    5.) Vertrag mit Schutzwirkung für Dritte 327

	a) Leistungsnähe	328
	b) Abgrenzbarkeit des Anlegerkreises	329
	c) Besonderes Interesse am Schutz des Dritten (Einbeziehungsinteresse)	330
	d) Schutzbedürftigkeit des Anlegers	332
	e) Erkennbarkeit	332
	f) Zurechenbarkeit des Verschuldens von Verwaltungsorganen	333
	g) Ausschluss der Anteilseigner aus dem Schutzbereich	334
	h) Begrenzung des Sorgfaltsmaßstabs und des Leistungsumfangs	336
	i) Weitergabe- und Verwendungsbeschränkungen	337
	j) Zwischenergebnis	338
6.)	Deliktische Haftung	339
	a) Verletzung eines absolut geschützten Rechtsgutes (§ 823 Abs. 1 BGB)	339
	b) Verletzung eines Schutzgesetzes (§ 823 Abs. 2 BGB)	339
	c) Sittenwidrige vorsätzliche Schädigung (§ 826 BGB)	339
	d) Zwischenergebnis	341
7.)	Inhaltskontrolle	341
	a) Tatbestandsvoraussetzungen	342
	b) Qualifikation des Inhalts eines *Opinion Letter*	342
	c) Zwischenergebnis	344
8.)	Zwischenergebnis	345

D. Versicherungsoptionen für den Ersteller der *Fairness Opinion* 345

I. Berufshaftpflicht der Wirtschaftsprüfer 345

II. Einzelhaftpflicht 346

III. Selbstversicherung 346

IV. Zwischenergebnis 347

Achter Teil Regulierung von *Fairness Opinions* 348

A. Regulative Kontrolle der *Gatekeeper* 348

I. Jahresabschlussprüfer 348

II. *Rating*-Agenturen 349

III. Wertpapieranalysten 351

B. Regulierung der Ersteller von *Fairness Opinions* 352

I. Unabhängigkeit bzw. Offenlegung von Interessenkonflikten 353

1.) USA 353
    a) Fallrecht 353
    b) Gesetzesinitiative des *Congressman Edward J. Markey* 355
    c) Regelwerk der *Securities and Exchange Commission (SEC)* 357
    d) Initiative des New Yorker Generalanwalts *Elliott Spitzer* 357
    e) Reformvorhaben der *National Association of Securities Dealers, Inc. (NASD)* 358
        aa) *Request for Comment* 358
        bb) Eingereichte Stellungnahmen 359

cc) Unabhängigkeit der Ersteller von *Fairness Opinions* 360
dd) Schlussfolgerung 362
2.) Deutschland 363
   a) Bilanzrechtsreformgesetz (BilReG) 363
   b) Wertpapiererwerbs- und Übernahmegesetz (WpÜG) 364
   c) Deutscher Corporate Governance Kodex (DCGK) 364
   d) Wertpapierhandelsgesetz (WpHG) 365
      aa) Begriff der Wertpapieranalyse 365
      bb) Zugänglich-Machen bzw. öffentliches Verbreiten 367
      cc) Wertpapierdienstleistungsunternehmen 368
      dd) Interessenkonflikte im Sinne des § 34b WpHG 368
      ee) Rechtsfolge 370
      ff) Zwischenergebnis 371
   e) Rechtsprechung 372
   f) Schlussfolgerung 372
3.) Europäischer Vergleich 372
   a) Österreich 372
   b) Schweiz 373
      aa) Interessenkonflikte 373
      bb) Anspruchsgrundlagen für die Offenlegung von Interessenkonflikten 373
         aaa) Art. 23 Abs. 3 BEHG 373
         bbb) Art. 29 BEHG 374
         ccc) Art. 31 UEV-UEK 374
         ddd) Zwischenergebnis 374

II. Verbot direkter Erfolgshonorare 375

1.) USA 375

   a) Schrifttum 375
   b) Rechtsprechung 376
   c) Reformvorhaben der *National Association of Securities Dealers, Inc. (NASD)* 376

2.) Deutschland 377

III. Inhaltliche Standards für Bewertung und Prüfungsgegenstand 378

1.) Schrifttum 378

2.) Reformvorhaben der *National Association of Securities Dealers, Inc. (NASD)* 379

IV. Zwischenergebnis 380

Neunter Teil   Zusammenfassung und Ausblick 382

A Organverantwortung und Anwendungsbereich der *Fairness Opinion* 383

B. Offenlegungspflichten 384

C. Dritthaftung 385

D. Ausblick 386

E. Kernthesen 387

Anhang A   Marktübersicht *Fairness Opinions* in Deutschland 392
Anhang B   Beispiel *Opinion Letter* 397

Abkürzungsverzeichnis

A.	Atlantic Reporter
A.2d	Atlantic Reporter, Second Series
aA	anderer Ansicht
A.B.A. J.	American Bar Association Journal
Abs	Absatz
AcP	Archiv für die zivilistische Praxis
aF	alte Fassung
aff'd	affirmed
AG	Amtsgericht; Aktiengesellschaft; Die Aktiengesellschaft, Zeitschrift für das gesamte Aktienwesen
AGB	Allgemeine Geschäftsbedingungen
AJP/PJA	Aktuelle Juristische Praxis / Pratique acutelle juridique
AktG	Aktiengesetz vom 6.9.1965, BGBl I S. 1089
AICPA	American Insitute of Certified Public Accountants
ALI	American Law Institute
Am. Banker	The American Banker
Am. Econ. Rev.	American Economic Review
AMF	Autorité des marchés financiers
AngebVO	Verordnung über den Inhalt der Angebotsunterlage, die Gegenleistung bei Übernahmeangeboten und Pflichtangeboten und die Befreiung von der Verpflichtung zur Veröffentlichung und zur Abgabe eines Angebots (WpÜG-Angebotsverordnung) vom 27.12.2001, BGBl I S. 4263
Art.	Artikel
ATLA	Association of Trial Lawyers of America
AVB-WB	Allgemeine Versicherungsbedingungen für die Vermögenshaftpflichtversicherung von Rechtsanwälten und von Angehörigen der wirtschaftsprüfenden und steuerberatenden Berufe
BaFin	Bundesanstalt für Finanzdienstleistungsaufsicht, Frankfurt am Main und Bonn

BayObLG	Bayerisches Oberstes Landesgericht
BAV	Bundesaufsichtsamt für das Versicherungswesen (heute Teil der BaFin)
BAWe	Bundaufsichtsamt für den Wertpapierhandel (heute Teil der BaFin)
BAZ	Bundesanzeiger
BB	Der Betriebs-Berater
BCA	Business Combination Agreement
BeckBilKomm	Beck'scher Bilanz-Kommentar
Begr.RegE	Begründung des Regierungsentwurfs
BEHG	Börsengesetz vom 24. März 1995 über die Börsen und den Effektenhandel (Schweiz)
Begr.	Begründung
Berufssatzung WP	Satzung der Wirtschaftsprüferkammer über die Rechte und Pflichten bei der Ausübung der Berufe des Wirtschaftsprüfers und des vereidigten Buchprüfers in der Fassung vom 29.11.2001
BFuP	Betriebwirtschaftliche Forschung und Praxis
BGB	Bürgerliches Gesetzbuch vom 18.8.1898, RGBl 196
BGBl I	Bundesgesetzblatt, Teil I
BGH	Bundesgerichtshof
BGHZ	Entscheidungen des Bundesgerichtshofs in Zivilsachen
BilKoG	Bilanzkontrollgesetz vom 15.12.2004, BGBl. I 3408
BilReG	Bilanzrechtsreformgesetz vom 4.12.2004, BGBl. I 3166
BKR	Zeitschrift für Bank- und Kapitalmarktrecht
BörsG	Börsengesetz vom 9.9.1998, BGBl. I 2682
BR-Drucks	Drucksachen des Bundesrates
BT-Drucks	Drucksachen des Bundestags
B.U. L. Rev.	Boston University Law Review
Bus. Law.	The Business Lawyer: a Bulletin of the Section on Corporation, Banking, and Mercantile Law, American Bar Association
BVerfG	Bundesverfassungsgericht
BVerfGE	Entscheidungen des Bundesverfassungsgerichts

bzw	beziehungsweise
C.D. Cal.	United States District Court; C.D. California
CAPM	Capital Asset Pricing Model
Cir.	Circuit
CFO	Chief Financial Officer
COB	Commission des opérations de bourse
Colo. App.	Colorado Court of Appeals
Colum. J.L. & Soc. Probs.	Columbia Journal of Law and Social Problems
Colum. L. Rev.	Columbia Law Review
Conn. F. Trib.	The Connecticut Financial Tribune
Conn. L. Trib.	The Connecticut Law Tribune
Cornell L. Rev.	Cornell Law Review
Corp.	Corporation
Corp. Board	The Corporate Board: The Journal of Corporate Governance
CPA	Certified Public Accountant
DAI	Deutsches Aktieninstitut e.V.
DAJV	Deutsch-Amerikanische Juristen-Vereinigung e.V.
DB	Der Betrieb
DBW	Die Betriebswirtschaft
D.C.	District of Columbia (Court of Appeals)
DCF	Discounted Cash Flow
DCGK	Deutscher Corporate Governance Kodex, Fassung vom 4.11.2002
D.C.Minn.	United States District Court for the District of Minnesota
D.Del.	United States District Court for the District of Delaware
Del.	Delaware (US-Bundesstaat)
Del. Corp. L. Update	Delaware Corporation Law Update Attnorney's Edition
Del. J. Corp. L.	Delaware Journal of Corporate Law
Del.Ch.	Court of Chancery of Delaware, New Castle County
Del.Supr.	Supreme Court of Delaware
Die Bank	Die Bank Zeitschrift für Bankpolitik und Bankpraxis
D.Md.	United States District Court for the District of Maryland

DJT	Deutscher Juristentag
D.R.I.	United States District Court for the District of Rhode Island
DStR	Deutsches Steuerrecht, Wochenzeitschrift für Steuerrecht, Wirtschaftsrecht und Betriebswirtschaft
DStZ	Deutsche Steuer-Zeitung
Duke L.J.	Duke Law Journal
DZWiR	Deutsche Zeitschrift für Wirtschaftsrecht
E&O-Versicherung	Errors & Omissions-Versicherung
ECFR	European Company and Financial Law Review
ecolex	Ecolex – Fachzeitschrift für Wirtschaftsrecht
E.D.Ky.	United States District Court, E.D. Kentucky
EHUG	Entwurf eines Gesetzes über elektronische Handelsregister und Genossenschaftsregister sowie das Unternehmensregister (Gesetzentwurf der Bundesregierung)
ESOP	Employee Stock Ownership Plan
e.V.	eingetragener Verein
EWiR	Entscheidungen zum Wirtschaftsrecht
f, ff	folgende, fortfolgende
F	Federal Reporter
F.2d	Federal Reporter, Second Series
F.3d	Federal Reporter, Third Series
FAZ	Frankfurter Allgemeine Zeitung
FB	Finanzbetrieb: Zeitschrift für Unternehmensfinanzierung und Finanzmanagement
Fed. Sec. L. Rep.	Federal Securities Law Reports
4. FMFG	Gesetz zur weiteren Fortentwicklung des Finanzplatzes Deutschland (Viertes Finanzmarktförderungsgesetz) vom 21.6.2002, BGBl I S. 2009
Fn.	Fußnote
F.O.	Fairness Opinion
Fordham L. Rev.	Fordham Law Review
FS	Festschrift (Festgabe, In Memoriam)

F.Supp.	Federal Supplement (amtliche Sammlung US-bundesgerichtlicher Entscheidungen, erstinstanzliche Urteile)
FT	The Financial Times (London Edition)
FuW	Finanz und Wirtschaft
Ga. L. Rev.	Georgia Law Review
GenG	Gesetz betreffend die Erwerbs- und Wirtschaftsgenossenschaften idF vom 19.8.1994, BGBl I 2203
Geo. Wash. L. Rev.	George Washington Law Review
GK	Großkommentar
GmbH	Gesellschaft mit beschränkter Haftung
GmbHG	Gesetz betreffend die Gesellschaften mit beschränkter Haftung idF vom 20.5.1898, RGBl I 369
GmbHR	GmbH Rundschau, Gesellschafts- und Steuerrecht der GmbH und GmbH & Co.
Hastings L.J.	The Hastings Law Journal
HBS	Harvard Business School
HFA 2/1983	Stellungnahme HFA 2/1983: Grundsätze zur Durchführung von Unternehmensbewertungen
HGB	Handelsgesetzbuch vom 10.5.1897 (RGBl. S. 219)
Hrsg	Herausgeber
HS.	Halbsatz
HV	Hauptversammlung
idF	in der Fassung
IdW / IDW	Institut der Wirtschaftsprüfer in Deutschland
IDW EPS	Entwurf Institut der Wirtschaftsprüfer Prüfungsstandard
IDW PS	Institut der Wirtschaftsprüfer Prüfungsstandard
IDW S1	IDW Standard: Grundsätze zur Durchführung von Unternehmensbewertungen gemäß Beschluss des Hauptfachausschusses vom 18.10.2005
Inc.	Incorporated
Insights	Insights: The Corporate & Securities Law Advisor
Inst. on Sec. Reg.	Annual Institute on Securities Regulation
i.S.v.	im Sinne von

J. Corp. Law.	The Journal of Corporation Law
J. Fin. Econ.	Journal of Financial Economics
J.L. Econ. & Org.	Journal of Law, Economics & Organization
J.L.&Com.	The Journal of Law and Commerce
LG	Landgericht
KapInHaG	Kapitalmarktinformationshaftungsgesetz (Entwurf)
KGaA	Kommanditgesellschaft auf Aktien
KK	Kölner Kommentar
KMG	Kapitalmarktgesetz (Österreich)
Konzern	Der Konzern: Zeitschrift für Gesellschaftsrecht, Steuerrecht, Bilanzrecht und Rechnungslegung der verbundenen Unternehmen
KTS	Konkurs-, Treuhand- und Schiedsgerichtswesen: Zeitschrift für alle Fragen des Konkurs-, Vergleichs- und Treuhandwesens sowie der Zwangsversteigerung und – verwaltung
La.	Supreme Court of Louisiana
LG	Landgericht
LMK	Kommentierte BGH-Rechtsprechung Lindenmaier-Möhring
L.L.P.	Limited Liability Partnership
Loyola (L.A.) L. Rev.	Loyola of Los Angeles Law Review
M&A	Mergers & Acquisitions
M&A Law.	The M&A Lawyer
Md.App.	Court of Special Appeals of Maryland
MDR	Monatszeitschrift für Deutsches Recht: Zeitschrift für die Zivilrechtspraxis
Mich. L. Rev.	Michigan Law Review
Mo. L. Rev.	Missouri Law Review
MüKo	Münchener Kommentar
mwN	mit weiteren Nachweisen
NASD	National Association of Securities Dealers, Inc.
NaStraG	Gesetz zur Namensaktie und zur Erleichterung der Stimmrechtsausübung vom 18.1.2001 (BGBl I S. 123)

Nat'l. L.J.	The National Law Journal
NB	Neue Betriebswirtschaft und betriebswirtschaftliche Datenverarbeitung
N.C. L. Rev.	North Carolina Law Review
N.D.Cal.	United States District Court, Northern District of California
N.D.Ill.	United States District Court, Northern District of Illinois, Eastern Division
New York L. J.	New York Law Journal
NJW	Neue Juristische Wochenschrift
NJW-RR	NJW Rechtsprechungs-Report Zivilrecht
Notre Dame Law.	Notre Dame Law Review
Nr	Nummer
N.V.	Naamloze Vennootschap
Nw. U. L. Rev.	Northwestern University Law Review
N.Y.	New York; Court of Appeals of New York
N.Y.U.L. Rev.	New York University Law Review
NYSE	New York Stock Exchange
NY Times	New York Times
NZG	Neue Zeitschrift für Gesellschaftsrecht
NZZ	Neue Zürcher Zeitung
Ohio St. L.J.	Ohio State Law Journal
ÖBA	Österreichisches Bank Archiv: Zeitschrift für das gesamte Bank- und Sparkassen-, Börsen- und Kreditwesen
öHGB	Österreichisches Handelsgesetzbuch
öÜbG	Übernahmegesetz (Österreich)
OLG	Oberlandesgericht
PHi	Produkt- und Umwelthaftpflicht international – Recht und Versicherung
PLI	Practicing Law Institute
PLI/Corp	Practicing Law Institute Corporate Law and Practice Course Handbook Series
PSF	Professional Service Firm
Rdn.	Randnummer

RdW	Recht der Wirtschaft
RegE	Regierungsentwurf
Rev. Sec. & Com. Reg.	The Review of Securities & Commodities Regulation: An Analysis of Current Laws and Regulations Affecting the Securities and Futures Industry
Rev. Sociétés	Revue des Sociétés, Bulletin de Doctrine, Legislation et Jurisprudence
RG	Reichsgericht
RGZ	Entscheidungen des Reichsgerichts in Zivilsachen
RIW	Recht der internationalen Wirtschaft
S.	Seite
S.A.	Société Anonyme
San Diego L. Rev.	San Diego Law Review
SAS	Statement on Auditing Standards
S.D.N.Y.	United States District Court for the Southern District of New York
SEC	Securities and Exchange Commission
Sec. Reg. & L. Rep.	Securities Regulation and Law Report
Sec. Reg. L.J.	Securities Regulation Law Journal
S. Cal. L. Rev.	Southern California Law Review
ST	Schweizer Treuhänder
SZW	Schweizerische Zeitschrift für Wirtschaftsrecht; Revue Suisse de droit des affaires; Swiss Review of Business Law
Tz.	Teilziffer
U. Pitt. L. Rev.	University of Pittsburgh Law Review
u.a.	unter anderem
UEK	Schweizerische Übernahmekommission
UEV-UEK	Verordnung der Übernahmekommission über öffentliche Kaufangebote (Schweiz)
UMAG	Gesetz zur Unternehmensintegrität und Modernisierung des Anfechtungsrechts vom 22.9.2005, BGBl I 2802
U.S.	United States Supreme Court
v	versus

Va. L. Rev.	Virginia Law Review
Vand. L. Rev.	Vanderbilt Law Review
VerBAV	Veröffentlichungen des Bundesaufsichtsamtes für das Versicherungswesen
VerkProspG	Wertpapier-VerkaufsprospektG i.d. Bek. vom 9.9.1998 (BGBl I S. 2701)
VersR	Versicherungsrecht: Juristische Rundschau für die Individualversicherung
vgl.	vergleiche
VVaG	Versicherungsverein auf Gegenseitigkeit
Wall St. J.	The Wall Street Journal
Wash. U. L.Q.	Washington University Law Quarterly
wbl	Wirtschaftsrechtliche Blätter: Zeitschrift für österreichisches und europäisches Wirtschaftsrecht
WiB	Wirtschaftsrechtliche Beratung: Zeitschrift für Wirtschaftsanwälte und Unternehmensjuristen
Wis. L. Rev.	Wisconsin Law Review
WISU	Das Wirtschaftsstudium: Zeitschrift für Ausbildung, Examen und Weiterbildung
WM	Zeitschrift für Wirtschafts- und Bankrecht, Wertpapier-Mitteilungen, Teil IV
WPBHV	Wirtschaftsprüfer-BerufshaftpflichtversicherungsVO vom 18.12.1998 (BGBl I S. 3820)
WPg	Die Wirschaftsprüfung vereinigt mit den Zeitschriften „Der Wirtschaftsprüfer" und „Der Wirtschaftstreuhänder"; Betriebswirtschaftliches Archiv und Fachorgan für das wirtschaftliche Prüfungs– und Treuhandwesen
WpHG	Gesetz über den Wertpapierhandel (Wertpapierhandelsgesetz – WpHG) vom 26.7.1994, BGBl I 1749
WPK-Mitt.	Wirtschaftsprüferkammer Mitteilungen, Zeitschrift für Berufspolitik, Berufsrecht und berufliche Praxis
WPO	Gesetz über eine Berufsordnung der Wirtschaftsprüfer (Wirtschaftsprüferordnung) vom 5.11.1975, BGBl I 2803

WuB	Enscheidungssammlung zum Wirtschafts- und Bankrecht (WM)
Yale L.J.	The Yale Law Journal
zB	zum Beispiel
ZBB	Zeitschrift für Bankrecht und Bankwirtschaft
ZfB	Zeitschrift für Betriebswirtschaft
ZfbF	Schmalenbachs Zeitschrift für betriebswirtschaftliche Forschung
ZGR	Zeitschrift für Unternehmens- und Gesellschaftsrecht
ZIP	Zeitschrift für Wirtschaftsrecht
ZHR	Zeitschrift für das gesamte Handelsrecht und Wirtschaftsrecht
ZInsO	Zeitschrift für das gesamte Insolvenzrecht
ZIP	Zeitschrift für Wirtschaftsrecht
ZVglRWiss	Zeitschrift für Vergleichende Rechtswissenschaft

Schrifttum:

Abram, Nils
Ansprüche von Anlegern wegen Verstoßes gegen Publizitätspflichten oder den Deutschen Corporate Governance Kodex?, NZG 2003, 307-313.

Achleitner, Ann-Kristin
Handbuch Investment Banking, 3. Auflage, Wiesbaden, 2002.

Adams, Michael
Was spricht gegen einen unbehinderte Übertragbarkeit der in Unternehmen gebundenen Ressourcen durch ihre Eigentümer?, AG 1990, 243-252.

Adams, Michael
Der Markt für Unternehmenskontrolle und sein Mißbrauch, AG 1989, 333-338.

Adams, Michael
Stellungnahme zur Aktienrechtsreform 1997, AG Sonderheft 1997, 9-26.

Adams, Michael
Die Usurpation von Aktionärsbefugnissen mittels Ringverflechtungen in der "Deutschland AG", AG 1994, 148-158.

Aders, Christian
Bedeutung regelkonformer Fairness Opinions nimmt zu: Erweiterung des Aktiengesetzes konkretisiert den Tatbestand der Sorgfaltspflichtverletzung von Vorstand und Aufsichtsrat, Börsen-Zeitung vom 26.5.2004, 2.

Aders, Christian / Salcher, Michael
Fairness Opinion: Nachweis eingehaltener Sorgfaltspflichten in unternehmerischen Entscheidungen, KPMG Valuation Snapshot, München 2004.

Adler, Patricia A. / Adler, Peter
Introduction, in: The Social Dynamics of Finanical Markets (zit. Social Dynamics), London 1984, S. 1-15.

Adolff, Johannes
Die zivilrechtliche Verantwortlichkeit deutscher Anwälte bei der Abgabe von *Third Party Legal Opinions*, Dissertation, München, 1997.

Afterman, Allan B.
Handbook of SEC Accounting & Disclosure, New York, 2003.

Aha, Christof
Vorbereitung des Zusammenschlusses im Wege der Kapitalerhöhung gegen Sacheinlage durch ein "Business Combination Agreement", BB 2001, 2225-2233.

Akerlof, George A.
The Market for "Lemons", 84 Quarterly Journal of Economics, 1970, 488-500.

Alchian, Armen A.
Production, Information Costs, and Economic Organization, 62 Am. Econ. Rev. 1977, 777-795.

Allen, William T.
The Corporate Director's Fiduciary Duty of Care and the Business Judgment Rule Under U.S.
Corporate Law, in: (zit. Comparative Corporate Governance), Oxford 1998, S. 307-331.

Allen, William T. / Jacobs, Jack B. / Strine, Leo E. Jr.
Function Over Form: A Reassessment of Standards of Review in Delaware Corporation Law, 56 Bus. Law. 2001, 1287-1321.

Allen, William T. / Kraakman, Reinier
Commentaries and Cases on the *Law of Business Organization*, New York, 2003.

Altmeppen, Holger
Zum richtigen Verständnis der neuen §§ 293a-293g AktG zu Bericht und Prüfung beim Unternehmensvertrag, ZIP 1998, 1853-1866.

American Federation of Labor and Congress of Industrial Organizations
Re: *Comment* on Proposed Rule to Address Fairness Opinion Conflicts of Interest, Washington D.C. January 10, 2005.

American Law Institute
Principles of Corporate Governance: Analysis and Recommendations, St. Paul 1994.

Anderson, Jenny
New Eliot Target: Fairness Opinions Now Concern Spitzer, The New York Post vom 30.05.2003, 41.

Angermayer, Birgit
Die Prüfung von Sacheinlagen im neuen Umwandlungsrecht - Analyse und kritische Wuerdigung der Umwandlungsmoeglichkeiten als Anlaesse einer Sacheinlagepruefung, WPg 1995, 681-691.

Angermayer, Birgit
Die Bewertungsprüfung von Sacheinlagen - Eine kritische Auseinandersetzung mit dem Problem des maßgeblichen Istwerts - Richtungsweisende Impulse durch das Stückaktiengesetz?, WPg 1998, 914-919.

Arbeitskreis "Unternehmensbewertung im Rahmen der unternehmerischen Zielsetzung"
Unternehmensbewertung als Grundlage unternehmerischer Entscheidungen, 28 ZfbF (1976), 99-121.

Arbeitskreis Unternehmensbewertung
Entwurf einer Verlautbarung des Arbeitskreises Unternehmensbewertung: Grundsätze zur Durchführung von Unternehmensbewertungen, WPg 1980, 409-421.

Assmann, Heinz-Dieter
Die Prospekthaftung beruflicher Sachkenner de lege lata und de lege ferenda, AG 2004, 435-448.

Assmann, Heinz-Dieter / Bozenhardt, Friedrich
Übernahmeangebote als Regelungsproblem zwischen gesellschaftsrechtlichen Normen und zivilrechtlich begründeten Verhaltensgeboten, in: Übernahmeangebote: ZGR Sonderheft 9 (zit. Übernahmeangebote), Berlin/New York 1990, S. 1-155.

Assmann, Heinz-Dieter / Pötzsch, Thorsten / Schneider, Uwe H.
Wertpapiererwerbs- und übernahmegesetz Kommentar, Köln 2005.
(zit. Assmann/Pötzsch/Schneider-*Bearbeiter*; zit. Bearbeiter Krause, Hartmut; Pötzsch, Thorsten)

Assmann, Heinz-Dieter / Schneider, Uwe H.
Wertpapierhandelsgesetz Kommentar, 3. neubearbeitete und erweiterte Auflage, Köln 2003.
(zit. Assmann/Schneider-*Bearbeiter*; zit. Bearbeiter Koller, Ingo)

Assmann, Heinz-Dieter / Schütze, Rolf A.
Handbuch des Kapitalanlagerechts, 2. Auflage, München 1997.
(zit. Assmann/Schütze-*Bearbeiter*; zit. Bearbeiter Assmann, Heinz-Dieter)

Bab, Andrew L.
Collins and the Pitfalls of Post-Signing Fairness Opinions, 14 Insights Dezember 2000, 16.

Bachner, Thomas
Ausgewaehlte Fragen der *Bewertungskontrolle* bei Verschmelzung, Spaltung zur Aufnahmen und Ausgliederung zur Aufnahme nach dem EU Gesellschaftsrechtaenderungsgesetz, Dissertation, Wien 1999.

Baetge, Jörg / Lutter, Marcus
Abschlussprüfung und Corporate Governance, Köln 2003.

Bagby, John W. / Ruhnka, John C.
The Controversy Over Third Party Rights: Toward More Predictable Parameters of Auditor Liability, 22 Ga. L. Rev. 1987, 149-194.

Bagley, Constance E. / Golze, Sandra A.
SEC Contemplates a Requirement of Substantive Fairness, Nat'l. L.J., 05.02.1990, S5.

Bagley, Constance E. / Robertson, Kyle M.
Fairness Opinions in Takeovers, Practising Law Institute Handbook Series No 269 / Leveraged Acquisitions and Buyouts, 1990, 269-289.

Bainbridge, Stephen M.
Why A Board? Group Decisionmaking in Corporate Governance, 55 Vand. L. Rev. 2002, 1-55.

Ball, Corinne / Gregory, Holly J. / Sandler, Olga / Aboyade, Kimberli
Advising the Board of Directors in the Context auf Mergers & Acquisitions, in: Structuring Mergers & Acquisitions 2001 (zit. Structuring M&A), New York 2001, S. 183-211.

Ballwieser, Ulrich
Unternehmensbewertung, Marktorientierung und Ertragswertverfahren, in: Zum Erkenntnisstand der Betriebswirtschaftslehre am Beginn des 21. Jahrhunderts: Festschrift für Erich Loitlsberger zum 80. Geburtstag (zit. FS Loitlsberger), Berlin 2001, S. 17-31.

Ballwieser, Wolfgang
Der Kalkulationszinsfuß in der Unternehmensbewertung: Komponenten und Ermittlungsprobleme, WPg 2002, 736-743.

Ballwieser, Wolfgang
Aktuelle Aspekte der Unternehmensbewertung, WPg 1995, 119-129.

Barthel, Carl
Unternehmenswert- und Kaufpreisfundierung mittels Schwerpunktanalysen im Rahmen einer Due Diligence, DStZ 1999, 365-376.

Barthel, Carl W.
Unternehmenswert: Die vergleichsorientierten Bewertungsverfahren - Vergleichswert schlägt Ertragswert, DB 1996, 149-163.

Barthel, Carl W.
Unternehmenswert: Die vergleichsorientierten Bewertungsverfahren. Vergleichswert schlägt Ertragswert., DB 1996, 149.

Bartlett, Sarah
Delaware Courts Get Tough Toward Investment Bankers, N.Y. Times, 30.05.1989, D1-D2.

Barz, Carl Hans / Fischer, Robert / Klug, Ulrich
Aktiengesetz: Großkommentar, 2. Auflage, Berlin 1961.
(zit. GK-*Bearbeiter*; zit. Bearbeiter Meyer-Landrut, Joachim; Schmidt, Walter)

Bastuck, Burkhard
Enthaftung des Managements - Corporate Indemnification im amerikanischen und deutschen Recht, Dissertation, Köln/Berlin/Bonn/München 1996.

Baum, Harald
Rückerwerbsangebote für eigene Aktien: übernahmerechtlicher Handlungsbedarf?, 167 ZHR 2003, 580-610.

Baumbach, Adolf
Handelsgesetzbuch mit GmbH & Co., Handelsklauseln, Bank- und Börsenrecht, Transportrecht (ohne Seerecht), 31., neubearbeitete Auflage, München 2003.
(zit. Baumbach/Hopt-*Bearbeiter*; zit. Bearbeiter Hopt, Klaus J.)

Baumbach, Adolf / Hueck, Alfred
GmbH-Gesetz, 17., erweiterte und völlig überarbeitete Auflage, München 2000.
(zit. Baumbach/Hueck-*Bearbeiter*; zit. Bearbeiter Zöllner, Wolfgang)

Baums, Theodor
Haftung wegen Falschinformation des Sekundärmarktes, ZHR 167 (2003), 139-192.

Baums, Theodor
Empfiehlt sich eine Neuregelung des aktienrechtlichen Anfechtungs- und Organhaftungsrechts, insbesondere der Klagemöglichkeiten von Aktionären?, *Gutachten F zum 63. Deutschen Juristentag* Leipzig 2000, München 2000.

Baums, Theodor
Personal Liabilities of Company Directors in German Law, Osnabrück 1996.

Baums, Theodor
Bericht der Regierungskommission Corporate Governance: Unternehmensführung, Unternehmenskontrolle, Modernisierung des Aktienrechts, Köln 2001.

Baums, Theodor / Fischer, Christian
Haftung des Prospekt- und des Abschlussprüfers gegenüber den Anlegern, Arbeitspapier des Instituts für Bankrecht Nr. 115, Frankfurt am Main 2003.

Baums, Theodor / Stöcker, Mathias
Rückerwerb eigener Aktien und WpÜG, in Festschrift für Herbert Wiedemann zum 70. Geburtstag (zit. FS Wiedemann), München 2002, S. 703-754.

Baums, Theodor / Thoma, Georg F.
Kommentar zum Wertpapiererwerbs- und Übernahmegesetz, Köln 2004.
(zit. Baums/Thoma-*Bearbeiter*; zit. Bearbeiter Harbarth, Stephan)

Bausch, Andreas
Die Multiplikator-Methode: Ein betriebswirtschaftlich sinnvolles Instrument zur Unternehmenswert- und Kaufpreisfindung in Akquisitionsprozessen?, FB 2000, 448-459.

BAV
Beschlusskammerentscheidung, VerBAV 1992, 3-8.

Bayer, Walter
Transparenz und Wertprüfung beim Erwerb von Sacheinlagen durch genehmigtes Kapital, in: Festschrift für Peter Ulmer zum 70. Geburtstag (zit. FS Ulmer), Berlin/New York 2003, S. 21-40.

Bayer, Walter
Kapitalerhöhung mit Bezugsrechtsausschluß und Vermögensschutz der Aktionäre nach § 255 Abs. 2 AktG, ZHR 163 (1999), 505-553.

Bayer, Walter
1000 Tage neues Umwandlungsrecht - eine Zwischenbilanz, ZIP 1997, 1613-1626.

Bayer, Walter
Der Vertrag zugunsten Dritter, Tübingen 1995.

Bayer, Walter
Informationsrechte bei der Verschmelzung von Aktiengesellschaften, AG 1988, 323-331.

Bayer, Walter
Kein Abschied vom Minderheitenschutz durch Information - Plädoyer für eine restriktive Anwendung des § 16 Abs. 3 UmwG, ZGR 1995, 613-625.

Bayer, Walter
Verschmelzung und Minderheitenschutz, WM 1989, 121-126.

Bea, Franz Xaver / Scheurer, Steffen
Die Kontrollfunktion des Aufsichtsrats, DB 1994, 2145-2152.

Bebchuk, Lucian Arye / Kahan, Marcel
Fairness Opinions: How Fair are they and what can be done about it?, 27 Duke L.J. 1989, 27-53.

Becker, Helmut
Bezugsrechtsausschluß gemäß § 186 Absatz 4 Satz 2 des Aktiengeseztes in der Fassung der 2. EG-Richtlinie, BB 1981, 394-396.

Becker, Robert
Die gerichtliche Kontrolle von Maßnahmen bei der Verschmelzung von Aktiengesellschaften, AG 1988, 223-230.

Becker, Walther
„Leak" Tables, Börsen-Zeitung vom 22.12.2004, 8.

Beelitz, Frank F.
Übernahmekodex - Kriterien für "Fair Play", Börsen-Zeitung vom 31.1.1998, B9.

Benckendorff, Andreas
Erwerb eigener Aktien im deutschen und US-amerikanischen Recht, Dissertation, Baden-Baden 1998.

Benston, George J.
The Separation of Commercial and Investment Banking. The Glass-Steagall Act Revisited and Reconsidered, London 1990.

Berens, Wolfgang / Brauner, Hans U. / Strauch, Joachim
Due Diligence bei Unternehmensakquisitionen, 3. Auflage, Stuttgart 2002.

Berens, Wolfgang / Strauch, Joachim
Due Diligence bei Unternehmensakquisitionen: Eine empirische Untersuchung, WPg 2002, 511-525.

Berg, Hans
Zur Abgrenzung von vertraglicher Drittschutzwirkung und Drittschadensliquidation, NJW 1978, 2018-2019.

Berger, Axel / Ellrott, Helmut / Förschle, Gerhart / Hense, Burkhard
Beck'scher Bilanz/Kommentar: Handels/ und Steuerrecht, §§ 238 bis 339 HGB, 5. Auflage, München 2003.
(zit. BeckBilKomm-*Bearbeiter*; zit. Bearbeiter Hense, Burkhard)

Berger, Klaus Peter
Auslandeln von Vertragsbedingungen im kaufmännischen Geschäftsverkehr, NJW 2001, 2152-2158.

Bernet, Robert
Die Regelung *öffentlicher Kaufangebote* im neuen Börsengesetz (BEHG): Eine Darstellung der Pflichten des Anbieters und des Verwaltungsrats der Zielgesellschaft unter Einschluss sämtlicher Verordnungen, Dissertation, Bern 1998.

Berrar, Carsten / Schnorbus, York
Rückerwerb eigener Aktien und Übernahmerecht, ZGR 2003, 59-112.

Bertschinger, Urs
Der eingeordnete Berater - ein Beitrag zur faktischen Organschaft, in: Neuere Tendenzen im Gesellschaftsrecht. Festschrift für Peter Forstmoser zum 60. Geburtstag (zit. FS Forstmoser), Zürich 2003, S. 455.

Bertschinger, Urs
Der Wirtschaftsprüfer an der Schwelle zum 21. Jahrhundert, ST 1999, 911-922.

Betsch, Oskar / Groh, Alexander P. / Lohmann, Lutz G.E.
Corporate Finance: Unternehmensbewertung, M&A und innovative Kapitalmarktfinanzierung, 2., überarbeitete und erweiterte Auflage, München 2000.

Beyer, Sven / Gaar, Andreas
Neufassung des IDW S1 „Grundsätze zur Durchführung von Unternehmensbewertungen", FB 2005, 240-251.

Biewer, Anja
Die *Umwandlung eines Versicherungsvereins auf Gegenseitigkeit* in eine Aktiengesellschaft, Dissertation, Karlsruhe 1998.

Bishop, Joseph W. Jr.
Sitting Ducks and Decoy Ducks: New Trends in the Indemnification of Corporate Directors and Officers, 77 Yale L.J. 1968, 1078-1103.

Bitzer, Klaus
Probleme der *Prüfung des Umtauschverhältnisses* bei aktienrechtlichen Verschmelzungen, Pfaffenweiler 1987.

Black, Bernard / Kraakman, Reinier H.
Delaware's Takeover Law: The Uncertain Search for Hidden Value, 96 Nw. U. L. Rev. 2002, 521-566.

Block, Dennis J. / Hoff, Jonathan M.
Underwriter Due Diligence In Securities Offerings, New York L.J. vom 27.5.1999, 5-6.

Block, Dennis J. / Hoff, Jonathan M.
Reliance on Fairness Opinions, New York L. J. vom 16.6.1994, 5.

Block, Dennis J. / Hoff, Jonathan M.
Investment Banker Opinions and Directors' Right to Rely, New York L. J. vom 17.11.1988, 5-6.

Block, Dennis J. / Barton, Nancy E. /Radin, Stephen A.
The *Business Judgment Rule*, Fiduciary Duties of Coporate Directors, 5th Edition, New York 1998.

Bloomenthal, Harold S. / Wolff, Samuel
Emerging Trends in *Securities Law*, 2002/2003 Edition, Danvers 2002.

Böcking, Hans-Joachim / Nowak, Karsten
Marktorientierte Unternehmensbewertung, FB 1999, 169-176.

Böcking. Hans-Joachim / Orth, Christian
Kann das "Gesetz zur Kontrolle und Transparenz im Unternehmensbereich (KonTraG)" einen Beitrag zur Verringerung der Erwartungslücke leisten? - Eine Würdigung auf Basis
von Rechnungslegung und Kapitalmarkt, WPg 1998, 351-364.

Böhmert, Karin
Deutsches M&A Geschäft in 2001 überraschend auf hohem Niveau: Mega Deals verschieben die Rangfolge der Investment Banken, Börsen-Zeitung vom 8.2.2002, 19.

Böhmert, Karin
Dicke Auftragsbücher fuer Firmenübernahmen: Investment Banken als Berater gefragt, Börsen-Zeitung vom 31.7.1996, 4.

Böttcher, Lars
Business Judgment Rule kein sicherer Hafen bei Erwerben, Börsen-Zeitung vom 2.12.2004, 12.

Borden, Arthur M.
A Fresh Look at Going-Private Disclosure, 21 Rev. Sec. & Com. Reg. 1988, 73-79.

Borden, Arthur M. / Yunis, Joel A.
Going Private, New York 2004.

Bork, Reinhard
Das "Klageerzwingungsverfahren" nach § 147 Abs. 3 RefE AktG - Auf dem Weg zur "Aktionärsklage"?, in: RWS-Forum Gesellschaftsrecht 1997 (zit. Gesellschaftsrecht 1997), Köln 1998, S. 53-68.

Bork, Reinhard
Beschlußverfahren und Beschlußkontrolle nach dem Referentenentwurf eines Gesetzes zur Bereinigung des Umwandlungsrechts, ZGR 1993, 343-365.

Borowicz, Frank
Fairness Opinions: Feigenblatt oder ernstzunehmendes Gutachten? Zu den Inhalten, Zielen und der Unabhängigkeit des Sachverständigen, M&A Review 2005, 253-258.

Bosch, Ulrich
Expertenhaftung gegenüber Dritten - Überlegungen aus der Sicht der Bankpraxis, ZHR 163 (1999), 274-285.

Bosch, Ulrich / Groß, Wolfgang
Das *Emissionsgeschäft*, 2. Auflage, Köln 2000.

Bosse, Christian
Zulässigkeit des individuell ausgehandelten Rückkaufs eigener Aktien ("Negotiated Repurchase") in Deutschland, NZG 2000, 16-20.

Bowers, Helen M.
Fairness Opinions and the Business Judgment Rule: An Empirical Investigation of Target Firms' Use of Fairness Opinions, 96 Nw. U. L. Rev. 2002, 567-578.

Bowers, Helen M. / Latham, William R. III
Value of Fairness Opinions in US Mergers and Acquisitions 1980-2003, draft paper University of Delaware, Lerner College of Business and Economics vom 23.11.2004.

Bradley, Michael / Schipani, Cindy A.
The Relevance of the Duty of Care Standard in Corporate Governance, 75 Iowa L. Rev. 1989, 1-74.

Brandeis, Louis D.
Other People's Money and How the Bankers Use it, Reprint 1995 edited by Melvin I. Urofsky, Boston/New York 1913.

Brandner, Hans Erich
Berufshaftung und Vertragsgestaltung der Wirtschaftsprüfer, ZIP 1984, 1186-1194.

Brandner, Hans Erich
Berufshaftung und Versicherung der Wirtschaftsprüfer, JZ 1985, 757-762.

Breid, Volker
Aussagefähigkeit agencytheoretischer Ansätze im Hinblick auf die Verhaltenssteuerung von Entscheidungsträgern, 47 ZfbF (1995), 821-851.

Bretzke, Wolf-Rüdiger
Wertbegriff, Aufgabenstellung und formale Logik einer entscheidungsorientierten Unternehmensbewertung, 45 ZfB (1975), 497-502.

Brinker, Bernhard
Strategische Herausforderungen im *Investment Banking*, Dissertation, Wiesbaden 1998.

Bröcker, Norbert/Weisner, Arnd
Übernahmeangebote, Köln 2003.

Brockman, Paul
The Role of Reputation Capital in Investment Banking Industry, 30 Applied Economics Letters 1996, 455-458.

Brodsky, Edward
Investment Banker Liability to Shareholders, New York L. J. vom 3.5.1990, 3.

Brown, J. Robert Jr.
The Regulation of *Corporate Disclosure*, 3. Auflage, Frederick 2004.

Brown, Ronald A Jr.
Claims of Aiding and Abetting A Director's Breach of Fiduciary Duty - Does Everybody Who Deals with a Delaware Director Owe Fiduciary Duties to that Director's Shareholders?, 15 Del. J. Corp. L. 1990, 943.

Brudney, Victor / Chirelstein, Marvin A.
A Restatement of Corporate Freezeouts, 87 Yale L.J. 1978, 1354-1370.

Bucher, Philippe / Bucher, Markus H.
Fairness Opinion im Wandel: Stark erhöhter Detaillierungsgrad, ST 2005, 155-157.

Buchta, Jens
Die Haftung des Vorstand einer Aktiengesellschaft - aktuelle Entwicklungen in Gesetzgebung und Rechtsprechung (Teil I), DStR 2003, 694-699.

Buchta, Jens
Die Haftung des Vorstand einer Aktiengesellschaft - aktuelle Entwicklungen in Gesetzgebung und Rechtsprechung (Teil II), DStR 2003, 740-745.

Buchta, Jens / van Kann, Jürgen
Die Haftung des Aufsichtsrats einer Aktiengesellschaft - aktuelle Entwicklungen in Gesetzgebung und Rechtsprechung, DStR 2003, 1665-1670.

Bülow, Stephan
Chinese Walls: Vertraulichkeit und Effizienz, Die Bank 1997, 290-293.

Bungert, Hartwin
Unternehmensvertragsbericht und Unternehmensvertragsprüfung gemäß § 293a ff AktG (Teil I), DB 1995, 1384-1392.

Bungert, Hartwin
Unternehmensvertragsbericht und Unternehmensvertragsprüfung gemäß § 293a ff AktG (Teil II), DB 1995, 1449-1456.

Bungert, Hartwin
Unternehmensvertragsbericht und Unternehmensvertragsprüfung gemäß §§ 293a ff. AktG, DB 1995, 1384-1392 und 1449-1456.

Bungert, Hartwin
Zuständigkeit des Landgerichts bei Bestellung des Verschmelzungspüfers im neuen Umwandlungsrecht, BB 1995, 1399-1401.

Bungert, Hartwin
Pflichten des Mangements bei der Abwehr von Übernahmeangeboten nach dem US-amerikanischen Gesellschaftsrecht, AG 1994, 297-311.

Bungert, Hartwin
Die Liberalisierung des Bezugsrechtsausschlusses im Aktienrecht, NJW 1998, 488-492.

Bungert, Hartwin/Eckert, Jan
Unternehmensbewertung nach Börsenwert: Zivilgerichtliche Umsetzung der BVerfG-Entscheidung, BB 2000, 1845-1849.

Bürgers, Tobias / Holzborn, Timo
Haftungsrisiken der Organe einer Zielgesellschaft im Übernahmefall, insbesondere am Beispiel einer Abwehrkapitalerhöhung, ZIP 2003, 2273-2280.

Burns, Morgan
Fairness to Whom: When Multiple Classes of Equity Require Multiple Fairness Evaluations, Corporation Section 2, 2003, Vol. LXXIV No. 8.

Burrough, Bryan / Helyar, John
Barbarians at the Gate: The Fall of RJR Nabisco, New York 1990.

Busse von Colbe, Walther
Der Vernunft eine Gasse: Abfindung von Minderheitsaktionären nicht unter dem Börsenkurs ihrer Aktien, in: Festschrift für Marcus Lutter zum 70. Geburtstag (zit. FS Lutter), Köln 2000, S. 1053.

Bussmann, Karl Ferdinand
Betreuung und Prüfung der Unternehmungen, Wiesbaden, 1960.

Buxbaum, Richard M.
The Duty of Care and the Business Judgment Rule in American Law: Recent Developments and Current Problems, in: Die Haftung der Leitungsorgane von Kapitalgesellschaften (zit. Haftung der Leitungsorgane), Baden-Baden 1991, S. 79-102.

Bydlinski, Sonja / Winner, Martin
Das neue Übernahmegesetz - ein Überblick, ÖBA 1998, 913-924.

Cafritz, Éric / Caramalli, Delphine S.
Existe-t-il une Fairness Opinion à la francaise, La Semaine Juridique Entreprise et Affaires 2004, 805-810.

Cafritz, Eric / Caramalli, Delphine S.
Lumière sur le recours à la fairness opinion dans le cadre d'une OPA, Décideurs Stratégie Finance Droit vom 22.01.2004, 36-37.

Cafritz, Eric / Caramalli, Delphine S.
La responsabilité des dirigeants de la société cible quant à leur prise de position sur l'offre envisagée, Recueil Dalloz 2004, 122-123.

Cafritz, Eric / Jacob, Valerie Ford
Pre-bid Due Diligence and Fairness Opinions, Financier Worldwide International M&A Review 2004, 22-24.

Cahn, Andreas
Pflichten des Vorstands beim genehmigten Kapital mit Bezugsrechtsausschluß, ZHR 163, (1999), 554-593.

California Public Employees' Retirement System (CalPERS)
Comment: NASD Notice 04-83 – November 2004 – Fairness Opinions, Sacramento February 1, 2005.

Campbell, Rutheford B.
Fair Value and Fair Price in Corporate Acquisitions, North Carolina Law Review, November 1999, 101.

Camponovo, Rico A.
Kapitalerhöhungsprüfung contra Unabhängigkeit der Revisionsstelle, ST 2001, 33-38.

Canaris, Claus-Wilhelm
Die Reichweite der Expertenhaftung gegenüber Dritten, ZHR 163 (1999), 206-245.

Canaris, Claus-Wilhelm
Die Haftung des Sachverständigen zwischen Schutzwirkungen für Dritte und Dritthaftung aus culpa in contrahendo, JZ 1998, 603-607.

Canaris, Claus-Wilhelm
Schutzwirkungen zugunsten Dritter bei "Gegenläufigkeit" der Interessen, JZ 1995, 441-446.

Canaris, Claus-Wilhelm
Schutzgesetze - Verkehrspflichten - Schutzpflichten, in: 2. Festschrift für Karl Larenz zum 80. Geburtstag (zit. 2. FS Larenz), München 1983, S. 27-110.

Canaris, Claus-Wilhelm
Hauptversammlungsbeschlüsse und Haftung der Verwaltungsmitglieder im Vertragskonzern, ZGR 1978, 205-218.

Canaris, Claus-Wilhelm / Schilling, Wolfgang / Ulmer, Peter
Handelsgesetzbuch Großkommentar, Erster Band: Einleitung, §§ 1-104 HGB, 4., neubearbeitete Auflage, Berlin/New York 1995.
(zit. Staub-*Bearbeiter*; zit. Bearbeiter Hüffer, Uwe)

Canaris, Claus-Wilhelm / Schilling, Wolfgang / Ulmer, Peter
Handelsgesetzbuch Großkommentar, Dritter Band, 2. Teilband: §§ 290-342a HGB, 4., neubearbeitete Auflage, Berlin/New York 2002.
(zit. GK-*Bearbeiter*; zit. Bearbeiter Zimmer, Daniel)

Carney, William J.
Fairness Opinions: How Fair Are They and Why We Should Do Nothing About It, 70 Wash. U. L.Q. 1992, 523-540.

Carter, Richard B. / Dark, Frederick H.
An Empirical Examination of Investment Banking Reputation Measures, 27 The Financial Review 1992, 355-374.

Carusone, John S.
Fairness Opinions in Bank Purchases and Sales, Conn. L. Trib. vom 15.4.1996, S13.

Cefali, Sheryl L.
The Coming Revolution in the *Evolution of Fairness Opinions*, Duff & Phelps, LLC Note, Los Angeles, 2003.

Cefali, Sheryl L.
Independent Fairness Opinions are Crititcal, 25 Los Angeles Business Journal vom 15.12.2003, 43.

Cefali, Sheryl L.
A Heavier Load For Fairness Opinions: In the era of corporate scandals, fairness opinions are nothing to play around with. A solid opinion can be a valuable out if a deal goes to court., 37 Mergers & Acquisitions August 2002, 37-40.

Cefali, Sheryl L.
Limiting Director Liability in M&A Transactions: Independence and Rigorous Analysis Are Key, 28 Directorship September 2002, 10-13.

Cefali, Sheryl L. / Goldblatt, Brett
Does M&A mean Manage & Adjust? Beware new ground rules, new hazards, 12 Business Law Today Juli/August 2003, ohne Seitenangabe.

Chazen, Leonard
Fairness from a Financial Point of View in Acquisitions of Public Companies: Is "Third-Party Sale Value" the Appropriate Standard?, 36 Bus. Law 1981, 1439-1481.

Chittur, Krishnan
The Corporate Directors' Standard of Care: Past, Present, and Future, 10 Del. J. Corp. L. 1985, 505-543.

Choi, Stephen
Market Lessons for Gatekeepers, 92 Nw. U. L. Rev. 1998, 916.

Clifford Chance US L.L.P.
Alert: *Disclosure of Fairness Opinion Analyses* and Controlling Shareholder Acquisitions, New York, 2002.

Clow, Robert
Spitzer Urges Move over Fairness Issue, FT vom 5.3.2003, 32.

Coffee, John C. Jr.
Understanding Enron: It's About Gatekeepers, Stupid, Columbia Law School Working Paper No. 207, New York 2002.

Coffee, John C. Jr.
The *Attorney As Gatekeeper*: An Agenda for the SEC, Columbia Law School Working Paper No. 221, New York 2003.

Coffee, John C. Jr.
Gatekeeper Failure and Reform: The Challenge of Fashioning Relevant Reforms, Columbia Law School Working Paper No. 237, New York 2003.

Coffee, John C. Jr.
New York's New Doctrine of 'Constructive Privity', New York L. J. vom 25.1.1990, 5-6.

Coffee, John C. Jr.
American Law Institute's Corporate Governance Project, 52 Geo. Wash. L. Rev. 1984, 789-828.

Coffee, John C. Jr.
Shareholders Versus Managers: The Strain In The Corporate Web, 85 Mich. L. Rev. 1986, 1-109.

Coffee, John C. Jr. / Seligman, Joel
Federal Securities Laws - Selected Statutes, Rules and Forms, 2003 Edition, New York, 2003.

Cooke, Jay
Fairness Opinions and the Board, 17 Corp. Board Juli 1996, 17-21.

Cooter, Robert / Freedman, Bradley J.
The Fiduciary Relationship: Its Economic Character and Legal Consequences, 66 N.Y.U.L. Rev. 1991, 1045-1075.

Copeland, Tom / Koller, Tim / Murrin, Jack
Valuation: Measuring and Managing the Value of Companies, 3. Auflage, New York 2000.

Council of Institutional Investors
Comment: Notice 04-83, Washington D.C. January 12, 2005.

Coym, Peter
Die Aktivitäten einer US-Investment Bank unter besonderer Berücksichtigung der EG-Vorschriften, in: Instrumente und Strategien im Investment Banking (zit. Instrumente und Strategien im Investment Banking), Frankfurt am Main 1990, S. 95-112.

Cravath, Swaine & Moore LLP
Comment: NASD Notice to Members 04-83 Fairness Opinions Issues by Members, New York January 31, 2005.

Czech, Hartmut W.
Die Haftung des Wirtschaftsprüfers gegenüber Dritten, BB 1975, 723-726.

Damm, Reinhard
Entwicklungstendenzen der Expertenhaftung: Vermögensschutz und Drittschutz auf dem Markt für sachkundige Informationen, JZ 1991, 373-385.

Damodaran, Aswath
The *Dark Side of Valuation*, London 2001.

Damodaran, Aswath
Damodaran on *Valuation*: Security Analysis for Investment and Corporate Finance, New York 1994.

DAV-Handelsrechtsausschuss
Stellungnahme des DAV-Handelsrechtsausschusses zum RegE Wertpapiererwerbs- und Übernahmegesetz, ZIP 2001, 1736-1740.

Davis Polk & Wardwell
Re: NASD Notice to Members 04-83 – Request for *Comment*s: Procedures, Disclosure and Conflicts of Interest in the Context of Fairness Opinions in Corporate Control Transactions, New York February 1, 2005.

Davis, Kenneth B. Jr.
Once more, the Business Judgment Rule, Wis. L. Rev. 2000, 573-595.

de Lousanoff, Oleg
Anwälte und Banker - A Special Relationship: Über eine besondere Beziehung aus der Sicht eines Insiders, Börsen-Zeitung vom 28.10.2000, B9.

Decher, Christian E.
Rechtsfragen des grenzüberschreitenden Merger of Equals, in: Festschrift für Marcus Lutter zum 70. Geburtstag (zit. FS Lutter), Köln 2000, S. 1209-1225.

De Rose, Richard / Westhoff, André O.
Fair Game? Fairness Opinions, FINANCE Magazin Juli/August 2004, 94.

Deipenbrock, Gudula
Aktuelle Rechtsfragen zur Regulierung des Ratingwesens, WM 2005, 261-268.

Deipenbrock, Gudula
Externes Rating – „Heilsversprechen für internationale Finanzmärkte"?, BB 2003, 1849-1854.

Deutsche Schutzvereinigung für Wertpapierbesitz e.v.
Stellungnahme der Deutschen Schutzvereinigung für Wertpapierbesitz e.v. (DSW) zum Referentenentwurf eines Gesetzes zur Unternehmensintegrität und Modernisierung des Anfechtungsrechts (*UMAG*) vom 31. März 2004, Düsseldorf 2004.

Deutsches Aktieninstitut e.v.
Stellungnahme zu dem Referentenentwurf eines Gesetzes zur Unternehmensintegrität und Modernisierung des Anfechtungsrechts (*UMAG*) vom 31. März 2004, Frankfurt am Main 2004.

Dietz, Steffen
Die *Ausgliederung* nach dem UmwG und nach Holzmüller: Zugleich eine Untersuchung zur Rechsstellung des Aktionärs, Dissertation, Frankfurt am Main 1999.

Diregger, Christoph /Kalss, Susanne /Winner, Martin
Das österreichische *Übernahmerecht*, Wien 2003.

Dirrigl, Hans
Die Angemesseneheit des Umtauschverhaltnisses bei einer Verschmelzung als Problem der Verschmelzungspüfung und der gerichtlichen Überprüfung (Teil I), WPg 1989, 413-421.

Dirrigl, Hans
Die Angemessenheit des Umtauschverhältnisses bei einer Verschmelzung als Problem der Verschmelzungsprüfung und der gerichtlichen Überprüfung (Teil II), WPg 1989, 454-462.

Dobbs, Dan B.
The *Law of Torts*, St. Paul 2001.

Donohue, G.eorge A. / Tichenor, Phillip J. / Olien, Clarice N.
Gatekeeping: Mass media systems and information control, in: Kline, F. Gerald / Tichenor, Phillip J., Current Perspektives in Mass Communication Research (zit. Current Perspektives in Mass Communication Research), Beverly Hills 1972, S. 41-70.

Doralt, Peter
Ökonomischer Hintergrund und Interessengegensätze bei Übernahmeangeboten, in: Takeover Recht, Wien 1997, S. 1-10.

Doralt, Peter / Winner, Martin
Antikritisches zum Ministerialentwurf des Übernahmegesetzes, ecolex 1997, 936-939.

Dore, Thomas P. Jr. / Pattison, Peter
Fairness Opinions in corporate real estate transactions: It's time to bring corporate tool to realty work, 29 Conn. F. Trib. März 2003, S4.

Dore, Thomas P. Jr. / Pattison, Peter
Fairness Opinions in in Corporate Real Estate Transactions, New York L. J. vom 27.11.2002, 4.

Dreher, Meinrad
Die Qualifikation der Aufsichtsratsmitglieder: Rechtliche Anforderungen und Folgerungen unter besonderer Berücksichtigung der Aufsichtsratsausschüsse bei der Aktiengesellschaft, in: Verantwortung und Gestaltung: Festschrift für Karlheinz Boujong zum 65. Geburtstag (zit. FB Boujong), München 1996, S. 71-97.

Dreher, Meinrad
Das Ermessen des Aufsichtsrats, ZHR 158 (1994), 614-645.

Dreher, Meinrad
Interessenkonflikte bei Aufsichtsratsmitgliedern von Aktiengesellschaften, JZ 1990, 896-904.

Drill, Michael R.
Fairness Opinions geben das Gütesiegel: Zunehmend etablierter Standard in Deutschland – Unabhängigkeit der Investmentbank unabdingbar, Börsen-Zeitung vom 23.10.2004, B2.

Drinkuth, Henrik
Formalisierte Informationsrechte bei Holzmüller-Beschlüssen?, AG 2001, 256-259.

Drinkuth, Henrik
Übernahmen: Haftungsfalle für den Vorstand?, Börsen-Zeitung, 8.5.2004, 14.

Drukarczyk, Jochen
Unternehmensbewertung, 4., überarbeitete und erweiterte Auflage, München 2003.

Drygala, Tim
Die neue deutsche Übernahmeskepsis und ihre Auswirkungen auf die Vorstandspflichten nach § 33 WpÜG, ZIP 2001, 1861-1871.

Easterbrook, Frank H. / Fischel, Daniel
The Economic Structure of *Corporate Law*, Cambridge 1996.

Easterbrook, Frank H. / Fischel, Daniel R.
Voting in Corporate Law, 26 J.L. & Econ. 1983, 395-427.

Ebenroth, Carsten Thomas / Daum, Thomas
Die Kompetenzen des Vorstands einer Aktiengesellschaft bei der Duchführung und Abwehr unkoordinierter Übernahmen (Teil II), DB 1991, 1157-1161.

Ebke, Werner F.
Der Ruf unserer Zeit nach einer Ordnung der Dritthaftung des gesetzlichen Jahresabschlußprüfer, BFuP 2000, 549-571.

Ebke, Werner F.
Abschlußprüfer, Bestätigungsvermerk und Drittschutz, JZ 1998, 991-997.

Ebke, Werner F.
Haftung des Pflichtprüfers aufgrund der Rechtsfigur des Prüfungsvertrags mit Schutzwirkung für Dritte weiterhin höchstrichterlich unentschieden, WPK-Mitt. 1997, 196-200.

Ebke, Werner F.
Die *zivilrechtliche Verantwortlichkeit* der wirtschaftsprüfenden, steuer- und rechtsberatenden Berufe im internationalen Vergleich, Heidelberg 1996.

Ebke, Werner F.
Abschlußprüferhaftung im internationalen Vergleich, in: Lebendiges Recht - Von den Sumerern bis zur Gegenwart, Festschrift für Reinhold Trinkner zum 65. Geburtstag (zit. FS Trinkner), Heidelberg 1995, S. 493-524.

Ebke, Werner F.
Management Buy-Outs, ZHR 155 (1991), 132-162.

Ebke, Werner F.
Wirtschaftsprüfer und Dritthaftung, Dissertation, Bielefeld 1983.

Ebke, Werner F. / Scheel, Hansjörg
Die Haftung des Wirtschaftsprüfers für fahrlässig verursachte Vermögensschäden Dritter, WM 1991, 389-398.

Ebke, Werner F. / Siegel, Stanley
Comfort Letters, Börsengänge und Haftung: Überlegungen aus Sicht des deutschen und US-amerikanischen Rechts, WM Sonderbeilage Nr. 2 2001, 3-23.

Ehrenhold, Michel
La Commission des OPA introduit une nouvelle pratique en matière d'attestations d'équité, Le Tempo vom 3.11.2003, ohne Seitenzahl.

Ehricke, Ulrich / Ekkenga, Jens / Oechsler, Jürgen
Wertpapiererwerbs- und Übernahmegesetz: Kommentar, München 2003.
(zit. Ehricke/Ekkenga/Oechsler-*Bearbeiter*; zit. Bearbeiter Ekkenga, Jens; Oechsler, Jürgen)

Ehricke, Ulrich / Roth, Markus
Squeeze-out im geplanten deutschen Übernahmerecht, DStR 2001, 1120-1127.

Eidenmüller, Horst
Kapitalgesellschaftsrecht im Spiegel der ökonomischen Theorie, JZ 2001, 1041-1051.

Eisele, Dieter
Insiderrecht und Compliance, WM 1993, 1021-1026.

Eisenberg, Melvin Aron
Die Sorgfaltspflicht im amerikanischen Gesellschaftsrecht, Konzern 2004, 386-405.

Eisenberg, Melvin Aron
Corporations and Other Business Organizations, 8. Auflage, New York, 2000.

Eisenberg, Melvin Aron
The Divergence of Standards of Conduct and Standards of Review in Corporate Law, 62 Fordham L. Rev. 1993, 437-468.

Eisenberg, Melvin Aron
The Model Business Corporation Act and the Model Business Corporation Act Annotated, 29 Bus. Law. 1974, 1407-1428.

Eisenhardt, Ulrich
Zum Problem der Haftung der Aufsichtsratsmitglieder der Aktiengesellschaft und GmbH gegenüber der Gesellschaft, Jura 1982, 289-300.

Ekkenga, Jens / Hofschroer, Josef
Das Wertpapiererwerbs- und Übernahmegesetz (Teil I), DStR 2002, 724-734.

Elsner, David
Ruling In, Jury Still Out On Trans Union: Van Gorkom Makes His Case, Chicago Tribune vom 8.2.1987, C3.

Elson, Charles M.
Fairness Opinions: Are they Fair and Should we Care? - Mirror, Mirror on the Wall, Who is the Fairest of them All?, 53 Ohio St. L.J. 1992, 951-1003.

Elson, Charles M. / Rosenbloom, Arthur. H. / Chapman, Drew G.L.
Comment: Notice to Members 04-83 (November 2004) Fairness Opinions, Delaware December 21, 2004.

Elson, Charles M. / Rosenbloom, Arthur. H. / Chapman, Drew G.L.
Fairness Opinions: Can They be Made Useful?, 35 Securities Regulation & Law Report 2003, 1984-1988.

Elstein, Aaron
Wheat First Paying $350K for Internal Fairness Opinion, Am. Banker vom 7.11.1997, 22.

Emmerich, Volker / Habersack, Mathias
Aktien- und GmbH-Konzernrecht, 3., überarbeitete Auflage, München 2003.
(zit. Konzernrecht-*Bearbeiter*; zit. Bearbeiter Emmerich, Volker)

Engelmeyer, Cäcilie
Die *Spaltung von Aktiengesellschaften* nach dem neuen Umwandlungsrecht, Köln 1995.

Eschenbruch, Klaus
Konzernhaftung, Haftung der Unternehmen und der Manager, Düsseldorf 1996.

Escher-Weingart, Christina / Kübler, Friedrich
Erwerb eigener Aktien: Deutsche Reformbedürfnisse und europäische Fesseln?, 162 ZHR (1998), 537-562.

Esser, Josef / Schmidt, Eike
Schuldrecht Band I Allgemeiner Teil, Teilband 2, Durchführungshindernisse und Vertragshaftung, Schadensausgleich und Mehrseitigkeit im Schuldverhältnis, Heidelberg 2000.

Ewert, Ralf
Wirtschaftsprüfung und asymmetrische Information, Berlin/Heidelberg 1990.

Ewert, Ralf / Feess, Eberhard / Nell, Martin
Prüfungsqualität, Dritthaftung und Versicherung, BFuP 2000, 572-593.

Ewert, Ralf / Stefani, Ulrike
Wirtschaftsprüfung, in: Prinzipal-Agenten-Theorie in der Betriebswirtschaftslehre (zit. Prinzipal-Agenten-Theorie in der Betriebswirtschaftslehre), Stuttgart 2001, S. 147-182.

Ewert, Ralf / Wagenhofer, Alfred
Neuere Ansätze zur theoretischen Fundierung von Rechungslegung und Prüfung, in: Investororientierte Unternehmenspublizität: Neue Entwicklungen von Rechnungslegung, Prüfung und Jahreabschlussanalyse (zit. Investororientierte Unternehmenspublizität), Wiesbaden 2000, S. 33-60.

Fahr, Ulrich / Kaulbach, Detlef
Versicherungsaufsichtsgesetz mit Gesetz über die Errichtung eines Bundesaufsichtsamtes für das Versicherungswesen (BAG) und Finanzdienstleistungsaufsichtsgesetz (FinDAG): Kommentar
(zit. Fahr/Kaulbach-*Bearbeiter*; zit. Bearbeiter Kaulbach, Detlef)

Fama, Eugene
Agency Problems and the Theory of the Firm, 88 J.Pol.Econ. 1980, 288.

Feldhoff, Patricia
Der neue IDW-Standard zur Unternehmensbewertung: Ein Fortschritt?, DB 2000, 1237-1240.

Feuerstein, Donald M.
Valuation and Fairness Opinons, 32 Bus. Law. 1977, 1337-1341.

Fiflis, Ted J.
Responsibility of Investment Bankers to Shareholders, 70 Wash. U. L.Q. 1992, 497-521.

Fisch, Jill E. / Rosen, Kenneth M.
Lessons from Enron, Dow did Corporate and Securities Law Fail? Is There a Role for Lawyers in Preventing Future Enrons?, 48 Vill. L. Rev. 2003, 1097.

Fischel, Daniel R.
The Business Judgment Rule and the Trans Union Case, 40 Bus. Law. 1985, 1437-1455.

Fischel, Daniel R.
The Corporate Governance Movement, 35 Vand. L. Rev. 1982, 1259-1292.

Flach, Uwe E.
Investment Banking für den deutschen Markt, in: Instrumente und Strategien im Investment Banking (zit. Instrumente und Strategien im Investment Banking), Frankfurt am Main 1990, S. 113-134.

Fleischer, Arthur Jr.
A "Fairness Letter" is just an opinion, N.Y. Times vom 8.6.1986, F2.

Fleischer, Arthur Jr. / Sussman, Alexander R
Directors' Fiduciary Duties in Takeovers and Mergers, Practising Law Institute 2003, 911-971.

Fleischer, Holger
Erweiterte Organaußenhaftung der Organmitglieder im Europäischen Gesellschafts- und Kapitalmarktrecht: Insolvenzverschleppung, fehlerhafte Kapitalmarktinformation, Tätitgkeitsverbote, ZGR 2004, 437-479.

Fleischer, Holger
Die "Business Judgment Rule": Vom Richterrecht zur Kodifizierung, ZIP 2004, 685-692.

Fleischer, Holger
Due Diligence und Best Knowledge beim Unternehmenskauf, in: Unternehmenskauf und Schuldrechtsmodernisierung: Fachtagung der Bayer-Stiftung für deutschen und internationales Arbeits- und Wirtschaftsrecht am 6. und 7. Juni 2002 (zit. Unternehmenskauf), München 2003, S. 103-117.

Fleischer, Holger
Empfiehlt es sich, im Interesse des Anlegerschutzes und zur Förderung des Finanzplatzes Deutschland das Kapitalmarkt- und Börsenrecht neu zu regeln?, *Gutachten F zum 64. Deutschen Juristentag* Berlin 2002, Kapitalmarktrechtliches Teilgutachten, München 2002.

Fleischer, Holger
Die "Business Judgment Rule" im Spiegel von Rechtsvergleichung und Rechtsökonomie, in: Festschrift für Herbert Wiedemann zum 70. Geburtstag (zit. FS Wiedemann), München 2002, S. 827-849.

Fleischer, Holger
Informationspflichten der Geschäftsleiter beim Management Buyout im Schnittfeld von Vertrags-, Gesellschafts- und Kapitalmarktrecht, AG 2000, 309-321.

Fleischer, Holger
Grundfragen der ökonomischen Theorie im Gesellschafts- und Kapitalmarktrecht, ZGR 2001, 1-24.

Fleischer, Holger
Statements zur Zukunft des aktienrechtlichen Anfechtungs- und Organhaftungsrechts, WPg Sonderheft 2001, 129-139.

Fleischer, Holger / Kalss, Susanne
Das neue Wertpapiererwerbs- und Übernahmegesetz: *WpÜG*, München 2002.

Fleischer, Holger / Körber, Torsten
Due diligence und Gewährleistung beim Unternehmenskauf, BB 2001, 841-849.

Fliess, Wolfgang
Die Haftung des Wirtschaftsprüfers unter Berücksichtigung internationaler Entwicklungen, WPk-Mitt. 1992, 49-62.

Folk, Ernest L.
Conflicts of Interest under State Law, 3 Inst. On Sec. Reg. 1972, 179-204.

Forster, Karl Heinz / Lanfermann, Josef / Siepe, Günter / Stolberg, Klaus
Adler/Düring/Schmaltz: Rechnungslegung und Prüfung der Unternehmen, Kommentar zum HGB, AktG, GmbHG, PublG nach den Vorschriften des Bilanzrichtlinien-Gesetzes, 6. Auflage, Stuttgart 2000.
(zit. A/D/S)

Franklin, Barbara
On Shaky Ground: Survival of Shareholders' Claim in RJR Sale is Unsettling, New York L. J. vom 5.10.1989, 5.

Fraust, Bart
Court Ruling May Open Area of Liability for Banks, Am. Banker vom 1.11.1988, 2.

Fredebeil, Uta
Aktienemissionen: Das underwriting agreement (der Übernahmevertrag) und seine spezifischen Klauseln, Frankfurt am Main 2002.

Frei, Stephan Niklaus
Öffentliche Übernahmeangebote in der Schweiz, Bern/Stuttgart/Wien 1996.

Frey, Kaspar / Hirte, Heribert
Das Vorab-Bezugsrecht auf Aktien und Optionsanleihen, ZIP 1991, 697-705.

Frick, Joachim
Die Business Judgment Rule als Beitrag zur Systematisierung des Verantwortlichkeitsrechts, in: Neuere Tendenzen im Gesellschaftsrecht. Festschrift für Peter Forstmoser zum 60. Geburtstag (zit. FS Forstmoser), Zürich 2003, S. 509.

Fried, Frank, Harris, Shriver & Jacobson
Fairness Opinions in French Tender Offers, Paris 2003.

Friedl, Markus J.
Die Haftung des Vorstands und des Aufsichtsrats für eine fehlerhafte Stellungnahme gemäß § 27 WpÜG, NZG 2004, 448-455.

Friedman, Dennis J. / Kislin, Scott A.
Going-Private Transactions: Are Special Commitees an Endangered Species?, 5 M&A Law. April 2002, 10.

Friedrich, Marc A.
D&O Liability: Die Haftung des Managements nach deutschem und US-amerikanischem Recht, Karlsruhe 2002.

Gallop-Goodman, Gerda
Valuing your company, 30 Black Enterprise April 2000, 45-46.

Ganske, Joachim
Umwandlungsrecht: Regierungsentwürfe des Gesetzes zur Bereinigung des Umwandlungsrechts und des Gesetzes zur Änderung des Umwandlungssteuerrechts, Düsseldorf, 1994.

Ganske, Joachim
Änderungen des Verschmelzungsrechts, DB 1981, 1551-1559.

Ganske, Joachim
Berufsrelevante Regelungen für Wirtschaftsprüfer im neuen Umwandlungsrecht, WPg 1994, 157-162.

Ganske, Joachim
Reform des Umwandlungsrechts: Ein Bericht, WM 1993, 1117-1129.

Gardner, Leslie L.
Attorney Liability To Third Parties For Corporate Opinion Letters, 64 B.U.L. Rev. 1984, 415-445.

Garner, Bryan A.
Black's Law Dictionary, 7. Auflage, St. Paul 1999.

Gaughan, Patrick A.
Mergers, Acquisitions, and Corporate Restructuring, 2. Auflage, New York 1999.

Gebauer, Stefan
Analystenregeln als Beitrag zur Verbesserung der Kapitalmarktbedingungen, Börsen-Zeitung vom 30.11.2001, 3.

Gebershagen, Heinrich
Die *Sachgründung* der Aktiengesellschaft in betriebswirtschaftlicher und rechtlicher Hinsicht, Frankfurt am Main 1935.

Geibel, Stephan / Süßmann, Rainer
Wertpapiererwerbs- und Übernahmegesetz: Kommentar, München 2002.
(zit. Geibel/Süßmann-*Bearbeiter*; zit. Bearbeiter Schwennicke, Andreas; Grobys, Marcel)

Gelhausen, Hans Friedrich / Kuss, Ehrenfried
Vereinbarkeit von Abschlussprüfung und Beratungsleistungen durch den Abschlussprüfer, NZG 2003, 424-427.

Gerling, Claus
Unternehmensbewertung in den USA, Dissertation, Bergisch-Gladbach 1985.

Gernhuber, Joachim
Das *Schuldverhältnis*: Begründung und Änderung, Pflichten und Strukturen, Drittwirkungen, Tübingen 1989.

Geßler, Ernst
Die Haftung des Vorstandes für wirtschaftliche Fehlentscheidungen, NB 1972, Heft 2, 13-20.

Geßler, Ernst / Hefermehl, Wolfgang / Eckardt, Ulrich / Kropff, Bruno
Aktiengesetz, Band II, München 1973.
(zit. Geßler/Hefermehl/Eckardt/Kropff-*Bearbeiter;* zit. Bearbeiter Bungeroth, Erhard; Geßler, Ernst; Hefermehl, Wolfgang; Hüffer, Uwe)

Geuer, Caroline
Das *Management des Haftungsrisikos* der Wirtschaftsprüfer, Dissertation, Düsseldorf 1994.

Gevurtz, Franklin A.
The Business Judgment Rule: Meaningless Verbiage Of Misguided Notion?, 57 S. Cal. L. Rev. 1994, 287-337.

Gibson, Charles H.
Implications of Barchris, Yale Express, and Continental Vending: Cases for the Public Accountant, Ann Arbor 1970.

Gibson, Dunn & Crutcher LLP
Delaware Court Increases *Disclosure Requirements in Tender Offer Transactions*, Client Note, New York 2003.

Gibson, Dunn & Crutcher LLP
The *Investment Banker's Role in Going-Private Transactions*: How Recent Delaware Cases Have Changed the Financial Advisory Landscape, New York 2001.

Gilson, Ronald J. / Black, Bernard S.
The *Law and Finance of Corporate Acquisitions*, 2. Auflage, Westbury 1995.

Gilson, Ronald J. / Kraakman, Reinier H.
The Mechanisms of Market Efficiency, 70 Va. L. Rev. 1984, 549-644.

Gimbel, Florian
Shareholder Champions Get Tougher, FT vom 2.2.2004, 4.

Giuffra, Robert J. Jr.
Investment Bankers' Fairness Opinions in Corporate Control Transactions, 96 Yale L.J. 1986, 119-141.

Glanzmann, Lukas
Die Verantwortlichkeitsklage unter Corporate-Governance-Aspekten, in: Organverantwortlichkeit als Instrument der Corporate Governance (zit. Organverantwortlichkeit als Instrument der Corporate Governance), Basel 2000, S. 135-193.

Glover, Stephen I. / Slyke, Doretha M.
Fairness Opinion Issues: Anything But Routine - even when Investment Bankers do not Negotiate a Deal, their Fairness Opinions may be Vital, 18 Nat'l. L.J. vom 15.4.1996, C13.

Goette, Wulf
Leitung, Aufsicht, Haftung - zur Rolle der Rechtsprechung bei der Sicherung einer modernen Unternehmensführung, in: Festschrift aus Anlaß des fünfzigjährigen Bestehens von Bundesgerichtshof, Bundesanwaltschaft und Rechtsanwaltschaft beim Bundesgerichtshof (zit. 50 Jahre BGH), Köln/Berlin/Bonn/München 2000, S. 123-142.

Goette, Wulf
Zur Verteilung der Darlegungs- und Beweislast der objektiven Pflichtwidrigkeit bei der Organhaftung, ZGR 1995, 648-674.

Goldberg, Mindy K.
The Business Judgment Rule, Due Care and Experts: How much Information is Enough?, J.L. & Com. 1987, 225-242.

Gordon, Jeffrey M.
All's Not Fair in Love and Mergers, 16 Financial Executive März/April 2000, 45-46.

Göres, Ulrich L.
Die *Interessenkonflikte von Wertpapierdienstleistern* und -analysten bei der Wertpapieranalyse, Dissertation, Berlin / New York 2004.

Gormley, R. James
The Foreseen, the Foreseeable, and Beyond - Accountants' Liability to Nonclients, 14 Seton Hall L. Rev. 1984, 528-573.

Goss, Leland H.
Fairness Opinions: The US Experience, Current SEC & Cross-Border M&A Developments, Practising Law Institute Corporate Law and Course Handbook Series 1999, 383-394.

Götz, Heinrich
Stellungnahme zur Aktienrechtsreform 1997, AG Sonderheft 1997, 38-42.

Gougis, Chester A.
Fairness Opinions, in: The Mergers & Acquisitions Handbook, 2. Auflage (zit. M&A Handbook), New York 1994, S. 389-394.

Gougis, Chester A.
Can your Deal's Fairness Opinion Stand the Heat?, Mergers & Acquisitions März/April 1992, 33.

Graebner, Ulrich A.
Die *Auseinandersetzung* um Leveraged Buyouts, Dissertation, Frankfurt am Main 1991.

Granier, Thierry
La procédure d'attestation d'équité, 115 Rev. Sociétés 1997, 699-720.

Grass, Andrea R.
Business Judgment Rule: Schranken der richterlichen Überprüfbarkeit von Management Entscheidungen in aktienrechtlichen Verantwortungsprozessen, Dissertation, Zürich, 1998.

Grass, Andrea R.
Management-Entscheidungen vor dem Richter, SZW 2000, 1-10.

Grobecker, Wolfgang / Michel, Arndt
Rückkauf eigener Aktien: Die Grenzen des § 71 Abs. 1 Nr. 8 AktG, DStR 2001, 1757-1764.

Groß, Wolfgang
Kapitalmarktrecht: Kommentar zum Börsengesetz, zur Börsenzulassungs-Verordnung, zum Verkaufsprospektgesetz und zur Verkaufsprospekt-Verordnung, 2., vollständig überarbeitete und erweiterte Auflage, München 2002.

Groß, Wolfgang
Die börsengesetzliche Prospekthaftung, AG 1999, 199-209.

Groß, Wolfgang
Zulassung von Wertpapieren zum Börsenhandel mit amtlicher Notierun, FB 1999, 32-37.

Großfeld, Bernhard
Unternehmens- und Anteilsbewertung im Gesellschaftsrecht, 4. Auflage, Köln 2002.

Großfeld, Bernhard
Internationale Unternehmensbewertung, BB 2001, 1836-1840.

Grossman, Richard J. / Ciriello, Len
Need for a Summary of Investment Banker's Fairness Opinion in Schedule 14D-9, The M&A Lawyer Oktober 2002, 24.

Großmann, Adolf
Unternehmensziele im Aktienrecht, Köln/Berlin/Bonn/München, 1980.

Grundei, Jens / Werder, Axel von
Die Angemessenheit der Informationsgrundlage als Anwendungsvoraussetzung der Business Judgment Rule – Anforderungen an die Fundierung strategischer Entscheidungen aus betriebswirtschaftlicher Sicht, AG 2005, 825-834.

Grundmann, Stefan / Selbherr, Benedikt
Börsenprospekthaftung in der Reform: Rechtsvergleichung, Europarecht, Interessenbewertung mit ökonomischer Analyse, WM 1996, 985-993.

Grunewald, Barbara
Die Haftung des Abschlussprüfers gegenüber Dritten, ZGR 1999, 583-600.

Grunewald, Barbara
Die Haftung des Experten für seine Expertise gegenüber Dritten, 187 AcP 187 (1987), 285-308.

Gruson, Michael
Persönliche Haftung deutscher Unternehmensjuristen für die Richtigkeit einer legal opinion nach US-amerikanischem Recht, RIW 2002, 596-603.

Gruson, Michael
Prospekterfordernisse und Prospekthaftung bei unterschiedlichen Anlageformen nach amerikanischem und deutschem Recht, WM 1995, 89-98.

Gruson, Michael / Hutter, Stephan / Kutschera, Michael
Legal Opinions in International Transactions, 3. Auflage, London 1997.

Gude, Christian
Strukturänderungen und Unternehmensbewertung zum Börsenkurs, Dissertation, Köln, 2004.

Haarbeck, Christoph
Die externe Due Diligence durch Wirtschaftsprüfer - Ein Prüfstein der Börsenfähigkeit, in: Going Public: Der erfolgreiche Börsengang (zit. Going Public), München/Wien 2001, S. 87-108.

Haarmann, Wilhelm / Riehmer, Klaus / Schüppen, Matthias
Öffentliche Übernahmeangebote - Kommentar zum Wertpapiererwerbs- und Übernahmegesetz, Heidelberg 2002.
(zit. Haarmann/Riehmer/Schüppen-*Bearbeiter*; zit. Bearbeiter Röh, Lars)

Habersack, Mathias
Rechtsfragen des Emittenten-Ratings, ZHR 169 (2005), 185-211.

Habersack, Mathias
Auf der Suche nach dem gerechten Preis - Überlegungen zu § 31 WpÜG, ZIP 2003, 1123-1129.

Hafner, Ralf
Unternehmensbewertungen als Instrumente zur Durchsetzung von Verhandlungspositionen, BFuP 1993, 79-89.

Haight, Carol B.
The Standard Of Care Required Of An Investment Banker To Minority Shareholders In A Cash-Out Merger: Weinberger v. UOP, Inc., 8 Del. J. Corp. L. 1983, 98-180.

Haire, Breen M.
The Fiduciary Responsibilities of Investment Bankers in Change of Control Transactions: In Re Daisy Systems Corp., 74 N.Y.U. L. Rev. 1999, 277-311.

Hakelmacher, Sebastian
Der Prüfungsbericht als sprachliches Kunstwerk, WPg 1981, 143-147.

Hall, Brain J. / Rose, Christopher / Subramanian, Guhan
Harvard Business School Case Study *Circon*, Boston, 2001.

Hall, William
The Worm in the Wedding Cake for Would-Be Partners: Swiss-German Merger Fell Apart Officially because of Differing Valuations of the Companies, FT vom 31.3.1999, 28.

Hamdani, Assaf
Assessing *Gatekeeper Liability*, Harvard Law School Discussion Paper No. 442 Cambridge, MA, 2003.

Handschin, Lukas
Treuepflicht des Verwaltungsrates bei der gesellschaftsinternen Entscheidfindung, in: Neuere Tendenzen im Gesellschaftsrecht. Festschrift für Peter Forstmoser zum 60. Geburtstag (zit. FS Forstmoser), Zürich 2003, S. 169-182.

Hansen, Herbert
Marschollek, Lautenschläger und Partner im Brennpunkt der Kritik, AG 2001, R104-R106.

Happ, Wilhelm
Genehmigtes Kapital und Beteiligungserwerb: Zu Informationsdefiziten, Rechtsschutzmöglichkeiten und Reformüberlegungen, in: Festschrift für Peter Ulmer zum 70. Geburtstag (zit. FS Ulmer), Berlin/New York 2003, S. 175-192.

Harbarth, Stephan
Die Stellungnahme des Vorstands und Aufsichtsrats zur Gegenleistung bei Übernahmeangeboten, ZIP 2004, 3-11.

Harrer, Herbert / Heidemann, Dieter
Going Public - Einführung in die Thematik, DStR 1999, 254-260.

Hartmann, Charles J. / Gayle Rogers, Pamela
The Influence of Smith v. van Gorkom on Director's and Officer's Liability, 58 The Journal of Risk and Insurance 1991, 525-535.

Hasselbach, Kai
Das Andienungsrecht von Minderheitsaktionären nach der EU-Übernahmerichtlinie, ZGR 2005, 387-416.

Hauschildt, Jürgen / Gemünden, Hans Georg / Grotz-Martin, Silvia / Haidle, Ulf
Entscheidungen der Geschäftsführung: Typologie, Informationsverhalten, Effizienz, Tübingen, 1983.

Hausmaninger, Christian/Herbst, Christoph
Übernahmegesetz, Kurzkommentar, Wien 1999.
(zit. Hausmaninger/Herbst)

Hawes, Douglas W. / Sherrard, Thomas J.
Reliance on Advice of Counsel as a Defense in Corporate and Securities Cases, 62 Va. L. Rev. 1976, 1-147.

Hawkins, David F.
Corporate Financial Disclosure 1900-1933, New York / London 1986.

Hayn, Marc
Bewertung junger Unternehmen, 2., stark überarbeitete Auflage, Herne/Berlin 2000.

Hayn, Marc
Unternehmensbewertung: Die funktionalen Wertkonzeptionen, DB 2000, 1346-1353.

Heckschen, Heribert
Auswirkungen des Transparenz- und Publizitätsgesetzes auf die Satzungsgestaltung und die notarielle Praxis, in: Hirte, Heribert, Das Transparenz- und Publizitätsgesetz: Einführende Gesamtdarstellung (zit.: Transparenz- und Publizitätsgesetz), München 2003, S. 65-93.

Heckschen, Heribert
Fusion von Kapitalgesellschaften im Spiegel der Rechtsprechung, WM 1990, 377-389.

Heckschen, Heribert
Das Verschmelzungsrecht auf dem Prüfstand, ZIP 1989, 1168-1174.

Heidel, Thomas
Anwaltkommentar Aktienrecht, Bonn 2003.
(zit. Anwaltkommentar-*Bearbeiter*; zit. Bearbeiter Breuer, Stefan; Fraune, Christinan; Heidel, Thomas; Wagner, Franz)

Heidemann, Karsten
Das *Verhältnis zwischen Management und Aktionären* beim Management Buyout in den U.S.A. und Deutschland, Dissertation, Frankfurt am Main 1994.

Heinemann, Klaus
Auf dem Wege zur europäischen Dienstleistungshaftung, ZIP 1991, 1193-1204.

Heller, Harry / Weiss, Stephen J. / Israels, Carlos L. / Schwartz, Donald E.
Bar Chris: A Dialogue on a Bad Case Making Hard Law, 57 Geo. L.J. 1968, 221-252.

Hennrichs, Joachim
Zum Formwechsel und zur Spaltung nach dem neuen Umwandlungsgesetz, ZIP 1995, 794-801.

Henry, David
A Fair Deal - But For Whom? Fairness opinions in acquisitions are rife with conflicts - and coming under fire, Bus. Wk. vom 24.11.2003, 108-109.

Henssler, Martin
Die Haftung der Rechtsanwälte und Wirtschaftsprüfer: Entwicklungen im Berufsrisiko und Modelle der Risikominimierung, AnwBl. 1996, 3.

Henze, Hartwig
Leistungsverantwortung des Vorstands - Überwachungspflicht des Aufsichtsrats, BB 2000, 209-216.

Herchen, Hilke
Agio und verdecktes Agio im Recht Kapitalgesellschaften, Dissertation, Köln/Berlin/München 2004.

Herkenroth, Klaus E.
Konzernierungsprozesse im Schnittfeld von Konzernrecht und Übernahmerecht, Dissertation, Berlin, 1994.

Herkenroth, Klaus E.
Bankenvertreter als Aufsichtsratsmitglieder von Zielgesellschaften: Zur beschränkten Leistungsfähigkeit des Rechts bei der Lösung von Interessenkonflikten anlässlich der Finanzierung von Unternehmen, AG 2001, 33-40.

Herlihy, Edward D. / Wasserman, Craig M. / Coates, John C. IV
Disclosure of the Analyses Underlying Investment Banker Fairness Opinions, 6 Insights März 1992, 11.

Herrmann, Elisabeth
Ökonomische Analyse der Haftung des Wirtschaftsprüfers, Dissertation, Frankfurt am Main 1997.

Herrmann, Marcus
Zivilrechtliche Abwehrmaßnahmen gegen unfreundliche Übernahmeversuche in Deutschland und Großbritannien, Dissertation, Heidelberg 1993.

Herzeca, Lois F. / Mamby, Angelique
Evolving Standards for Director Reliance, The M&A Lawyer Februar 2004, 18.

Herzeca/Ku
Directors take an active role, New Jersey Law Journal November 2003, 14.

Herzel, Leo/Katz, Leo
Smith v. van Gorkom: The Business of Judging Business Judgment, 41 Bus. Law. 1986, 1187-1193.

Herzig, Norbert / Watrin, Christoph
Obligatorische Rotation des Wirtschaftsprüfers - ein Weg zur Verbesserung der externen Unternehmenskontrolle?, 47 ZfbF (1995), 775-804.

Herzog, Peter / Amstutz, Therese
Rechtliche Überlegungen zur Haftung des Wirtschaftsprüfers für Comfort Letters: Ungeklärte Rechtssituation in der Schweiz, ST 2000, 757-766.

Heun, Stefanie
Neuer Rechtsrahmen für Wertpapieranalysten, Die Bank 2002, 848-852.

Heurung, Rainer
Zur Unternehmensbewertung bei Spaltungsprozessen mit Kapitalstrukturproblemen, WPg 1998, 201-215.

Heurung, Rainer
Zur Unternehmensbewertung bei Umtauschverhältnissen im Rahmen der Spaltung (Teil I), DStR 1997, 1302-1308.

Heurung, Rainer
Zur Unternehmensbewertung bei Umtauschverhältnissen im Rahmen der Spaltung (Teil II), DStR 1997, 1341-1344.

HFA
Stellungnahme HFA 2/1983: Grundsätze zur Durchführung von Unternehmensbewertungen, WPg 1983, 468-480.

Hill, Andrew / Michaels, Adrian / Tassell, Tony
Auditors wary of growing ISS influence, FT vom 30.5.2003, 26.

Hinden, Stan
SEC Eyes Controls On LBOs:
Chairman Tells Hill Of Areas Of Concern, The Washington Post vom 23.12.1988, D1.

Hirsch, Herbert / Somach, Cara
Piercing the Business Judgment Rule in New York: Investment Bankers' Duty of Care to Shareholders, 4 Insights Januar 1990, 36.

Hirshleifer, Jack / Rigley, John G.
The *Analytics of Uncertainty and Information*, Cambridge / New York 1992.

Hirte Heribert
Die Entwicklung des Kapitalgesellschaftsrechts in Deutschland in den Jahren 2003 bis 2004, NJW 2005, 477-486.

Hirte, Heribert
The Takeover Directive – a Mini-Directive on the Structure of the Corporation: Is it a Trojan Horse?, ECFR 2005, 1-19.

Hirte, Heribert
Die Ausübung der Informationsrechte von Gesellschaftern durch Sachverständige, in: Festschrift für Volker Röhricht zum 65. Geburtstag (zit. FS Röhricht), Köln 2005, S. 217-233.

Hirte, Heribert
Titel, in: Handbuch Due Diligence (zit. Handbuch Due Diligence), Heidelberg erscheint im Jahre 2005.

Hirte, Heribert
Hauptversammlung, ungeschriebene Mitwirkungsbefugnisse, Holzmüller-Urteil/"Gelatine II", EWiR 2004, 1161-1162.

Hirte, Heribert
Das Recht der Umwandlung - ein Überblick (Teil I), ZInsO 2004, 353-363.

Hirte, Heribert
Das Recht der Umwandlung - ein Überblick (Teil II), ZInsO 2004, 419-431.

Hirte, Heribert
Kapitalgesellschaftsrecht, 5., neu bearbeitete Auflage, Köln 2006.

Hirte, Heribert
Das *Transparenz- und Publizitätsgesetz*: Einführende Gesamtdarstellung, München 2003.

Hirte, Heribert
Informationsmängel und Spruchverfahren: Anmerkung zu den Urteilen des BGH vom 18.12.2000 – II ZR 1/99 – (MEZ) und vom 29.1.2001 – II ZR 368/98 – (Aqua Butzke-Werke), ZHR (167) 2003, 8-34.

Hirte, Heribert
Gleichbehandlung allein führt nicht zum angemessenen Preis, FAZ vom 2.7.2003, 19.

Hirte, Heribert
Bezugsrechtsausschluss, Berichtspflicht, genehmigtes Kapital, Ausgabekurs, Sacheinlage/"MLP", EWiR 2003, 299-300.

Hirte, Heribert
Verteidigung gegen Übernahmeangebote und Rechtsschutz des Aktionärs gegen die Verteidigung, ZGR 2002, 623-658.

Hirte, Heribert
Wertpapiererwerbs- und Übernahmegesetz *WpÜG* mit Übernahmekodex und City Code, Köln/Berlin/Bonn/München, 2002.

Hirte, Heribert
Berufshaftung: Ein Beitrag zur Entwicklung eines einheitlichen Haftungsmodells für Dienstleistungen, München, 1996.

Hirte, Heribert
Bezugsrecht, Berichtspflicht, genehmigtes Kapital und europäisches Recht, DStR 2001, 577-581.

Hirte, Heribert
Anmerkungen und Anregungen zur geplanten gesetzlichen Neuregelung des Bezugsrechts, ZIP 1994, 356-363.

Hirte, Heribert
Der Kampf um Belgien - Zur Abwehr feindlicher Übernahmen, ZIP 1989, 1233-1246.

Hirte, Heribert
Bezugsrechtsausschluß und Konzernbildung: Minderheitenschutz bei Eingriffen in die Beteiligungsstruktur der Aktiengesellschaft, Dissertation, Köln / Berlin / Bonn / München, 1986.

Hirte, Heribert
Die Ausübung der Informationsrechte von Gesellschaftern durch Sachverständige, BB 1985, 2208-2210.

Hirte, Heribert
Modernization of Corporate Law in the United States, DAJV-Newsletter Januar 1985, 5-6.

Hirte, Heribert / Otte, Karsten
Die Rechtsentwicklung im Bankrecht in den Vereinigten Staaten im Jahre 1993, ZBB 1994, 189-190.

Hirte, Heribert / Schander, Albert A.
Organpflichten bei Unternehmensübernahmen, in: Die Übernahme börsennotierter Unternehmen (zit. Übernahme börsennotierter Unternehmen), Frankfurt am Main 1999, S. 341-375.

Hirte, Heribert / von Bülow, Christoph
Kölner Kommentar zum WpÜG mit AngebVO und §§ 327a-327f AktG, Köln/Berlin/Bonn/München 2003.
(zit. KK-*Bearbeiter*; zit. Bearbeiter Hasselbach, Kai; Hirte, Heribert; Kremer, Matthias-Gabriel; Möllers, Thomas M.J.; Oesterhaus, Henning; Seydel, Eberhard)

Hoffmann, Jochen
Die Bildung der Aventis S.A. - ein Lehrstück des europäischen Gesellschaftsrechts, NZG 1999, 1077-1085.

Hoffmann-Becking, Michael
Gesetzesvorhaben zur Manager-Haftung gehen zu weit: Übernahme der US-amerikanischen Business Judgment Rule in das deutsche Aktienrecht ist überflüssig (Teil I), Börsen-Zeitung vom 14.7.2004, 2.

Hoffmann-Becking, Michael
Münchener Handbuch des Gesellschaftsrechts, Band 4, 2., neubearbeitete und erweiterte Auflage, München 1999.
(zit. Münchener Handbuch-*Bearbeiter*; zit. Bearbeiter Krieger, Gerd)

Hoffmann-Becking, Michael
Der Aufsichtsrat im Konzern, ZHR 159 (1995), 325-345.

Hoffmann-Becking, Michael
Das erweiterte Auskunftsrecht des Aktionärs nach § 131 Abs. 4 AktG, in: Festschrift für Heinz Rowedder (zit. FS Rowedder), München 1994, S. 155-170.

Hoffmann-Becking, Michael
Das neue Verschmelzungsrecht in der Praxis, in: Festschrift für Hans-Joachim Fleck zum 70. Geburtstag am 30. Januar 1988 (zit. FS Fleck), Berlin/New York 1988, S. 105-124.

Höhn, Jakob
Einführung in die Rechtliche *Due Diligence*, Zürich, 2003.

Hommel, Michael /Braun, Inga / Schmotz, Thomas
Neue Wege in der Unternehmensbewertung? - Kritische Würdigung des neuen IDW Standards (IDW S1) zur Unternehmensbewertung, DB 2001, 341-347.

Hommelhoff, Peter
Das Unternehmensrecht vor den Herausforderungen der Globalisierung, in: Festschrift für Marcus Lutter zum 70. Geburtstag (zit. FS Lutter), Köln 2000, S. 95-106.

Hommelhoff, Peter
Minderheitenschutz bei Umstrukturierungen, ZGR 1993, 452-473.

Hommelhoff, Peter
Zur Kontrolle strukturändernder Gesellschafterbeschlüsse, ZGR 1990, 447-476.

Hommelhoff, Peter
Die *Konzernleitungspflicht*, Köln/Berlin/Bonn/München, 1982.

Hommelhoff, Peter / Mattheus, Daniela
Corporate Governance nach dem KonTraG, AG 1998, 249-259.

Hong, Harrison / Kubik, Jeffrey
Analyzing the Analysts: Career Concerns and Biased Earnings Forecasts, 58 J. Fin. 2003, 313.

Honsell, Heinrich
Die Haftung für Gutachten und Auskunft unter besonderer Berücksichtigung von Drittinteressen, in: Festschrift für Dieter Medicus zum 70. Geburtstag (zit. FS Medicus), Köln/Berlin/Bonn/München 1999, S. 211-233.

Honsell, Heinrich
Probleme der Haftung für Auskunft und Gutachten, JuS 1976, 621-629.

Hopt, Klaus J.
Interessenwahrung und Interessenkonflikte im Aktien-, Bank- und Berufsrecht: Zur Dogmatik des modernen Geschäftsbesorgungsrechts, ZGR 2004, 1-52.

Hopt, Klaus J.
Übernahmen, Geheimhaltung und Interessenkonflikte: Probleme für Vorstände, Aufsichtsräte und Banken, ZGR 2002, 333-376.

Hopt, Klaus J.
Grundsatz- und Praxisprobleme nach dem Wertpapiererwerbs- und Übernahmegesetz, ZHR 166 (2002), 383-432.

Hopt, Klaus J.
Auf dem Weg zum deutschen Übernahmegesetz: Gemeinsamer Standpunkt des Rates zur 13. Richtlinie und Diskussionsenwurf des Übernahmegesetzes, in: Beiträge zum Unternehmensrecht: Festschrift für Hans-Georg Koppensteiner zum 65. Geburtstag (zit. FS Koppensteiner), Wien 2002, S. 61-89.

Hopt, Klaus J.
Verhaltenspflichten des Vorstands der Zielgesellschaft bei feindlichen Übernahmen: Zur aktien- und übernahmerechtlichen Rechtslage in Deutschland und Europa, in: Festschrift für Marcus Lutter zum 70. Geburtstag (zit. FS Lutter), Köln 2000, S. 1361-1400.

Hopt, Klaus J.
Europäisches und deutsches Übernahmerecht, ZHR 161 (1997), 368-420.

Hopt, Klaus J.
Die Haftung von Vorstand und Aufsichtsrat, in: Festschrift für Ernst-Joachim Mestmäcker (zit. FS Mestmäcker), Baden-Baden 1996, S. 909-931.

Hopt, Klaus J.
Aktionärskreis und Vorstandsneutralität, ZGR 1993, 534-566.

Hopt, Klaus J.
Dritthaftung für Testate, NJW 1987, 1745-1746.

Hopt, Klaus J.
Die Haftung des Wirtschaftsprüfers. Rechtsprobleme zu § 323 HGB (§ 168 AktG a.F.) und zur Prospekt- und Auskunftshaftung, in: Festschrift für Klemens Pleyer zum 65. Geburtstag (zit. FS Pleyer), Köln/Berlin/Bonn/München 1986, S. 341-369.

Hopt, Klaus J.
Self-Dealing and Use of Corporate Opportunity and Information: Regulating Directors' Conflicts of Interest, in: Corporate Governance and Directors Liabilities (zit. Corporate Governance and Directors Liabilities), Berlin/New York 1985, S. 285-326.

Hopt, Klaus J.
Haftungsrechtliche Fragen der Prospektprüfung, in: Prospektprüfung: Vorträge und Podiumsdiskussionen beim IdW-Seminar am 6. Juni 1983 Frankfurt (zit. Prospektprüfung), Düsseldorf 1983, S. 39-54.

Hopt, Klaus J.
Nichtvertragliche Haftung außerhalb von Schadens- und Bereicherungsausgleich: Zur Theorie und Dogmatik des Berufsrechts und der Berufshaftung, AcP 183 (1983), 608-720.

Hopt, Klaus J. / Wiedemann, Herbert
Großkommentar Aktiengesetz §§ 300-310 AktG, 4., neubearbeitete Auflage, Berlin/New York 2005. (zit. GK-*Bearbeiter*; zit. Bearbeiter Hasselbach, Kai; Hirte, Heribert)

Hopt, Klaus J. / Wiedemann, Herbert
Großkommentar Aktiengesetz §§ 192-206 AktG, 4., neubearbeitete Auflage, Berlin/New York 2001.
(zit. GK-*Bearbeiter*; zit. Bearbeiter Frey, Kaspar; Hirte, Heribert)

Hopt, Klaus J. / Wiedemann, Herbert
Großkommentar Aktiengesetz §§ 131, 132 AktG, 4., neubearbeitete Auflage, Berlin/New York 2001.
(zit. GK-*Bearbeiter*; zit. Bearbeiter Decher, Christian E.)

Hopt, Klaus J. / Wiedemann, Herbert
Großkommentar Aktiengesetz §§ 92-94 AktG, 4., neubearbeitete Auflage, Berlin/New York 1999.
(zit. GK-*Bearbeiter*; zit. Bearbeiter Hopt, Klaus J.)

Hopt, Klaus J. / Wiedemann, Herbert
Großkommentar Aktiengesetz §§ 138-147 AktG, 4., neubearbeitete Auflage, Berlin/New York 1999.
(zit.GK-*Bearbeiter*; zit. Bearbeiter Bezzenberger, Gerold)

Hopt, Klaus J. / Wiedemann, Herbert
Großkommentar Aktiengesetz §§ 23-40 AktG, 4., neubearbeitete Auflage, Berlin/New York 1997.
(zit. GK-*Bearbeiter*; zit. Bearbeiter Röhricht, Volker)

Hopt, Klaus J. / Wiedemann, Herbert
Großkommentar Aktiengesetz §§ 179-191 AktG, 4., neubearbeitete Auflage, Berlin/New York 1995.
(zit. GK-*Bearbeiter*; zit. Bearbeiter Wiedemann, Herbert)

Hopt, Klaus J. / Wiedemann, Herbert
Großkommentar Aktiengesetz §§ 121-130 AktG, 4., neubearbeitete Auflage, Berlin/New York 1993.
(zit. GK-*Bearbeiter;* zit. Bearbeiter Werner, Winfried)

Hopt, Klaus J. / Wiedemann, Herbert
Großkommentar Aktiengesetz § 241-255, 4., neubearbeitete Auflage, Berlin/New York 1996.
(zit. GK-*Bearbeiter*; zit. Bearbeiter Schmidt, Karsten)

Horn, Norbert
Zur Haftung der AG und ihrer Organmitglieder für unrichtige oder unterlassene Ad-hoc-Informationen, in: Festschrift für Peter Ulmer zum 70. Geburtstag (zit. FS Ulmer), Berlin/New York 2003, S. 817-828.

Horn, Norbert
Internationale Unternehmenszusammenschlüsse, ZIP 2000, 473-485.

Horn, Norbert
Die Haftung des Vorstands der AG nach § 93 AktG und die Pflichten des Aufsichtsrats, ZIP 1997, 1129-1139.

Horsey, Henry R.
The Duty of Care Component of the Delaware Business Judgment Rule, 19 Del. J. Corp. L. 1994, 971-998.

Houlihan Lokey Howard & Zukin
Request for *Comment* 04-83: Fairness Opinions Issued by Members, Los Angeles February 1, 2005.

Huber, Silvia
Haftung für Angebotsunterlagen nach Wertpapiererwerbs- und Übernahmegesetz, Dissertation, Hamburg, 2002.

Huber, Konrad
Verkehrspflichten zum Schutz fremden Vermögens, in: Festschrift für Ernst von Caemmerer zum 70. Geburtstag (zit. FS von Caemmerer), Tübingen 1978, S. 359-388.

Huber, Peter / Löber, Werner
Übernahmegesetz Kommentar, Wien 1999.
(zit. *Huber/Löber*)

Huber, Ulrich
Die Praxis des Unternehmenskaufs im System des Kaufrechts, 202 AcP (2002), 179-242.

Huber, Ulrich
Rückkauf eigener Aktien, in: Festschrift für Bruno Kropff: Aktien- und Bilanzrecht (zit. FS Kropff), Düsseldorf 1997, S. 101-125.

Hübner, Ulrich
Managerhaftung: Rechtsgrundlagen und Risikopotentiale einer persönlichen Inanspruchnahme der Unternehmensleiter von Kapitalgesellschaften, München 1992.

Hübner, Ulrich
Die Berufshaftung - ein zumutbares Berufsrisiko?, NJW 1989, 5-11.

Hüffer, Uwe
Kommentar Aktiengesetz, 6., neubearbeitete Auflage, München 2004.
(zit. *Hüffer*)

Hülsmann, Christoph
Stärkung der Abschlussprüfung durch das Bilanzrechtsreformgesetz, DStR 2005, 166-172.

Husemann, Walter
Die *Reputation des Wirtschaftsprüfers in ökonomischen Agency-Modellen*, Dissertation, Köln 1992.

Husisian, Gregory
What Standard of Care Should Govern the World's Shortest Editorials?: An Analysis of Bond Rating Agency Liability, 75 Cornell L. Rev. 1990, 411-461.

Hutter, Stephan / Leppert, Michael
Reformbedarf im deutschen Kapitalmarkt- und Börsenrecht, NJW 2002, 2208-2213.

Hutter, Stephan / Leppert, Michael
Das 4. Finanzmarktförderungsgesetz aus Unternehmenssicht, NZG 2002, 649-657.

IdW
Wirtschaftsprüfer-Handbuch 2002, Handbuch für Rechnungslegung, Prüfung und Beratung, Band II, Düsseldorf, 2002.

Ihlas, Horst
Organhaftung und Haftpflichtversicherung, Dissertation, Berlin 1997.

Immenga, Ulrich
Die personalistische *Kapitalgesellschaft*, Bad Homburg 1970.

Institut der Wirtschaftsprüfer
Entwurf einer Neufassung des IDW Standards: Grundsätze zur Durchführung von Unternehmensbewertungen (IDW ES 1 n.F.), WPg 2005, 28-46.

Institut der Wirtschaftsprüfer
IDW Standard: Grundsätze zur Durchführung von Unternehmensbewertungen (IDW S1), WPg 2000, 825-842.

Jacob, Adolf-Friedrich / Klein, Sebastian
Investment Banking. Bankpolitik, Methoden und Konzepte, Wiesbaden 1996.

Jacobs, Arnold S.
Disclosure and Remedies Under the Securities Law, Danvers 2003.

Jacobs, Arnold S.
The Role of Securities Exchange Arct Rule 10b-5 in the Regulation of Corporate Management, 59 Cornell L.Rev. 1973, 27-105.

Janis, Irving L.
Victims of groupthink: a psychological study of foreign-policy decisions and fiascos, Boston 1972.

Jeffry, Davis / Lehn, Kenneth
Information Asymmetries, Rule 13e-3 and Premium in Going Private Transactions, 70 Wash. U. L.Q. 1992, 587.

Jensen, Michael C. / Meckling, William H.
Theory of the Firm: Managerial Behavior, Agency Costs and Ownership Structure, 3 J. Fin. Econ. 1976, 305-360.

Joch Robinson, Gertrude
Fünfundzwanzig Jahre "Gatekeeper"-Forschung: Eine kritische Rückschau und Bewertung, in: Aufermann, Jörg/Bohrmann, Hans/Sülzer, Rolf, Gesellschaftliche Kommunikation und Information, Forschungsrichtungen und Problemstellungen, Ein Arbeitsbuch zur Massenkommunikation, Band 1 (zit. Gesellschaftliche Kommunikation und Information), Frankfurt am Main 1973, S. 344-355.

Johannsen-Roth, Tim
Der *Erwerb eigener Aktien*: Regelungsprobleme im Spannungsfeld gesellschaftsrechtlicher Normbefehle und kapitalmarktrechtlich implizierter Verhaltensanforderungen, Dissertation, Köln, 2001.

Johnson, Charles J. Jr. / McLaughlin, Joseph
Corporate Finance and the Securities Laws, 2. Auflage, New York 1997.

Johnson, Jo / Smith, Peter
Castorama Steps Up against Kingfisher: French Group Attacks Choice of Schroder Salomon Smith Barney as Independent Valuer, FT vom 28.5.2002, 21.

Johnson, Lyman
Rethinking Judicial Review of Director Care, 24 Del. J. Corp. L. 1999, 787-833.

Jost, Fritz
Vertragslose *Auskunfts- und Beratungshaftung*, Baden-Baden 1991.

Jost, Peter-J.
Die Prinzipal-Agenten-Theorie im Unternehmenskontext, in: Prinzipal-Agenten-Theorie in der Betriebswirtschaftslehre (zit. Prinzipal-Agenten-Theorie in der Betriebswirtschaftslehre), Stuttgart 2001, S. 11-43.

Kallmeyer, Harald
Ausschluß von Minderheitsaktionären, AG 2000, 59-61.

Kallmeyer, Harald
Die Mängel des Übernahmekodex der Börsensachverständigenkommission, ZHR 161 (1997), 435-454.

Kallmeyer, Harald
Umwandlungsgesetz: Kommentar;Verschmelzung, Spaltung und Formwechsel bei Handelsgesellschaften, Köln 1997.
(zit. Kallmeyer-*Bearbeiter*; zit. Bearbeiter Marsch-Barner, Reinhard; Müller, Welf)

Kalss, Susanne
Das neue Übernahmegesetz als Teil des Kapitalmarktrechts in Österreich, NZG 1999, 421-430.

Kalss, Susanne / Zollner, Johannes
Bilden eigene Aktien Gegenstand eines öffentlichen Angebots nach dem ÜbernahmeG?, ÖBA 2001, 499-512.

Kamprad, Balduin/Röder, Hans-Jürgen
Die Abfindung der außenstehenden Aktionäre bei der Eingliederung durch Mehrheitsbeschluß nach § 320 AktG, AG 1990, 486-489.

Kane & Company, Inc.
Adressing Conflicts of Interest When Members Provide Fairness Opinions; *Comments*, Los Angeles January 10, 2005.

Kasner, Jay B. / Manne, Eric S.
Can Investment Bankers Protect Themselves From Shareholder Lawsuits Based Upon Fairness Opinions After Collins?", 4 M&A Law., Oktober/November 2000, 18.

Kau, Wolfgang M. / Kukat, Klaus
Haftung von Vorstands- und Aufsichtsratsmitgliedern nach dem Aktiengesetz, BB 2000, 1045-1050.

Keenan, Charles
Hibernia Cancels $ 78M Deal: Couldn't Get Fairness Opinion, Am. Banker vom 19.5.1999, 32.

Keeton, W. Page
Prosser and Keeton on the Law of Torts, 5. Auflage, St. Paul 1984.

Kennedy, Michael J.
Functional Fairness - the Mechanics, Functions and Liability of Fairness Opinions, Practising Law Institute Corporate Law and Practice Course Handbook Series, May/June 2001, 605-670.

Kersting, Christian
Diskussionsbericht zu den Referaten von Hinrichs, Habersack und Wittig, ZHR 169(2005), 242-247.

Kiem, Roger
Das neue Übernahmegesetz: "Squeeze-out", in: Gesellschaftsrecht 2001 Tagungsband zum RWS-Forum am 8. und 9. März 2001 in Berlin (zit. Gesellschaftsrecht), Köln 2002, S. 329-351.

Kiem, Roger
Formwechsel, Umwandlungsbericht, Barabfindung, Erläuterungsumfang/"Aqua Butzke-Werke", EWiR 1997, 421-422.

Kiethe, Kurt
Maßnahmenkatalog der Bundesregierung zur Aktienrechtsreform 2003 - "Verbesserung" des Klagerechts der Aktionäre?, ZIP 2003, 707-713.

Kiethe, Kurt
Vorstandshaftung aufgrund fehlerhafter Due Diligence beim Unternehmenskauf, NZG 1999, 976-983.

Kilian, Matthias
Glaubwürdigkeit des Jahresabschlusses: Die Kontrolle der Kontrolleure, ZGR 2004, 189-226.

Kindler, Peter
Unternehmerisches Ermessen und Pflichtenbindung: Voraussetzungen und Geltendmachung der Vorstandshaftung in der Aktiengesellschaft, ZHR 162 (1998), 101-119.

Kinzl, Ulrich-Peter
Gesetzgeber auf Abwegen? Kritische Überlegungen zur Übernahme der Business Judgment Rule, AG 2004, R3-R4.

Kirkwood, John
Public Offerings - When and where to offer comfort, CA Magazine December 2000, 37-38.

Kiss, Henning
Die Haftung berufsmäßiger Sachkenner gegenüber Dritten, WM 1999, 117-124.

Klafs, Holger
Fairness Opinions under German Law, Bus. L. Rev. 2003, 283-286.

Klein, William A. / Coffee, John C. Jr.
Business Organization and Finance: Legal and Economic principles, 8. Auflage, New York 2002.

Klein, William A. / Ramseyer, J. Mark. / Bainbridge, Stephen M.
Business Associations: Agency, Partnerships and Corporations, New York 2003.

Klemm, Hanns-Alexander
Öffentliche Übernahmen gewinnen an Bedeutung:
Institutionelle Anleger geben den Takt an - Kapitalmarktaspekte im M&A Geschäft, Börsen-Zeitung vom 29.01.2000, B8.

Kling, Michael
Die Innenhaftung des Aufsichtsratsmitglieds in der Aktiengesellschaft, DZWiR 2005, 45-56.

Koch, Jens
Der Erwerb eigener Aktien - kein Fall des WpÜG, NZG 2003, 61-70.

Koch, Wolfgang / Wegmann, Jürgen
Praktiker-Handbuch Börseneinführung, 3. Auflage, Köln, 2000.

Kock, Martin / Dinkel, Renate
Die zivilrechtliche Haftung von Vorständen für unternehmerische Entscheidungen, NZG 2004, 441-448.

Kohl, Torsten / Schulte, Jörn
Ertragswertverfahren und DCF-Verfahren - ein Überblick vor dem Hintergrund der Anforderungen des IDW S1, WPg 2000, 1147-1164.

Köhler, Annette G.
Eine ökonomische Analyse von Comfort Letters, DBW 63 (2003), 77-91.

Köhler, Annette G. / Marten, Kai-Uwe / Hülsberg, Frank M. / Bender, Gregor
Haftungsrisiken für Gesellschaftsorgane: Aktuelle Beurteilung und Gegenmaßnahmen, BB 2005, 501-510.

Köhler, Annette G. / Weiser, M. Felix
Die Bedeutung von Comfort Letters im Zusammenhang mit Emissionen, DB 2003, 565-570.

Köndgen, Johannes
Die Einbeziehung Dritter in den Vertrag, in: Karlsruher Forum 1998 (zit. Karlsruher Forum), Karlsruhe 1999, S. 3-49.

Koppensteiner, Hans-Georg
GmbH-rechtliche Probleme des Management Buy-Out, ZHR 155 (1991), 97-119.

Korsch, Marija
Erfolgsfaktoren bei öffentlichen Übernahmen: Einsatz unabhängiger Berater mit Kapitalmarkt Know How sowie höchste Vertraulichkeit, Börsen-Zeitung vom 29.1.2000, B9.

Kort, Michael
Rechte und Pflichten des Vorstands der Zielgesellschaft bei Übernahmeversuchen, in: Festschrift für Marcus Lutter zum 70. Geburtstag (zit. FS Lutter), Köln 2000, S. 1421-1447.

Kort, Michael
Umfang der Überwachungspflicht des Aufsichtsrats: Nachprüfungspflicht bei Wertgutachten (ASS), EWiR 1999, 1145-1146.

Kosnik, Rita D. / Shapiro, Debra L.
Agency conflicts between investment banks and coporate clients in merger and acquisition transactions: Causes and remedies, 11 Academy of Management Executive 1997, 7-20.

Kraakman, Reinier H.
Gatekeepers: The Anatomy of a Third-Party Enforcement Strategy, 2 J.L. Econ. & Org. 1986, 53-104.

Kraakman, Reinier H.
Corporate Liability Strategies and the Cost of Legal Controls, 93 Yale L. J. 1984, 857-898.

Kramer, Philipp
Bericht über die Diskussion, in: RWS-Forum Gesellschaftsrecht 1997 (zit. Gesellschaftsrecht 1997), Köln 1998, S. 75-79.

Kraus-Grünewald, Marion
Unternehmensbewertung und Verkäuferposition bei Akquisitionen, in: Festschrift zum 65. Geburtstag von Professor Dr. Dr. h.c. Dr. h.c. Adolf Moxter (zit. FS Moxter), Düsseldorf 1994, S. 1435-1456.

Kreps, David / Wilson, Robert
Reputation and Imperfect Information, 27 Journal of Economic Theory (1982), 253-279.

Krieger, Gerd
Squeeze-Out nach neuem Recht: Überblick und Zweifelsfragen, BB 2002, 53-62.

Krieger, Gerd
Vorstandsbericht vor Ausnutzung eines genehmigten Kapitals mit Bezugsrechtsausschluss?, in: Festschrift für Herbert Wiedemann zum 70. Geburtstag (zit. FS Wiedemann), München 2002, S. 1081-1095.

Krieger, Gerd
Aktionärsklage zur Kontrolle des Vorstands- und Aufsichtsratshandelns, ZHR 163 (1999), 343-363.

Krieger, Gerd
Die externe Überwachung einer Holding, in: Lutter, Marcus, Holding-Handbuch (zit. Holding-Handbuch, 4. Auflage), 4. Auflage, Köln 2004, S. 227-266.

Krieger, Gerd
Die externe Überwachung einer Holding, in: Lutter, Marcus, Holding-Handbuch (zit. Holding-Handbuch, 3. Auflage (Vorauflage)), 3. Auflage, Köln 1998, S. 213-247.

Krieger, Gerd
Zur (Innen-)Haftung von Vorstand und Geschäftsführung, in: RWS-Forum Gesellschaftsrecht 1995 (zit. RWS-Forum Gesellschaftsrecht 1995), Köln 1996, S. 149-177.

Kroneck, Stefan
W.E.T.-Aktionäre protestieren heftig - Streubesitz wehrt sich gegen KG-Umwandlung, Börsen-Zeitung vom 28.11.2003, 13.

Kropff, Bruno
Aktiengesetz: Textausgabe des Aktiengesetzes vom 6.9.1965, Düsseldorf 1965.

Kropff, Bruno / Semler, Johannes
Münchener Kommentar Aktiengesetz, Band 9/1, §§ 327a – 327f AktG, WpüG, SpruchG, 2. Auflage, München 2004.
(zit. MüKo-*Bearbeiter*; zit. Bearbeiter Wackerbarth, Ulrich)

Kropff, Bruno / Semler, Johannes
Münchener Kommentar Aktiengesetz, Band 8, §§ 278-328 AktG, 2. Auflage, München 2000.
(zit. MüKo-*Bearbeiter*; zit. Bearbeiter Altmeppen, Holger; Bilda, Klaus; Grunewald, Barbara)

Kropff, Bruno / Semler, Johannes
Münchener Kommentar zum Aktiengesetz, Band 3: §§ 76-117 AktG, MitbestG, §§76 BetrVG 1952, 2. Auflage, München 2004.
(zit. MüKo-*Bearbeiter*; zit. Bearbeiter Hefermehl, Wolfgang; Semler, Johannes; Spindler, Gerald)

Krüll, Petra
Richtiger Schritt bei Fehlinformationen, Wertpapier Ausgabe 25 2003, 65.

Kruppe, Carsten
Bewertung von Handlungsspielräumen im Rahmen von Unternehmensbewertungen nach IDW S1, FB 2004, 669-674.

Kübler, Friedrich
Aktie, Unternehmensfinanzierung und Kapitalmarkt, Köln 1989.

Kuhn, Robert L.
Investment Banking: The Art and Science of High-Stakes Dealmaking, New York 1990.

Kümpel, Siegfried
Bank- und Kapitalmarktrecht, 3., neubearbeitete und wesentlich erweiterte Auflage, Köln 2004.

Kunold, Uta
DAI: Entwicklung eines Muster Comfort Letter - Ein Beitrag für zuverlässigere Finanzdaten in Prospekten, NZG 2003, 320-321.

Kust, Egon
Zur Sorgfaltspflicht und Verantwortlichkeit eines ordentlichen und gewissenhaften Geschäftsleiters, WM 1980, 758-765.

Laird, John / Perrone Tony
Fairness Opinions: What Are They? When Are They Needed?, 3 Construction Law and Business 2002, 39-41.

Lamla, Michael
Grundsätze ordnungsgemäßer *Umwandlungsprüfung*, Dissertation, Wiesbaden 1997.

Lammel, Siegbert
Zur Auskunftshaftung, AcP 179 (1979), 337-366.

Land, Volker / Hasselbach, Kai
Das neue deutsche Übernahmegesetz: Einführung und kritische Anmerkungen zum Diskussionsentwurf des BMF, DB 2000, 1747-1755.

Lang, Arno
Die Rechtsprechung des Bundesgerichtshofes zur Dritthaftung der Wirtschaftsprüfer und anderer Sachverständiger, WM 1988, 1001-1008.

Lang, Arno
Zur Dritthaftung der Wirtschaftsprüfer, WPg 1989, 57-64.

Langenegger, Rolf / Hermann, Roman
Was die Fairness Opinion sagt und was nicht, FuW vom 3.4.2004, 45.

Lappe, Thomas
Unternehmensbewertungen nach dem Wertpapiererwerbs- und Übernahmegesetz, BB 2002, 2185-2192.

Lazare, Stephen M.
A Foreseeably Unreasonable Extension of an Auditor's Legal Duty, 48 Alb. L. Rev. 1984, 876-921.

Leddy, Patrick J. / Walters, Randall M.
The Growing Storm Over Fairness Opinions, Mergers and Acquisitions Journal März 2005, 35-40.

Lee, Mark M. / Matthews, Gilbert E.
Fairness Opinions, in: The Handbook of Advanced Business Valuations (zit. Advanced Business Valuations), New York 2000, S. 309-336.

Leebron, David
Games Corporations Play: A Theory of Tender Offers, 61 N.Y.U.L. Rev. 1987, 153-222.

Lengauer, Daniel
Was brachte das Börsengesetz als Ergänzung zum Aktienrecht dem Aktionär? - Wichtige Lücken durch Börsengesetz und Vorschriften der SWX geschlossen, ST 2002, 469-478.

Lenz, Jürgen / Behnke, Thorsten
Das WpÜG im Praxistest: Ein Jahr Angebotsverfahren unter der Regie des neuen Gesetzes, BKR 2003, 43-51.

Lenz, Jürgen / Linke, Ulf
Die Handhabung der WpÜG in der aufsichtsrechtlichen Praxis, AG 2002, 361-369.

Lenz, Jürgen / Linke, Ulf
Rückkauf eigener Aktien nach dem Wertpapiererwerbs- und Übernahmegesetz, AG 2002, 420-424.

Levie, Joseph H.
Do Solvency Letters Help? Or Are They Dangerous?, New York L. J. vom 5.9.1991, 5-6.

Lewin, Kurt
Psychological ecology, in: *Field theory in social science*: Selected theoretical papers, New York 1951, S. 170-187.

Liaw, K. Thomas
The *Business of Investment Banking*, New York 1999.

Liggio, Carl D.
The Expectation Gap: The Accountant's Legal Waterloo?, 3 Journal of Contemporary Business 1974, 27-44.

Linnerz, Markus
Vom Anfechtungs- zum Haftungstourismus?, NZG 2004, 307-313.

Lipin, Steven
Zions-First Security Deal Is Dealt A Blow As Banker Goldman Withdraws Blessing, Wall St. J. vom 14.3.2000, C22.

Lipton, Martin
Takeover Bids in the Target's Boardroom, 35 Bus. Law. 1979, 101-134.

Lipton, Martin / Steinberger, Erica, H.
Takeovers and Freeze Outs, Volume 1a, New York 2003.

Littbarski, Sigurd
Die Berufshaftung - eine unerschöpfliche Quelle richterlicher Rechtsfortbildung?, NJW 1984, 1667-1670.

Longstreth, Bevis
Longstreth Says Federal, State Laws are Not Assuring Fairness in Buyouts, 15 Sec. Reg. & L. Rep. 1983, 1908-1910.

Longstreth, Bevis
Fairness of Management Buyouts Need Evaluation, Legal Times vom 10.10.1983, 15.

Lord Wedderburn
The Legal Development of Corporate Responsability: For Whom Will Corporate Managers Be Trustees?, in: Corporate Governance and Directors Liabilities (zit. Corporate Governance and Directors Liabilities), Berlin/New York 1985, S. 3.

Lorenz, Werner
Das Problem der Haftung für primäre Vermögensschäden bei der Erteilung einer unrichtigen Auskunft, in: Festschrift für Karl Larenz zum 70. Geburtstag (zit. FS Larenz), München 1973, S. 576-620.

Lösler, Thomas
Compliance im Wertpapierdienstleistungskonzern, Berlin 2003.

Lowenstein, Louis
Management Buyouts, 85 Colum. L. Rev. 1985, 730-784.

Luber, Thomas
McKinsey greift an, Capital vom 1.11.1998, 38.

Lund, Donald
Toward a Standard for Third Party Advisor Liability in Mergers and Buy-Outs: Schneider and Beyond, 52 U. Pitt. L. Rev. 1991, 603-627.

Lutter, Marcus
Aktionärs-Klagerechte, JZ 2000, 837-842.

Lutter, Marcus
Haftung und Haftungsfreiräume des GmbH-Geschäftsführers, GmbHR 2000, 301-312.

Lutter, Marcus
Treuepflichten und ihre Anwendungsprobleme, 162 ZHR 162 (1998), 164-185.

Lutter, Marcus
Defizite für eine effiziente Aufsichtsratstätigkeit und gesetzliche Möglichkeiten der Verbesserung, ZHR 159 (1995), 287-309.

Lutter, Marcus
Information und Vertraulichkeit im Aufsichtsrat, 2. Auflage, Köln/Berlin/Bonn/München 1984.

Lutter, Marcus
Bankenvertreter im Aufsichtsrat, ZHR 145 (1981), 224-251.

Lutter, Marcus
Zur Binnenstruktur des Konzerns, in: Festschrift für Harry Westermann zum 65. Geburtstag (zit. FS Westermann), Karlsruhe 1974, S. 347-368.

Lutter, Marcus / Krieger, Gerd
Rechte und Pflichten des *Aufsichtsrat*s, 4. völlig neubearbeitete und erweiterte Auflage, Köln 2002.

Lutter, Marcus / Winter, Martin
Umwandlungsgesetz, 3., neu bearbeitete und erweiterte Auflage, Köln 2004.
(zit. Lutter/Winter-*Bearbeiter*; zit. Bearbeiter Decher, Christian E.; Drygala, Tim; Grunewald, Barbara; Hommelhoff, Peter; Hübner, Ulrich; Lutter Marcus)

Luttermann, Claus
Zum Börsenkurs als gesellschaftsrechtliche Bewertungsgrundlage, ZIP 1999, 45-52.

Lutz, Harald
Zum Konsens und Dissens in der Unternehmensbewertung, BFuP 1981, 146-155.

Macey, Jonathan / Miller, Geoffrey P.
Trans Union Reconsidered, 98 Yale L. J. 1988, 127-142.

MacIntosh, Julie
Fairness Opinions Now Fair Game for Spitzer, Reuters English News Service vom 13.3.2003, ohne Seitenangabe.

Maier-Reimer, Georg
Verhaltenspflichten des Vorstands der Zielgesellschaft bei feindlichen Übernahmen, 165 ZHR 165 (2001), 258-279.

Mankowski, Peter
Aktionär, Einsichtsrecht in fremdsprachige Unterlagen, Beteiligungserwerb/"Direkt Anlage Bank/Self Trade", EWiR 2001, 1081-1082.

Manne, Henry
Mergers and the Market for Corporate Control, 73 J.Pol.Econ. 1965, 110.

Manning, Bayless
Reflections and Practical Tips on Life in the Boardroom after van Gorkom, 40 Bus. Law. 1985, 1-7.

Markey, Edward J.
Legislative Views On Management Buyouts, in: Leveraged Management Buyouts: Causes and Consequences (zit. Leveraged Management Buyouts), New York 2002, S. 211-216.

Marten, Kai-Uwe / Köhler, Annette G.
Due Diligence in Deutschland – eine empirische Untersuchung, FB 1999, 337-348.

Martens, Klaus-Peter
Die Bewertung eines Beteiligungserwerbs nach § 255 Abs. 2 AktG - Unternehmenswert kontra Börsenkurs, in: Festschrift für Gerold Bezzenberger zum 70. Geburtstag am 13. März 2000 (zit. FS Bezzenberger), Berlin/New York 2003, S. 267-289.

Martens, Klaus-Peter
Erwerb und Veräußerung eigener Aktien im Börsenhandel: Überlegungen de lege ferenda, AG 1996, 337-349.

Martens, Klaus-Peter
Der Ausschluß des Bezugsrechts, ZIP 1992, 1677-1697.

Martin, Michael W.
Fairness Opinions and Negligent Misrepresentation: Defining Investment Bankers' Duty to Third-Party Shareholders, 60 Fordham L. Rev., 1991 133-174.

Martiny, Dieter
Pflichtenorientierter Drittschutz beim Vertrag mit Schutzwirkung für Dritte - Eingrenzung uferloser Haftung, JZ 1996, 19-25.

Marx, Susanne
Beratungsleistungen des Abschlussprüfers erneut auf dem Prüfstand, DB 2003, 431-436.

Matschke, Manfred Jürgen
Der *Arbitriumwert der Unternehmung*: Unternehmensbewertung zur Vermittlung zwischen konfligierenden Parteien, Köln 1976.

Matschke, Manfred Jürgen
Der *Entscheidungswert der Unternehmung*, Wiesbaden 1975.

Matschke, Manfred Jürgen
Der Argumentationswert der Unternehmung - Unternehmensbewertung als Instrument der Beeinflussung einer Verhandlung, BFuP 1976, 517-524.

Matschke, Manfred Jürgen
Der Kompromiß als betriebswirtschaftliches Problem bei der Preisfestsetzung eines Gutachters im Rahmen der Unternehmensbewertung, ZfbF 21 (1969), 57-77.

Matschke, Manfred Jürgen
Der Abritium- oder Schiedsspruchwert der Unternehmung. Zur Vermittlungsfunktion eines unparteiischen Gutachters bei der Unternehmensbewertung, BFuP 1971, 508-520.

Mattern, Hans-Jürgen
Praxisnahe Ermittlung des Unternehmenswertes mit Hilfe vergleichsorientierter Bewertungsverfahren?, Der Sachverständige 2002, 196-199.

Mattes, Sabine/Graf von Maldeghem, Maximilian
Unternehmensbewertung beim Squeeze-Out, BKR 2003, 531-537.

Maul, Silja / Muffat-Jeandet, Danièle
Die EU-Übernahmerichtlinie - Inhalt und Umsetzung in nationales Recht (Teil I), AG 2004, 221-234.

Maul, Silja / Muffat-Jeandet, Danièle
Die EU-Übernahmerichtlinie - Inhalt und Umsetzung in nationales Recht (Teil II), AG 2004, 306-318.

McGough, Robert
Fairness for Hire: Bankers, bankers, straight from Wall, Who has the Fairest Opinion of All?, Forbes vom 29.7.1985, 52.

Medicus, Dieter
Schuldrecht I: Allgmeiner Teil, 14., neubearbeitete Auflage, München 2003.

Medicus, Dieter
Bürgerliches Recht, 19., neubearbeitete Auflage, Köln 2002.

Meilicke, Wienand
Vereinbarkeit der Inhaltskontrolle des Bezugsrechtsausschlusses mit europäischem Recht, DB 1996, 513, 514.

Meilicke, Wienand / Heidel, Thomas
Die Pflicht des Vorstands der AG zur Unterrichtung der Aktionäre vor dem Bezugsrechtsausschluss beim genehmigten Kapital, DB 2000, 2358-2361.

Merkt, Hanno
European Company Law Reform: Struggling for a More Liberal Approach, ECFR 2004, 3-35.

Merkt, Hanno
Über den Umgang mit Risiko und Schaden im Recht: Punitive Damages in Amerika, in: Konflikt der Rechtskulturen? Die USA und Deutschland im Vergleich. American and German Legal Cultures. Contrast, Conflict, Convergence? Im Andenken an Wolfgang Blomeyer (zit. FS Blomeyer), Heidelberg 2003, S. 153-161.

Merkt, Hanno
Verhaltenspflichten des Vorstands der Zielgesellschaft bei feindlichen Übernahmen, ZHR 165 (2001), 224-257.

Merkt, Hanno
Grundsatz- und Praxisprobleme der Amerikanisierungstendenzen im Recht des Unternehmenskaufs, in: Festschrift für Otto Sandrock zum 70. Geburtstag (zit. FS Sandrock), Heidelberg 2000, S. 657-688.

Merkt, Hanno
US-amerikanisches Gesellschaftsrecht, Heidelberg 1991.

Mertens, Hans-Joachim
Die Gestaltung von Verschmelzungs- und Verschmelzungsprüfungsbericht, AG 1990, 20-32.

Mertens, Hans-Joachim
Aufsichtsrat und Organhaftung, AG Sonderheft 1997, 70-73.

Mestmäcker, Ernst-Joachim
Verwaltung, Konzerngewalt und Recht der Aktionäre, Karlsruhe 1958.

Meyer zu Lösebeck, Heiner
Zur Verschmelzungsprüfung, WPg 1989, 499-501.

Meyer, Andreas
Der IDW Prüfungsstandard für Comfort Letters: ein wesentlicher Beitrag zur Weiterentwicklung des Emissionsgeschäfts in Deutschland, WM 2003, 1745-1756.

Meyer, Andreas
Haftung für Research Reports und Wohlverhaltensregeln für Analysten, AG 2003, 610-622.

Milgrom, Paul / Roberts, John
Economics, Organization & Management, Englewood Cliffs 1992

Möller, Thomas
Der aktienrechtliche *Verschmelzungsbeschluss*, Dissertation, Berlin 1991.

Möllers, Thomas M.J.
Zu den Voraussetzungen einer Dritthaftung des Wirtschaftsprüfers bei fahrlässiger Unkenntnis der Testatverwendung, JZ 2001, 909-917.

Möllers, Thomas M.J.
Verfahren, Pflichten und Haftung, insbesondere der Banken, bei Übernahmeangeboten, ZGR 2002, 664-696.

Morgenson, Gretchen
Wall Street Analysts: Requiem for an Honorable Profession, New York Times vom 5.5.2002, Section 3/1.

Morrison, Frank B. Jr.
Take It To The Bank - Breach Of Fiduciary Duties By Investment Bankers, ATLA Winter 2003 Convention Reference Materials - Hot Topics: Attacking Corporate Irresponsibility, 2003, ohne Seitenangabe.

Moskin, Morton
Trans Union: A Nailed Board, 10 Del. J. Corp. L. 1985, 405-428.

Mühle, Sabine
Das *Wertpapiererwerbs- und Übernahmegesetz* im Schnittfeld zwischen Gesellschafts- und Kapitalmarktrecht unter besonderer Berücksichtigung des ökonomischen Rahmenbezugs, Dissertation, Baden-Baden 2002.

Mülbert, Peter
Übernahmerecht zwischen Kapitalmarktrecht und Aktien(konzern)recht - die konzeptionelle Schwachstelle des RegE WpÜG, ZIP 2001, 1221-1229.

Mülbert, Peter
Empfiehlt es sich, im Interesse des Anlegerschutzes und zur Förderung des Finanzplatzes Deutschland das Kapitalmarkt- und Börsenrecht neu zu regeln?, JZ 2002, 826-837.

Müller, Christina
Regulierung von *Analysten* – eine rechtsökonomische Betrachtung, Dissertation, Wiesebaden 2005

Müller, Klaus
Wirtschaftsprüfer und vereidigte Buchprüfer als Sachverständige und Gutachter, WPK-Mitt. Sonderheft 1991, 3-71.

Müller, Roger
Das Verhalten von Vorstand und Aufsichtsrat der Zielgesellschaft sowie die Rolle der Arbeitnehmer bei Übernahmeangeboten, in: Bad Homburger Handbuch zum Übernahmerecht (zit. Bad Homburger Handbuch zum Übernahmerecht), Heidelberg 2003, S. 180-199.

Mundiya, Tariq
Liability of Investment Banks: An Update on Recent Developments, 11 Insights Oktober 1997, 15.

Mundiya, Tariq
Investment Bankers' Liability for Giving Financial Advice, New York L. J. vom 17.9.1998, 5-7.

Munkert, Michael
Die aktienrechtliche externe *Gründungsprüfung*, München 1971.

Münstermann, Hans
Wert und Bewertung von Unternehmen, 3. Auflage, Wiesbaden 1970.

Musielak, Hans-Joachim
Haftung für Rat, Auskunft und Gutachten, Berlin / New York 1974.

Müßig, Anke
Glaubwürdigkeit des Jahresabschlusses: Brauchen wir eine Kontrolle der Kontrolleure und wenn ja, welche?, NZG 2004, 796-801.

Muth, Johannes M.
Haftung des Abschlussprüfers, Vertrag mit Schutzwirkung für Dritte, EWiR 1999, 365-366.

Mutschler, Ulrich / Mersmann, Ruth
Verfahrensmäßige Anforderungen an ordnungsgemäße Vorstandsentscheidungen im M&A-Bereich, DB 2003, 79-83.

Mutter, Stefan
Auskunftsansprüche des Aktionärs in der HV: die Spruchpraxis der Gerichte von A-Z, Köln 2002.

Mutter, Stefan
Unternehmerische Entscheidungen und Haftungs des Aufsichtsrats der Aktiengesellschaft, Dissertation, Köln 1994.

Mutter, Stefan / Gayk, Thorsten
Wie die Verbesserung der Aufsichtsratsarbeit - wider jede Vernunft - die Haftung verschärft, ZIP 2003, 1773-1776.

Nann, Werner
Wirtschaftsprüferhaftung: Geltendes Recht und Reformüberlegungen, Dissertation, Frankfurt am Main 1985.

Nathan, Charles M. / Shapiro, K.L.
Legal Standard of Fairness of Meger Terms under Delaware Law, 2 Del. J. Corp. L. 1977, 44-64.

National Association of Securities Dealers, Inc.
Request for Comment: Fairness Opinions Issued by Members, Notice to Members 04-83, NASD NTM November 2004, 1009-1013.

Nick, Andreas
Unternehmensbewertung bei öffentlichen Übernahmeangeboten, in: Übernahme börsennotierter Unternehmen (zit. Übernahme börsennotierter Unternehmen), Stuttgart 2003, S. 87-116.

Nick, Andreas
Innovative M&A-Transaktionsprozesse und -strukturen, in: Ganzheitliches Corporate Finance Management: Konzept, Anwendungsfelder, Praxisbeispiele (zit. Ganzheitliches Corporate Finance Management), Wiesbaden 2003, S. 479-494.

Nick, Andreas
Megafusionen erfordern neue Instrumente: Fairness Opinions als Projektstütze, Handelsblatt vom 29.4.1999, 71.

Nonnenmacher, Rolf
Das Umtauschverhältnis bei der Verschmelzung von Kapitalgesellschaften, AG 1982, 153-158.

Notz, Richard L.
Bericht über die Diskussion, in: RWS-Forum Gesellschaftsrecht 2001 (zit. RWS-Forum Gesellschaftsrecht 2001), Köln 2002, S. 31-38.

Nowak, Erich
Die Übertragung des Versicherungsbestandes auf eine neugegründete Aktiengesellschaft - Sachübernahme oder Nachgründung?, in: Ausblick und Rückblick Erich R. Prölss zum 60. Geburtstag (zit. FS Prölss), 1967, S. 251-264.

Nüssli, Christoph
Wie fair sind "Fairness Opinions"? - Hohe Anforderungen an Unabhängigkeit und Qualität, NZZ vom 30.10.2003, 23.

Oechsler, Jürgen
Die Voraussetzungen des Vertrags mit Schutzwirkungen für Dritte bei der Haftung für Wertgutachten – Anmerkung zu BGH, Urt. v. 20.4.2004 – XZR 250/02 (OLG Brandenburg), LMK 2004, 178-179.

Oechsler, Jürgen
Der RefE zum Wertpapiererwerbs- und Übernahmegesetz – Regelungsbedarf auf der Zielgeraden!, NZG 2001, 817-826.

Oesterle, Dale A.
The *Law of Mergers and Acquisitions*, 2. Auflage, St. Paul 2002.

Oesterle, Dale A.
Mergers and Acquisitions in a Nutshell, St. Paul 2001.

Oesterle, Dale A.
Fairness Opinions as Magic Pieces of Paper, 70 Wash. U. L.Q. 1992, 541-561.

Oesterle, Dale A. / Norberg, Jon R.
Management Buyouts: Creating or Appropriating Shareholder Wealth, 41 Vand. L. Rev. 1988, 207-260.

Oetker, Hartmut
Aufsichtsrat/Board: Aufgaben, Besetzung, Organisation, Entscheidungsfindung und Willensbildung - Rechtlicher Rahmen, in: Handbuch Corporate Governance: Leitung und Überwachung börsennotierter Unternehmen in der Rechts- und Wirtschaftspraxis (zit. Handbuch Corporate Governance), Köln/Stuttgart 2003, S. 261-304.

Ohio Public Employees Retirement System (OPERS)
Comment: 04-83: Whether to Propose New Rule that would Address Conflicts of Interest regarding Fairness Opinions, Columbus November 30, 2004.

ohne Verfasser
Five Investment Banks want Fairness Opinion on ALRO Privatization, Rompres vom 6.6.2002, ohne Seitenangabe.

ohne Verfasser
Fairness Opinion in Deutschland noch ein Fremdwort, Platow Brief vom 3.4.2001, ohne Seitenangabe.

ohne Verfasser
Telecom Italia Fairness Opinion falls on Salomon, Financial News vom 11.10.1999, ohne Seitenangabe.

ohne Verfasser
Fairness Opinions Come to the Fore, Mergers and Acquistitions Journal Mai 2002, 16.

ohne Verfasser
CS First Boston is ordered to pay USD 5 Million to Doctors US: CS Boston fined over faulty fairness opinion, Wall Street Journal Europe vom 26.8.1994, 21.

ohne Verfasser
Round Table Gespräch bei der BaFin zu den Veröffentlichungspflichten bei Wertpapieranalysen, BKR 2003, 398.

ohne Verfasser
Wyser-Pratte Again Denounces Willamette's Just Say No Defense, Business Wire vom 11.5.2002, 1.

ohne Verfasser
Mit OHB kommt ein Hauch Outer Space an die Börse - größere Schwester OHB-System wird eingebracht, Börsen-Zeitung vom 30.3.2002, 13.

ohne Verfasser
SEC Chief Says He's Leery Of Paid 'Fairness Opinions', Los Angeles Times vom 23.12.1988, 4.

ohne Verfasser
M&A's $ 5 Million Existential Crisis, Corporate Control Alert 1994, ohne Seitenangabe.

ohne Verfasser
In re Pure Resources Inc., Shareholders Litigation, 18 Del. Corp. L. Update Dezember 2002, 3-7.

ohne Verfasser
ISS: The Lex Column, FT vom 2.6.2003, 20.

ohne Verfasser
Beschlüsse des 61. Deutschen Juristentages Karlsruhe 1996: Wirtschaftsrecht, DB 1996, 2021-2022.

Oltmanns, Martin
Geschäftsleiterhaftung und unternehmerisches Ermessen: Die Business Judgment Rule im deutschen und amerikanischen Recht, Dissertation, Frankfurt am Main 2001.

O'Reilly, Vincent M. / McDonnell, Patrick J. / Winograd, Barry N. / Gerson, James S. / Jaenicke, Henry R.
Montgomery's Auditing, 12. Auflage, New York 1998.

Ossadnik, Wolfgang
Die Verschmelzungsprüfung nach § 340b AktG, BFuP 1985, 153-161.

Ossadnik, Wolfgang / Maus, Stefan
Die Verschmelzung im neuen Umwandlungsrecht aus betriebswirtschaftlicher Sicht, DB 1995, 105-109.

Ostrowski, Markus / Sommerhäuser, Hendrik
Wirtschaftsprüfer und Going Public: Eine explorative Studie über die Dienstleistungen von Wirtschaftsprüfern bei Börseneinführungen, WPg 2000, 961-970.

Owen, William M.
Autopsy of a Merger, Deerfield 1986.

Pack, Heinz
Haftungsausssschlüsse und Haftungsbeschränkungen mit Wirkung für Dritte, Frankfurt am Main 1996.

Paefgen, Thomas Christian
Kein Gift ohne Gegengift: Sortimentserweiterung in der Bereitschaftsapotheke gegen idiosynkratische Unternehmenskontrollwechsel, AG 1991, 189-193.

Paefgen, Walter G.
Dogmatische Grundlagen, Anwendungsbereich und Formulierung einer Business Judgment Rule im künftigen UMAG, AG 2004, 245-261.

Paefgen, Walter G.
Unternehmerische Entscheidungen und Rechtsbindung der Organe in der AG, Köln 2002.

Paefgen, Walter G.
Die Gleichbehandlung beim Aktienrückerwerb im Schnittfeld von Gesellschafts- und Übernahmerecht, ZIP 2002, 1509-1520.

Paefgen, Walter G.
„Greenshoe"-Option bei der Kapitalerhöhung, WuB II A. § 255 AktG 1.02.

Paefgen, Walter G.
Eigenkapitalderivate bei Aktienrückkäufen und Managementbeteiligungsmodellen: Zugleich eine Beitrag zur Entwicklung einer allgemeinen Systematik für die aktienrechtliche Beurteilung von Calls und Puts als Instrumente der Unternehmensfinanzierung, AG 1999, 67-74.

Palandt, Otto
Palandt: Bürgerliches Gesetzbuch, 63. Auflage, München 2004.
(zit. Palandt-*Bearbeiter*; zit. Bearbeiter Heinrichs, Helmut; Sprau, Hartwig)

Partnoy, Frank
Barbarians at the Gatekeepers? A Proposal for a Modified Strict Liability Regime, 79 Wash. U. L. Q. 2001, 491-547.

Paschos, Nikolas
Berichtspflichten des Vorstands bei der Ermächtigung zum Bezugsrechtsausschluss und deren Ausübung im Rahmen eines genehmigten Kapitals, WM 2005, 356-365.

Paskert, Dierk
Informations- und Prüfungspflichten bei Wertpapieremissionen - Verkaufsprospekt, Börsenzulassungsprospekt, Unternehmensbericht, Dissertation, Düsseldorf 1991.

Pawelka, Birgit Stefanie
Investment-Banking-Strategien deutscher Banken, Dissertation, Wiesbaden 2003.

Peemöller, Volker H.
Grundsätze der Unternehmensbewertung - Anmerkungen zum Standard IDW S1, DStR 2001, 1401-1408.

Peemöller, Volker H. / Beckmann, Christoph / Meitner, Matthias
Einsatz eines Nachsteuer-CAPM bei der Bestimmung objektivierter Unternehmenswerte – eine kritische Analyse des IDW ES 1 n.F., BB 2005, 90-96.

Peemöller, Volker H. /Bömelburg, Peter / Denkmann, Andreas
Unternehmensbewertung in Deutschland, WPg 1994, 741-749.

Peltzer, Martin
Vorstand/Board: Aufgaben, Organisation, Entscheidungsfindung und Willensbildung - Rechtlicher Rahmen, in: Handbuch Corporate Governance: Leitung und Überwachung börsennotierter Unternehmen in der Rechts- und Wirtschaftspraxis (zit. Handbuch Corporate Governance), Köln/Stuttgart 2003, S. 223-244.

Peltzer, Martin
Corporate Governance Codices als zusätzliche Pflichtenbestimmung für den Aufsichtsrat, NZG 2002, 10-16.

Peltzer, Martin / Werder, Axel von
Der "German Code of Corporate Governance (GCCG)" des Berliner Initiativkreises, AG 2001, 1-15.

Peltzer, Oliver
Die Neuregelung des Erwerbs eigener Aktien im Lichte der historischen Entwicklungen, WM 1998, 322-331.

Penné, Günter
Die *Prüfung der Sacheinlagen* nach Aktienrecht, Dissertation, Birkach/Berlin/München 1984.

Peters, Andreas C.
Die Haftung und die *Regulierung von Rating-Agenturen*, Dissertation, Baden-Baden 2001.

Pfeifer, Udo
Schutzmechanismen bei der Umwandlung von Kapitalgesellschaften, Dissertation, Herne 2001.

Philippsen, Gunther
Zur *Dritthaftung des privat beauftragten Gutachters* für fahrlässig verursachte Vermögensschäden, Dissertation, Karlsruhe, 1998.

Picker, Eduard
Gutachterhaftung: Außervertragliche Einstandspflichten als innergesetzliche Rechtsfortbildung, in: Festschrift für Dieter Medicus zum 70. Geburtstag (zit. FS Medicus), Köln/Berlin/Bonn/München 1999, S. 397-447.

Pielorz, Michael / Sieg, Oliver
Deutschland: Die Haftung des Aufsichtsratsmitglieds - keine bloße Theorie mehr, PHi 2000, 77-88.

Piepenburg, Manfred
Sind die Vorschriften zum Rückkauf eigener Aktien noch zeitgemäß?, BB 1996, 2582-2585.

Piltz, Detlev Jürgen
Die *Unternehmensbewertung in der Rechtsprechung*, 3. Auflage, Düsseldorf 1994.

Porter, Brenda
An Empirical Study of the Audit Expectation-Performance Gap, 24 Acct. & Bus. Res. 1993, 49-68.

Prentice, Robert A.
The Case of the Irrational Auditor: A Behavioral Insight Into Securities Fraud and Litigation, 95 Nw. U. L. Rev. 2000, 133-219.

Prickett, William
An Explanation of Trans Union to 'Henny-Penny' and Her Friends, 10 Del. J. Corp. L. 1985, 451-463.

Priester, Hans-Joachim
Schuldrechtliche Zusatzleistungen bei Kapitalerhöhung im Aktienrecht, in: Festschrift für Volker Röhricht zum 65. Geburtstag (zit. FS Röhricht), Köln 2005, S. 467-477.

Priester, Hans-Joachim
Kapitalaufbringungspflicht und Gestaltungsspielräume beim Agio, in: Festschrift für Marcus Lutter zum 70. Geburtstag (zit. FS Lutter), Köln 2000, S. 617-635.

Priester, Hans-Joachim
Die Bedeutung der Umwandlungsprüfung: Das Regelungskonzept des Referentenentwurfs, in: Reform des Umwandlungsrecht. Wirtschafts- und gesellschaftsrechtliche, arbeitsrechtliche und steuerrechtliche Aspekte unter besonderer Berücksichtigung von Fragen der Bewertung, Rechnungslegung und Prüfung: Vorträge und Diskussionen, IDW-Umwandlungssymposium (zit. Reform des Umwandlungsrechts), Düsseldorf 1993, S. 196-210.

Priester, Hans-Joachim
Strukturänderungen - Beschlußvorbereitung und Beschlußfassung, ZGR 1990, 420-446.

Priester, Hans-Joachim
Das neue Verschmelzungsrecht, NJW 1983, 1459-1467.

Prodinger, Inken
Käufer spüren den Atem der Aktionäre im Nacken, Börsen-Zeitung vom 11.11.2003, 11.

Prölls, Erich R. / Schmidt, Reimer / Frey, Peter
Versicherungsaufsichtsgesetz, 11., völlig neu bearbeitete Auflage, München 1997. (zit. Prölls/Schmidt/Frey-*Bearbeiter*; zit. Bearbeiter Schmidt, Reimer)

Prosser, William L.
Misrepresentation and Third Persons, 19 Vand. L. Rev. 1966, 231-255.

Quick, Reiner
Die Haftung des handelsrechtlichen Abschlussprüfers, BB 1992, 1675-1685.

Quick, Reiner
Zivilrechtliche Verantwortlichkeit europäischer und amerikanischer Abschlußprüfer, BFuP 2000, 525-548.

Quick, Reiner
Nationale und internationale Haftungsrisiken deutscher Abschlussprüfer, DBW 60 (2000), 60-77.

Rachelson, Aaron / Solomon, Lewis D.
Can Fairness Opinions Be Made More Fair and More Useful?, 22 Corporate Acquisitions, Mergers, and Divestitures 2004, 1-4.

Radin, Stephen A.
The Role Of Counsel In Corporate Acquisitions And Takeovers: Conflicts And Complications; Articles And Essays: The Director's Duty of Care Three Years After Smith v. van Gorkom, 39 Hastings L.J. 1988, 707-757.

Ragotzky, Serge
Unternehmensverkauf und asymmetrische Information, Dissertation, Frankfurt am Main 2003.

Ragotzky, Serge
Fairness Opinions bei Public-to-Private Transaktionen in Deutschland, M&A Review 2000, 410-414.

Raiser, Thomas
Pflicht und Ermessen von Aufsichtsratsmitgliedern, NJW 1996, 552-554.

Rebmann, Kurt / Säcker, Franz Jürgen / Rixecker, Roland
Münchener Kommentar zum Bürgerlichen Gesetzbuch, Band 2a Schuldrecht Allgemeiner Teil, 4. Auflage, München 2003.
(zit. MüKo-*Bearbeiter*; zit. Bearbeiter Gottwald, Peter)

Reed, Stanley Foster / Reed Lajoux, Alexandra
The *Art of M&A* - A Merger/Acquisition/Buyout Guide, 3. Auflage, New York, 1999.

Reicheneder, Thomas
Investment Banking: Mergers & Acquisitions, Buyouts, Junk Bonds, Going Public, Wiesbaden, 1992.

Reichert, Jochem / Weller, Marc-Philippe
Die Haftung von Kontrollorganen: Die Reform der aktienrechtlichen und kapitalmarktrechtlichen Haftung, ZRP 2002, 49-56.

Reiner, Eric L.
E&O Insurance - Covering your Assets, Dow Jones investment advisor. März 2000, ohne Seitenangabe.

Repetti, James R.
Management Buyouts, Efficient Markets, Fair Value, And Soft Information, 67 N.C. L. Rev. 1988, 121-170.

Resnik, Bruce L.
Understanding Comfort Letters for Underwriters, 34 Bus. Law. 1979, 1725-1753.

Rhein, Tilman
Der *Interessenkonflikt der Manager* beim Management Buy-Out, Dissertation, München, 1996.

Richter, Frank
Kapitalmarktorientierte Unternehmensbewertung: Konzeption, finanzwirtschaftliche Bewertungsprämissen und Anwendungsbeispiel, Frankfurt am Main, 2002.

Rieckers, Oliver
Haftung des Vorstands für fehlerhafte Ad-hoc-Meldungen de lege lata und de lege ferenda, BB 2002, 1213-1221.

Rifkind, Neil C.
Should Uninformed Shareholders be a Threat Justifying Defensive Action by Target Directors in Delaware?: "Just Say No" after Moore v. Wallace, 78 B.U.L. Rev. 1998, 105-151.

Ritter, Carl
Aktiengesetz: mit Einführungsgesetzen, Durchführungsverordnungen und Einführungsverordnungen für Österreich und die sudetendeutschen Gebiete, 2. Auflage, 1939.
(zit. *Ritter*)

Robb, Gregory A.
Ruder Sees No Crisis in Buyouts, N.Y. Times vom 23.12.1988, D1.

Rödder, Thomas / Hötzel, Oliver / Mueller-Thuns, Thomas
Unternehmenskauf, Unternehmensverkauf - Zivilrechtliche und steuerrechtliche Gestaltungspraxis, München 2003.

Rodewald, Jörg
Zur Ausgestaltung von Verschmelzungs- und Verschmelzungsprüfungsbericht - Transparenzgebot versus Unternehmensschutz, BB 1992, 237-241.

Rodewald, Jörg / Siems, Mathias M.
Der Preis ist heiß - Zur Angemessenheit der Gegenleistung bei Übernahmeangeboten, ZIP 2002, 926-929.

Röhricht, Volker
Die aktuelle höchstrichterliche Rechtsprechung zum Gesellschaftsrecht, in: Gesellschaftsrecht in der Diskussion 2004, Köln 2005.

Roll, Richard
The Hubris Hypothesis of Corporate Takeovers, 59 Journal of Business 1986, 197-216.

Rosenbaum, Dirk
Beratung und Unternehmensbewertung bei Unternehmenstransfers, DB 1999, 1613-1615.

Rosenbloom, Arthur H.
Investment Banker Liability: A Panel Discussion, 16 Del. J. Corp. L. 1991, 557-605.

Rosenbloom, Arthur H. / Aufses, Arthur H. III.
On Understanding Investment Banker Liability, 4 Insights April 1990, 3.

Rössner, Michael-Christian/Bolkart, Johannes
Schadenersatz bei Verstoß gegen Ad-hoc-Publizitätspflichten nach dem 4. Finanzmarktförderungsgesetz, ZIP 2002, 1471-1477.

Roth, Gregor
Das einheitliche Recht auf *Information*, Dissertation, Köln/Berlin/München 2006.

Roth, Markus
Unternehmerisches Ermessen und Haftung des Vorstands: Handlungsspielräume und Haftungsrisiken insbesondere in der wirtschaftlichen Krise, München 2001.

Roth, Markus
Möglichkeiten vorstandsunabhängiger Information des Aufsichtsrats, AG 2004, 1-13.

Roth, Markus
Das unternehmerische Ermessen des Vorstands: Neuerungen durch den Referentenentwurf eines Gesetzes zur Unternehmensintegrität und zur Modernisierung des Anfechtungsrechts (UMAG)?, BB 2004, 1066-1069.

Ruffner, Markus
Sorgfalts- und Treuepflichten und die Versicherbarkeit von Haftungsrisiken in Publikumsgesellschaften: eine ökonomische Analyse, in: Organverantwortlichkeit als Instrument der Corporate Governance (zit. Organverantwortlichkeit als Instrument der Corporate Governance), Basel 2000, S. 194-234.

Saage, Gustav
Die Prüfung von Börsenprospekten, Beteiligungsangeboten und Gewinnprognosen, DB 1973, 485-490.

Saar, Stefan Christoph
Grenzen des "vertraglichen Drittschutzes", JuS 2000, 220-224.

Säcker, Franz Jürgen
Rechtliche Anforderungen an die Qualifikation und Unabhängigkeit von Aufsichtsratsmitgliedern, AG 2004, 180-186.

Saffer, Brian H.
Touching all Bases in Setting Merger Prices, Mergers & Acquisitions Herbst 1984, 42-48.

Sanfleber-Decher, Martina
Unternehmensbewertung in den USA, WPg 1992, 597-603.

Santelmann, Matthias
Angebotsunterlagenhaftung: Die Haftung für fehlerhafte Angebotsunterlagen bei öffentlichen Wertpapiererwerbs- und Übernahmeangeboten nach § 12 WpÜG im Kontext konkurrierender Anspruchsgrundlagen und im Vergleich zu anderen Rechtsordnungen, Dissertation,, Berlin, 2003.

Schaal, Christoph
Der Wirtschaftsprüfer als *Umwandlungsprüfer*. Pflichten - Rechte - Haftung, Dissertation, Düsseldorf 2001.

Schäfer, Frank A.
Wertpapierhandelsgesetz, Börsengesetz mit BörsZulV, Verkaufsprospektgesetz mit VerkProspV, Stuttgart 1999.
(zit. Schäfer-*Bearbeiter*; zit. Bearbeiter Hamann, Uwe)

Schaefer, Hans / Missling, Patrick J.
Haftung von Vorstand und Aufsichtsrat, NZG 1998, 441-447.

Schäfer, Hans-Bernd
Die *Dritthaftung des Wirtschaftsprüfers für Vermögensschäden auf Primär- und Sekundärmärkten*, eine ökonomische Analyse, Working Paper, Hamburg 2004.

Schäfer, Hans-Bernd
Haftung für fehlerhafte Wertgutachten aus wirtschaftswissenschaftlicher Perspektive, AcP 202 (2002), 808-840.

Schäfer, Hans-Bernd
Theorie der AGB-Kontrolle, in: Schäfer, Hans-Bernd/Lwoski, Hans-Jürgen, Konsequenzen wirtschaftsrechtlicher Normen: Kreditrecht, Verbraucherschutz, Allgemeines Wirtschaftsrecht, Festschrift für Claus Ott zum 65. Geburtstag, Wiesbaden 2002, S. 279-309.

Schäfer, Hans-Bernd / Ott, Claus
Lehrbuch der *ökonomischen Analyse des Zivilrechts*, 3. Auflage, Berlin/Heidelberg 2000.

Schander, Albert A. / Posten, Olaf H.
Zu den Organpflichten bei Unternehmensübernahmen, ZIP 1997, 1534-1538.

Schanz, Kay-Michael
Börseneinführung: Recht und Praxis des Börsengangs, 2., vollständig überarbeitete und erweiterte Auflage, München 2002.

Schedlbauer, Hans
Sonderprüfungen im Zusammenhang mit Verschmelzungen (Teil I), WPg 1984, 33-43.

Schedlbauer, Hans
Sonderprüfungen im Zusammenhang mit Verschmelzungen (Teil I), WPg 1984, 70-74.

Scheel, Hansjörg
Verschmelzung, Eingliederung, Squeeze-Out, Beherrschungs- und Gewinnabführungsvertrag: Alternativen und Folgemaßnahmen bei öffentlichen Übernahmen, in: Übernahme börsennotierter Unternehmen (zit. Übernahme börsennotierter Unternehmen), Stuttgart 2003, S. 205-248.

Schiedemeyer, Jeffrey S.
Fairness Opinions in M&A Transactions, NACD - Directors Monthly September 2003, 16-17.

Schiessl, Maximilian
Der Übernahmepreis sollte auch für das Squeeze-Out verbindlich sein: Spekulation auf höheren Abfindungspreis kann Übernahmen scheitern lassen, Börsen-Zeitung vom 14.7.2004, 2.

Schiessl, Maximilian
Fairness Opinions im Übernahme- und Gesellschaftsrecht, ZGR 2003, 814-852.

Schiessl, Maximilian
Ist das deutsche Aktienrecht kapitalmarkttauglich?, AG 1999, 442-452.

Schiessl, Maximilian
Neue Erfahrungen mit Unternehmenskäufen und Unternehmensübernahmen in den USA, RIW 1988, 522-526.

Schildbach, Thomas
Ist die Kölner Funktionenlehre der Unternehmensbewertung durch Discounted Cash-Flow-Verfahren überholt, in: Matschke, Manfred Jürgen, "Unternehmensberatung und Wirtschaftsprüfung" Festschrift für Professor Dr. Günter Sieben zum 65. Geburtstag (zit. FS Sieben), Stuttgart 1998, S. 301-322.

Schildbach, Thomas
Kölner versus phasenorientierte Funktionenlehre der Unternehmensbewertung, BFuP 1993, 25-38.

Schildbach, Thomas
Der Wirtschaftsprüfer als Gutachter in Fragen der Unternehmensbewertung: Möglichkeiten und Grenzen aus der Sicht der Berufspflichten des Wirtschaftsprüfers, WPg 1981, 193-201.

Schimmer, Dieter
GmbH Geschäftsführer-Haftung: Beweislastverteilung, EWiR 2003, 225-226.

Schindler, Joachim / Böttcher, Bert / Roß, Norbert
Bestätigungsvermerke und Bescheinigungen zu Konzernabschlüssen bei Börsengängen an den Neuen Markt, WPg 2001, 477-492.

Schlechtriem, Peter
Schutzpflichten und geschützte Personen, in: Festschrift für Dieter Medicus zum 70. Geburtstag (zit. FS Medicus), Köln/Berlin/Bonn/München 1999, S. 529-542.

Schlechtriem, Peter
Schadenersatzhaftung der Leitungsorgane von Kapitalgesellschaften, in: Die Haftung der Leitungsorgane von Kapitalgesellschaften (zit. Haftung der Leitungsorgane), Baden-Baden 1991, S. 9-78.

Schlick, Robert
Going Public : Vorbehalte, Motive, Ausgestaltungsformen, Voraussetzungen und das Underpricing-Phänomen, Dissertation, Tübingen 1997.

Schlößer, Daniel
Verhaltenspflichten von Wertpapieranalysten nach der Bekanntmachung der BaFin zu § 34b WpGH, BKR 2003, 404-410.

Schlueter, Thorsten
Banks as financial advisers: a comparative study of English and German law, London/Boston 2001.

Schmidt, Karsten
Gesellschaftsrecht, 4. völlig neubearbeitete und erweiterte Auflage, Köln/Berlin/Bonn/München 2002.

Schmidt, Karsten
Münchener Kommentar zum Handelsgesetzbuch, Band 4 Drittes Buch. Handelsbücher, §§ 238-342a HGB, München 2001.
(zit. MüKo-*Bearbeiter*; zit. Bearbeiter Ebke, Werner F.)

Schmidt, Karsten
Gläubigerschutz bei Umstrukturierungen: Zum Referentenentwurf eines Umwandlungsgesetzes, ZGR 1993, 366-395.

Schmidt-Leithoff, Christian
Gesetz betreffend die Gesellschaften mit beschränkter Haftung (GmbHG), 4. Auflage, München 2002.
(zit. Rowedder/Schmidt-Leithoff-*Bearbeit*er; zit. Bearbeiter Koppensteiner, Georg)

Schmitt, Joachim / Hörtnagl, Robert / Stratz, Rolf-Christian
Umwandlungsgesetz, Umwandlungssteuergesetz: Kommentar begründet von Dr. Hans Dehmer, 3., völlig neu bearbeitete Auflage, München 2001.
(zit. Dehmer-*Bearbeiter*; zit. Bearbeiter Stratz, Rolf-Christian)

Schmitt, Richard B.
Suspect Opinions: If an Investment Bank Says the Deal is Fair, It May or May Not Be - Advisers Clear Many Plans That Benefit Everybody Except the Shareholders, Wall St. J. vom 10.3.1988, 1.

Schmitz, Bernhard
Die Vertragshaftung des Wirtschaftsprüfers und Steuerberaters gegenüber Dritten: Eine Auseinandersetzung mit den Haftungsausdehnungstendenzen der Rechtsprechung des BGH, DB 1989, 1909-1915.

Schmitz, Gertrud
Marketing für professionelle Dienstleistungen, Dissertation, Wiesbaden 1997.

Schmitz, Joachim-Peter
Die *Verschmelzungsprüfung* gem. § 340b AktG, Dissertation, Bergisch Gladbach 1993.

Schmults, Edward C.
Conflicts of Interest: Federal Disclosure Standards in Prospectuses and Proxy Statements, 3 Inst. On Sec. Reg. 1972, 205-230.

Schneider, Hannes
Reichweite der Expertenhaftung gegenüber Dritten: Die Sicht des Experten, ZHR 163 (1999), 246-273.

Schneider, Uwe H.
Die Zielgesellschaft nach Abgabe eines Übernahme- oder Pflichtangebots, AG 2002, 125-133.

Schnorr, Randolf
Diskussionsbericht zu den Referaten Ulmer, Krieger und Sünner, 163 ZHR (1999), 377-379.

Schockenhoff, Martin
Informationsrechte der HV bei der Veräußerung eines Tochterunternehmens, NZG 2001, 921-926.

Scholz, Franz
Kommentar zum GmbH-Gesetz mit Anhang Konzernrecht, 9. neubearbeitete und erweiterte Auflage, Köln 2000.
(zit. Scholz-*Bearbeiter*; zit. Bearbeiter Schneider, Uwe H.)

Schränkler, Reiner
Die Rolle der Investment Bank bei einer öffentlichen Übernahme, Börsen-Zeitung vom 31.1.2004, B3.

Schuhmann, Ralph
Waisenkind des AGB-Gesetzes: der Mustervertrag im kaufmännischen Individualgeschäft, JZ 1998, 127-132.

Schuldt, Michael
A Statutory Proposal for the Regulation of Fairness Opinions in Corporate Control Transactions, 56 Mo. L. Rev. 1991, 103-120.

Schultze, Wolfgang
Methoden der Unternehmensbewertung: Gemeinsamkeiten, Unterschiede, Perspektiven, 2. Auflage Düsseldorf 2003.

Schulz, Michael
WpÜG: Angaben zur Finanzierung eines Angebots und zu den erwarteten Auswirkungen auf die wirtschaftlichen Verhältnisse beim Bieter, M&A Review 2002, 559-566.

Schwandtner, Christian
Die Unabhängigkeit des Abschlussprüfers: Europäische und internationale Ansätze im Vergleich, DStR 2002, 323-332.

Schwark, Eberhard
Kapitalmarktrechtskommentar, München 2004.
(zit. Schwark-*Bearbeiter*; zit. Bearbeiter Schwark, Eberhard)

Schwark, Eberhard
Das neue Kapitalmarktrecht, NJW 1987, 2041-2048.

Schwartz, Alan
The Fairness of Tender Offer Prices in the Utilitarian Theory, 17 J. Legal Stud. 1988, 165-167.

Schwartz, Gergory J.
Regulation of Leveraged Buyouts to Protect the Public Shareholder and Enhance the Corporate Image, 35 Cath. U.L. Rev. 1986, 489-544.

Schwartz, Victor E. / Kelly, Kathryn / Partlett, David F.
Prosser, Wade, and Schwartz's *Torts: Cases and Materials*, 10th Edition, New York 2000.

Schwetzler, Bernhard / Aders, Christian / Salcher, Michael / Bornemann, Thomas
Die Bedeutung der Fairness Opinion für den den deutschen Transaktionsmarkt, FB 2005, 106-116.

Schwichtenberg, Astrid
Anwaltshaftung im Niemandsland zwischen Vertrag und Delikt, 91 ZVglRWiss 1992, 290-342.

Sebok, Anthony
Should We Care About Fairness in Tort Damages? An Inquiry into American Exceptionalism, in: Konflikt der Rechtskulturen? Die USA und Deutschland im Vergleich. American and German Legal Cultures. Contrast, Conflict, Convergence? Im Andenken an Wolfgang Blomeyer (zit. FS Blomeyer), Heidelberg 2003, S. 163-180.

Securities and Exchange Commission, Division of Corporate Finance
Manual of Publicly-Available Telephone Interpretations, New York 1997.

Seetzen, Uwe
Spruchverfahren und Unternehmensbewertung im Wandel, WM 1999, 565-574.

Seibert, Ulrich
Das 10-Punkte-Programm "Unternehmensintegrität und Anlegerschutz", BB 2003, 693-698.

Seibert, Ulrich
Die Entstehung des § 91 Abs. 2 AktG im KonTraG - "Risikomanagement" oder "Frühwarnsystem"?, in: Feschrift für Gerold Bezzenberger zum 70. Geburtstag (zit. FS Bezzenberger), 2000, S. 427-438.

Seibert, Ulrich / Schütz, Carsten
Der Referentenentwurf eines Gesetzes zur Unternehmensintegrität und Modernisierung des Anfechtungsrechts - UMAG, ZIP 2004, 252-258.

Seibt, Christoph H.
Rechtsschutz im Übernahmerecht, ZIP 2003, 1865-1879.

Seibt, Christoph H.
Arbeitsrechtliche Aspekte des Wertpapiererwerbs- und Übernahmegesetzes, DB 2002, 529-536.

Seibt, Christoph H.
Deutscher Corporate Governance Kodex: Antworten auf Zweifelsfragen in der Praxis, AG 2003, 465-477.

Selchert, Friedrich Wilhelm
Prüfungen anläßlich der Gründung, Umwandlung, Fusion und Beendigung von Unternehmen, Düsseldorf 1977.

Semler, Johannes
Leitung und Überwachung der Aktiengesellschaft, 2. Auflage, Köln/Berlin/Bonn/München 1996.

Semler, Johannes
Entscheidungen und Ermessen im Aktienrecht, in: Festschrift für Peter Ulmer zum 70. Geburtstag (zit. FS Ulmer), Berlin/New York 2003, S. 627-642.

Semler, Johannes / Stengel, Arndt
Umwandlungsgesetz, München 2003.
(zit. Semler/Stengel-*Bearbeiter*; zit. Bearbeiter Kalss, Susanne; Koerfer, Rolf; Schwanna, André; Stengel, Arndt; Zeidler, Gernot W.)

Semler, Johannes / Volhard, Rüdiger
Das neue Übernahmerecht, Arbeitshandbuch für Unternehmensübernahmen, Band 2, München 2003.
(zit. Semler/Volhard-*Bearbeiter*; zit. Bearbeiter Thiel, Sandra)

Senn, Myriam
Die Übernahmekommission nach dem Börsengesetz, AJP/PJA 1997, 1177-1184.

Servaes, Henri / Zenner, Marc
The Role of Investment Banks in Acquisitions, 9 The Review of Finanical Studies 1996, 787-815.

Shaw, Bill / Gac, Edward J.
Fairness Opinions in Leveraged Buy Outs: Should Investment Bankers Be Directly Liable to Shareholders?, 23 Sec. Reg L.J. 1995, 293.

Shearea, Brant
Avoiding the "L" Word: Deal advisers face unprecedented threats of liability and litigation in an era marred by corporate and capital markets scandals, Mergers and Acquisitions Journal März 2004, 17.

Sheban, Jeffrey
State Wants Documents From Blue Cross, The Columbus Dispatch vom 25.5.1996, 1D.

Shoemaker, Pamela J.
Gatekeeping, Newbury Park/London/New Dehli 1991.

Siconolfi, Michael
Big Board Panel Orders CS First Boston To Pay $ 5 Million Over Fairness Report, Wall St. J. vom 25.8.1994, A3.

Sieben, Günter
Funktionen der Bewertung ganzer Unternehmen und von Unternehmensanteilen, WISU 1983, 539-542.

Sieben, Günter
Der Entscheidungswert in der Funktionenlehre der Unternehmensbewertung, BFuP 1976, 491-504.

Sieben, Günter
Bewertung von Erfolgseinheiten, Köln 1968.

Sieben, Günter / Schildbach, Thomas
Zum Stand der Entwicklung in der Lehre von der Bewertung ganzer Unternehmen, DStR 1979, 455-461.

Siebert, Lars Michael
Vertragliche Erweiterung der Haftung des gesetzlichen Abschlussprüfers, WPK-Mitt. 1996, 235-239.

Siepe, Günter / Dörschell, Andreas / Schulte, Jörn
Der neue IDW Standard: Grundsätze zur Durchführung von Unternehmensbewertungen (IDW S1), WPg 2000, 946-960.

Sikora, Martin
NASD Launches Inquiry Into Fairness Opinion Conflicts, Mergers and Acquisitions Journal August 2004, 4-6.

Siliciano, John A.
Negligent Accounting and the Limits of Instrumental Tort Reform, 86 Mich. L. Rev. 1988, 1929-1980.

Sinewe, Patrick
Die Relevanz des Börsenkurses im Rahmen des § 255 II AktG, NZG 2002, 314-317.

Siris, Peter
To Be Fair, Opinions Must Be Independent, Daily News vom 10.3.2003, 28.

Sittmann, Jörg W.
Die Prospekthaftung nach dem Dritten Finanzmarktförderungsgesetz, NZG 1998, 490-496.

Smith, Adam
An Inquiry into the Nature and Causes of the *Wealth of Nations*, ursprünglich 1776.

Soderquist, Larry D.
Understanding the Securities Laws, New York 2004.

Soderquist, Larry D. / Gabaldon, Theresa A.
Securities Regulation, 4. Auflage, New York 1999.

Soergel, Th.
Bürgerliches Gesetzbuch mit Einführungstext und Nebengesetzen: Kohlhammer-Kommentar, 12. Auflage, Stuttgart/Berlin/Köln 1990.
(zit. Soergel-*Bearbeiter*; zit. Bearbeiter Hadding, Walther)

Spiegel, David R.
The Liability of Corporate Officers, 71 A.B.A. J. November 1985, 48-51.

Spremann, Klaus
Asymmetrische Information, 60 ZfB (1990), 561-586.

Spremann, Klaus
Reputation, Garantie, Information, 58 ZfB (1988), 613-629.

Stahl, Michael
Zur *Dritthaftung* von Rechtsanwälten, Steuerberatern, Wirtschaftsprüfern und öffentlich bestellten und vereidigten Sachverständigen, Dissertation, Frankfurt am Main/Bern/New York/Paris 1989.

Standard & Poor's Corporate Value Consulting
Comment on wheter the NASD should propose a new rule that would address procedures, disclosure requirements and conflicts of interest when NASD members provide fairness opinions in corporate control transactions, New York January 10, 2005.

Stefani, Ulrike
Quasirenten, Prüferwechsel und rationale Adressaten, Working Paper, 1999.

Stein, Benjamin J.
A New Cloud Over Wall Street?, N.Y. Times vom 8.6.1986, F2.

Steinberg, Marc I.
Understanding Securities Laws, 3. Auflage, New York 2001.

Steinberg, Marc I. / Lindahl, Evalyn N.
The Duty Owed to Minority Shareholders by an Investment Banker in Rendering a Fairness Opinion, 13 Sec. Reg. L.J. 1985, 80-89.

Steinmeyer, Roland / Häger, Michael
Kommentar zum Wertpapiererwerbs- und Übernahmegesetz mit Erläuterungen zum Minderheitenausschluss nach §§ 327a ff. AktG, Berlin 2002.
(zit. *Steinmeyer/Häger*)

Stockenhuber, Peter
Take-Overs nach österreichischem Übernahmerecht, RIW 1997, 752-760.

Stoffel, Walter A. / Heinzmann, Michel
Interessendurchgriff? Eine problematische Beurteilung von Eigeninteressenkonflikten der Organe in der Aktiengesellschaft, in: Neuere Tendenzen im Gesellschaftsrecht. Festschrift für Peter Forstmoser zum 60. Geburtstag (zit. FS Forstmoser), Zürich 2003, S. 199.

Strasser, Brigitte
Informationsasymmetrien bei Unternehmensakquisitionen, Dissertation, Frankfurt am Main 2000.

Strazzer, René
Das öffentliche *Übernahmeangebot im Kapitalmarktrecht der Schweiz*, Zürich 1993.

Stuntebeck, Clinton A. / Withrow, Wayne M. Jr.
Fairness Opinons Should Offer More Detailed Financial Analyses, Nat'l. L.J. vom 13.6.1988, 22.

Sünner, Eckart
Aktionärsklagen zur Kontrolle des Vorstands- und Aufsichtsratshandelns, ZHR 163 (1999), 364-376.

Sweeney, Paul
Who Says It's a Fair Deal, Journal of Accountancy August 1999, 44-51.

Technau, Konstantin
Rechtsfragen bei der Gestaltung von Übernahmeverträgen ("Underwriting Agreements") im Zusammenhang mit Aktienemissionen, AG 1998, 445-459.

The Association of the Bar of the City of New York
Notice to Members 04-83 – Request for *Comment* on Whether to Propose New Rule That Would Address Conflicts of Interest When Members Provide Fairness Opinions in Corporate Control Transactions (the "Notice"), New York February 1, 2005.

The Canadian Institute of Chartered Business Valuators
Fairness Opinions Issued by NASD Members – Request for *Comment*s, Toronto January 6, 2005.

The Section's Committee on Corporate Laws
Report of Committee on Coporate Laws: Changes in the Model Business Corporation Act, Bus. Law. 1975, 501-512.

Theisen, Manuel René
Haftung und Haftungsrisiko des Aufsichtsrats, 53 DBW 53 (1993), 295-318.

Thompson, Samuel C. Jr.
A Lawyer's Guide to Modern Valuation Techniques in Mergers and Acquisitions, 21 J. Corp. L. 1996, 457-540.

Thomson Financial
M&A Database & League Table Eligibility Criteria Financial and Legal Advisors Second Quarter 2003, ohne Seitenangabe.

Thoyer, Judith R. / Malaquin, Didier
Delaware Court Provides Guidance on Tender Offers by Controlling Shareholders for Minority Shares, Corporation Section 3, 2003, Vol. LXXIV No.3.

Thümmel, Roderich C.
Organhaftung nach dem Referentenentwurf des Gesetzes zur Unternehmensintegrität und Modernisierung des Anfechtungsrechts (UMAG) - Neue Risiken für Manager?, DB 2004, 471-474.

Thümmel, Roderich C.
Persönliche Haftung von Managern und Aufsichtsräten, 3. Auflage, Stuttgart 2003.

Thümmel, Roderich C.
Haftungsrisiken von Vorständen und Aufsichtsräten bei der Abwehr von Übernahmeversuchen, DB 2000, 461-465.

Thümmel, Roderich C. / Sparberg, Michael
Haftungsrisiken der Vorstände, Geschäftsführer, Aufsichtsräte und Beiträte sowie deren Versicherbarkeit, DB 1995, 1013-1019.

Thüsing, Gregor
Die Haftung für Rat, Auskunft und Empfehlung, JA 1996, 807-813.

Tillinghast-Towers Perrin
Directors and Officers Liability Survey, 19 Corporate Counsel's Quarterly 2003, 17-27.

Timm, Wolfram
Die Aktiengesellschaft als *Konzernspitze*: die Zuständigkeitsordnung bei der Konzernbildung und Konzernumbildung, Köln/Berlin/Bonn/München 1980.

Tirole, Jean
Industrieökonomik, 2., deutschsprachige Ausgabe, München/Köln 1999.

Traugott, Rainer
Risiko und Haftungsgrund bei Drittschäden, ZIP 1997, 872-878.

Treptow, Harald
Die Wertermittlung im Umwandlungsfall, in: Reform des Umwandlungsrecht. Wirtschafts- und gesellschaftsrechtliche, arbeitsrechtliche und steuerrechtliche Aspekte unter besonderer Berücksichtigung von Fragen der Bewertung, Rechnungslegung und Prüfung: Vorträge und Diskussionen, IDW-Umwandlungssympos (zit. Reform des Umwandlungsrecht), Düsseldorf 1993, S. 155-170.

Trescher, Karl
Aufsichtsratshaftung zwischen Norm und Wirklichkeit, DB 1995, 661-665.

Triebel, Volker
Angloamerikanischer Einfluß auf Unternehmenskaufverträge in Deutschland - eine Gefahr für die Rechtsklarheit, RIW 1998, 1-7.

Tröger, Tobias
Informationsrechte der Aktionäre bei Beteiligungsveräußerungen, ZHR 165 (2001), 593-605.

Tschäni, Rudolf
M&A-Transaktionen nach Schweizer Recht, Zürich 2003.

Tschäni, Rudolf
Mergers & Acquisitions IV, Zürich 2002.

Turiaux, André / Knigge, Dagmar
Vorstandshaftung ohne Grenzen? – Rechssichere Vorstands- und Unternehmensorganisation als Instrument der Risikominimierung, DB 2004, 2199-2207.

Ulmer, Peter
Haftungsfreistellung bis zur Grenze grober Fahrlässigkeit bei unternehmerischen Fehlentscheidungen von Vorstand und Aufsichtsrat?, DB 2004, 859-863.

Ulmer, Peter
Die Aktionärsklage als Instrument zur Kontrolle des Vorstands- und Aufsichtsratshandelns, ZHR 163 (1999), 290-342.

Ulmer, Peter / Brandner, Hans. E. / Hensen, Horst Dieter / Schmidt, Harry
AGB-Gesetz, 9. Auflage, Köln 2001.
(zit. Ulmer/Brandner/Hensen-*Bearbeiter*; zit. Bearbeiter Ulmer, Peter)

van Aubel, Thomas
Vorstandspflichten bei Übernahmeangeboten, Dissertation, München, 1996.

Veltins, Michael A.,
Verschärfte Unabhängigkeitsanforderungen an Abschlussprüfer, DB 2004, 445-452.

Vetter, Eberhard
Squeeze-out - Der Ausschluss der Minderheitsaktionäre aus der Aktiengesellschaft nach den §§ 327a-327f AktG, AG 2002, 176-190.

Vetter, Eberhard
Abfindungswertbezogene Informationsmängel und Rechtsschutz, in: Festschrift für Herbert Wiedemann zum 70. Geburtstag (zit. FS Wiedemann), München 2002, S. 1323-1347.

Vetter, Eberhard
Squeeze-out in Deutschland, ZIP 2000, 1817-1824.

Vogt, Nedim Peter / Watter, Rolf
Kommentar zum Schweizerischen Kapitalmarktrecht, Basel 1999.
(zit. Vogt/Watter-*Bearbeiter*; zit. Bearbeiter Oertle, Matthias; Tschäni, Rudolf)

von Bar, Christian
Verkehrspflichten: Richterliche Gefahrsteuerungsgebote im deutschen Deliktsrecht, Köln/Berlin/Bonn/München 1980.

von Bülow, Christoph
Übernahmerecht - Deregulierung tut Not, Börsen-Zeitung vom 15.10.2003, 5.

von der Crone, Hans Caspar
Verantwortlichkeit, Anreize und Reputation in der Corporate Governance der Publikumsgesellschaft, in: Organverantwortlichkeit als Instrument der Corporate Governance (zit. Organverantwortlichkeit als Instrument der Corporate Governance), Basel 2000, S. 235-275.

von der Crone, Hans Caspar
Interessenkonflikte im Aktienrecht, 66 SZW 1994, 1-11.

von der Crone, Hans Caspar / Roth, Katja
Der Sarbanes-Oxley Act und seine ertraterritoriale Bedeutung, AJP/PJA 2003, 131-140.

von Dryander, Christof
Wann ist der Preis bei einer Übernahme "fair"?, Börsen-Zeitung vom 10.10.2001, 11.

von Kopp-Colomb, Wolf
Die Regelungen zur Wertpapieranalyse in Deutschland, WM 2003, 609-616.

von Nussbaum, Konrad
Die Aktiengesellschaft als *Zielgesellschaft* eines Übernahmeangebots, Dissertation, Baden-Baden 2003.

von Randow, Philipp
Derivate und Corporate Governance, ZGR 1996, 594-641.

von Rosen, Rüdiger
Finanzdaten stellen Grundlage der Bewertung von Aktien dar: Verläßlichkeit der Informationen ist für Marktteilnehmer von großer Bedeutung, FAZ vom 10.11.2001, 22.

von Rosen, Rüdiger / Helm, Leonard
Der Erwerb eigener Aktien durch die Gesellschaft: Plädoyer für ein neues Instrument der Unternehmensfinanzierung in Deutschland und einen wichtigen Impuls für den deutschen Kapitalmarkt, AG 1996, 434-442.

Vopel, Oliver
Wissensmanagement im Investment Banking, Dissertation, Wiesbaden 1999.

Voß, Wilhelm
Die obligatorische *Revision* im Rahmen der Reform des Aktiengesetzes, Berlin, 1927.

Wachtell, Herbert M.
Drafting of Indemnification Agreements and Engagement Letters for Investment Bankers in Light of Recent Legal Developments vom 20.02.1991.

Wachtell, Herbert M. / Roth, Eric M. / Houston, Andrew C.
Investment Banker Liability to Shareholders in Sale-of-Control Context, New York L. J. vom 29.3.1990, 1.

Wackerbarth, Ulrich
Unternehmer, Verbraucher und die Rechtfertigung der Inhaltskontrolle vorformulierter Verträge, AcP 200 (2000), 45-90.

Wagenhofer, Alfred
Der Einfluß von Erwartungen auf den Argumentationspreis in der Unternehmensbewertung, BFuP 1988, 532-552.

Wälzholz, Eckhard
Berichterstattung bei genehmigtem Kapital unter Bezugsrechtsausschluss, DStR 2003, 1543.

Wander, Herbert S.
Special Problems of Acquisition Disclosure: Investment Banker's Reports and Conflicts of Interest, 7 Inst. On Sec. Reg., 1976 157-179.

Wander, Herbert S.
Appendix G: Special Problems of Acquisition Disclosure: Investment Banker's Reports, Conflicts of Interest, Competing Offers, 7 Inst. On Sec. Reg. 1976, 521-549.

Ward, Rodman, Jr / Welch, Edward P. / Turezyn, Andrew J.
Folk on the Delaware General Corporation Law, 4. Auflage, Band 1, New York 2000.

Wastl, Ulrich / Wagner, Franz / Lau, Thomas
Der Erwerb eigener Aktien aus juristischer Sicht, Frankfurt am Main 1997.

Watson, Alan
Legal Transplants: An Approach to Comparative Law, 2. Auflage, Athen 1993.

Watter, Rolf
Verwaltungsratausschüsse und Delegierbarkeit von Aufgaben, in: Neuere Tendenzen im Gesellschaftsrecht. Festschrift für Peter Forstmoser zum 60. Geburtstag (zit. FS Forstmoser), Zürich 2003, S. 183.

Watts, Ross L. / Zimmermann, Jerold L.
Agency Problems, Auditing, and the Theory of the Firm: Some Evidence, 26 J.L. & Econ. 1983, 613-633.

Weber, Dolf
GmbH-rechtliche Probleme des Management Buy-Out, ZHR 155 (1991), 120-131.

Weber, Martin
Die Haftung des Abschlußprüfers gegenüber Dritten, NZG 1999, 1-12.

Weidenbaum, Murray
Lessons of an Outside Director, 70 Wash. U. L.Q., 1992 563-569.

Weimann, Stephan
Interessenkonflikte im Bereich der Wohlverhaltenspflichten nach WpHG, Dissertation, Potsdam, 2001.

Weiss, Marco
Der Ausschluss von Minderheitsaktionären: Eine rechtsvergleichende Untersuchung nach US-amerikanischem und deutschem Recht, Dissertation, Konstanz 2003.

Weiss, Susanne / Buchner, Markus
Wird das UMAG die Haftung und Inanspruchnahme der Unternehmensleiter verändern?, WM 2005, 162-171.

Weißhaupt, Frank
Modernisierung des Informationsmängelrechts in der Aktiengesellschaft nach dem UMAG-Regierungsentwurf, WM 2004, 705-712.

Wellkamp, Ludger
Vorstand, Aufsichtsrat und Aktionär, 2., aktualisierte Auflage, Bonn 2000.

Wells, David
The failings of fairness opinions, FT vom 12.2.2005, 11.

Wenger, Ekkehard
Merkwürdigkeiten um Aletsch-Kaufofferte, Warnbeispiel Unigestion: Die Minderheitsaktionäre werden übervorteilt und verhöhnt, mit der so genannten Fairness Opinion auf Beutezug, FuW vom 26.6.2004, 22.

Werder, Axel von
Vorstandsentscheidungen nur auf der Grundlage "sämtlicher relevanter Informationen"? Zur sachgerechten Konkretisierung der "Sorgfalt eines ordentlichen und gewissenhaften Geschäftsleiters" durch Grundsätze ordnungsgemäßer Entscheidungsfundierung, ZfB 67 (1997), 901-922.

Werder, Axel von / Feld, Christa
Sorgfaltsanforderungen der US-amerikanischen Rechtsprechung an das Top Management, RIW 1996, 481-493.

Werner, Winfried
Keine Pflicht, der Hauptversammlungsniederschrift beigefügte freiwillige Anlagen zum Handelsregister einzureichen - Anmerkung zu LG München I, WuB II A. § 130 AktG 1.91, 1991, 241-242.

Werner, Winfried
Aufsichtsratstätigkeit von Bankenvertretern, ZHR 145 (1981), 252-270.

West, Thomas L. / Jones, Jeffrey D.
Mergers & Acquisitions Handbook for Small and Midsize Companies, New York, 1997.

Westerfeldhaus, Herwarth
IDW-Unternehmensbewertung verkennt Anforderungen der Praxis, NZG 2001, 673-679.

Westermann, Harm Peter
Bürgerliches Gesetzbuch, 11. neubearbeitete Auflage, Köln 2004.
(zit. Erman-*Bearbeiter*; zit. Bearbeiter Roloff, Stefanie)

Westermann, Harm Peter
Sachmängelhaftung beim Unternehmenskauf - unter Berücksichtigung rechtsvergleichender Aspekte, in: Festschrift für Aliki Kiantou-Pampouki (zit. FS Kiantou-Pampouki), Thessaloniki 1998, S. 625-648.

Westermann, Harm Peter / Paefgen, Walter G.
Das Aktienrecht im Spiegel der 4. Auflage des Großkommentars, JZ 2003, 138-143.

Westhoff, André O.
Glaubwürdigkeit des Jahresabschlusses: Brauchen wir eine Kontrolle der Kontrolleure bezogen auf die Abschlussprüfer und wenn ja, welche? (Teil I), DStR 2003, 2086-2092.

Widmann, Siegfried / Mayer, Dieter
Umwandlungsrecht: Umwandlungsgesetz und Umwandlungssteuergesetz, Bonn/Berlin 2004.
(zit. Widmann/Mayer-*Bearbeiter*; zit. Bearbeiter Mayer, Dieter; Schwarz, Hans-Detlef; Vollrad, Hans-Joachim; Vossius, Oliver)

Wieacker, Franz
Privatrechtsgeschichte der Neuzeit, 2. Auflage, Göttingen 1967.

Wiedemann, Herbert
Organveranwortung und Gesellschafterklagen in der Aktiengesellschaft, Opladen 1989.

Wiedemann, Herbert
Gesellschaftsrecht, München 1980.

Wiegand, Annette
Die "*Sachwalterhaftung*" als richterliche Rechtsfortbildung, Dissertation, Berlin, 1991.

Wiener, Howard B.
Common Law Liability of the Certified Public Accountant for Negligent Misrepresentation, 20 San Diego L. Rev. 1983, 233-263.

Wighton, David
Fair or Foul: It's a Matter of Opinion, FT vom 28.02.2004, 11.

Wilde, Christian
Informationsrechte und Informationspflichten im Gefüge der Gesellschaftsorgane, ZGR 1998, 423-465.

Williams, Nicholas
Procedual Safeguards to Ensure Fairness in the Management Buyout: A Proposal, Colum. J.L. & Soc. Probs. 1988, 191-234.

Williamson, Oliver E.
Credible Commitments: Using Hostages to Support Exchange, 73 Am. Econ. Rev. 1983, 519-540.

Wimpfheimer, Heinrich
Zum Begriff der Sorgfaltspflicht von Aufsichtsrat und Vorstand, in: Festschrift für Herrn Rechtsanwalt und Notar Justizrat Dr. jur. h.c. Albert Pinner zu seinem 75. Geburtstag (zit. FS Pinner), Berlin 1932, S. 636-655.

Wilson, Robert
Reputation in games and marktes, in: Game-theoretic Models of Bargaining (zit. Game-theoretic Models of Bargaining), Cambridge 1985, S. 27-62.

Winner, Martin
Die *Zielgesellschaft* in der freundlichen Übernahme, Dissertation, Wien 2003.

Winner, Martin / Gall, Mario
Ein Jahr Übernahmegesetz – Die ersten Entscheidungen, wbl 2000, 1-6.

Winter, Martin / Harbarth, Stephan
Corporate Governance und Unternehmensübernahmen: Anforderungen an das Verhalten von Vorstand und Aufsichtsrat des Bieters und der Zielgesellschaft, in: Handbuch Corporate Governance: Leitung und Überwachung börsennotierter Unternehmen in der Rechts- und Wirtschaftspraxis (zit. Handbuch Corporate Governance), Köln/Stuttgart 2003, S. 475-512.

Winter, Martin / Harbarth, Stephan
Verhaltenspflichten von Vorstand und Aufsichtsrat der Zielgesellschaft bei feindlichen Übernahmeangeboten nach dem WpÜG, ZIP 2002, 1-18.

Winter, Ralph K.
On "Protecting the Ordinary Investor", Wash. L. Rev. 1988, 881-902.

Winterstetter, Bernhard / Paukstadt, Maik / Hegmann, Gerd /Wonnemann, Ralph
Going Public: Börseneinführung mittelständischer Unternehmen und ihre Emissionsbegleiter, DStR 2000, 1322-1328.

Wirth, Gerhard
Neuere Entwicklungen bei der Organhaftung - Sorgfaltspflichten und Haftung der Organmitglieder bei der AG, in: RWS-Forum Gesellschaftsrecht 2001 (zit. RWS-Forum Gesellschaftsrecht 2001), Köln 2002, S. 99-122.

C

Witt, Carl-Heinz
Unzulässigkeit von Klagen gegen den Umwandlungsbeschluss bei Verletzung von Informationspflichten im Zusammenhang mit Barabfindungsangebot, WuB II N. § 210 UmwG 1.01.

Witt, Martin
Vorstand/Board: Aufgaben, Organisation, Entscheidungsfindung und Willensbildung - Betriebswirtschaftliche Ausfüllung, in: Handbuch Corporate Governance: Leitung und Überwachung börsennotierter Unternehmen in der Rechts- und Wirtschaftspraxis (zit. Handbuch Corporate Governance), Köln/Stuttgart 2003, S. 245-260.

Witte, Eberhard
Das *Informationsverhalten in Entscheidungsprozessen*, Tübingen 1972.

Witte, Jürgen / Hrubesch, Boris
Die persönliche Haftung von Mitgliedern des Aufsichtsrat einer AG - unter besonderer Berücksichtigung der Haftung bei Kreditvergaben, BB 2004, 725-732.

Wittkowski, Bernd
Zweimal Fairness Opinion: DG Bank und GZ-Bank lassen Bewertung prüfen, Börsen-Zeitung vom 28.6.2001, 18.

Wittkowski, Bernd
Meinungen zur Fairness, Börsen-Zeitung vom 7.7.2001, 8.

Wolensky, Michael K.
Scope of the Securities Exchange Act of 1934, in: Understanding the Securities Law 2003 (zit. Understanding the Securities Law 2003), New York 2003, S. 563-609.

Wolf, Manfred
Interessenkonflikte bei der Unternehmensteilung durch Spaltung, Der Konzern 2003, 661-675.

Wolf, Manfred / Horn, Norbert / Lindacher, Walter
AGB-Gesetz, 4. Auflage, München 1999.
(zit. Wolf/Horn/Lindacher-*Bearbeiter*; zit. Bearbeiter Wolf, Manfred)

Zahn, Johannes
Aktienanleger und Börse, ZGR 1981, 101-125.

Zehren, Charles V.
To Whom Is Merger "Fairness Opinion" Fair?, Newsday vom 21.12.2003, A46.

Zentraler Kreditausschuss
Stellungnahme des Zentralen Kreditausschusses (ZKA) zur Tätigkeit von Rating-Agenturen und ihrer möglichen Regulierung vom 14.8.2003, Berlin 2003.

Zimmer, Daniel
Verschärfung der Haftung für fehlerhafte Kapitalmarktinformation - ein Alternativkonzept, WM 2004, 9-21.

Zimmer, Daniel / Binder, Christian
Prospekthaftung von Experten? Kritik eines Gesetzentwurfs, WM 2005, 577-583.

Zimmermann, Klaus / Pentz, Andreas
"Holzmüller" - Ansatzpunkt, Klagefristen, Klageantrag, in: Gesellschaftsrecht, Rechungslegung, Steuerrecht (zit. FS Müller), München 2001, S. 151-181.

Zinser, Alexander
Der britische City Code on Takeovers and Mergers in der Fassung vom 9.3.2001, RIW 2001, 481-488.

Zöllner, Wolfgang
Kölner Kommentar zum Aktiengesetz, Band 5/1, 2. Köln/Berlin/Bonn/München 1995.
(zit. KK-Bearbeiter; zit. Bearbeiter Lutter, Marcus)

Zöllner, Wolfgang
Kölner Kommentar zum Aktiengesetz, Band 7, 1. Lieferung, 2. Auflage, Köln/Berlin/Bonn/München 1990.
(zit. KK-*Bearbeiter*; zit. Bearbeiter Kraft, Alfons)

Zöllner, Wolfgang
Kölner Kommentar zum Aktiengesetz, Band 1, 2. Auflage, Köln/Berlin/Bonn/München 1989.
(zit. KK-*Bearbeiter*; zit. Bearbeiter Mertens, Hans-Joachim)

Zöllner, Wolfgang
Kölner Kommentar zum Aktiengesetz: Rechnungslegung der Aktiengesellschaft, 2. Auflage, Köln/Berlin/Bonn/München 1989.
(zit. KK-*Bearbeiter*; zit. Bearbeiter Claussen, Carsten Peter)

Zöllner, Wolfgang
Kölner Kommentar zum Aktiengesetz, Band 2, 2. Auflage, Köln/Berlin/Bonn/München 1988.
(zit. KK-*Bearbeiter*; zit. Bearbeiter Lutter, Marcus)

Zöllner, Wolfgang
Kölner Kommentar zum Aktiengesetz, Band 2, 1. Auflage, Köln/Berlin/Bonn/München 1971.
(zit. KK-*Bearbeiter*, 1. Auflage; zit. Bearbeiter Zöllner, Wolfgang)

Zöllner, Wolfgang
Kölner Kommentar zum Aktiengesetz, Band 3, 1. Auflage, Köln/Berlin/Bonn/München 1971.
(zit. KK-*Bearbeiter*; zit. Bearbeiter Kraft, Alfons)

Zschocke, Christian O.
Vorüberlegungen für ein Übernahmeangebot, in: Bad Homburger Handbuch zum Übernahmerecht (zit. Bad Homburger Handbuch zum Übernahmerecht), Heidelberg 2003, S. 22-33.

Zugehör, Horst
Berufliche "Dritthaftung" - insbesondere der Rechtsanwälte, Steuerberater, Wirtschaftsprüfer und Notare - in der deutschen Rechtsprechung, NJW 2000, 1601-1609.

Gesprächsverzeichnis

Im Rahmen dieser Arbeit wurden Interviews mit Vertretern der Praxis in Deutschland, der Schweiz und den USA geführt, denen an dieser Stelle nochmals herzlich gedankt sei:

Thomas Bornemann, KPGM Corporate Finance, Frankfurt am Main
Dr. Isabelle Chabloz, Schweizerische Übernahmekommission (UEK), Zürich
Richard De Rose, Houlihan Lokey Howard & Zukin, New York
Raimund Herden, Dresdner Kleinwort Wasserstein, Frankfurt am Main
Lorre Jay, Houlihan Lokey Howard & Zukin, New York
Dr. Adriano Margiotta, Schweizerische Übernahmekommission (UEK), Zürich
Dr. Andreas Nick, UBS Investment Bank, Frankfurt am Main
Matthias Sahm, J.P. Morgan Chase, Frankfurt am Main
Dr. Maximilian Schiessl, Hengeler Mueller, Düsseldorf
Christian Stroop, J.P. Morgan Chase, Frankfurt am Main
Herbert S. Wander, KMZ Rosenman, Chicago

Ergänzend zu diesen namentlich genannten Personen unterstützten mich weitere Vertreter der Praxis bei der Informationsbeschaffung auf telefonischem und postalischem Wege. Auch ihnen danke ich für Ihre Hilfe.

Erster Teil Einleitung

> Expect Fairness Opinions – legally not required, historically not respected – to play a growing part in the requirements of the SEC and the defenses of corporate boards.
>
> Sheryl L. Cefali[1]

A. Thematik

Eine *fairness opinion* kann als Stellungnahme eines sachverständigen Beraters sowohl zur Angemessenheit einer angebotenen Leistung im Rahmen einer Unternehmenstransaktion als auch zur Fairness der Transaktionsbedingungen aus finanzwirtschaftlicher Sicht mit dem Ziel, einen Entscheidungsträger bei einer Transaktion zu informieren, zu unterstützen und abzusichern, definiert werden.[2] Dieses Instrument ist im angelsächsischen Raum bei Unternehmenstransaktionen sehr verbreitet.[3] Seit einigen Jahren findet die *fairness opinion* auch in der kontinentaleuropäischen und insbesondere in der deutschen Praxis eine deutlich zunehmende Verwendung. Demnach ist das auf den US-amerikanischen Raum bezogene einleitende Zitat auch auf Deutschland übertragbar. US-amerikanisches Rechtsdenken prägt zunehmend deutsches Unternehmensrecht. Das Instrument der *fairness opinion* entspricht somit einem *legal transplant*.[4] Allerdings sind zahlreiche Fragen der Rezeption dieses Instruments in Europa noch ungeklärt.[5] Auch hat die *fairness opinion* die Rechtsprechung des II. Zivilsenats des BGH bislang nicht beschäftigt. Lediglich instanzgerichtliche Entscheidungen des OLG Karlsruhe, des LG Heidelberg sowie des LG München I behandeln zwei in Deutschland erstellte *fairness opinions*. Dabei fällt auf, dass das LG Heidelberg anstelle des Begriffs der *fairness opinion* zurückhaltend den Terminus Bewertungsgutachten in Anführungszeichen verwendet.[6]

---

[1] Statt aller *Kennedy*, 1255 PLI/Corp., 605, 609.
[2] *Cooke*, Corp. Board. Juli 1996, 17; *Bucher/Bucher*, ST 2005, 155; *Schwetzler/Aders/Salcher/Bornemann*, FB 2005, 106.
[3] *Nick*, in: Übernahme börsennotierter Unternehmen, S. 87, 113.
[4] *Watson*, Legal Transplants; dazu auch *Fleischer*, in: Unternehmenskauf, S. 103, mit Bezug auf *asset deal, share deal, letter of intent, memorandum of understanding, Break-Fee*-Vereinbarung und *due diligence*.
[5] Dazu aus französischer Perspektive *Cafritz/Caramalli*, La Semaine Juridique Entreprise et Affaires 2004, 805, "les contours juridiques de l'attestation d'équité en France sont flous, incertains et les praticiens du droit et de la finance ne cachent pas leur confusion"; ähnlich *Borowicz*, M&A Review 2005, 253, Fn. 7, mit dem Hinweis, dass es „fast noch stärkere Defizite als in der Praxis [...] bei der wissenschaftlichen Durchdringung dieses Instruments" [der *fairness opinion*] gebe.
[6] OLG Karlsruhe NZG 2002, 959 ff.; dazu *Hirte*, EWiR 2003, 299 f.; LG München I ZIP 2001, 1148 ff.; LG Heidelberg BB 2001, 1809, 1810.

Die zunehmende Verbreitung des Instruments der *fairness opinion* in der deutschen Praxis geht nicht nur mit einer wachsenden Kapitalmarktorientierung hierzulande und dem steigenden Einfluss internationaler Investoren auf deutsche Gesellschaften einher. Vielmehr erfährt die Organverantwortung in der dualistischen Unternehmensverfassung von Vorstand und Aufsichtsrat in Deutschland eine erhebliche Wendung zu einem „gelebten Recht". Der vom BGH in seiner *ARAG/Garmenbeck*-Entscheidung übernommene Gedanke eines Haftungsprivilegs für die Verwaltungsorgane unter bestimmten Voraussetzungen, die *business judgment rule*, hat durch die Arbeit der deutschen Regierungskommission Corporate Governance eine zunehmende Konkretisierung erfahren und wurde mit dem im September 2005 in Kraft getretenen Gesetz zur Unternehmensintegrität und Modernisierung (UMAG) Teil des deutschen Aktiengesetzes. Darüber hinaus ist der deutsche Gesetzgeber im Begriff, im Rahmen des Kapitalmarktinformationshaftungsgesetzes (KapInHaG) erstmals eine direkte Organaußenhaftungzu normieren. Seit dem Fall Enron ist zudem eine steigende Sensibilisierung der Verwaltungsorgane – nicht nur in den USA, sondern auch in Kontinentaleuropa – für ihre Organverantwortung feststellbar.[7] Die Verlagerung der Vorbereitung einer Entscheidungsfindung von Gesellschaftsorganen auf einen externen Sachverständigen wirft auch die Frage nach der Verantwortung des Dritten gegenüber den Anteilseignern der Gesellschaft auf.[8]

Fairness opinions stehen allerdings – wie das einleitende Zitat weiterhin andeutet – in der Kritik ein Oxymoron zu sein, weil sie die wirtschaftliche Angemessenheit von Bewertungen bestätigen, die „einigermaßen frei zwischen Hosenboden und Stuhl ausgeknobelt worden sind".[9] Demnach könne im Rahmen einer *fairness opinion* jedes gewünschte Resultat bezüglich einer Transaktion als angemessen bestätigt werden.[10] Daher stehen *fairness opinions* unter dem Verdacht, „dass sie einen derart großen Rechtfertigungsschutz böten, dass sich darauf selbst ein Texaner wohlfühle – very big indeed."[11] Mit diesen Einschätzungen werden die Fragen nach der Kontrolle und der Dritthaftung der Ersteller von *fairness opinions* aufgeworfen.

---

[7] *Ohne Verfasser*, 37 Mergers and Acquisitions (Mai 2002), 16, mit Zitat von *Jack Berka, Houlihan Lokey Howard & Zukin;* dazu auch *Roberts/Danilow/Radin*, 74 Corporation Sec. 2 vom 18.2.2003, 1, 4, "we note that from June 2002 through today, the Delaware Supreme Court has issued written decisions in five cases involving the performance by directors of their fiduciary duties. In every one of these five decisions, the Supreme Court held for the shareholder and against directors".
[8] Zu den Grenzen der Delegation originärer Leitungsaufgaben des Vorstands auf unternehmensexterne Dritte insgesamt *Turiaux/Knigge*, DB 2004, 2199, 2206.
[9] LG München I ZIP 2001, 1148, 1149.
[10] *Sweeney*, Journal of Accountancy, August 1999, 44, 46.
[11] *Sweeney*, Journal of Accountancy, August 1999, 44, 46, Zitat des Richters in der Auseinandersetzung um den Unternehmenszusammenschluss zwischen *Time* und *Warner*.

B. Zielsetzung

Die Beziehungen zwischen den Anteilseignern und den Verwaltungsorganen einer Gesellschaft sind zu einem Dauerthema der ökonomischen Mikrotheorie geworden.[12] Wenig Beachtung vor allem im deutschen Schrifttum hat bislang jedoch die Frage nach der Abstützung von Verwaltungsentscheidungen aus der *Ex-ante*-Perspektive gefunden. Ein dafür geeignetes Instrument kann die aus dem anglo-amerikanischen Raum stammende *fairness opinion* sein.

Bei der in der deutschen Praxis zunehmenden Verwendung der *fairness opinion* besteht jedoch die Gefahr, dass sich die Parteien eines aus einem fremden Rechtskreis importierten Instruments bedienen, ohne dessen rechtliche Auswirkungen vollständig zu überschauen. Ziel dieser Studie ist es daher, die Rezeption des anglo-amerikanischen Instruments der *fairness opinion* im deutschen Rechtssystem im Sinne eines Entwicklungsprozesses zu analysieren, in dem eine ausländische Rechtsidee an die Besonderheiten der inländischen Dogmatik angepasst und zu einem Element des eigenen Lebens und Denkens gemacht wird.[13]

Im Rahmen dieser Arbeit soll folglich untersucht werden, ob das aus einem anderen Rechtskreis stammende Instrument der *fairness opinion* mit den im deutschen Zivilrecht zur Verfügung stehenden Regelungen erfasst werden kann. Zur Erreichung dieses Ziels sind zunächst die rechtlichen Verhältnisse und Anforderungen an eine *fairness opinion* in den USA aufzuarbeiten. Auf diese Weise wird eine Diskussion der Thematik im deutschen Kontext erst möglich. Hier ist ein Abgleich mit bereits existierenden Instrumenten geboten. Letztlich kann diese Entwicklung jedoch nicht allein national betrachtet werden; in Europa muss es ein „sine qua non" sein, auch die Regelungen und Vorgaben aus anderen europäischen Staaten in die Überlegungen einzubeziehen.

C. Gang der Untersuchung

Den Ausgangspunkt dieser Arbeit bilden ökonomische Überlegungen zum Verhältnis zwischen Anteilseignern einerseits und den Verwaltungsorganen als ihren Agenten andererseits (Teil 2). Auf dieser Basis, deren Betrachtung angesichts der umfassenden Diskussion im Schrifttum kurz zu halten ist, wird der Ersteller einer *fairness opinion* in das ursprünglich sozial-psychologische Konzept des *Gatekeeper*-Modells eingeordnet.

---

[12] Vgl. *Ruffner*, in: Organverantwortlichkeit als Instrument der Corporate Governance, S. 195, 199.
[13] Zum Begriff der "Rezeption" *Fleischer*, ZIP 2004, 685, 688; *Wieacker*, Privatrechtsgeschichte, S. 124 ff.

Im Folgenden ist die Genesis der *fairness opinion* – einschließlich einer Analyse ihrer Bestandteile und des Prozesses ihrer Erstellung – aus US-amerikanischer Perspektive zu erarbeiten (Teil 3); dazu werden die unterschiedlichen Funktionen betrachtet, die diesem Instrument in der Praxis zukommen. Einen wesentlichen Meilenstein bildet dabei die Analyse der Gerichtsentscheidung *Smith v. van Gorkom,* die die Entwicklung der *fairness opinion* maßgeblich beeinflusst hat. Diese Entscheidung wird auch als *"Investment Bankers' Full Employment Act"*[14] oder als *"Investment Bankers' Civil Relief Act of 1985"*[15] bezeichnet.

Anschließend wird in Teil 4 der Arbeit die Rezeption der *fairness opinion* in Deutschland analysiert. Neben einer Erörterung der Entwicklung der Organverantwortung von Vorstand und Aufsichtsrat gegenüber den Anteilseignern ist dabei auf eine Differenzierung der *fairness opinion* zu anderen gesetzlich normierten Prüfungsinstrumenten – namentlich den dem Berufsstand der Wirtschaftsprüfer vorbehaltenen Prüfberichten nach AktG und UmwG – einzugehen. Alsdann ist eine eingehende Diskussion der Anwendungsbereiche der *fairness opinion* in Deutschland anhand der gesellschafts-, kapitalmarkt- und vertragsrechtlichen Strukturmaßnahmen und Unternehmenstransaktionen möglich. Darüber hinaus sind die Zugangsvoraussetzungen für die Gruppe der Ersteller von *fairness opinions* zu hinterfragen.

Vor dem Hintergrund der eingangs aufgenommenen Bedenken des Marktes ist eine Systematisierung etwaiger Defizite der *fairness opinion* im *expectation-performance gap* erfolgt (Teil 5). Dieses Modell schafft die Grundlage, als weitere Schwerpunkte dieser Arbeit die Offenlegungspflichten gegenüber den Anteilseignern der Gesellschaft einerseits (Teil 6) und die Dritthaftung der Ersteller einer *fairness opinion* andererseits zu erörtern (Teil 7). Auch hier wird rechtsvergleichend zwischen einer Analyse des deutlich umfangreicheren Fallmaterials in den USA und der Situation in Deutschland im Vergleich zu anderen europäischen Staaten vorgegangen. Die Ausführungen schließen mit einer Diskussion zu den Initiativen und Möglichkeiten zur Regulierung der *fairness opinion* (Teil 8) sowie einer Zusammenfassung der Ergebnisse (Teil 9).

Zur besseren Verdeutlichung dieser für den deutschen Markt neuen Thematik wird als Anlage der Text eines *opinion letters* einer *fairness opinion* aufgenommen (Anlage B). Diese Anlage ermöglicht dem Leser, sich mit den für *opinion letters* üblichen Formulierungen vertraut zu

---

[14] *Nick*, in: Übernahme börsennotierter Unternehmen, S. 87, 114; *Sweeney*, Journal of Accountancy, August 1999, 44, 45, mit Hinweis auf ein Zitat von *Prof. John C. Coffee, Jr., Columbia Law School;* dazu FN 200 m. w. N.
[15] *Carney*, 70 Wash. U. L.Q. (1992), 523, 527.

machen. Für die Zustimmung zum Abdruck möchte ich der J. P. Morgan Plc. vielmals danken. Zudem zeigt eine empirische Auswertung auf Basis veröffentlichter Daten die Relevanz der *fairness opinion* für den deutschen Markt auf (Anlage A). Daran wird deutlich, dass dieses Instrument erst seit wenigen Jahren unter der Bezeichnung *fairness opinion* Einzug in die deutsche Transaktionspraxis gefunden hat.

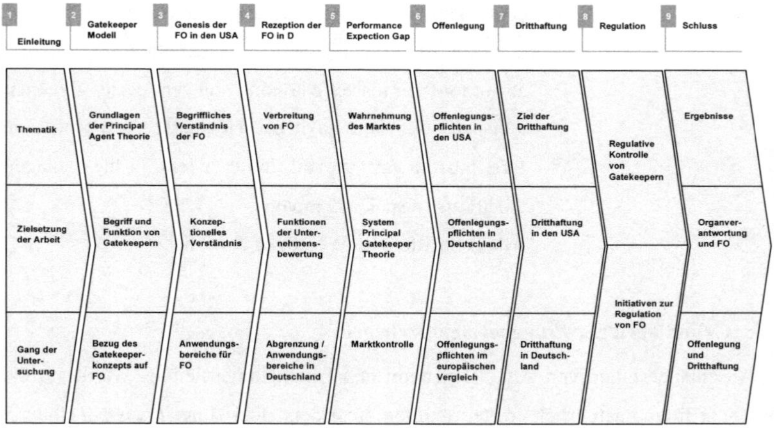

	1 Einleitung	2 Gatekeeper Modell	3 Genesis der FO in den USA	4 Rezeption der FO in D	5 Performance Expection Gap	6 Offenlegung	7 Dritthaftung	8 Regulation	9 Schluss
Thematik		Grundlagen der Principal Agent Theorie	Begriffliches Verständnis der FO	Verbreitung von FO	Wahrnehmung des Marktes	Offenlegungspflichten in den USA	Ziel der Dritthaftung	Regulative Kontrolle von Gatekeepern	Ergebnisse
Zielsetzung der Arbeit		Begriff und Funktion von Gatekeepern	Konzeptionelles Verständnis	Funktionen der Unternehmensbewertung	System Principal Gatekeeper Theorie	Offenlegungspflichten in Deutschland	Dritthaftung in den USA		Organverantwortung und FO
Gang der Untersuchung		Bezug des Gatekeeperkonzepts auf FO	Anwendungsbereiche für FO	Abgrenzung / Anwendungsbereiche in Deutschland	Marktkontrolle	Offenlegungspflichten im europäischen Vergleich	Dritthaftung in Deutschland	Initiativen zur Regulation von FO	Offenlegung und Dritthaftung

Abbildung 1: Gang der Untersuchung
Quelle: eigene Darstellung

Zweiter Teil   *Gatekeeper*-Modell auf Basis der *Principal-Agent*-Theorie

> The directors of such [joint-stock] companies, however, being the managers rather of other people's money than of their own, it cannot well be expected, that they should watch over it with the same anxious vigilance with which the partners in a private copartnery frequently watch over their own. Like the stewards of a rich man, they are apt to consider attention to small matters as not for their master's honour, and very easily give themselves a dispensation from having it. Negligence and profusion, therefore, must always prevail, more or less, in the management of the affairs of such a company.
>
> **Adam Smith, The Wealth of Nations[16]**

A. Grundlagen der *Principal-Agent*-Theorie

Das Auseinanderfallen von Anteilseigentum und Unternehmensleitung wurde im ökonomischen Schrifttum ausführlich erörtert und hat unter dem Begriff der *Principal-Agent*-Theorie weitreichende Beachtung erfahren. Spezialisierung und Interessenkonflikte haben sich in unserer modernen Gesellschaft geradezu zu einer Systembedingung entwickelt.[17] *Principal-Agent*-Beziehungen, die hier eingangs kurz zu erläutern sind, gehören zu den durch unvollkommene Information geprägten Vertragsbeziehungen. Diese sind dadurch gekennzeichnet, dass für den Agenten die Möglichkeit besteht, dem Prinzipal Informationen vorzuenthalten[18] und seine eigenen Interessen zu maximieren.[19] Allerdings können so genannte *Signaling*- und *Monitoring*-Maßnahmen als Instrument zur Bereitstellung zusätzlicher Informationen für den Prinzipal im Rahmen einer anreizkompatiblen Vertragsgestaltung zur Reduzierung der *Agency*-Kosten beitragen.[20]

---

[16] *Smith*, An Inquiry into the Nature and Causes of the Wealth of Nations (ursprünglich 1776); zitiert nach *Jensen/Meckling*, 3 J. Fin. Econ. (1976), 305.
[17] *Rossi*, In conflitto epidemico, zitiert nach *Hopt*, ZGR 2004, 1, 3.
[18] *Allen/Kraakman*, Law of Business Organization, S. 10.
[19] *Von der Crone*, in: Organverantwortlichkeit als Instrument der Corporate Governance, S. 235, 242; *Eidenmüller*, JZ 2001, 1041, 1042.
[20] *Hirshleifer/Rigley*, Analytics of Uncertainty and Information, S. 167 ff.; *Köhler*, DBW 63 (2003), 77, 83.

Die Aktionäre einer Gesellschaft tragen demnach *Agency*-Kosten[21], die die Kosten für die Überwachung des Verhaltens der Manager ebenso einschließen wie die Kosten für die durch das opportunistische Verhalten von Managern entgangenen Gewinne.[22] Opportunistisches Verhalten von Managern kann besonders im Fall von Übernahmeangeboten, Unternehmenszusammenschlüssen oder anderen Kontrolltransaktionen auftreten.[23]

Dabei ist bei Publikumsgesellschaften die eigene Beurteilung einer Unternehmenstransaktion für den Prinzipal aus zwei Gründen in der Regel faktisch ausgeschlossen: Zunächst sind die Kosten der Prüfung und Bewertung dieser Gesellschaftssituation durch den einzelnen Adressaten prohibitiv hoch[24] und die erforderlichen Bewertungskenntnisse und Informationen in der heterogenen Gruppe der Anteilseigner nicht hinreichend gegeben.[25] Andererseits ist schon das Kontrollrecht der Anteilseigner bei Aktiengesellschaften gesetzlich erheblich eingeschränkt. So steht dem Aktionär nach deutschem Recht gemäß § 131 AktG lediglich ein begrenztes Informationsrecht in der Hauptversammlung zu, während der OHG-Gesellschafter nach § 118 HGB ebenso wie der GmbH-Gesellschafter nach § 51a GmbHG ein umfangreicheres Kontrollrecht besitzt. Dieses Phänomen wird im ökonomischen Schrifttum mit dem Begriff der *asymmetrischen Information* umschrieben.[26]

Wenn sich die Informationsasymmetrien zwischen Agent und Prinzipal nicht beseitigen oder in ihren Auswirkungen kontrollieren lassen, kann der Reputation des Agenten besondere Bedeutung zukommen (*signaling*).[27] Hierfür kann sich der Reputation externer Agenten bedient werden.[28] Folglich kommt insbesondere bei der Aktiengesellschaft Intermediären zwischen den Verwaltungsorganen und den Anteilseignern eine entscheidende Bedeutung für die Entfaltung des Kapitalmarktes zu. Ihre Existenz entwickelt sich zum Wettbewerbsfaktor zwischen unterschiedlichen Märkten, zumal eine eingeschränkte Informationseffizienz des

---

[21] *Jensen/Meckling*, 3 J. Fin. Econ. (1976), 305 ff., mit Differenzierung von drei Arten der *agency costs*: (1) *monitoring costs or costs that owners expend to ensure agent loyalty*; (2) *bonding costs, or costs that agents expend to ensure owners of their reliability* und (3) *residual costs, or costs that arise from differences of interest that remain after monitoring and bonding costs are incurred*.
[22] *Gilson/Black*, Law and Finance of Corporate Acquisitions, S. 368.
[23] *Giuffra*, 96 Yale L. J. (1986), 119, 125.
[24] *Klein/Coffee*, Business Organization and Finance, S. 172; *Quick*, BFuP 2000, 525.
[25] Dazu anhand der Jahresabschlussprüfung *Schmitz*, Marketing für professionelle Dienstleistungen, S. 23.
[26] *Kreps/Wilson*, 27 Jounal of Economic Theory (1982), 253 ff.; *Milgrom/Roberts*, Economics, Organization & Management, S. 126; *Spremann*, ZfB 58 (1998), 613, 615; grundlegend zum Begriff der asymmetrischen Information *Akerlof*, 84 Quarterly Journal of Economics (1970), 488 ff., anhand des Gebrauchtwagenmarktes.
[27] *Tirole*, Industrieökonomik, S. 79 f.; *von der Crone*, in: Organverantwortlichkeit als Instrument der Corporate Governance, S. 235, 260.
[28] *Husemann*, Reputation des Wirtschaftsprüfers in ökonomischen Agency Modellen, S. 102, mit Darstellung des Modells von *Kreps/Wilson*, 27 Journal of Economic Theory (1982), 253 ff.; *Spremann*, ZfB 58 (1998), 613, 618 ff.

Kapitalmarkts dessen Allokationseffizienz und Risikoeffizienz einschränkt.[29] Die Gruppe der Intermediäre wird, ausgehend vom US-amerikanischen Schrifttum, auch unter den Begriff der *gatekeeper* gefasst.

B. Begriff und Funktion von *Gatekeepern*

I. Ursprung der *Gatekeeper*-Forschung

Das Modell des *gatekeeping* ist in den Kommunikationswissenschaften verbreitet, wo es als Prozess zur Informationskontrolle einschließlich der Informationsauswahl, der Zusammen- und Darstellung der Informationen sowie des *timings* der Information aufgefasst wird.[30] Ursprünglich geht die Begriffsbildung des *gatekeepers* auf den Sozialpsychologen *Kurt Lewin* zurück, der den Entscheidungsprozess der Einkaufsgewohnheiten von Hausfrauen in der Kriegszeit analysierte.[31] Später wurde dieser Ansatz auf den Prozess der Nachrichtenselektion innerhalb der Kommunikationswissenschaften übertragen.[32] Diese individualistischen, institutionalen sowie kybernetischen Untersuchungen haben Verbindungen zwischen Auslandskorrespondenten und ihren Fernschreiberdiensten, internationalen Nachrichtenagenturen und den Verbrauchsgewohnheiten ihrer Medienkonsumenten und zwischen Zeitungs- und Fernsehinhalten und ihren Lesern und Zuschauern aufgezeigt.[33]

II. *Gatekeeper* im Kontext des Kapitalmarkts

Im Kapitalmarktkontext wurde der Begriff erstmals in Bezug auf *underwriter* von Börseneinführungen zu Beginn der achtziger Jahre verwendet.[34] Zwischenzeitlich wurde er auf weitere Gruppen von sachverständigen Dritten ausgedehnt, so dass heute vor allem Jahresabschlussprüfer, Ratingagenturen, *Equity-Research*-Analysten, *securities attorneys* bei Börseneinführungen sowie die Ersteller von *fairness opinions* unter diesen Begriff gefasst werden.[35] Nicht nur im US-amerikanischen Schrifttum, sondern auch von der *Securities and Exchange Commission (SEC)* wird der *Gatekeeper*-Begriff verwendet.[36] Der *gatekeeper* im Kontext des Kapitalmarkts umfasst somit sachverständige Dritte, die ein Fehlverhalten der

---

[29] *Stefani*, Quasirenten, Prüferwechsel und rationale Adressaten, Working Paper, S. 1.
[30] Ausführlich dazu *Shoemaker*, Gatekeeping, S. 1 ff., m.w.N.; *Donohue/Tichenor/Olien*, in: Current Perspectives in Mass Communication Research, S. 41 ff.; *Joch Robinson*, in: Gesellschaftliche Kommunikation und Information, S. 344 ff.
[31] *Lewin*, in: Field theory in social sciene, S. 170 ff.
[32] Erstmals *White*, 27 Journalism Quarterly (1950), 383 ff.
[33] Mit detaillierter Darstellung der Entwicklung der *Gatekeeper*-Forschung *Joch Robinson*, in: Gesellschaftliche Kommunikation und Information, S. 344 ff.
[34] *Gilson/Kraakman*, 70 Va. L. Rev. (1984), 549, 612 ff.
[35] *Coffee*, Attorney as Gatekeeper, S. 8; *Coffee*, Understanding Enron, S. 5; *Coffee*, Gatekeeper Failure and Reform, S. 12.
[36] Securities Act Release No. 33-7314 vom 25.7.1996.

Verwaltungsorgane einer Gesellschaft durch das Vorhalten einer spezialisierten von ihnen angebotenen Leistung verhindern können.[37] Der *gatekeeper* verfügt nach diesem Modell über ein für seine Mandate notwendiges Gut, das in der Form eines Prüfsiegels oder einer Angemessenheitsbescheinigung bestehen kann.[38] Solange der Informationsadressat jedoch nicht auf die Glaubwürdigkeit des *gatekeepers* vertrauen kann, ist dessen Bestätigung für ihn ohne Wert.[39] Die Glaubwürdigkeit eines *gatekeepers* gründet auf wesentlichen Charakteristika seiner Position: Zum einen profitiert der *gatekeeper* als externer Sachverständiger nicht oder nur in sehr geringem Maße von einem Fehlverhalten des Managements, während die Verwaltungsorgane selbst beachtliche Vorteile aus einem Fehlverhalten gegenüber ihren Aktionären ziehen können.[40] Zum anderen wirkt die über Jahre aufgebaute Reputation des *gatekeepers* als Vermögenswert, den er nicht für eine einzelne Transaktion oder einen einzelnen Mandanten riskiert.[41] Dies setzt voraus, dass der ideale *gatekeeper* durch eine Vielzahl von betreuten Mandaten von einem einzelnen Mandanten auf Unternehmensebene und auch auf der Ebene des einzelnen Partners unabhängig ist.[42] Auf Grund dieser Merkmale soll sichergestellt werden, dass die Vergütung des *gatekeepers* – sofern es sich nicht um ein Erfolgshonorar handelt – keine negativen Auswirkungen auf seine Funktionserfüllung hat. Dem *gatekeeper* kommt deshalb eine Treuepflicht gegenüber Kapitalmarktinvestoren zu.[43] Daraus kann ein Status der Unabhängigkeit des *gatekeepers* abgeleitet werden, der möglicherweise im Gegensatz zu seiner Funktion als Berater der Gesellschaft steht. Schließlich kann die Funktion des *gatekeepers* nach diesem Modell zu einer Pflicht zur Niederlegung eines Mandats führen, sofern die Integrität des *gatekeepers* andernfalls nicht aufrechtzuerhalten ist. Zu berücksichtigen ist jedoch, dass innerhalb eines Kapitalmarktbooms das *Gatekeeper*-Konzept nur eine eingeschränkte Funktionsfähigkeit entfalten kann; nach Ansicht von *Coffee* reduziert sich in diesem Zyklus der Wert der wahrgenommenen Reputation eines *gatekeepers* und damit seine präventive Wirkung im *Principal-Agent*-Verhältnis zwischen Anteilseignern und Verwaltungsorganen.[44] Eine realistische Einschätzung des Kapitalmarkts ist folglich eine wesentliche Voraussetzung für die Wirksamkeit der Funktion eines *gatekeepers*.

---

[37] *Kraakman*, 2 J.L. Econ. & Org. (1986), 53; *Kraakman*, 93 Yale L.J. (1984), 857, 868.
[38] *Kraakman*, 2 J.L. Econ. & Org. (1986), 53, 54.
[39] *Herzig/Watrin*, ZfbF 47 (1995), 775, 777, mit Bezug auf die Jahresabschlussprüfung.
[40] *Coffee*, Gatekeeper Failure and Reform, S. 11.
[41] *DiLeo v. Ernst & Young*, 901 F.2d 624, 629 (7th Cir. 1990); zu den Grenzen dieser Ansicht *Prentice*, 95 Nw. U. L. Rev. (2000), 133, 199.
[42] Dieses Kriterium ist z.B. häufig bei Professional Service Firms auf Partnerebene nicht gewährleistet, wenn ein Partner ausschließlich über einen einzelnen Mandanten verfügt.
[43] Zustimmend zu einer *Gatekeeper's Duty to the Public Investor Coffee*, The Attorney As Gatekeeper, S. 10 f.
[44] *Coffee*, Gatekeeper Failure and Reform, S. 35.

C. Anwendung des *Gatekeeper*-Konzepts auf *Fairness Opinions*

Um die Rolle des Erstellers einer *fairness opinion* als *gatekeeper* zu verdeutlichen, bietet es sich an, auf die Charakteristika anderer *gatekeeper* einzugehen. Dazu zählen zunächst die gesetzlichen Abschlussprüfer einer Gesellschaft. Die Jahresabschlussprüfung wird als ein Weg zum *monitoring* von Managern angesehen und schützt aktuelle und zukünftige Anteilseigner einer Gesellschaft ebenso wie ihre Gläubiger.[45] Infolge der Kapitalmarktbaissen der späten zwanziger Jahre des letzten Jahrhunderts wurde die gesetzliche Abschlussprüfung sowohl in den USA als auch in Deutschland und zahlreichen anderen Staaten gesetzlich normiert.[46] In jüngster Zeit haben sich darüber hinaus die *Rating*-Agenturen zu einer sehr relevanten Gruppe von *gatekeepern* entwickelt. Die Bedeutung von *Rating*-Agenturen für die Finanzmärkte wurde zuletzt insbesondere in dem Gutachten *Fleischers* für den Deutschen Juristentag im Jahre 2002 betont. Demnach gehören sie zu den wichtigsten Informationsintermediären entwickelter Finanzmärkte, wo sie Bonitätseinschätzungen von Marktteilnehmern treffen.[47]

Als sehr relevant für Unternehmenstransaktionen ist weiterhin die Gruppe der *security attorneys* als *gatekeeper* zu betrachten. Ihnen kommt die Aufgabe zu, bei Wertpapiertransaktionen eine *opinion* gegenüber den *underwritern* auszustellen, dass sämtliche wesentliche Informationen, die ihnen in Bezug auf den Emittenten bekannt sind, veröffentlicht wurden. Umstritten ist die Rolle des Rechtsberaters bei Wertpapiertransaktionen im Hinblick auf seine Pflicht gegenüber den Aktionären.[48] Nach früherer Auffassung der *SEC* hatte ein Rechtsberater in einer Wertpapiertransaktion, dem eine *disclosure violation* bekannt wurde, die Pflicht, eine Transaktion bis zu einer informierten Entscheidung der Anteilseigner zu verhindern.[49] So ist die Rolle des Rechtsberaters in Wertpapierangelegenheiten der eines Jahresabschlussprüfers ähnlicher als der eines typischen Rechtsberaters.[50] Gegen eine derartige Qualifizierung der Rechtsberater bei Wertpapiertransaktionen spricht allerdings die Beraterfunktion gegenüber den Mandanten, die zu einer Treuepflicht gegenüber diesen führe. Eine solche „regulative Kontrolle" von *gatekeepern* führe – so *Coffee* – jedoch gerade nicht zu einem Verlust des Ein-

---

[45] *Jensen/Meckling*, 3 J. Fin. Econ. (1976), 305, 323.
[46] Notverordnung des Reichspräsidenten über Aktienrecht, Bankenaufsicht und die Steueramnestie vom 19.9.1931, RGBl I, 493, 498.
[47] *Fleischer*, Gutachten F zum 64. Deutschen Juristentag, S. F132 ff.; dazu *Mülbert*, JZ 2002, 826, 837; zur zunehmenden Bedeutung von Rating-Agenturen für den deutschen Kapitalmarkt auch *Peters*, Regulierung von Rating-Agenturen, S. 150 f.
[48] Gegen eine Verpflichtung American Bar Association, 31 Bus. Law. 1975, 543, 545, "the lawyer has neither the obligation nor the right to make disclosure when reasonable doubts exists concerning the client's obligation of disclosure".
[49] *SEC v. National Student Marketing Corp.*, 457 F. Supp. 682, 697 f. (D.D.C. 1978).

flusses von Rechtsberatern auf ihre Mandanten und auch zu keinen Treuepflichtverletzungen ihnen gegenüber.[51]

Auch die Ersteller von *fairness opinions* sind unter den Begriff des *gatekeepers* zu fassen: Sie sind als „Türwächter" für Strukturmaßnahmen und Unternehmenstransaktionen anzusehen.[52] Hinsichtlich dieser Qualifikation wird eine Parallele zwischen Rechtsberatern bei Wertpapiertransaktionen und Finanzberatern erkennbar; denn beide *professional service firms* haben grundsätzlich anders als der Jahresabschlussprüfer eine beratende Funktion für ihre Mandanten. Diese zu einer *Gatekeeper*-Position gewandelte Rolle, die die *Principal-Agent*-Theorie für eine Legitimationsfunktion der *fairness opinion* erfordert, ist festzuhalten. Sie ist unter den Aspekten der Qualifikation des Erstellers von *fairness opinions* und unter dem Aspekt der potenziellen Eigeninteressen und deren Lösungsansätzen an späterer Stelle dieser Arbeit wieder aufzugreifen.

Aus der Perspektive der Anteilseigner können sorgfältig erstellte *fairness opinions* einerseits die *Agency*-Kosten reduzieren, indem sie opportunistisches Verhalten des Managements begrenzen,[53] und andererseits die Informationskosten der Anteilseigner – ebenso wie der Aktienanalysten[54] – bei der Bewertung und Entscheidungsfindung zu einer Strukturmaßnahme senken.[55] Dem Ersteller der *fairness opinion* kommt damit bereits *ex ante* eine Funktion im Sinne der Begrenzung der *Agency*-Probleme zwischen Anteilseignern und Management zu, während etwaige Klagemöglichkeiten der Anteilseigner, abgesehen von einem abschreckenden Effekt, nur *ex post* sanktionierend wirken. Damit kommt der *fairness opinion* eine *Monitoring*-Funktion zur Minimierung der *Agency*-Kosten für die Aktionäre zu, die der *Monitoring*-Funktion von Jahresabschlussprüfungen und *legal opinons* entspricht.[56] Die *pro-*

---

[50] *Soderquist/Gabaldon*, Securities Regulation, S. 617 ff., mit Bezug auf die Ansicht von A.A. Sommer Jr. in seiner Rede *"The Emerging Responsabilities of the Securities Lawyer"* im Jahre 1974.
[51] *Coffee*, Attorney as Gatekeeper, S. 7.
[52] *Fiflis*, 70 Wash. U. L.Q. (1992), 497; zum Bezug der *fairness opinion* zur Agency Problematik *Ragotzky*, Unternehmensverkauf, S. 170.
[53] *Martin*, 60 Fordham L. Rev. (1991), 133, 138; *Giuffra*, 96 Yale L.J. (1986), 119, 125 ff., *"including cost of monitoring and restricting management behavior as well as the lost profits caused by managers' opportunism".*
[54] *Drill*, Börsen-Zeitung vom 23.10.2004, B2.
[55] *Martin*, 60 Fordham L. Rev. (1991), 133, 139; *Giuffra*, 96 Yale L.J. (1986), 119, 126.
[56] *Giuffra*, 96 Yale L. J. (1986), 119, 125; *Watts/Zimmermann*, 26 J.L. & Econ. (1983), 613, 614 f., zur historischen Bedeutung der Jahresabschlussprüfung zur Reduzierung von *Agency*-Kosten; *Gilson*, 94 Yale L.J. (1984), 239, 288 ff., zur Bedeutung von *legal opinions* zur Reduzierung von *Agency*-Kosten.

fessional service firm verwendet in diesem Modell ebenso wie andere *gatekeeper* ihre Reputation als *hostage* („Geisel") für die Qualität ihrer Arbeit.[57]

D. Zwischenergebnis

Das während des II. Weltkriegs in der Sozialpsychologie entwickelte und in den folgenden Jahren in den Kommunikationswissenschaften erweiterte Modell des *gatekeepers* findet nunmehr auch Anwendung im Kapitalmarktkontext. Dabei werden sachverständige Dritte als *gatekeeper* bezeichnet, die ein Fehlverhalten des Managements, das dem im Schrifttum vielfach beschriebenen *Agency*-Konflikt mit den Anteilseignern der Gesellschaften unterliegt, unterbinden können. Neben den Berufsgruppen der Jahresabschlussprüfer, Rechtsberater bei Wertpapiertransaktionen, Wertpapieranalysten und Ratingagenturen können die Ersteller von *fairness opinions* unter diesen Begriff subsumiert werden, wie das nachfolgende Zitat von *Fiflis* deutlich macht:

> A banker's veto power is at least as great as the auditor's opinion in a registered offering or the lawyers opinion in the merger illustration.[58]

Im Folgenden ist zunächst auf die Genesis der *fairness opinion* in den USA einzugehen.

---

[57] Dazu *Williamson*, 73 Am. Econ. Rev. (1983), 519 ff.; *Gilson/Kraakman*, 70 Va. L. Rev. (1984), 549, 613 ff.; *von der Crone*, in: Organverantwortlichkeit als Instrument der Corporate Governance, S. 235, 271.
[58] *Fiflis*, 70 Wash. U. L.Q. (1992), 497, 514.

| Dritter Teil | Genesis der *Fairness Opinion* in den USA |

> Fairness Opinions have become almost as ubiquitous a part of the American financial landscape as fast food is to the American highway.
>
> **Charles M. Elson**[59]

A. Begriffliches Verständnis der *Fairness Opinion*

I. Definition der *Fairness Opinion*

Fairness opinions gehören zu den von sachverständigen Dritten erstellten Bewertungsgutachten.[60] Dabei kann die *fairness opinion* – wie in der Einleitung bereits festgehalten – als Stellungnahme eines sachverständigen Beraters zur Angemessenheit einer angebotenen Leistung sowie ggf. zur Fairness der Transaktionsbedingungen aus finanzwirtschaftlicher Sicht definiert werden. Mit dem Einsatz dieses Instruments wird das Ziel verfolgt, einen Entscheidungsträger bei einer Transaktion zu informieren, zu unterstützen und abzusichern.[61] Die im Rahmen der Stellungnahme neben der Unternehmensbewertung zu beurteilenden wirtschaftlichen Rahmenbedingungen der Transaktion können in Abhängigkeit von dem zugrunde liegenden Anlass des Mandats für eine *fairness opinion* Garantien, Gewährleistungen, Schuldübernahmen und die Kaufpreisstruktur einschließen.[62] Dabei wird ausschließlich die Fairness aus der Perspektive der Anteilseigner attestiert.[63] Die Interessen von Gläubigern oder Mitarbeitern der Gesellschaft finden hingegen in einer *fairness opinion* keine Berücksichtigung.[64] *Fairness opinions* bestehen in der Regel aus einem zwei- bis dreiseitigen ergebnisorientierten *opinion letter* und einem die durchgeführten Analysen dokumentierenden *valuation memorandum*.[65] Üblicherweise werden *fairness opinions* vom Leitungsorgan einer Gesellschaft mandatiert. Allerdings können sie in Einzelfällen auch von einer Regulierungsbehörde,

---

[59] *Elson*, 53 Ohio St. L.J. (1992), 951.
[60] Statt aller *Kennedy*, 1255 PLI/Corp., 605, 609.
[61] *Cooke*, Corp. Board. Juli 1996, 17; *Bucher/Bucher*, ST 2005, 155; *Schwetzler/Aders/Salcher/Bornemann*, FB 2005, 106.
[62] *Lee/Matthews*, in: Advanced Business Valuations, S. 309, 318; *Achleitner*, Handbuch Investment Banking, S. 210; *Ragotzky*, Unternehmensverkauf, S. 165; *Borowicz*, M&A Review 2005, 253, 254; *Schwetzler/Aders/Salcher/Bornemann*, FB 2005, 106, 107, mit dem Hinweis auf die untergeordnete Bedeutung dieses Aspekts in der Transaktionspraxis.
[63] *Allen/Kraakman*, Law of Business Organization, S. 7; *Laird/Perrone*, 3 Construction Law and Business (2002), 39; *Williams*, 21 Colum. J.L. & Soc. Probs. (1988), 191, 202.
[64] *Cooke*, Corp. Board. Juli 1996, 17; *Gougis*, in: M&A Handbook, S. 389; *Langenegger/Hermann*, FuW vom 3.4.2004, 45; *Kennedy*, 1255 PLI/Corp., 605, 615 f.

einer unternehmensinternen Stabsabteilung oder von Finanzintermediären in Auftrag gegeben werden.[66] Schließlich kommen auch Anteilseigner einer Gesellschaft als Auftraggeber einer *fairness opinion* in Betracht.[67] Sie kommen bei unterschiedlichen Unternehmenstransaktionen und Strukturmaßnahmen zur Anwendung, auf die im Folgenden einzugehen sein wird. *Fairness opinions* stellen letztlich eine subjektive Beurteilung einer Strukturmaßnahme auf Basis zahlreicher Annahmen dar und unterscheiden sich damit grundlegend von Jahresabschlussprüfungen.[68] Erstellt werden sie in der Regel von Investment Banken, Wirtschaftsprüfungsgesellschaften oder spezialisierten Unternehmensberatungsgesellschaften. Exemplarisch ist ein *opinion letter* einer *fairness opinion* als Anlage B zu dieser Arbeit abgedruckt.

II. Ursprung der *Fairness Opinion*

Wenngleich der Begriff der *fairness opinion* häufig mit der Entscheidung des *Delaware Supreme Court* in *Smith v. van Gorkom*[69] aus dem Jahr 1985 in Verbindung gebracht wird (hierzu ausführlich unten S. 39 ff.), kamen *fairness opinions* bereits zuvor in der amerikanischen Praxis für Mergers & Acquisitions vor.[70] Insbesondere hat sich das Instrument der *fairness opinion* in der ersten Hälfte der siebziger Jahre in den USA etabliert.[71] Wesentlich für diese Entwicklung war die Notwendigkeit zur Einholung von *fairness opinions* bei Börsengängen von *broker-dealern*. In diesen Fällen waren nach den *NASD By-Laws* zwei unabhängige Stellungnahmen zur Fairness des Emissionspreises erforderlich.[72] Der Sachverstand eines externen Dritten wurde außerdem frühzeitig im Kontext von Unternehmenstransaktionen zur Entlastung von Verwaltungsorganen in der Rechtsprechung geschätzt.[73] Im Hinblick auf die Eigeninteressen des Verwaltungsrats wurde die fehlende Einholung des Rates sachverständiger Dritter in der Rechtsprechung zumindest kritisch beurteilt.[74] Gleichwohl wurde daraus keine gesetzlich normierte Notwendigkeit zur Mandatierung einer *fairness opinion* abgeleitet.[75] Die Fairness gegenüber den Anteilseignern bei der Durchführung von Strukturmaßnahmen rückte dann insbesondere in den achtziger Jahren in den Blickpunkt der Öffent-

---

[65] *Caruscone*, Conn. L. Trib. vom 15.4.1996, S13.
[66] *Friedman/Kislin*, 5 The M&A Lawyer (April 2002), 10; *Rhein*, Interessenkonflikt der Manager, S. 45.
[67] *Achleitner*, Handbuch Investment Banking, S. 211 f.; *Ragotzky*, Unternehmensverkauf, S. 165.
[68] *Martin*, 60 Fordham L. Rev. (1990), 133, 140; *Fleischer*, N.Y. Times vom 8.6.1986, F2.
[69] *Smith v. van Gorkom*, 488 A.2d 858 (Del.Sup. 1985).
[70] *Chazen*, 36 Bus. Law. (1981), 1439, 1442.
[71] *Wander*, 7 Inst. On Sec. Reg. (1976), 157; *Zehren*, Newsday vom 23.12.2003, A46.
[72] *Wander*, 7 Inst. On Sec. Reg. (1976), 157.
[73] So *Sterling v. Mayflower Hotel Corp.*, 93 A.2d 107 (Sup.Ct. 1952); *Kors v. Carey*, 158 A.2d 136, 141 (Del.Ch. 1960), u.a. sachverständiger Rat durch ein Mitglied der Fakultät der *Harvard Business School*; *Puma v. Marriott*, 363 F.Supp. 750, 762 (D.Del. 1973).
[74] *Bastian v. Bourns, Inc.*, 256 A.2d 680, 681 (Del.Ch. 1969), aff'd 278 A.2d 467 (Del.Sup. 1970).
[75] Statt vieler *Williams*, 21 Colum. J.L. & Soc. Probs. (1988), 191, 202.

lichkeit.[76] Angesichts der zunehmenden Verbreitung von *opinions* externer Sachverständiger und des fast vollständigen Fehlens jeglicher einzelstaatlicher Regelungen (*state statutory laws*) hinsichtlich der Möglichkeit von Verwaltungsräten, diese bei ihrer Entscheidungsfindung heranzuziehen, wurde dieser Gesichtspunkt vom *Committee on Corporate Laws* der *American Bar Association* aufgegriffen. Dies führte zur Neufassung von *Section 35* des *Model Business Corporations Act*.[77] Der Wortlaut von *Section 35* schafft damit eine ausdrückliche Basis für die Einholung von Expertenmeinungen Dritter durch die Verwaltungsorgane und damit auch für *fairness opinions*:

> [...] shall be entitled to rely on information, opinions, reports or statements, including financial statements and other financial data, each case prepared or presented by: [...] counsel, public accountants or persons as to matters which the director reasonably believes to be within such person's professional or expert competence, [...] but [the director] [...] shall not be considered to be acting in good faith if he has knowledge concerning the matter in question that would cause such reliance to be unwarranted.

Empirische Studien bestätigen auch in jüngster Zeit einen hohen Grad der Verbreitung von *fairness opinions* in den USA.[78]

III. Bestandteile der *Fairness Opinion*

Eine *fairness opinion* besteht in der Regel aus zwei Hauptelementen: Dazu gehört einerseits der *opinion letter* und andererseits das *valuation memorandum*.[79] Beim *opinion letter* handelt es sich um eine ergebnisorientierte schriftliche Kurzstellungnahme zur Angemessenheit einer angebotenen Gegenleistung. Das *valuation memorandum* erweitert den *opinion letter* um Informationen, auf denen das Ergebnis des *opinion letters* beruht.[80] Nach der Definition der *SEC* werden mit dem *valuation memorandum* auch sämtliche Präsentationen und Analysen, die durch den Finanzberater durchgeführt wurden, unter den Begriff der *fairness opinion* gefasst.[81]

---

[76] *Gougis*, in: M&A Handbook, S. 389, 389.
[77] *The Section's Committee on Corporate Laws*, 30 Bus. Law. (1975), 501, 502.
[78] *Bowers*, 96 Nw. U. L. Rev. (2002), 567 ff.
[79] *Caruscone*, Conn. L. Trib. vom 15.4.1996, S13; *Giuffra*, 96 Yale L.J. 1986, 119, 122.
[80] *Schwetzler/Aders/Salcher/Bornemann*, FB 2005, 106, 108.
[81] Zitiert nach *Fried, Frank, Harris, Shriver & Jacobson (Eds.)*, Fairness Opinions in French Tender Offers, S. 1.

1.) *Opinion Letter*

Die Struktur des *opinion letter* einer *fairness opinion* ist trotz fehlender gesetzlicher Normierung und privatrechtlicher Standards in der internationalen Praxis sehr ähnlich.[82] Die Ersteller arbeiten in der Regel mit Musterdokumenten, die an die spezifischen Besonderheiten der jeweiligen Transaktion angepasst werden. Ein typischer *opinion letter* ist im Anhang (hierzu unten Anhang B) abgedruckt.

a) Adressat des *Opinion Letters*

Der *opinion letter* einer *fairness opinion* ist in der Regel an das beauftragende Verwaltungsorgan der Gesellschaft adressiert.[83] Dabei kann der Adressat je nach Mandatierung der *fairness opinion* der Verwaltungsrat oder ein etwaiger unabhängiger Ausschuss dieses Organs sein.[84] In der Regel weist der Ersteller in einem Absatz der *fairness opinion* darauf hin, dass diese ausschließlich für die Verwendung des Adressaten bestimmt ist und nicht ohne die vorherige Einwilligung des Erstellers veröffentlicht werden darf.

b) Zusammenfassung der Transaktion

Einleitend fasst der Ersteller der *fairness opinion* in der Regel die Transaktionsstruktur, die der Beurteilung im Rahmen der *fairness opinion* zugrunde liegt, zusammen.[85] In diesem Zusammenhang geht der Ersteller der *fairness opinion* auf die an der Transaktion beteiligten Parteien ein und führt die ihm zur Beurteilung vorgelegten Umtauschverhältnisse bzw. Beträge der Gegenleistungen aus.

c) Vorgehen und Methoden

Im Folgenden erläutert der die *fairness opinion* erstellende sachverständige Dritte die bei der Durchführung seines Mandats berücksichtigten Faktoren und Bewertungsmethoden sowie sein Vorgehen. Dazu gehören im Hinblick auf das Unternehmen selbst in der Regel eine Aufstellung der berücksichtigten schriftlichen Dokumente des Unternehmens, eine Beschreibung der in Augenschein genommenen Anlagen und Gebäude des Unternehmens und eine Darstellung der mit Verwaltungsorganen und Mitarbeitern des Unternehmens geführten Gespräche.

---

[82] *Kennedy*, 1255 PLI/Corp., 605, 611; *Block/Hoff*, New York L. J. vom 16.6.1994, 5, aus deutscher Perspektive *Borowicz*, M&A Review 2005, 253, 255, Abb. 2; aus französischer Perspektive Rapp. COB pour 1995, S˜42 zitiert nach *Cafritz/Caramalli*, La Semaine Juridique Entreprise et Affaires 2004, 805, 809, "L'architecture du rapport débouchant sur une attestation d'équité peut être la suivante : une présentation des opérations et de leur contexte; les diligences effectués par l'auteur; les méthodes et critères d'évaluation mis en oeuvre; l'analyse de l'impact d'opérations sur la situation patrimoniale et les résultats de la société ainsi que les conséquences pour l'actionnaire; la conclusion sur le caractère équitable des opérations".
[83] *Lee/Matthews*, in: Advanced Business Valuations, S. 309, 324; *Bucher/Bucher*, ST 2005, 155.
[84] *Borden/Yunis*, Going Private, § 9.03[3].
[85] *Bucher/Bucher*, ST 2005, 155.

Darüber hinaus wird in diesem Teil der *fairness opinion* auf externe Datenquellen, die der Ersteller der *fairness opinion* genutzt hat, Bezug genommen. Dazu gehören u.a. öffentlich zugängliche Marktberichte und etwaige über das Unternehmen erstellte Wertpapieranalysen sowie die internen Transaktionsdokumente, die von den beteiligten Parteien im Rahmen der Strukturierung der Transaktion erstellt wurden. Insbesondere ist Bezug zu nehmen auf die Unterlagen der Finanz- und Rechtsberater sowie auf etwaige für die finanzierenden Kreditinstitute aufzubereitende Dokumente. Der Umfang der innerhalb des *opinion letters* dargelegten Informationen variiert deutlich.

Anschließend erläutert der Ersteller einer *fairness opinion* üblicherweise die von ihm gewählten Methoden zur Unternehmensbewertung. Diesbezüglich können die Ausführungen allerdings sehr vage bleiben;[86] Erläuterungen der wesentlichen Annahmen, die erforderlich sind, um die Unternehmensbewertung nachvollziehen zu können, sind in der Regel nicht Bestandteil des *opinion letters*. In der *fairness opinion* wird zudem keine starre Gewichtung der nach unterschiedlichen Methoden ermittelten Bewertungsergebnisse vorgenommen.[87] Vielmehr obliegt es dem Ersteller der *fairness opinion*, eine flexible Gewichtung vorzunehmen, die ihm einen erheblichen Ermessensspielraum eröffnet (hierzu unten S. 209 ff.).

d) Grenzen und Beschränkungen der *Fairness Opinion*

Im weiteren geht der *opinion letter* auf die Grenzen und die Beschränkungen des Mandats ein:

aa) Informationsquellen

In der Regel wird darauf Bezug genommen, dass die der Unternehmensbewertung zugrunde liegenden Daten dem Ersteller vom Management der Gesellschaft zur Verfügung gestellt wurden und keiner unabhängigen Kontrolle durch den Ersteller der *fairness opinion* unterlagen.[88] Die der Bewertung zugrunde liegenden Annahmen für die Höhe der *cash flows* werden in der Regel vom Management der Gesellschaften zur Verfügung gestellt und der Ersteller der *fairness opinion* beruft sich in der *fairness opinion* auf diese Annahmen.[89] Darüber hinaus kann die *fairness opinion* auch darauf Bezug nehmen, dass weitergehende Daten von anderen

---

[86] Exemplarische Formulierung etwa „Im übrigen haben wir solche Informationen, Finanzstudien, Analysen und Untersuchungen sowie Finanz-, Wirtschafts- und Marktdaten in Betracht gezogen, die wir im Zusammenhang mit unserer Analyse für aussagekräftig gehalten haben, und diejenigen Bewertungsmethoden angewandt, die nach unserer Auffassung geeignet waren."
[87] Zu einer Übersicht mehrdimensionaler Verfahren zur Unternehmensbewertung mit starren Gewichtungen (u.a. Berliner Verfahren, Schweizer Verfahren, Stuttgarter Verfahren), *Mattern*, Der Sachverständige 2001, 196, 197.
[88] So bereits *Wander*, 7 Inst. On Sec. Reg. (1976), 157, 165; dazu auch *Block/Hoff*, New York L. J. vom 16.6.1994, 5; *Bucher/Bucher*, ST 2005, 155.
[89] *Kennedy*, 1255 PLI/Corp., 605, 651; *Block/Hoff*, New York L. J. vom 16.6.1994, 5.

professional service firms, wie z.B. Unternehmensberatungen, zur Verfügung gestellt wurden.[90] Üblicherweise schränkt der *opinion letter* die Aussagen des Erstellers dergestalt ein, dass ausschließlich makroökonomische Daten der *fairness opinion* zugrunde liegen können, die dem Ersteller zum Zeitpunkt des Mandats bekannt waren.

Allerdings ist der Ersteller der *fairness opinion* nach Entscheidungen in den USA verpflichtet, die Quelle für die seiner Bewertung zugrunde gelegten Daten im *opinion letter* offen zu legen.[91] Anderenfalls wäre es gegenüber den Anteilseignern nämlich irreführend, dass der Ersteller der *fairness opinion* keine unabhängige eigene Überprüfung der Daten vornimmt und diesen Umstand nicht erläutert. Auch muss in einem *proxy statement*, das die *fairness opinion* zusammenfasst, die Datenquelle des Erstellers der *fairness opinion* genannt werden oder, sofern sie an einer anderen Stelle des *proxy statements* aufgeführt wird, muss dies durch einen entsprechenden Querverweis in der Zusammenfassung der *fairness opinion* kenntlich gemacht werden.[92] Auch kann eine ungeprüfte Übernahme der von den Verwaltungsorganen der Gesellschaft zur Verfügung gestellten Daten für die Unternehmensbewertung für den Ersteller der *fairness opinion* haftungsbegründend sein (hierzu unten S. 308).

bb) **Verwendungsbestimmung der *Fairness Opinion***

Der *opinion letter* weist vor dem Hintergrund einer etwaigen Dritthaftung des Erstellers (dazu unten Teil 7) in der Regel darauf hin, dass die *fairness opinion* keine Empfehlung an die Aktionäre der Gesellschaft für ein Abstimmungsverhalten oder für eine Andienung der Wertpapiere darstellt (Einwand des Ausschlusses der Drittverwendung*)*. Der Ersteller kann zudem auf eine begrenzte Erlaubnis zur Verwendung und Veröffentlichung des *opinion letters* durch den Adressaten hinweisen (rechtsgeschäftliche Verschwiegenheitsvereinbarungen). Dies geschieht vor dem Hintergrund seiner Dritthaftung gegenüber Anteilseignern der Gesellschaft.

cc) **Offenlegung potenzieller Interessenkonflikte**

Der *opinion letter* kann weiterhin auf etwaige Eigeninteressen des Erstellers im Zusammenhang mit der spezifischen Transaktion oder im Rahmen der Klientenverbindung insgesamt hinweisen (hierzu unten S. 219).[93] Dazu gehören in vielen Fällen die Nennung von in der

---

[90] *Lee/Matthews*, in: Advanced Business Valuations, S. 309, 334.
[91] *Kohn v. American Metal Climax, Inc.*, 458 F.2d 255, 268 (3rd Cir. 1972); *Denison Mines Ltd. v. Fibreboard Corp.*, 388 F.Supp 812 (D.Del. 1974).
[92] *Kohn v. American Metal Climax, Inc.*, 458 F.2d 255, 268 (3rd Cir. 1972), im Hinblick auf ein 200 Seiten umfassendes *proxy statement*.
[93] Zu einer Auflistung möglicher Formulierungen *Goss*, 1154 PLI/Corp., 383, 392; *Lipton/Steinberger*, Takeovers & Freezeouts, S. 8-30.

Vergangenheit für die Beteiligten der Transaktion betreuten Mandaten sowohl zur Eigenkapital- als auch zur Fremdfinanzierung, ein Hinweis auf etwaige eigene oder für Dritte gehaltene Positionen in Wertpapieren der beteiligten Gesellschaften, Nennungen von Mandaten von Mitarbeiten des Sachverständigen in Verwaltungsorganen der beteiligten Gesellschaften und Hinweise auf etwaige zukünftig beabsichtigte Geschäfte. Insbesondere in der US-amerikanischen Praxis weist der *opinion letter* die Höhe des Honorars der *professional service firm* für die Erstellung der *fairness opinion* aus.[94]

dd) Zwischenergebnis

Formulierungen mit dem Ziel der Haftungsbegrenzung des Erstellers der *fairness opinion* nehmen innerhalb des *opinion letters* breiten Raum ein. In ihrem Wortlaut unterscheiden sie sich in den verschiedenen Rechtsgebieten. In Deutschland findet sich zudem teils der Hinweis, dass es sich bei der *fairness opinion* nicht um ein Äquivalent zu einem Prüfungsbericht (dazu oben S. 119 ff.) handelt.[95]

e) Bestätigung der wirtschaftlichen Angemessenheit

In dem abschließenden und wohl entscheidenden Satz eines *opinion letters* bestätigt der Ersteller des Dokuments, dass die angebotene Leistung oder das Umtauschverhältnis aus wirtschaftlicher Sicht angemessen sind.[96] Eine grundsätzliche Formulierung lautet:

„Unter Berücksichtigung der vorstehend beschriebenen Bedingungen und Grundlagen sind wir der Auffassung, dass aus heutiger Sicht das Umtauschverhältnis für die Aktionäre [...] fair ist."

Der Maßstab der wirtschaftlichen Angemessenheit bleibt in der *fairness opinion* in aller Regel jedoch offen und undefiniert. In der Formulierung dieses für die vorgenommene Untersuchung entscheidenden Ergebnisses können allerdings Nuancen beobachtet werden. Im Falle einer *inadequacy opinion* schließt die *fairness opinion* mit dem Ergebnis, dass die Gegenleistung oder Transaktionsbedingungen in der zu beurteilenden Strukturmaßnahme aus wirtschaftlicher Sicht nicht angemessen sind (dazu oben S. 25). Letztlich wird der *opinion letter*

---

[94] *Gaughan*, Mergers, S. 14.
[95] Exemplarisch *fairness opinion* der *Goldman, Sachs & Co. oHG* für die *Daimler-Benz AG*, "[...] the opinion and any such advice provided by Goldman Sachs oHG is not and should not be considered a value opinion (Bewertung z.B. im Rahmen einer Verschmelzung) as usually rendered by qualified auditors based on the requirements of German corporate law; depending on the nature of the transaction, such a value opinion may be required independent of our opinion".
[96] *Kennedy*, 1255PLI/Corp, 605, 613; *Bucher/Bucher*, ST 2005, 155.

von vertretungsberechtigten Personen des ihn erstellenden Sachverständigen unterzeichnet. Angehörige des Berufsstands der Wirtschaftsprüfer verwenden zudem ihr Dienstsiegel.

f) Zwischenergebnis

Der *opinion letter* einer *fairness opinion* umfasst unter Berücksichtigung der vorgenannten Elemente selten mehr als drei Seiten.[97] Insbesondere gibt der *opinion letter* in der Regel weder eine explizite Bandbreite der als wirtschaftlich fair angesehenen Werte noch Details zu den Bewertungsmethoden und den ihnen zugrunde liegenden Annahmen wieder (dazu unten S. 16 ff.). Dies gab auch Anlass dafür, dass das Landgericht München I in einer der wenigen deutschen, *fairness opinions* betreffenden Gerichtsentscheidungen zu dem Ergebnis kam, dass die *fairness opinion*, wohl zumindest auf Basis des *opinion letters* allein, ein Sachverständigengutachten nicht ersetzen könne.[98]

2.) *Valuation Memorandum*

Das *valuation memorandum* umfasst die detaillierte Analyse, die die Grundlage des Erstellers der *fairness opinion* zum Schluss der wirtschaftlichen Angemessenheit darstellt.[99] Dies schließt Daten zur wirtschaftlichen Situation des Unternehmens, seiner Börsenkursentwicklung und die den unterschiedlichen Bewertungsmodellen zu Grunde liegenden Annahmen in Bezug auf das zu bewertende Unternehmen und etwaige Vergleichsunternehmen ein.[100] Das *valuation memorandum* hat nicht notwendigerweise das Format eines schriftlichen Berichts, sondern liegt in der Praxis häufig in Form eines Präsentationsbuchs vor. Dieses wird auch als *blue book* bezeichnet.[101] In der Vergangenheit war es durchaus üblich, dass die im Rahmen einer Verwaltungsratssitzung vorgestellten *blue books* nach Abschluss der Präsentation nicht bei den Verwaltungsratsmitgliedern, sondern bei dem Ersteller der *fairness opinion* verblieben.[102] Diese Praxis wurde in den USA von weitreichenden Offenlegungspflichten und Hinterlegungspflichten der *valuation memoranda* bei der *SEC* abgelöst. Auch sind diese Analysen, selbst wenn sie nur in Form eines Entwurfs existieren, in den USA gegenüber Regulierungsbehörden offen zu legen.[103] Gegenüber den typischerweise kurz gehaltenen *opinion letters* kann das *valuation memorandum* durchaus 100 Seiten und mehr umfassen.[104]

---

[97] *Gaughan*, Mergers, S. 14.
[98] LG München I ZIP 2001, 1148, 1152.
[99] *Cooke*, Corp. Board. Juli 1996, 17.
[100] *Aders/Salcher*, Fairness Opinion, S. 5.
[101] *Thompson*, 21 J. Corp. L. 1996, 457, 467.
[102] *Cefali*, 37 Mergers & Acquisitions (2002), 37, 39.
[103] *Caruscone*, Conn. L. Trib. vom 15.4.1996, S13, mit Hinweis auf die *Federal Deposit Insurance Corp.*
[104] *Borden/Yunis*, Going Private, § 9.03[2].

Zur Durchführung der Unternehmensbewertung stehen dem Ersteller der *fairness opinion* verschiedene Methoden zur Verfügung, deren parallele Verwendung zu einer Bandbreite angemessener Bewertungen führt.[105] Mit der Entscheidung *Weinberger v. UOP, Inc.* hat der *Delaware Supreme Court* von der zuvor üblichen so genannten *Delaware Block Method* Abstand genommen, die eine starre Gewichtung der mittels verschiedener Methoden der Unternehmensbewertung ermittelten Werte vorsah.[106] Nach Ansicht von *Feuerstein* soll es bevorzugt dem Mandanten obliegen, die Bewertungsmethoden für eine *fairness opinion* gegenüber der *professional service firm* vorzugeben.[107] Dieser von einem Partner und *general counsel* einer *professional service firm* vertretenen Ansicht ist allerdings nicht zuzustimmen; denn auf diese Weise kann sich der *gatekeeper* einem wesentlichen Teil seiner Verantwortung entziehen. In der Praxis werden die Bewertungsmethoden üblicherweise vom Ersteller der *fairness opinion* gewählt.[108] Mit der Auswahl der Methoden ist die indirekte Aussage des Erstellers der *fairness opinion* verbunden, dass es sich bei diesen Methoden um die angemessenen handelt.

Eine *fairness opinion* stellt allerdings keine rein mathematisch ableitbare Unternehmensbewertung dar.[109] Weitgehend unabhängig von der Art der Unternehmenstransaktion ist die Durchführung einer *Discounted-Cash-Flow*-Analyse (DCF) als Grundlage der Erstellung einer *fairness opinion* in der US-amerikanischen Praxis anerkannt.[110] Neben der Anwendung der *Discounted-Cash-Flow*-Analyse stellen ebenfalls eine *Comparable-Trading*-Analyse und eine *Comparable-Transactions*-Analyse die Grundlage für die Erteilung einer *fairness opinion* in Abhängigkeit von der Unternehmenstransaktion dar.[111] Marktorientierte Methoden der Unternehmensbewertung sind wie bereits ausgeführt in den USA deutlich verbreiteter als in Deutschland.[112] Dies wird auf die begrenzteren Informationsmöglichkeiten und die geringere

---

[105] *Rosenbloom/Aufses*, 4 Insights (April 1990), 3; *Martin*, 60 Fordham L. Rev. (1991), 133, 139; *Kuhn*, Investment Banking S. 97 ff., "experience proves that no single method of valuing acquisition targets is always proper or truly comprehensive. The M&A process occurs in the real world when multiple forces interact on so many levels as to almost defy analysis; M&A is not sheltered by the highly stylized, well-controlled, idealized models of academics and computer programmers".
[106] Weinberger v. UOP, Inc., 457 A.2d, 701, 713 (Del.Sup. 1983), "proof of value by any technique or methods which are generally considered acceptable in the financial community".
[107] *Feuerstein*, 32 Bus. Law. (1977), 1337, 1338; *Schiessl*, ZGR 2003, 814, 822.
[108] *Kennedy*, 1255 PLI/Corp., 605, 651.
[109] *Feuerstein*, 32 Bus. Law. (1977), 1337, 1340.
[110] *Thompson*, 21 J. Corp. L. 1996, 457, 466.
[111] *Thompson*, 21 J. Corp. L. 1996, 457, 466.
[112] Zur traditionellen Zurückhaltung gegenüber Marktpreisbewertungen in Deutschland BGH DB 1973, 563, 563,"es gibt für Handelsunternehmen wegen ihrer individuellen Verschiedenheit keinen Markt, auf dem sich ein Preis bilden könnte"; ähnlich *Münstermann*, Wert und Bewertung, S. 11, „für Unternehmungen existieren indes selbst in der Marktwirtschaft keine Marktpreise. Jede Unternehmung nämlich repräsentiert für sich einen Güter-

Zahl von börsennotierten Vergleichsunternehmen zurückgeführt.[113] Innerhalb von *fairness opinions*, die nach anglo-amerikanischem Vorbild durchgeführt wurden, haben marktorientierte Bewertungsmethoden auch in Deutschland einen festen Platz gefunden.

Auf Grund der unterschiedlichen Methoden und der ihnen zugrunde liegenden Annahmen können vielmehr Bandbreiten mit deutlich von einander abweichenden Werten ermittelt werden. Diese Ungenauigkeit der Wertfindung wird vor allem in der rechtswissenschaftlichen Literatur wiederholt kritisiert.[114] Gleichzeitig trägt sie jedoch der Natur der Unternehmensbewertung Rechnung.[115] Sie bietet zudem nach Ansicht von weiten Teilen des Schrifttums einen erheblichen Handlungsspielraum für ein durch eventuelle Eigeninteressen des Erstellers der *fairness opinion* motiviertes kollusives Handeln zum Nachteil der Anteilseigner.[116] Darauf wird im Folgenden noch einzugehen sein (hierzu unten S. 209 ff.). Diese Ausführungen machen den hohen Informationswert des *valuation memorandums* deutlich. Über das *valuation memorandum* hinaus wird teils auch ein so genanntes *factual memorandum* erstellt. Dieses unterscheidet sich durch einen gegenüber dem *valuation memorandum* höheren Detaillierungsgrad und wird auf Grund der enthaltenen Geschäftsgeheimnisse ausschließlich den Verwaltungsorganen der beauftragenden Gesellschaft zugänglich gemacht.[117]

IV. Prozess zur Erstellung der *Fairness Opinion*

Im Folgenden sind die durch den Ersteller vorzunehmenden Schritte bei der Ausarbeitung einer *fairness opinion* zu erörtern. Die durchschnittliche Dauer der Erstellung einer *fairness opinion* wird in Praxis und Literatur bei mehreren Wochen gesehen.[118] In Abhängigkeit von der Transaktion kann diese Dauer allerdings auch erheblich unterschritten werden. Sie ist auch weitgehend davon abhängig, inwieweit der Ersteller im Rahmen seines Mandats bereits zuvor mit der zu beurteilenden Strukturmaßnahme vertraut ist. Geringere Zeitspannen bei der Erstel-

---

verband solch individueller Natur, dass sich für sie ähnlich wie für andere individuelle Güter ein Marktpreis nicht bildet", dazu auch bereits oben S. 127 ff.
[113] *Sanfleber-Decher*, WPg 1992, 597, 603; *Peemöller/Bömelburg/Denkmann*, WPg 1994, 741, 743; *Barthel*, DB 1996, 149, 162.
[114] *Thompson*, 21 J. Corp. L. 1996, 457, 477 ff.
[115] *Copeland/Koller/Murrin*, Valuation, S. 291, "since uncertainty and risk are involved in most business decisions, think of value in terms of scenarios and ranges of value that reflect this uncertainty".
[116] *Kennedy*, 1255 PLI/Corp., 605, 651.
[117] *Aders/Salcher*, Fairness Opinion, S. 5.
[118] *Gordon*, 16 Financial Executive (2000), 45; *Lee/Matthews*, in: Advanced Business Valuations, S. 309, 324; kritisch zu einer innerhalb von drei Tagen erstellten *fairness opinion Weinberger v. UOP, Inc.*, 426 A.2d 1333 (Del.Ch.1981), rev'd on other grounds, 457 A.2d 701 (Del.1983); *Wighton*, FT vom 28.2.2004, 11.

lung von *fairness opinions* sind von US-amerikanischen Gerichten jedoch zunehmend nachteilig bewertet worden.[119]

1.) Zusammenstellung der Datenbasis

Im Rahmen der Erstellung der *fairness opinion* werden durch das so genannte *engagement team* zunächst eine Transaktionsanalyse vorgenommen sowie die beteiligten Parteien der Strukturmaßnahme, potenzielle Risiken und die vorgeschlagenen Transaktionsbedingungen untersucht. Sofern die angebotene Gegenleistung in Wertpapieren besteht, ist der Emittent der Wertpapiere einer Untersuchung im Hinblick auf dessen Geschäftsmodell, Analystenerwartungen sowie die in den Wertpapieren verbrieften Rechte zu unterziehen.

2.) Durchführung einer *Due Diligence*

Die Unternehmensbewertung im Rahmen der Erstellung der *fairness opinion* durch den sachverständigen Dritten erfordert eine vorherige *due diligence* der Gesellschaft.[120] Die in die Analyse einzubeziehenden Unterlagen sollten die Jahresabschlüsse, einschließlich etwaiger *SEC-Filings* in den USA und weitere von der Gesellschaft vorgenommene Veröffentlichungen berücksichtigen. Regelmäßig finden Gespräche mit dem Management der Gesellschaft und Besuche des Unternehmens statt, um eine Plausibilisierung der von der Gesellschaft zur Verfügung gestellten Planzahlen zu erreichen.[121] Darüber hinaus sind Informationen Dritter mit in die *due diligence* einzubeziehen.[122] Dazu können je nach Fallgestaltung Wertpapieranalysen, Studien von Unternehmensberatungen oder Sachverständigen und Bewertungen von Anlagevermögen oder Pensionsverpflichtungen der Gesellschaft gehören. Weitergehende erforderliche Quellen sind von den gewählten Bewertungsmethoden, die eine *peer group* einschließen können, abhängig.

Insbesondere bei einer Transaktion *not at arm's length* ist die *due diligence* mit besonderer Skepsis durch den Ersteller der *fairness opinion* durchzuführen. Weil das Management der Gesellschaft durch den Abschluss der Transaktion begünstigt wird, könnte es eine zu konservative Haltung in Bezug auf die Zukunftsaussichten der Gesellschaft zeigen.[123] Vor diesem Hintergrund sollten insbesondere die vor Beginn der Transaktion durchgeführten Planrech-

---

[119] *Eisenberg v. Chicago Milwaukee Corp.* 537 A.2d 1051, 1060 (Del.Ch. 1987); dazu auch *Borden/Yunis*, Going Private, § 4.14 [3].
[120] *Gougis*, in: M&A Handbook, S. 389, 394; *Steinberg/Lindahl*, 13 Sec. Reg. L.J. (1985), 80, 81; *Lipton/Steinberger*, Takeovers & Freezeouts, S. 8-31.
[121] Exemplarisch *Weinberger v. UOP, Inc.*, 457 A.2d 701, 706 (Del.Sup. 1983); *Steinberg/Lindahl*, 13 Sec. Reg. L.J. (1985), 80, 81; *Borden/Yunis*, Going Private, § 9.02[5].
[122] *Rosenbloom/Aufses*, 4 Insights (April 1990), 3.
[123] *Lee/Matthews*, in: Advanced Business Valuations, S. 309, 319.

nungen des Managements ebenso wie etwaige Planrechnungen, die den die Transaktion finanzierenden Kreditinstituten zur Verfügung gestellt werden, von dem Ersteller der *fairness opinion* zum Vergleich der Validität der ihm vorgelegten Planrechnungen herangezogen werden.[124] Damit besteht die *due diligence* aus der Durchsicht der Unterlagen, aus Besichtigungen des Unternehmens und aus direkten Gesprächen mit Entscheidungsträgern des Unternehmens.[125]

3.) Durchführung von Unternehmensbewertungen

Besonders zu berücksichtigen ist bei der Erstellung einer *fairness opinion* die Behandlung unterschiedlicher Aktiengattungen; denn andernfalls können die Anforderungen des *entire fairness tests* in Bezug auf Prozess und Preis durch den Verwaltungsrat oder einen Verwaltungsratsausschuss verletzt werden. Während der *Supreme Court of Delaware* eine Mandatierung unterschiedlicher *professional service firms* zur Beurteilung der wirtschaftlichen Angemessenheit einer Transaktion für jede Aktiengattung in einer aktuellen Entscheidung für nicht erforderlich hielt, ist jedoch die Analyse durch den Ersteller der *fairness opinion* getrennt nach Aktiengattungen vorzunehmen und in einer oder in separaten *fairness opinion*s durch den Ersteller zu bescheinigen.[126] Dabei sind die Interessen der Anteilseigner jeder Aktiengattung unter dem Aspekt der wirtschaftlichen Fairness einer Strukturmaßnahme zu untersuchen. Eine *fairness opinion*, die sich insgesamt an den Interessen der *corporate entity* orientiert, ist hingegen nicht ausreichend; denn die Interessen der Anteilseigner unterschiedlicher Aktiengattungen stimmen nicht notwendigerweise überein. Die separate Adressierung unterschiedlicher Aktiengattungen stellt hohe Anforderungen an den Ersteller

---

[124] *Lee/Matthews*, in: Advanced Business Valuations, S. 309, 318.
[125] *Fiflis*, 70 Wash. U. L.Q. (1992), 497, 520, exemplarisch zur *due diligence* der anlässlich der Transaktion *Hoechst/Rhône-Poulenc* (*Aventis*) erstellten *fairness opinion,* zitiert nach der Niederschrift zur Hauptversammlung der *Hoechst AG*, Frage 4 Aktionär *Freitag*: „Welche wesentlichen Informationen bzw. Auskünfte wurden der Firma *Lazard Frères* im Rahmen ihrer auftragsgemäßen Tätigkeit für die *Hoechst AG* außerhalb der Hauptversammlung erteilt soweit diese hier nicht mündlich oder schriftlich den Aktionären bislang bekannt gemacht worden sind, insbesondere Informationen zur Herleitung und Begründung des Umtauschverhältnisses (ggf. auch Vorlage der Unterlagen, die diese Fragen beantworten)? Antwort: *Lazard* hat [...] insbesondere die folgenden Informationen und Unterlagen erhalten: 1. Geschäftliche und finanzielle Informationen über *Hoechst* und *Rhône Poulenc*, 2. Finanzprojektionen für das Life Sciences-Geschäft mit aggregierten Gewinn- und Verlustrechnungen, Cash-Flow Rechnungen und Bilanzen, 3. Finanzprojektionen für die einzelnen Geschäftsbereiche, 4. Finanzprojektionen für die abzuspaltenden und sonstigen Chemieaktivitäten, 5. Mündliche Informationen durch Führungskräfte von *Hoechst* und *Rhône-Poulenc* über die einzelnen Geschäftsfelder und deren Aussichten insbesondere für das Life-Sciences Geschäfts, 6. Zugang zu den Ergebnissen der Due Diligence, die von *Hoechst* und *Rhône-Poulenc* durchgeführt wurde. Diese Liste ist notwendig unvollständig, denn *Lazard* hat entsprechend dem weitreichenden Beratungsauftrag zahlreiche Einzelinformationen und schriftliche Unterlagen erhalten, wie sie von Investment Banken bei dieser Art Transaktionen üblicherweise benötigt werden. Alle diese Informationen und Unterlagen aufzulisten, wäre zur sachgemäßen Beurteilung der heute zur Beschlussfassung anstehenden Themen nicht erforderlich."

der *fairness opinion*, weil die differierenden Ausstattungsmerkmale der Aktiengattungen relativ zu einander zu bewerten sind.[127]

4.) Interner Review der *Fairness Opinion*

Auf Basis der durchgeführten Unternehmensbewertungen führt ein *review committee* innerhalb der Unternehmensorganisation des Erstellers der *fairness opinion* regelmäßig eine rigide Prüfung der Analysen und Einschätzungen durch (hierzu unten S. 227 ff.).[128] Diesem Gremium gehören üblicherweise verschiedene Führungskräfte des die *fairness opinion* erstellenden Unternehmens mit hoher Seniorität an. Ziel dieses internen *reviews* ist es, etwaige Fehler aufzudecken und nicht klar quantifizierbare Markteinschätzungen zu validieren.

5.) Präsentation gegenüber den Verwaltungsorganen der Gesellschaft

Nach Abschluss der Analyse führt der Ersteller einer *fairness opinion* gegenüber den beauftragenden Verwaltungsorganen der Gesellschaft regelmäßig eine Präsentation der Ergebnisse durch.[129] Diese beinhaltet eine Darstellung des Mandats und den Weg zur Erstellung einer *fairness opinion*. Weiterhin stellt diese Präsentation das Vorgehen und die durch den Ersteller der *fairness opinion* verwandten Methoden zur Unternehmensbewertung dar. Innerhalb dieser Präsentation geht der sachverständige Dritte schließlich im Detail auf das *valuation memorandum* ein und erläutert die der Unternehmensbewertung zugrunde liegenden Annahmen sowie die aus den verschiedenen Methoden abgeleitete Bandbreite fairer Werte. Darin findet eine Einordnung der vorgeschlagenen Gegenleistung oder des vorgeschlagenen Umtauschverhältnisses statt.

V. Abgrenzung zwischen Fairness Opinion und Inadequacy Opinion

Im Fall eines von der Verwaltung unerwünschten Übernahme- oder Erwerbsangebots, das auch als „feindlich" bezeichnet wird, kann auf Seiten der Gesellschaft eine so genannte *inadequacy opinion* zum Einsatz kommen. Im Gegensatz zu einer *fairness opinion* wird in diesem Dokument auf Basis einer umfassenden Unternehmensbewertung bestätigt, dass die Konditionen des Übernahmeangebots *nicht* angemessen sind und eine Ablehnung des Übernahmeangebots daher dem wirtschaftlichen Interesse der Aktionäre der Zielgesellschaft ent-

---

[126] *Levco Alternative Fund Ltd. v. Reader's Digest Ass'n, Inc.*, 803 A.2d 428 (Del.Sup. 2002); dazu *Burns*, 74 Corporation Sec. 2 vom 15.4.2003, 1, 1; im Fall *Reader's Digest* wurden anschließend *fairness opinions* von zwei unterschiedlichen Sachverständigen eingeholt.
[127] *Burns*, 74 Corporation Sec. 2 vom 15.4.2003, 1, 2.
[128] *Lee/Matthews*, in: Advanced Business Valuations, S. 309, 320, 333.
[129] *Aders/Salcher*, Fairness Opinion, S. 4; *Martin*, 60 Fordham L. Rev. (1991), 133, 140; *Gordon*, 16 Financial Executive (2000), 45, 46; *Bebchuk/Kahan*, 27 Duke L.J. (1989), 27, 28; *Lipton*, 35 Bus. Law. (1979), 101, 126, mit exemplarischer Darstellung einer derartigen Präsentation.

spricht.[130] An diese Aussage ist die Annahme geknüpft, dass die Gesellschaft bzw. ihre Aktionäre die Möglichkeit haben, ein substanziell besseres Angebot eines anderen Bieters zu erhalten. Insofern kann der Begriff „unangemessen" missverständlich sein; denn das zu beurteilende Angebot kann durchaus am unteren Ende einer Bandbreite von fairen Preisen liegen.[131] Diese Qualifikation hat zur Folge, dass ein Angebot noch innerhalb der Bandbreite von fairen Angeboten liegen kann, aber gleichzeitig als *inadequate* in dem zuvor beschriebenen Sinne zu definieren ist, da mit hoher Wahrscheinlichkeit anzunehmen ist, dass andere Bieter eine höhere Leistung anbieten werden. Die *fairness opinion* und die *inadequacy opinion* zeichnen damit ein „schwarz/weiß"-Bild einer Transaktion, welches auf Grund der Ergebnisorientierung der regelmäßig gewählten Formulierungen nur in begrenztem Maße Schattierungen erlaubt.

VI. Ersteller von *Fairness Opinions*

Für den Markt der Erstellung von *fairness opinions* bestehen in den USA keine normierten Eintrittsbarrieren durch gesetzliche Qualifikationserfordernisse ihrer Ersteller. Ausdrücklich hat der *Delaware Supreme Court* in seiner im Folgenden näher zu analysierenden Entscheidung *Smith v. van Gorkom* (hierzu unten S. 39 ff.) keine besonderen Anforderungen an die Qualifikation des Erstellers der *fairness opinion* geknüpft. Damit kommen als potenzielle Ersteller von *fairness opinions* auf Grund ihrer Nähe zu Unternehmenstransaktionen insbesondere Investment Banken, Wirtschaftsprüfer und Unternehmensberatungen in Betracht. Nach einer Studie aus dem Jahre 1996 sind auf dem US-amerikanischen Markt ca. 50 Anbieter von *fairness opinions* tätig.[132] Traditionell werden die meisten *fairness opinions* in den USA durch Investment Banken erstellt.[133] Auf Grund der Attraktivität des Produktes, die durch die Vergütung einerseits und durch das Haftungsrisiko für den Ersteller andererseits determiniert wird, sind zunehmend auch Wirtschaftsprüfungsgesellschaften (*CPAs*) und Unternehmensberatungsgesellschaften in den Markt für *fairness opinions* eingetreten.[134] Sie

---

[130] *Black/Kraakman*, 96 Nw. U. L. Rev. (2002), 521, 555; *Nick*, in: Übernahme börsennotierter Unternehmen, S. 87, 114.
[131] *Black/Kraakman*, 96 Nw. U. L. Rev. (2002), 521, 555; *Chazen*, 36 Bus. Law. (1981), 1337, 1444; *Block/Hoff*, New York L. J. vom 17.11.1988, 5, 6; *Block/Hoff*, New York L. J. vom 16.6.1994, 5.
[132] *Cooke*, Corp. Board. Juli 1996, 17, 18.
[133] Vgl. Auszug aus dem *M&A-Fairness*-Ranking von *Thomson Financial* nach angekündigten und abgeschlossenen Transaktionen im Jahre 2002, 1. *Houlihan Lokey Howard & Zukin*, Anzahl der *fairness opinions* 45; 2. *Merrill Lynch & Co.*, Anzahl der *fairness opinions* 21; 3. *Credit Suisse First Boston*, Anzahl der *fairness opinions* 19; 4. *J.P. Morgan*, Anzahl der *fairness opinions* 17; 5. *UBS Investment Bank* (vorm. *UBS Warburg*), Anzahl der *fairness opinions* 15.
[134] *Sweeney*, Journal of Accountancy, August 1999, 44, 45.

zeichnen sich im Markt teilweise durch geringere Honorare aus, welche für das Erstellen von *fairness opinions* regelmäßig vom Transaktionsvolumen abhängen.[135]

Der Zugang des Berufsstands der Wirtschaftsprüfungsgesellschaften (*CPAs*) zum Markt für *fairness opinions* wird jedoch durch den Gesetzgeber und die *Securities and Exchange Commission (SEC)* wieder stärker eingeschränkt: Nach dem 1994 veröffentlichten *staff report on auditor independence* des *SEC Office of the Chief Accountant* wird eine parallele Tätigkeit des gesetzlichen Jahresabschlussprüfers als Ersteller einer *fairness opinion* für seinen Mandanten als kritisch eingestuft. Vor diesem Hintergrund nahmen viele Wirtschaftsprüfungsgesellschaften, die zugleich als Jahresabschlussprüfer tätig sind, Mandate für die Erstellung von *fairness opinions* bereits in den neunziger Jahren nicht mehr an.[136] Auch der *Sarbanes Oxley Act* hat direkte Auswirkungen auf den Kreis der Ersteller von *fairness opinions*.[137] Nach *Section 201* des *Sarbanes Oxley Acts* ist der Jahresabschlussprüfer einer Gesellschaft von der Erstellung von *fairness opinions* ausgeschlossen.[138] Diese Regelung hat in der Literatur Kritik erfahren; denn auf diese Weise werden einer besonders qualifizierten Gruppe potenzieller Ersteller von *fairness opinions* die Mandate vorenthalten.[139] Diese Kritik erscheint jedoch nicht in vollem Umfang berechtigt, da sich *Section 201* lediglich auf den jeweiligen Abschlussprüfer einer Gesellschaft erstreckt und die Gruppe der übrigen Berufsträger nicht von der Annahme dieser Mandate ausschließt.

Da das Vertrauen der Mitglieder des Leitungsorgans der mandatierenden Gesellschaft auf eine *fairness opinion,* wie im Folgenden zu zeigen sein wird, allerdings keine absolute Verteidigung gegen eine Verletzung ihrer *fiduciary duties* darstellt, haben die Verwaltungsorgane ein hohes Eigeninteresse, die Qualität des sachverständigen Dritten bei der Einholung der *fairness opinion* zu berücksichtigen.[140] Daher bleibt die Nachfrage des Marktes trotz fehlender nor-

---

[135] *Liaw*, Business of Investment Banking, S. 43; *Sweeney*, Journal of Accountancy, August 1999, 44, 45.
[136] *Sweeney*, Journal of Accountancy, August 1999, 44, 47.
[137] Dazu *Bloomenthal/Wolff*, Securities Law, S. 102.
[138] Section 201, Public Company Accounting Reform and Investor Protection Act, "Prohibited Activities - It shall be unlawful for a registered public accounting firm (and any associated person of that firm, to the extent determined appropriate by the Commission) that performs for any issuer any audit required by this title or the rules of the Commission under this title or, beginning 180 days after the date of commencement of the operations of the Public Company Accounting Oversight Board established under section 101 of the Public Company Accounting Reform and Investor Protection Act of 2002 (in this section referred to as the Board), the rules of the Board, to provide to that issuer, contemporaneously with the audit, any non-audit service, including [...] (3) appraisal or valuation services, fairness opinions, or contribution-in-kind reports [...]".
[139] *Rachelson/Solomon*, 22 Corporate Acquisitions, Mergers, and Divestitures Januar 2004, 1, 4, "[...] it prohibits a relatively impartial and knowledgeable class of companies from issuing fairness opinions".
[140] *Hawes/Sherrard*, 62 Va. L. Rev. (1976), 1, 20 und 41 ff.

mierter Qualitätserfordernisse in der Regel auf Anbieter mit einer langjährigen Branchenerfahrung und einer am Markt wahrgenommenen Reputation beschränkt.

B. Konzeptionelles Verständnis der *Fairness Opinion*

Zur Ableitung der Funktionen und Einsatzbereiche einer *fairness opinion* in der US-amerikanischen Praxis ist zunächst ein konzeptionelles Verständnis dieses Instruments auf der Basis des US-amerikanischen Rechts zu gewinnen.

I. Rechtsgrundlagen im US-amerikanischen Recht

Die für diese Betrachtung erforderlichen Grundlagen des US-amerikanischen Rechts sind dafür zu erläutern. Die folgende Darstellung muss sich dabei auf die wesentlichen Gesichtspunkte beschränken:

1.) Auswahl des Landesrechts

Das die Gesellschaften betreffende Recht liegt in den USA im Grenzbereich zwischen der verfassungsmäßig geteilten Regelungskompetenz von Bund und Einzelstaaten. Während die Regelungen des zwischenstaatlichen und internationalen Handels und damit auch die Kontrolle des Kapitalmarktes und die Regelungen des Wertpapierhandels dem Bund obliegen, haben die Einzelstaaten und einige unabhängige Sondergebiete wie *D.C.* die Regelungskompetenz im Bereich des eigentlichen Gesellschaftsrechts und regeln folglich die Rechtsverhältnisse der in ihrem Bundesstaat inkorporierten Gesellschaften.[141] Davon werden insbesondere deren Satzung sowie die Rechte und Pflichten ihrer Verwaltungsorgane und Aktionäre erfasst. Da folglich mehr als 50 teilweise erheblich unterschiedliche einzelstaatliche Gesellschaftsrechtsordnungen bestehen können, wurde mit dem Ziel der Vereinheitlichung von der *American Bar Association (ABA)* der Vorschlag eines einheitlichen Gesellschaftsrechts geschaffen, der *Model Business Corporation Act*.[142] Circa zwei Drittel der Einzelstaaten orientieren sich nunmehr an diesem 1984 erlassenen *"Revised Model Business Corporation Act"*.

Die vorliegende Arbeit orientiert sich bezüglich der US-amerikanischen Rechtslage überwiegend an den für die Staaten *Delaware* und *New York* gültigen Regelungen; denn auf Grund der Tatsache, dass die Mehrheit der größten an der *NYSE* notierten und im Ranking der *Fortune 500* geführten US-amerikanischen Gesellschaften in *Delaware* inkorporiert sind und zahlreiche Ersteller von *fairness opinions* im Finanzzentrum *New York City*, *N.Y.* angesiedelt sind, weist die Rechtsordnung dieser Staaten die höchste Relevanz für die Thematik der *fair-*

---

[141] Dazu *Merkt*, US-amerikanisches Gesellschaftsrecht, Rdn. 147 ff.; *Weiss*, Ausschluss von Minderheitsaktionären, S. 15.
[142] Dazu statt aller *Eisenberg*, 29 Bus. Law. (1974), 1407 ff.

ness opinion auf. Gleichwohl wird teilweise auf das Fallmaterial anderer Bundesstaaten im Kontext von *fairness opinions* rekurriert.

2.) Grundlagen des Kapitalmarktrechts

a) *Securities Act of 1933* und *Securities Exchange Act of 1934*

Das US-amerikanische Kapitalmarktrecht basiert grundsätzlich auf dem *Securities Act of 1933*[143] und dem *Securities Exchange Act of 1934*.[144] Der Hauptzweck des *Securities Act of 1933* liegt darin, den Kapitalmarkt mit entscheidungsrelevanten Informationen über Wertpapiere auszustatten sowie Falschdarstellungen, Betrug und Unterschlagung im Zusammenhang mit Wertpapieren zu vermeiden.[145] Sein Entwurf wurde durch die Entwicklungen des Kapitalmarkts im Jahre 1929 beeinflusst. Die Veröffentlichungsdoktrin zum Anlegerschutz in den USA wurde im Rahmen des *Securities Exchange Act of 1934* erweitert und mittels der *Securities Act Amendments of 1964* auch auf den *Over the Counter Market* erstreckt. Für Abstimmungen von Anteilseignern, unabhängig davon, ob diese von Verwaltungsorganen oder Aktionärsgruppen initiiert werden, sind damit den Anteilseignern alle für ihre Entscheidungsfindung erheblichen Informationen zur Verfügung zu stellen. Im Hinblick auf Strukturmaßnahmen sind die Änderungen des *Securities Exchange Act of 1934* in den Jahren 1968 und 1970 durch den *Williams Act* von besonderer Bedeutung.[146] Die Grundsätze wurden im Rahmen dieser Gesetzgebung auf Bieter und andere, die die Annahme eines (Übernahme-) Angebots oder dessen Ablehnung empfehlen, erstreckt. Neben verschiedenen weiteren Änderungen wurde der *Securities Exchange Act of 1934* zuletzt im Jahre 2002 maßgeblich durch den *Public Company Accounting Reform and Investor Protection Act* ("*Sarbanes Oxley Act*") angepasst.[147] Zu den weiteren Rechtsgrundlagen des US-amerikanischen Wertpapierrechts gehören der *Public Utility Act of 1935*, der *Trust Indenture Act of 1939*, der *Investment Company Act of 1940* und der *Investment Advisers Act of 1940*. Ihnen kommt im Hinblick auf die Thematik der *fairness opinions* jedoch keine besondere Bedeutung zu.[148] Die genannten Normen finden Anwendung, sofern die Wertpapiere eines Emittenten an einem öffentlichen Markt gehandelt werden oder die Zahl der Aktionäre bestimmte Schwellenwerte übersteigt.

---

[143] Abgedruckt bei *Coffee/Seligman*, Federal Securities Laws, S. 1 ff.
[144] Abgedruckt bei *Coffee/Seligman*, Federal Securities Laws, S. 511 ff.
[145] *Soderquist/Gabaldon*, Securities Regulation, S. 3.
[146] Ergänzung von Sections 13(d), 13 (e), 14 (d), 14 (e), 14 (f) des Securities Exchange Acts.
[147] Dazu *Wolensky*, in: Understanding the Securities Law 2003, S. 563, 565.
[148] Mit weiteren Erläuterungen *Soderquist/Gabaldon*, Securities Regulation, S. 11 f.

b) Funktion der *Securities and Exchange Commission (SEC)*

Der *Securities Act of 1934* ermächtigte auch die *Securities and Exchange Commission (SEC)* am 6. Juni 1934. Gesellschaften mit einem Aktienkapital von mehr als 10.000.000 $ und mindestens 500 Aktionären sind nach dem *Securities Exchange Act of 1934* zur Registrierung bei der SEC verpflichtet.[149] Der *Commission Staff* ist in Abteilungen organisiert, die verschiedene Aspekte des Wertpapierrechts betreffen. Hinsichtlich der *fairness opinion* ist darunter die Division of *Corporate Finance* von besonderer Bedeutung. Ihr obliegt die Prüfung, ob Offenlegungsverpflichtungen und Registrierungen von Publikumsgesellschaften eingehalten werden. Weiterhin prüft sie *Proxy Materials*, Dokumente, die öffentliche Kaufangebote betreffen und den Bereich von Unternehmenszusammenschlüssen insgesamt.[150] Die *SEC* ist vom Kongress ermächtigt, die gesetzlichen *Securities Statutes* um weitere Regelungen zu ergänzen oder einzelne Personen, Wertpapiere oder Transaktionen von den Vorschriften des *Securities Act of 1933* und teilweise auch von den Vorschriften des *Securities Exchange Act of 1934* auszunehmen. Weiterhin obliegt es der *SEC,* so genannte *Releases* herauszugeben, denen allerdings keine Gesetzeswirkung zukommt. Schließlich gibt die *SEC* auf die Anfrage zu konkreten Transaktionsvorhaben so genannte *No Action Letters* heraus, welche seit 1970 auch veröffentlicht werden. Damit wird der *SEC* eine regelnde, überwachende und kontrollierende Funktion zuteil. Verstöße gegen die Registrierungs- und Publizitätspflichten werden sowohl durch zivilrechtliche Sanktionen in Form eines Rücktrittsrechts für den Käufer als auch mittels strafrechtlicher und verwaltungsrechtlicher Sanktionen durch die *SEC* geahndet.[151]

c) Bedeutung der *Rule 10b-5 Securities Exchange Act of 1934*

Eine hohe haftungsrelevante Bedeutung kommt der so genannten *SEC Rule 10b-5* zu, deren Einführung in den *Securities Exchange Act of 1934* auf das Jahr 1942 zurückgeht. Daher ist sie im Kontext der *fairness opinion* zu betrachten. Nach dieser Norm ist es u.a. untersagt, unwahre Informationen über erhebliche Tatsachen hinsichtlich einer Gesellschaft zu verbreiten oder entscheidungsrelevante Informationen zu unterlassen.

> "It shall be unlawful for any person, directly or indirectly, by the use of any means or instrumentality of interstate commerce or of the mails, or of any facility of any national security exchange [...] to use or employ, in connection with the purchase or sale of any security registered on a national securities exchange or any security not so registered, any manipulative or deceptive device or contrivance in contravention of such

---

[149] Securities Exchange Act § 12 (g) (1), 15 U.S.C. § 78 I (g) (1).
[150] *Soderquist/Gabaldon*, Securities Regulation, S. 10.
[151] Dazu *Weiss*, Ausschluss von Minderheitsaktionären, S. 41, m.w.N.

rules and regulations as the Commission may prescribe as necessary or appropriate in the public interest or for the protection of investors".[152]

Seit einer Entscheidung aus dem Jahre 1946 besteht auch ein *private right of action* nach dieser Norm.[153] Seit 1975 hat diese Norm eine erhebliche Verbreitung gefunden; bereits mehr als 6.500 Gerichtsentscheidungen nehmen auf sie Bezug. Neben ihrem ursprünglichen Hauptanwendungsgebiet, dem *Insider*-Handel, wird *Rule 10b-5* u.a. auch mit Bezug auf die *fairness opinion* bei irreführender oder bei unterlassener Information über entscheidungsrelevante Fakten angewandt.[154] Der Beurteilungsstandard entspricht dem der Wesentlichkeit der Information. Zudem muss der Anspruchsgegner vorsätzlich oder in besonderem Maße fahrlässig gehandelt haben.[155] Schließlich verlangt das Element der *reliance*, dass der Geschädigte tatsächlich auf die unrichtigen oder ihm unvollständig gegebenen Informationen vertraut haben muss.[156]

3.) Erfassung der *Fairness Opinion*

Hinsichtlich einer etwaigen Verpflichtung von Verwaltungen zur Einholung von *fairness opinions* ist zwischen nicht einseitig dominierten (*arm's length*) Transaktionen und einseitig dominierten (*non arm's length*) Transaktionen zu unterscheiden. Eine nicht dominierte Transaktion liegt vor, wenn das Geschäft zu gleichen Bedingungen wie zwischen unabhängigen Dritten geschlossen wird und daher jede Partei die Möglichkeit hat, die Verhandlungen abzubrechen und den Status quo beizubehalten.[157]

a) *Non-Arm's-Length*-Transaktionen

Demgegenüber liegt eine einseitig dominierte Transaktion vor, wenn die Verhandlung von einer Partei beherrscht wird. Im Fall von *Going-Private*-Transaktionen verlangt *Rule 13e-3* der *Securities and Exchange Commission* daher,[158] dass der Emittent eine Stellungnahme gegenüber den außenstehenden Gesellschaftern abgibt, ob die Transaktion fair ist und ob eine etwaige *fairness opinion* eingeholt worden ist (hierzu unten S. 231). Aus dieser Norm kann allerdings keine Verpflichtung der Verwaltung oder eines Ausschusses der Verwaltung zur Einholung einer *fairness opinion* abgeleitet werden.

---

[152] Wortlaut von § 10(b) SEA 1934.
[153] *Kardon v. National Gypsum Co.*, 69 F.Supp. 512 (E.D.Pa. 1946).
[154] *Jacobs*, Cornell L.Rev. (1973), 27, 29, Fn. 10.
[155] *Ernst & Ernst v. Hochfelder*, 425 U.S. 185 (1976).
[156] *Basic, Inc. v. Levinson*, 485 U.S. 224 (1988); *Merkt*, US-amerikanisches Gesellschaftsrecht, S. 459.
[157] *Drukarczyk*, Unternehmensbewertung, S. 122.
[158] 17 C.F.R. § 240.13e-3 (1985).

b) Arm's Length-Transaktionen

Transaktionen *at arm's length* bezeichnen Geschäfte, wie sie auch unter unabhängigen Dritten getätigt worden wären. Nach *Rule 14e-2* des *Securities Exchange Acts of 1934* ist der Verwaltungsrat einer Zielgesellschaft im Fall einer *tender offer* verpflichtet, eine begründete Stellungnahme abzugeben. Auch *Section 14(a)* und *Rule 14a-9a* beziehen sich ausschließlich auf Veröffentlichungspflichten (hierzu unten S. 234). Auch nach Entscheidungen US-amerikanischer Gerichte kann aus diesen Normen keine Verpflichtung zur Einholung einer *fairness opinion* abgeleitet werden.[159]

c) Zwischenergebnis

Nach US-amerikanischem Aktienrecht/Kapitalmarktrecht besteht für die Verwaltungsorgane – unabhängig von der zugrunde liegenden Strukturmaßnahme – keine normierte Verpflichtung zur Einholung einer *fairness opinion*.[160] Sofern allerdings eine *fairness opinion* mandatiert wurde, unterliegt das Leitungsorgan erweiterten Pflichten, welche u.a. die Offenlegung bestimmter Informationen gegenüber den Anteilseignern einschließen (hierzu unten S. 237 ff.). Für die Einholung einer *fairness opinion* gibt es trotz fehlender gesetzlicher Verpflichtung verschiedene Gründe, die es im Folgenden zu untersuchen gilt.

II. Legitimationsinstrument

Das Legitimationsziel einer *fairness opinion* besteht angesichts der beschriebenen *Principal-Agent*-Problematik einerseits im möglichen Schutz der Anteilseigner der betroffenen Gesellschaft durch den *gatekeeper*, der die *fairness opinion* erstellt. Sie kann andererseits in bestimmten Grenzen auch dazu beitragen, dass das Leitungsorgan von einer etwaigen persönlichen Haftung für seine Beurteilung und Empfehlung zu einer Unternehmenstransaktion freigestellt wird. Zur Begründung einer etwaigen Obliegenheit des Verwaltungsrates zur Einholung einer *fairness opinion* sind die für Strukturmaßnahmen geltenden Pflichten des Leitungsorgans, die aus dessen allgemeinen Sorgfalts- und Treuepflichten entwickelt wurden, in Betracht zu ziehen.

---

[159] *Popkin v. Bishop*, 464 F.2d 714 (2nd Cir. 1972); *Scott v. Multi-Amp Corp.*, 386 F.Supp. 44, 65 (D.C.N.J. 1974) "even if there had been no independent appraisal, there would be no infraction of the proxy statutes and rules";
[160] Im Ergebnis auch *Ward/Welch/Turezyn*, Folk on the Delaware General Corporation Law, § 141.2.2.7, Fn. 114; *Cefali/Goldblatt*, Business Law Today Juli/August 2003, ohne Seitenangabe, "the law is silent about when to retain a financial adviser and whether to obtain a fairness opinion"; *Gougis*, Mergers & Acquisitions März/April 1992, 33.

1.) Verantwortung des Leitungsorgans

Im US-amerikanischen Gesellschaftsrecht genießt der Aktionär drei zu differenzierende Rechte zum Schutz seiner Interessen, die auf dem Wege der Aktionärsklage durchgesetzt werden können.[161] Hier ist zunächst das Recht des Aktionärs zur Veräußerung seiner Mitgliedschaftsrechte zu nennen. Weiterhin kommt dem Aktionär ein Stimmrecht im Rahmen seiner Mitgliedschaft zu. Schließlich dienen die *fiduciary duties* des Leitungsorgans dem Interessenschutz der Anteilseigner. Nach den daraus abgeleiteten Sorgfalts- und Treuepflichten des monistischen Verwaltungsrats ist dieser zu einem bedachten Handeln im besten Interesse der Gesellschaft und ihrer Aktionäre gehalten. Den *fiduciary duties* kommen dabei wiederum drei Funktionen zu:[162] Zunächst schaffen sie eine Rechtsgrundlage für die Aktionäre zur Rückgewinnung von Gesellschaftsvermögen, das die Gesellschaft infolge eines Fehlverhaltens des Verwaltungsrates eingebüßt hat. Weiterhin schützen sie das Stimmrecht, dessen Funktion auf Grund von Manipulationsversuchen ansonsten eingeschränkt werden könnte.[163] Schließlich können die *fiduciary duties* den Mechanismus einer unfreundlichen („disziplinierenden") Übernahme zur Erreichung von Allokationseffizienz sicherstellen, der durch Verwaltungsorgane zur Erhaltung des Status quo andernfalls behindert werden könnte.[164] Auf Grund der weitreichenden Bevollmächtigung des Leitungsorgans der Gesellschaft zur Steuerung ihrer Geschäfte und Angelegenheiten auf Basis einer Vollmachtserteilung nach dem jeweiligen Recht der Bundesstaaten und durch eine Bevollmächtigung in der Gründungsurkunde der Gesellschaft sind die Entscheidungen des Verwaltungsrates unter den nachfolgend zu untersuchenden Voraussetzungen der *business judgment rule* geschützt. Zwischen dem Verhaltensmaßstab für die Mitglieder des Leitungsorgans und dem anschließenden gerichtlichen Prüfungsmaßstab ist im Gesellschaftsrecht allerdings zu differenzieren.[165]

a) *Business Judgment Rule*

Im Rahmen der Überprüfung der Sorgfaltspflichten des Verwaltungsrates kommt der Standard der *business judgment rule* zur Anwendung: Sie stellt einen Grundsatz zur Haftung der Unternehmensleitung wegen Pflichtverletzung dar, indem sie unter bestimmten Vorausset-

---

[161] Dazu *Allen* in: Comparative Corporate Governance, S. 307, 313.
[162] *Allen* in: Comparative Corporate Governance, S. 307, 313.
[163] So *Blasius Industries, Inc. v. Atlas Corp.*, 564 A.2d, 651 (Del.Ch. 1988).
[164] So *Revlon, Inc. v. MacAndrews & Forbes Holding, Inc.*, 506 A.2d 173 (Del. 1986); *Paramount Communications Inc. v. QVC Network Inc.*, 637 A.2d 34 (Del. 1994); *QVC Network, Inc. v. Paramount Communications Inc.*, 635 A.2d 1245 (Del.Ch. 1993).
[165] *Eisenberg*, 62 Fordham L. Rev. 1993, 437 ff.; dazu auch *Hirte*, DAJV-Newsletter, Januar 1985, 5, 6, mit Bezug auf einen Vortrag von *Eisenberg*.

zungen ein haftungsfreies wirtschaftliches Ermessen für das Leitungsorgan begründet.[166] Der Grundsatz der *business judgment rule* lässt sich in den USA bis in das Jahr 1829 zurückverfolgen.[167] Im Jahre 1927 wurde dieser Grundsatz wie folgt gefasst:

"The controlling principle is that the substance of a business decision or transaction [...] will not be reviewed or scrutinized by a court as long as the acts of the directors [...] were performed in good faith, in the exercise of their best judgment, and for what they believed to be the advantage of the corporation and all its stockholders"[168]

Die Anwendbarkeit der *business judgment rule* ist damit an die folgenden vier in der Folgezeit weiter konkretisierten Tatbestandsvoraussetzungen geknüpft.[169]

aa) **Tatbestandsvoraussetzungen der *Business Judgment Rule***

Für die Anwendbarkeit der *business judgment rule* auf eine Entscheidung des Managements ist es demnach zunächst eine notwendige Voraussetzung, dass die Entscheidung unbefangen getroffen wird und kein Insichgeschäft des Mitglieds des Leitungsorgans (*"self dealing"*) vorliegt. Weiterhin muss die Entscheidung auf Basis eines ausreichenden Informationsstandards getroffen werden. Sofern Zweifel bestehen, dass dem Verwaltungsrat nicht alle notwendigen Informationen für seine Entscheidung zur Verfügung standen, kann dies bei grober Fahrlässigkeit zur Nichtanwendbarkeit des Schutzes der *business judgment rule* führen. Mit diesem Erfordernis wird der Pflicht zur Durchführung eines angemessenen Entscheidungsfindungsprozesses Genüge getan. Darüber hinaus ist es notwendig, dass die Entscheidung durch das Leitungsorgan aktiv getroffen und auf ihre Richtigkeit hin überprüft wird und dieses die Entscheidung nicht einfach geschehen lässt.[170] Als weitere Voraussetzung für die Anwendbarkeit der *business judgment rule* gilt das Handeln des Leitungsorgans in gutem Glauben. Diesem Kriterium ist nicht Genüge getan, sofern die Entscheidung etwa geltendes Recht verletzt und das Verwaltungsratsmitglied hiervon Kenntnis hat. Letztlich darf die Entscheidung des Leitungsorgans auch nicht von vornherein unvertretbar oder irrational sein.[171] Nur unter diesen Voraussetzungen können sich die Mitglieder des Leitungsorgans auf die Anwendbarkeit der *business judgment rule* zum Ausschluss ihrer Haftung berufen, welche sich dann ausdrücklich auch auf Strukturmaßnahmen erstrecken kann, die für die Gesellschaft in der Folge mit einem

---

[166] Zur Übersetzung des Begriffs der *business judgment rule Heidemann*, Verhältnis zwischen Management und Aktionären, S. 90.
[167] *Percy v. Millaudon,* 8 Mart. (n.s.) 68 (La. 1829).
[168] *Bodell v. General Gas & Electric Corporation.,* 132 A. 442 (1926).
[169] *Aronson v. Lewis*, 473 A.2d 805, 812 (Del.Sup. 1984).
[170] Dazu auch *Eisenberg*, 62 Fordham L. Rev. 1993, 437, 447, zu trennen ist dieses Merkmal von einer aktiven Entscheidung des Verwaltungsrats, dass keine Handlung erforderlich ist.
[171] *American Law Institute*, Principles of Corporate Governance, § 4.01 (c).

wirtschaftlichen Verlust und für die Anteilseigner mit negativen Kapitalmarktfolgen verbunden sein können.[172] Andernfalls sind die Verwaltungsratsmitglieder potenziell einem persönlichen Haftungsanspruch der Gesellschaft und ihrer Aktionäre ausgesetzt.[173] Demnach ausdrücklich nicht vom Schutz durch die *business judgment rule* erfasst ist die Erfüllung der Pflichten *to monitor, inquire and to deploy a reasonable decision making process*.[174]

bb) Funktion der *Business Judgment Rule*

Es können drei Funktionen der *business judgment rule* unterschieden werden, welche diesen judiziellen Prüfungsmaßstab begründen.[175] Zunächst ermutigt die *business judgment rule* kompetente Personen zur Übernahme von Mandaten in Verwaltungsorganen, die bei der Annahme dieser Mandate eine Abwägung der damit verbundenen Risiken und ihrer Kosten treffen.[176] Unter Annahme einer strikten Erfolgshaftung müssten Mitglieder des Verwaltungsrats fürchten, dass sie für die Folgen von Geschäftsentscheidungen persönlich haften, sofern diese sich *ex post* als Verlust für die Gesellschaft herausstellen, während andererseits die Anteilseigner von den durch sie getroffenen erfolgreichen Entscheidungen hauptsächlich profitieren würden.[177] Weiterhin berücksichtigt die *business judgment rule*, dass Gerichte nicht über die Information und die Sachkenntnis verfügen können, um Entscheidungen *ex post* sachgerecht zu beurteilen, und vermeidet somit das Risiko einer inhaltlichen Fehlentscheidung des Gerichts.[178] Auf Grund ihrer fachlichen Qualifikation sind Mitglieder des Leitungsorgans viel eher in der Lage, die mit der Unternehmensleitung verbundenen wirtschaftlichen Risiken richtig einzuschätzen.[179] Der einzuhaltende judizielle Prüfungsmaßstab ist damit rein prozessorientiert und von den Inhalten der Entscheidung zu trennen.[180] Durch eine Verschiebung des gerichtlichen Prüfungsmaßstabs von der inhaltlichen Richtigkeit der Entscheidung zu einer sorgfältigen Entscheidungsvorbereitung ist eine Pflichtverletzung des Managements durch ein Gericht mit einer geringeren Fehlerwahrscheinlichkeit feststellbar.[181] Denn es gilt zu berücksichtigen, dass Menschen dazu neigen, eine Entscheidung nach ihrem Ergebnis zu beurteilen, so dass eine objektive Beurteilung einer Entscheidung durch das negative Resultat *ex post* oftmals beeinträchtigt wird. Dieses Phänomen wird mit dem Begriff des verzerrten Rück-

---

[172] *Eisenberg*, 62 Fordham L. Rev. 1993, 437, 443.
[173] *Goss*, 1154 PLI/Corp., 383, 385.
[174] *Eisenberg*, 62 Fordham L. Rev. 1993, 437, 447.
[175] Dazu *Joy v. North*, 692 F.2d 880, 885 f. (2nd Cir. 1982), cert. denied, 460 U.S. 1051 (1983).
[176] Zu potenziellen Risiken exemplarisch, *Smith v. van Gorkom*, 488 A.2d 858 (Del.Sup. 1985).
[177] Besonders pointiert im Titelblatt der *Business Week* vom 8.9.1996 *"A Job Nobody Wants"*.
[178] *Allen/Jacobs/Strine*, 56 Bus. Law. 2001, 1287, 1294.
[179] *Federal Deposit Ins. Corp. v. Stahl*, 89 F.3d 1510, 1517 (11th Cir. 1996); *Buxbaum*, in: Haftung der Leitungsorgane, S. 79, 81 f.
[180] *Brehm v. Eisner*, 746 A.2d 244 (Del. 2000).
[181] *Eisenberg*, Konzern 2004, 386, 389 f.; *Eisenberg*, 62 Fordham L. Rev. (1993), 437, 447.

blicks (*hindsight bias*) bezeichnet.[182] Letztlich nutzt die *business judgment rule* sogar den Aktionären, indem sie die Leitungsorgane von Gesellschaften zum Eingehen von unternehmerischen Risiken ermutigt;[183] denn auf diese Weise können Aktionäre, die durch die hinreichende Diversifikation ihrer Portefeuilles ihrerseits Vorsorge getroffen haben, ihren Ertrag maximieren.[184]

b)   Duty of Care

aa)   Sorgfaltspflichten

Die *duty of care* verpflichtet die Mitglieder des Leitungsorgans einer Gesellschaft zur Anwendung der erforderlichen Sorgfalt in der Entscheidungsfindung. Die Pflicht eines Mitglieds des Leitungsorgans zum Handeln unter einem angemessenen Sorgfaltsmaßstab geht im angloamerikanischen Rechtsraum auf das Jahr 1742 zurück.[185] Nach dem Wortlaut der Entscheidung *Turquand v. Marshall* begründet eine Entscheidung des Leitungsorgans, so „töricht" oder gar „lächerlich" sie *ex post* auch erscheint, keine persönliche Haftung der Verwaltungsratsmitglieder, solange das Leitungsorgan dazu ermächtigt war, diese zu treffen.[186] Um bereits aus einer *Ex-ante*-Perspektive eine Sorgfaltspflicht für das Leitungsorgan zu konstituieren, kann diese nur sehr unbestimmt und weit angelegt bleiben. Demnach muss ein Mitglied des Leitungsorgans den Sorgfaltsmaßstab anwenden, der gewöhnlich von einer umsichtigen Person unter vergleichbaren Umständen erwartet werden darf.[187] Nach den neueren Grundsätzen des *American Law Institute* wird die folgende weit gefasste Anforderung an die Verwaltungsratsmitglieder zur Erfüllung der *duty of care* gestellt.[188] Sie entspricht den zuvor aufgezeigten Voraussetzungen der *business judgment rule* und gleicht den Verhaltensanforderungen des § 8.30(b) des *Model Acts*:

"A director or officer who makes a business judgment in good faith fulfills the duty under this Section if the director or officer: (1) is not interested in the subject of the business judgment, (2) is informed with respect to the subject of the business judgment to the extend the director or officer reasonably believes to be appropriate under the circumstances; and (3) rationally believes that the business judgment is in the best interest of the corporation."

---

[182] *Eisenberg*, Konzern 2004, 386, 392 f.
[183] *Davis*, Wis. L. Rev. 2000, 573, 574 f.; *Easterbrook/Fischel*, Corporate Law, S. 99.
[184] *Herzel/Katz*, 41 Bus. Law. 1986, 1187, 1190.
[185] *The Charitable Company v. Sutton*, 2 Atk. 400, 26 Eng. Rpts. 642.
[186] *Turquand v. Marshall*, 4 Ch. App. 376 (1869).
[187] So *Briggs v. Spaulding*, 141 U.S. 132, 11 S. S.Ct. 924 (1891).
[188] *American Law Institute*, Principles of Corporate Governance, § 4.01(c).

Während die meisten US-amerikanischen Bundesstaaten die *duty of care* gesetzlich normiert haben, wird sie im Bundesstaat *Delaware* allein durch Richterrecht formuliert.[189] Vor Beginn der achtziger Jahre erhielt die *duty of care* des Leitungsorgans in *Delaware* allerdings nur eine geringe Aufmerksamkeit;[190] erst seit 1985 gilt sie als eine unabhängig durchsetzbare Pflicht für das Leitungsorgan.[191] Bis 1963 wurde der Begriff der *duty of care* in der Rechtsprechung von *Delaware* nicht verwendet; vielmehr nimmt das vorherige *case law* in diesem Zusammenhang stets auf die wirtschaftliche Unabhängigkeit und den guten Glauben des Leitungsorgans Bezug.[192] Anhand dieses Maßstabs wurde eine etwaige persönliche Haftung der Mitglieder des Leitungsorgans begründet. Angesichts zahlreicher Gerichtsentscheide in *Delaware* im Zusammenhang mit Kaufangeboten, Unternehmenszusammenschlüssen und Kontrolltransaktionen wurden die grundsätzlichen Sorgfaltspflichten des Leitungsorgans jedoch zunehmend präzisiert.[193] Aus diesen Entscheidungen wurden zudem unterschiedliche gerichtliche Prüfungsstandards entwickelt.[194] Diese Entwicklung führte dazu, dass ein zusätzliches Absicherungsbedürfnis für die Leitungsorgane entstand. Diese aus dem *case law* abgeleiteten Prinzipien werden im Folgenden im Hinblick auf den Legitimationszweck einer *fairness opinion* analysiert.

bb) Präzisierung der Informationspflichten infolge *Smith v. van Gorkom*

Nach Ansicht von *Eisenberg* unterfallen dem Begriff der Sorgfaltspflicht in unterschiedlicher Weise subjektiv und objektiv geprägte Pflichten.[195] Im Hinblick auf Strukturmaßnahmen sind damit die Pflichten des Leitungsorgans zu einer begründeten Entscheidung abzuleiten. Dabei muss das Leitungsorgan einen angemessenen Entscheidungsfindungsprozess wählen. Die Sorgfaltspflicht des Leitungsorgans umfasst unter diesem Gesichtspunkt auch eine Pflicht zur Information (*"duty to be informed"*). Demnach ist ein Mitglied eines Leitungsorgans verpflichtet, nach eingehender Berücksichtigung der relevanten Fakten und Überlegungen zu entscheiden und, wenn es angezeigt ist, die Expertise von Rechts- oder Finanzberatern einzuholen. Hingegen kann von den Mitgliedern eines Leitungsorgans keine eigene umfang-

---

[189] *Cheff v. Mathes*, 199 A.2d 548, 554 f. (Del.Sup. 1964).
[190] *Bishop*, 77 Yale L.J. (1968), 1078 ff.; besonders pointiert der *Marquis of Bute's Case*, Re Cardiff Savings Bank 2 Ch. 100 (1892), wonach auch die Teilnahme an lediglich einem *board meeting* innerhalb von 38 Jahren keine Verletzung der Sorgfaltspflicht für ein Mitglied des Leitungsorgans darstellte.
[191] *Allen/Jacobs/Strine*, 56 Bus. Law. 2001, 1287, 1290.
[192] *Horsey*, 19 Del. J. Corp. L. (1994), 971, 988.
[193] *Fleischer/Sussman*, 1388 PLI/Corp., 911, 916; *Allen/Jacobs/Strine*, 56 Bus. Law. 2001, 1287, 1293, insbesondere infolge der Entscheidungen *Smith v. Gorkom*, 488 A.2d 858 (Del.Sup. 1985); *Unocal Corp. v. Mesa Petroleum Co.*, 493 A.2d 946 (Del. 1985) und *Revlon, Inc. v. MacAndrews & Forbes Holding*, Inc. 506 A.2d 173 (Del. 1986) und ihrer Folgeentscheidungen im Zeitraum 1985 bis 1993.
[194] *Allen/Jacobs/Strine*, 56 Bus. Law. 2001, 1287, 1292, 1294, mit dem Hinweis, dass die Gefahr einer Stimmigkeit innerhalb dieser Prüfungsstandards verloren ging.

reiche Kenntnis zur Beurteilung sämtlicher Strukturmaßnahmen erwartet werden.[196] Wenngleich es Mitgliedern von Leitungsorganen gestattet ist, sich für Informationen und Expertisen auf sachverständige Dritte zu verlassen, dürfen die Treue- und Sorgfaltspflichten unter diesem Standard nicht an Dritte delegiert werden.[197] Eine hohe Bedeutung für die Verbreitung des Produkts der *fairness opinion* wird dem im Jahre 1985 vom *Delaware Supreme Court* entschiedenen *Trans Union Case (Smith v. van Gorkom)* zugeschrieben.[198] Wenngleich die *fairness opinion* bereits in den siebziger Jahren bei Unternehmenstransaktionen in den USA durchaus etabliert war, führte diese viel diskutierte Entscheidung zu einer hohen Sensibilisierung von Verwaltungsräten für die Beratung durch sachverständige Dritte.[199] Die *Smith v. van Gorkom*-Entscheidung wird angesichts dieser Entwicklung auch als ein "*full employment act*" für Ersteller von *fairness opinions* bezeichnet.[200]

aaa)   **Hintergrund des *Trans Union Case***

Dieser Leitentscheidung lag der *cash out merger* zwischen der gleichnamigen Gesellschaft *Trans Union Corp.*, einer früheren *Fortune 500 Company*,[201] und der von der Familie *Pritzker* kontrollierten *Marmon Group, Inc.* zugrunde. In ihrem Berufungsverfahren vor dem *Supreme Court of Delaware* strebten Anteilseigner der *Trans Union Corp.* gegen ihre Gesellschaft eine Klage zur Aufhebung der *Merger*-Vereinbarung und ersatzweise die Befriedigung von Schadenersatzansprüchen gegen die Mitglieder des Leitungsorgans an; denn das Leitungsorgan habe der Transaktion lediglich auf der Basis eines mündlichen Vortrags des *Chairmans, Jerome W. van Gorkom*, zugestimmt, der letztlich die Konditionen des Kaufangebots mit dem Bieter während einer Vorstellungspause des *Chicago Civic Opera House* vereinbart hatte. Der Entscheidung zur Empfehlung des Angebots der Mitglieder des Leitungsorgans der *Trans Union Corp.* an die Anteilseigner lag weiterhin keine formelle Unternehmensbewertung durch einen externen Sachverständigen oder durch das Leitungsorgan selbst zugrunde; vielmehr

---

[195] *Eisenberg*, 62 Fordham L. Rev. (1993), 437, 439.
[196] *Davis*, Wis. L. Rev. 2000, 573, 581, die Qualifikationen von Verwaltungsratsmitgliedern entsprechen vielmehr denen der Richter, die die Entscheidungsfindung ggf. anschließend zu prüfen haben.
[197] *Mills Acquisition Co. v. Macmillan, Inc.,* 559 A.2d 1261, 1281 (Del. 1988).
[198] *Smith v. van Gorkom*, 488 A.2d 858 (Del.Sup. 1985); ein weiterer Fall mit durchaus zweifelhafter Informationsgrundlage sicherlich auch *Gimbel v. Signal Companies*, 316 A.2d 599 (Del.Ch. 1974).
[199] *Cefali*, Evolution of Fairness Opinions, S. 1; zurückhaltender *Bowers*, 96 Nw. U. L. Rev. (2002), 567 ff.
[200] *Sweeney*, Journal of Accountancy, August 1999, 44, 45, mit Bezug auf ein Zitat von *Prof. John C. Coffey, Jr.*; *Nick*, Übernahme börsennotierter Unternehmen, S. 87, 114; ähnlich *Owen*, Autopsy of a Merger, S. 257, „a powerful marketing script for investment bankers"; a.A. *Spiegel*, 71 A.B.A. J. (November 1985), 48, 51 mit Zitat von *John Seligman*, „it's absolute nonsense to call this an investment bankers' relief act. [...] You normally use an investment banker in a decision of this magnitude. The way van Gorkom made the decision was extremely sloppy".
[201] Dazu *Owen*, Autopsy of a Merger, S. 4 f., vor ihrer Klassifizierung als Leasinggesellschaft für Öltransportbehälter wurde *Trans Union* mit einem Umsatz von $ 922 Mio. im Jahr 1979 als Nr. 278 der größten US-amerikanischen Industrieunternehmen in dem Wirtschaftsmagazin *Fortune* geführt.

stellte das Leitungsorgan ausschließlich auf einen Vergleich zwischen dem Angebotspreis von $ 55 und dem aktuellen Börsenwert der Gesellschaft ab. Die Marktbewertung der *Trans Union* hatte einen Preis von $ 39 ½ je Aktie nie überstiegen (*"all time high"*) und die „Prämie" betrug zum Zeitpunkt der Bekanntgabe der Transaktion 48 %.[202] Die Aktionäre stimmten der Transaktion, die zur Nutzung steuerlicher Vorteile für die Gesellschaft führte, mit großer Mehrheit zu.[203] Der *Chief Finanical Officer* der Gesellschaft, *Donald B. Romans*, stellte hingegen fest, dass der von *Jerome W. van Gorkom* und nicht vom Bieter vorgeschlagene Preis am unteren Ende der Bandbreite fairer Preise lag.[204] Zudem beabsichtigte ein Finanzinvestor, eine höhere Gegenleistung zu bieten. Wenngleich keines der Mitglieder des Leitungsorgans ausgewiesener Experte für Strukturmaßnahmen war (im Sinne eines *financial expert*), verfügten dessen Mitglieder jedoch über eine sehr umfangreiche und in der Diskussion des Falls häufig verkannte Erfahrung.[205] Dabei verzichteten die Verwaltungsratsmitglieder auf Empfehlung ihres Rechtsberaters ausdrücklich auf die Einholung einer externen *fairness opinion*.[206] Von besonderer Bedeutung für diesen Fall ist es, dass *Jerome W. van Gorkom* selbst maßgeblich an der Gesellschaft beteiligt war und beabsichtigte, kurze Zeit nach Abschluss der Transaktion altersbedingt aus dem Verwaltungsorgan auszuscheiden. Insofern stimmten seine persönlichen Interessen zur Maximierung der Gegenleistung mit denen der übrigen Anteilseigner überein.

bbb) Entscheidung und Beurteilungsmaßstab des *Delaware Supreme Courts*

Nach der Entscheidung des *Delaware Supreme Courts* handelten die Mitglieder des Leitungsorgans der *Trans Union Corp.* unter den gegebenen Umständen zumindest grob fahrlässig, als sie der Vereinbarung nach zweistündiger Abwägung ohne ihre vorherige Unterrichtung über

---

[202] *Smith v. van Gorkom*, 488 A.2d 858, 866, n.5 (Del.Sup. 1985).
[203] *Smith v. van Gorkom*, 488 A.2d 858, 870 (Del.Sup. 1985).
[204] "Romans told the board that he had not been involved in the negotiations with Pritzker and knew nothing about the merger proposal until the morning of the meeting; that his studies did not indicate either a fair price for the stock or a valuation of the company; that he did not see his role as directly addressing the fairness issue; and that he and his people "were trying to search for ways to justify a price in connection with such a transaction, rather than to say what the shares are worth. [...] No director asked him why he put $ 55 at the bottom of his range. No director asked Romans for any details as to his study, the reason why it had been undertaken or its depth. No director asked to see the study; and no director asked Romans whether Trans Union's finance department could do a fairness study within the remaining 36 hour period available under the Pritzker offer".
[205] Owen, Autopsy of a Merger, S. 17, "Trans Union's five inside directors had backgrounds in law and accounting, 116 years of collective employment by the company and 68 years of combined experience on the Board. Trans Union's five outside directors included four chief executives of major corporations and an economist who was a former dean of a major school of business. The outside directors had 78 years of combined experience as chief executive officers of major corporations and 50 years of cumulative experience as directors of Trans Union."
[206] Owen, Autopsy of a Merger, S. 74, mit Zitat des Bieters, *Pritzker*, "[I] asked him [van Gorkom], 'Are you going to retain an investment banker?' He said, 'What do I need an investment banker for? The marketplace will tell me the best price I can get'".

die detaillierten Transaktionskonditionen einerseits und ohne das Vorliegen einer Krise oder einer Notsituation andererseits zustimmten; in der vorherigen Instanz hatte der *Chancery Court* den Verwaltungsratsmitgliedern noch den Schutz der *business judgment rule* zugestanden.

"The directors (1) did not adequately inform themselves as to van Gorkom's role in forcing the "sale" of the Company and in establishing the per share purchasing price; (2) were uninformed as to the intrinsic value of the Company; (3) given these circumstances, at a minimum, were grossly negligent in approving the „sale" of the Company upon two hours' consideration, without prior notice, and without the exigency of a crisis or emergency."[207]

Der gerichtliche Beurteilungsmaßstab für eine Verletzung der Sorgfaltspflicht des Leitungsorgans orientiert sich dabei am Standard der groben Fahrlässigkeit.[208] Damit wird ein im Vergleich zum gewöhnlichen Vertrags- und Deliktsrecht höherer Schwellenwert für die Verschuldensprüfung etabliert. Der Maßstab der *gross negligence* wird im amerikanischen Recht als „unbekümmerte Indifferenz gegenüber den oder [als] bewusste Vernachlässigung der Aktionärsinteressen"[209] bzw. als „Verwaltungsentscheidung [...] außerhalb jeder Rationalität"[210] beschrieben. Nach der Entscheidung des *Delaware Supreme Courts* stellt auch die angebotene erhebliche Prämie im Vergleich zu der vorherigen Marktbewertung ohne eine weitergehende Information ausdrücklich keine ausreichende Basis für eine angemessene Beurteilung der Transaktion dar.[211] Im Fall der *Trans Union Corp.* überstieg das Angebot den durchschnittlichen Aktienkurs der letzten neun Monate vor Bekanntwerden des Angebots um 62% und den letzten Schlusskurs der Aktie um 48%. Das Leitungsorgan kann demnach zur Erreichung einer informierten Entscheidung die Bewertung der Angemessenheit einer Gegenleistung nicht ausschließlich auf einen Vergleich zwischen der Gegenleistung und dem aktuellen Marktwert stützen.[212] Insbesondere hätte der Verwaltungsrat eine Bewertung des *cash flows* des Unternehmens durchführen müssen, um eine informierte Entscheidung treffen zu können. Explizit weist das Gericht in seiner Entscheidung darauf hin, dass die Bewertung der Gesellschaft weder durch einen externen Sachverständigen vorgenommen werden müsse,

---

[207] *Smith v. van Gorkom*, 488 A.2d 858, 874 (Del.Sup. 1985).
[208] *Aronson v. Lewis*, 473 A.2d 805, 812 (Del.Sup. 1984); dazu auch *Ward/Welch/Turezyn*, Folk on the Delaware General Corporation Law, § 141.2.2.4.
[209] *Rabkin v. Philip A. Hunt Chemical Corp.*, 547 A.2d 963, 970 (Del.Ch. 1986); *Allaun v. Consolidated Oil Co.*, 147 A. 257, 261 (Del.Ch. 1929).
[210] *Rabkin v. Philip A. Hunt Chemical Corp.*, 547 A.2d 963, 970 (Del.Ch. 1986); *Gimbel v. Signal Companies*, 316 A.2d 599 (Del.Ch. 1974).
[211] *Smith v. van Gorkom*, 488 A.2d 858, 875 (Del.Sup. 1985), "a substantial premium may provide one reason to recommend a merger but in absence of other sound valuation information, the fact of a premium alone does not provide an adequate basis upon which to assess the fairness of an offering price".

noch dass es eine rechtliche Notwendigkeit für die Einholung einer *fairness opinion* eines unabhängigen Investment Bankers gebe. Vielmehr sei das Management als interner Kenner des Unternehmens häufig besser in der Lage, die relevanten Informationen zu beschaffen.[213] Demnach genieße das Leitungsorgan unter der Einschränkung sonstiger angemessener Umstände den vollständigen Schutz der *business judgment rule*, wenn es sich auf eine fundierte Bewertungsstudie einer Stabsabteilung des Unternehmens verlässt. Gleichwohl wurde im Gang der Verhandlung dieses Falls auch deutlich, dass sich die Mandatierung eines externen Dritten bei Unternehmenstransaktionen inzwischen zu einem *Best Practice*-Standard zu etablieren begonnen hatte:

> "Do you know of any case in a situation of this kind in which the officers or directors did not look for financial analysis or an investment banker's opinion, or some inside financial analysis report other than – and not a test of what a purchaser is willing to pay? I mean, where is that [?] [...] Could they not have called Salomon Brothers in, and gotten an overnight – some justification, some financial analysis? What stopped them from doing that, do you think, or ever asking for a financial analysis by an investment banker or their inside people right up until February?"[214]

Keine Auswirkungen auf die Entscheidung des Gerichts hatte offenbar die Tatsache, dass der Beklagte *van Gorkom* einen erheblichen Anteil an der Gesellschaft hielt und bereit war, diesen zu den verhandelten Bedingungen zu veräußern. Im Ergebnis wurde ein außerordentlicher Vergleich in Höhe einer Summe von $ 23.5 Millionen geschlossen, die zum Großteil von der Erwerbergruppe getragen wurde.[215] Die *Trans Union*-Entscheidung des *Supreme Court of Delaware* erhielt eine erhebliche Resonanz in Praxis und Schrifttum; denn sie unterwarf als eine der bis dahin sehr wenigen Entscheidungen Gesellschaftsorgane einer persönlichen Haftung, ohne dass der Tatbestand des Betrugs angenommen wurde.[216] Vielmehr wurde auf den Standard der groben Fahrlässigkeit innerhalb des Entscheidungsfindungsprozesses verwiesen.[217]

---

[212] *Smith v. van Gorkom*, 488 A.2d 858, 875 (Del.Sup. 1985).
[213] Dazu exemplarisch bei einem Zusammenschluss von Banken *Elstein*, Am. Banker vom 7.11.1997, 22.
[214] *Chief Justice Herrmann* des *Supreme Court of Delaware* in der mündlichen Verhandlung zitiert nach *Owen*, Autopsy of a Merger, S. 257 f.
[215] Dazu *Elsner*, Chicago Tribune vom 8.2.1987, C3.
[216] Dazu *Giuffra*, 96 Yale L.J. (1986), 119, 120; *Bishop*, 77 Yale L.J. (1968), 1078, 1099 f., "a search for a very small number of needles in a very large haystack".
[217] *Eisenberg*, Corporations, S. 568.

ccc) **Bewertung der Entscheidung im US-amerikanischen Schrifttum**

Die Entscheidung *Smith v. van Gorkom* gehört zu den meist diskutierten Entscheidungen des Gesellschaftsrechts in den USA.[218] Dabei stand das amerikanische Schrifttum dieser Entscheidung sowohl direkt nach ihrer Verkündung 1985 als auch in jüngster Zeit in der Mehrheit sehr kritisch gegenüber.[219] Teils hat die Entscheidung allerdings auch Zustimmung gefunden.[220] Der Entscheidung wird zunächst entgegengehalten, dass sie mit dem existierenden Maßstab der groben Fahrlässigkeit der Verwaltungsratsmitglieder nicht zu rechtfertigen sei.[221] *Allen, Jacobs* und *Strine* sehen anstelle der *gross negligence* vielmehr die Anwendung eines einfachen *negligence standards* in den Entscheidungen des Gerichts.[222] Zudem wird eine erhebliche Gefahr der *Smith v. van Gorkom*-Entscheidung darin gesehen, dass sie unabhängige Verwaltungsratsmitglieder verunsichern könne und diese bei fehlender Möglichkeit zum Abschluss einer *D&O*-Versicherung daher zum Rückzug aus Verwaltungsräten verleite. Damit stünde die Entscheidung im Gegensatz zu der Funktion der *business judgment rule* (hierzu oben S. 34 ff.).[223] Weiterhin wird der Hinweis des Gerichts auf den „wahren Wert" (*true value*) als anachronistisch scharfer Kritik unterzogen; denn einen solchen könne es nicht geben, und die Diskussion um diesen vernachlässige die Entscheidung des Marktes.[224] *Macey* und *Miller* weisen darauf hin, dass das Gericht die ausgewiesenen Kenntnisse des Chairmans von *Trans Union*, *van Gorkom*, als *Attorney* und *Certified Public Accountant* in seiner Entscheidung nicht gewürdigt habe.[225] Darüber hinaus führe die Entscheidung angesichts ihrer Rezeption durch Management, Verwaltungsratsmitglieder und Fachliteratur zu einem Verlust an Rechtssicherheit in *Delaware*. Die im Vergleich zu anderen US-Bundesstaaten hohe Rechtssicherheit für Gesellschaften hatte bis dahin erheblich zur Attraktivität von *Delaware* für die Gründung von Kapitalgesellschaften beigetragen.[226] Wenngleich *Macey* und *Miller* darauf hinweisen, dass ein erheblicher *anti management bias* in anderen Entscheidungen die-

---

[218] *Allen/Jacobs/Strine*, 56 Bus. Law. 2001, 1287, 1300; zur Reaktion in Europa *Schlechtriem*, in: Haftung der Leitungsorgane, S. 9, 11.
[219] Statt vieler *Fischel*, 40 Bus. Law. (1985), 1435, 1455, "surely one of the worst decisions in the history of corporate law"; *Herzel/Katz*, 41 Bus. Law. (1986), 1187 ff.; *Spiegel*, 71 A.B.A. J. (November 1985), 48, 51; *Allen/Jacobs/Strine*, 56 Bus. Law. (2001), 1287, 1300.
[220] *Chittur*, Del. J. Corp. L. (1985), 505, 543, "the business judgment rule has been a teflon-coating for directors"; *Bainbridge*, 55 Vand. L. Rev. (2002), 1, 54; *Prickett*, 10 Del. J. Corp. L. (1985), 451, 458 ff.; wohl auch *Hartmann/Gayle Rogers*, 58 The Journal of Risk and Insurance (1991), 525, 529.
[221] *Allen/Jacobs/Strine*, 56 Bus. Law. (2001), 1287, 1300.
[222] *Allen/Jacobs/Strine*, 56 Bus. Law. (2001), 1287, 1301.
[223] *Manning*, 40 Bus. Law. (1985), 1, 6.
[224] *Manning*, 40 Bus. Law. (1985), 1, 6; *Spiegel*, 71 A.B.A. J. (November 1985), 48, 51.
[225] *Macey/Miller*, 98 Yale L. J. (1988), 127, 131.
[226] *Fischel*, 40 Bus. Law. (1985), 1437, 1454.

ser Zeit gerade nicht zu beobachten sei,[227] hat doch die Entscheidung zu einem erheblichen Sicherheitsbedürfnis der Marktteilnehmer geführt. Diesem könne durch die Einholung einer *fairness opinion* Rechnung getragen werden. Gleichzeitig sehen allerdings insbesondere *Fischel* sowie *Herzel* und *Katz* innerhalb der Diskussion der Entscheidung *Smith v. van Gorkom* erhebliche Bedenken gegen die Legitimationsfunktion von *fairness opinions* zur externen Abstützung einer Entscheidung und Rückgewinnung der Rechtssicherheit für Verwaltungsorgane.[228] Im Hinblick auf die Eigeninteressen der Ersteller (dazu unten S. 209 ff.) sei die *Gatekeeper*-Funktion der Ersteller von *fairness opinions* erheblich eingeschränkt. Dies führe dazu, dass die Anteilseigner der Gesellschaften als primäre Verlierer der Transaktion zu sehen seien. Die zu zahlenden erheblichen Honorare für *fairness opinions* kämen im Ergebnis einer Steuer auf Unternehmenstransaktionen gleich.[229]

Nach Einschätzung von *Macey* und *Miller* werden diese Kosten jedoch überschätzt; zudem übersehe diese Ansicht eine weitere wesentliche Funktion der Einholung einer *fairness opinion* durch das Verwaltungsorgan der Gesellschaft.[230] Diese Funktion könne unter den Begriff eines Verhandlungsinstruments gefasst werden (dazu unten S. 64 ff.); denn die Einholung einer *fairness opinion* ermögliche dem Verwaltungsrat einer Zielgesellschaft einen erheblichen Zeitgewinn innerhalb der Verhandlungen mit einem Bieter. Mit dem Argument einer einzuholenden *fairness opinion* könne das Leitungsorgan der Zielgesellschaft niedrige Kaufangebote unter Zeitdruck verhindern, ohne sich einer Haftung für die Vereitelung eines Angebots gegenüber den Aktionären auszusetzen. Damit führe die *Smith v. van Gorkom*-Entscheidung im Ergebnis vermehrt zur Durchführung von Auktionsprozessen. Ebenso sieht *Bainbridge* eine rationale Basis für die aus der Entscheidung abgeleitete praktische Obliegenheit der Verwaltungsorgane zur Einholung von *fairness opinions*; denn sie fördere die Vermeidung von *groupthink*.[231] Der Begriff des *groupthink* bezeichnet einen Denkvorgang, bei dem eine Gruppe von Personen schlechte oder realitätsferne Entscheidungen trifft, weil das Streben nach Einmütigkeit in einer kohäsiven Gruppe derart dominant wird, dass die realistische Abschät-

---

[227] So z.B. *Ivanhoe Partners v. Newmont Mining Corp.*, 535 A.2d, 1334 (Del. 1987), betreffend Verteidigungsmaßnahmen des Boards gegen einen unfreundlichen Übernahmeversuch; *Moran v. Household Int. Inc.*, 500 A.2d 1346 (Del. 1985), betreffend *poison pill* ohne drohenden Übernahmeversuch.
[228] *Fischel*, 40 Bus. Law. (1985), 1437, 1452; *Herzel/Katz*, 41 Bus. Law. (1986), 1187, 1189.
[229] *Fischel*, 40 Bus. Law. (1985), 1437, 1452 f.
[230] *Macey/Miller*, 98 Yale L. J. (1988), 127, 136 f. und 140, für eine Qualifikation des Falls als *takeover case*.
[231] *Bainbridge*, 55 Vand. L. Rev. (2002), 1, 53, "by so focusing its opinion, the van Gorkom court arguably created a set of incentives consistent with the teaching of the literature on group decisionmaking. The decision disfavors agenda control by senior management, penalizes boards that simply go through the motions, and encourages inquiry, deliberation, care, and process. The decision strongly encourages boards to seek outside counsel and financial advice, which is consistent with evidence that groupthink can be prevented by outside ex-

zung von Handlungsalternativen außer Betracht bleibt.[232] *Hartmann* und *Gayle Rogers* betonen schließlich, dass die Entscheidung ausdrücklich die Möglichkeit zu einer eigenen Informationsversorgung der Gesellschaft ohne die Nutzung externer Berater eröffnet hat. Demnach komme es zur Rechtfertigung eines Entscheidungsprozesses mehr auf den Informationsgehalt für den Verwaltungsrat als auf die Informationsquelle an.[233]

ddd) Reaktion der US-amerikanischen Praxis

Selbst wenn der *Supreme Court of Delaware* im Ergebnis die Einholung einer *fairness opinion* für Unternehmenstransaktionen nicht ausdrücklich vorgeschrieben hat, so hat die Entscheidung in Verbindung mit *Section 141 (e)* des *Delaware General Coporation Law* jedoch nach Ansicht zahlreicher Marktbeobachter dazu geführt, dass keine US-amerikanische Gesellschaft eine bedeutende Strukturmaßnahme durchführt, ohne dass ihr Leitungsorgan zuvor eine *fairness opinion* von einem sachverständigen Dritten eingeholt hat.[234] Damit hat sich eine der frühen Einschätzungen *Fischels* zu den praktischen Konsequenzen der *Smith v. van Gorkom*-Entscheidung zunächst offenbar bewahrheitet.[235]

Eine empirische Untersuchung zur Häufigkeit von *fairness opinions* aus dem Jahre 2002 zeigt allerdings ein durchaus differenzierteres Bild.[236] Demnach ist die Verwendung von *fairness opinions* durch die Verwaltungsräte von Zielgesellschaften nach der *Smith v. van Gorkom*-Entscheidung zwar deutlich gestiegen, hat sich jedoch seither auf ein Niveau von 60 % der Transaktionen etabliert. Nahezu 100 % der untersuchten Zielgesellschaften nehmen jedoch eine Transaktionsberatung und/oder eine *fairness opinion* in Anspruch. Insbesondere sind die Prämien für die *D&O*-Versicherungen infolge der *Smith v. van Gorkom*-Entscheidung erheb-

---

pert advice and evaluations"; zur Theorie aus deutscher Perspektive *Witt*, in: Handbuch Corporate Governance, S. 245, 255 ff.
[232] Der Begriff des *groupthink* wurde 1972 von dem Psychologen *Irving Janis* geprägt; dazu ausführlich *Janis*, Victims of groupthink.
[233] *Hartmann/Gayle Rogers*, 58 The Journal of Risk and Insurance (1991), 525, 532; zurückhaltend zu einer Obliegenheit zur Einholung einer *Fairness Opinion* auch *Moskin*, 10 Del. J. Corp. L. (1985), 405, 418, denn die Zurückhaltung der Gerichte in Delaware in den vergangenen Jahren im Zusammenspiel mit der Entscheidung *Smith v. van Gorkom* könne auch nahe legen, dass eine *fairness opinion* nicht eingeholt werden müsse, wenn die Information intern aufbereitet werden kann.
[234] *Elson*, 53 Ohio St. L.J. (1992), 951, 958; *Glover/Slyke*, 33 Nat'l. L.J. vom 15.4.1996, C13; *Kennedy*, 1255 PLI/Corp., 605, 609; *Thompson*, 21 J. Corp. L. 1996, 457, 467; *Cefali*, Evolution of Fairness Opinions, S. 3; *Weidenbaum*, 70 Wash. U. L.Q. (1992), 563, 569; *Block/Hoff*, New York L. J. vom 17.11.1988, 5; *Oesterle*, Mergers and Acquisitions, S. 256; zurückhaltender *Hartmann/Gayle Rogers*, 58 The Journal of Risk and Insurance (1991), 525, 531 f.
[235] *Fischel*, 40 Bus. Law. (1985), 1437, 1453.
[236] *Bowers*, 96 Nw. U. L. Rev. (2002), 567, 568 ff., auf Basis von Transaktionen mit einem Transaktionswert > $ 10 Mio., Datenquelle *Thomson Financial*.

lich gestiegen;[237] bei einigen Versicherungsgesellschaften hat diese Entscheidung sogar zu einer besonderen Zurückhaltung in diesem Geschäftsbereich geführt.

Selbst vor dem Hintergrund, dass das amerikanische *corporate law* zunehmend das Leitungsorgan als den abschließenden Entscheidungsträger akzeptiert, ist nicht anzunehmen, dass *fairness opinions* ihre Bedeutung für Unternehmenstransaktionen verlieren werden.[238] Letztlich bleibt allerdings zu berücksichtigen, dass die Beweislast für *gross negligence* in den USA noch immer bei den Anteilseignern und nicht beim Verwaltungsrat selbst liegt.[239]

eee) **Reaktion der Gesetzgebung in *Delaware***

Als Reaktion auf die Entscheidung *Smith v. van Gorkom* wurde das *Delaware General Corporation Law* derart angepasst, dass Gesellschaften ihre Mitglieder der Leitungsorgane von einer persönlichen Haftung infolge einer Verletzung der *duty of care* entbinden können.[240] Davon wird in der Praxis in erheblichem Maße Gebrauch gemacht. Allerdings hat diese Freistellung nicht zu einem abschließenden Schutz der Mitglieder der Verwaltungsorgane vor einer persönlichen Zahlung der gerichtlich festgelegten Ersatzleistung und der Verfahrenskosten geführt.[241]

fff) **Zwischenergebnis**

Die Entscheidung *Smith v. van Gorkom* stellt einen Meilenstein für die Entwicklung des Produkts der *fairness opinion* da; denn sie impliziert, dass die Leitungsorgane zur Vermeidung ihrer persönlichen Haftung eine angemessene Informationsbasis in ihrem Entscheidungsfindungsprozess für Unternehmenstransaktionen bereitstellen müssen. Wenngleich diesem Erfordernis auch durch eigene Stabsabteilungen der Gesellschaft Genüge getan werden kann, legt die Entscheidung gleichwohl die Mandatierung eines sachverständigen Dritten nahe. Dafür hat die Entscheidung im Schrifttum weitgehende Kritik erfahren. Die Voraussetzungen,

---

[237] *Tillinghast-Towers Perrin*, 19 Corporate Counsel's Quarterly (2003), 17, 18, mit anschaulicher Grafik des *D&O-Premium-Index* seit 1974. Zwischen 1983 und 1986 stieg der Index um > 500%. Ein signifikanter Anstieg ist ebenfalls zwischen 2000 und 2002 erkennbar; *Gilson/Black*, Law and Finance of Corporate Acquisitions, S. 1056; *Bradley/Schipani*, 75 Iowa L. Rev. (1989), 1, 43; *Hartmann/Gayle Rogers*, 58 The Journal of Risk and Insurance (1991), 525, 531, mit Hinweis auf Prämiensteigerungen bis zu 900% im Jahr 1985, die allerdings nicht ausschließlich auf die Entscheidung *Smith v. van Gorkom* zurückzuführen seien; *Oesterle*, Law of Mergers and Acquisitions, S. 364, mit Hinweis auf Inelastizität der Nachfrage.
[238] *Kennedy*, 1255 PLI/Corp., 605, 610, „*fairness opinions* are here to stay".
[239] *Hartmann/Gayle Rogers*, 58 The Journal of Risk and Insurance (1991), 525, 530, "courts in post van Gorkom cases continue to shield directors by enjoining improper transactions rather than holding individual directors personally liable."
[240] Del. Code Ann. fit 8, § 145.
[241] *Eisenberg*, Konzern 2004, 386, 399.

die an die Informationspflicht der Verwaltungsorgane zu stellen sind, sind jedoch in dieser Entscheidung noch nicht hinreichend konkretisiert.

cc) **Weitere Konkretisierung der Informationspflicht des Leitungsorgans**

Im Rahmen des weiteren Fallrechts in *Delaware* ist die Informationspflicht für Verwaltungsratsmitglieder nach der Entscheidung *Smith v. van Gorkom* weiter konkretisiert worden, auch wenn eine gesetzlich normierte Pflicht zur Einholung einer *fairness opinion* nach wie vor nicht besteht. Demnach gilt die Entscheidungsfindung des Leitungsorgans zwar als geschützt, sofern sich dieses des unabhängigen Rates sachverständiger Dritter bedient hat.[242] Jedoch ist auch eine unter Berücksichtigung des Rates eines sachverständigen Dritten getroffene Entscheidung angreifbar, sofern das Leitungsorgan dabei offensichtliche Informationen derart nicht berücksichtigt hat, dass dies den Tatbestand der groben Fahrlässigkeit (*gross negligence*) erfüllt.[243] Hingegen müssen die Mitglieder des Verwaltungsorgans nicht über jede Information verfügen; vielmehr sind sie verpflichtet, relevante Informationen in einem angemessenen Rahmen zu beschaffen.[244] Weiterhin müssen sie in vernünftiger Weise annehmen dürfen, dass die Beratung durch den sachverständigen Dritten in dessen Kompetenz fällt und auf einer rationalen Grundlage erteilt worden ist.[245] Damit dürfen die Mitglieder des Leitungsorgans nicht „blind" auf die Empfehlung des sachverständigen Dritten vertrauen.[246] Zur Erfüllung ihrer Sorgfaltspflicht müssen sie sich nach dieser Entscheidung in einer angemessenen Weise mit den Erkenntnissen des sachverständigen Dritten insbesondere im Hinblick auf die Bandbreite der ermittelten Bewertungen und die Handlungsalternativen befassen, bevor sie eine Entscheidung treffen.[247]

Auch in der Entscheidung *Shamrock Holdings, Inc. v. Polaroid Corp.* wurde der Einholung des Rates eines sachverständigen Dritten durch das Leitungsorgan ein hohes Gewicht beigemessen; denn die Mitglieder des Verwaltungsorgans hätten sich intensiv mit dem Inhalt der Erkenntnisse des sachverständigen Dritten auseinandergesetzt und sich dessen Empfehlung nicht ohne weitere Prüfung zu eigen gemacht.[248] Demgegenüber führt die Vereinbarung einer

---

[242] *Kohls v. Duthie*, 765 A.2d 1274 (Del.Ch. 2000).
[243] *Brehm v. Eisner*, 746 A.2d 244, 259 (Del.Sup. 2000).
[244] *American Law Instititute*, Principles of Corporate Governacne, § 4.01 (c) (2).
[245] *Ash v. McCall*, 27 Del. J. Corp. L., 213 (Del.Ch. 2000); dazu auch *Fleischer/Sussmann*, Takeover Defense, § 3.03[A].
[246] *Hanson Trust PLC v. ML SCM Acquisition, Inc.*, 781 F.2d, 264, 274 (2nd Cir. 1986), mit Bezug auf die Entscheidung *Smith v. van Gorkom* in Delaware.
[247] *Hanson Trust PLC v. ML SCM Acquisition, Inc.*, 781 F.2d, 264, 275 (N.Y. 2nd Cir. 1986).
[248] *Shamrock Holdings, Inc. v. Polaroid Corp.*, 559 A.2d, 278, 284, "the directors were presented with and considered Shearson's opinion that the terms of the securities and the consideration to be received by the Company

erfolgsabhängigen Vergütung des sachverständigen Dritten (hierzu unten S. 215 ff.) bislang nicht zu einer Verletzung der Sorgfaltspflicht durch das Leitungsorgan; denn daraus könne nicht gefolgert werden, dass die Beratungsleistung des sachverständigen Dritten an sich unkorrekt oder nicht ausreichend sei.[249] Wenngleich die Funktion eines Verwaltungsrates im Vergleich zu freien Berufen wie Medizinern oder Anwälten einen wesentlich geringeren Anwendungsbereich für die Implementierung von konkreten Verhaltensstandards bietet,[250] hat sich die Einholung einer *fairness opinion* in den USA unter bestimmten Voraussetzungen zu einem *best practice standard* entwickelt, der Mitgliedern den Schutz der *business judgment rule* erlaubt. Nach Ansicht von *Davis* sind dafür drei Voraussetzungen notwendig, die vom Instrument der *fairness opinion* alle erfüllt werden.[251] Zunächst muss ein häufiger Anwendungsbereich für einen etwaigen Standard zu einem ausreichenden Fallrecht und einer weitergehenden Diskussion führen, so dass sich ein Konsens über den Verhaltensstandard in Rechtsprechung und Literatur einstellt. Weiterhin muss ein etwaiger Standard über die Rechtsberater des Verwaltungsrats in dessen Aufmerksamkeit gelangen. Im Fall der *fairness opinion* ist dieser Gesichtspunkt um die Ersteller der *fairness opinions* zu erweitern, die über andere Mandate Kontakt zum Verwaltungsorgan haben und das Produkt *fairness opinion* anbieten. Schließlich ist es notwendig, dass ein etwaiger Standard in einen Bereich fällt, in dem Beobachtung, Aufsicht und eine unabhängige Beurteilung durch das Leitungsorgan besonders entscheidend sind. Dazu gehört zweifelsfrei die Beurteilung von Strukturmaßnahmen. Neben der Pflicht zur Information sind durch die US-amerikanische Rechtsprechung weitere Obliegenheiten für die Verwaltungsräte im Fall von Unternehmenstransaktionen entwickelt worden.

aaa) *Unocal-* und *Unitrin*-Grundsätze für Verteidigungsmaßnahmen

Im Hinblick auf Verteidigungsmaßnahmen des Leitungsorgans gegen feindliche Übernahmeversuche werden die Voraussetzungen für die Anwendbarkeit der *business judgment rule* im Rahmen des Fallrechts in *Delaware* weiter präzisiert, und es wird insofern ein höherer Prüfungsstandard geschaffen.[252] Nach der Entscheidung *Unocal Corp. v. Mesa Petroleum Co.* sind besondere Pflichten durch den Verwaltungsrat zu erfüllen, bevor dieser den Schutz der *business judgment rule* für die Entscheidung über Verteidigungsmaßnahmen in Anspruch

---

in the sale of the securities were fair, from a financial point of view, to the company"; dazu ausführlich *Fleischer/Sussman*, Takeover Defense, § 3.04 [F].
[249] Dazu *Wittman v. Crooke*, 707 A.2d 422 (Md.App. 1998), im Hinblick auf die *Duty of Care* nach dem Recht des Bundesstaates *Maryland*.
[250] Dazu *Coffee*, 52 Geo. Wash. L. Rev. (1984), 789, 790, Fn. 2; *Gevurtz*, 67 S. Cal. L. Rev. (1994), 287, 305 ff.
[251] Dazu ausführlich *Davis*, Wis. L. Rev. 2000, 573, 583 ff.
[252] *Unocal Corp. v. Mesa Petroleum Co.*, 493 A.2d 946 (Del. 1985).

nehmen kann. Demnach hat sich der Verwaltungsrat vollständig zu informieren, und der Entscheidung über Verteidigungsmaßnahmen muss eine eingehende Prüfung des feindlichen Angebots sowie möglicher alternativer Handlungsoptionen vorausgegangen sein. Gleichwohl wird dem Verwaltungsrat, sofern diesem mehrheitlich unabhängige Mitglieder angehören, nach den Entscheidungen des *Delaware Supreme Courts* ein erheblicher Ermessensspielraum bei der Beurteilung, ob ein Angebot eine Gefährdung der Unternehmenspolitik darstellt, zuteil.[253] Darüber hinaus dürfen nach den zehn Jahre später in der *Unitrin*-Entscheidung entwickelten Grundsätzen die Verteidigungsmaßnahmen nicht in einem unangemessenen Verhältnis zu der Bedrohung der Gesellschaft durch das Angebot stehen.[254] Sofern die Entscheidung des Verwaltungsrats den daraus abgeleiteten Prüfungsstandards genügt, werden die Verteidigungsmaßnahmen im Rahmen der *business judgment rule* beurteilt. Andernfalls werden sie außer Kraft gesetzt; es sei denn, das Leitungsorgan kann nachweisen, dass seine Handlungen dem *entire fairness standard* (dazu unten S. 54 ff.) genügen.[255] Insofern kommt es hier zu einer Verbindung zwischen der *business judgment rule,* den erhöhten Anforderungen der *Unocal-* und *Unitrin*-Entscheidungen sowie dem *entire fairness test*. Mit diesem erweiterten Prüfungsmaßstab werden Verteidigungsmaßnahmen von Verwaltungsräten zum Schutz von Aktionärsinteressen gegen nachteilige Handlungen eines Bieters von den Gerichten mitgetragen, sofern den Entscheidungen des Verwaltungsrates eine ausreichende Information und eine sorgfältige Überlegung zugrunde lagen.[256] Die *Unocal/Unitrin*-Grundsätze sind stets anwendbar, wenn ein Leitungsorgan einseitig Verteidigungsmaßnahmen gegen eine wahrgenommene Bedrohung der Unternehmenspolitik ergreift und wenn das Leitungsorgan Maßnahmen ergreift, um etwaige zukünftige derartige Ereignisse zu vermeiden.[257] Um diesem Prüfungsmaßstab gerecht zu werden, kann das Leitungsorgan einer Gesellschaft einen sachverständigen Dritten mit der Einholung einer *fairness opinion* beauftragen. Wenn der sachverständige Dritte in seiner Analyse zu dem Ergebnis gelangt, dass die Verwaltungsorgane bessere Transaktionskonditionen in der Verhandlung erreichen müssen, um die Gegenleistung für die Anteilseigner als angemessen erachten zu können, fertigt er in der Regel eine *inadequacy opinion* aus. Dabei ist darauf hinzuweisen, dass der Begriff "*inadequate*" nicht notwendigerweise dem Begriff "*unfair*" entspricht; vielmehr kann eine *inadequacy opinion* auch für den Fall ausgestellt werden, dass die angebotene Gegenleistung am unteren Ende ei-

---

[253] *Gilbert v. El Paso*, 575 A.2d 1131 (Del.Sup. 1990); *Paramount Communications, Inc. v. Time Inc.*, 571 A.2d 1140 (Del.Sup. 1989).
[254] *Unitrin, Inc. v. American General Corp.*, 651 A.2d 1361, 1367 (Del.Sup. 1995).
[255] *Unitrin, Inc. v. American General Corp.*, 651 A.2d 1361, 1390 (Del.Sup. 1995); *Unocal Corp. v. Mesa Petroleum Co.*, 493 A.2d 946, 958 (Del.Sup. 1985), dazu auch *Allen/Jacobs/Strine*, 56 Bus. Law. 2001, 1287, 1300.
[256] *Fleischer/Sussman*, 1388 PLI/Corp., 911, 921.
[257] *Ward/Welch/Turezyn*, Folk on the Delaware General Corporation Law, § 141.2.

ner Bandbreite angemessener Werte liegt und die Verwaltungsorgane Verteidigungsmaßnahmen zur Erzielung einer höheren Gegenleistung ergreifen (zur Abgrenzung zwischen *fairness opinion* und *inadequacy opinion* oben S. 25 f.).[258]

bbb) *Revlon*-Grundsätze für Kontrolltransaktionen

Im Fall von Strukturmaßnahmen, die einen Kontrollwechsel der betroffenen Gesellschaft einschließen, kommen in Delaware die so genannten *Revlon*-Grundsätze für die Pflichten der Verwaltungsorgane zur Anwendung. Diesen Grundsätzen liegt die Entscheidung *Revlon, Inc. v. MacAndrews & Forbes Holding, Inc.* aus dem Jahre 1986 zugrunde.[259] Nach dieser Entscheidung ändert sich die Aufgabe des Leitungsorgans einer Gesellschaft, sobald ein Kontrollwechsel der Gesellschaft bevorsteht. Sodann kommt dem Leitungsorgan die Pflicht zur Maximierung des Transaktionspreises zu Gunsten der Aktionärsinteressen zu. Folglich nimmt das Leitungsorgan die Rolle eines Auktionators der Gesellschaft im Interesse der Anteilseigner wahr.[260] Auf dieser Basis stellte der *Delaware Supreme Court* fest, dass die Entscheidung des Verwaltungsrats von *Revlon*, den laufenden Bieterprozess zu beenden und eine Vereinbarung über einen Unternehmenszusammenschluss zu treffen, die bestimmte *Lock-up-* und *No-Shopping*-Vorbehalte beinhaltete, eine Verletzung der Sorgfaltspflicht der Mitglieder des Leitungsorgans darstellte. Demnach werden der Entscheidungsfindungsprozess des Leitungsorgans und dessen Handlungen einer dahingehenden Prüfung unterzogen, ob sich diese an der Maximierung des Transaktionspreises zu Gunsten ihrer Aktionäre orientiert haben. Eine wesentliche Tatbestandsvoraussetzung für die Anwendbarkeit der *Revlon*-Grundsätze ist der Kontrollwechsel (*change of control*). Die Mitglieder des Leitungsorgans sind nach diesen Grundsätzen allerdings nicht gehalten, einen standardisierten Auktionsprozess durchzuführen; vielmehr obliegt es ihnen, die Notwendigkeit der Fairness im Interesse der Aktionäre zu berücksichtigen.[261] In seiner Entscheidung *Paramount v. QVC* präzisierte der *Delaware Supreme Court* die dahingehenden Pflichten eines Leitungsorgans weiter.[262] Demnach hatten die Mitglieder des Leitungsorgans von *Paramount* die Pflicht, sorgfältig und aufmerksam die beabsichtigte Transaktion sowie die Angebote der *QVC* zu analysieren, in gutem Glauben zu handeln, alle erforderlichen Informationen über die Handlungsalternativen zu erhalten und zu ergründen, welche Alternative den Aktionären die attraktivste Gegenleistung biete, und aktiv

---

[258] *Lee/Matthews*, in: Advanced Business Valuations, S. 309, 320; *Elson/Rosenbloom/Chapman*, 35 Securities Regulation & Law Report (2003), 1984, 1986.
[259] *Revlon, Inc. v. MacAndrews & Forbes Holding, Inc.*, 506 A.2d, 173 (Del.Sup. 1986).
[260] *Revlon, Inc. v. MacAndrews & Forbes Holding, Inc.*, 506 A.2d, 173, 182 (Del.Sup. 1986), "The directors' role changed from defenders of the corporate bastion to auctioneers charged with getting the best price for the stockholders at a sale of the company."
[261] *Ward/Welch/Turezyn*, Folk on the Delaware General Corporation Law, § 141.2.5.1.

und in gutem Glauben mit beiden Bietern bis zum Abschluss der Transaktion zu verhandeln. Der erweiterte Prüfungsstandard auf Basis dieser Grundsätze umfasst einerseits eine gerichtliche Bestimmung der Angemessenheit des Entscheidungsfindungsprozesses durch die Mitglieder des Leitungsorgans einschließlich der Informationen, auf deren Basis die Verwaltungsratsmitglieder ihre Entscheidung getroffen haben, und andererseits eine gerichtliche Prüfung der Angemessenheit der Handlungen des Verwaltungsrats angesichts der zum Zeitpunkt dieser Entscheidung herrschenden Rahmenbedingungen. Einer angemessenen Informationsbasis für die Beurteilung einer Transaktionsalternative kommt folglich entscheidende Bedeutung zu, wobei die Notwendigkeit dafür im Einklang mit der Informationspflicht des Leitungsorgans steht.[263] Dabei obliegt es dem Leitungsorgan nachzuweisen, dass dieses auf einer angemessenen Informationsbasis entschieden habe und in vernünftiger Weise handelte. Unter diesen Voraussetzungen genießt es den Schutz der *business judgment rule*. Ein für alle Gesellschaften anwendbarer Grundsatz zum Verkauf oder Kauf einer Kontrollmehrheit kann für einen Verwaltungsrat angesichts der vielfältigen Möglichkeiten und Finanzierungsinstrumente heute nicht mehr existieren.[264] Auf Grund der weiteren Entwicklung alternativer Finanzierungstechniken und der fortschreitenden Entwicklung der Kapitalmärkte kommt es zunehmend auf einen angemessenen und vertretbaren, nicht jedoch auf einen *ex post* als perfekt zu beurteilenden Handlungsprozess der Verwaltungsorgane an. Gleichzeitig schafft dieser Anspruch an den Verwaltungsrat einen erhöhten Informationsbedarf; denn die Pflicht des Leitungsorgans ist nicht auf die reine Bewertung einer Barleistung durch den Bieter beschränkt. Vielmehr obliegt es dem Leitungsorgan, die gesamte Situation zu bewerten und dabei auch in zuverlässiger Weise eine etwaige Gegenleistung von Wertpapieren des Bieters zu quantifizieren, um so eine objektive Vergleichbarkeit der Handlungsalternativen herzustellen.[265] Dazu kann das Leitungsorgan zum einen eine eigene Bewertung der Gesellschaft durchführen. Zum anderen kann ein sachverständiger Dritter die Fairness des Auktionsprozesses und weiterer Rahmenbedingungen innerhalb des Mandats einer *fairness opinion* gegenüber dem Leitungsorgan dokumentieren und weitere Gebote anderer Bieter für die

---

[262] *Paramount Communications Inc. v. QVC Network Inc.*, 637 A.2d 34 (Del. 1994).
[263] Dazu bereits *Aronson v. Lewis,* 473 A.2d, 805, 812 (Del.Sup. 1984); *Smith v. van Gorkom*, 488 A.2d 858, 872 (Del.Sup. 1985)
[264] *Paramount Communications Inc. v. QVC Network Inc.*, 637 A.2d 34, 44 (Del. 1994); *Mills Acquisition Co. v. Macmillan, Inc.*, 559 A.2d 1261, 1287 (Del. 1988).
[265] *Paramount Communications Inc. v. QVC Network Inc.*, 637 A.2d 34, 44 (Del. 1994).

Gesellschaft einholen.[266] Allerdings könnte das attraktivste Angebot sich auch aus exklusiven Verhandlungen mit einem einzelnen Bieter ergeben.[267]

Im Ergebnis bestehen keine einheitlichen Anforderungen an die Verwaltung, um die erforderlichen Informationen zur Beurteilung einer Transaktion einzuholen.[268] Es wird angenommen, dass der Markt die beste Beurteilung über den erzielbaren Preis für eine Kontrollmehrheit sicherstellt.[269] Wenn kein höheres Gebot mehr abgegeben wird, gibt es unter der Hypothese eines effizienten Marktes guten Grund zu der Annahme, dass die vorgeschlagene Gegenleistung und die Transaktionsbedingungen aus der Perspektive der Anteilseigner der Zielgesellschaft angemessen sind:

> "Competition among bidders assures that the successful acquirer earns no more than a competitive return, with the balance of the transactional gain accruing to target shareholders."[270]

Daher bleibt zu berücksichtigen, dass auch eine *fairness opinion* nur in begrenztem Umfang einen Markttest ersetzen kann:

> "A decent respect for reality forces one to admit that [...] advice [of a provider of a fairness opinion] is frequently a pale substitute for the dependable information that a canvas of the relevant market can provide."[271]

Letztlich ist ein vollständiger Markt in der Praxis allerdings selten gegeben.

ccc) **Pflichten des Leitungsorgans auf Käuferseite**

Auch wenn die Erfüllung der Pflichten eines Leitungsorgans bei einer Akquisition auf Käuferseite wesentlich seltener einer gerichtlichen Überprüfung unterliegt als die des Verwaltungsrates einer Zielgesellschaft,[272] ist hier ebenfalls der Anwendungsbereich einer *fairness opinion* im Hinblick auf die Organverantwortung der Verwaltungsorgane des Bieters zu prüfen. Nach einer Entscheidung des *Delaware Court of Chancery* ist auch für den Verwaltungs-

---

[266] *Gougis*, in: M&A Handbook, S. 389, 393 so z.B. *Barkan v. Amsted Industries, Inc.* 567 A.2d 1279, 1288 (Del. 1989), mit Bezug auf eine *fairness opinion* von *Salomon Brothers*; *Rachelson/Solomon*, 22 Corporate Acquisitions, Mergers, and Divestitures Januar 2004, 1, 1, sofern keine Auktion durchgeführt wird.
[267] *Gilson/Black*, Law and Finance of Corporate Acquisitions, S. 1080.
[268] *Barkan v. Amsted Industries*, 567 A.2d 1279 (Del.Sup. 1989).
[269] *Lowenstein*, 85 Colum. L. Rev. (1985), 730, 732, "marketplace will better protect the shareholders than will bankers' opinions or judically administered remedies such as appraisal".
[270] *Gilson/Black*, Law and Finance of Corporate Acquisitions, S. 1080; *Leebron*, 61 N.Y.U.L. Rev. (1987), 153, 166 f.
[271] *Gilson/Black*, Law and Finance of Corporate Acquisitions, S. 1081.
[272] *Fleischer/Sussman*, 1388 PLI/Corp., 911, 931.

rat des Bieters einer Unternehmenstransaktion der Grundsatz der *business judgment rule* anzuwenden.[273] Auch hier unterliegt aber mehr der Entscheidungsfindungsprozess als das wirtschaftliche Ergebnis der Entscheidung einer etwaigen gerichtlichen Prüfung. Weiterhin hat das Gericht die Grundsätze präzisiert, in denen das Leitungsorgan des Bieters die Voraussetzungen der *business judgment rule* nicht erfüllt. Nach dieser Entscheidung sind alle Mitglieder des Leitungsorgans vor dessen beschlussfassender Sitzung mit angemessener Frist über die beabsichtigte Akquisition zu informieren und diese müssen die Informationen eigenverantwortlich überprüfen. Insbesondere haben die Mitglieder des Leitungsorgans dabei die bewertungsrelevanten Eigenschaften und Bedingungen der beabsichtigten Akquisition zu untersuchen. Schließlich kann es auch notwendig sein, dass die Mitglieder des Leitungsorgans den sachverständigen Rat Dritter einholen müssen.

Im Hinblick auf die Legitimationsfunktion ist insbesondere das letztere Erfordernis der Einholung des Rates sachverständiger Dritter einer eingehenden Untersuchung zu unterziehen. Nach der Entscheidung des *Delaware Supreme Court* in *Brehm v. Eisner*[274] müssen die Kläger den Nachweis führen, dass das Leitungsorgan den sachverständigen Rat in seiner Entscheidungsfindung nicht berücksichtigt hat, sich nicht in gutem Glauben auf den sachverständigen Dritten verlassen hat, nicht annehmen durfte, dass sich der Rat innerhalb der ausgewiesenen Expertise des Sachverständigen befand, dass ein negativer Gesichtspunkt der Transaktion derart offensichtlich war, dass die Entscheidung unabhängig von der Einholung des Rates eines dritten Sachverständigen grob fahrlässig war, oder dass letztlich die Entscheidungsfindung derart skrupellos war, dass sie den Tatbestand des *"corporate waste"*[275] oder des Betrugs erfüllt.[276] Während noch 1906 die Informationspflichten eines Leitungsorgans bei Kauf eines bedeutenden Vermögensgegenstandes für die Gesellschaft durch ein amerikanisches Gericht abgelehnt wurden,[277] hat sich diese Ansicht nicht erst seit dem *Trans Union Case* deutlich gewandelt. Demzufolge kann auch diese Obliegenheit in sinnvoller Weise durch eine *fairness opinion* gestützt werden.

c) *Duty of Loyalty*

Die Treuepflicht der Verwaltungsorgane – *duty of loyalty* – betrifft die Verhaltensanforderungen und den judiziellen Prüfungsmaßstab, die für ein Mitglied des Verwaltungsorgans gelten,

---

[273] *Ash v. McCall*, 27 Del. J. Corp. L., 213 (Del.Ch. 2000).
[274] *Brehm v. Eisner*, 746 A.2d 244, 262 (Del.Sup. 2000).
[275] Nach dem Recht des Bundesstaates *Delaware* ist das Tatbestandsmerkmal des *corporate waste* erfüllt, sofern die Strukturmaßnahme keinem unternehmerischen Zweck dient oder ein Geschenk darstellt.
[276] *Brehm v. Eisner*, 746 A.2d 244, 262 (Del.Sup. 2000).

das in einer Gesellschaftsangelegenheit handelt oder untätig bleibt, die zugleich seine persönlichen Interessen betrifft.[278] Die Treuepflicht verlangt, dass zwischen den Eigeninteressen der Mitglieder eines Verwaltungsorgans und ihrer Verpflichtungen gegenüber der Gesellschaft kein Konflikt bestehen darf (*Delaware General Corporation Law, Del Code Ann.* Tit 8 § 144).[279] Dies ist im Folgenden insbesondere hinsichtlich Unternehmenstransaktionen zu untersuchen. Zu den potenziellen Eigeninteressen in einer derartigen Transaktion kann es gehören, dass ein Verwaltungsratsmitglied Gremien beider beteiligten Parteien angehört (Insichgeschäfte) oder einen persönlichen Vorteil aus dem erfolgreichen Abschluss der Transaktion erhält, der den Aktionären der Gesellschaft insgesamt nicht zuteil wird.[280] Im Kontext von Kapitalmarkttransaktionen haben sich im Vergleich zur Historie der *duty of loyalty* zahlreiche neuartige Konstellationen möglicher Treuepflichtverletzungen entwickelt. Dazu sind z.B. *Management-Buy-Outs* zu zählen.[281] Im Fall einer Verletzung der Treuepflicht durch den Verwaltungsrat ist die *business judgment rule* grundsätzlich nicht anwendbar;[282] denn es kann nicht mehr davon ausgegangen werden, dass die Interessen der Aktionäre und des Leitungsorgans übereinstimmen. Demnach hat das Leitungsorgan kein Interesse an einer Maximierung der Gegenleistung für die Anteilseigner infolge der Strukturmaßnahme.[283] Vor diesem Hintergrund kommt der gründlichste gerichtliche Prüfungsstandard, der *entire fairness test*, also eine weitreichende einheitliche Überprüfung des Handelns des Verwaltungsorgans, zur Anwendung.

d) *Entire Fairness Test*

aa) **Anwendung des** *Entire Fairness Tests*

Der *entire fairness test* geht auf die Entscheidung des *Delaware Supreme Courts* in *Weinberger v. UOP, Inc.*[284] und in seinem Ursprung auf die Entscheidung *Sterling v. Mayflower Ho-*

---

[277] *In re Brazilian Rubber Plantations and Estates*, Ltd. 1. Ch. 425, 427 (1911).
[278] *Eisenberg*, Konzern 2004, 386, 387.
[279] *Guth v. Loft Inc.*, 5 A.2d 503, 510 (Del. 1939).
[280] *Nixon v. Blackwell*, 626 A.2d 1366, 1375 (Del.Sup. 1993); *Gilbert v. El Paso Co.*, 575 A.2d 1131, 1146 (Del.Sup. 1990); *Weinberger v. UOP, Inc.*, 457 A.2d, 701, 710 (Del.Sup. 1983); *Aronson v. Lewis*, 473 A.2d 805, 812 (Del.Sup. 1984); *Sterling v. Mayflower Hotel Corp.*, 93 A.2d 107, 110 (Del.Sup. 1952); dazu auch *Ward/Welch/Turezyn*, Folk on the Delaware General Corporation Law, § 141.2.
[281] *Oesterle/Norberg*, 41 Vanderbilt Law Rev. (1988), 207, 219; zur potenziellen Verhaltensweise des Managements im Fall eines MBOs *Repetti*, 67 N.C. L. Rev. (1988), 121, 125; *Lowenstein*, 85 Colum. L. Rev. (1985), 730, 740.
[282] *Revlon Inc. v. McAndrews & Forbes Holding Inc.*, 506 A.2d 173, 180 (Del. 1986); *Lewis v. Fuqua*, 502 A.2d 962 (Del.Ch. 1985); *Ivanhoe Partners v. Newmont Min. Corp.*, 535 A.2d 1334, 1341 (Del. 1987); *Weinberger v. UOP, Inc.*, 457 A.2d 701, 710 (Del.Sup. 1983).
[283] *Allen/Jacobs/Strine*, 56 Bus. Law. (2001), 1287, 1302.
[284] *Weinberger v. UOP, Inc.*, 457 A.2d 701 (Del.Sup. 1983); ähnlich *Rabkin v. Philip A. Hunt Chemical Corp.*, 547 A.2d 963 (Del.Ch. 1986).

tel^{285} zurück. Demnach umfasst der *Entire Fairness Standard* sowohl eine Prüfung des Prozesses, in dem eine Strukturmaßnahme zustande gekommen ist (*fair dealing*), als auch eine Prüfung der Höhe der Gegenleistung (*fair price*) einer Transaktion. Der *entire fairness test* kommt zur Anwendung, sofern das Leitungsorgan eine seiner drei grundlegenden Pflichten – guter Glaube, Treue oder Sorgfalt – oder die *Unocal-* bzw. *Revlon-*Grundsätze verletzt. In diesen Fällen genießen die Entscheidungen des Verwaltungsrates nicht mehr den Schutz der *business judgment rule*. Demzufolge sind sie jedoch nicht automatisch nichtig.[286] Vielmehr muss jetzt das Leitungsorgan die *intrinsic fairness* der Entscheidungen gegenüber den Aktionären nachweisen.[287] Dazu ist eine umfangreiche gerichtliche Überprüfung der Entscheidung, der Umstände ihres Zustandekommens und der Vereinbarkeit der Ergebnisse und Konsequenzen mit dem Gesellschafts- und Aktionärsinteresse erforderlich.[288]

bb) **Prozess der Entscheidungsfindung ("*Fair Dealing*")**

Unter dem Aspekt des *fair dealing* wird der Prozess der Entscheidungsfindung durch das Leitungsorgan und die Qualität der Offenlegungen gegenüber den Anteilseignern betrachtet.[289] Das *fair dealing* betrifft die zeitliche Gestaltung und Struktur der Verhandlungen ebenso wie das Vorgehen der Verwaltungsorgane bei der Zustimmung zu einer Transaktion. Weiterhin schließt das *fair dealing* eine Pflicht zur Offenlegung und Aufrichtigkeit ein.[290] Das Kriterium des *fair dealing* kann durch mehrheitliche Beschlussfassung der außenstehenden Aktionäre der Gesellschaft oder durch den Nachweis eines Prozesses, der eine Verhandlung *at arm's length* zeigt, erfüllt werden. In einer viel zitierten Fußnote der *Weinberger v. UOP, Inc.-*Entscheidung äußerte das Gericht, dass ein unabhängiger Verhandlungsausschuss innerhalb des Leitungsorgans, der die Verhandlungen mit dem Mehrheitsgesellschafter *at arm's length* führt, als ein starkes Anzeichen zu werten sei, dass die Transaktion dem Test standhalte.[291] Allerdings ließ *Weinberger v. UOP, Inc.* offen, ob unter diesen Voraussetzungen auch der Preis einer Transaktion als fair angesehen werden müsse. Wenngleich man annehmen könne, dass eine durch einen unabhängigen Verhandlungsausschuss geführte Verhandlung *at arm's length* zu einem fairen Preis führen müsse,[292] sind jedoch alle Aspekte der Transaktion zu un-

---

[285] *Sterling v. Mayflower Hotel Corp.*, 93 A.2d 107 (Del. 1952).
[286] *Fleischer/Sussmann*, 1388 PLI/Corp., 911, 924.
[287] *David J. Greene & Co. v. Dunhill Int'l, Inc.*, 249 A.2d 427, 430 f. (Del.Ch. 1968).
[288] *Block/Barton/Radin*, Business Judgment Rule, S. 28 ff. und 377 ff.
[289] *Cinerama, Inc. v. Technicolor, Inc.*, 663 A.2d 1134, 1140 (Del.Ch. 1994).
[290] *Klein/Ramseyer/Bainbridge*, Business Associations, S. 337.
[291] *Weinberger v. UOP, Inc.*, 457 A.2d 701, 709, Fn. 7 (Del.Sup. 1983).
[292] *Weinberger v. UOP, Inc.*, 457 A.2d 701, 711 (Del.Sup. 1983), „the test of fair dealing is not a bifurcated one as between fair dealing and fair price. All aspects of the issue must be examined as a whole since this question is one of entire fairness"; so auch *Strassburger v. Earley*, 752 A.2d 557, 567 (Del.Ch. 2000).

tersuchen; denn es bedürfe einer Prüfung der gesamten Fairness.[293] Auch nach der Entscheidung *Kahn v. Lynch Communication Systems, Inc.* aus dem Jahr 1994 entbindet eine derartige Verhandlungsstruktur nicht von der Anwendung des *entire fairness tests*, doch werde die Beweislast zulasten des Klägers verschoben.[294] Als Voraussetzung für eine Verhandlung *at arm's length* ist anzusehen, dass der Mehrheitsaktionär die Bedingungen der Strukturmaßnahme nicht einseitig vorgeben darf und dem unabhängigen Ausschuss ein wirklicher Verhandlungsspielraum zukommt.[295] Demnach können Minderheitsaktionäre, auch wenn die Erfordernisse eines *fair dealings* erfüllt worden sind, eine Verletzung der Treuepflicht im Hinblick auf den *fair price* angreifen. Das Vorliegen einer *fairness opinion* wird ebenso wie die Bildung eines unabhängigen Verwaltungsratsausschusses dabei zumindest als Zeichen des *fair dealings* gewertet.[296] Dabei kann eine *fairness opinion* nicht nur die wirtschaftliche Angemessenheit der Bewertung, sondern auch die prozessuale Fairness eines Auktionsprozesses beurteilen und selbst beeinflussen.[297]

cc) **Angemessenheit der Gegenleistung (*"Fair Price"*)**

Unter dem Aspekt des *fair price* wird die Berücksichtigung aller für die Bewertung der Anteile erforderlichen wirtschaftlichen und finanziellen Faktoren verstanden. Insbesondere der Gesichtspunkt der Höhe der Gegenleistung innerhalb einer Unternehmenstransaktion wird dabei unter den Begriff des *fair price* subsumiert. Der Begriff des *fair price* entstand infolge der *Common Law*-Fallbildung über die *corporate fiduciary duties,* wie sie bei Transaktionen mit nicht unabhängigen Dritten (einseitig dominierte Transaktionen) zur Anwendung kommen. Dieses Erfordernis wird allerdings auch auf Transaktionen *at arm's length* bezogen. Gleichwohl ist die konzeptionelle Schwierigkeit der Bestimmung eines angemessenen Wertes nicht zu verkennen. Grundsätzlich ist dieser anzunehmen, wenn auch ein rationaler Verkäufer unter allen Umständen innerhalb der Bandbreite fairer Bewertungen ihn als solchen ansehen würde.[298] Allerdings hängt die Höhe der angemessenen Gegenleistung gleichermaßen von der Art

---

[293] *Weinberger v. UOP, Inc.*, 457 A.2d 701, 711 (Del.Sup. 1983), „the test of fair dealing is not a bifurcated one as between fair dealing and fair price. All aspects of the issue must be examined as a whole since this question is one of entire fairness"; so auch *Strassburger v. Earley*, 752 A.2d 557, 567 (Del.Ch. 2000).
[294] *Kahn v. Lynch Communications Systems, Inc.*, 638 A.2d 1110, 1118 (Del. 1994); für die Verschiebung der Beweislast zulasten des Klägers auch *Citron v. E.I. Du Pont de Nemours & Co.*, 584 A.2d 490 (Del.Ch. 1990).
[295] *Rosenblatt v. Getty Oil Co.*, Del.Ch., 493 A.2d 929, 937 (1985).
[296] *Martin*, 60 Fordham L. Rev. (1990), 133, 137, Fn. 24; kritisch *Lowenstein*, 85 Colum. L. Rev. (1985), 730, 775, "'Fair dealing', as thus defined, means little more than that shareholders should be informed of how badly they are being treated".
[297] *Gougis*, Mergers & Acquisitions März/April 1992, 33.
[298] *Cinerama, Inc. v. Technicolor, Inc.*, 663 A.2d 1134, 1143 (Del.Ch. 1994), "at least in the non self-dealing context, it means a price that is one that a reasonable seller, under all of the circumstances, would regard as within a range of fair value; one that such a seller could reasonably accept".

der Transaktion und von der subjektiven Position des Veräußerers ab.[299] Dabei ist die in Deutschland um den *objektiven* Unternehmenswert geführte Diskussion (dazu unten S. 127 f.) dem US-amerikanischen Schrifttum weitestgehend fremd. Insofern ist eine eindeutige mathematische Ableitung kaum möglich. Nach Ansicht von *Elson* ist die Fairness hinsichtlich des Preises allerdings eine konzeptimmanente Fehlbezeichnung; denn innerhalb einer heterogenen Gruppe von Anteilseignern variiere die Vorstellung über einen fairen Preis. Demzufolge könne lediglich die Annehmbarkeit der Höhe einer Gegenleistung, nicht aber eine Fairness *per se* existieren.[300]

Im Zusammenhang mit einem Kontrollwechsel wird im Schrifttum ein fairer Preis als höchster Preis angesehen, den der Verwaltungsrat unter allen Umständen für die Aktionäre erzielen kann.[301] Der Ersteller der *fairness opinion* sollte dabei die Wahrscheinlichkeit einschätzen, ob ein anderer Bieter zu einem höheren Preisangebot bereit sei. Eine derartige Einschätzung ist allerdings häufig sehr schwierig zu treffen und erfordert eine umfangreiche Marktkenntnis des Sachverständigen.[302] Auch können die Grenzpreise einzelner Marktteilnehmer von einem sachverständigen Dritten nicht mit abschließender Sicherheit eingeschätzt werden.

dd) Funktion einer *Fairness Opinion* im *Entire Fairness Test*

Folk stellte bereits 1972 zutreffend fest, dass es eine große Schwierigkeit darstelle, das theoretische Konstrukt des *entire fairness tests* inhaltlich auszufüllen und zu konkretisieren.[303] Das Modell entzieht sich einer allgemein gültigen und präzisen Beschreibung, weil sich die Gerichte des Konzepts der Treuepflichten bedienen, um so auf die jeweiligen besonderen Umstände des Einzelfalls reagieren zu können.[304] Die Umsetzung eines einfachen Vergleichs zwischen einer Situation, die einen *entire fairness test* erfordert, und einer Transaktion *at arm's length* ist praktisch kaum möglich; denn die Modellannahme des *equal bargaining power* lässt sich schwerlich konstruieren. Dadurch entsteht für die beteiligten Parteien der Transaktion eine hohe Rechtsunsicherheit verbunden mit dem Bedürfnis, ihr Handeln extern abzustützen. Grundsätzlich besteht auch in Fällen einer Verletzung der *duty of loyalty*, die zur Anwendung des *entire fairness tests* führt, kein automatisches rechtliches Erfordernis für die

---

[299] *Chazen*, 36 Bus. Law. 1981, 1439, 1443; *Lowenstein*, 85 Colum. L. Rev. (1985), 730, 772, "fairness of price, which is commercial and financial in character and does not lend itself to a judicial process that is accustomed to thinking in terms of permissible and impermissible behaviour".
[300] *Elson*, 53 Ohio St. L.J. (1992), 951.
[301] *Ward/Welch/Turezyn*, Folk on the Delaware General Corporation Law, § 141.2.2.9.
[302] *Gougis*, Mergers & Acquisitions März/April 1992, 33.
[303] *Folk*, 3 Inst. On Sec. Reg. (1972), 179, 186, "the difficulty has always been to put some more content into the test of fairness".
[304] *Weiss*, Aussschluss von Minderheitsaktionären, S. 93.

Einholung einer *fairness opinion* durch die Verwaltungsratsmitglieder.[305] Sofern ein Agent allerdings gegenüber seinem Prinzipal keinen unabhängigen Rat erteilen kann oder möchte, obliegt ihm eine Pflicht sicherzustellen, dass der Prinzipal einen Rat von einer dritten unabhängigen und sachverständigen Person erhält.[306] Insbesondere in einseitig dominierten Transaktionen kommt der *fairness opinion* daher in den USA eine hohe Legitimationsfunktion zu.[307]

Hinsichtlich des Erfordernisses des *fair price* kann eine *fairness opinion* eine sorgfältige Entscheidungsfindung der Verwaltungsorgane dokumentieren, die grundsätzlich keiner weiteren inhaltlichen Kontrolle durch ein Gericht unterliegen soll. Section 141 (e) des *Delaware General Corporation Law* erlaubt einem Ausschussmitglied, das durch das Leitungsorgan eingesetzt wurde, auf die Unterlagen eines sachverständigen Dritten zu vertrauen, solange der Entscheider die angemessene Sachkenntnis des Beraters annehmen darf und dieser mit angemessener Sorgfalt ausgewählt wurde. Diese Norm hat allerdings zu einer sehr technischen Debatte darüber geführt, ob dies eine Delegation der Verantwortung über die wirtschaftliche Angemessenheit einer Unternehmenstransaktion an einen dritten Sachverständigen erlaubt, sofern die Auswahlkriterien für den Sachverständigen erfüllt worden sind. Vor dem beschriebenen Hintergrund liegt es im Interesse des Verwaltungsrats, den *entire fairness test* zu umgehen.

ee) Möglichkeiten zur Umgehung des *Entire Fairness Tests*

Nach zwei Entscheidungen in *Delaware* im Jahre 2001 bestehen Strukturierungsalternativen für *Going Private*-Transaktionen, die eine Anwendung des *entire fairness tests* entbehrlich machen.[308] So ermöglicht eine zweistufige, aus einem direkten Kaufangebot an die Aktionäre und einem *short-form merger*[309] bestehende Transaktionsstruktur den Anteilseignern der Gesellschaft lediglich die Wahrnehmung ihrer *appraisal rights* (Austritts- oder Abfindungsrecht). Das bedeutet, dass sie mit Blick auf die Abfindungsmöglichkeit die Transaktion selbst

---

[305] Dazu bereits im Jahr 1967 *Richland v. Crandall*, 262 F.Supp. 538, 547 (S.D.N.Y. 1967), „nor is there any mechanical legal requirement that the defendant-directors insist upon a certain type of appraisal or valuation in determining the fairness of an offer for the purchase of the company's assets."
[306] *Allen/Kraakman*, Law of Business Organization, S. 33.
[307] *Lee/Matthews*, in: Advanced Business Valuations, S. 309, 318; *Oesterle/Norberg*, 41 Vand. L. Rev. (1988), 207, 251.
[308] *In re Siliconix Inc. Shareholders Litigation*, 27 Del. J. Corp. L. (2001), 1011, 1016; *Glassman v. Unocal Exploration Corp.*, 777 A.2d 242 (Del.Sup. 2001), "in order to serve its purpose, § 253 must be construed to obviate the requirement to establish entire fairness"; dazu auch *Gibson, Dunn & Crutcher LLP*, Investment Banker's Role in Going-Private Transactions, S. 2.

keiner Kontrolle unterziehen können. Der Gesichtspunkt des *fair dealing* gegenüber den Anteilseignern der Zielgesellschaft kommt damit nicht zur Anwendung.[310] Infolge der Entscheidungen zur mangelnden Notwendigkeit der Erfüllung des *entire fairness tests* bei einem *short-form merger* kann eine *fairness opinion* zwar entbehrlich werden. Unter Verwendung eines *short-form mergers* ist allerdings auch ein fairer Preis zu bestimmen, den die Aktionäre in Geltendmachung ihrer *appraisal rights* überprüfen können. Auch dies erfordert in der Regel die Unterstützung durch einen sachverständigen Dritten.

e) Legitimationswirkung einer *Fairness Opinion*

Bereits vor der Entscheidung *Smith v. van Gorkom* ist die Existenz von *fairness opinions* von US-amerikanischen Gerichten als positiver Faktor für die Erfüllung der *fiduciary duties* durch die Verwaltungsorgane gewertet worden.[311] Die Entscheidung *Smith v. van Gorkom* hat die Legitimationswirkung einer *fairness opinion* zwar besonders herausgestellt, aber gleichzeitig auch deutlich gemacht, dass keine generelle Verpflichtung eines Verwaltungsrates zur Einholung einer *fairness opinion* besteht.[312] Obwohl demnach nicht zwingend vorgeschrieben, ist der Verwaltungsrat durch die Einholung einer *fairness opinion* in der Lage, die Wahrung der ihm obliegenden Sorgfaltspflichten bei der Entscheidungsfindung über die wirtschaftlichen Bedingungen der Transaktion zu belegen und sich auf diesem Wege besser vor etwaigen späteren Haftungsansprüchen der Gesellschaft oder ihrer Aktionäre bereits *ex ante* zu schützen.[313] Mit der Entscheidung *Smith v. van Gorkom* hat die *fairness opinion* auch außerhalb

---

[309] 8 Del. C. § 253, Ein *short form merger* ermöglicht den Ausschluss der Minderheitsaktionäre einer Gesellschaft, sofern der Mehrheitsgesellschafter mindestens 90% der Stimmrechte der Zielgesellschaft hält; dazu erstmals *Coyne v. Park & Tilford Distillers Corp.*, 154 A.2d 893 (Del.Sup. 1959).
[310] In der US-amerikanischen Praxis werden allerdings Fälle beobachtet, in denen das Leitungsorgan dennoch eine *fairness opinion* einholt, dazu *Cefali*, 37 Mergers & Acquisitions (2002), 37, 39.
[311] *Alpert v. 28 Williams Street Corp.*, 63 N.Y.2d 557, 572 (N.Y. 1984); *Treadway Companies, Inc. v. Care Corp.*, 638 F.2d 357, 384 (2nd Cir. 1980); dazu auch *Chazen*, 36 Bus. Law. (1981), 1439, 1442; *Elson*, 53 Ohio St. L.J. (1992), 951; Longstreth, *Martin*, 60 Fordham L. Rev. (1991), 133, 144.
[312] *Smith v. van Gorkom*, 488 A.2d 858, 875 (Del.Sup. 1985); im Ergebnis ebenfalls *Oberly v. Kirby*, 592 A.2d 445, 472 (Del.Sup. 1991), "although Delaware law requires that corporate directors evaluate the propriety of a given transaction on the basis of a full complement of information, it does not require that they seek a formal fairness opinion. [...] In some situations, a formal opinion may be helpful; in others, it will not significantly amplify the information already available to directors"; *Seagraves v. Urstadt Property Co.*, No. 10307 (Del.Ch. 1996); auch für andere Bundesstaaten *Estate of Detwiler v. Offenbecher*, 728 F.Supp. 103, 151 f. (S.D.N.Y. 1989); *Cottle v. Storer Communication, Inc.*, 849 F.2d 570, 578 (11th Cir. 1988); dazu *Gougis*, Mergers & Acquisitions März/April 1992, 33; *Schuldt*, 56 Mo. L. Rev. 103, 115, Fn. 83.
[313] *Achleitner*, Handbuch Investment Banking, S. 211; *Carney*, 70 Wash. U. L.Q. (1992), 523, 525; *Caruscone*, Conn. L. Trib. vom 15.4.1996, S13, S13; *Cefali*, Evolution of Fairness Opinions, S. 5; *Cooke*, Corp. Board. Juli 1996, 17; *Elson*, 53 Ohio St. L.J. (1992), 951; *Fiflis*, 70 Wash. U. L.Q. (1992), 497; *Gallop-Goodman*, 30 Black Enterprise (April 2000), 45, 46, "the fairness opinion has become the universally accepted instrument used to effectively prove such compliance"; *Glover/Slyke*, 33 Nat'l. L.J. vom 15.4.1996, C13, "financial adviser review increases the likelihood that the directors will enjoy the protection of the business judgment rule"; *West/Jones*, Mergers & Acquisitions Handbook, S. 128; *Kuhn*, Investment Banking, S. 13; *McGough*, Forbes vom 29.7.1985, 52; *Gordon*, 16 Financial Executive (2000), 45, 46; *Laird/Perrone*, 3 Construction Law and Business (2002), 39, "the fairness opinion has become a universally accepted instrument that is used to prove such compliance. In the

des Anwendungsbereichs von Transaktionen mit Interessenkonflikten des Managements unter dem Gesichtspunkt der Legitimation einer Transaktion deutlich an Gewicht gewonnen. Das Gesetz ebenso wie das Fallrecht erlauben es den Verwaltungsorganen, sich durch Verlass auf eine *fairness opinion* grundsätzlich von ihrer *duty of care* zu entbinden.[314] Die Einholung einer *fairness opinion* schafft allerdings keinen Automatismus zum Schutz des Verwaltungsrats.[315] Insbesondere in jüngster Zeit wird eine unkritische Legitimationswirkung dieses Instruments zunehmend in Frage gestellt.[316] Allein die Tatsache, dass eine *fairness opinion* eingeholt wurde, schützt das Leitungsorgan nicht vor einer Pflichtverletzung. Denn ein Verwaltungsorgan kann sich weder auf eine „improvisierte" *fairness opinion*[317] noch auf eine *fairness opinion*, die innerhalb eines sehr kurzen Zeitfensters erstellt wurde und keine ausreichende Zeit und Überlegung für eine angemessene Bewertung erlaubt[318] verlassen. Ebensowenig schützt eine rein ergebnisorientierte *fairness opinion*, die keine Bandbreite angemessener Bewertungen angibt,[319] das Verwaltungsorgan. Demgegenüber tragen Prüfungen der Aktiva, Gespräche mit dem Management der Gesellschaft etc. zu der gerichtlichen Anerkennung der Legitimationsfunktion einer *fairness opinion* bei.[320] Die Mitglieder des Verwaltungsorgans sind zudem gefordert, sich mit der ihnen von dem Ersteller der *fairness opinion* zur Verfügung gestellten Analyse so weit auseinander zu setzen, dass sie die Adäquanz dieser Informationen für das Entscheidungsproblem beurteilen und die Entscheidungsfindung des Erstellers der *fairness opinion* kritisch hinterfragen können.[321] Andernfalls würde

---

event of a lawsuit, the opinion bolsters the position of the board approving the deal"; *Oesterle*, 70 Wash. U. L.Q. (1992), 541, 557, "boards use fairness opinions as shields against liability"; *Rachelson/Solomon*, 22 Corporate Acquisitions, Mergers, and Divestitures Januar 2004, 1, 1; *Ragotzky*, M&A Review 2000, 410; *Rhein*, Interessenkonflikt der Manager, S. 44; *Borden/Yunis*, Going Private, § 4.14, "it is difficult to see how independent directors may claim the benefit of the business judgment rule, which requires them to make all reasonable inquiries, if they do not inquire of a banker as to the merits of the proposed transaction from a financial point of view".
[314] *American Law Institute*, Principles of Corporate Governance, § 4.02.
[315] *Cooke*, Corp. Board. Juli 1996, 17, 18, "they [*fairness opinions*] should not be treated as a guarantee against litigation"; *Martin*, 60 Fordham L. Rev. (1991), 133, 138, Fn. 29; *Oesterle*, 70 Wash. U. L.Q. (1992), 541, nach Ansicht von *Oesterle* sollten Gerichte eine unter fraglichen Umständen erstellte *fairness opinion* als Verletzung der Sorgfaltspflicht des Verwaltungsrats werten; *Rachelson/Solomon*, 22 Corporate Acquisitions, Mergers, and Divestitures Januar 2004, 1; *Block/Hoff*, New York L. J. vom 17.11.1988, 5; *Block/Hoff*, New York L. J. vom 16.6.1994, 5; *Graebner*, Auseinandersetzung LBO, S. 74.
[316] *Herzeca/Mamby*, 7 M&A Lawyer Februar 2004, 18, "recent events [...] have challenged traditional notices of reliance [...] particularly in the transactional context"; *Cefali/Goldblatt*, Business Law Today Juli/August 2003, ohne Seitenangabe.
[317] *Frantz Mfg. Co. v. EAC Industries*, 501 A.2d 401 (Del.Sup. 1985).
[318] *Royal Industries, Inc. v. Monogram Industries, Inc.*, Fed. Sec. L Rep. ¶ 95,863 (C.D. Cal. 1976); kritisch dazu aus der Perspektive eines Verwaltungsratsmitglieds *Weidenbaum*, 70 Wash. U. L.Q. (1992), 563, 569, "corporate secretary, stopwatch in hand, times the boring reading of trivial detail by the investment banking representative".
[319] *Hanson Trust PLC. v. ML SCM Acquisition, Inc.*, 781 F.2d 264, 275 (2nd Cir. 1986); dazu auch *Block/Hoff*, New York L. J. vom 17.11.1988, 5.
[320] *Tanzer v. International General Industries, Inc.*, 402 A.2d 382, 389 (Del.Ch. 1979).
[321] *Hayes v. Crown Central Petroleum Corp.*, 2003 U.S. App. Lexis 21060 (Va. Oct. 17 2003); *Tischler v. Baltimore Bancorp*, 801 F.Supp 1493 (D.Md. 1992); *Radin*, 39 Hastings L.J. (1988), 707, 734; *von Werder/Feld*,

ihr Verhalten einer einfachen Delegation der Verantwortung an einen externen Dritten gleichkommen. In der US-amerikanischen Praxis wird beobachtet, dass Verwaltungsräte nunmehr nach Erhalt der *fairness opinion* und der Präsentation der Ergebnisse durch deren Ersteller zwei bis drei Tage bis zu einer Beschlussfassung warten (*"enough time for directors to have studied the opinion and the attachments, should anyone ask"*).[322] Insgesamt wird das Vorliegen einer *fairness opinion* folglich als ein positives Indiz für die Pflichterfüllung des Verwaltungsorgans gewertet.[323] Die Entwicklung wechselnder gerichtlicher Prüfungsstandards innerhalb einer kurzen Zeitperiode hat zudem einen Unsicherheitsfaktor für Verwaltungsräte bei der Erfüllung ihrer Pflichten geschaffen.[324] Nicht zuletzt angesichts dieser Entwicklung und der jüngsten aktionärsfreundlichen Rechtsprechung zur Organverantwortung in den USA[325] ist eine zunehmende Sensibilisierung für Sicherungsinstrumente – wozu *fairness opinions* gehören – bei der Entscheidungsfindung von Gesellschaftsorganen evident geworden.

III. Argumentationsinstrument

Neben ihrer primären Funktion zur Legitimation der Entscheidungsfindung von Verwaltungsorganen kann eine *fairness opinion* durchaus auch als Argumentationshilfe bei den Bemühungen dienen, die Unterstützung der Aktionäre bei der Abstimmung über eine Transaktion zu gewinnen.[326] Information stellt in diesem Zusammenhang eine Ressource dar, die die Erwartungen über den mit Handlungsalternativen verbundenen Nutzen und damit auch die Transaktionsentscheidungen von Marktteilnehmern beeinflusst.[327] Innerhalb des einleitend dargelegten Systems der *Principal-Agent*-Theorie wird somit die *Signaling*-Funktion des *gatekeepers* genutzt. Wenngleich eine *fairness opinion* in der Regel formell keine direkte Anlageempfehlung für die Anteilseigner der Gesellschaft darstellt (dazu unten Teil 7),[328] dient sie

---

RIW 1996, 481; *Herzeca/Mamby*, 7 M&A Lawyer Februar 2004, 18, "boards no longer have the luxury of relying on the opinion of the investment bankers without examining the underlying analysis".
[322] *Cefali*, 37 Mergers & Acquisitions (2002), 37, 39; *Cefali* zitiert nach *Shearea*, Mergers and Acquisitions Journal März 2004, 17.
[323] *Moskin*, 10 Del. J. Corp. L. (1985), 405, 418; *Glover/Slyke*, 33 Nat'l. L.J. vom 15.4.1996, C13, „although fairness opinions are not mandatory, the failure to obtain one strongly suggests sloppy decision making".
[324] Dazu *Allen/Jacobs/Strine*, 56 Bus. Law. 2001, 1287, 1292.
[325] Dazu *Roberts/Danilow/Radin*, 74 Corporation Sec. 2 vom 18.2.2003, 1, 4.
[326] *Bebchuk/Kahan*, 27 Duke L.J. (1989), 27, 28; *Cooke*, Corp. Board. Juli 1996, 17, 18; *Fiflis*, 70 Wash. U. L.Q. (1992), 497, 498; *Giuffra*, 96 Yale L.J. (1986), 119, 123; *Glover/Slyke*, 33 Nat'l. L.J. vom 15.4.1996, C13, „a favorable opinion from a well-known investment banking firm also should help persuade the shareholders to approve the transaction"; *Wander*, 7 Inst. On Sec. Reg. (1976), 157, 158; *Rosenbloom/Aufses*, 4 Insights (April 1990), 3; *Steinberg/Lindahl*, 13 Sec. Reg. L.J. (1985), 80; *Haight*, 8 Del. J. Corp. L. (1983), 98, 110 f.; *Martin*, 60 Fordham L. Rev. (1991), 133, 138, 140, Fn. 42; *Oesterle*, 70 Wash. U. L.Q. (1992), 541, 543; *Ragotzky*, M&A Review 2000, 410 f.; *Rhein*, Interessenkonflikt der Manager, S. 44; *Block/Hoff*, New York L. J. vom 16.6.1994, 5.
[327] *Gilson/Black*, Law and Finance of Corporate Acquisitions, S. 589 f.; *Köhler*, DBW 63 (2003), 77, 83.
[328] *Laird/Perrone*, 3 Construction Law and Business (2002), 39; exemplarisch die Formulierung des *opinion letters* von *Credit Suisse First Boston Corp.* an den Verwaltungsrat der *Chrysler Corp.* vom 6.5.1998, "It is understood that this letter is for the information of the Board of Directors of Chrysler in connection with its consid-

jedoch der Verringerung des Risikos einer Ablehnung der Transaktion durch die Anteilseigner. Diese Funktion wird einer *fairness opinion* neben dem Schrifttum auch von amerikanischen Gerichten,[329] dem früheren Chairman der *SEC, David S. Ruder,* [330] und dem US Congressman *Edward J. Markey*[331] zugesprochen. Nach dieser Ansicht begründet sich der Wert der *fairness opinion* durch die von den Anteilseignern der Gesellschaft wahrgenommene Reputation und Unabhängigkeit des Erstellers der *fairness opinion*. Infolgedessen habe die Existenz einer *fairness opinion* eine signifikante Auswirkung auf das Abstimmungsverhalten der Aktionäre.[332] Diesbezüglich ist allerdings innerhalb der Aktionärsstruktur einer Gesellschaft zumindest zwischen institutionellen Investoren und Privatanlegern zu differenzieren. Wesentliche Verflechtungen – wie sie die korporative Struktur in Deutschland bislang gekennzeichnet haben und zuweilen prägnant unter dem Begriff „*Deutschland AG* " zusammengefasst worden sind – sind in den USA weitgehend unbekannt. Institutionelle Investoren verlassen sich in ihrer Entscheidungsfindung in der Regel nicht auf durch den Verwaltungsrat der Gesellschaft selbst mandatierte *fairness opinions*. Stattdessen verwenden institutionelle Investoren häufig eigene Bewertungsmodelle bzw. begründen ihre Entscheidungsfindung auf Basis der Sachkenntnis anderer externer Intermediäre.[333] Eine hohe Bedeutung kommt dabei der Gesellschaft *Institutional Shareholder Service (ISS)* zu, die Handlungsempfehlungen für die Beschlussvorlagen von Kapitalgesellschaften erarbeitet und nach deren Empfehlungen sich zahlreiche institutionelle Investoren richten (Intermediär zwischen der Gesellschaft und den Anteilseignern).[334] Wenn ein institutioneller Investor gegen eine Beschlussvorlage der *ISS* stimmt, ist dies intern in der Regel sehr detailliert zu begründen. Für institutionelle Investoren kommt der Existenz einer durch die Verwaltungsorgane einer an der Transaktion beteiligten Gesellschaft mandatierten *fairness opinion* folglich nur der Charakter eines „Hygienefaktors"

---

eration of the Transactions and does not constitute a recommendation to any stockholder as to how such stockholder should vote on the proposed Chrysler Merger and the transactions contemplated thereby".
[329] *Denison Mines Ltd. v. Fibreboard Corp.*, 388 F. Supp. 812, 821 (D.Del. 1974), "[I]mpact of the reference to [the fairness] opinion on a substantial number of stockholders would be difficult to overestimate"; *Joseph v. Shell Oil Co.*, 482 A.2d 335, 341 (Del.Ch. 1984), "obviously a primary purpose of the fairness opinion [...] was to convince shareholders to whom the tender offer was made that the price offered was fair. To believe otherwise is unrealistic".
[330] Zitiert nach einer *AP Meldung* abgedruckt in der *Los Angeles Times* vom 23.12.1988, 4.
[331] *Markey*, in: Leveraged Management Buyouts, S. 211, 212, zu der Gesetzesinitiative von *Markey* unten S. 355.
[332] *Denison Mines Ltd. v. Fibreboard Corp.*, 388 F. Supp. 812, 821 (D. Del. 1974), "Because of the independence of Lehman Brothers, as well as its reputation in the investment banking field, its opinion added persuasive support for management's view. In the context of this Proxy Statement, the Court believes the impact of the reference to Lehman Brother's opinion on a substantial number of stockholders would be difficult to overestimate."
[333] *Allen/Kraakman*, Law of Business Organization, S. 351, "where all investors hold small stakes in the enterprise, no single investor has a strong incentive to invest time and money in monitoring management".
[334] Kritisch zum Einfluss des *ISS* die *Lex Column* der FT vom 2.6.2003, 20 und *Hill/Michaels/Tassell*, FT vom 30.5.2003, 26; insgesamt zur Tätigkeit des *ISS Gimbel*, FT vom 2.2.2004, 4.

zu; denn sie spielt in der Entscheidungsfindung eine untergeordnete Rolle,[335] während das Fehlen einer *fairness opinion* von institutionellen Investoren kritisch betrachtet wird.[336] So kann die Nichterteilung einer *fairness opinion* in der Praxis sogar zum Scheitern von Transaktionen führen; denn Anteilseigner sind bei einer fehlenden *fairness opinion* teilweise nicht zur Zustimmung zu einer Transaktion bereit.[337] Es sind auch nahezu keine Transaktionen bekannt, die trotz einer *inadequacy opinion* zum Abschluss gelangten.[338]

Darüber hinaus ist zu berücksichtigen, dass unterschiedliche Interessen von institutionellen Investoren den Argumentationswert einer *fairness opinion* begrenzen können.[339] Dies betrifft insbesondere Arbitrageure, für deren Anlageentscheidungen eine *fairness opinion* auf Grund ihres kurzfristigen Anlagehorizonts nicht von Bedeutung ist.[340] Gegenüber institutionellen Investoren verfügen private Aktionäre häufig nicht über die ausreichenden Kenntnisse und Informationszugänge und angesichts der geringen Anzahl der von einem einzelnen Aktionär gehaltenen Aktien über einen noch geringeren Anreiz, eine unabhängige, eigenständige Beurteilung einer Strukturmaßnahme zu treffen.[341] Häufig bleibt ihre Erkenntnismöglichkeit damit auf einen Vergleich der Marktpreisreaktion infolge der Ankündigung der Transaktion mit ihrem persönlichen Einstandspreis beschränkt. Die Erkenntnisse der Forschung zum *behavioral finance* stützen diese These zum Anlegerverhalten.[342] Damit kann eine unsachgemäße *fairness opinion* die Aktionäre einer Gesellschaft zu einem Abstimmungsverhalten verleiten, welches sie ohne Kenntnis dieser *opinion* nicht gezeigt hätten.[343] Dies gilt auch vor dem Hintergrund, dass *fairness opinions* in der Regel keine Empfehlung an die Aktionäre für ein bestimmtes Abstimmungsverhalten darstellen oder gar explizit beinhalten.[344] In der Regel folgen insbesondere private Anteilseigner einer Gesellschaft in ihrem Abstimmungsverhalten den Verwal-

---

[335] Zurückhaltend zur Bedeutung für institutionelle Investoren *Elson*, 53 Ohio St. L.J. (1992), 951, 1001.
[336] In diese Richtung auch bereits *Chazen*, 36 Bus. Law. (1981), 1439, 1442 f., „The absence of such an opinion, even in a transaction with an unaffiliated buyer, would probably raise eyebrows. [...] The failure of the financial advisor to give a fairness opinion might be taken as a sign that the advisor has misgivings about the fairness of the transaction".
[337] Exemplarisch *Keenan*, Am. Banker vom 19.5.1999, 32, "without a fairness opinion, obtaining a required two-thirds vote [of the company's] shares would be impossible. [...] When the opinions were not forthcoming the deal collapsed".
[338] *Borden/Yunis*, Going Private, § 9.02 [1], mit Hinweis auf eine Transaktion im Jahre 1980, die trotz des Ergebnisses der *fairness opinion*, dass das Austauschverhältnis eines Unternehmenszusammenschlusses „unfair" [in Abgrenzung zu "inadequate"] sei, den Anteilseignern zur Abstimmung vorlag.
[339] Dazu *Schiessl*, RIW 1988, 522, 525.
[340] *Martin*, 60 Fordham L. Rev. (1991), 133, 143, Fn. 59.
[341] *Hirte*, BB 1985, 2208, 2208, allgemein zu Anteilseignern von Gesellschaften; *Fischel*, 35 Vand. L. Rev. (1982), 1259, 1288; *Klafs*, Bus. L. Rev. 2003, 283, 286; *Ragotzky*, M&A Review 2000, 410.
[342] Dazu aus rechtswissenschaftlicher Sicht, *Fleischer*, Gutachten F zum 64. Deutschen Juristentag, S. F30.
[343] *Giuffra*, 96 Yale L.J. (1986), 119, 123.

tungsvorschlägen.[345] Besonders kritisch gegenüber dem Argumentationswert der *fairness opinion* zeigt sich in diesem Kontext im US-amerikanischen Schrifttum *Elson;* auch bei privaten Investoren genieße die *fairness opinion* angesichts von Interessenkonflikten eine rückläufige Akzeptanz (hierzu unten Teil 5).[346] Vielmehr bestimme sich die Angemessenheit der Höhe einer Gegenleistung allein durch die Marktreaktion.[347] Aus der rechtsökonomischen Perspektive sieht *Elson* daher keine Notwendigkeit für die Verwendung einer *fairness opinion* zur Argumentation einer Transaktion gegenüber den Anteilseignern der Gesellschaft.[348] In der Praxis konnte sie allerdings ihren Stellenwert als „Hygienefaktor" (*sanity check*) für eine Transaktion weitgehend bewahren. In Abgrenzung zum Argumentationszweck gegenüber den Anteilseignern kommt es in der US-amerikanischen Praxis auch vor, dass eine *fairness opinion* ausschließlich der Entscheidungsfindung des Verwaltungsrats selbst dient. So werden *fairness opinions* beim Verkauf von Gesellschaften, die keine außenstehenden Aktionäre haben, eingeholt, um unter verschiedenen Desinvestitionsalternativen die optimale Lösung aus Sicht des Veräußerers zu erreichen.[349]

IV. Verhandlungsinstrument

Neben der primären Funktion als Schutz vor einer persönlichen Haftung der Verwaltungsorgane und der Argumentationsfunktion gegenüber den Anteilseignern kann die *fairness opinion* zur Unterstützung der Entscheidungsfindung innerhalb des Verwaltungsorgans dienen.[350] Dies trifft insbesondere zu, wenn innerhalb des Leitungsorgans keine Einigkeit über die Angemessenheit der Höhe einer angebotenen Gegenleistung und damit über die Handlungsempfehlung für das Andienungsverhalten der Anteilseigner oder die Beschlussfassung innerhalb einer Hauptversammlung besteht.[351] Die Funktion der *fairness opinion* kann hier jedoch über eine reine Information der Verwaltungsorgane hinausgehen. Die Anteilseigner einer Gesellschaft ohne einen Anteilseigner mit bedeutendem Stimmrechtsanteil haben in der Unternehmensübernahme eine geschwächte Verhandlungsposition, da jeder Anteilseigner für sich über das Angebot entscheidet und Anteilseigner in der Regel gegenüber dem Bieter ihre Interessen

---

[344] *Block/Hoff*, New York L. J. vom 16.6.1994, 5, "opinions serve to give comfort to shareholders that the consideration offered in a transaction bears some relationship to the value that might reasonably be achieved for the business entity and its assets in the open market"; *Nick*, Handelsblatt vom 29.4.1999, 71.
[345] *Fischel*, 40 Bus. Law. (1985), 1437, 1450.
[346] *Elson*, 53 Ohio St. L.J. (1992), 951, 1001, "[...] with popular attention also focused on the fairness for hire syndrome, it is doubtful that even individual investors actually fall prey to casual reliance".
[347] Kritisch zum Argumentationswert einer *fairness opinion In re Armsted Indus., Inc.*, Litg. No. 8224 (Del.Ch. 1987), „a decent respect for reality forces one to admit that such advice is frequently a pale substitute for the dependable information that a canvas of the relevant market can provide".
[348] *Elson*, 53 Ohio St. L.J. (1992), 951, 1003.
[349] *Fiflis*, 70 Wash. U. L.Q. (1992), 497, 498.
[350] *Caruscone*, Conn. L. Trib. vom 15.4.1996, S13; *Sweeney*, Journal of Accountancy, August 1999, 44, 48.
[351] *Rachelson/Solomon*, 22 Corporate Acquisitions, Mergers, and Divestitures (Januar 2004), 1.

nicht in abgestimmter Weise vertreten können.³⁵² Anstelle der Anteilseigner kommt folglich den Verwaltungsorganen eine bedeutende Funktion bei der Verhandlung der Gegenleistung zu. Das Instrument der *fairness opinion* ermöglicht es den Verwaltungsorganen einer Zielgesellschaft, die Gegenleistung zu einem Unternehmenszusammenschluss oder Kaufangebot derart zu steigern, dass sie in den Verhandlungen mit dem Bieter die Position vertreten, kein *gatekeeper* sei zu den gegenwärtigen Transaktionsbedingungen zur Bestätigung der wirtschaftlichen Angemessenheit mittels einer *fairness opinion* bereit.³⁵³ Mit der Mandatierung der *fairness opinion* gewinnt der Verwaltungsrat auf diese Weise Zeit zur Suche anderer Bieter, die zur Zahlung einer höheren Gegenleistung an die Anteilseigner bereit sind.³⁵⁴ Sofern ein Angebot den gegenwärtigen Marktpreis zwar überschreitet, jedoch unter dem Entscheidungswert des Verwaltungsrats liegt, könnte die *professional service firm* auch eine *inadequacy opinion* ausstellen.³⁵⁵ Damit kommt der *fairness opinion* der Charakter eines Verhandlungsinstruments zu, welches auch von US-amerikanischen Gerichten als geeignet zur Maximierung der Gegenleistung aus Aktionärssicht eingestuft wird.³⁵⁶ Allerdings kann dies den Handlungsspielraum des Verwaltungsrats auch einschränken; denn beim Vorliegen einer *inadequacy opinion* ist die Empfehlung eines marginal höheren Angebots, welches aus Sicht der Verwaltungsorgane die zu bevorzugende Alternative darstellt, durchaus schwierig.³⁵⁷

V. Zwischenergebnis

Die Legitimationswirkung einer *fairness opinion* stellt für die Verwaltungsorgane im Vergleich zu den übrigen Funktionen die häufig wichtigste Motivation für die Mandatierung dieses Produkts dar.³⁵⁸ Damit geht auch eine Informationsfunktion des Verwaltungsrats selbst bei

---

³⁵² *Herkenroth*, Konzernierungsprozesse, S. 364, mit dem Hinweis auf Koodinationsschwierigkeiten der Zielgesellschaft; *von Nussbaum*, Zielgesellschaft, S. 96.
³⁵³ *Macey/Miller*, 98 Yale L. J. (1988), 127, 136 f.
³⁵⁴ *Macey/Miller*, 98 Yale L. J. (1988), 127, 136, "the breathing space offered by Trans Union gives the board the one resource that is most crucial in a takeover contest: time".
³⁵⁵ *Black/Kraakman*, 96 Nw. U. L. Rev. (2002), 521, 555.
³⁵⁶ *Black/Hoff*, New York L. J. vom 17.11.1988, 5, 6.
³⁵⁷ *Black/Kraakman*, 96 Nw. U. L. Rev. (2002), 521, 555, "the target's board may want to reject a $ 50 offer, but later accept a face-saving increase to $ 50.50, if the alternatives are worse. That may be embarrassing if an investment banker has advised the board that $ 50 is unfair. Finally, the worst faux pas of all is to ask the investment banker what price is fair. Because then, if the acquirer raises its bid to within the range of fairness, the target's board has a tougher time continuing to say no (though target boards have sometimes done so)".
³⁵⁸ *Gougis*, Mergers & Acquisitions März/April 1992, 33, "developments on the legal front have been the biggest impetus for directors to get fairness opinions"; *Bebchuk/Kahan*, 27 Duke L.J. (1989), 27, 28; tendenziell kritisch *Black/Kraakman*, 96 Nw. U. L. Rev. (2002), 521, 557, "in short, investment banker opinions seem to us to do little more than create a smokescreen that target boards can hide behind"; *Carney*, 70 Wash. U. L.Q. (1992), 523, 528, "these opinions provide less information than they do protection. And the protection is not for shareholders, but for the directors themselves, and for their decision"; *Elson*, 53 Ohio St. L.J. (1992), 951, 958, Fn. 13, 1000, "the tremendous demand for [*fairness opinions*] that was created following the van Gorkom ruling did not develop on the basis of shareholder interest. No mobs of shareholders formed outside corporate boardrooms demanding the employment of a neutral [*gatekeeper*] to protect their interests from the inept decisions of their

der Entscheidungsfindung einher. Darüber hinaus kommt ihr ein begrenzter Argumentationswert im Sinne eines „Hygienefaktors" für Unternehmenstransaktionen zu. Dabei ist insbesondere zu berücksichtigen, dass eine *fairness opinion* trotz des regelmäßigen Wortlauts der *opinion letter*, dass sie keine Handlungsempfehlung für die Aktionäre darstelle, dennoch vielfach mit diesem Ziel eingeholt wird. Schließlich kann das Instrument der *fairness opinion* als Verhandlungsinstrument zur Maximierung der Gegenleistung in den Verhandlungen zwischen dem Verwaltungsrat oder dessen Ausschuss und dem Bieter verwendet werden. All diese Alternativen setzen voraus, dass die Mandatierung der *fairness opinion* durch ein Verwaltungsorgan der Gesellschaft erfolgt. Sofern die Initiative zur Einholung einer *fairness opinion* jedoch von Aktionären ausgeht, stellt sie ein Instrument zum *monitoring* im Sinne der *Principal-Agent*-Theorie dar.[359]

C. Anwendungsbereiche der *Fairness Opinion* in den USA

Ein Verständnis der *fairness opinion* in der US-amerikanischen Praxis und die folgende Analyse der Rezeption dieses Instruments in Deutschland bzw. Europa setzt die Kenntnis ihrer Anwendungsfälle in den USA unter Berücksichtigung der zuvor analysierten Funktionen der *fairness opinion* voraus. In der Vergangenheit fanden *fairness opinions* ausschließlich bei Strukturmaßnahmen von börsennotierten Gesellschaften Anwendung; denn diese Gesellschaften haben eine sehr heterogene Aktionärsstruktur und angesichts potenzieller Aktionärsklagen kommt damit der Legitimationsfunktion der *fairness opinion* eine hohe Bedeutung zu. Mit zunehmender Größe von nicht börsennotierten Gesellschaften in den USA werden allerdings auch in diesen Fällen (z.B. bei Familienunternehmen mit zahlreichen Anteilseignern) *fairness opinions* zur Bestätigung von Strukturmaßnahmen eingeholt.[360] In der US-amerikanischen Praxis können grundsätzlich zehn Strukturmaßnahmen unterschieden werden, in denen eine *fairness opinion* häufig zur Anwendung kommt.[361] Diese können mit dem Ziel einer besseren Übersichtlichkeit der Anwendungsbereiche in die im Folgenden zu erörternden Cluster gruppiert werden. Im Rahmen dieser Arbeit muss allerdings im Gegensatz zu der Erörterung des

---

boards. No shareholder resolutions were formulated calling for the engagement of [*fairness opinion providers*]"; *Longstreth*, Legal Times vom 10.10.1983, 15, "the fairness opinion [is] much more effective in protecting management than in assuring the shareholders 'the most scrupulous inherent fairness of the bargain' […]"; *Oesterle*, 70 Wash. U. L.Q. (1992), 541, 543; *Rachelson/Solomon*, 22 Corporate Acquisitions, Mergers, and Divestitures Januar 2004, 1, "the primary objective of fairness opinions written today generally is not to advise directors concerning the fairness of an impending transaction. Instead, their primary role is to act as a liability shield for directors"; *Schuldt*, 56 Mo. L. Rev. (1991), 103, 113.
[359] *Jensen/Meckling*, 3 J. Fin. Econ. (1976), 305, 338.
[360] *Gougis*, Mergers & Acquisitions März/April 1992, 33; *Gougis*, in: M&A Handbook, S. 389, 391; *Schiedemeyer*, NACD – Directors Monthly, September 2003, 16, 17; *Gordon*, 16 Financial Executive (2000), 45; *Gallop-Goodman*, 30 Black Enterprise (April 2000), 45; *Laird/Perrone*, 3 Construction Law and Business (2002), 39, 40; *Ragotzky*, Unternehmensverkauf, S. 166.

deutschen Rechts auf die Details der Strukturierung der jeweiligen Unternehmenstransaktionen nach US-amerikanischem Recht verzichtet werden. Für den deutschen Leser, der in der Regel mit durch Wirtschaftsprüfer erstellten Prüfberichten nach AktG und UmwG vertraut ist, ist zu berücksichtigen, dass das US-amerikanische Recht keine derartigen gesetzlich normierten Pflichtprüfungen für Strukturmaßnahmen kennt. In den USA sind nämlich insgesamt gesetzliche Regelungen zum Schutz von Minderheitsgesellschaftern vor schädigenden Eingriffen in ihre Eigentumsrechte nicht in gleichem Maße wie im deutschen Gesellschaftsrecht ausgeprägt.[362] Dies wird freilich durch eine sehr ausdifferenzierte Rechtsprechung kompensiert, die auf relativ allgemeinen gesellschaftsrechtlichen Grundprinzipien beruht.

I.   *Fairness Opinions* aus Verkäuferperspektive

Zunächst werden *fairness opinions* aus Verkäuferperspektive im Sinne der Zielgesellschaft vielfach von unabhängigen Verwaltungsratsausschüssen bei Strukturmaßnahmen zwischen der Gesellschaft und einem abhängigen Bieter eingeholt.[363] Dazu sind auch die Fallkonstellationen von Management-Buy-Outs zu zählen.[364] Insbesondere empfiehlt es sich, eine *fairness opinion* einzuholen, wenn in Art und Höhe unterschiedliche Gebote vorliegen, die gegeneinander abzuwägen sind, oder wenn lediglich ein einzelnes Gebot vorliegt und keine Gegenangebote eingeholt wurden.[365] Weiterhin finden sich *fairness opinions* in Unternehmenstransaktionen, die einen Verkauf der Gesellschaft oder einer bedeutenden Tochtergesellschaft bzw. Beteiligung[366] an Dritte zum Gegenstand haben und die Gegenleistung in einer Barkomponente und/oder in Wertpapieren der übernehmenden Gesellschaft besteht. Wenn es sich bei der Zielgesellschaft eines Kaufangebots um eine börsennotierte Aktiengesellschaft im Sinne der *Section 12* des *Securities Act of 1934* handelt und daher der *Williams Act* Anwendung auf die Durchführung des Kaufangebots findet, ist die Zielgesellschaft innerhalb von zehn Tagen nach Veröffentlichung der Angebotsunterlage zu einer Stellungnahme gegenüber den Aktionären der Gesellschaft verpflichtet (*SEC Rule 14e-2*). Diese Stellungnahme wird in der Regel vom Leitungsorgan der Zielgesellschaft abgegeben. Vor diesem Hintergrund und Anforderungsprofil empfiehlt es sich, einen Ausschuss derjenigen

---

[361] *Lee/Matthews*, in: Advanced Business Valuations, S. 309, 311.
[362] *Schwetzler/Aders/Salcher/Bornemann*, FB 2005, 106, 109.
[363] So *Dowling v. Narragansett Capital Corp.*, 735 F.Supp. 1105 (D.R.I. 1990), mit Bezug auf einen *asset sale*.
[364] *Borden/Yunis*, Going Private, § 9.02; *Laird/Perrone*, 3 Construction Law and Business (2002), 39, 40; *Longstreth*, Legal Times vom 10.10.1983, 15; *Williams*, 21 Colum. J.L. & Soc. Probs. (1988), 191, 202; *Stein*, N.Y. Times vom 8.6.1986, F2.
[365] *Laird/Perrone*, 3 Construction Law and Business (2002), 39, 40.
[366] *Glover/Slyke*, 33 Nat'l. L.J. vom 15.4.1996, C13, „in general, a selling company that is public should forego a [fairness] opinion only when it is selling a small amount of assets or a minor subsidiary. It should obtain an opinion when the transaction will result in a change in control, is a merger or asset sale that will require shareholder

Mitglieder des Verwaltungsorgans zu bilden, die keine über ihr Verwaltungsamt hinausgehenden Interessen am Ausgang der Transaktion haben (*committee of disinterested directors*). Darüber hinaus ist es anzuraten, externe Sachverständige hinzuzuziehen, um den Unternehmenswert zu maximieren, die Gegenleistung des Anbieters zu bewerten und eine *fairness opinion* zur Verfügung zu stellen.[367] Gleichzeitig ist jedoch zu beobachten, dass unabhängige Verwaltungsratsausschüsse eine Beratung durch einen externen Sachverständigen in Anspruch nehmen, letztlich aber im Rahmen einer neutralen Position gegenüber dem Angebot auf eine formelle *fairness opinion* verzichten.[368] In einer unfreundlichen Übernahmesituation kann hier auch eine *inadequacy opinion* zur Rechtfertigung der eingesetzten Verteidigungsmaßnahmen der Zielgesellschaft verwendet werden.[369]

II. Fairness Opinions aus Käuferperspektive

Aus der Käuferperspektive werden *fairness opinions* in der US-amerikanischen Praxis eingeholt, sofern die Akquisition einer Gesellschaft für die Käufer erheblich ist.[370] Darüber hinaus holen Käufer bzw. Bieter *fairness opinions* bei der Akquisition von für das Unternehmen erheblichen Vermögensgegenständen (inbesondere einzelne Geschäftsbereiche oder vollständige Erwerbe von Gesellschaften) ein.[371] Im Vergleich zu den Entscheidungen des Leitungsorgans des Anbieters werden allerdings wesentlich häufiger die Entscheidungen des Verwaltungsorgans der Zielgesellschaft durch deren Aktionäre gerichtlich angegriffen.[372] Es besteht demgegenüber auch die Möglichkeit, dass das Leitungsorgan des Bieters seine Pflichten gegenüber den Anteilseignern des Bieters durch ein unangemessen hohes Angebot für die Anteile der Zielgesellschaft verletzt.[373] Eine Akquisition sollte für den Bieter einen positiven Einfluss auf den *shareholder value* haben; insbesondere innerhalb von Auktionen wird allerdings häufig ein so genannter *winner's curse* beobachtet. Der *winner's curse* beschreibt das Phänomen, dass ein Bieter einen fundamental nicht mehr zu begründenden Preis zu bezahlen bereit ist, um als Gewinner aus dem Bieterverfahren hervorzugehen.[374] Schließlich werden

---

approval, or involves the disposition of a major operating division – even if less than all or substantially all of the company. The directors' exposure to fiduciary duty and corporate waste claims in these cases is significant".
[367] *Hanks,* Corporation Law, S. 299.
[368] *Gibson, Dunn & Crutcher LLP*, Investment Banker's Role in Going-Private Transactions, S. 2.
[369] Dazu exemplarisch *Hall/Rose/Subramanian*, HBS Circon, S. 19 f.
[370] Exemplarisch mit grenzüberschreitendem Bezug die Akquisition der *Wella AG* durch *Procter & Gamble*, deren finanzielle Angemessenheit für den Erwerber durch eine *fairness opinion* der Investment Bank *Merrill Lynch* bestätigt wurde; *Oesterle*, Mergers and Acquistions, S. 45; *Glover/Slyke*, 33 Nat'l. L.J. vom 15.4.1996, C13, C13.
[371] Exemplarisch für eine *tender offer* aus Bietersicht *Danziger v. Kennecott Copper Corp.*, 400 N.Y.S.2d 724 (1977).
[372] Exemplarisch für eine Klage gegen den Bieter *Muschel v. Western Union Corp.*, 310 A.2d 904 (Del.Ch. 1973).
[373] *Muschel v. Western Union Corp.*, 310 A.2d 904, 908 (Del.Ch. 1973).
[374] Statt vieler *Roll*, 59 Journal of Business (1986), 197, 200.

aus Käuferperspektive *fairness opinions* in der US-amerikanischen Praxis von Gesellschaften beim Rückkauf eigener Wertpapiere – insbesondere bei Blocktransaktionen mit einzelnen Anteilseignern – eingeholt.[375]

III. Fairness Opinions aus Treuhänderperspektive

Weiterhin holen einerseits Treuhänder von so genannten *Employee Stock Ownership Plans (ESOP)*, gemeinnützigen Organisationen und Wohltätigkeitsverbänden beim Erwerb oder Verkauf von Wertpapieren, die für die Organisation einen erheblichen Wert darstellen, in der Praxis *fairness opinions* ein.[376] Andererseits werden *fairness opinions* auch von Treuhändern für Fremdkapitalemissionen (*bond trustees*) eingeholt, sofern ein Schuldner die in dem "*bond indenture*" festgelegten *convenants* einer Schuldverschreibung verletzt und der Treuhänder für die Gläubiger den Verzicht auf diesen Anspruch erklärt.[377]

IV. Fairness Opinions aus Perspektive von Regulierungsbehörden

Schließlich werden *fairness opinions* auch von Regulierungsbehörden bei der Umwandlung von Banken oder Versicherungsgesellschaften, die zuvor dem Gegenseitigkeitsprinzip unterlagen, in gewinnorientierte Aktiengesellschaften (Demutualisierungen) eingeholt.[378] Demutualisierungen haben insbesondere im angelsächsischen Raum auf Grund einer insgesamt zunehmenden Konsolidierung des Versicherungssektors und des fehlenden Zugangs der Versicherungsvereine auf Gegenseitigkeit zu den internationalen Kapitalmärkten deutlich zugenommen. Die in diesem Kontext erstellten *fairness opinions* sollen sicherstellen, dass die wirtschaftlichen Interessen der Mitglieder dieser Gesellschaften bei der Transformation in ein gewinnorientiertes Unternehmen angemessen berücksichtigt werden.

D. Zwischenergebnis

Die vorstehenden Ausführungen haben die Genesis der *fairness opinion* in den USA aufgezeigt. Dabei ist deutlich geworden, dass die *fairness opinion* primär als Instrument zur externen Abstützung von Verwaltungsratsentscheidungen *ex ante* eingesetzt wird. Darüber hinaus dient sie als Argumentations- und Verhandlungsinstrument. Sie findet Anwendung in zahlreichen Strukturierungsalternativen von Unternehmenstransaktionen.

---

[375] *Elson*, 53 Ohio St. L.J. (1992), 951; *Lipton/Steinberger*, Takeovers & Freezeouts, S. 8-24.3; *Schuldt*, 56 Mo. L. Rev. (1991), 103, Fn. 1, mit Hinweis auf *Kaplan v. Goldsamt*, 380 A.2d 556, 561 (Del.Ch.1977).
[376] *Gougis*, Mergers & Acquisitions, März/April 1992, 33; *Gougis*, in: M&A Handbook, S. 389, 391.
[377] *Gougis*, in: M&A Handbook, S. 389, 391.
[378] *Caruscone*, Conn. L. Trib. vom 15.4.1996, S13; *Sheban*, The Columbus Dispatch vom 25.5.1996, 1D.

Vierter Teil Rezeption des Konzepts in Deutschland

> Auch wenn das deutsche Recht die *Fairness Opinion* nicht kennt und in vielen Bereichen traditionell auf das Wirtschaftsprüfergutachten vertraut, lässt sich die *Fairness Opinion* in vielen Bereichen in das System des Aktien- und Übernahmerechts einpassen.
>
> **Maximilian Schiessl** [379]

A. Verbreitung der *Fairness Opinion* in der Transaktionspraxis

I. Deutschland

US-amerikanisches Rechtsdenken hat das inländische Unternehmensrecht in den vergangenen Jahren insbesondere im Hinblick auf den Unternehmenskauf und andere Strukturmaßnahmen deutlich geprägt.[380] Insbesondere Intermediäre haben bei Transaktionen zur Verbreitung angelsächsischer Instrumente beigetragen.[381] Mit steigender Kapitalmarktorientierung und zunehmender Bedeutung der Organverantwortung in Deutschland gewinnt damit auch das Instrument der *fairness opinion* in der Praxis der letzten Jahre an Verbreitung:[382] Es gibt kaum mehr größere M&A-Transaktionen unter Beteiligung börsennotierter Unternehmen, in denen auf die Einholung einer *fairness opinion* verzichtet wird.[383] Zunehmend finden sich *fairness*

---

[379] *Schiessl*, ZGR 2003, 814, 852.
[380] *Fleischer*, in: Unternehmenskauf, S. 103 f., mit Bezug auf die Institute *asset deal, share deal, letter of intent, memorandum of understanding, Break-Fee*-Vereinbarung und *due diligence*; *Fleischer/Körber*, BB 2001, 841, 841, mit Bezug auf das Instrument der *due diligence*; *Merkt*, in: FS Sandrock, S. 657, 659 und 682 f.; *Triebel*, RIW 1998, 1, 3, allerdings ohne Erwähnung der *fairness opinion*; *de Lousanoff*, Börsen-Zeitung vom 28.10.2000, B9, zum Verhältnis zwischen Anwälten und Bankern in den USA und Deutschland.
[381] Parallel zur angebotsgetriebenen Verbreitung der *due diligence Höhn*, Due Diligence, S. 3 f.
[382] *Achleitner*, Handbuch Investment Banking, S. 210; *Aha*, BB 2001, 2225, 2228, Fn. 44; *Böhmert*, Börsen-Zeitung vom 31.7.1996, 4; *Borowicz*, M&A Review, 253; *De Rose/Westhoff*, FINANCE Magazin Juli/August 2004, 94; *Klafs*, Bus. L. Rev. 2003, 283; *Mutter*, Auskunftsansprüche, S. 51; *Notz*, in: RWS-Forum Gesellschaftsrecht 2001, S. 31, 34, mit Zitat von *Puszkajler*; *ohne Verfasser*, Platow Brief vom 3.4.2001; *Ragotzky*, Unternehmensverkauf, S. 166; *Schiessl*, ZGR 2003, 814 ff.; in diese Richtung auch *Rosenbaum*, DB 1999, 1613; aus der Perspektive der Schweiz *Langenegger/Hermann*, FuW vom 3.4.2004, 45; hingegen noch ohne Erwähnung des Instruments der *fairness opinion* im Jahre 1992, *Reicheneder*, Investment Banking, Glossarium, S. 321 ff.
[383] *Schwetzler/Aders/Salcher/Bornemann*, FB 2005, 106; *von Dryander*, Börsen-Zeitung vom 10.10.2001, 11, exemplarisch werden der Zusammenschluss von *Daimler-Benz* und *Chrysler*, die Übernahme der *Dresdner Bank* durch die *Allianz* genannt; *Wittkowski*, Börsen-Zeitung vom 28.6.2001, 18 und *Wittkowski*, Börsen-Zeitung vom 7.7.2001, 8, zu den *fairness opinions* betreffend den Zusammenschluss von *DG Bank* und *GZ-Bank*; *Ragotzky*, M&A Review 2000, 410, mit Hinweis auf die Transaktionen *Daimler-Benz AG/Chrysler Corp., Hoechst AG/Rhone-Poulenc S.A./Aventis, Viag Chemie Holding AG/SKW Trostberg AG*; *Drill*, Börsen-Zeitung vom

opinions auch bei geringeren Transaktionsvolumina. Auch hat der verstärkte Einsatz des Instruments des Aktientausches in Deutschland zur Verbreitung der *fairness opinion* beigetragen; denn insbesondere bei einem Aktientausch im Rahmen einer Verschmelzung ist es entscheidend, dass die dem Umtauschverhältnis zugrunde liegenden relativen Bewertungsverhältnisse auch die tatsächlichen Einschätzungen durch den Kapitalmarkt angemessen widerspiegeln.[384] Einen weiteren Anwendungsbereich der Praxis mit deutlich zunehmender Bedeutung bilden die Stellungnahmen von Vorstand und Aufsichtsrat nach § 27 WpÜG. Bereits jede dritte Stellungnahme nimmt Bezug auf eine *fairness opinion*.[385] Darüber hinaus kommen *fairness opinions* bei Beurteilung der Angemessenheit von Bewertungen anlässlich von Sachkapitalerhöhungen zur Anwendung. Ihre zunehmende Verbreitung in Deutschland ist auch unter dem Gesichtspunkt des wachsenden Anteils angelsächsisch geprägter Investmentfonds an deutschen Publikumsgesellschaften zu sehen.[386] Wenngleich die Anzahl der *fairness opinions* in den USA zweifelsohne ein Vielfaches der bislang in Deutschland erstellten *fairness opinions* darstellt, zeigt die Aufstellung der deutschen *fairness opinions* im Anhang A, dass das Instrument der *fairness opinion* innerhalb weniger Jahre einen festen Platz bei inländischen Strukturmaßnahmen gefunden hat. Zu berücksichtigen ist allerdings, dass die Grenzen zwischen einer *fairness opinion* nach angelsächsischem Vorbild und deutschen Unternehmensbewertungen zur Bestimmung des Entscheidungswerts durchaus fließend sein können. Anders als die Grundform der *fairness opinion* ist die Ausprägung einer *inadequacy opinion*[387] in Deutschland bislang kaum öffentlich bekannt geworden. In den Transaktionen *Mannesmann/Vodafone* sowie *Aventis (ehem. Hoechst AG)/Sanofi* mit dem Charakter von (zunächst) unfreundlichen Übernahmen wurde der Einsatz von *inadequacy opinions* nicht publik.[388] Allerdings wurde im Rahmen der Stellungnahme des Vorstands der *T-Online International AG* zum freiwilligen öffentlichen Kaufangebot der *Deutschen Telekom AG* im Dezember 2004 eine *inadequacy opinion* mit dem Ergebnis veröffentlicht, dass der angebotene Kaufpreis unter dem fundamentalen Wert der Gesellschaft liege.[389]

23.10.2004, B2; für eine ausführliche Auflistung der Transaktionen, in denen die Mandatierung einer *fairness opinion* offen gelegt wurde siehe Anhang.
[384] *Nick*, Handelsblatt vom 29.4.1999, 71.
[385] *Drill*, Börsen-Zeitung vom 23.10.2004, B2, mit Nennung der Transaktionen *Stinnes/Deutsche Bahn* und *Buderus/Bosch*, in denen trotz erheblicher Transaktionsvolumina keine *fairness opinions* eingeholt wurden.
[386] *Ragotzky*, M&A Review 2000, 410, 411.
[387] Zur Differenzierung zwischen *fairness opinion* und *inadequacy opinion* oben S. 25.
[388] Dazu auch *Borowicz*, M&A Review, 253, 255 f.
[389] *Inadequacy opinion* der *N M Rothschild & Sons Limited* vom 2.12.2004.

Anders als etwa das ebenfalls primär durch das US-amerikanische Haftungsregime geprägte Instrument der *due diligence*[390] hat die *fairness opinion* im deutschen Schrifttum jedoch bislang noch eine recht begrenzte Aufmerksamkeit erfahren.[391] Die Mehrzahl der bisherigen Veröffentlichungen stammt aus der Wirtschaftspresse.

II. Kontinentaleuropäischer Vergleich

Im Vergleich zur deutschen Transaktionspraxis findet das Instrument der *fairness opinion* insbesondere in der Schweiz bereits eine deutlich höhere Verbreitung. Zu ihren primären Anwendungsbereichen gehören dort die Stellungnahmen von Zielgesellschaften in Übernahmeverfahren. Hier wird die Einholung als wirkungsvolle Maßnahme zur Überbrückung von etwaigen Interessenkonflikten der Verwaltungsratsmitglieder qualifiziert und durch gesetzliche Regelungen sowie die Empfehlungen der Schweizerischen Übernahmekommission (*UEK*) reguliert (dazu ausführlich unten S. 206 ff.). Auch in Österreich wird in jüngster Zeit eine zunehmende Verwendung von *fairness opinions* verzeichnet. Dies ist ebenfalls insbesondere bei öffentlichen Übernahmeangeboten, wo eine gesetzliche Obliegenheit zur Einholung sachverständigen Rats für die Zielgesellschaft besteht, der Fall (dazu ausführlich unten S. 203 ff.) und schließt auch einen bedeutenden Fall für die Verwendung einer *inadequacy opinion* ein.[392] Gegenüber dem deutschsprachigen Raum ist die Verbreitung der *fairness opinions* in Frankreich vergleichsweise gering. Wengleich die zuständige Aufsichtsbehörde (*l'autorité des marchés financiers*) eine Regelung für *fairness opinions* geschaffen hat, kamen diese insbesondere bei öffentlichen Kaufangeboten (*OPA*) bislang nur selten zur Anwendung.[393] Dies wird im französischen Schrifttum insbesondere auf die fehlende Abgrenzung eines klaren Anwendungsbereichs der *fairness opinion* zurückgeführt.[394] Gleichzeitig wird jedoch erwartet, dass auch in Frankreich die Bedeutung der *fairness opinion* unter dem Gesichtspunkt ihrer Legitimationswirkung zunehmen wird; denn hinsichtlich der Organverant-

---

[390] Statt vieler *Berens/Brauner/Strauch*, Due Diligence bei Unternehmensakquisitionen; zur Verbreitung des Instruments insbesondere die empirischen Untersuchungen *Berens/Strauch*, WPg 2002, 511 ff.; *Marten/Köhler*, FB 1999, 337 ff.
[391] Ausführlicher aus deutscher Perspektive allerdings aus der Perspektive von Beratern *Borowicz*, M&A Review, 253 ff.; *Klafs*, Bus. L. Rev. 2003, 283 ff.; *Schiessl*, ZGR 2003, 814 ff.; *De Rose/Westhoff*, FINANCE Magazin Juli/August 2004, 94; *Schwetzler/Aders/Salcher/Bornemann*, FB 2005, 106 ff.
[392] Äußerung des *VA TECH*-Vorstandes zum Übernahmeangebot der *Siemens AG* Österreich vom 17.12.2004 mit Bezug auf die *inadequacy opinion* der Investment Bank *J.P. Morgan*.
[393] *Cafritz/Jacob*, Financier Worldwide International M&A Review, 23, 24; *Cafritz/Caramalli*, Recueil Dalloz 2004, 122, 123; *Cafritz/Caramalli*, Décideurs Stratégie Finance Droit vom 22.1.2004, 36; *Cafritz/Caramalli*, La Semaine Juridique Entreprise et Affaires 2004, 805 mit Hinweis auf die *fairness opinions* in den Transaktionen *Kingfisher/Castorama, Serono/Genset* und *Financière PAI/Grand Vision*.
[394] *Granier*, 115 Rev. Sociétés (1997), 699, 702, mit der Definition einer *attestation d'équité*: „*la vérificatin, effectuées par un expert extérieur, d'une opération financière particulière accomplie par une société cotée*".

wortung unterscheiden sich die französischen und US-amerikanischen Regelungen nicht wesentlich.[395]

III. Zwischenergebnis

Nicht nur in Deutschland, sondern auch in anderen kontinentaleuropäischen Rechtssystemen findet das *legal transplant* der *fairness opinion* wenn auch mit unterschiedlicher Gewichtung zunehmende Verbreitung bei Strukturmaßnahmen und Unternehmenstransaktionen. Insbesondere für das deutsche System gilt die französische Feststellung von *Cafritz* und *Caramalli*:

„Aucune loi, ni aucun règlement ne définit l'attestation d'équité ni ne détermine son régime juridique".[396]

Zu einem besseren Verständnis der Rezeption dieses Instruments in der Praxis und der Ableitung seines Anwendungsbereichs in Deutschland ist die *fairness opinion* im Folgenden in die insbesondere im deutschen Schrifttum weit entwickelte Funktionenlehre der Unternehmensbewertung einzuordnen.

B. Funktionen der Unternehmensbewertung in Deutschland

Während die Funktionenlehre der Unternehmensbewertung im deutschen Schrifttum aus der Diskussion des objektiven versus eines subjektiven Unternehmenswerts resultiert, findet sich eine derart explizite Diskussion der Funktionen der Unternehmensbewertung in der amerikanischen Literatur nicht.[397] Vielmehr besteht in der amerikanischen Literatur offensichtlich grundsätzliche Einigkeit, dass der Unternehmenswert subjektiv charakterisiert ist und damit der Wert eines Unternehmens von der jeweiligen Funktion der Unternehmensbewertung abhängt. Die folgenden Ausführungen geben auf Basis des Zweckadäquanzprinzips eine Grundlage über die Funktionen der Unternehmensbewertung für die dann folgende Einordnung der *fairness opinion*. Zunächst sind die Funktion und der Adressat einer Unternehmensbewertung durch den Bewerter zu identifizieren; denn der Bewertungszweck bestimmt die Art und Weise

---

[395] *Cafritz/Caramalli*, La Semaine Juridique Entreprise et Affaires 2004, 805, 810; *Cafritz/Caramalli, Recueil Dalloz 2004, 122, 123; Cafritz/Jacob*, Financier Worldwide International M&A Review 2004, 23, 24, mit Hinweis auf eine Entscheidung des *Cour d'appel de Paris* aus dem Jahr 1999, die die Einholung einer unabhängigen *fairness opinion* bei einer Unternehmenstransaktion zur Wahrung der Organverantwortung zumindest nahe legt und einer Entscheidung des *Cour d'appel de Versailles* aus dem Jahr 2002, die die Legitimationswirkung einer *fairness opinion* bestätigt; *Cafritz/Caramalli*, Décideurs Stratégie Finance Droit, 36, 37, „aucune règle de droit ne permet d'expliquer la différence entre la pratique française et la pratique américaine".
[396] *Cafritz/Caramalli*, La Semaine Juridique Entreprise et Affaires 2004, 805, 806.
[397] *Gerling*, Unternehmensbewertung in den USA, S. 47; *Schultze*, Methoden der Unternehmensbewertung, S. 7.

der Bewertung.[398] Innerhalb der deutschen Literatur wird zwischen der *Kölner Funktionenlehre* und der *Funktionenlehre des IdW* unterschieden.[399]

I. Kölner Funktionenlehre

Die *Kölner Funktionenlehre* geht maßgeblich auf die Arbeiten von *Sieben* und *Matschke* in den ausgehenden sechziger und siebziger Jahren zurück. Sie differenziert zwischen drei Hauptfunktionen und mehreren Nebenfunktionen:[400] Zu den Hauptfunktionen zählen die *Beratungs-, Vermittlungs-, und Argumentationsfunktion* der Unternehmensbewertung. Diese Funktionen lassen sich sowohl auf ganze Unternehmen, auf rechtlich unselbständige Betriebe als auch auf Unternehmensanteile beziehen.

1.) Hauptfunktionen der Unternehmensbewertung

a) Beratungsfunktion[401]

Das Ziel der Unternehmensbewertung im Rahmen der Beratungsfunktion besteht in der Ermittlung des Entscheidungswertes einer an einer Unternehmenstransaktion beteiligten Partei durch einen Gutachter. Dieser Grenzwert gibt für einen präsumtiven Käufer bei unterstelltem rationalen Verhalten den maximal zu zahlenden Preis für das Bewertungsobjekt an, während er aus der Perspektive des potenziellen Verkäufers den mindestens zu fordernden Preis ermittelt.[402] Ein Überschreiten bzw. ein Unterschreiten dieses Grenzpreises stellt gegenüber dem Unterlassen der Transaktion eine ökonomisch suboptimale Entscheidung dar.[403] Der Bestimmung dieses Grenzpreises liegt ein „Nutzenvergleich" zugrunde, mittels dessen ein erwarteter Alternativvertrag bzw. dessen Nutzeneinschätzung auf das Bewertungsobjekt übertragen wird. Folglich bedingt die Bestimmung eines Grenzpreises gemäß dem Relativitätsprinzip einen bekannten Preis eines Vergleichsobjekts.[404] Neben dem Bewertungsobjekt selbst fließen in den Grenzpreis der Zielplan sowie das Entscheidungsfeld der durch den Gutachter vertretenen Partei ein.[405] Damit gilt der Entscheidungswert nur für eine bestimmte Partei; es handelt sich um ein Parteigutachten.[406] So wird beispielsweise bei einer Fusion von zwei Gesellschaften

---

[398] *Piltz*, Unternehmensbewertung, S. 12.
[399] *Hayn*, DB 2000, 1346 ff., zum Vergleich der Funktionslehren.
[400] *Hayn*, Bewertung, S. 40 f.; GK-*Hirte*, § 305 AktG, Rn. 105 ff; *Sieben*, WISU 1983, 539.
[401] Dazu statt vieler *Sieben,* Bewertung von Erfolgseinheiten; *Sieben*, BFuP 1976, 491, 492.
[402] *Sieben*, WISU 1983, 539, 540; *Hayn*, Bewertung, S. 43, m.w.N.
[403] *Sieben/Schildbach*, DStR 1979, 455.
[404] *Moxter*, Unternehmensbewertung, S. 11.
[405] *Bretzke*, ZfB 45 (1975), 497, 498.
[406] *Hayn,* Bewertung, S. 43, „[Der Entscheidungswert] stellt eine kritische Größe dar, ist auf einen bestimmten Entscheidungsträger mit seinem spezifischen Zielsystem bezogen, wird für eine bestimmte Handlung [...] ermittelt und ist nur in bezug auf die einbezogenen, dem Entscheidungsträger ansonsten offenstehenden Handlungsalternativen gültig".

im Rahmen der Beratungsfunktion als Grenzwert der Mindestanteil gesucht, den die jeweils zu beratende Partei an der fusionierten Gesellschaft verlangen muss.[407] In Bezug auf die Synergieeffekte sind bei der Bestimmung des Entscheidungswertes aus der Sicht des Käufers die höheren und aus der Sicht des Verkäufers die niedrigeren Gewinne anzusetzen.[408] Neben der Anwendung in der Beratungsfunktion bildet der Entscheidungswert auch eine wichtige Grundlage für die Bestimmung des Unternehmenswertes innerhalb der anderen im folgenden diskutierten Hauptfunktionen der Unternehmensbewertung.[409] Die Erstattung von Gutachten in der Funktion des Beraters ist in der Praxis hingegen nach Ansicht von *Schildbach* (Schüler von *Sieben*) grundsätzlich nicht gebräuchlich und auch ohne jeden praktischen Wert.[410]

b)   Vermittlungsfunktion[411]

Der Zweck der Vermittlungsfunktion der Unternehmensbewertung besteht in der Ermittlung eines Schiedswertes, um zwischen Parteien mit divergierenden Interessen zu vermitteln. Synonym werden in der Literatur auch die Begriffe des Arbitrium-[412], Vermittlungs- und Schiedsspruchwertes[413] verwendet. Grundsätzlich ist der Schiedswert als Kompromiss aufzufassen, der die Interessen der beteiligten Parteien nach Meinung eines unparteiischen Gutachters in angemessener Weise wahrt.[414] Der Schiedswert kann einerseits die Gestalt einer Empfehlung für die Parteien annehmen. Andererseits können sich die Parteien auch bereits zuvor darauf festlegen, dass sie sich dem durch den unparteiischen Gutachter festgestellten Wert unterwerfen werden. Schließlich kann dieser Unternehmenswert den Parteien ebenfalls durch ein Gerichtsurteil als verbindlich erklärt werden. Die Höhe des Arbitriumwertes ist davon abhängig, ob eine Eigentumsveränderung an dem Bewertungsobjekt nur mit Zustimmung aller beteiligten Personen zustande kommt (nicht beherrschte Konfliktsituation) oder ob ein Eigentumsübergang auch gegen den Willen wenigstens einer am Konflikt beteiligten Partei erzwungen werden kann (beherrschte Konfliktsituation).[415] Grundlage der Bestimmung eines Arbitriumwertes ist die Bestimmung der Entscheidungswerte der Parteien. Auf dieser Basis ist zu prüfen, ob zwischen beiden Werten ein Einigungsbereich besteht. Die mögliche Differenz beider Werte, die den Transaktionsvorteil darstellt, ist sodann nach Maßgabe einer Gerechtigkeits-

---

[407] *Sieben/Schildbach*, DStR 1979, 455, 456.
[408] *Matschke*, Entscheidungswert der Unternehmung, S. 309.
[409] *Sieben*, BFuP 1976, 491, 496.
[410] *Schildbach*, BFuP 1993, 25, 33.
[411] Auch mit der Bezeichnung Konfliktlösungsfunktion; hierzu statt vieler *Matschke*, Arbitriumwert der Unternehmung; *Matschke*, ZfbF 21 (1969), 57 ff.; *Matschke*, BFuP 1971, 508 ff.; *Sieben*, BFuP 1976, 491, 493.
[412] *Matschke*, Arbitriumwert der Unternehmung, S. 19.
[413] *Lutz*, BFuP 1981, 146, 149.
[414] *Matschke*, Arbitriumwert der Unternehmung, S. 19.
[415] *Matschke*, Arbitriumwert der Unternehmung, S. 31.

vorstellung auf die Parteien zu verteilen.[416] Im Fall einer beherrschten Konfliktsituation ist der Arbitriumwert in Höhe des Entscheidungswertes der Partei zu bemessen, gegen deren Willen eine Veränderung der Eigentümerstruktur vorgenommen wird. Damit soll diese Partei nicht schlechter gestellt werden. Demgegenüber bedarf die dominierende Partei keines besonderen Schutzes, da sie nicht zu einer Transaktion gegen ihren Willen gezwungen werden kann und sie einer Abweichung von ihrem Grenzpreis durch den Verzicht auf die Transaktion verhindern kann. Besondere Skepsis ist angebracht, wenn die Arbitriumwerte im Rahmen eines Parteigutachtens mit dem Ziel ermittelt werden, die Ansicht der auftraggebenden Partei über eine gerechte Lösung in die Verhandlung einzubringen. Die Gefahr liegt nahe, dass die Interessen der auftraggebenden Partei in dem Gutachten bevorzugt behandelt werden.[417] Entscheidend für die Qualität des Schiedsgutachtens ist im Ergebnis die Neutralität und Qualität des Gutachters.[418]

c) **Argumentationsfunktion**[419]

Innerhalb der Argumentationsfunktion besteht die Aufgabe des Bewerters darin, eine Partei durch den Ansatz eines Unternehmenswertes argumentativ so zu unterstützen, dass das von dieser Partei angestrebte Verhandlungsergebnis möglichst weitgehend erreicht wird.[420] Dabei fungiert der Argumentationswert in Verhandlungen als vermeintlicher Entscheidungswert, während der tatsächliche Entscheidungswert einer Partei naturgemäß in der Verhandlung nicht offen gelegt wird. Es wird beabsichtigt, den Verhandlungspartner argumentativ dazu zu bewegen, in einen möglichst in der Nähe seines Entscheidungswertes liegenden Preis einzuwilligen.[421] Wenn der Argumentationswert glaubwürdig sein soll, ist die Flexibilität dieses Wertes erforderlich, die Zugeständnisse innerhalb des Verhandlungsprozesses ermöglicht. Die letzte Rückzugslinie stellt dabei der nicht offen zu legende Entscheidungswert dar. Um einen möglichst hohen Anteil des Transaktionsvorteils zu erhalten, legen Parteien für sie günstige Unternehmenswerte vor.[422] Innerhalb dieser möglichst „vertrauenswürdigen", durch einen unabhängigen Dritten erstellten Gutachten greifen die Gutachter gern auf die ältere Lehre des

---

[416] *Sieben/Schildbach*, DStR 1979, 455, 457.
[417] *Sieben/Schildbach*, DStR 1979, 455, 457.
[418] *Ragotzky*, Unternehmensverkauf, S. 163.
[419] Dazu statt vieler *Arbeitskreis „Unternehmensbewertung im Rahmen der unternehmerischen Zielsetzung"*, ZfbF 28 (1976), 99 ff.; *Hafner*, BFuP 1993, 79 ff.; *Lutz*, BFuP 1981, 146 ff.; *Matschke*, BFuP 1976, 517 ff.; *Sieben*, BFuP 1976, 491, 493; *Wagenhofer*, BFuP 1988, 532 ff.
[420] *Hafner*, BFuP 1993, 79, „die Bewertung *belegt, untermauert* und *setzt* schließlich eine Verhandlungsposition *durch";* Lutz, BFuP 1981, 146, 148; *Matschke*, BFuP 1976, 517, 521.
[421] *Wagenhofer*, BFuP 1988, 532, 548 f.; *Ragotzky*, Unternehmensverkauf, S. 163.
[422] *Matschke*, BFuP 1976, 517, 521, „gleichzeitig ist aber davon auszugehen, dass die Zahlen und Daten des Gutachtens nicht in täuschender oder betrügerischer Absicht zusammengestellt worden sind"; *Sieben/Schildbach*, DStR 1979, 455, 457.

objektiven Wertes zurück.[423] Der Anspruch auf Objektivität bildet ein wirksames Gegengewicht zu der Annahme, dass die Preisfindung an den jeweiligen Interessen des Auftraggebers ausgerichtet sei. Da es höchst unterschiedliche Auffassungen über die Bestimmung der Parameter des Unternehmenswertes gibt, eröffnet sich aber auch hier die Möglichkeit, einerseits verschiedene Werte in der Bewertung zu rechtfertigen und andererseits den Ausgangswert im Laufe der Verhandlung ohne allzu großen Gesichtsverlust für den Bewertenden anzupassen.[424] Diese Gutachten werden ihrem Zweck nur dann gerecht, wenn sie einen parteiischen und für die beauftragende Partei vorteilhaften Wert beinhalten. Daher lässt sich eine rationale gegnerische Partei in der Regel von einem derartigen Gutachten nicht beeinflussen.[425] Argumentationswerte können neben Verhandlungen mit externen Parteien auch innerhalb der Entscheidungsgremien einer Partei verwendet werden, um deren Zustimmung für eine Unternehmenstransaktion zu erhalten.[426]

2.) Nebenfunktionen der Unternehmensbewertung

Im Gegensatz zu den Hauptfunktionen der Unternehmensbewertung sind ihre Nebenfunktionen in der Literatur nicht abschließend definiert.[427] Ein gemeinsames Merkmal der Nebenfunktionen besteht allerdings darin, dass das Unternehmen nicht primär zum Zwecke von Entscheidungen bewertet wird, die eine Veränderung der Eigentumsstruktur Unternehmens zur Folge haben. Auf Grund der damit sehr begrenzten Relevanz für die Thematik der *fairness opinion* gehen die nachstehenden Ausführungen nur auf die wichtigsten Nebenfunktionen der Kölner Funktionenlehre ein.

a) Bilanzbemessungsfunktion

Innerhalb der Bilanzbemessungsfunktion besteht die Aufgabe des Bewerters darin, eine Unternehmung anhand von handelsrechtlichen Normen im Rahmen der Jahresabschlusserstellung in der Bilanz abzubilden. Der ermittelte Bilanzwert dient der internen und externen Informationsfunktion und der Kompetenzabgrenzungsfunktion der Bilanz.[428]

---

[423] *Strasser*, Informationsasymmetrien, S. 135.
[424] *Sieben/Schildbach*, DStR 1979, 455, 457; kritisch *Mattern*, Der Sachverständige 2001, 196, „im Vordergrund steht die Verhandlungsstrategie, in deren Rahmen theoretisch noch so zweifelhafte Unternehmenswerte als Argumentationsgrundlage herangezogen werden".
[425] *Sieben/Schildbach*, DStR 1979, 455, 457; *Wagenhofer*, BFuP 1988, 532, 548; *Ragotzky*, Unternehmensverkauf, S. 163.
[426] *Arbeitskreis „Unternehmensbewertung im Rahmen der unternehmerischen Zielsetzung"*, ZfbF 28 (1976), 99, 101; *Matschke*, BFuP 1976, 517, 519.
[427] *Sieben*, WISU 1983, 539.
[428] *Sieben*, BFuP 1976, 491, 494.

b) Steuerbemessungsfunktion

Im Rahmen der Steuerbemessungsfunktion der Unternehmensbewertung werden die Steuerbemessungsgrundlagen ermittelt. Ihr Anwendungsbereich erstreckt sich auf die Bewertung von Beteiligungen für verschiedene Steuerarten; nach Entfallen der Vermögenssteuer per 1. Januar 1997 betrifft dies insbesondere die Erbschaftssteuer.[429] Dabei müssen die Steuerbemessungsgrundlagen den Forderungen nach Rechtssicherheit und Steuergerechtigkeit entsprechen. Innerhalb dieser Nebenfunktion der Unternehmensbewertung ist zu berücksichtigen, dass es sich im Gegensatz zu den übrigen Funktionen hier um stark normierte und nachprüfbare Verfahren (insbesondere das so genannte Stuttgarter Verfahren) der Unternehmensbewertung handelt.[430]

c) Vertragsgestaltungsfunktion

Das Ziel der Vertragsgestaltungsfunktion der Unternehmensbewertung besteht darin, Wertgrößen im Rahmen von Vertragsgestaltungen festzuschreiben mit der Zielsetzung, bestimmte Interessen vertraglich zu kodifizieren. Diese können u.a. in der Erhaltung eines festen Gesellschafterkreises innerhalb von Personengesellschaften bestehen, was durch rechtlich unter Umständen bedenklich niedrige vertragliche Abfindungen beim etwaigen Ausscheiden von einzelnen Gesellschaftern erreicht werden kann.[431]

II. Funktionenlehre des Instituts der Wirtschaftsprüfer

Die Funktionenlehre des IdW unterscheidet im Gegensatz zur Kölner Funktionenlehre nicht zwischen Haupt- und Nebenfunktionen der Unternehmensbewertung, sondern differenziert die Funktionen anhand der Tätigkeit des Wirtschaftsprüfers in die Funktion des neutralen Gutachters, die des Beraters des Käufers oder Verkäufers bei subjektiven Bewertungsüberlegungen oder die des Schiedsgutachters in der Vermittlungsfunktion. Dabei geht die Funktionenlehre des IdW, die auch als phasenorientierte Funktionenlehre bezeichnet wird,[432] auf eine Verlautbarung des Arbeitskreises Unternehmensbewertung des IdW aus dem Jahre 1980 zurück.[433] Aktuell liegen der Funktionenlehre des IdW die Grundsätze zur Durchführung von Unternehmensbewertungen (IDW S1) zugrunde (hierzu unten S. 127 ff.).[434] Wenngleich die Kölner Funktionenlehre und die des IdW auf den ersten Blick sehr ähnlich erscheinen, unterscheiden sie sich bei näherer Analyse deutlich im Hinblick auf ihre Perspektiven und die ih-

---

[429] *Mattern*, Der Sachverständige 2001, 196; *Piltz*, Unternehmensbewertung in der Rechtsprechung, S. 317.
[430] GK-*Hirte*, § 305 AktG, Rn. 122; *Mattern*, Der Sachverständige 2001, 196, mit dem Hinweis, dass die so ermittelten Unternehmenswerte in der Regel (deutlich) unter dem Verkehrswert des Unternehmens liegen.
[431] *Hayn*, Bewertung, S. 40.
[432] *Schildbach*, BFuP 1993, 25, 29.
[433] *Arbeitskreis Unternehmensbewertung*, WPg 1980, 409 ff.

nen zugrunde liegenden Basiswerte.[435] Die Funktionenlehre des IdW betont ungleich stärker den Objektivierungs- und Neutralitätsgedanken und erkennt die Argumentationsfunktion nicht als eigenständige Funktion der Unternehmensbewertung an.[436]

1.) Funktion als neutraler Gutachter

In der Funktion des neutralen Gutachters ermittelt der Bewerter einen objektivierten Wert des Unternehmens.[437] Dieser kann sowohl Ausgangspunkt für die Vertragsverhandlungen zwischen den Parteien sein oder der Bewertung in dominierten Situationen ohne Verhandlungsspielraum dienen. Innerhalb dieser Funktion soll sich der Wirtschaftsprüfer durch „Unabhängigkeit und sachbezogene Objektivität" auszeichnen. Dabei ist das Unternehmen so zu bewerten, „wie es steht und liegt". In der Praxis nimmt der Wirtschaftsprüfer die Funktion des neutralen Gutachters u.a. zur Aufbereitung der für Verhandlungen notwendigen Datenbasis wahr. Auf diese Weise kann vermieden werden, dass der Kaufinteressent bereits zu weitgehende Einblicke in die Interna des Kaufobjekts erhält. Im Gegensatz zur Argumentationsfunktion der Kölner Funktionenlehre zeichnet sich die Funktion des neutralen Gutachters durch einen unparteiischen Ansatz aus. Die Einbeziehung parteiorientierter subjektiver Überlegungen verschiebt die Funktion des neutralen Gutachters zur Beratungs- oder Vermittlungsfunktion.[438]

2.) Funktion als Berater

Entsprechend der zuvor dargestellten Beratungsfunktion der Kölner Funktionenlehre gibt der in der Funktion als Berater ermittelte Wert den Entscheidungswert einer der beteiligten Parteien an.[439] Allerdings unterscheiden sich beide Ansätze in der Vorgehensweise zur Ermittlung des Entscheidungswertes. Während die *Kölner Funktionenlehre* den Entscheidungswert direkt ermittelt, wird nach dem Ansatz des IdW zunächst der objektivierte Wert bestimmt, der anschließend in der so genannten Bewertungsphase um die individuellen Wert- und Nutzenvorstellungen der zu beratenden Partei angepasst wird.[440] Abweichend von der grundsätzlich zweistufigen Wertermittlung in der Funktion des Beraters kann nach neuerer Ansicht in Ausnahmefällen auch eine direkte Ermittlung subjektiver Entscheidungswerte durch den Wirtschaftsprüfer sachgerecht sein.[441] Die dem objektivierten Wert zugrunde liegenden

---

[434] *IDW S1*, WPg 2005, 1303 ff.
[435] *Schildbach*, BFuP 1983, 25, 29.
[436] *Hommel/Braun/Schmotz*, DB 2001, 341; *Peemöller*, DStR 2001, 1401, 1402.
[437] So bereits *Arbeitskreis Unternehmensbewertung*, WPg 1980, 409, 412.
[438] *IdW*, Wirtschaftsprüfer-Handbuch, Rdn. A 35.
[439] So bereits *Arbeitskreis Unternehmensbewertung*, WPg 1980, 409, 413.
[440] *IdW*, Wirtschaftsprüfer-Handbuch, Rdn. A 41.
[441] *IdW*, Wirtschaftsprüfer-Handbuch, Rdn. A 42.

bewertungsrelevanten Daten werden unter Berücksichtigung von subjektiven und folglich parteiischen Überlegungen aufbereitet. Vor dem Hintergrund des Berufsgrundsatzes der Unparteilichkeit bestehen im Schrifttum durchaus Vorbehalte gegenüber der Ermittlung von Entscheidungswerten durch einen Wirtschaftsprüfer.[442] Zumindest soll ein Gutachten, das innerhalb der Beratungsfunktion unter Berücksichtigung der subjektiven Wertvorstellungen des Auftraggebers durch einen Wirtschaftsprüfer erstellt wird, einen Hinweis auf den Auftrag und die daraus ableitbaren Bewertungsfunktionen enthalten.[443]

3.) Funktion als Schiedsgutachter

Im Rahmen seiner schiedsgutachterlichen Funktion ermittelt der Bewerter unter Gerechtigkeitsaspekten einen fairen Einigungspreis, der auch als Schiedsspruchwert bezeichnet wird.[444] Dem Bewerter kommt damit eine vermittelnde Funktion zwischen Parteien mit divergierenden Interessen zu.[445] Der Wirtschaftsprüfer nimmt diese Aufgabe ohne wertbildende Mitwirkung der befangenen Parteien wahr.[446] Der so ermittelte Schiedsspruchwert kann einerseits in einer privatrechtlichen Konfliktsituation unmittelbar für die Parteien verbindlich werden oder andererseits nach Vorgabe rechtlich normierter Einigungsregeln und ergänzender Würdigung einzelner wertbildender Elemente für die Parteien bindend werden. Ausgangspunkt dieser Bewertung ist ein objektivierter Unternehmenswert (zum Begriff unten S. 127 f.). Um einen fairen Einigungswert im Sinne eines Schiedsspruchwertes zu erhalten, wird dieser Wert alsdann um subjektive Werteinschätzungen ergänzt, sofern diese intersubjektiv angemessen und gerecht in ihrem Umfang sind.[447] Bei dieser Anpassung sollte der Schiedsgutachter etwa Synergieeffekte, die intersubjektiv angemessen und fair sind, berücksichtigen.[448] Werteinschätzungen des Gutachters sind bei diesem Vorgehen durch rationales Verhalten sowie ökonomisch vertretbare und fachlich qualifizierte Einschätzungen zu bestimmen. Hinsichtlich der zu verfolgenden Aufgabenstellung besteht zwischen der Vermittlungsfunktion der Kölner Funktionenlehre und der Funktion des Schiedsgutachters des IdW eine weitgehende Übereinstimmung; beide Ansätze ermitteln einen Schiedsspruchwert zwischen den subjektiven Wertvorstellungen der Verhandlungsparteien unter Beachtung des Gerechtigkeitspostulats.

---

[442] *Schildbach*, BFuP 1993, 25, 30.
[443] *IdW*, Wirtschaftsprüfer-Handbuch, Rdn. A 40.
[444] So bereits *Arbeitskreis Unternehmensbewertung*, WPg 1980, 409, 413.
[445] *Lutz*, BFuP 1981, 146, 148.
[446] *IdW*, Wirtschaftsprüfer-Handbuch, Rdn. A 43.
[447] *Hayn*, DB 2000, 1346, 1348.
[448] *IdW*, Wirtschaftsprüfer-Handbuch, Rdn. A 46.

III. Zwischenergebnis

Die Gegenüberstellung der unterschiedlichen Funktionen der Unternehmensbewertung macht die gänzlich unterschiedlichen Ziele der Bewertung deutlich. Entscheidungswert, Vermittlungswert und Argumentationswert eines Unternehmens werden in der Regel nicht übereinstimmen. Dennoch werden in Schrifttum und Praxis Wertansätze, die zu der Erfüllung einer spezifischen Funktion geeignet sind, teils unreflektiert in andere Funktionen übernommen.[449] Für die Einordnung der *fairness opinion* in Deutschland schafft die Funktionenlehre eine wesentliche theoretische Grundlage.

---

[449] *Sieben*, BFuP 1976, 491, 496.

C. Funktionen der *Fairness Opinion*

I. Legitimationsfunktion

In den USA kommt der Legitimationsfunktion der *fairness opinion* wie zuvor dargelegt eine hohe Bedeutung zu. Vor dem Hintergrund der vorherigen Ausführungen zum Fall *Trans Union* und seinen Auswirkungen stellt sich die Frage, ob dem Instrument der *fairness opinion* im deutschen Organhaftungsrecht eine vergleichbare Rolle zuteil werden kann. Bislang wurde in Deutschland zumeist davon ausgegangen, dass drohende Schadenersatzansprüche im Rahmen der Corporate Governance rechtspraktisch wirkungslos bleiben, da es in der Vergangenheit nur ganz selten zu Haftungsklagen gegen Vorstands- und Aufsichtsratsmitglieder gekommen ist.[450] Daher ist der Legitimationsfunktion der Unternehmensbewertung in Deutschland bislang eine untergeordnete Bedeutung beigemessen worden und sie findet auch keine Beachtung in den theoretischen Modellen der Bewertungsfunktionen. Dies konnte in der Vergangenheit insbesondere auf hohe Hürden bei der Durchsetzung von Haftungsansprüchen durch Aktionäre und das zurückhaltende Verhalten von Aufsichtsräten zurückgeführt werden.[451] Zudem kam dem Institut der Anfechtungsklage eine im Vergleich zur Organhaftung wesentlich größere Bedeutung zu. Nicht zuletzt infolge der Aktienbaisse hat die Organverantwortung jedoch eine neue Aufmerksamkeit in Schrifttum, Rechtsprechung und Gesetzesvorhaben in Deutschland gefunden. Das Erfolgsrisiko von Strukturmaßnahmen verbleibt letztlich jedoch bei den Anteilseignern und kann nicht mittels einer erweiterten Organhaftung auf die Mitglieder der Verwaltungsorgane abgewälzt werden;[452] denn auch in der deutschen Rechtsprechung und im Schrifttum besteht Einigkeit, dass die wirtschaftliche Entscheidung dem zuständigen Unternehmensorgan und nicht dem Gericht obliegt.[453] Eine gerichtliche Überprüfung der getroffenen Maßnahmen auf ihre wirtschaftliche Zweckmäßigkeit hin kommt daher grundsätzlich auch in Deutschland nicht in Betracht.[454] Insbesondere mit der Diskussion um das im September 2005 in Kraft getretene UMAG haben sich die Rahmenbedingungen für eine in der Art und Weise des Entscheidungsprozesses begründeten Organhaftung jedoch nachhaltig verschärft. Im Rahmen der folgenden Analyse ist diesbezüglich zwischen der Organverantwortung von Vorstand und Aufsichtsrat in der dualistisch geprägten deutschen Unternehmensverfassung zu differenzieren.

---

[450] *ohne Verfasser*, DB 1996, 2021, 2022, Beschlüsse des 61. Deutschen Juristentages Karlsruhe 1996, Beschlusspunkt 21; *Hommelhoff/Mattheus*, AG 1998, 249, 258.
[451] Statt vieler *Schaefer/Missling*, NZG 1998, 441.
[452] *Schaefer/Missling*, NZG 1998, 441, 444.
[453] LG Stuttgart, DB 1993, 472, 473; *Dreher*, ZHR 158 (1994), 614, 631.
[454] LG Stuttgart, DB 1993, 472, 473; *Dreher*, ZHR 158 (1994), 614, 631.

1.) Organverantwortung des Vorstands

a) Sorgfaltspflichten des Vorstands vor Umsetzung des UMAG

Der Vorstand hat die Gesellschaft unter eigener Verantwortung zu leiten (§ 76 Abs. 1 AktG). Diese Regelung impliziert die Notwendigkeit von und den Freiraum für Entscheidungen der Verwaltung und setzt die Einräumung von Leitungsermessen bezüglich mehrerer Handlungsalternativen voraus.[455] Dabei ist es dem Vorstand nicht möglich, das sich daraus ergebende Haftungsrisiko mittels Satzung oder vertraglich auszuschließen.[456] Nach § 93 Abs. 1 AktG haben die Vorstandsmitglieder bei ihrer Geschäftsführung den Sorgfaltsmaßstab eines ordentlichen und gewissenhaften Geschäftsleiters anzuwenden. Diese Vorschrift stellt eine Generalklausel dar, die eine umfassende Sorgfaltspflicht der Vorstandsmitglieder gegenüber der Gesellschaft statuiert.[457] Das Maß der anzuwendenden Sorgfalt kann dabei nicht absolut bestimmt werden, sondern muss sich nach der konkreten Situation richten, für die die Frage nach der Sorgfaltsmäßigkeit des Organhandelns auftritt.[458] Dem Vorstand kommt somit ein Gestaltungsspielraum zu, der im Wege der Auslegung aus § 93 Abs. 1 Satz 1 AktG hergeleitet wird.[459] Dieses Ermessen des Vorstands darf allerdings nicht zu der Übernahme eines unvertretbaren Risikos durch den Vorstand führen.[460] Eine fundierte Abwägung von Chancen und Risiken stellt damit eine wesentliche Voraussetzung für die Entscheidungsfindung des Vorstands dar. Nach der *ARAG/Garmenbeck*-Entscheidung des BGH soll der Vorstand wegen Verfahrensfehlern nur dann zum Schadenersatz verpflichtet sein, wenn „die Grenzen, in denen sich ein vom Verantwortungsbewusstsein getragenes, ausschließlich am Unternehmenswohl orientiertes, auf sorgfältiger Ermittlung der Entscheidungsgrundlagen beruhendes unternehmerisches Handeln bewegen muss, deutlich überschritten wurden".[461] Darüber hinaus hat der BGH im Rahmen dieser Entscheidung aber auch betont, dass dem Aufsichtsrat kein autonomer Ermessensspielraum hinsichtlich der Verfolgung begründeter Ansprüche gegenüber dem Vorstand mehr zusteht, wenn die zuvor beschriebenen Ermessensgrenzen überschritten wurden.[462]

---

[455] *Kindler*, ZHR 162 (1998), 101, 105 mit Hinweis auf BGHZ 125, 239, 248.
[456] *Buchta*, DStR 2003, 740, 744; *Pielorz/Sieg*, PHi 2000, 77, 87, dies folgt aus dem Umkehrschluss zu § 93 Abs. 4 Satz 3 AktG, entsprechendes gilt für den Aufsichtsrat.
[457] Als Parallelnormen für die Geschäftsführer einer deutschen GmbH sind § 43 GmbHG und für die Vorstände einer deutschen Genossenschaft § 34 GenG zu nennen.
[458] GK-*Hopt*, § 93 AktG, Rdn. 79.
[459] *Thümmel*, DB 2004, 471.
[460] *Semler*, in: FS Ulmer, S. 627, 641.
[461] BGHZ 135, 244, 253 f.
[462] BGHZ 135, 244; dazu *Kiethe*, NZG 1999, 976, 977.

b)   Rezeption der *Business Judgment Rule* für den Vorstand

aa)   Aktienrechtliche Normierung der *Business Judgment Rule*

Die Rechtsidee der US-amerikanischen *business judgment rule* (dazu oben S. 34 ff.) ist für das deutsche Recht nicht grundsätzlich neu; denn bereits in der amtlichen Begründung des Aktiengesetzes von 1937 wird ausgeführt, dass dem Vorstand durch allzu strenge Haftung nicht jeder Mut zur Tat genommen werde dürfe und damit eine Erfolgshaftung des Vorstands abzulehnen sei.[463] In diesem Kontext stellte *Wimpfheimer* bereits 1932 die erforderliche Sorgfalt eines Geschäftsleiters der eines Beamten gegenüber.[464] Letzterer habe dafür zu sorgen, dass dem Staat kein Schaden entsteht, und jede Maßnahme zu unterlassen, die zu einem solchen führen könnte. Ein entsprechendes Verhalten des Geschäftsleiters muss jedoch zwangsläufig zum Ende seiner wirtschaftlichen Betätigung führen, so dass dieser Ansicht auch aus ökonomischer Perspektive zuzustimmen ist. Die Verwaltungsorgane sollen sinnvolle, gleichzeitig jedoch auch riskante Entscheidungen mit hohem Erwartungswert treffen, die für die Aktionäre von größerem Nutzen sind als weniger riskante Entscheidungen mit geringerem Erwartungswert.[465] Im Kontext der Anerkennung der KGaA ohne natürlichen Komplementär äußerte sich der BGH auch dahingehend, dass Anreize für Unternehmensleiter nicht zu Gunsten eines übertrieben defensiven Verhaltens gesetzt werden dürften; denn andernfalls würden sie risikobehaftete Geschäftschancen zum Schaden von Gesellschaftern und Gläubigern nicht wahrnehmen und möglicherweise den Anschluss an die wirtschaftliche Entwicklung verpassen.[466] Mit dem schon erwähnten *ARAG/Garmenbeck*-Urteil des BGH erhielt die *business judgment rule* somit letztlich auch in Deutschland ihren „höchstrichterlichen Ritterschlag".[467] Das rechtstechnische Konstrukt der *business judgment rule* fand im Folgenden auch die Zustimmung des Deutschen Juristentages im Jahre 2000.[468] Auch die *Reformkommission Corporate Governance* sprach sich für eine aktienrechtliche Normierung der *business judgment rule* in Deutschland aus.[469] So lautet ein Formulierungsvorschlag von *Ulmer* zu einem neu zu fassenden § 93 Abs. 2 AktG: „Eine Pflichtverletzung liegt nicht vor, wenn der Schaden durch

---

[463] Amtliche Begründung zu § 84 AktG 1937, Deutscher Reichsanzeiger und Preussischer Staatsanzeiger 1937, Nr. 28, S. 4.; in diesem Sinne statt vieler *Geßler*, NB 1972 Heft 2, 13, 14; *Grundei/von Werder*, AG 2005, 825; *Sünner*, ZHR 163 (1999), 364, 366, Pflichtwidrigkeit dürfe nicht mit Misserfolg verwechselt werden, denn dies wäre der „Tod" jeden unternehmerischen Handelns.
[464] *Wimpfheimer*, in: FS Pinner, S. 636, 653; zustimmend *Geßler*, NB 1972, Heft 2, 13, 15.
[465] *Eisenberg*, Konzern 2004, 386, 394.
[466] BGHZ 134, 392, 398 = ZIP 1997, 1027, 1029; dazu *Fleischer*, ZIP 2004, 685, 686.
[467] *Fleischer*, in: FS Wiedemann, 827, 837; *Fleischer*, ZIP 2004, 685, 686; *Hopt*, § 93 AktG, Rdn. 81 ff.; *Horn*, ZIP 1997, 1129, 1134; *Kindler*, ZHR 162 (1998), 101, 104 ff.; *Mutschler/Mersmann*, DB 2003, 79; *Paefgen*, AG 2004, 245, 247; zur Rezeption des Konzepts der *business judgment rule* in der Schweiz *Grass*, Business Judgment Rule.
[468] *Baums*, Gutachten F zum 63. Deutschen Juristentag, S. F240.

unternehmerisches Handeln im Interesse der Gesellschaft auf der Grundlage angemessener Informationen verursacht wurde, auch wenn sich dieses Handeln aufgrund späterer Entwicklungen oder Erkenntnisse als für die Gesellschaft nachteilig erweist."[470] Im Rahmen Gesetzes zur Unternehmensintegrität und Modernisierung des Anfechtungsrechts (UMAG) wurde die Normierung einer *business judgment rule* nach US-amerikanischem Vorbild in § 93 Abs. 1 Satz 2 AktG umgesetzt.[471] Damit stellt das UMAG klar, dass eine Erfolgshaftung für Organmitglieder gegenüber der Gesellschaft ausscheidet. Die ursprüngliche Formulierung des Referentenentwurfs[472]

„Wenn das Vorstandsmitglied bei einer unternehmerischen Entscheidung ohne grobe Fahrlässigkeit annehmen durfte, auf der Grundlage angemessener Information zum Wohle der Gesellschaft zu handeln, liegt eine Pflichtverletzung nicht vor."

wurde im Regierungsentwurf[473] nochmals angepasst und in das im September 2005 in Kraft getretene Gesetz[474] übernommen:

„Eine Pflichtverletzung liegt nicht vor, wenn das Vorstandsmitglied bei einer unternehmerischen Entscheidung vernünftigerweise annehmen durfte, auf der Grundlage angemessener Information zum Wohle der der Gesellschaft zu handen."

Damit wird vom deutschen Gesetzgeber eine Differenzierung zwischen der bislang in § 93 AktG formulierten Verhaltensanforderung an den Vorstand und dem nunmehr zu kodifizierenden judiziellen Prüfungsmaßstab getroffen. Vor diesem Hintergrund sind im Folgenden die Tatbestandsvoraussetzungen für die Anwendbarkeit der *business judgment rule* zu analysieren.

bb)   Tatbestandsvoraussetzungen des § 93 AktG i.d. Neufassung durch das UMAG

So bedeutend es vor dem Hintergrund der dargelegten Funktionen der *business judgment rule* ist, dem Verwaltungsorgan einen haftungsfreien Entscheidungsspielraum einzuräumen, so wenig dürfen durch die *business judgment rule* die Verwaltungsratsorgane bei evidenten Pflichtverletzungen von ihrer haftungsrechtlichen Inspruchnahme abgeschirmt werden.[475]

---

[469] *Baums*, Bericht der Regierungskommission Corporate Governance, Rdn. 70.
[470] *Ulmer*, ZHR 163 (1999), 290, 299.
[471] Dazu kritisch *Säcker*, AG 2004, 180, 181.
[472] Referentenentwurf eines Gesetzes zur Unternehmensintegrität und Modernisierung des Anfechtungsrechts (UMAG), S. 1.
[473] Gesetzentwurf der Bundesregierung des Gesetzes zur Unternehmensintegrität und Modernisierung des Anfechtungsrechts (UMAG), S. 4.
[474] Gesetz zur Unternehmensintegrität und Modernisierung des Anfechtungsrechts (UMAG), BGBl. I S. 2802.
[475] *Fleischer*, in: FS Wiedemann, S. 827, 839.

Für die Anwendbarkeit der *business judgment rule* müssen daher die folgenden Tatbestandsvoraussetzungen erfüllt sein:

aaa)   Unternehmerische Entscheidung

Zunächst ist es erforderlich, dass dem Handeln des Vorstands eine unternehmerische Entscheidung, die auf Grund ihrer Zukunftsbezogenheit durch Prognosen und Einschätzungen gekennzeichnet ist, zu Grunde liegt.[476] Dem Begriff der unternehmerischen Entscheidung unterliegt nach dieser Definition auch die bewusste Ablehnung einer Geschäftschance unter Risikogesichtspunkten.[477] Dies entspricht der US-amerikanischen Regelung zur *business decision* als Tatbestandsvoraussetzung der *business judgment rule*.[478] Im Ergebnis stellen die von den Verwaltungsorganen einer Gesellschaft zu treffenden Entscheidungen zu Strukturmaßnahmen und Unternehmenstransaktionen ebenfalls unternehmerische Entscheidungen dar und öffnen damit unter den noch darzustellenden weiteren Voraussetzungen das Tor zum Schutz der Verwaltungsentscheidungen durch die *business judgment rule*.

bbb)   Gutgläubigkeit

Auch in Deutschland wird ein Handeln des Managements in gutem Glauben als Voraussetzung der *business judgment rule* gefordert; denn dieser Maßstab knüpft an den Geltungsgrund und die Grenzen des Geschäftsleiterermessens an.[479] Nach der Begründung des Reg-E zum inzwischen in Kraft getretenen UMAG müsse das Vorstandsmitglied ohne grobe Fahrlässigkeit annehmen dürfen, zum Wohle der Gesellschaft zu handeln. Auch ist doloses Handeln des Vorstands für Gerichte zumeist leicht erkennbar, so dass sich das judizielle Irrtumsrisiko in einem nach den Einschätzungen *Fleischers* und *Oltmanns* vertretbaren Rahmen bewegt.[480] Im Ergebnis reicht die subjektive Gutgläubigkeit des Verwaltungsorgans allerdings nicht aus.

ccc)   Handeln ohne Sonderinteressen und sachfremde Einflüsse

Als eine notwendige Voraussetzung für die Anwendung der *business judgment rule* in Deutschland wird man die Unbefangenheit und Unabhängigkeit des entscheidenden Verwaltungsorgans ansehen müssen. Nach der *ARAG/Garmenbeck*-Entscheidung muss ein „von

---

[476] Gesetzentwurf der Bundesregierung des Gesetzes zur Unternehmensintegrität und Modernisierung des Anfechtungsrechts (UMAG), S. 21, „Unternehmerische Entscheidungen sind infolge ihrer Zukunftsbezogenheit durch Prognosen und nicht justiziable Einschätzungen geprägt"; gegenüber dem RefE wurde der Begriff „Einschätzung" durch „nicht justiziable Einschätzung" ersetzt.
[477] *Kock/Dinkel*, NZG 2004, 441, 443.
[478] Kritisch zur Abgrenzbarkeit des Begriffs *Paefgen*, AG 2004, 245, 251.
[479] *Fleischer*, in: FS Wiedemann, S. 827, 843.
[480] *Fleischer*, in: FS Wiedemann, S. 827, 843; *Oltmanns*, Geschäftsleiterhaftung, S. 275.

Verantwortungsbewusstsein getragenes" Handeln vorliegen.[481] Dies ist nach Ansicht von *Paefgen* nach dem US-amerikanischen Vorbild subjektiv geprägt.[482] Interessenkonflikte des entscheidenden Verwaltungsorgans können insbesondere bei Management-Buy-Outs bestehen.[483] Entsprechend der US-amerikanischen Handhabung ist es auch in Deutschland anerkannt, dass bei *Management-Buy-Out*-Transaktionen die *business judgment rule* wegen der möglichen Interessenkonflikte nicht zur Anwendung kommen kann.[484] Denn hier kann nicht mehr von einer unbefangenen und unabhängigen Entscheidung des Vorstands, die sich ausschließlich – in Worten der *ARAG/Garmenbeck*-Entscheidung[485] – am „Wohl des Unternehmens" ausrichtet, ausgegangen werden.

ddd) Handeln auf der Grundlage angemessener Information

Nach der *ARAG/Garmenbeck*-Entscheidung ist ein Haftungsfreiraum für die Geschäftsleiter nur dann gerechtfertigt, wenn eine sorgfältige Ermittlung der Entscheidungsgrundlagen vorgenommen wurde (entsprechend *process due care*) und der Geschäftsleiter damit auf Basis einer ausreichenden Information gehandelt hat.[486] Dieses Erfordernis wird auch im Rahmen des UMAG aufgestellt. Dabei kommt dem Vorstand ein erheblicher Spielraum bei der Abwägung des Informationsbedarfs zu, wobei die Intensität der Informationsbeschaffung von den Variablen Zeitablauf der Entscheidungsfindung, Ausmaß und Art der zu treffenden Entscheidung und Berücksichtigung anerkannter betriebswirtschaftlicher Verhaltensmaßstäbe festzulegen ist.[487] Der Begriff der „angemessenen Information" bleibt weitgehend offen.[488] Es ist zudem zu berücksichtigen, dass Entscheidungen des Vorstands teils unter einem erheblichen Zeitdruck zu treffen sind, der eine umfassende Entscheidungsvorbereitung einschränken oder erschweren kann.[489] Die nach dem Referentenentwurf in die *subjektive* Einschätzung des Vorstands gelegte Ermittlung des Informationsbedarfs wurde im Schrifttum kritisch diskutiert; denn die Grenze des Ermessens wäre erst beim Vorliegen objektiver grober Fahrlässigkeit

---

[481] BHGZ 135, 244, 253; dazu *Paefgen*, AG 2004, 245, 252.
[482] *Paefgen*, AG 2004, 245, 252.
[483] GK-*Hopt*, § 93 AktG, Rdn. 163; *Fleischer*, AG 2000, 309, 311.
[484] GK-*Hopt*, § 93 AktG, Rdn. 163; *Ebke*, ZHR 155 (1991), 132, 157, mit Verweis auf die US-amerikanische Handhabung.
[485] BGHZ 135, 244, 253.
[486] BGHZ 135, 244, 253; dazu auch *Fleischer*, ZGR 2001, 1, 24; *Goette*, in: FS 50 Jahre Bundesgerichtshof, S. 123, 140 f.; GK-*Hopt*, § 93 AktG, Rdn. 84.
[487] Referentenentwurf des Gesetzes zur Unternehmensintegrität und Modernisierung des Anfechtungsrechts (UMAG), S. 19; *Paefgen*, AG 2004, 245, 253, mit Hinweis auf die Schwierigkeit der richtigen Balance.
[488] *Weiss/Buchner*, WM 2005, 162, 164; *Deutsches Aktieninstitut e.V.*, Stellungnahme UMAG, S. 2; *Deutsche Schutzvereinigung für Wertpapierbesitz e.V.*, Stellungnahme UMAG, S. 2.
[489] Referentenentwurf des Gesetzes zur Unternehmensintegrität und Modernisierung des Anfechtungsrechts (UMAG), S. 19.

überschritten.[490] Auch wenn zur Ermittlung des angemessenen Informationsbedarfs eine zu weit gehende Kontrolle des Entscheidungsergebnisses durch den Richter mit der Folge eines *circum vitiosus* vermieden werden sollte,[491] wäre infolge des Referentenentwurfs eine Veränderung des Verschuldensmaßstabs herbeigeführt worden, wie sie sich weder in der *ARAG/Garmenbeck*-Entscheidung des BGH noch in den Vorschlägen des deutschen Juristentags und der Regierungskommission Corporate Governance gefunden hatte.[492] Vor diesem Hintergrund wurde in dem endgültigen Gesetzentwurf der Bundesregierung und anschließend in dem in Kraft getretenen Gesetz die Perspektive des Organs bei der Beurteilung der Informationsgrundlage durch die Formulierung „annehmen dürfen" begrenzt und objektiviert. Als Maßstab für die Überprüfung, ob die Annahme des Vorstands nicht zu beanstanden ist, dient demnach das Merkmal „vernünftigerweise". Demnach wäre das Vorliegen des Tatbestandsmerkmals mit Blick auf die *ARAG/Garmenbeck*-Rechtsprechung etwa dann zu verneinen, wenn das mit der unternehmerischen Entscheidung verbundene Risiko in völlig unverantwortlicher Weise falsch beurteilt worden wäre.[493] Die Konkretisierung der sich daraus ergebenden Informationsobliegenheit wird im Kontext der *fairness opinion* auf S. 91 ff. aufgegriffen.

eee) Ausschlussgründe

Ex negativo sind die folgenden drei Ausschlussgründe für eine Anwendbarkeit der *business judgment rule* in Deutschland zu berücksichtigen: Zunächst ist auch in Deutschland bei einer Verletzung der Treuepflicht entsprechend der US-amerikanischen Handhabung bei einer Verletzung der *duty of loyalty* eine Berufung des Verwaltungsorgans auf die *business judgment rule* ausgeschlossen.[494] Auch nach der in Deutschland verbreiteten Ansicht scheidet die Anwendbarkeit der *business judgment rule* bei Verstößen des Vorstands gegen gesetzliche Pflichten aus; denn sofern der Ermessensspielraum des Vorstands durch hinreichend konkrete und zwingende Normen ausgeschlossen wird, ist ein Gericht in der Lage, die Unternehmens-

---

[490] *Seibert/Schütz*, ZIP 2004, 252, 254; dazu kritisch *Thümmel*, DB 2004, 471, 472: „die Ermittlung des der Tragweite der Entscheidung angemessenen Informationsumfangs mag gelegentlich Schwierigkeiten bereiten. Dies sollte aber kein Grund sein, dem Unternehmensleiter auch hier, gewissermaßen im Vorfeld der Ermessensentscheidung, Erleichterungen zu gewähren. Die Informationsgrundlage ist die unverzichtbare Basis jeder unternehmerischen Entscheidung"; *Ulmer*, DB 2004, 859, 861 f.: „der Verzicht auf diese Haftungsvoraussetzung oder deren Reduzierung auf ein als grob fahrlässig zu qualifizierendes Verhalten wäre daher als sachlich nicht gerechtfertigter, rechtspolitisch abzulehnender Schritt auf eine rechtlich unzureichend kontrollierte Unternehmensleitung hin anzusehen"; a.A. *Kock/Dinkel*, NZG 2004, 441, 444.
[491] *Oltmanns*, Geschäftsleiterhaftung, S. 279 ff., über den Umweg des Entscheidungsverfahrens könnte andernfalls eine ökonomisch abzulehnende Erfolgshaftung der Verwaltungsorgane eingeführt werden; *Paefgen*, AG 2004, 245, 254, mit Verweis auf den Referentenentwurf.
[492] *Hoffmann-Becking*, Börsen-Zeitung vom 14.7.2004, 2.
[493] Gesetzentwurf der Bundesregierung des Gesetzes zur Unternehmensintegrität und Modernisierung des Anfechtungsrechts (UMAG), S. 21.
[494] *Goette*, in: FS 50 Jahre Bundesgerichtshof, S. 123, 130 f.; *Fleischer*, in: FS Wiedemann, S. 827, 844; *Oltmanns*, Geschäftsleiterhaftung, S. 276 f.; *Roth*, Unternehmerisches Ermessen, S. 58 ff.

entscheidungen anhand dieses Verhaltensmusters zu untersuchen und zu beurteilen. Schließlich ist die *business judgment rule* bei einer nutzlosen Verschwendung von Gesellschaftervermögen, entsprechend der US-amerikanischen Vorgaben zum *corporate waste*, nach der in Deutschland herrschenden Ansicht nicht zur Anwendung zu bringen. Damit sind die im deutschen Recht bereits weitestgehend geltenden Ausschlussgründe der *business judgment rule* als deckungsgleich zu dem US-amerikanischen Vorbild anzusehen, dessen Adaption auf die deutschen Verhältnisse die Diskussion über die Kodifikation der *business judgment rule* auch hierzulande in weiten Teilen geleitet hat.

fff) Zwischenergebnis

Mit der Normierung der *business judgment rule* im deutschen Aktiengesetz wurde ein „sicherer Hafen",[495] wie er durch die Rechtsprechung des BGH bereits eröffnet wurde, für die Entscheidungen des Vorstands und mittels Verweisung in § 116 AktG auch für den Aufsichtsrat gesetzlich verankert.[496] „In Deutschland dürfen Unternehmer [demnach] auch künftig noch Risiken eingehen – sie sollten nur wissen, was sie tun."[497] Wenn die dargelegten Funktionsbedingungen zur Eröffnung eines unternehmerischen Wagnisfreiraums nämlich nicht erfüllt sind, muss das Gesetz wieder auf das dem klassischen Treuhandkonzept entsprechende Verbot gesellschaftsschädigenden Verhaltens als Überprüfungsmaßstab zurückgreifen, und es obliegt dem Richter, sich sein eigenes Urteil zu bilden, ob die Entscheidung des Verwaltungsorgans in diesem Sinne richtig und angemessen war.[498] Vor allem aus dogmatischen Gesichtspunkten wird der im Rahmen des UMAG normierten *business judgment rule* allerdings auch Kritik entgegengebracht,[499] die innerhalb dieser Arbeit zur *fairness opinion* jedoch nicht näher betrachtet werden kann.

cc) Verteilung der Darlegungs- und Beweislast

Nach § 93 Abs. 2 Satz 2 AktG trifft in Deutschland im Streitfall den Vorstand die Beweislast dafür, dass er seine Sorgfaltspflichten ordnungsgemäß erfüllt hat (Beweislastumkehr).[500] Streitig ist die Einbeziehung der Pflichtwidrigkeit des Handelns neben dem Verschulden des Verwaltungsorgans in die Beweislastumkehr. In einigen *obiter dicta* hatte sich der BGH ge-

---

[495] *Hopt*, in: FS Mestmäcker, S. 909, 920.
[496] Hierzu unten Fn. 645.
[497] *Seibert*, in: FS Bezzenberger, S. 427, 437, im Kontext des § 91 Abs. 2 AktG.
[498] *Westermann/Paefgen*, JZ 2003, 138, 140; *Paefgen*, Unternehmerische Entscheidungen und Rechtsbindung der Organe, S. 151 ff.
[499] *Kinzl*, AG 2004, R3 f.
[500] In der Beweislastumkehr besteht eine Abweichung von dem allgemeinen Grundsatz der Normentheorie, dass jede Partei die Voraussetzungen einer ihr günstigen Norm zu beweisen hat.

gen eine solche Einbeziehung ausgesprochen.[501] Demgegenüber wurde sowohl von der früheren Rechtsprechung des Reichsgerichts[502] als auch vom neueren Schrifttum[503] die Einbeziehung der Pflichtwidrigkeit des Vorstandshandelns in die Beweislastumkehr befürwortet. Dafür spräche insbesondere, dass das Organmitglied mit seiner Kenntnis des Unternehmens die begleitenden Umstände seines Verhaltens wesentlich besser als ein klagender Aktionär einschätzen könne und die damit einhergehende Beweisnot des Aktionärs nur durch eine vollständige Beweislastumkehr zu vermeiden sei.[504] Die darinliegende *probatio diabolica* hat der BGH in seinem Urteil vom 4. November 2002 jedoch verworfen und durch ein im Schrifttum als zweistufig beschriebenes Verfahren ersetzt.[505] Sache der Gesellschaft bzw. der Anteilseigner ist es demnach darzulegen, dass der Schaden, dessen Ersatz sie fordern, durch ein Verhalten des Organmitglieds verursacht worden ist und dass dies *möglicherweise* auf eine Pflichtwidrigkeit zurückzuführen ist.[506] Allerdings darf der Hinweis auf einen finanziellen Verlust einer Unternehmenstransaktion nicht als ausreichend erachtet werden;[507] denn andernfalls würde die Grenze zu einer aus ökonomischen Erwägungen abzulehnenden Erfolgshaftung verschwimmen. Der Vortrag muss vielmehr auch Umstände des Entscheidungsprozesses benennen, die eine Pflichtverletzung des Managements als *möglich* erscheinen lassen. Dieses Erfordernis setzt allerdings eine ausreichende Information insbesondere der Anteilseigner über die Entscheidungsfindung voraus. Alsdann obliegt es dem Vorstand jedoch nachzuweisen, dass er seine Sorgfaltspflichten erfüllt hat bzw. dass der Schaden auch bei einem pflichtgemäßen Alternativverhalten eingetreten wäre.[508] Wenngleich die Normierung der *business judgment rule* zunächst den Anschein einer umfassenden Rezeption des US-amerikanischen Vorbilds erweckt, liegt auch in der zuletzt durch den BGH konkretisierten Beweislastverteilung ein grundlegender Unterschied beider Systeme; denn nach der US-amerikanischen *business judgment rule* wird ein rechtmäßiges Verhalten des Verantwortlichen vermutet und der

---

[501] So BGH ZIP 1994, 872, 873; BGH NJW 1992, 1166, 1167, ausführlich zur Rechsprechung *Goette*, ZGR 1995, 648 ff.
[502] RGZ 98, 98, 100; RGZ 161, 129, 134, die Gesellschaft brauche nur dazutun, dass ihr aus der Geschäftsgebährung im Rahmen des den Verwaltungsträgern obliegenden Pflichtenkreises ein Schaden entstanden ist.
[503] MüKo-*Spindler*, § 93 AktG, Rdn. 86; GK-*Hopt*, § 93 AktG, Rdn. 285 f.; *Lutter*, ZHR 159 (1995), 287, 305; *Wellkamp*, Vorstand, Aufsichtsrat und Aktionär, Rdn. 703.
[504] BGHZ 152, 280, 283 ff.; GK-*Hopt*, § 93 AktG, Rdn. 252; KK-*Mertens*, § 93 AktG, Rdn. 6; *Hopt*, in: FS Mestmäcker, S. 909, 916; *Paefgen*, AG 2004, 245, 257; *Wellkamp*, Vorstand, Aufsichtsrat und Aktionär, Rdn. 700.
[505] BGHZ 152, 280, 284 = DStR 2003, 124 ff. mit Anmerkung *Goette*.
[506] BGH DStR 2003, 124, 127 mit Anmerkung *Goette;* auch bereits *Goette*, ZGR 1995, 648, 673 f.; zustimmend *Krieger*, in: Gesellschaftsrecht 1995, S. 149, 159; *Westermann/Paefgen*, JZ 2003, 138, 141.
[507] Parallel für den Anwendungsfall von Derivaten von *Randow*, ZIP 1996, 594, 635; eher a.A. GK-*Hopt*, § 93 AktG, Rdn. 285; Baumbach/Hueck-*Zoellner*, § 43 GmbHG, Rdn. 31, jede Minderung des Vermögenswerts sei pflichtwidrig; *Schimmer*, EWiR 2003, 225, 226, zumindest ein Hinweis auf das Korrelativ der *business judgment rule*.

Anspruchsteller muss den Nachweis einer Pflichtverletzung erbringen.[509] Die deutsche Ausgestaltung ist demgegenüber bemerkenswert streng[510] und schafft für das Handeln der Verwaltungsorgane ein zusätzliches Legitimationsbedürfnis. Allerdings sind hierbei auch Unterschiede bei den prozessrechtlichen Möglichkeiten der Aktionäre zu berücksichtigen, gegen Organmitglieder vorzugehen; denn die erfolgreiche Prozessführung gestaltet sich für die Anteilseigner in Deutschland im Vergleich zu den USA bislang deutlich schwieriger.

dd) Konkretisierung der Informationsobliegenheit

Es gilt als allgemein anerkannter Verhaltensgrundsatz, dass der Vorstand als Leitungsorgan der Aktiengesellschaft die Interessen der Gesellschaft als Eigentum der Aktionäre zu wahren hat.[511] Die im bisherigen Wortlaut des § 93 AktG normierten strengen Pflichten repräsentierten in der Vergangenheit abgesehen von dolosen Handlungen allerdings kein „gelebtes Recht".[512] Das Verständnis der Informationspflichten des Vorstands als Obliegenheit, deren Erfüllung die Grundlage für ein Haftungsprivileg bildet, beginnt sich in der deutschen Aktienrechtsdogmatik gerade erst durchzusetzen.[513] Dazu trägt die beabsichtigte Neufassung des § 93 Abs. 1 AktG in erheblichem Maße bei, auch wenn der Begriff der „angemessenen Information" wie zuvor festgestellt (hierzu oben S. 87 f.) zunächst weitgehend offen bleibt. Als besonders haftungsgefährdend werden nach einer aktuellen empirischen Studie von Vorständen deutscher Aktiengesellschaften u.a. die Durchführung von wesentlichen Strukturmaßnahmen und ähnlichen Transaktionen, die Beachtung von Kapitalmarktregeln, der Kauf und Verkauf von Unternehmen(-santeilen) und die Durchführung von Investitionen wahrgenom-

---

[508] *Thümmel/Sparberg*, DB 1995, 1013, 1015; *Paefgen*, AG 2004, 245, 258; *Westermann/Paefgen*, JZ 2003, 138, 141.
[509] *Fleischer*, ZIP 2004, 685, 688; *Linnerz*, NZG 2004, 307, 312; *Lutter*, GmbHR 2000, 301, 308; *Seibert/Schütze*, ZIP 2004, 253, 254; *Roth*, BB 2004, 1066, 1067; zur Beweislast in den USA *Aronson v. Lewis*, 473 A.2d 805, 812 (Del.Sup. 1984), „presumption that in making a business decision the directors of a corporation acted on informed basis, in good faith and in honest belief that the action taken was in the best interests of the company".
[510] *Hommelhoff/Mattheus*, AG 1998, 249, 258; *Schimmer*, EWiR 2003, 225, 226; vgl. die anderslautende Beweislastregelung für die Geltendmachung von Rechtsverletzungen i.S. von § 243 Abs. 1 AktG und § 255 AktG im Wege der Anfechtung; exemplarisch OLG Karlsruhe NZG 2002, 959, 963.
[511] GK-*Hopt*, § 93 AktG, Rdn. 122; *Thümmel*, DB 2000, 461, 462; *Friedrich*, D&O Liability, S. 29, im Hinblick auf Übernahmesituationen.
[512] Hinzuweisen ist hier insbesondere auf die Fälle *Südmilch AG*, *Metallgesellschaft AG*, *Harpener AG*, *Balsam AG* und *Bremer Vulkan AG*; *Baums*, Gutachten F zum 63. Deutschen Juristentag, S. F246; *Baums*, Personal Liabilities of Company Directors, S. 5; *Hoffmann-Becking*, Börsen-Zeitung vom 14.7.2004, 2; *Ihlas*, Organhaftung und Haftpflichtversicherung, S. 398 ff., mit Rechtsprechungsübersicht; *Raiser*, NJW 1996, 552; *Schaefer/Missling*, NZG 1998, 441; *Theisen*, DBW 53 (1993), 295, 303; *Ulmer*, ZHR 163 (1999), 290, 295; *von Werder/Feld*, RIW 1996, 481; *von Werder*, ZfB 67 (1997), 901, 918; *Wiedemann*, Gesellschaftsrecht, S. 624; *Wirth*, in: RWS-Forum Gesellschaftsrecht 2001, S. 99, 101, mit Rechtsprechungsübersicht.
[513] *Hopt*, in: FS Mestmäcker, S. 909, 920 f.; *Horn*, ZIP 1997, 1129, 1134; *Mutter*, Unternehmerische Entscheidungen, S. 220 ff.; *Paefgen*, Unternehmerische Entscheidungen, S. 223; zurückhaltend für eine Inhaltskontrolle *Roth*, Unternehmerisches Ermessen, S. 88.

men.[514] Dabei darf jedoch nicht verkannt werden, dass der Misserfolg einer Unternehmenstransaktion an sich noch keine Pflichtverletzung darstellt.[515] Demgegenüber macht allerdings umgekehrt der Erfolg die Frage nach der Einhaltung der Sorgfaltspflichten in der Regel obsolet. Zu differenzieren ist daher zwischen einer ökonomisch unerwünschten Erfolgshaftung und einer auf den Entscheidungsprozess bezogenen Sorgfaltshaftung der Organe. Letztere zielt auf eine rechtliche Gewährleistung der Funktionsbedingungen, unter denen der unternehmerischen Entscheidung des Vorstands Richtigkeitsgewähr zukommt.[516] Die aus der Informationsobliegenheit des Vorstands abzuleitenden Anforderungen an die Mitglieder des Vorstands sind jedoch in der Vergangenheit in Deutschland anders als in den USA „blass" geblieben.[517] Abgesehen von gesetzlich besonders normierten Pflichten existiert kein definiertes Anforderungsprofil, so dass Wissenschaft, Rechtspraxis und in gewissem Maße auch die Rechtsprechung[518] gefordert sind, Verhaltensrichtlinien für einen ordentlichen und gewissenhaften Unternehmensleiter zu entwickeln. Nach der bislang vorherrschenden Ansicht ist eine unternehmerische Ermessensentscheidung des Vorstands nur dann als pflichtgemäß einzustufen, wenn der Vorstand alle ihm zur Verfügung stehenden Informationsquellen ausgeschöpft hat[519] und gegebenenfalls auch erforderliche Zusatzinformationen beschafft hat.[520] Dabei sind die für die weitere Entscheidung erforderliche Bestandsaufnahme, Problemanalyse und die Abklärung von Handlungsoptionen sicherzustellen.[521] Sofern die eigenen Erkenntnismöglichkeiten und die Sachkenntnis des Vorstands nicht ausreichen, ist der Vorstand verpflichtet, den sachverständigen Rat eines Dritten einzuholen.[522] Dazu werden im Schrifttum insbesondere die Heranziehung von Unternehmensberatern und die Einholung von Marktanalysen gezählt. Nach einer Entscheidung des BGH hat ein Verwaltungsorgan auch bei schwierigen Fragen

---

[514] *Köhler/Marten/Hülsberg/Bender*, BB 2005, 501, 505, wobei die genannten Kategorien nicht trennscharf sind.
[515] Zur Ablehnung der Erfolgshaftung bereits Fn. 463; ebenso MüKo-*Hefermehl/Spindler*, § 93 AktG, Rdn. 24; *Wellkamp*, Vorstand, Aufsichtsrat und Aktionär, Rdn. 682; *Ulmer,* DB 2004, 859, 859 und 860; *Kock/Dinkel*, NZG 2004, 441.
[516] *Paefgen*, Unternehmerische Entscheidungen und Rechtsbindung der Organe, S. 224, mit Bezug auf *Hommelhoff*, Konzernleitungspflichten, S. 174, es gehe gerade nicht darum, durch eine noch so sorgfältig vorbereitete Entscheidung jegliches Fehlschlagsrisiko auszuschließen, sondern um die Erfüllung der *procedural due care*, die ein Haftungsprivileg schafft.
[517] *Oltmanns*, Geschäftsleiterhaftung, S. 278; dies gelte insbesondere auch für die Instrumente der Information; *Grundei/von Werder*, AG 2005, 825, 828, die Wichtigkeit, die dem Tatbestandsmerkmal „angemessener Information" zugemessen wird, stehe in einem auffälligen Missverhältnis zur Klarheit seiner Definiton.
[518] Ein der *Smith v. van Gorkom* Entscheidung vergleichbarer Fall liegt in Deutschland nicht vor, in Deutschland lediglich zu Kalkulationsfehlern, BGH WM 1971, 1548, 1549.
[519] GK-*Hopt*, § 93 AktG, Rdn. 84; KK-*Mertens*, § 93 AktG, Rdn. 29; MüKo-*Hefermehl/Spindler*, § 93 AktG, Rdn. 25; *Semler*, in: FS Ulmer, S. 627, 632; *Paefgen*, Unternehmerische Entscheidungen, S. 225; *Thümmel*, Persönliche Haftung, Rdn. 172; kritisch *Roth*, Unternehmerisches Ermessen, S. 81 ff.; *Ulmer*, DB 2004, 859, 860.
[520] *Schiessl*, ZGR 2003, 814, 824; *Friedrich*, D&O Liability, S. 8, sogar von einer Pflicht zur Selbstinformation innerhalb der Sorgfaltspflicht des Vorstands.
[521] OLG Hamm, ZIP 1995, 1263, 1269.
[522] GK-*Hopt*, § 93 AktG, Rdn. 84; deutlich zurückhaltender *Semler*, Leitung und Überwachung, Rdn. 77, der lediglich die Hinzuziehung von Sachverständigen bei hohem Kapitaleinsatz *empfiehlt*.

der Vertragsgestaltung Rechtsrat einzuholen, um eine etwaige persönliche Haftung für vertraglich übernommene Risiken auszuschließen.[523] Insofern ist der Gestaltungsspielraum des Vorstands sehr eingeschränkt.[524] Die Grenzen einer Pflicht zur Beschaffung externer Expertise werden allerdings allgemein in Fällen einer dringenden Entscheidung des Verwaltungsorgans gesehen.[525]

Einer derart weitreichenden Informationspflicht des Vorstands steht insbesondere das ökonomische, aber auch das rechtswissenschaftliche Schrifttum kritisch gegenüber;[526] denn empirische Studien über Information und Effizienz von Vorstandsentscheidungen indizieren keine positive Korrelation zwischen beiden Größen.[527] Mit Hinweis auf die direkten Kosten der Informationsbeschaffung und die zeitliche Dauer der Erstellung eines Gutachtens als indirekte Kosten, die einen erfolgreichen Geschäftsabschluss unter Umständen vereiteln können, wird ein hohes Niveau der Informationspflichten teilweise kritisiert.[528] Ein routinemäßiges Einholen von Sachverständigengutachten, Beratervoten oder externen Marktanalysen, das ausschließlich einer rein formalen Absicherung diene, sei demnach nicht weiterführend.[529] Unter Berücksichtigung objektiver Zeitzwänge, des Risikos der Transaktion, des Transaktionsvolumens im Verhältnis zum Unternehmenswert, der Möglichkeiten des Informationszugangs und der mit dem Informationsgewinn verbundenen Kosten müsse der Entscheidungsträger vielmehr eine Abwägung treffen dürfen, deren Ergebnis den Umfang der einzuholenden Informationen bestimmt und im Zweifel auch zu einer Entscheidung gegen die Einholung von Informationen führen können müsse.[530] Eine erste Konkretisierung – mit dem Hinweis auf die

---

[523] BGH 1985, DB 1985, 1173 = AG 1985, 165, im Hinblick auf einen GmbH Geschäftsführer; dazu auch Scholz-*U. Schneider*, § 43 GmbHG, Rdn. 93; kritisch *Roth*, Unternehmerisches Ermessen, S. 83, der Verstoß gegen die Pflicht zur Einholung von Rechtsrat wurde nur als „jedenfalls" verschuldensbegründend behandelt; ähnlich *Semler*, Leitung und Überwachung, Rdn. 78, der darauf hinweist, dass zusammengestellte Entscheidungsgrundlagen nicht ohne weiteres zu richtigen Schlussfolgerungen führen müssen.
[524] *Kiethe*, NZG 1999, 976, 982; *Thümmel*, Persönliche Haftung, Rdn. 172.
[525] GK-*Hopt*, § 93 AktG, Rdn. 84; *Fleischer*, in: FS Wiedemann, S. 827, 841; *Bastuck*, Enthaftung des Managements, S. 69; dazu auch GK-*Schilling* (Vorauflage), § 93 AktG, Rdn. 16, unter Hinweis auf das Urteil des RG vom 5.7.1897, RGZ 39, 94, 98 zu den Pflichten des Konkursverwalters (Insolvenzverwalters).
[526] Insbesondere *Cooter/Freedman*, 66 N.Y.U.L. Rev. (1991), 1045, 1065, "to justify the special rules of fiduciary law in economic terms, the increase in the cost of fiduciary services must be more than offset by the gain to principals from the decrease in wrongdoing by fiduciaries"; *von Werder*, ZfB 67 (1997), 901 ff.; dazu auch *Roth*, Unternehmerisches Ermessen, S. 81; *van Aubel*, Vorstandspflichten, S. 64 f.; *Fleischer*, WPg-Sonderheft 2001, 129, 137; *Fleischer*, ZGR 2001, 1, 24; *Mutter*, Unternehmerische Entscheidungen, S. 223 f.; *Ulmer*, DB 2004, 859, 860, ein Rechtssatz „keine haftungsfreie Unternehmensentscheidung ohne vollständige Information" lasse sich nicht aufstellen; rechtsvergleichend *Böckli*, SZW 71 (1999), 1, 5; *Ruffner*, Organverantwortlichkeit als Instrument der Corporate Governance, S. 195, 203 und 214; *von Crone*, in: Organverantwortlichkeit als Instrument der Corporate Governance, S. 235, 249, Fn. 31; *Grundei/von Werder*, AG 2005, 825, 826 f.
[527] *Hauschildt/Gemünden/Grotz-Martin/Haidle*, Entscheidungen der Geschäftsführung, S. 221 ff.; *Witte*, Informationsverhalten in Entscheidungsprozessen, S. 41 f. und 87 f.
[528] *Oltmanns*, Geschäftsleiterhaftung, S. 280 f.
[529] *Weiss/Buchner*, WM 2005, 162, 164.
[530] *Geßler*, NB 1972 Heft 2, 13, 15; *Ulmer*, DB 2004, 859, 860.

Notwendigkeit weiterer Forschung – wurde unlängst mit der Formulierung des Detailbegründungsgrundsatzes und dem Grundsatz der Ausgewogenheit der Entscheidungsvorbereitung angestrebt.[531] Vor dem Hintergrund dieser Grauzonen besteht in Deutschland eine beträchtliche Unsicherheit für die Mitglieder des Vorstands über die Reichweite der ausreichenden Informationsgrundlage zur Vermeidung ihrer persönlichen Haftung selbst bei auf den ersten Blick günstig erscheinenden Geschäftsgelegenheiten.[532]

Diesem Gesichtspunkt tragen das UMAG und dessen Regierungsentwurf Rechnung, indem sie die erforderliche Intensität der Informationsbeschaffung gegenüber dem vorherigen Referentenentwurf konkretisieren.[533] Demnach wird die einzuholende Information anhand des Zeitvorlaufs, des Gewichts und der Art der Entscheidung und unter Berücksichtigung anerkannter betriebswirtschaftlicher Verhaltensmaßstäbe determiniert. Dies entspricht den ökonomischen Erwägungen, die den Informations- und zeitlichen Opportunitätskosten unternehmerischer Entscheidungen angemessen Rechnung tragen.[534] Gleichzeitig wird berücksichtigt, dass der Umfang der einzuholenden Information bei einer Entscheidung unter Risiko nicht nach objektiven Kriterien bestimmbar ist.[535] Die Kenntnis des Entscheidungswertes als rationale Grenze der Konzessionsbereitschaft ist jedoch eine notwendige Voraussetzung für eine erfolgreiche Verhandlung.[536] Eine besondere Bedeutung kommt dabei strategischen Investitionsentscheidungen zu; denn sie bestimmen die Effizienz der internen Kapitalallokation einer Unternehmung und haben einen nachhaltigen Einfluss auf den Unternehmenswert.[537] Damit ist insbesondere bei Unternehmenstransaktionen und Strukturmaßnahmen wohl eine sehr weitgehende Informationspflicht der Entscheidungsträger auch unter ökonomischen Aspekten angezeigt.

Allerdings tritt der Gesetzesentwurf einer generellen Einholung externer Gutachten deutlich entgegen; denn diese Frage ist nach betriebswirtschaftlichen Notwendigkeiten sowie den eignen Möglichkeiten der Gesellschaft zu beantworten und nicht nach formalen Absicherungs-

---

[531] *Grundei/von Werder*, AG 2005, 825 ff.
[532] *Buchta*, DStR 2003, 694; *Hirte*, Kapitalgesellschaftsrecht, Rdn. 3.82; *Roth*, Unternehmerisches Ermessen, S. 83; mit Hinweis darauf, dass „das Finden der haarscharfen Grenzlinie unendlich schwer ist" bereits *Wimpfheimer*, in: FS Pinner, S. 636, 655.
[533] Gesetzentwurf der Bundesregierung des Gesetzes zur Unternehmensintegrität und Modernisierung des Anfechtungsrechts (UMAG), S. 23 f.
[534] Dazu auch *Fleischer*, ZIP 2004, 685, 691, „billigenswerte Mittelllinie"; *Ruffner*, in: Organverantwortlichkeit als Instrument der Corporate Governance, S. 195, 204; *Kock/Dinkel*, NZG 2004, 441, 444.
[535] *Großmann*, Unternehmensziele im Aktienrecht, S. 169, „die Beschaffung zusätzlicher Informationen stellt damit ein Entscheidungsproblem unter Unsicherheit dar, das nicht nach objektiven Kriterien gelöst werden kann, sondern nur nach den persönlichen Risikopräferenzen des Entscheidenden".
[536] *Matschke*, BFuP 1976, 517, 519; *Sieben*, BFuP 1976, 491, 503.

strategien. Schließlich bleibt festzuhalten, dass Verwaltungsorgane im Vergleich zu diversifizierten Anteilseignern risikoaverser sind; denn sie haben in der Regel einen hohen Anteil ihres Vermögens in Form von firmenspezifischem „Humankapital" in der Unternehmung gebunden.[538] Auch aus diesem Grunde kommt der Legitimation einer Entscheidung aus der Perspektive der Verwaltungsorgane eine hohe Bedeutung zu. Unter Berücksichtigung der Möglichkeiten einer Geltendmachung von Ansprüchen gegenüber den Entscheidungsträgern ist daraus im Folgenden die Legitimationsfunktion einer *fairness opinion* abzuleiten.

c) **Treuepflicht des Vorstands**

Als Organ mit treuhänderischer Funktion und besonderer Vertrauensstellung trifft die Vorstandsmitglieder als Wahrer von Fremdinteressen für die Aktiengesellschaft eine über § 242 BGB hinausgehende Treuepflicht.[539] Im Vergleich zu der US-amerikanischen *Duty of Loyalty* (dazu oben S. 53 f.) ist diese Pflicht allerdings in der deutschen Rechtsprechung und Lehre noch unterentwickelt.[540] Die Transparenz gegenüber demjenigen, dessen Interessen wahrgenommen werden, ist nichtsdestoweniger als Kardinalpflicht zu betrachten.[541] Die Vorstandsmitglieder haben daher der Gesellschaft eine angemessene Kontrolle darüber zu ermöglichen, dass sie ihrer Treuepflicht genügen.[542] Insbesondere muss der Vorstand den Eindruck vermeiden, er ließe sich bei der Ausübung seiner Entscheidungen durch Eigen- oder Drittinteressen beeinflussen.[543] In einem sich nach anglo-amerikanischem Vorbild verändernden korporationsrechtlichen Umfeld, das mit einer steigenden Anzahl von Restrukturierungen verschiedener Gestaltungsalternativen unter Maßgabe eines funktionierenden Markts für Unternehmenskontrolle einhergeht, sind über die bekannten Interessenkonfliktsituationen hinaus weitere Transaktionsformen entstanden, die ein Potenzial für Vermögensverschiebungen zulasten der Aktionäre und damit ein Einsatzgebiet für die Treuepflicht bieten.[544] Dazu zählen u.a. Unternehmensübernahmen, Änderungen wichtiger statutarischer Strukturregeln, *Mana-*

---

[537] *Ruffner*, in: Organverantwortlichkeit als Instrument der Corporate Governance, S. 195, 204.
[538] Statt vieler *Ruffner*, in: Organverantwortlichkeit als Instrument der Corporate Governance, S. 195, 205, auch mit Hinweis auf den Einfluss von Anreizsystemen, die das Eingehen von zu hohen Risiken begünstigen; *Hopt*, ZGR 1993, 534, 540 ff. und 546 f.; *von Nussbaum*, Zielgesellschaft, S. 77.
[539] Geßler/Hefermehl/Eckardt/Kropff-*Hefermehl*, § 76 AktG, Rdn. 8; KK-*Mertens*, § 93 AktG, Rdn. 57.
[540] Dazu rechtsvergleichend *Hopt*, in: Corporate Governance and Directors' Liabilities, S. 285, 292; GK-*Hopt*, § 93 AktG, Rdn. 145, Fn. 487; *Hopt*, in: FS Mestmäcker, S. 909, 921; zustimmend *Westermann/Paefgen*, JZ 2003, 138, 140; a.A. *Lutter* ZHR 162 (1998), 164, 176, zumindest aus wissenschaftlich-theoretischer Sicht und mit Hinweis auf eine begrenzte Zahl von Klagen bei Gesellschaften in der Rechtsform der GmbH.
[541] GK-*Hopt*, § 93 AktG, Rdn. 186; *Friedrich*, D&O Liability, S. 25; OLG Karlsruhe, GmbHR 1962, 135, allerdings zum Sachverhalt von Bewirtungsspesen.
[542] GK-*Hopt*, § 93 AktG, Rdn. 186.
[543] GK-*Hopt*, § 93 AktG, Rdn. 145; KK-*Mertens*, § 93 AktG, Rdn. 57; aus der Perspektive der Schweiz *Handschin*, in: FS Forstmoser, S. 169, 171.
[544] *Ruffner*, in: Organverantwortlichkeit als Instrument der Corporate Governance, S. 195, 206 f. und 215.

gement-Buy-Outs (*MBO*) und asymmetrische *Spin-Off*-Transaktionen.[545] Insbesondere hat der *MBO* auch im deutschen Schrifttum – wenn auch überwiegend im Kontext der GmbH – bereits an Bedeutung gewonnen und entsprechende Beachtung gefunden. Demnach kann der Maßstab der *business judgment rule* auch in Deutschland im Fall von *MBOs* nicht zur Anwendung kommen.[546] So dürfen Geschäftsführer einer GmbH nicht daran mitwirken, dass die Gesellschaft Bestandteile ihres Vermögens gegen eine nicht vollwertige Gegenleistung aufgibt.[547] Sofern ein Gesellschafterbeschluss für die Strukturmaßnahme erforderlich ist, sind sie ausdrücklich dazu verpflichtet, die Gesellschafter umfassend über Nutzen und mögliche Nachteile der beabsichtigten Transaktion unter Einbeziehung des Wert des Veräußerungsgegenstandes zu informieren.[548] Die zur Erfüllung dieser Informationspflicht durch das Management einzusetzenden Instrumente werden in der Literatur unterschiedlich beurteilt. Mangels zahlreicher Praxisfälle von *Management-Buy-Outs* bei Aktiengesellschaften beschränken sich die Meinungen im Schrifttum überwiegend auf die Anwendungsfälle bei Gesellschaften mit beschränkter Haftung. So sieht *Adams* in der Durchführung eines *Management-Buy-Outs* ohne die Prüfung der Angemessenheit des Angebots durch außenstehende unabhängige Prüfer und ohne die Veröffentlichung des Prüfungsberichts einen Missbrauch der Vertretungsmacht der Verwaltungsorgane; denn das Management, das im Falle eines Kaufangebots den Altaktionären „zur Seite zu stehen habe", befinde sich hierbei in der Rolle des Bieters mit gegensätzlichen Interessen.[549] Demzufolge sei die Erteilung eines Mandats für die Bewertung des Unternehmens durch einen sachverständigen Dritten zwingend erfoderlich. Ein derartiges Postulat erachtet *Koppensteiner* hingegen mit Hinweis auf die Kosten für einen sachverständigen Dritten bei der GmbH für zu weitgehend.[550] Auch ist nach seiner Ansicht der Grenzpreis der Manager gegenüber den Anteilseignern der Gesellschaft nicht offen zu legen. Wenn *Koppensteiner* dann jedoch fordert, dass trotz dieser Einschränkungen die Pflicht verbleibe, die Gesellschafter umfassend über jene Tatsachen zu informieren, die für den Wert des Unternehmens von Bedeutung sind, lässt er den Weg zur Erfüllung der Informationspflicht allerdings offen.[551] Weiterhin bleibt unklar, ob diese Ansicht auch auf die Verhältnisse in der Aktiengesellschaft Anwendung finden soll. *Weber* verweist für die Konkretisierung dieser

---

[545] *Ruffner*, in: Organverantwortlichkeit als Instrument der Corporate Governance, S. 195, 215.
[546] GK-*Hopt*, § 93 AktG, Rdn. 163; rechtsvergleichend *Ebke*, ZHR 155 (1991), 132, 157.
[547] *Koppensteiner*, ZHR 155 (1991), 97, 110.
[548] Scholz-*U. Schneider*, § 43 GmbHG, Rdn. 119; Rowedder/Schmidt-Leithoff-*Koppensteiner*, § 43 GmbHG, Rdn. 13.
[549] *Adams*, AG 1989, 333, 337, mit Hinweis auf Ausgestaltung der notwendigen Vorsichtsmaßnahmen zur Zulassung von *Management-Buy-Out*-Transaktionen.
[550] *Koppensteiner*, ZHR 155 (1991), 97, 110, mit Einschränkung des Kreises der sachverständigen Dritten auf Wirtschaftsprüfer.
[551] *Koppensteiner*, ZHR 155 (1991), 97, 110.

Pflichten des Managements einer GmbH auf die für die Fallgruppe der *corporate opportunities* entwickelten Grundsätze.[552] Im Ergebnis ist nach Ansicht von *Weber* die Interessenkollision zu Gunsten der Zielgesellschaft zu lösen.[553] Nach diesen Grundsätzen besteht für Vorstandsmitglieder ein Verbot, Geschäftschancen der Gesellschaft an sich zu ziehen und keine für die Gesellschaft nachteiligen Strukturmaßnahmen aus Eigeninteresse vorzuschlagen oder durchzuführen. Dabei handelt es sich um ein aus dem US-amerikanischen Rechtskreis rezipiertes Konzept, welches in diesem Kontext auch auf so genannte MBOs übertragen wurde.[554]

In dem Spezialfall, dass nicht alle Mitglieder des Vorstands einem Interessenkonflikt unterliegen, ist die Entscheidung grundsätzlich von den verbleibenden Mitgliedern zu treffen.[555] Diese Lösung scheidet naturgemäß aus, wenn sämtliche oder zumindest viele der Entscheidungsträger einem Interessenkonflikt unterliegen; denn die Verantwortung lässt sich nicht durch ein Teilgremium[556] und insbesondere nicht durch ein Gremium, welches die Mindestanzahl von Mandatsträgern unterschreitet,[557] erfüllen. *Semler* weist in diesem Kontext darauf hin, dass gleichwohl eine Entscheidung im Interesse des Unternehmens nicht einfach unterbleiben kann und auch die Bestellung eines neutralen Vorstandsmitglieds in der Regel nicht gerechtfertigt ist.[558] Dieses Entscheidungsvakuum kann durch die Einholung einer unabhängigen *fairness opinion* geschlossen werden; denn diese kann sicherstellen, dass die Vorstandsmitglieder in ihrer Entscheidungsfindung nicht von eigenen Interessen fehlgeleitet wurden. Wenngleich ein Handeln in einem Interessenkonflikt nicht notwendigerweise einen Verstoß gegen die Treuepflicht begründet, legt es jedoch zumindest den Verdacht eines pflichtwidrigen Handelns nahe.[559] Vor dem Hintergrund der deutschen Beweislastregel sollte der Vorstand zweckmäßigerweise bereits *ex ante* Maßnahmen ergreifen, die seine Entscheidungsfindung „extern abstützen" und die negative Vermutung widerlegen können. Im Hinblick auf Unternehmenstransaktionen ist zu diesen Maßnahmen inbesondere eine *fairness opinion* zu zählen. Der *fairness opinion* kommt dabei eher der Charakter eines effizienten

---

[552] *Weber*, ZHR 155 (1991), 120, 126, ausschließlich unter Betrachtung der GmbH.
[553] *Weber*, ZHR 155 (1991), 120, 126, lediglich mit Hinweis auf den „schmalen Freiraum" des Managements.
[554] Insbesondere *Mestmäcker*, Verwaltung, S. 166; *Immenga*, personalistische Kapitalgesellschaft, S. 156 ff.
[555] Dazu aus Schweizer Perspektive *von der Crone*, in: Organverantwortlichkeit als Instrument der Corporate Governance, S. 235, 244 f.
[556] *Von der Crone*, SZW 66 (1994), 1, 5; *von der Crone*, in: Organverantwortlichkeit als Instrument der Corporate Governance, S. 235, 245.
[557] BayObLG, ZIP 2003, 1194, 1195; dazu *Hirte*, NJW 2005, 477, 481.
[558] *Semler*, in: FS Ulmer, S. 627, 638.
[559] *Von der Crone*, 66 (SZW 1994), 1, 8 f.; *von der Crone*, in: Organverantwortlichkeit als Instrument der Corporate Governance, S. 235, 244.

Mechanismus zur Interessenwahrung der Anteilseigner zu, als dies durch ein reines Neutralitätsgebot des Vorstands erreicht werden könnte.

d) Geltendmachung von Pflichtverletzungen im Rahmen der Organinnenhaftung

Nach dem bisherigen deutschen Recht besteht die Haftung des Vorstands grundsätzlich nicht unmittelbar gegenüber den Aktionären der Gesellschaft.[560] Bei Strukturmaßnahmen bzw. Unternehmenstransaktionen entsteht in der Regel ein so genannter Reflexschaden; denn einerseits ist die Gesellschaft durch Minderung ihres Gesellschaftsvermögens geschädigt und andererseits sind die Anteilseigner durch Wertverluste ihrer Anteile geschädigt. Der Schaden der Anteilseigner zeigt sich jedoch in der Regel als Reflex des Schadens der Gesellschaft und kann daher nicht doppelt geltend gemacht werden.[561] Die zunächst allein der Gesellschaft zustehenden Ansprüche gegenüber dem Vorstand aus § 93 AktG können allerdings unter Mitwirkung der Anteilseigner geltend gemacht werden.

aa) Durchsetzung durch den Aufsichtsrat

Gegenüber dem Vorstand einer Gesellschaft werden Schadenersatzansprüche der Organinnenhaftung wegen Pflichtverletzungen in Deutschland vom Aufsichtsrat geltend gemacht, der die Gesellschaft dem Vorstand gegenüber vertritt (§ 112 AktG). Der BGH hat in seiner *ARAG/Garmenbeck*-Entscheidung die Verpflichtung des Aufsichtsrats zur Geltendmachung von Schadenersatzansprüchen gegenüber dem Vorstand verdeutlicht.[562] Von dieser Verpflichtung darf der Aufsichtsrat nur absehen, wenn gewichtige Gründe des Gesellschaftswohls gegen eine Rechtsverfolgung der Ansprüche sprechen. Insofern wird erwartet, dass die häufig nicht veröffentlichte Geltendmachung derartiger Ansprüche entgegen der früheren Praxis zukünftig in Deutschland zunehmen wird.[563] Allerdings kann die Motivation der Aufsichtsratsmitglieder zur Durchsetzung der Ansprüche gegenüber dem Vorstand durch eine etwaige hiermit verbundene eigene Verletzung der Überwachungspflicht (§ 111 Abs. 1 AktG) und der sich daraus ergebenden eigenen Haftung des Aufsichtsrats (§ 116 AktG) konterkariert werden.[564] Wegen dieser potenziellen Interessenkonflikte ist ein eigenes Verfolgungsrecht der Anteilseigner der Gesellschaft zwingend erforderlich.[565]

---

[560] Deutlich GK-*Hopt*, § 93 AktG, Rdn. 469; KK-*Mertens*, § 93 AktG, Rdn. 169; MüKo-*Hefermehl/Spindler*, § 93 AktG, Rdn 168; *van Aubel*, Vorstandspflichten, S. 107.
[561] BGHZ 110, 323 ff.; *Thümmel*, Persönliche Haftung, Rdn. 19.
[562] BGHZ 135, 244, 252 ff.
[563] *Klafs*, Bus. L. Rev. 2003, 283; *Sünner*, ZHR 163 (1999), 364, 369; zurückhaltender *Baums*, Gutachten F zum 63. Deutschen Juristentag, S. F241.
[564] Statt vieler *Thümmel*, DB 2004, 471, 473.
[565] *Baums*, Gutachten F zum 63. Deutschen Juristentag, S. F242; *Ulmer*, ZHR 163 (1999), 290, 294 ff.

bb) Durchsetzung durch die Minderheit

Vor dem Hintergrund der zuvor dargelegten Gefahr, dass der Aufsichtsrat seine Verpflichtung zur Geltendmachung von Schadenersatzansprüchen gegenüber dem Vorstand trotz Androhung einer eigenen Haftung bei Unterlassen nicht erfüllt, ist ein hierzu subsidiäres, aber möglichst effizientes eigenes Verfolgungsrecht der Anteilseigner vonnöten.

aaa) § 147 AktG i.d. Neufassung durch das KonTraG

§ 147 Abs. 1 AktG normiert eine Pflicht des Aufsichtsrats bzw. des Vorstands zur Geltendmachung von Schadenersatzansprüchen der Gesellschaft gegen Vorstands- bzw. Aufsichtsratsmitglieder, wenn eine Minderheit dies verlangt, deren Anteile zusammen zehn Prozent des Grundkapitals ausmachen. Darüber hinaus wurde 1998 durch das KonTraG die Regelung eingeführt, dass Aktionäre, deren Gesellschaftsanteile gemeinsam fünf Prozent des Grundkapitals oder den anteiligen Betrag von 500.000 Euro erreichen, die gerichtliche Bestellung eines Vertreters zur Geltendmachung von Schadenersatzansprüchen gegen die Verwaltungsorgane der Gesellschaft beantragen können. Dafür ist durch die Minderheit der dringende Verdacht zu begründen, dass der Gesellschaft durch Unredlichkeiten oder grobe Pflichtverletzungen des Gesetzes oder der Satzung Schaden zugefügt wurde. Die für die erfolgreiche Geltendmachung dieser Ansprüche erforderlichen Informationen muss die Minderheit zunächst im Wege des Sonderprüfungsrechts (§ 142 AktG) beschaffen, welches im Vergleich zu § 147 Abs. 3 AktG verdoppelte Zugangshürden stellt.[566] § 147 Abs. 3 AktG ist damit in seinen Voraussetzungen enger als das Verfahren nach § 147 Abs. 1 AktG; denn § 147 Abs. 3 ist nur bei dem dringenden Verdacht einer groben Pflichtverletzung anwendbar.

Im Gegensatz zu diesen in Deutschland statuierten Quoren ist in den USA ein Verfolgungsrecht jedes einzelnen Aktionärs der Gesellschaft etabliert (*actio pro socio*).[567] Im Schrifttum wurde – im Rahmen einer weitgehenden Kritik der Norm[568] – eine deutliche Senkung der Quoren gefordert und eine Abstellung auf den Marktwert anstelle des festen Nennbetrages.[569] Ebenso wird das Institut des besonderen Vertreters (§ 147 Abs. 3 AktG) im Schrifttum kritisiert; denn mittels einer Intermediation durch einen Vertreter, für dessen Person den Anteils-

---

[566] Kritisch zu den unterschiedlichen Quoren *Götz*, AG Sonderheft 1997, 38, 39; *Krieger*, ZHR 163 (1999), 343, 353; *Mertens*, AG Sonderheft 1997, 70, 71.
[567] Rechtsvergleichend *Baums*, Gutachten F zum 63. Deutschen Juristentag, S. F248, Fn. 32, mit Hinweis auf den Entwurf der Strukturrichtlinie, der eine Obergrenze von 5% des Grundkapitals bzw. einen anteiligen Betrag von 100.000 Euro festlegt.
[568] *Bork*, in: Gesellschaftsrecht 1997, S. 53, 68, Fn. 59 m.w.N.; *Reichert/Weller*, ZRP 2002, 49, 51; *Schnorr*, ZHR 163 (1999), 290, 377, 378, mit Hinweis auf die Fälle *Harpener AG* und *Metallgesellschaft AG*.
[569] *Baums*, Gutachten F zum 63. Deutschen Juristentag, S. F251; *Adams*, AG Sonderheft 1997, 9, 10; *Ulmer*, ZHR 163 (1999), 290, 331; a.A. *Sünner*, ZHR 163 (1999), 364, 370.

eignern kein bindendes Vorschlagsrecht zustehe und der die Prozessführung ohne Weisungsrecht der Anteilseigner – aber auf deren wirtschaftliches Risiko – selbstständig vornehme, werde eine weitere nicht sachgerechte Hürde für eine effiziente Anspruchsverfolgung seitens der Anteilseigner geschaffen.[570] Ein Analogieschluss aus den §§ 309, 317, 318 AktG auf das Klagerecht der Aktionäre zur Geltendmachung von Ersatzansprüchen der Gesellschaft gegen die einzelnen Organmitglieder wird nach ganz h.M. für nicht möglich erachtet.[571] Damit blieb die Durchsetzbarkeit der Ansprüche in Deutschland im Ergebnis deutlich erschwert. Die unzureichende Durchsetzbarkeit der Ansprüche wiederum hatte Implikationen auf die mangelnde Nachfrage nach Instrumenten zur Legitimation von Organentscheidungen.

bbb) §§ 147 ff. AktG i.d. Neufassung durch das UMAG

Als Reaktion auf die Empfehlungen des 93. Deutschen Juristentages in Leipzig im Jahr 2000 und die Empfehlungen der Regierungskommission Corporate Governance[572] sieht das im September 2005 in Kraft getretene UMAG[573] in einem neuen § 148 AktG ein zweistufig ausgestaltetes Verfahren in Verbindung mit einer Senkung der Quoren zur Verfolgung von Pflichtverletzungen durch die Anteilseigner der Gesellschaft vor. Nach § 148 AktG kann die Geltendmachung der Ersatzansprüche von Aktionären beantragt werden, deren Anteile zum Zeitpunkt der Antragstellung zusammen ein Prozent des Grundkapitals oder einen Börsenwert von 100.000 Euro erreichen. Gegenüber der bisherigen Regelung bedeutet die Neufassung eine deutliche Senkung der erforderlichen Höhe des Anteilsbesitzes, ohne dass dabei der Schutz der Gesellschaften vor einzelnen Aktionären mit sehr geringem Anteilsbesitz aufgegeben würde.[574] Parallel setzt das UMAG eine Reduzierung und Angleichung der Quoren für das Enquêterecht der Anteilseigner (§ 142 AktG) vor und entspricht somit der bisherigen Kritik des Schrifttums. Das bisherige Minderheitenrecht gemäß § 147 Abs. 1 Satz 2 2. Alt. AktG und § 147 Abs. 3 AktG verbunden mit der Position eines besonderen Vertreters der Anteilseigner entfällt zu Gunsten eines gerichtlichen Zulassungsverfahrens (§ 148 AktG).[575] Der

---

[570] *Baums*, Gutachten F zum 63. Deutschen Juristentag, S. F253; *Bork*, in: Gesellschaftsrecht 1997, S. 53, 66; *Kramer*, in: Gesellschaftsrecht 1997, S. 75, 75 f., mit Zitat *Röhricht*; *Lutter*, JZ 2000, 837, 841; *Paefgen*, AG 2004, 245, 246; *Ulmer*, ZHR 163 (1999), 290, 334 f.
[571] So *de lege ferenda* im Schrifttum gefordert *Hopt*, in: FS Mestmäcker, S. 909, 925; *Wellkamp*, Vorstand, Aufsichtsrat und Aktionär, Rdn. 752 ff.
[572] *Baums*, Bericht der Regierungskommission Corporate Governance, Rdn. 70 und 73; dazu auch *Thümmel*, DB 2004, 471, 471; *Reichert/Weller*, ZRP 2002, 49, 50.
[573] Gesetzes zur Unternehmensintegrität und Modernisierung des Anfechtungsrechts (UMAG), BGBl I S. 2802, 2804; *Hirte*, NJW 2005, 477, 479; ebenso Teil des 10-Punkte-Programms der Bundesregierung zur Stärkung der Unternehmensintegrität und des Anlegerschutzes.
[574] Deutlich *Seibert/Schütz*, ZIP 2004, 252, 253; dazu auch *Paefgen*, AG 2004, 245, 246; kritisch zu der beabsichtigten Neuregelung *Kiethe*, ZIP 2003, 707, 713.
[575] Zu den Tatbestandsvoraussetzungen *Seibert/Schütz*, ZIP 2004, 252, 253, (1) die Aktionäre müssen die Aktien schon länger halten, als sie Kenntnis von den behaupteten Pflichtverstößen haben, (2) sie müssen die Gesell-

Vereinfachung der Erreichung der Quoren soll ein Aktionärsforum im elektronischen Bundesanzeiger dienen, welches den Anteilseignern die gegenseitige Kontaktaufnahme zur Vorbereitung eines abgestimmten Vorgehens ermöglicht (§ 127a AktG).[576] Das Quorum eines Börsenwertes von 100.000 Euro wird in der Praxis unschwer zu erreichen sein. Damit bedeutet die Neuregelung eine wesentliche Vereinfachung der Anspruchsdurchsetzung und hiermit verbunden eine praktische Erhöhung des Risikos der Vorstandshaftung.[577] So äußert *Kiethe* anlässlich dieser Neuregelung sogar die Erwartung einer Etablierung „räuberischer Haftungsklagen", wie es sie im Rahmen der Anfechtungsklage von Hauptversammlungsbeschlüssen bisher gegeben hat, da das wirtschaftliche Risiko der klagenden Anteilseigner begrenzt sei.[578]

cc)   Zwischenergebnis

Die Verfolgungsrechte für Anteilseigner zur Durchsetzung der Organinnenhaftung wurden infolge der Umsetzung des UMAG deutlich erleichtert. Diese Entwicklung impliziert ein erhöhtes Sicherungsbedürfnis für den Vorstand bei der Entscheidungsfindung und legt eine fundierte Dokumentation nahe. Insbesondere kann das Vorliegen einer *fairness opinion* bereits im gerichtlichen Zulassungsverfahren den Verdacht entkräften, dass der Gesellschaft durch Unredlichkeit oder grobe Pflichtverletzung ein Schaden entstanden ist.

e)   Geltendmachung von Pflichtverletzungen im Rahmen der Organaußenhaftung

Eine Organaußenhaftung der Mitglieder der Verwaltungsorgane gegenüber den Anteilseignern der Gesellschaft besteht bislang in Deutschland nur in Ausnahmefällen. Weil § 93 AktG kein Schutzgesetz i.S.v. § 823 Abs. 2 BGB darstellt, haften Organmitglieder aus dieser Anspruchsgrundlage nicht direkt gegenüber den Anteilseignern, sondern nur gegenüber der Gesellschaft.[579] Anders als bei Schäden der Gesellschaft, deren Geltendmachung den Aktionären in dem zuvor erörterten Rahmen möglich ist, wenn diese nicht durch Vorstand bzw. Aufsichtsrat gegenüber den jeweils anderen Organmitgliedern geltend gemacht werden, können Schäden aufgrund deliktischer Normen (zu denen letztlich auch diejenigen des Kapitalmarktrechts gehören) von den Aktionären im Grundsatz individuell gegen Organmitglieder der Gesellschaft geltend gemacht werden. Die Anteilseigner sind auf die allgemeinen Deliktsnormen

---

schaft aufgefordert haben, selbst Klage zu erheben, (3) sie müssen Tatsachen glaubhaft gemacht haben, die den Verdacht rechtfertigen, dass der Gesellschaft durch Unredlichkeit oder grobe Pflichtverletzung ein Schaden entstanden ist, (4) es dürfen keine gewichtigen Gründe des Gesellschaftswohls entgegenstehen.
[576] Dazu *Seibert/Schütz*, ZIP 2004, 252, 255; auch bereits *Baums*, Gutachten F zum 63. Deutschen Juristentag, S. F258 f.
[577] Im Ergebnis ebenfalls *Kock/Dinkel*, NZG 2004, 441.
[578] *Kiethe*, ZIP 2003, 707, 713, mit deutlicher Warnung vor der Neuregelung.

– mit all den damit verbundenen Schwierigkeiten von Beweislastverteilung und Durchsetzbarkeit der Ansprüche – verwiesen.[580] Auf Grund der in der Praxis bislang zurückhaltenden Anwendung der allgemeinen deliktischen Haftungsgrundlagen ist es jedoch beabsichtigt, eine kapitalmarktrechtliche Schadenersatzhaftung der Organe zu etablieren. Die *Regierungskommission Corporate Governance* sieht eine Organaußenhaftung für falsche Darstellungen gegenüber dem Kapitalmarkt vor.[581] Diese Position findet auch Zustimmung im Fachgutachten zum 64. Deutschen Juristentag im Jahre 2002.[582] Sie hat insbesondere im Hinblick auf *Ad-hoc*-Publizitätspflichten im Schrifttum weitreichende Zustimmung gefunden.[583] Von der Organaußenhaftung wird eine zusätzliche präventive Wirkung insbesondere in für das Unternehmen kritischen Situationen, wo am ehesten mit einer fehlerhaften Information des Kapitalmarkts gerechnet werden muss, erwartet.[584] Gleichzeitig hat sie jedoch auch Kritik erfahren, denn sie führe u.a. zu einer Abschreckung und einem übervorsichtigen Handeln der Leitungsorgane einer Gesellschaft.[585] Das 10-Punkte-Programm „Unternehmensintegrität und Anlegerschutz" der Bundesregierung stellte bereits die Umsetzung eines Gesetzesentwurfs zur Organaußenhaftung in Aussicht,[586] im Jahre 2004 erfolgte dies dann in Form eines Diskussionsentwurfs eines Kapitalmarktinformationshaftungsgesetzes (KapInHaG). Das Bundesfinanzministerium hat den Gesetzesvorschlag jedoch nach deutlicher Kritik von Schrifttum und Interessenverbänden[587] Ende 2004 zurückgestellt, um die in der Anhörung aufgeworfenen Fragen zu überprüfen und die Entwicklungen auf EU-Ebene abzuwarten. Im Grundsatz wird aber am rechtspolitischen Ziel der Einführung einer persönlichen Organaußenhaftung festgehalten.[588]

---

[579] Buchta, DStR 2003, 694, 696; *Hirte*, Kapitalgesellschaftsrecht, Rdn. 3.79; GK-*Hopt*, § 93 AktG, Rdn. 469 und 478; *Hüffer*, § 93 AktG, Rdn. 19; KK-*Mertens*, § 93 AktG, Rdn. 169; *Thümmel*, DB 2000, 461, 464, Fn. 37; *Wirth*, in: RWS-Forum Gesellschaftsrecht 2001, S. 99, 103.
[580] Dazu *Reichert/Weller*, ZRP 2002, 49, 52; *Buchta*, DStR 2003, 694, 696, mit einer Übersicht zur aktuellen Rechtsprechung der Instanzgerichte und dem Ergebnis, dass die Geltendmachung von Ansprüchen zurzeit (noch) weitgehend aussichtslos ist.
[581] *Baums*, Bericht der Regierungskommission Corporate Governance, Rdn. 182 und 186 f.
[582] *Fleischer*, Gutachten F zum 64. Deutschen Juristentag, S. F103; zurückhaltender *Mülbert*, JZ 2002, 826, 831 f.
[583] *Abram*, NZG 2003, 307, 312; *Horn*, in: FS Ulmer, S. 817, 827; *Hutter/Leppert*, NZG 2002, 649, 654; *Reichert/Weller*, ZRP 2002, 49, 56; *Rieckers*, BB 2002, 1213, 1220; wohl auch *Rössner/Bolkart*, ZIP 2002, 1471, 1476 f.
[584] *Baums*, ZHR 167 (2003) 139, 174; *Baums/Fischer*, Haftung des Prospekt- und des Abschlussprüfers gegenüber den Anlegern, S. 15; kritisch *Zimmer*, WM 2004, 9, 12.
[585] Zitiert nach *Fleischer*, ZGR 2004, 437, 464.
[586] 10 Punkte Programm der Bundesregierung „*Unternehmensintegrität und Anlegerschutz*", Punkt 2; dazu *Seibert*, BB 2003, 693, 694, mit Hinweis auf die geplante Abgrenzung zur US-amerikanischen *Class Action*.
[587] Statt aller ohne Verfasser, FAZ vom 27.10.2004, 19.
[588] *Zimmer*, WM 2005, 577.

Auch wenn im Rahmen der Organaußenhaftung anders als bei der Organinnenhaftung eine Haftungshöchstgrenze für die Verwaltungsorgane in Höhe von vier Jahresgehältern bei grob fahrlässigem Verhalten der Verwaltungsratsmitglieder vorgesehen wird, schafft der geplante gesetzlich vorgeschriebene Selbstbehalt bei der *D&O*-Versicherung (§ 37c Abs. 1 Satz 2 WpHG)[589] doch einen hohen Anreiz für Vorstandsmitglieder zu einer detaillierten Dokumentation ihrer Entscheidungsfindung. Ungeachtet aller Kritik, die dem Diskussionsentwurf von verschiedenen Seiten entgegengebracht wurde, führt die Etablierung der Organaußenhaftung unabhängig von der konkreten Ausgestaltung ihrer Umsetzung zu einem erhöhten Bedürfnis für die externe Abstützung von Informationen, die dem Kapitalmarkt seitens des Vorstands zur Verfügung gestellt werden (z.b. in Form einer Stellungnahme nach § 27 WpÜG). Diese Entwicklung forciert die Legitimationswirkung einer *fairness opinion* im Kontext von Unternehmenstransaktionen in Deutschland.

2.) Legitimationswirkung einer *Fairness Opinion* für Vorstandsentscheidungen

Die Vorbereitung und Abstützung von Entscheidungsfindungen anhand von Sachverständigengutachten ist auch der deutschen Rechtsentwicklung nicht unbekannt; bereits das Reichsgericht hat der Veröbjektivierung von Entscheidungsvorbereitungen mittels Sachverständigengutachten entlastende Wirkung zuerkannt.[590] Art und Umfang der vom Vorstand hinzuzuziehenden Informationen lassen sich allerdings nur begrenzt abstrakt beschreiben.[591] Der Gesetzentwurf der Bundesregierung zum inzwischen in Kraft getretenen UMAG stellt deutlich heraus, dass durch das routinemäßige Einholen von Sachverständigengutachten, Beratervoten oder externer Marktanalysen keine rein formale Absicherung des Entscheidungsträgers stattfinden soll.[592] Unter diese genannten externen Quellen ist auch eine *fairness opinion* im Kontext einer Unternehmenstransaktion oder Strukturmaßnahme zu fassen.

Die aus externen Quellen zu gewinnenden Informationen sollten die direkten Beraterkosten ebenso wie die indirekten Kosten einer zeitlichen Verzögerung einer Transaktion überwiegen.[593] Daher sind in die Entscheidungsfindung zur Einholung einer *fairness opinion* die innerhalb des Unternehmens vorhandenen Resourcen ebenso wie das Gewicht der Entscheidung über die Transaktion insgesamt einzubinden. Innerhalb dieser Abwägung sind die besonderen

---

[589] Dazu statt vieler *Zimmer*, WM 2004, 9, 12.
[590] RGZ, 18, 56; RGZ, 35, 83, 85; RGZ 159, 211, 232.
[591] *Paefgen*, Unternehmerische Entscheidungen, S. 224; ohne Konkretisierung auch der Deutsche Corporate Governance Kodex, dazu *Peltzer*, in: Handbuch Corporate Governance, S. 223, 240.
[592] Gesetzentwurf der Bundesregierung des Gesetzes zur Unternehmensintegrität und Modernisierung des Anfechtungsrechts (UMAG), S. 24.
[593] *Oltmanns*, Geschäftsleiterhaftung, S. 282.

Risiken von Strukturmaßnahmen und insbesondere Unternehmenskäufen und -zusammenschlüssen zu berücksichtigen, die den zukünftigen Unternehmenswert nachhaltig beeinflussen können.[594] Weiterhin ist eine umfangreiche Marktübersicht durch die Entscheidungsträger erforderlich, um Alternativentscheidungen beurteilen zu können.[595] Im Hinblick auf Strukturmaßnahmen mit Kapitalmarktbezug sind die eigenen Informationsquellen der Gesellschaft, die dem Vorstand unmittelbar zur Verfügung stehen, jedoch häufig begrenzt. Insbesondere bei komplexen Kapitalmarkttransaktionen bestehen innerhalb vieler Gesellschaften keine ausreichenden Informationen und Ressourcen für deren Aufbereitung, die eine abschließende Bewertung der Strukturmaßnahme und ihrer Werttreiber erlaubt.[596] Dazu gehört zum Beispiel der Zugriff auf spezialisierte Datenbanken für Kapitalmarktinformationen. Auch haben spezialisierte Dienstleister häufig ein Transaktions-Know-How akkumuliert, das selbst Konzernen, die durchaus häufig Strukturmaßnahmen vornehmen, nicht in einem vergleichbaren Maße hausintern zugänglich ist.[597] Soweit die Erkenntnismöglichkeiten des Vorstands auf Basis der unternehmensintern verfügbaren Informationen zu einer abschließenden Beurteilung einer Strukturmaßnahme nicht ausreichend sind, kann der Vorstand unter Gewichtung des der Transaktion inhärenten Risikos verpflichtet sein, die Expertise eines sachverständigen Dritten einzuholen. Dies trifft insbesondere für Strukturmaßnahmen in Form von Kontrolltransaktionen zu.[598] Insbesondere in diesem Zusammenhang hat sich eine international akzeptierte *lex mercatoria* finanztechnischer, kautelarjuristischer und die Verhandlungsführung betreffender Usancen herausgebildet.[599] Nach Ansicht von *Wirth* ist damit zu rechnen, dass sich für unternehmerische Entscheidungen mit großer wirtschaftlicher Tragweite – namentlich Unternehmensakquisitionen und -zusammenschlüsse – auch in der deutschen Praxis bestimmte Vorgehensweisen als „anerkannte Standards ordnungsgemäßen Vorstandshandelns" herausbilden werden.[600] So genannte *best practice standards* legen fest, wo und wie Unternehmen in

---

[594] *Aders*, Börsen-Zeitung vom 26.5.2004, 2; *Kiethe*, NZG 1999, 976, 981; *Eschenbruch*, Konzernhaftung, Rdn. 4070; *Grundei/von Werder*, AG 2005, 825, 826, mit Hinweis auf intensiven Ressourceneinsatz und nachhaltige Auswirkungen auf das Gesamtunternehmen.
[595] Zur Erwägung von Alternativtransaktionen auch *Bungert*, AG 1994, 297, 305.
[596] *Klafs*, Bus. L. Rev. 2003, 283, 286; *Kock/Dinkel*, NZG 2004, 441, 448; zur Schwierigkeit der Prognose von Geschäfts- und Ertragsentwicklung auch *Maier-Reimer*, ZHR 165 (2001), 258, 262.
[597] *Schiessl*, ZGR 2003, 814, 824.
[598] Assmann/Pötzsch/Schneider-*Krause/Pötzsch*, § 27 WpÜG, Rdn. 49; *Paefgen*, Unternehmerische Entscheidungen, S. 225; *Roth*, Unternehmerisches Ermessen, S. 86, trotz sonst zurückhaltender Konkretisierung der Informationsobliegenheit des Vorstands für die Einholung einer *fairness opinion* bei *Mergers and Acquisitions*-Transaktionen; *Wirth*, in: RWS-Gesellschaftsrecht 2001, S. 99, 105; a.A. wohl *van Aubel*, Vorstandspflichten, S. 65, eine Stellungnahme dürfe nur auf der Basis eigener Kenntnisse erfolgen.
[599] *Westermann*, in: FS Kiantou-Pampouki, S. 625, 629 ff.; *Paefgen*, Unternehmerische Entscheidungen, S. 226.
[600] *Wirth*, in: RWS-Gesellschaftsrecht 2001, S. 99, 106; zum Fehlen gesetzlicher Normen für die Bestimmung der Sorgfaltspflicht bei wirtschaftlichen Entscheidungen bereits *Wimpfheimer*, in: FS Pinner, S. 636, 637, mit der Beschreibung einer „Ohnmacht des Gesetzgebers", „statt dessen macht ihm hier das Gesetz zur Aufgabe, die Normen selbst zu finden, nach denen er leben soll. Es verweist also der Gesetzgeber ihn für diese Normen wie-

ihren Transparenzanstrengungen über die gesetzlichen Minimalanforderungen hinausgehen müssen, damit ihr Umgang mit dem der Korporationsstruktur inhärenten *Principal-Agent-*Problem dem jeweiligen „Stand der Kunst" entspricht und damit die nicht im Detail kodifizierbaren ungeschriebenen rechtlichen Sorgfaltspflichten des Vorstands von ihnen eingehalten werden.[601] Diese anerkannten betriebswirtschaftlichen Verhaltensmaßstäbe wurden auch vom Gesetzentwurf der Bundesregierung zum UMAG als bestimmender Faktor für eine angemessene Informationsbasis genannt.[602] Zu diesen ist auch in der deutschen Transaktionspraxis zunehmend das Instrument der *fairness opinion* zu zählen, wie die Auswertung in Anhang A zeigt. Nach einer weiteren empirischen Auswertung wird die Beteiligung externer Dritter bei unternehmerischen Entscheidungen von mehr als 70% der befragten Vorstände als haftungsmindernde Maßnahme angesehen.[603] Die Notwendigkeit zu einer derartigen Maßnahme differiert jedoch mit der Art der Strukturmaßnahme und dem Anlass der Unternehmensbewertung. Der deutsche Gesetzgeber hat sowohl im Umwandlungsgesetz als auch im Aktiengesetz für verschiedene Strukturmaßnahmen Prüfungspflichten normiert, die jedoch in ihrer Ausgestaltung einer *fairness opinion* angelsächsischer Prägung nicht gleichkommen (hierzu unten S. 119 ff.). Es ist nunmehr in Bezug auf die einzelnen Strukturmaßnahmen und Transaktionstypen zu untersuchen, wo eine Pflicht zur externen Informationsgewinnung im Grundsatz zu bejahen und diese auch über die gesetzlich normierten Prüfungsberichte hinausgeht; denn die von einem Vorstand zu erwartende Sorgfaltspflicht ist keine feststehende rechtliche Konstante, sondern kann sich den veränderten rechtlichen und tatsächlichen Anforderungen in ihrer Ausformung anpassen.[604]

Die *fairness opinion* erhält somit auch in Deutschland einen Charakter als „Versicherungspolice" für Entscheidungen des Vorstands, auch wenn der materielle Gehalt der Informationen nicht außer Acht gelassen werden darf[605] und dieser Charakter vom Gesetzgeber ausweislich

---

der auf sein eigenes Handeln oder Empfinden. Der Bürger soll also letzten Endes so handeln, wie er nach seiner Meinung glaubt, dass es der Gesetzgeber will. Trifft er aber diesen von ihm zu präsumierenden Inhalt des Gesetzes nicht, so wird er schuldig".
[601] *Von der Crone*, in: Organverantwortlichkeit als Instrument der Corporate Governance, S. 235, 247; vergleichbar zu der Obliegenheit zur Durchführung einer Due Diligence Prüfung MüKo-*Hefermehl/Spindler*, § 93 AktG, Rdn. 30; *Barthel*, DStZ 1999, 365, 376; *Kiethe*, NZG 1999, 976, 982; *Mutschler/Mersmann*, DB 2003, 79, 81.
[602] Gesetzentwurf der Bundesregierung des Gesetzes zur Unternehmensintegrität und Modernisierung des Anfechtungsrechts (UMAG), S. 24, „welche Intensität der Informationsbeschaffung im Sinne dieser Norm „angemessen" ist, ist [...] unter Berücksichtigung anerkannter betriebswirtschaftlicher Verhaltensmaßstäbe [...] zu entscheiden."
[603] *Köhler/Marten/Hülsberg/Bender*, BB 2005, 501, 507, Abbildung 9.
[604] Deutlich KK-*Mertens*, § 93 AktG, Rdn. 29.
[605] *Beelitz*, Börsen-Zeitung vom 31.1.1998, B9; *Schwetzler/Aders/Salcher/Bornemann*, FB 2005, 106, 107; Assmann/Pötzsch/Schneider-*Krause/Pötzsch*, § 27 WpÜG, Rdn. 49, mit der Empfehlung zur Einschaltung externer Sachverständiger, um die Haftung der zur Stellungnahme Verpflichteten zu vermeiden.

des Gesetzentwurfs zum UMAG nicht beabsichtigt wurde. Damit können hohe Transaktionskosten einhergehen, um das Risiko abzusichern oder zumindest klarer einschätzen zu können. Insofern nähert sich die deutsche Praxis US-amerikanischen Standards.[606] Insbesondere sind diesbezüglich die Kosten des Beratervertrages für die Gesellschaft, die in ihrer Konsequenz die Gewinnansprüche ihrer Anteilseigner schmälern, in einen Vergleich mit der gebotenen Gegenleistung zu setzen. Die Größe und die Art des betriebenen Geschäfts sind in die Entscheidung zur Erteilung eines externen Beratungsmandats ebenso einzubeziehen.[607] Die Transaktionsvolumina von Strukturmaßnahmen kapitalmarktorientierter Aktiengesellschaften sind häufig erheblich; wenngleich die absoluten Vergütungen von externen Beratern in diesem Kontext häufig als besonders hoch angesehen werden, sollte man sie doch im Verhältnis zu den Transaktionsvolumina sehen. Hieraus folgt jedoch auch, dass *fairness opinions* keinesfalls in jedem Einzelfall eingeholt werden müssen, um den Sorgfalts- und Treuepflichten zu genügen. Entscheidend kommt es auf die Art der Strukturmaßnahme an (hierzu unten S. 147 ff.). Zutreffend weist *von der Crone* allerdings darauf hin, dass die Verletzung eines Standards – je mehr dieser eine transaktionstypische Akzeptanz erhalten hat – die natürliche Vermutung einer Sorgfaltspflichtverletzung begründet.[608] Während sich der Kapitalmarktbezug der Organverantwortung des Vorstands bei Strukturmaßnahmen in der Vergangenheit in Deutschland nicht in einem bedeutenden Maße stellte,[609] gewinnt dieser Aspekt innerhalb der Neuregelung des § 147 AktG und der beabsichtigten Modifikation der Organaußenhaftung, einhergehend mit einem erheblich zunehmenden *shareholder activism,* auch von institutioneller Seite zunehmend an Bedeutung.[610] Nachdem die Organhaftung des Vorstands damit den Charakter eines „stumpfen Schwerts" zunehmend verliert, steigt folglich das Bedürfnis zur Legitimation der Entscheidungsfindung und hiermit einhergehend die Vermeidung eines auf Inhalt und Ergebnis der Entscheidung bezogenen gerichtlichen Überprüfungsmaßstabs. Daher sind Vorstand und Aufsichtsrat in der Praxis gehalten, ihre unter Unsicherheit zu treffenden Entscheidungen sorgfältig zu dokumentieren;[611] denn der Vortrag der Verletzung dieses *best practice standard* dürfte bereits ausreichen, um die *Möglichkeit* einer Pflichtverletzung im

---

[606] *Wirth*, in: RWS-Gesellschaftsrecht 2001, S. 99, 105.
[607] GK-*Hopt*, § 93 AktG, Rdn. 86; Geßler/Hefermehl/Eckardt/Kropff-*Hefermehl*, § 93 AktG, Rdn. 12; *Bastuck*, Enthaftung des Managements, S. 68; *Kust*, WM 1980, 758, 760; *Eisenhardt*, Jura 1982, 289, 294 ff.; auch bereits im Jahre 1932 *Wimpfheimer*, in: FS Pinner, S. 636, 640.
[608] Von der Crone, in: Organverantwortlichkeit als Instrument der Corporate Governance, S. 235, 248 f.
[609] *Hopt*, ZHR 161 (1997), 368, 369; *Friedrich*, D&O Liability, S. 25.
[610] Exemplarisch die Transaktionen *Beiersdorf* und *Wella* im Jahre 2003, dazu *ohne Verfasser*, FT vom 11.12.2003, „*Beiersdorf* management faces mounting criticism on sale to *Tchibo*"; Prodinger, Börsen-Zeitung vom 11.11.2003, 11, mit dem bezeichnenden Titel „Käufer spüren Atem der Aktionäre im Nacken".
[611] *Aders*, Börsen-Zeitung vom 26.5.2004, 2; *Bürgers/Holzborn*, ZIP 2003, 2273, 2280; *Deutsche Schutzvereinigung für Wertpapierbesitz e.V.*, Stellungnahme UMAG, S. 2; *Schwetzler/Aders/Salcher/Bornemann*, FB 2005, 106, 112; *Thümmel*; DB 2000, 461, 463; *Weiss/Buchner*, WM 2005, 162, 165.

Sinne der Beweislastregelung zu begründen. Dahingehend ist es auch als ausreichend für den Vortrag der *Möglichkeit* der Pflichtverletzung des Vorstands durch die Gesellschaft bzw. stellvertretend die Anteilseigner anzusehen, wenn der Ersteller der *fairness opinion* schwerwiegenden Interessenkonflikten (hierzu unten S. 214 ff.) unterliegt. Es darf allerdings nicht verkannt werden, dass es schlechterdings keine Unternehmenstransaktionen ohne wirtschaftliches Risiko gibt. Dieses Risiko kann durch eine *fairness opinion* nicht ausgeschlossen werden. Dies ist auch in letzter Konsequenz nicht erforderlich, da eine Erfolgshaftung der Verwaltungsorgane nicht existiert. Allerdings müssen sich die Mitglieder des Verwaltungsorgans auch eingehend mit den Erkenntnissen des Sachverständigen auseinandersetzen, um ein informiertes Handeln zu dokumentieren (hierzu oben S. 58).[612] Schließlich ist anzumerken, dass durch die Nichteinhaltung von *best practice standards* im Schadensfall eine Einrede der *D&O*-Versicherung begründet werden könnte.

3.) Grenzen der Mandatierung von *Fairness Opinions* durch den Vorstand

Allerdings können auch Grenzen für die Mandatierung von *fairness opinions* durch Verwaltungsorgane bestehen: So ist der Abschluss von Beraterverträgen mit Dritten unzureichend und in letzter Konsequenz pflichtwidrig, sofern die eingekaufte Leistung vom Vorstandsmitglied selbst zu erbringen ist.[613] In diesem Fall ist eine Delegation von dem Vorstand obliegenden Entscheidungen ausgeschlossen. [614] Das Einholen einer *fairness opinion* kann eine fundierte Untersuchung des Sachverhalts durch die Organe der Gesellschaft grundsätzlich nicht ersetzen.[615] Sie lässt die eigene Abwägung der Entscheidungsgrundlagen durch den Verwaltungsrat keinesfalls obsolet werden und dient lediglich der angemessenen Information des Vorstands. Plastisch ausgedrückt ist sie Mittel zum Zweck im Sinne der Information des Vorstandshandelns und nicht Selbstzweck im Sinne der Exkulpation des Vorstandshandelns. Die hier vom BGH gezogene Grenze liegt aber auch im Verstoß gegen das Unternehmensinteresse. Zudem darf vom Vorstand keine übertriebene Rechtfertigung seines Handelns gefordert werden.[616] Diese Ansicht steht zudem auch im Einklang mit der US-amerikanischen Entscheidung *Smith v. van Gorkom* (hierzu oben S. 38 ff.); denn das Gericht erlaubte in dieser Entscheidung eine Analyse durch eine unternehmenseigene Stabsabteilung, solange diese eine

---

[612] *Schwetzler/Aders/Salcher/Bornemann*, FB 2005, 106, 112.
[613] BGH NJW 1995, 1353, 1354, mit Bezug auf laufende Berater- und Geschäftsbesorgungsverträge bei Fonds; BGH NJW 1997, 741, 741 f., mit Bezug auf die Haftung des Geschäftsführers für ungerechtfertigte Honorare eines Beratervertrags.
[614] Zu den Grenzen der Delegation bei der GmbH Scholz-*U. Schneider*, § 43 GmbHG, Rdn. 39; zur Gefahr der Delegation von Entscheidungen mit grundlegender Bedeutung auch *von der Crone*, in: Organverantwortlichkeit als Instrument der Corporate Governance, S. 235, 254.
[615] *Semler*, in: FS Ulmer, S. 627, 632.
[616] *Semler*, in: FS Ulmer, S. 627, 635.

sorgfältige und unabhängige Entscheidungsvorbereitung sicherstellen kann. Damit wird sehr deutlich, dass auch Grenzen für die Einholung von *fairness opinions* bestehen können. Die Grenzen sind insbesondere dann überschritten, wenn die Attraktivität einer Strukturmaßnahme aus wirtschaftlicher Sicht für den Vorstand von vorneherein ersichtlich ist und er auf sachverständige Unterstützung nicht angewiesen ist. Dies sollte auch die Mandatierung von *fairness opinions* an externe Sachverständige, die innerhalb eines so genannten *beauty contests*[617] für andere Mandate übergangen worden sind, unattraktiv machen; derartige Vorgänge wurden und werden bisweilen zur Pflege von Geschäftsbeziehungen in der deutschen Praxis beobachtet.

4.) Pflichtverletzungen des Vorstands innerhalb eines *Fairness-Opinion*-Mandats

Eine Pflichtverletzung der Verwaltungsorgane kann allerdings auch innerhalb eines erteilten Mandats zur Erstellung einer *fairness opinion* in Betracht kommen; auch in Deutschland stellt die Mandatierung einer *fairness opinion* keinen Automatismus zum Schutz vor einer Organhaftung dar.[618] Ein Mitglied des Verwaltungsorgans kann sich als ordentlicher Geschäftsleiter nach einer Entscheidung des LG Stuttgart nicht ohne weitere Prüfung auf ein in Auftrag gegebenes externes Gutachten verlassen, selbst dann nicht, wenn der Gutachter auf Grund seiner beruflichen Stellung als besonders sachkundig gilt.[619] Insofern ist zumindest eine Plausibilitätskontrolle durch das Organmitglied durchzuführen, so dass offensichtliche Diskrepanzen erkannt werden können.[620] Bezogen auf das Instrument der *fairness opinion* kann eine haftungsbegründende Pflichtverletzung somit in Betracht kommen, wenn sich ein Verwaltungsorgan gegenüber den Aktionären der Gesellschaft auf eine *fairness opinion* beruft und das Verwaltungsorgan eine positive Kenntnis von Fehlern innerhalb der Herleitung der *fairness opinion* hat oder bewusst Umstände übersieht, aus denen es vernünftigerweise hätte ableiten können, dass das Ergebnis der *fairness opinion* nicht der wahren Sachlage entspricht.[621] Ein derartiger Sachverhalt könnte in Betracht kommen, sofern die *fairness opinion* innerhalb des *valuation memorandums* erkennbar die vom Vorstand im Rahmen der Unternehmensplanung erstellten Prognosen nicht hinreichend berücksichtigt.[622] In der Regel werden die innerhalb

---

[617] Auswahlverfahren für einen Finanzdienstleister, bei dem alle Bewerber ihr Konzept präsentieren.
[618] So auch *Borowicz*, M&A Review 2005, 253, 256.
[619] LG Stuttgart AG 2000, 237, 238; dazu *Kort*, EWiR 2000, 1145, 1146.
[620] *Buchta/van Kann*, DStR 2003, 1665, 1668; *Kort*, EWiR 2000, 1145, 1146.
[621] *Klafs*, Bus. L. Rev. 2003, 283, 284.
[622] Exemplarisch Tagesordnung der nach § 122 AktG auf Verlangen der Aktionäre einberufenen HV der *Wella AG*, TOP 1.3 „Kam es bei der Geschäftsführung des Vorstandes und des Aufsichtsrates im Zusammenhang mit dem Aktienerwerb durch *Procter & Gamble* und der Beurteilung des Übernahmeangebotes von *Procter & Gamble* zu Pflichtverletzungen des Vorstandes und/oder Aufsichtsrates, beispielsweise [...] c) durch die Herausgabe einer begründeten Stellungnahme zum Übernahmeangebot durch den Vorstand auf Grundlage einer *fair-*

der *fairness opinion* der Unternehmensbewertung zugrunde liegenden Prognosedaten dem Ersteller der *fairness opinion* vom Vorstand der Gesellschaft zur Verfügung gestellt. Soweit sich der Vorstand eines Sachverständigen bedient, hat er diesen vollständig und zutreffend über alle für die Wertbemessung maßgeblichen Umstände zu informieren.[623] Dieser Grundsatz trägt dem Umstand Rechnung, dass eine abschließende Überprüfung der Prognosedaten durch einen Sachverständigen in der Regel nicht möglich ist. Im Hinblick auf *cash flow* und Ergebnisgrößen stehen dem Sachverständigen die Möglichkeiten der Plausibilitätsprüfung im Vergleich mit den Daten der Jahresabschlüsse, der Verifizierung der Daten im Gespräch mit den Verwaltungsorganen und des Abgleichs der Daten mit den Prognosen von Wertpapieranalysten zur Verfügung. Die praktische Umsetzbarkeit der letzten Option hängt insbesondere von der Kapitalmarktorientierung und damit der Anzahl der zur Verfügung stehenden Analysen ab.

Sofern die vom Vorstand der Gesellschaft für die Erstellung der *fairness opinion* zur Verfügung gestellten Prognosedaten von den Planzahlen des Vorstands auch nach einer angemessenen Risikoadjustierung abweichen, kommt eine bösgläubige Verletzung der Sorgfalts- und Treuepflichten des Vorstands in Betracht. Demzufolge könnte sich der Vorstand dann nicht mehr auf den Schutz der *business judgment rule* berufen. Ist ein Vorstandsmitglied für die Verletzung einer derartigen Verhaltens- oder Organisationspflicht gegenüber der Gesellschaft verantwortlich, so ist er der Gesellschaft für den aus dem verbotenen Verhalten entstehenden Schaden grundsätzlich haftbar.[624] Dieses Ergebnis ist auch vor dem Hintergrund der typischen Haftungsausschlussklauseln von *fairness opinions* in Deutschland zu sehen (hierzu unten S. 336 ff.). Unter der Annahme eines abweichenden Ergebnisses würden die in die *Discounted-Cash-Flow*-Analyse und in die Multiplikatorenbewertung[625] eingehenden Prognosedaten keiner Sorgfaltspflicht unterliegen. Sowohl der Vorstand als auch der Ersteller, wenn dessen Vertragsklauseln einer AGB-Kontrolle standhalten (dazu unten S. 341 ff.), könnten sich folglich exkulpieren. Führt man sich die erhebliche Sensitivität der Bewertungsmethoden in Bezug auf diese Eingangsgrößen vor Augen,[626] wird deutlich, dass die *fairness opinion* ganz erheblich an Aussagekraft verlöre und ihrer Legitimationsfunktion nicht mehr gerecht werden könnte. Daher entbindet ein Hauptversammlungsbeschluss, der auf Basis einer durch pflicht-

---

ness opinion, die die vom Vorstand selbst erstellten Prognosen nicht hinreichend berücksichtigte?", elektronischer BAZ vom 11.12.2003.
[623] BGH NJW 1999, 143 = DStR 1998, 1184, mit Anmerkung *Goette*; dazu auch *Goette*, in: FS 50 Jahre BGH, S. 123, 135.
[624] GK-*Hopt*, § 93 AktG, Rdn. 98; KK-*Mertens*, § 93 AktG, Rdn. 34.
[625] Zu den Bewertungsmethoden ausführlich Teil 5.
[626] *Copeland/Koller/Murrin*, Valuation, S. 291; *Damodaran*, Valuation, S. 3.

widriges Verhalten der Verwaltungsorgane verzerrten *fairness opinion* gefasst wurde, die Verwaltungsorgane auch nicht von ihrer Haftung (vgl. § 93 Abs. 4 AktG).[627] Abweichend von den vorgenannten Tatbestandsalternativen, ist die Entscheidung von Verwaltungsorganen auf Basis einer *fairness opinion* jedoch grundsätzlich geschützt, selbst wenn sich *ex post* herausstellt, dass das Ergebnis der beidseitig gutgläubig erstellten *fairness opinion* unrichtig war.[628]

5.) Organverantwortung des Aufsichtsrats

a) Sorgfaltspflichten des Aufsichtsrats

Die Aufgabe des Aufsichtsrats besteht in der dualistischen Unternehmensverfassung grundsätzlich in der Überwachung des Vorstands, während dem Vorstand die Leitung der Geschäfte obliegt (§ 76 AktG). Zur Bestimmung des Sorgfaltsmaßstabs des Aufsichtsrats verweist § 116 AktG auf die den Vorstand betreffende Norm des § 93 AktG.[629] Auf Basis der Trennung der Funktionen beider Verwaltungsorgane ist auch der Maßstab der Sorgfaltspflicht des Aufsichtsrats entsprechend anzupassen.[630] Im Prinzip geht das Gesetz davon aus, dass der Vorstand dem Aufsichtsrat die für seine Arbeit notwendigen Informationen beschaffen muss (§ 90 AktG).[631] Allerdings ist eine zunehmend stärkere Beteiligung des Aufsichtsrats an der Oberleitung der Gesellschaft innerhalb des letzten Jahrzehnts zu beobachten, in deren Folge der Aufsichtsrat durchaus als mitunternehmerisches Organ verstanden wird (Zustimmungsvorbehalte nach § 111 Abs. 4 Satz 2 AktG n.F.).[632] Insofern stellt die Informationsversorgung des Aufsichtsrats nicht nur eine Bringschuld des Vorstands dar, sondern bedeutet vielmehr auch eine Holschuld des Aufsichtsrats selbst.[633] Insbesondere im Fall von Sachverhaltsfeststellungen ist der Aufsichtsrat nicht an die Mittel und Methoden gebunden, die der Vorstand

---

[627] Zum Ausfall des Schutzes von § 93 Abs. 4 AktG bei pflichtwidrigem Verhalten der Verwaltungsorgane GK-*Hopt*, § 93 AktG, Rdn. 325; KK-*Mertens*, § 93 AktG, Rdn. 116; *Canaris*, ZGR 1978, 207, 213.
[628] *Klafs*, Bus. L. Rev. 2003, 283.
[629] Kritisch zur Verweisung *Raiser*, NJW 1996, 552, 553.
[630] *Hüffer*, § 116 AktG, Rdn. 1; *Hoffmann-Becking*, Münchener Handbuch des Gesellschaftsrechts, § 33, Rdn. 45; *Witte/Hrubesch*, BB 2004, 725, 725.
[631] *Lutter*, Information, S. 1 f. und S. 24 f.; *Peltzer*, NZG 2002, 10, 14; *Oetker*, in: Handbuch Corporate Governance, S. 261, 275 f.; *Paefgen*, Unternehmerische Entscheidungen, S. 229, mit Hinweis auf die gesetzlichen Berichtspflichten, die mindestens vierteljährliche Berichte über den Umsatz und die Lage der Gesellschaft (§ 90 Abs. 1 Nr. 3 i.V.m. Abs. 2 Nr. 3 AktG), mindestens jährliche Berichte über die Planung und Geschäftspolitik (§ 90 Abs. 1 Nr. 1 i.V.m. Abs. 2 Nr. 1 AktG), die jährlichen in der Bilanzsitzung zu erstattenden Rentabilitätsberichte, Berichte über Geschäfte von erheblicher Bedeutung für die Rentabilität und Liquidität der Gesellschaft (§ 90 Abs. 1 Nr. 4 i.V.m. Abs.2 Nr. 4 AktG) und Berichte an den Aufsichtsratsvorsitzenden „aus sonstigen wichtigen Anlässen" (§ 93 Abs. 1 Satz 2 AktG); dazu auch *Wilde*, ZGR 1998, 423, 427; *Bea/Scheuer*, DB 1993, 2145, 2147.
[632] *Roth*, AG 2004, 1, 5, mit Hinweis auf TransPuG und KontraG; *Lutter/Krieger*, Aufsichtsrat, Rdn. 94; a.A. *Kling*, DZWiR 2005, 45, 46.
[633] *Paefgen*, Unternehmerische Entscheidungen, S. 231; *Peltzer/von Werder*, AG 2001, 1, 8; vgl. Corporate Governance Kodex III. 4. „die ausreichende Informationsversorgung des Aufsichtsrats ist gemeinsame Aufgabe von Vorstand und Aufsichtsrat".

zu seiner Information eingesetzt hat.[634] In einer risikoträchtigen Situation muss die Überwachungstätigkeit des Aufsichtsrats entsprechend verstärkt werden. Dazu sind insbesondere der Verkauf wesentlicher Aktiva ebenso wie Strukturmaßnahmen der Gesellschaft zu zählen.[635] Dabei ist zu berücksichtigen, dass das einzelne Aufsichtsratsmitglied als typischer „Generalist" kaum über die umfangreichen Spezialkenntnisse auf den verschiedenen Sachgebieten seiner Überwachungs- und Mitleitungstätigkeit wie der Vorstand verfügen kann.[636] Insofern kann die Hinzuziehung eines sachverständigen Dritten angezeigt sein. Dazu wird der Aufsichtsrat auch ausdrücklich vom Gesetzgeber ermächtigt (§ 111 Abs. 2 Satz 2 AktG). Jedoch entbindet die Einschaltung von Beratern das Aufsichtsratsmitglied nicht von der eigenen Pflicht zur Überwachung.[637]

b) *ARAG/Garmenbeck*-Entscheidung des BGH

In seiner *ARAG/Garmenbeck*-Entscheidung differenziert der BGH zwischen einer präventiven und einer nachträglichen Kontrolle durch den Aufsichtsrat. Die Überwachung der Geschäftsführung im Sinne des § 111 Abs. 1 AktG umfasst einerseits die Prüfung der Rechtmäßigkeit, der Zweckmäßigkeit und der Wirtschaftlichkeit bereits in der Vergangenheit abgeschlossener Sachverhalte[638] und erstreckt sich andererseits auch auf die künftige Geschäftspolitik des Unternehmens.[639]

aa) Präventive Kontrollfunktion des Aufsichtsrats

Ein unternehmerisches Ermessen steht dem deutschen Aufsichtsrat ausschließlich zu, sofern ihm das Gesetz unternehmerische Aufgaben überträgt.[640] Dazu gehören die Bestellung und Abberufung von Vorstandsmitgliedern, die Mitwirkung bei der Aufstellung des Jahresabschlusses und der Vorschläge für die Ergebnisverwendung, die Zustimmungsvorbehalte im Sinne des § 111 Abs. 4 Satz 2 AktG,[641] bei der Ausnutzung eines genehmigten Kapitals und vergleichbaren Maßnahmen, die Stellungnahme zu einem Übernahmeangebot (§ 27 WpÜG) sowie die Zustimmung zu Abwehrmaßnahmen (§ 33 Abs. 1 Satz 2 WpÜG). Zustimmungs-

---

[634] MüKo-*Semler*, § 111 AktG, Rdn. 126. *Semler*, in: FS Ulmer, S. 627, 632 f.
[635] *Kort*, EWiR 2000, 1145, 1146, mit Bezug auf ein wertvolles Betriebsgrundstück.
[636] *Säcker*, AG 2004, 180, 181, als unausgesprochenes Leitbild des Aufsichtsrats gelte der erfahrene Generalist, der „von fast allem fast nichts mehr versteht".
[637] MüKo-*Semler*, § 111 AktG, Rdn. 455; *Hommelhoff*, ZGR 1993, 452, 466.
[638] BGHZ 135, 244, 255.
[639] BGHZ 114, 127, 129 f.; *Hopt*, in: FS Mestmäcker, S. 909, 927; *Goette*, in: FS 50 Jahre BGH, S. 123, 128; *Raiser*, NJW 1996, 552, 553; *Semler*, Leitung und Überwachung, Rdn. 85, dem Vorstand stehe die Initiative für Projekte zu.
[640] BGHZ 135, 244, 254 f.; dazu; *Dreher*, ZHR 158 (1994), 614, 618 ff.; *Säcker*, AG 2004, 180, 181; *Albach*, in: Handbuch Corporate Governance, S. 362, 364.
[641] Zur Erweiterung der Zustimmungspflichten des Aufsichtsrats infolge des TransPuG *Heckschen*, in: Transparenz- und Publizitätsgesetz, Rdn. 45 ff.

pflichtige Geschäfte können dabei als vorweggenommene Überwachung von Entscheidungen mit besonders hoher unternehmenspolitischer Bedeutung und hohem Risikopotenzial qualifiziert werden.[642] Der Deutsche Corporate Governance Kodex (DCGK)[643] qualifiziert Entscheidungen oder Maßnahmen, die die Vermögens-, Finanz- oder Ertragslage des Unternehmens grundlegend verändern, als zustimmungsbedürftig (Nummer 3.3 DCGK). Damit werden Entscheidungen zu Strukturmaßnahmen und Unternehmenstransaktionen regelmäßig nicht allein durch den Vorstand einer Gesellschaft, sondern zusätzlich auch durch den Aufsichtsrat getroffen.[644]

bb)   Nachträgliche Kontrollfunktion des Aufsichtsrats

Zu einer nachträglichen Kontrolle des Aufsichtsrats gehört insbesondere die Prüfung der Geltendmachung von Schadenersatzansprüchen gegen den Vorstand. Dabei steht dem Aufsichtsrat nach der *ARAG/Garmenbeck*-Entscheidung grundsätzlich kein Ermessen zu, so dass er zur Geltendmachung von Schadenersatzansprüchen gegen den Vorstand verpflichtet ist. Ausgenommen davon sind ausschließlich Fälle, in denen ein übergeordnetes Gesellschaftsinteresse gegen die Geltendmachung von Schadenersatzansprüchen gegen den Vorstand spricht.

c)   Rezeption der *Business Judgment Rule* für den Aufsichtsrat

§ 116 AktG bestimmt, dass § 93 AktG für die Sorgfalt und Verantwortlichkeit der Aufsichtsratsmitglieder sinngemäß gilt. Mittels der Verweisung des § 116 Satz 1 AktG findet damit die zwischenzeitlich kodifizierte *business judgment rule* auch für den Aufsichtsrat grundsätzlich Anwendung, ebenso wie die zuvor in diese Richtung gehende Interpretation des § 93 AktG des BGH.[645] Von Ermessensentscheidungen des Aufsichtsrats zu unterscheiden sind bezüglich der Anwendbarkeit der *business judgment rule* allerdings reine Zustimmungstatbestände und seine originären Prüfungspflichten. Auch nach der Vorstellung der Regierungskommission Corporate Governance soll die *business judgment rule* in ihrer zuvor dargestellten Ausgestaltung für die unter den Ermessensspielraum einer präventiven Kontrolle fallenden Tatbestände für den Aufsichtsrat gelten. Im Schrifttum wird die Auffassung vertreten, dass die Aufsichtsratsmitglieder nicht verpflichtet seien, einen vollständigen eigenen Entscheidungsprozess zu durchlaufen, und sich stattdessen auf eine Plausibilitätsprüfung der Maß-

---

[642] *Henze*, BB 2000, 209, 214; *Kau/Kukat*, BB 2000, 1045, 1048; *Schaefer/Missling*, NZG 1998, 441, 446; *Wellkamp*, Vorstand, Aufsichtsrat und Aktionär, Rdn. 598 ff.; *Wirth*, in: RWS-Forum Gesellschaftsrecht 2001, S. 99, 113 und 116.
[643] Abgedruckt in der Fassung vom 4.11.2002 bei *Hirte*, Transparenz- und Publizitätsgesetz, S. 129 ff.
[644] *Buchta*, DStR 2003, 740, 742; *Mutschler/Mersmann*, DB 2003, 79.
[645] *Thümmel*, DB 2004, 471; *Weiss/Buchner*, WM 2005, 162, 165.

nahmen des Vorstands beschränken könnten.[646] Dabei sei durch den Aufsichtsrat lediglich zu prüfen, ob der Vorstand bei seiner Entscheidungsfindung so vorgegangen ist, wie es dem Standard eines sorgfältigen, den Risikograd der Entscheidung berücksichtigenden Verfahrens entspricht.[647] Insbesondere bei weitreichenden Investitions- oder Desinvestitionsentscheidungen hat der Aufsichtsrat jedoch an der Planung der Alternativen mitzuwirken und sich an der Diskussion der Annahmen und Prognosen zu beteiligen.[648] Wenn die Informationsbasis des Vorstands kein vollständiges Bild für eine ausreichende Beurteilungsgrundlage vermittelt, ist der Aufsichtsrat gehalten, sich diese durch eine eigene Untersuchung bzw. durch die Mandatierung eines externen Sachverständigen zu verschaffen. Dabei sind an den Aufsichtsrat im Vergleich zum Vorstand keine strengeren Anforderungen zu stellen.[649]

d) Geltendmachung von Pflichtverletzungen im Rahmen der Organinnenhaftung

Die Gesellschaft wird gegenüber den Aufsichtsratsmitgliedern durch den Vorstand vertreten (§ 78 AktG). Allerdings halten sich Vorstände ebenso wie Mehrheitsgesellschafter wegen ihrer besonderen Nähe zu Aufsichtsratsmitgliedern oder gar ihrer eigenen Mitverantwortung für einen Schaden der Gesellschaft bei der Geltendmachung von Schadenersatzansprüchen zumeist zurück.[650] Die Regelungen für die Geltendmachung von Schäden durch die Anteilseigner für Ansprüche der Gesellschaft gegen Vorstandsmitglieder finden entsprechende Anwendung auch für die Aufsichtsratsmitglieder. Insofern kann auf die vorstehenden Ausführungen zur Organverantwortung des Vorstands verwiesen werden. Hervorzuheben ist, dass die im US-amerikanischen Vergleich für die Gesellschaft günstige Beweislastregelung auch für die Organinnenhaftung der Aufsichtsratsmitglieder Anwendung findet.[651] Insofern wird auch das Interesse des Aufsichtsrats an einer *Ex-ante*-Legitimation seiner Entscheidungsfindung erklärt.

e) Geltendmachung von Pflichtverletzungen im Rahmen der Organaußenhaftung

Aus § 93 AktG haften die Vorstandsmitglieder nur der Gesellschaft gegenüber. § 93 AktG stellt ebenfalls kein Schutzgesetz i.S.v. § 823 Abs. 2 BGB gegenüber den Aktionären dar.[652] Entsprechend der Regelung für den Vorstand sind die §§ 116, 93 Abs. 2 Satz 1 AktG folglich

---

[646] KK-*Mertens*, § 111 AktG, Rdn. 85; Geßler/Hefermehl/Eckardt/Kropff-*Geßler*, § 116 AktG, Rdn. 9; *Doralt*, in: Arbeitshandbuch Aufsichtsrat, § 13, Rdn. 9.
[647] *Doralt*, in: Arbeitshandbuch Aufsichtsrat, § 13, Rdn. 9.
[648] *Albach*, in: Handbuch Corporate Governance, S. 361, 366.
[649] *Schaefer/Missling*, NZG 1998, 441, 446.
[650] GK-*Bezzenberger*, § 147 AktG, Rdn. 4; *Pielorz/Sieg*, PHi 2000, 77; *Trescher*, AG 1995, 661; *Theisen*, DBW 53 (1993), 295, 300.
[651] *Lutter/Krieger*, Aufsichtsrat, Rdn. 850; *Witte/Hrubesch*, BB 2004, 725, 729.

zur Begründung einer Organaußenhaftung des Aufsichtsrats nicht anwendbar. Allerdings kommt § 117 Abs. 1 Satz 2 AktG als Anspruchsgrundlage der Anteilseigner für Direktansprüche gegen den Aufsichtsrat in Betracht. Demnach ist ein Aufsichtsratsmitglied, das vorsätzlich seinen Einfluss auf andere Organe, Prokuristen oder Handlungsbevollmächtigte benutzt, um diese dazu zu bestimmen, zum Schaden der Gesellschaft oder ihrer Aktionäre zu handeln, auch den Aktionären direkt zum Schadenersatz verpflichtet.[653]

f) Treuepflichten des Aufsichtsrats

Auch für den deutschen Aufsichtsrat bestehen Treue- und Loyalitätspflichten gegenüber der Gesellschaft (§ 116 AktG). Dies gilt auch für den mitbestimmten Aufsichtsrat. Er ist nicht Vertreter der Interessen seiner Wählerschaft; vielmehr obliegt ihm die Wahrung des (gesamten) Unternehmensinteresses im Rahmen seiner Amtsführung.[654] Auch wenn das Handeln der Aufsichtsratsmitglieder an das Interesse des Unternehmens gebunden ist, erschwert es die aktienrechtliche Ausformung des Amtes, dass die Aufsichtsratsmitglieder dieser Bindung ohne Konflikte nachkommen können.[655] Denn das Aktienrecht kennt für die Lösung der Interessenkonflikte der Aufsichtsratsmitglieder keine allgemeinen Regeln.[656] Interessenkonflikte können insbesondere vorliegen, wenn der Aufsichtsrat von einem Mehrheitsgesellschafter beherrscht wird.[657] Im Grundsatz wird in solchen Fällen ein Stimmverbot des Aufsichtsratsmitglieds, welches einem Interessenkonflikt unterliegt, als richtige Lösung angesehen.[658] Grenzen des Stimmrechtsverbots für Aufsichtsratsmitglieder, die einem Interessenkonflikt unterliegen, sind aber in der Beeinträchtigung der Tätigkeit des Aufsichtsrats als Beschlussorgan und in der Gefährdung von Beschlüssen bei erst *ex post* erkannten Interessenkonflikten zu sehen.[659] In diesem Fall kann ein besonderes Bedürfnis bestehen, Entscheidungen extern abzustützen; denn eine Enthaltung aller Aufsichtsratsmitglieder, die einem Interessenkonflikt unterliegen, führt zu keinem praktikablen Ergebnis.

---

[652] So bereits das RG in ständiger Rechtsprechung zu § 241 HGB a.F., RGZ 63, 324, 328; 115, 289, 296; 159, 211, 224.
[653] Dazu *Pielorz/Sieg*, PHi 2000, 77, 82.
[654] BVerfGE 50, 290, 374; BGHZ 36, 296, 306 und 310; BGHZ 64, 325, 330 f.; BGHZ 83, 144, 147 und 149; BGHZ 106, 54, 65; dazu auch *Doralt*, in: Arbeitshandbuch Aufsichtsrat, § 13, Rdn. 47.
[655] *Herkenroth*, AG 2001, 33 ff.; *Dreher*, JZ 1990, 896, 897 und 902, das Aufsichtsratsamt institutionalisiert Interessenkonflikte und sie seien geradezu allgegenwärtig und durchaus kein neues Phänomen, mit umfangreichen Literaturhinweisen zum Vorliegen von Interessenkonflikten bereits im 19. Jahrhundert.
[656] *Dreher*, JZ 1990, 896, 898.
[657] *Dreher*, JZ 1990, 896 ff.; parallel zum Verwaltungsrat in der Schweiz *von der Crone*, in: Organverantwortlichkeit als Instrument der Corporate Governance, S. 235, 245, Fn. 17.
[658] Anwaltkommentar-*Breuer/Fraune*, § 108 AktG, Rdn. 10.
[659] *Dreher*, JZ 1990, 896 ff.; *Doralt*, in: Arbeitshandbuch Aufsichtsrat, § 13, Rdn. 50.

6.) Legitimationsfunktion einer *Fairness Opinion* für Aufsichtsratsentscheide

Fälle der Haftung von Aufsichtsratsmitgliedern beschäftigten die Gerichte bislang noch seltener als solche der Organhaftung des Vorstands.[660] Zu einer besonderen Sensibilisierung der Mitglieder deutscher Aufsichtsräte führte allerdings die so genannte *ASS*-Entscheidung des LG Stuttgart im Jahr 2000, die eine persönliche Haftung eines Aufsichtsratsmitglieds gegenüber der Gesellschaft bei der zustimmungspflichtigen Veräußerung eines Grundstücks der Gesellschaft zu einem unangemessen niedrigen Preis bejahte.[661] Auch sonst ist dem Aufsichtsrat im Zusammenhang mit der Zustimmung zu einem Unternehmenszusammenschluss oder einer bedeutenden Akquisition im Rahmen seiner Tätigkeit nach § 111 Abs. 4 Satz 2 AktG im Hinblick u.a. auf die finanziellen Aspekte der Transaktion ein gegenüber dem Alltagsgeschäft erheblich gesteigerter Informationsstand abzuverlangen.[662] Dies gilt ebenfalls für eine Stellungnahme des Aufsichtsrats nach § 27 WpÜG. Dabei ist zu berücksichtigen, dass dem Aufsichtsrat, anders als dem Vorstand, grundsätzlich kein organisatorischer und personeller Unterbau zur Verfügung steht, der ihm eine eigene unabhängige Analyse und Entscheidungsvorbereitung gestattet.[663] Die Beratung des Aufsichtsrats als Gremium durch externe Sachverständige und damit die Mandatierung einer *fairness opinion* wird durch §§ 109 Abs. 1 Satz 2, 111 Abs. 2 AktG auf der Basis eines mehrheitlichen Beschlusses aber explizit erlaubt (dazu oben S. 110 f.).[664] Die Einholung der Expertise externer Dritter auch durch den Aufsichtsrat ist nach einer empirischen Studie als haftungsmindernde Maßnahme in der Praxis bereits weit verbreitet oder wird durch den Aufsichtsrat zukünftig angestrebt.[665] Gegenüber der Beratung des Aufsichtsrats als Organ ist die Möglichkeit des einzelnen Aufsichtsratsmitglieds zur Einholung der Expertise externer Dritter und damit auch einer *fairness opinion* nach deutschem Recht eingeschränkt; denn nach der *Hertie*-Entscheidung des BGH darf ein einzelnes Aufsichtsratsmitglied Beratungshilfe nur ausnahmsweise in Anspruch nehmen.[666] Zugleich hat der BGH klargestellt, dass umfangreiche Spezialkenntnisse jedes Aufsichtsratsmitglieds auf sämtlichen Gebieten, die in der Verantwortung des Aufsichtsrats liegen, nicht

---

[660] Dazu *Wirth*, in: RWS-Forum Gesellschaftsrecht 2001, S. 99, 102, mit Rechtsprechungsübersicht; *Pielorz/Sieg*, PHi 2000, 77, „das Nadelöhr war und ist das Verfahren"; *Reichert/Weller*, ZRP 2002, 49, mit Zitat von *Hermann Josef Abs*, dass es „leichter [sei], ein eingeseiftes Schwein am Schwanz zu greifen, als ein Aufsichtsratsmitglied zur Rechenschaft zu ziehen"; *Semler*, in: Arbeitshandbuch Aufsichtsrat, § 1, Rdn. 258; *Trescher*, AG 1995, 661.
[661] LG Stuttgart, DB 1999, 2462 ff. = AG 2000, 237 ff.; dazu *Buchta/van Kann*, DStR 2003, 1665; *Kort*, EWiR 2000, 1145, 1146.
[662] *Paefgen*, Unternehmerische Entscheidungen, S. 232.
[663] *Witte/Hrubesch*, BB 2004, 725, 726.
[664] Dazu *Lutter*, Information, S. 92 f.; *Hoffmann-Becking*, ZHR 159 (1995), 325, 338 f.; *Oetker*, in: Handbuch Corporate Governance, S. 261, 277.
[665] *Köhler/Marten/Hülsberg/Bender*, BB 2005, 501, 508, Abbildung 10.
[666] BGHZ 85, 293, 296.

erwartet werden können.[667] Je nach fachlicher Qualifikation des einzelnen Aufsichtsratsmitglieds kann jedoch ein höherer Sorgfaltsmaßstab seitens der Gerichte gefordert werden.[668] Dies gilt beispielsweise für besonders sachkundige Mitglieder einzelner Aufsichtsratsausschüsse.[669] Insbesondere unter dem Aspekt der Heterogenität der Zusammensetzung des mitbestimmten deutschen Aufsichtsrats[670] kann es durchaus angezeigt sein, dass dieser bei Strukturmaßnahmen eine externe Beratung einholt. Denn die pflichtwidrige Zustimmung zu einem Einzelgeschäft von außergewöhnlicher Bedeutung und mit außergewöhnlichem Risiko für die Gesellschaft kann eine Schadenersatzpflicht der Mitglieder des Aufsichtsrats begründen.[671] Kein Aufsichtsratsmitglied kann sich trotz der tendenziell enthaftenden Wirkung von Gutachten[672] ohne jegliche eigene Nachprüfung seiner Sorgfaltspflicht dadurch entziehen, dass es sich ausschließlich auf fremde, vom Vorstand eingeholte Expertisen stützt.[673] Zumindest wird man verlangen müssen, dass das Organmitglied eine Plausibilitätskontrolle durchführt.[674] Gerade bei etwaigen Interessenkonflikten des Vorstands oder des von ihm beauftragten Sachverständigen kommt eine Pflicht des Aufsichtsrats zur getrennten Einholung einer unabhängigen externen Expertise in Betracht.[675] Diese geht über die fehlende Gebundenheit an die Information des Vorstands hinaus.[676] Lediglich als *obiter dictum* wurde eine etwaige Interessenkollision der Aufsichtsratsmitglieder vom LG Stuttgart angesprochen (zur Interessenkollision auch oben S. 114).[677] Auch in diesen Fällen ist es angezeigt, eine Entscheidungsfindung extern abzustützen. Damit gewinnt die Legitimationswirkung von externen Gutachten für Entscheidungen deutscher Aufsichtsräte weiter an Bedeutung.[678]

---

[667] BGHZ 85, 293, 296; dazu *Mutter/Gayk*, ZIP 2003, 1773, 1774; *Kling*, DZWiR 2005, 45, 48.
[668] Zum Meinungsstand LG Hamburg, ZIP 1981; 194, 195; KK-*Mertens*, § 116 AktG, Rdn. 57; *Hoffmann-Becking*, Münchener Handbuch des Gesellschaftsrechts, § 33, Rdn. 46; *Lutter*, ZHR 145 (1981) 224, 228; *Dreher*, in: FS Boujong, S. 71, 77; *Wirth*, in: RWS-Forum Gesellschaftsrecht 2001, S. 99, 101; gegen eine individuelle Differenzierung *Hüffer*, § 116 AktG, Rdn. 3.
[669] *Mutter/Gayk*, ZIP 2003, 1773, 1775, insbesondere für Audit Committees.
[670] Dazu *Bastuck*, Enthaftung des Managements, S.71; *Wirth*, in: RWS-Gesellschaftsrecht 2001, S. 99, 107.
[671] *Wirth*, in: RWS-Gesellschaftsrecht 2001, S. 99, 115.
[672] Dazu *Buchta/van Kann*, DStR 2003, 1665, 1670, mit Hinweis, dass ein Verschulden nur schwerlich denkbar sei.
[673] LG Stuttgart, DB 1999, 2462; MüKo-*Semler*, § 111 AktG, Rdn. 455.
[674] *Wirth*, in: RWS-Gesellschaftsrecht 2001, S. 99, 116 f.; *Witt/Hrubesch*, BB 2004, 725, 727.
[675] Exemplarisch Stellungnahme des Aufsichtsrats der *Celanese AG* abgedruckt mit separater *fairness opinion* der Investment Bank *J.P. Morgan*.
[676] Dazu Fn. 634.
[677] LG Stuttgart DB 1999, 2462 ff.; zu Interessenkollisionen von Aufsichtsratsmitgliedern ausführlich auch *Herkenroth*, AG 2001, 33 ff., allerdings ohne Hinweis auf das Instrument der *fairness opinion*.
[678] *Mutter*, Unternehmerische Entscheidungen, S. 221; aus deutscher Sicht zum US-amerikanischen Recht, *Merkt*, US-amerikanisches Gesellschaftsrecht, Rdn. 691.

7.) Zwischenergebnis

Die Organverantwortung von Vorstand und Aufsichtsrat in der deutschen Aktiengesellschaft erfährt zunehmend stärkere praktische Bedeutung. Entscheidungen sind nach der im Rahmen des Regierungsentwurfs vorgeschlagenen *business judgment rule* explizit auf Basis einer angemessenen Informationsgrundlage zu treffen. Dazu bedienen sich auch Aufsichtsräte externer Sachverständiger, um ihre Entscheidungen abzustützen. Daneben wird die Durchsetzbarkeit der Ansprüche der Gesellschaft durch die Anteilseigner erleichtert. Damit wird die Durchsetzung von Ansprüchen gegen die Verwaltungsorgane zukünftig vermehrt von Anteilseignern und nicht mehr nur von etwaigen Insolvenzverwaltern der Gesellschaften ausgehen, wie es in der bisherigen Praxis weitgehend der Fall war. Folglich wird ein gesteigertes Bedürfnis für Organmitglieder zur externen Abstützung ihrer Entscheidungsfindung entstehen.[679] Dieses Ergebnis wird durch die Beweislastregelung in Deutschland besonders verschärft. Die genannte *ASS*-Entscheidung zeigt als eine der bislang sehr wenigen Entscheidungen dabei deutlich das auch in Deutschland bestehende Haftungsrisiko für die Mitglieder eines Aufsichtsrats auf.

II. Argumentationsfunktion

Die Mandatierungen der ersten *fairness opinions* bei Verschmelzungen in Deutschland Ende der neunziger Jahre waren primär unter Argumentationsgesichtspunkten motiviert. *Fairness opinions* werden seither bei Unternehmenszusammenschlüssen in Deutschland häufig als Argumentationshilfe gegenüber wichtigen Gesellschaftern sowie zur Gewinnung von Anlegern und Medien zur Erreichung der für Unternehmenstransaktionen und Strukturmaßnahmen erforderlichen gesetzlichen Quoren eingesetzt;[680] denn ausländischen institutionellen Investoren ist ein Gutachten einer Wirtschaftsprüfungsgesellschaft nicht vermittelbar.[681] Exemplarisch sind diesbezüglich die drei *fairness opinions* zu nennen, die neben den gesetzlich vorgeschriebenen Prüfberichten bei der Verschmelzung zwischen der *Thyssen AG* und der *Krupp AG* eingeholt wurden.[682] Damit entspricht dieser Zweck der *fairness opinion* grundsätzlich der Argumentationsfunktion der Unternehmensbewertung im Sinne der Kölner Funktionenlehre, wenngleich aus Haftungsgesichtspunkten in dem *opinion letter* einer *fairness opinion* regel-

---

[679] Wohl noch zurückhaltender im Jahre 2003 zur Funktion der Absicherung des Managements durch eine *fairness opinion* im Vergleich Deutschland zu den USA *Ragotzky*, Unternehmensverkauf, S. 167; aktuell *Schwetzler/Aders/Salcher/Bornemann*, FB 2005, 106, 110.
[680] *Aders/Salcher*, Fairness Opinion, S. 4 f.; *Drill*, Börsen-Zeitung vom 23.10.2004, B2; *Klemm*, Börsen-Zeitung vom 29.1.2000, B8; *Ragotzky*, Unternehmensverkauf, S. 166; *Schiessl*, ZGR 2003, 814, 823.
[681] *Ohne Verfasser*, Platow Brief vom 3.4.2001.
[682] Zwei separate *fairness opinions* für die *Thyssen AG* von *Credit Suisse First Boston* und *J.P. Morgan* und eine *fairness opinion* für die *Krupp AG* von *Merrill Lynch International*. Die *opinion letters* lagen den beschlussfas-

mäßig darauf hingewiesen wird, dass diese keine Handlungsempfehlung für Aktionäre begründe (hierzu unten S. 334 ff.). Einschränkend ist jedoch darauf aufmerksam zu machen, dass die Bewertung nicht entsprechend der Annahme der Kölner Funktionenlehre vom Vertragspartner (i.S.d. Erwerbers) der Anteilseigner, sondern von den Verwaltungsorganen der Gesellschaft in Auftrag gegeben wird.

Aus Sicht institutioneller Investoren zeigt die Einholung einer *fairness opinion*, dass das Prozedere zur Durchführung einer Unternehmenstransaktion den *best practice standards* entspricht. Hingegen führen institutionelle Investoren eigene Berechnungen zur Unternehmensbewertung durch, auf die sie ihr Entscheidungs- bzw. Andienungsverhalten stützen. Insofern kommt dem Vorliegen einer *fairness opinion* auch in Deutschland der Charakter eines Hygienefaktors zu (*sanity check*). Deutsche Aktionärsvereinigungen beurteilen das Vorliegen von *fairness opinions* demgegenüber als Entscheidungsgrundlage für den Streubesitz tendenziell zurückhaltend.[683] Im Übrigen ist das Entscheidungsverhalten von Aktionären mit geringen Beteiligungen auch in Deutschland zumeist durch einen Vergleich der angebotenen Gegenleistung mit dem persönlichen Einstandspreis getrieben; denn für eine umfängliche Bewertung bestehen bei einer geringen Beteiligung häufig keine ausreichenden Ressourcen und Anreize. Handlungsempfehlungen nützen Investoren allerdings nur dann, wenn sich der Investor darauf verlassen kann, dass diese uneigennützig und ausschließlich im Investoreninteresse erteilt werden.[684] Insofern unterscheidet sich der Argumentationswert einer *fairness opinion* in Deutschland nur unwesentlich von der zuvor erörterten Ausgangssituation in den USA.

III. Verhandlungsfunktion

Auch wenn dies für die Marktöffentlichkeit in der Regel nicht erkennbar ist, kommt auch in Deutschland die *fairness opinion* als Verhandlungsinstrument zur Anwendung. So können Vorstände in Verhandlungen mit einem Partner zum Unternehmenszusammenschluss bzw. einem Bieter zur Verbesserung des Austauschverhältnisses bzw. der Gegenleistung die Position beziehen, der Berater verweigere unter den gegenwärtigen Umständen die Erstellung einer *fairness opinion*. Im Wege dieser Verhandlungsfunktion der *fairness opinion* kann das Instrument zu einer Veränderung der wirtschaftlichen Konditionen einer Strukturmaßnahme beitragen. Dieser für die USA bereits erörterte Ansatz entspricht dem grundsätzlichen Zweck

---

senden Hauptversammlungen der *Thyssen AG* und der *Krupp AG* vor. Demgegenüber wurden die *valuation memoranda* der Ersteller den Anteilseigner der Gesellschaften nicht zur Einsichtnahme vorgelegt.
[683] *Hansen*, AG 2001, R104 ff.

der *fairness opinion* als Instrument der Argumentation gegenüber dem Verhandlungspartner einer Transaktion im Sinne der Funktionenlehre im deutschen Schrifttum.

IV. Zwischenergebnis

Während in den USA die Bedeutung des Legitimationszwecks einer *fairness opinion* gegenüber den übrigen Motivationen zu ihrer Einholung deutlich überwiegt, kam der in Deutschland rezipierten *fairness opinion* zunächst hauptsächlich eine Argumentationsfunktion für komplexe Kapitalmarkttransaktionen zu. Im Zuge der zunehmenden Bedeutung der Organhaftung in Deutschland wandelt sich auch die Motivation zur Einholung von *fairness opinions* durch deutsche Verwaltungsorgane. Nunmehr kommt ihnen auch in Deutschland ein hohes Gewicht zur Legitimation einer Unternehmenstransaktion und zur Exkulpation der Verwaltungsorgane zu. Gleichzeitig findet die *fairness opinion* auch als Instrument zur Beeinflussung von Verhandlungen Anwendung. Insofern nähern sich die Funktionen der *fairness opinion* in beiden Rechtskreisen aneinander an.

D. Abgrenzung der *Fairness Opinion*

Die *fairness opinion* ist, wie zuvor dargelegt, ein für die deutsche Transaktionspraxis relativ neues Instrument. Vor dem Hintergrund ihrer beschriebenen Verbreitung und ihrer Funktionen ist die *fairness opinion* daher gegenüber den in Deutschland fester etablierten und teils gesetzlich normierten Instrumenten mit Bezug auf eine Unternehmensbewertung durch einen Sachverständigen abzugrenzen. Hier kommen insbesondere die in Deutschland in Aktiengesetz und Umwandlungsgesetz gesetzlich verankerten Prüfberichte in Betracht. Darüber hinaus ist auch eine Abgrenzung von dem ebenfalls aus der anglo-amerikanischen Praxis stammenden *comfort letter* geboten, für den unlängst ein IDW-Standard geschaffen wurde. Damit wird wiederum die Basis für die nachfolgende Analyse des Anwendungsbereichs der *fairness opinion* in den einzelnen Strukturmaßnahmen bzw. Unternehmenstransaktionen gelegt.

I. Prüfungsberichte nach deutschem Recht

Während die *fairness opinion* im deutschen Recht nicht normiert ist, hat der deutsche im Gegensatz zum US-amerikanischen Gesetzgeber das Institut des Prüfungsberichts für verschiedene Strukturmaßnahmen geschaffen. Die Prüfungsberichte nach deutschem Recht lassen sich in die Bereiche der Verschmelzungsprüfung i.S.d. § 9 UmwG, der Vertragsprüfung und der *Squeeze-Out*-Prüfung i.S.d. §§ 293b ff. und 327c AktG sowie der Sacheinlagenprüfungen,

---

[684] Parallel für Wertpapieranalysen *Göres*, Interessenkonflikte von Wertpapierdienstleistern, S. 32; in diese Richtung auch *Ragotzky*, Unternehmensverkauf, S. 168; dazu bereits im Rahmen des *Catchkeeper*-Modells.

§ 183 ff. AktG, zusammenfassen.[685] Die folgende Darstellung untersucht die wesentlichen konstitutiven Merkmale dieser in Deutschland normierten Prüfungsberichte, während die Regelungen zu den Informationsrechten der Anteilseigner und zur Dritthaftung der Ersteller der Prüfberichte zum besseren Verständnis des „Dreiecks" der Regelungen für *fairness opinions* in die jeweiligen Kapitel dieser Arbeit integriert sind (dazu unten Teile 6 und 7). Auf der Basis der grundsätzlichen Differenzierung zwischen Prüfberichten und *fairness opinions* soll im folgenden Kapitel der Anwendungsbereich der *fairness opinion* in einzelnen Strukturmaßnahmen bzw. Unternehmenstransaktionen untersucht werden.

1.) Cluster der gesetzlichen Prüfberichte

a) Verschmelzungsprüfung

Die Verschmelzungsprüfung nach den Vorschriften des UmwG dient dem *A-Priori*-Schutz der Anteilseigner der an einer Verschmelzung beteiligten Rechtsträger.[686] Ihr Interesse ist vor allem darauf gerichtet, dass das von den Vertretungsorganen der an der Transaktion beteiligten Rechtsträger vorgeschlagene Umtauschverhältnis bzw. die bare Zuzahlung sowie ggf. die Barabfindung nach § 30 Abs. 2 Satz 1 UmwG angemessen ist.[687] Allerdings können die Anteilseigner die Angemessenheit auf Basis des von den Organen der beteiligten Rechtsträger erstellten Verschmelzungsberichts nicht selbstständig abschließend prüfen. Zusammen mit dem Verschmelzungsbericht der Vertretungsorgane stellt der Prüfbericht daher die wesentliche Grundlage für die Anteilseigner dar, ihr Stimmrecht bei der Beschlussfassung über die Verschmelzung sachgerecht und verantwortungsvoll auszuüben. Der Prüfbericht ist ein Ergebnisbericht.[688] Hingegen gehört es nicht zu den Prüfungspflichten der Verschmelzungsprüfer, die wirtschaftliche Zweckmäßigkeit der Verschmelzung zu beurteilen und sich dazu zu äußern, ob die rechtlichen und wirtschaftlichen Interessen der Anteilsinhaber sämtlicher beteiligter Rechtsträger gewahrt sind.[689] Zur Bestimmung der Angemessenheit ist der Prüfer anders als im früheren Spruchverfahren nicht gehalten, eine eigenständige Unternehmensbewertung durchzuführen, sondern kann sich auf eine Plausibilitätsprüfung der

---
[685] Mit ähnlicher Clusterbildung *Treptow*, in: Reform des Umwandlungsrechts, S. 155, 156.
[686] Vgl. *Semler/Stengel-Zeidler*, § 9 UmwG, Rdn. 2; *Nonnenmacher*, AG 1982, 153, 157; *Priester*, NJW 1983, 1459, 1460; *Ganske*, WPg 1994, 157, 159; *Ganske*, DB 1981, 1551, 1552.
[687] Vgl. Reg. Begr. abgedruckt bei *Ganske*, Umwandlungsrecht, S. 70; *Schaal*, Umwandlungsprüfer, S. 133.
[688] OLG Hamm ZIP 1988, 1051, 1054; *Priester*, ZGR 1990, 420, 431; *Mertens*, AG 1990, 20, 32.
[689] Begr. RegE, BT-Drucks. 9/1065, S. 16; KK-*Kraft*, § 340b AktG a.F., Rdn. 7; Lutter/Winter-*Lutter/Drygala*, § 9 UmwG, Rdn. 12; Widmann/Mayer-*Mayer*, § 9 UmwG, Rdn. 22; Semler/Stengel-*Zeidler*, § 9 UmwG, Rdn. 16; *Priester*, in: Reform des Umwandlungsrechts, S. 196, 205; *Priester*, NJW 1983, 1459, 1462; *Bayer*, ZIP 1997, 1613, 1621; *Bitzer*, Prüfung des Umtauschverhältnisses, S. 31; *Hoffmann-Becking*, in: FS Fleck, S. 105, 122; *Hommelhoff*, ZGR 1993, 452, 465; Konzernrecht-*Emmerich*, § 293b AktG, Rdn. 14, zur Divergenz im Schrifttum hinsichtlich der Qualifikation des Verschmelzungsberichts als Prüfungsgegenstand.

ihm vorgelegten Gutachten beschränken. Über den Prüfungsbericht hinaus werden die Anteilseigner *a posteriori* durch die Möglichkeit der Überprüfung der Angemessenheit des Umtauschverhältnisses bzw. der Höhe der Abfindung in einem Spruchverfahren geschützt. Vor dem Hintergrund der Schutzfunktion der Verschmelzungsprüfung ist die Unternehmensbewertung zur Ermittlung eines angemessenen Umtauschverhältnisses bzw. einer angemessenen Barabfindung primär der Vermittlungsfunktion der Kölner Funktionenlehre zuzuordnen.[690] Die Verschmelzungsprüfung wurde durch das Gesetz zur Durchführung der dritten Richtlinie des Rates der europäischen Gemeinschaften zur Koordinierung des Gesellschaftsrechts vom 25.10.1982 in das Aktiengesetz eingefügt. Die Norm setzte damit Art. 10 Abs. 1 Satz 1, Art. 24 der Verschmelzungsrichtlinie in deutsches Recht um.

b) **Vertrags- und *Squeeze-Out*-Prüfung**

Die Vertragsprüfung (§ 293b ff. AktG) kommt zur Bestimmung des angemessenen Ausgleichs i.S.d. § 304 AktG und zur Bestimmung der angemessenen Abfindung i.S.d. § 305 AktG bei Beherrschungs- und Gewinnabführungsverträgen zur Anwendung. Für den Ausschluss von Minderheitsaktionären (*squeeze out*) verweist § 327c AktG auf die vorgenannte Norm. Die Prüfung orientiert sich dabei am Vorbild des Umwandlungsrechts (§§ 9, 60 UmwG).[691] Der Normzweck besteht im Schutz der außenstehenden Aktionäre vor den Beeinträchtigungen, die mit den Strukturmaßnahmen verbunden sind. Da sie im Falle des Abschlusses eines Beherrschungs- und Gewinnabführungsvertrags dem einer Verschmelzung wirtschaftlich ähneln, sind auch die Rechtsbehelfe daran angelehnt.[692] Für den *squeeze out* ergibt sich das Schutzbedürfnis aus dem Verlust der Mitgliedschaft, die nach der Rechtsprechung des Bundesverfassungsgerichts nur gegen „vollständige" Entschädigung erfolgen darf.[693] Zwar setzen Strukturmaßnahmen hohe Quoren voraus, doch werden diese in der Regel auch durch die dominante Stellung eines Mehrheitsgesellschafters erreicht: Der Mehrheitsgesellschafter erreicht das gewünschte Abstimmungsergebnis also in der Regel auch ohne die Stimmen der übrigen Anteilseigner. Daher kommt der Prüfung eine vermittelnde Funktion i.S.d. Kölner Funktionenlehre zum Schutz der Anteilseigner zu. Prüfungsgegenstand ist neben dem Unternehmensvertrag in erster Linie die Angemessenheit des Ausgleichs bzw. der Abfindung, nicht hingegen die wirtschaftliche Zweckmäßigkeit der Strukturmaßnahme.[694]

---

[690] *Schmitz*, Verschmelzungsprüfung, S. 216; Semler/Stengel-*Zeidler*, § 9 UmwG, Rdn. 43.
[691] MüKo-*Altmeppen*, § 293b AktG, Rdn. 1; Konzernrecht-*Emmerich*, § 293b AktG, Rdn. 16.
[692] GK-*Hirte/Hasselbach*, § 305 AktG, Rdn. 62.
[693] BVerfGE 14, 263, 284; inzwischen bestätigt durch BVerfG DB 1999, 575, 577; BVerfGE 100, 289, 303; BVerfG ZIP 1999, 1804; BVerfG AG 2003, 624, 625.
[694] MüKo-*Altmeppen*, § 293b AktG, Rdn. 3 und 8; *Hüffer*, § 293b AktG, Rdn. 3; Konzernrecht-*Emmerich*, § 293b AktG, Rdn. 4 und Rdn. 14.

Entsprechend der Regelung für Verschmelzungen ist die Angemessenheit auch hier *a posteriori* für die Anteilseigner im Wege des gerichtlichen Spruchverfahrens erneut überprüfbar. Zur Beurteilung der Angemessenheit der Abfindung kann sich der Prüfer auf eine Plausibilitätsprüfung der der vorgeschlagenen Abfindung zugrunde liegenden Unternehmensbewertung einschließlich etwaiger Gutachten beschränken.[695] Dies gilt sinngemäß auch für die Art und die Höhe des Ausgleichs. Eine selbstständige Durchführung der Unternehmensbewertung ist hingegen nicht angezeigt.

c) **Sacheinlageprüfung**

Sacheinlageprüfungen können bei Unternehmensgründungen sowie Kapitalerhöhungen gegen die Einbringung von Sacheinlagen zur Anwendung kommen. Sofern eine Transaktion parallel eine Verschmelzungsprüfung sowie eine Sacheinlageprüfung erfordert, dürfen diese nicht abwicklungs- und berichtsmäßig verbunden werden.[696] Das betrifft die Gründungsprüfung bei Verschmelzung auf eine AG durch Neugründung, sofern der übertragende Rechtsträger keine Kapitalgesellschaft oder eingetragene Genossenschaft ist (§ 33 Abs. 2 AktG, § 75 Abs. 2 UmwG), die Nachgründungsprüfung, wenn die aufnehmende Gesellschaft eine Aktiengesellschaft ist, die von den Voraussetzungen des § 52 AktG erfasst wird (§ 67 UmwG), oder eine Kapitalerhöhungsprüfung, sofern der aufnehmende Rechtsträger eine Aktiengesellschaft ist und die Voraussetzungen des § 69 Abs. 1 Halbsatz 2 UmwG vorliegen.

2.) Funktion von Prüfberichten

Die genannten Prüfberichte dienen nicht dazu, die unternehmerische Ermessensentscheidung der Verwaltungsorgane zu überprüfen.[697] Im Sinne der Kölner Funktionenlehre kommt ihnen vielmehr eine vermittelnde Funktion zum Schutz der Interessen der Minderheitsgesellschafter zu. Da sie die wirtschaftliche Zweckmäßigkeit der Strukturmaßnahme aus der Perspektive der Anteilseigner nach der überwiegenden und in der Prüfungspraxis anerkannten Ansicht nicht zu berücksichtigen haben,[698] unterscheidet sich ihre Funktion grundsätzlich von der einer *fairness opinion*. Die genannten Prüfberichte lassen damit außer Betracht, ob eine Alternativtransaktion aus Sicht der Anteilseigner vorzuziehen wäre.

---

[695] Konzernrecht-*Emmerich*, § 293b AktG, Rdn. 17.
[696] Kallmeyer-*Müller*, § 9 UmwG, Rdn. 4; Semler/Stengel-*Zeidler*, § 9 UmwG, Rdn. 4.
[697] MüKo-*Altmeppen*, § 293b AktG, Rdn. 10.
[698] Nachweise dazu Fn. 689 (Umwandlungsprüfung).

3.) Adressat von Prüfungsberichten

Wenngleich es sich nicht ausdrücklich aus dem Gesetz ergibt, sind die Prüfberichte zunächst den Verwaltungsorganen der betroffenen Gesellschaft zuzuleiten; denn ihnen obliegt die Auslegung der Berichte als Akt der Geschäftsführung.[699] Als Konsequenz aus der anlegerschützenden Funktion der Prüfungen sind die Berichte den Anteilseignern in der Regel vorzulegen. Auf den Umfang der Offenlegungspflichten für diese Dokumentationen nach Gesetz und Rechtsprechung wird in Teil 6 dieser Arbeit gesondert einzugehen sein.

4.) Ersteller von Prüfungsberichten

Der Zugang zu der Durchführung von den in Aktiengesetz und Umwandlungsgesetz gesetzlich normierten Pflichtprüfungen bei Unternehmenstransaktionen ist ebenso wie das Erfordernis der Prüfung selbst vom Gesetzgeber geregelt. Zwischen ihnen und den beteiligten Rechtsträgern kommt ein zivilrechtliches Vertragsverhältnis zustande. Inhaltlich enthält der Vertrag sowohl Elemente des Werkvertrags (§§ 631 bis 651 i.V.m. § 675 BGB) als auch des Dienstvertrags (§§ 611 bis 631 BGB).[700] Nach der herrschenden Lehre handelt es sich dabei um einen Geschäftsbesorgungsvertrag mit Werkvertragscharakter (§§ 651, 631 ff. BGB), nach anderer Ansicht um einen typengemischten Vertrag, der sowohl werkvertragliche als auch dienstvertragsrechtliche Elemente besitzt (§§ 651, 631 ff., 611 ff. BGB).[701]

a) Vertrags- und *Squeeze-Out*-Prüfungen

Gemäß § 319 Abs. 1 S. 1 HGB i.V.m. § 293d Abs. 1 AktG sind *ausschließlich* Wirtschaftsprüfer bzw. Wirtschaftsprüfungsgesellschaften für die Erstattung von Prüfberichten i.S.d. § 293e AktG zugelassen. Die Vertragsprüfer werden von dem Vorstand der abhängigen Gesellschaft oder auf dessen Antrag vom Gericht bestellt (§ 293c Abs. 1 Satz 1 AktG).[702] Im Fall eines *squeeze outs* werden die Prüfer auf Antrag des Hauptaktionärs vom Gericht ausgewählt und bestellt (§ 327c AktG). Zur Sicherstellung der Unabhängigkeit des Vertrags- und *Squeeze-Out*-Prüfers verweist § 293d AktG auf die Ausschlusskriterien für die Tätigkeit des Prüfers nach § 319 Abs. 2, 3 HGB.

b) Verschmelzungsprüfungen

Auch im Fall der Verschmelzungsprüfung verweist das Gesetz auf § 319 Abs. 1 bis 3 HGB. Die Markteintrittsbarriere des Vorbehalts zur Durchführung der Prüfung durch Wirtschafts-

---

[699] MüKo-*Altmeppen*, § 293e AktG, Rdn. 4.
[700] Semler/Stengel-*Zeidler*, § 10 UmwG, Rdn. 7.
[701] Widmann/Mayer-*Mayer*, § 10 UmwG, Rdn. 2.4.
[702] Zur Prüferbestellung *Altmeppen*, ZIP 1998, 1853, 1863 ff.

prüfer findet damit auch Anwendung auf Verschmelzungsprüfungen, wobei kleine Aktiengesellschaften auch von vereidigten Buchprüfern geprüft werden dürfen.[703] Anders lautende Forderungen aus dem Standesorgan der Wirtschaftsprüfer konnten sich nicht durchsetzen.[704] Gemäß § 330 Abs. 3 HGB sind VVaGs den großen Kapitalgesellschaften gleichgestellt, so dass Prüfungen bei Umwandlungen von Versicherungsvereinen (Demutualisierungen) ebenfalls von Wirtschaftsprüfern durchzuführen sind. Sofern eine Verschmelzungsprüfung durch einen nicht dafür zugelassenen Prüfer durchgeführt wird, ist diese nichtig und führt zur Anfechtbarkeit des Verschmelzungsbeschlusses.[705] Um die Unabhängigkeit der Verschmelzungsprüfer zu gewährleisten, verweist § 11 Abs. 1 Satz 1 UmwG ebenfalls auf die Ausschlussgründe der §§ 319 und 319a HGB n.F. für die Prüfung des Jahresabschlusses. Die gleichzeitige Abschlussprüfung bei einer an der Transaktion beteiligten Gesellschaft stellte bislang jedoch keinen Ausschlussgrund für die Bestellung zum Verschmelzungsprüfer dar.[706] Dies wurde durch die Rechtsprechung des BGH in seiner *HVB*-Entscheidung relativiert.[707] Gegenüber §§ 340b Abs. 2, 354, 355 Abs. 2 Satz 1 AktG a.F. schafft § 10 Abs. 1 Satz 1 Alternative 2 UmwG die Option einer gerichtlichen Bestellung des Umwandlungsprüfers.[708] Mit der gerichtlichen Bestellung der Prüfer soll deren Unabhängigkeit von den Verwaltungsorganen der Gesellschaft gesteigert werden.[709] Denn die von den Organen bestellten Verschmelzungsprüfer fanden nicht immer die Akzeptanz der an der Verschmelzung beteiligten Anteilseigner.[710] Daher zielte die Erweiterung um die Möglichkeiten der gerichtlichen Bestellung der Prüfer auf eine Steigerung der Akzeptanz der Verschmelzungsprüfer und die „Vermeidung späterer Streitigkeiten über den Prüfungsbericht und die vom Prüfer attestierte Angemessenheit des Umtauschverhältnisses" ab. Allerdings besteht die gängige Praxis darin, dass der Prüfer zwar gerichtlich bestellt wird, dabei aber zuvor von den

---

[703] Dazu *Ganske*, WPg 1994, 157, 159 f.
[704] *Ganske*, WPg 1994 157, 160.
[705] Widmann/Mayer-*Mayer*. § 11 UmwG, Rdn. 22.
[706] Vgl. Stellungnahme des Rechtsausschusses zum § 340b AktG a.F., BT Drucks. 9/1785, S. 23; *Hoffmann-Becking*, in: FS Fleck, S. 105, 121, zu beachten ist aber auch der durch das KonTraG neu eingefügte § 319 Abs. 3 Nr. 6 HGB.
[707] BGHZ 153, 32, 37 ff.
[708] Nach alter Rechtslage konnten lediglich gemeinsame Prüfer gerichtlich bestellt werden. Vgl. § 340b Abs. 2 Satz 2, §§ 354, 355 Abs. 2 Satz 1 AktG a.F.; ausführlich zur Neuregelung *Bungert*, BB 1995, 1399 ff.
[709] Dazu *Ossadnik*, BFuP 1985, 153, 158, zur alten Rechtslage „angesichts des vom Gesetzgeber gewollten Aktionärsschutzwecks dieser Prüfung ist es zweifellos eine potenzielle (die Effizienz beeinträchtigende) Schwachstelle des Prüfungssystems, wenn sich der zu überprüfende Vorstand seinen Prüfer quasi selbst aussuchen kann. Man wird in der Regel von einem Vorstand nicht erwarten können, dass er einen Prüfer wählt, der mit großer Wahrscheinlichkeit das vorgeschlagene Umtauschverhältnis als „unangemessen" einstufen wird", im Ergebnis für eine Wahl des Prüfers durch die Hauptversammlung plädierend.
[710] Semler/Stengel-*Zeidler*, § 10 UmwG, Rdn. 11.

Verwaltungsorganen vorgeschlagen wird. Zu einer Reduzierung von Spruchverfahren konnte diese Regelung in der Praxis daher bislang nicht beitragen.[711]

c) **Sacheinlageprüfungen**

Davon ist die Mindestqualifikation der Sacheinlageprüfer zu unterscheiden, die sich nach § 33 Abs. 4 AktG bestimmt. Demnach kann die Prüfung von Personen durchgeführt werden, die in „der Buchführung ausreichend vorgebildet und erfahren sind". Im Fall von Prüfungsgesellschaften soll mindestens einer ihrer gesetzlichen Vertreter über diese Qualifikation verfügen. Damit besteht für diese Prüfungen kein gesetzliches Monopol des Berufsstands der Wirtschaftsprüfer, die aber andererseits über die geforderten Qualifikationen im Allgemeinen verfügen.[712] Die Prüfung zur Werthaltigkeit von Sacheinlagen steht folglich auch anderen Berufsgruppen offen. Allerdings wird teilweise die Auffassung vertreten, dass die gesetzlichen Anforderungen nicht zur Bewältigung der mit der Prüfung verbundenen Aufgaben ausreichen. Vielmehr bedürfe es fundierter betriebswirtschaftlicher und juristischer Kenntnisse, so dass der Personenkreis der Prüfer auf den Berufsstand der Wirtschaftsprüfer zu beschränken sei.[713] Diesen überwiegend vom Berufsstand der Wirtschaftsprüfer selbst erhobenen Forderungen kam der Gesetzgeber bei der Aktienrechtsreform 1965 explizit nicht nach. Vielmehr bezweckte er die Einbeziehung fachlich spezialisierter sonstiger Sachverständiger.[714]

d) **Zwischenergebnis**

Dem Berufsstand der Wirtschaftsprüfer kommt damit nahezu ein gesetzliches Monopol für die Durchführung von Prüfungen nach dem Aktiengesetz und Umwandlungsgesetz zu. Demnach können diese Bewertungen z.B. nicht durch Investment Banken durchgeführt werden. Diese Einschränkung des Zugangs zum Markt für Unternehmensbewertungen stellt einen grundsätzlichen Unterschied der Rechtslage zwischen Deutschland und den USA dar, wo dem Wirtschaftsprüfer keine vergleichbare Rolle bei der Unternehmensbewertung zuteil wird.[715] In Deutschland (und Europa, denn die beschriebenen Regelungen gehen auf EG-Recht zurück) hingegen zählt die „Bewertung von Unternehmen und Unternehmensteilen" ausdrücklich zu den Gegenständen des Wirtschaftsprüferexamens.[716] Nach den besonderen Berufspflichten und Berufsgrundsätzen der Wirtschaftsprüfer hat dieser seinen Beruf unabhängig, gewissen-

---

[711] Vgl. Semler/Stengel-*Zeidler*, § 10 UmwG, Rdn. 11.
[712] GK-*Röhricht*, § 33 AktG, Rdn. 24.
[713] *Munkert*, Gründungsprüfung, S. 22; bereits 1927 *Voß*, Revision, S. 18, aus der Sicht des Syndikus des Verbandes Deutscher Bücherrevisoren e.V.; *Gebershagen*, Sachgründung, S. 145.
[714] GK-*Röhricht*, § 33 AktG, Rdn. 26.
[715] *Gerling*, Unternehmensbewertung in den USA, S. 42.
[716] § 5 B.1. e) der Prüfungsordnung für Wirtschaftsprüfer vom 31. Juli 1962 (BGBl. I S. 529).

haft, verschwiegen und eigenverantwortlich auszuüben (§ 43 Abs. 1 WPO). Nach dieser Norm hat er sich insbesondere auch bei der Erstellung von Prüfungsberichten und Gutachten unparteiisch zu verhalten.

5.) Auskunftsrecht des Prüfers

Gemäß § 11 Abs. 1 UmwG und § 293d AktG findet für das Auskunftsrecht der Prüfer die Vorschrift des § 320 HGB Anwendung. Das Auskunftsrecht des Prüfers erstreckt sich auf die Einsicht in die Bücher und Schriften der beteiligten Gesellschaften (§ 320 Abs. 1 Satz 2 HGB). Nach § 320 Abs. 2 Satz 2 HGB kann der Prüfer von den gesetzlichen Vertretern der beteiligten Gesellschaften alle Aufklärungen und Nachweise verlangen, die für eine sorgfältige Prüfung notwendig sind. Dieses Auskunftsrecht besteht für den Fall von Verschmelzungen nicht nur gegenüber dem zu prüfenden Rechtsträger, sondern auch gegenüber den übrigen an der Verschmelzung beteiligten Rechtsträgern sowie Konzernunternehmen.[717] Auf diese dritten Unternehmen wird nur das Auskunfts-, nicht aber auch das Einsichts- und Prüfungsrecht erstreckt. Allerdings kann der Prüfer nach § 320 Abs. 2 Satz 1 HGB auch Nachweise verlangen, was einem konzernweiten Auskunftsrecht zumindest sehr nahe kommt.[718] Das Auskunftsrecht der Verschmelzungsprüfer besteht auch gegenüber ausländischen verbundenen Unternehmen. Sofern sich dieses Recht im Ausland jedoch nicht durchsetzen lässt, ist darauf im Prüfungsbericht hinzuweisen.[719]

Das Einsichtsrecht erstreckt sich auf den Verschmelzungsvertrag, den Verschmelzungsbericht, die Planungsrechnungen sowie die Bewertungsgutachten.[720] Ein derart weitgehendes Auskunftsrecht wird dem Ersteller einer *fairness opinion* hingegen nicht zuteil. Dieser ist in der Durchführung seines Mandats vielmehr auf die Zurverfügungstellung des erforderlichen Datenmaterials durch die Verwaltungsorgane und die Auswertung öffentlich verfügbarer Quellen angewiesen.[721]

---

[717] Lutter/Winter-*Lutter/Drygala*, § 11 UmwG, Rdn. 8.
[718] KK-*Clausen/Korth*, § 320 HGB, Rdn 15.
[719] Lutter/Winter-*Lutter/Drygala*, § 11 UmwG, Rdn. 8; KK-*Clausen/Korth*, § 320 HGB, Rdn 15; *A/D/S*, § 320 HGB, Rdn. 26.
[720] *Schmitz*, Verschmelzungsprüfung S. 187.
[721] Hierzu Teil 5; für umfangreiche Einsichtsrechte des Sachverständigen der Zielgesellschaft in die Berechnungen des Bieters bei einer *Management-Buy-Out*-Transaktion, *Winner*, Zielgesellschaft, S. 237.

6.) Bewertungsstandards der Prüfberichte

a) Prüfungsstandard IDW S 1

Grundlage für die in Deutschland gesetzlich normierten Prüfungsberichte ist der IDW-Standard „Grundsätze zur Durchführung von Unternehmensbewertungen (IDW S1)" des Instituts der Wirtschaftsprüfer (IdW).[722] Mit dem Ziel der Berücksichtigung von kapitalmarktorientierten Einflussfaktoren und neuen steuerlichen Rahmenbedingungen, insbesondere der Einführung des Halbeinkünfteverfahrens in seiner aktuellen Fassung in Deutschland, wurde dieser Standard Ende 2004 überarbeitet[723] und ist im Jahr 2005 in Kraft getreten.[724] Die vorherige Fassung des Standards, IDW S1 a.f., geht auf das Jahr 2000 zurück.[725] Sie trat an die Stelle der aus dem Jahre 1983 stammenden Stellungnahme HFA 2/83.[726] Der Standard IDW S1 differenziert zwischen dem objektivierten Unternehmenswert und subjektiven Entscheidungswerten.

aa) Objektivierter Unternehmenswert

Das Konzept des objektivierten Unternehmenswerts wurde aus dem zwischenzeitlich abgelösten Maßstab eines objektiven Wertes entwickelt. Dessen Vertreter wollten den objektiven Nutzen eines Betriebs unabhängig von den Interessenlagen des Käufers oder Verkäufers ermitteln. Sie vertraten die Ansicht, daß es einen für alle Individuen gültigen Unternehmenswert gebe. Der aus diesem Ansatz entwickelte objektivierte Wert entspricht dem Zukunftsentnahmewert, der sich bei der Fortführung des Unternehmens in seinem Konzept unter Leitung des vorhandenen Managements mit allen realistischen Planungserwartungen im Rahmen seiner Marktchancen, finanziellen Möglichkeiten und sonstigen Einflussfaktoren ohne Wertvorstellungen eines potenziellen Käufers und ohne wertändernde Argumentation des Verkäufers bestimmen lässt.[727]

Das Konzept des objektivierten Unternehmenswertes, welches dem anglo-amerikanischen Rechtsraum fremd ist,[728] wird im Schrifttum insbesondere dahingehend kritisiert, dass es den Veräußerer auf Grund fehlender Berücksichtigung von Synergieeffekten benachteilige.[729] Zu-

---

[722] *IDW S1*, WPg 2005, 1303 ff.
[723] *IDW ES1*, WPg 2005, 28 ff.; dazu *Beyer/Gaar*, FB 2005, 240 ff.
[724] *IDW S1*, WPg 2005, 1303 ff.
[725] *IDW S1 a.F.*, WPg 2000, 825 ff.
[726] *HFA 2/1983*, WPg 1983, 468 ff.
[727] *IdW*, Wirtschaftsprüfer-Handbuch, Rdn. A 35.
[728] *Barthel*, DB 1999, 149.
[729] Statt vieler *Peemöller*, DStR 2001, 1401, 1404, zur Berücksichtigung unechter Verbundeffekte; a.A. *Siepe/Dörschell/Schulte*, WPg 2000, 946, 948.

dem dürfen wertsteigernde Restrukturierungsmaßnahmen, die noch nicht eingeleitet worden sind, bei der Ermittlung des objektivierten Unternehmenswertes nicht mitberücksichtigt werden. Auch sei der objektivierte Unternehmenswert nach dieser Ansicht als Wertuntergrenze nicht geeignet; denn er orientiere sich an einem fiktiven Käufer und berücksichtige somit die spezifischen Bewertungsfaktoren der beteiligten Parteien nicht hinreichend.[730] Damit liege der objektivierte Unternehmenswert im Ergebnis regelmäßig in der Nähe der subjektiven Preisuntergrenze des Veräußerers.[731] Er kann damit dem Ziel der Mandatierung einer *fairness opinion* nicht gerecht werden. Vorrangige Bedeutung erlangt der objektivierte Unternehmenswert jedoch in gesetzlich geregelten Fällen, in denen der Wirtschaftsprüfer in der Funktion des neutralen Gutachters tätig wird.[732]

bb) **Subjektiver Unternehmenswert**

Das Modell des subjektiven Unternehmenswerts berücksichtigt demgegenüber die Erkenntnis, dass ein wirtschaftlicher Wert nicht eine einem Gut oder einer Leistung innewohnende Eigenschaft ist, sondern eine Beziehung von Menschen zu solchen nutzbringenden Gütern und Leistungen darstellt.[733] Demzufolge differieren die Preise mit den Marktakteuren. Damit kann ein objektiver bzw. intrinsischer Wert eines Gutes nicht bestimmt werden. Bei der Ermittlung der finanziellen Überschüsse im Rahmen eines subjektiven Entscheidungswerts sind daher alle geplanten, noch nicht eingeleiteten Maßnahmen und alle echten Synergieeffekte zu berücksichtigen. Von einer Vollausschüttungsannahme ist hingegen nicht auszugehen.[734] Nach Ansicht von *Schwetzler, Aders, Salcher* und *Bornemann* entspricht der subjektive Entscheidungswert dem einer *fairness opinion* zu Grunde liegenden Grenzpreis.[735]

cc) **Bewertungsmethoden**

Der Standard IDW S1 weist gegenüber dem Vorgängerstandard HFA 1983 einige entscheidende Veränderungen auf, die im Kontext einer kapitalmarktorientierten Unternehmensbewertung für eine *fairness opinion* von Bedeutung sind. Insbesondere wird die *Discounted-*

---

[730] *Achleitner*, Handbuch Investment Banking, S. 211; *Ballwieser*, WPg 1995, 119, 126 f., mit der Teilüberschrift "der objektivierte Wert – ein Wert zugunsten des Käufers?"; *Hayn*, DB 2000, 1346, 1349; *Ragotzky*, M&A Review 2000, 410, 410; *Schildbach*, BFuP 1993, 25, 32.
[731] *Feldhoff*, DB 2000, 1237, 1239; *Hayn*, DB 2000, 1346, 1349; *Schildbach*, BFuP 1993, 25, 32; *Siepe/Dörschell/Schulte*, WPg 2000, 946, 948.
[732] *Siepe/Dörschell/Schulte*, WPg 2000, 946, 948; *Schwetzler/Aders/Salcher/Bornemann*, FB 2005, 106, 115, mit Bezug auf das Instrument der *fairness opinion*; *Beyer/Gaar*, FB 2005, 240.
[733] *Schultze*, Methoden der Unternehmensbewertung, S. 16; GK-*Hirte*, § 305 AktG, Rn. 103.
[734] *Peemöller*, DStR 2001, 1401, 1404.
[735] *Aders/Salcher*, Fairness Opinion, S. 4; *Schwetzler/Aders/Salcher/Bornemann*, FB 2005, 106, 115.

Cash-Flow-Methode nunmehr als der Ertragswertmethode gleichwertig anerkannt.[736] Damit wird der Internationalisierung der Märkte und der damit einhergehenden Zunahme von grenzüberschreitenden Aktivitäten Rechnung getragen.[737] Der Unternehmenswert, verstanden als Zukunftserfolgswert, kann somit nach dem Ertragswertverfahren oder nach der *DCF*-Analyse ermittelt werden.[738] Dabei wird auch die marktgestützte Ermittlung des Unternehmensrisikos mittels des *capital asset pricing models (CAPM)* ausdrücklich unterstützt.[739] Entgegen der Annahme des IDW-Standards können beide Verfahren in der Praxis zu abweichenden Ergebnissen führen.[740] Nach wie vor zurückhaltend steht der Standard IDW S1 jedoch den marktorientierten Multiplikatorenmethoden[741] gegenüber. Dabei werden Kennzahlen, die aus Strom- oder Bestandsgrößen von Vergleichsunternehmen sowie den entsprechenden Wertgrößen von Transaktionen oder Börsenbewertungen bestehen, hergeleitet. Zur Berechnung eines Unternehmenswertes werden diese mit den betreffenden Bezugsgrößen des zu bewertenden Unternehmens multipliziert. Diese Methoden könnten trotz ihrer weiten Verbreitung in der Praxis nach Vorstellung des IdW allenfalls „im Einzelfall Anhaltspunkte für eine Plausibilitätskontrolle der Ergebnisse der Bewertung nach dem Ertragswertverfahren bzw. nach dem *DCF*-Verfahren bieten".[742] Sie sind folglich nicht als gleichwertige Bewertungsmethoden anerkannt. Damit wird nach der Kritik im Schrifttum das Wirken von Angebot und Nachfrage auf den Märkten zur Bestimmung des Unternehmenswertes verkannt.[743]

dd) Dokumentation der Unternehmensbewertung

Der Standard IDW S1 erfordert eine sorgfältige Dokumentation und weitgehende Offenlegung der vorgenommenen Analysen im Bewertungsgutachten; denn es sind sowohl ein eindeutiger Unternehmenswert bzw. eine -wertspanne zu nennen und zu begründen als auch die

---

[736] *IDW S1*, WPg 2005, 1303, 1305 ff., Tz. 7, Tz. 28 ff. und Tz. 110 ff. ebenso bereits *IDW S1 a.F.*, WPg 2000, 825, Tz. 7, Tz. 27 ff. und Tz. 106 ff.; ablehnend gegenüber einer Unternehmensbewertung nach DCF im Spruchverfahren allerdings *Seetzen*, WM 1999, 565, 571.
[737] *Kohl/Schulte*, WPg 2000, 1147; *Damodaran*, Valuation, S. 9 ff.; *Copeland/Koller/Murrin*, Valuation, S. 131 ff., zu international etablierten Bewertungsansätzen.
[738] *IdW*, Wirtschaftsprüfer-Handbuch, Rdn. A 6 ff.
[739] *IDW S1*, WPg 2005, 1303, 1317, Tz. 145 und Anhang; anders *HFA*, WPg 1983, 470, 472, der die Ermittlung der Risikozuschläge allein in das pflichtgemäße gutachterliche Ermessen des Wirtschaftsprüfers legt; dazu *Feldhoff*, DB 2000, 1237; kritisch *Hommel/Braun/Schmotz*, DB 2001, 341, 346, zur Gefahr der Scheinobjektivierung.
[740] *Peemöller*, DStR 2001, 1401, 1407.
[741] Zur Methodik *Betsch/Groh/Lohmann*, Corporate Finance, S. 230; *Schultze*, Methoden der Unternehmensbewertung, S. 158 ff.; *Mattern*, Der Sachverständige 2001, 196, 197 f.
[742] *IDW S1*, WPg 2005, 1303, 1317, Tz. 153; ähnlich *IdW*, Wirtschaftsprüfer-Handbuch, Rdn. A 66 ff.; dazu *Hommel/Braun/Schmotz*, DB 2001, 341, 342; *Siepe/Dörschell/Schulte*, WPg 2000, 946, 957, andere Verfahren müssten nach *IDW S1*, Tz. 2 im Bewertungsauftrag ausdrücklich gefordert werden; für eine Anwendung von vergleichsorientierten Unternehmensbewertungsverfahren in dominierten Transaktionen *Schiessl*, Börsen-Zeitung vom 14.7.2004, 2.
[743] Kritisch zum Standard IDW S1, *Westerfeldhaus*, NZG 2001, 673, 674 und 677, „dieses multiple Vorgehen der Praxis verdrängt und missachtet der Standard S1."

Einzelheiten und Überlegungen zur Unternehmensbewertung ausführlich darzulegen.[744] Dabei ist auf die angewendeten Bewertungsverfahren einzugehen und das Vorgehen bei der Diskontierung der Überschüsse bzw. *cash flows* darzustellen.[745] Allerdings ist es möglich, vertrauliche Unternehmensinterna in einem separaten Anhang zusammenzustellen und in dem Gutachten selbst lediglich eine verbale Berichterstattung der wesentlichen Bewertungsgrundsätze, der Annahmen und des Ergebnisses vorzunehmen.[746]

b)   Abgrenzung zur *Fairness Opinion*

Ebenso wie die *fairness opinion* orientiert sich eine Unternehmensbewertung nach der Maßgabe des Standards IDW S 1 ausschließlich an wirtschaftlichen Zielen.[747] Grundsätzlich unterscheiden sich allerdings Prüfberichte und *fairness opinion* hinsichtlich des Bewertungsstandards.[748] Wenngleich der *DCF*-Ansatz in dem Standard IDW S1 als nunmehr gleichwertig gegenüber der Ertragswertmethode anerkannt wird, kommt den kapitalmarktorientierten Multiplikatorenmethoden, die im Rahmen der Erstellung einer *fairness opinion* üblicherweise mitverwendet werden, in Bewertungen nach IDW S1 bislang allenfalls eine Plausibilisierungsfunktion zu.[749] Hier besteht ein fundamentaler Unterschied zwischen angloamerikanischer Praxis und deutschem Schrifttum, welches diesem Ansatz zumeist kritisch gegenübersteht.[750] Marktorientierte Multiplikatorenmethoden sind hingegen bei Investment Banken als gleichwertig zur zahlungsstromorientierten *DCF*-Methode anerkannt.[751] Lediglich ein multiples Vorgehen sowohl in der Wahl der Bewertungsmethoden als auch in der Feststellung der zugrunde zu legenden Daten könne nach dieser Ansicht den Versuch der Marktpreisfindung ermöglichen.[752] Die Idee der marktorientierten Bewertung ist es dabei, das Ermessen der Bewerter durch die „Objektivität" des Marktes auszuschalten.[753] Allerdings eröffnen die marktorientierten Verfahren, etwa in der Auswahl der vergleichbaren Unternehmen (so genannte *peer group*), einen neuen Ermessensspielraum für den Bewerter. Dadurch können einerseits Transparenz und Vergleichbarkeit des Bewertungsergebnisses für den Adressaten

---
[744] *IDW S1*, WPg 2005, 1303, 1319 f., Tz. 184 f.; dazu *Aders*, Börsen-Zeitung vom 26.5.2004, 2.
[745] *IDW S1*, WPg 2005, 1303, 1320, Tz. 187.
[746] Dazu in der alten Fassung *IDW S1 a.F.*, WPg 2000, 825, 841, Tz. 181; dazu auch *Schwetzler/Aders/Salcher/Bornemann*, FB 2005, 106, 115.
[747] *IDW S1*, WPg 2005, 1303, 1305, Tz. 4; dazu *Gude*, Strukturänderungen und Unternehmensbewertung, S. 22.
[748] *Ragotzky*, Unternehmensverkauf, S. 167; *Ragotzky*, M&A Review 2000, 410, 411.
[749] *Siepe/Dörschell/Schulte*, WPg 2000, 946, 960.
[750] Kritisch gegenüber Multiplikatorenmethoden *Ballwieser*, in: FS Loitlsberger, S. 17, 25 f.; demgegenüber gegen die Mathematisierung der Bewertung durch ein einziges Verfahren *Westerfeldhaus*, NZG 2001, 673, 678.
[751] *Bausch*, FB 2000, 448, 449, "Wenn in der heutigen Bewertungspraxis im Verlauf von M&A-Vorhaben verstärkt Multiplikatoren zur Anwendung gelangten, so dürfte dies allem voran auf die vermehrte Nachfrage nach Dienstleistungen von Investment Banken zurückzuführen sein. Multiplikator-Verfahren zählen zu deren Standardinstrumenten schlechthin".
[752] *Westerfeldhaus*, NZG 2001, 673, 678.

beeinträchtigt werden. Andererseits kann jedoch infolge der größeren Methodenvielfalt gezielter auf die Besonderheiten des zu bewertenden Unternehmens eingegangen werden.[754] In eine *fairness opinion* fließt zudem auch die spezifische Kenntnis des Bankers zu Marktbewegungen im Sinne des *tacit knowledge* ein[755]; denn sie ist nicht allein auf einen mathematisch ableitbaren Wert fokussiert, sondern berücksichtigt explizit auch die Rahmenbedingungen der Transaktion.[756] Zudem kann die wirtschaftliche Vorteilhaftigkeit alternativer Transaktionen in die Beurteilung im Rahmen der *fairness opinion* einbezogen werden.[757]

Eine *fairness opinion* kann im Ergebnis im Einklang mit dem Bewertungsstandard IDW S1 stehen.[758] Gleichwohl ist es nicht zwingend, dass die einer deutschen *fairness opinion* zugrunde liegende Unternehmensbewertung sich an dem Standard IDW S1 orientiert.[759] Darauf wird beispielsweise in Pflichtveröffentlichungen nach § 27 Abs. 1 Satz 3 WpÜG oder auch im *opinion letter*, soweit dieser veröffentlicht wird, zum Teil deutlich hingewiesen.[760] Damit kann die Höhe des Unternehmenswerts zwischen einer *fairness opinion* und einem Wirtschaftsprüfungsgutachten nach Maßgabe des Standards IDW S1 erheblich differieren.[761] Dies kann sich auch bei der Betrachtung von Stamm- und Vorzugsaktien ergeben. Während nach dem Ertragswertverfahren allenfalls geringe Abweichungen zwischen der Bewertung von Stamm- und Vorzugsaktien zulässig sind,[762] kann eine *fairness opinion*, die auf Basis marktorientierter Methoden erstellt wurde, wesentlich größere Abweichungen rechtfertigen.[763]

---

[753] *Böcking/Nowak*, FB 1999, 169, 174.
[754] *Ragotzky*, Unternehmensverkauf, S. 170 f.
[755] Zum Begriff des *tacit knowledge* der Philosoph *Michael Polanyi*, vgl. *Herzel/Katz*, 41 Bus. Law. 1986, 1187, 1190.
[756] *Ragotzky*, M&A Review 2000, 410, 411.
[757] Zur erforderlichen Qualifikation zwecks der Beurteilung von Alternativtransaktionen exemplarisch die Zeugenaussage eines Investment Bankers aus dem Düsseldorfer *Mannesmann*-Verfahren, „Roy präzisiert seine Aussage, indem er auf die Kenntnisse und Fähigkeiten eines Investment Bankers verweist, Signale aus dem Markt aufzunehmen. Ein Übernahmeversuch ist laut *Roy* häufig bereits in dem Moment angelaufen, wo ein Konzern diese Möglichkeit intern prüft. Könnte man hier von einem 'versteckten Übernahmeversuch' sprechen?, fragt Richterin *Koppenhöfer*. *Roy* bejaht und sagt, bei den Interessenten für *Vodafone* habe es sich um deutsche Mischkonzerne sowie britische und amerikanische Telekomunternehmen gehandelt."
[758] *Aders*, Börsen-Zeitung vom 26.5.2004, 2; *Bungert*, BB 2001, 1812, 1813, exemplarisch zur *fairness opinion* betreffend *MLP*; *Schwetzler/Aders/Salcher/Bornemann*, FB 2005, 106, 114.
[759] *DAV-Handelsrechtsausschuss*, ZIP 2001, 1736, 1738; *Hafner*, BFuP 1993, 79, 80, Abbildung 1 zu Bewertungsmethoden.
[760] Exemplarisch gemeinsame Stellungnahme des Vorstands und des Aufsichtsrats der *IXOS AG* gemäß §§ 27 Abs. 1 Satz 3, 14 Abs. 1 Satz 3 WpÜG, Tz. III. 3., zum Wortlaut der Formulierung siehe Fn. 1430; *opinion letter* der *fairness opinion* der *Commerzbank AG Securities* an den Vorstand der *SAP Systems Integration AG* vom 3.5.2004, S. 2, abgedruckt in der Stellungnahme des Vorstands gemäß §§ 27 Abs. 1 Satz 3, 14 Abs. 1 Satz 3 WpÜG, Anlage 1.
[761] *Nick*, Handelsblatt vom 29.4.1999, 71; *Hall*, FT vom 31.3.1999, 28, exemplarisch anhand des beabsichtigten Unternehmenszusammenschlusses zwischen der früheren *VIAG AG* und der *Alusuisse Lonza AG*, der auf Grund von Bewertungsdifferenzen zwischen Prüfbericht und *fairness opinion* nicht zustande kam.
[762] *Hirte*, FAZ vom 2.7.2003, 19.
[763] Exemplarisch *fairness opinion* betreffend die *Wella AG*.

Signifikante Abweichungen der berechneten Unternehmenswerte haben sich in jüngster Zeit auch zwischen den von den Verwaltungsorganen der Zielgesellschaften im Rahmen von Angeboten nach dem WpÜG eingeholten *fairness opinions* und den gesetzlich normierten Unternehmensbewertungen nach Maßgabe des Standards IDW S1 a.F. ergeben, die im Kontext von Unternehmensverträgen und *squeeze outs* nach Maßgabe des AktG eingeholt wurden.[764] Diese Abweichungen lassen sich *ceteris paribus* auf die unterschiedliche steuerliche Behandlung von Ausschüttungen und Kapitalkosten im Ertragswertmodell des IDW S1 a.f. seit Einführung des Halbeinkünfteverfahrens zurückführen. Denn für die Ausschüttungen an die Aktionäre wird einerseits der typisierte Steuersatz von 17,5 % angesetzt.[765] Andererseits wird zur Bestimmung des Diskontierungszinssatzes nach IDW S1 a.F. eine mit der vollen typisierten Steuerbelastung von 35,0 % zu versteuernde Alternativinvestition herangezogen.[766] Nach Ansicht des Schrifttums wäre es systemgerecht, auch bei der Berechnung des Kapitalisierungszinssatzes von dem hälftigen typisierten Steuersatz von 17,5 % auszugehen.[767] Die Sensitivität dieser Annahme für das Ertragswertmodell wird exemplarisch an dem zitierten Fall der *Celanese AG* deutlich; denn nähme man in dem Berechnungsmodell einen Steuersatz von 17,5 % für die zu versteuernde Alternativinvestition an, ergäbe sich ein Unternehmenswert je Aktie von 32,80 Euro. Dem steht ein nach dem Standard IDW S1 a.F. ermittelter Unternehmenswert in Höhe von 41,84 Euro gegenüber. Der unter Annahme der typisierten persönlichen Ertragsteuer in Höhe von 17,5 % ermittelte Wert steht nahezu im Einklang mit der im Rahmen von zwei *fairness opinions* für wirtschaftlich angemessen befundenen Gegenleistung des vorausgegangenen Kaufangebots in Höhe von 32,50 Eurp je Aktie.[768] Dieser Anpassungsvorschlag wurde inzwischen im Rahmen des Entwurfs einer Neufassung des IDW-Standards aufgegriffen[769] und umgesetzt.[770]

7.) Testat der wirtschaftlichen Angemessenheit

Der schriftliche Bericht des Prüfers ist mit einer Erklärung abzuschließen, ob das Umtauschverhältnis der Anteile und ggf. die bare Zuzahlung angemessen sind (§ 12 Abs. 2 Satz

---

[764] Exemplarisch *Celanese AG* und *Wella AG*; dazu insgesamt *Ballwieser*, WPg 2002, 736, 741; *Beyer/Gaar*, FB 2005, 240, 241; *Peemöller/Beckmann/Meitner*, BB 2005, 90, 91.
[765] *IDW S1 a.F.*, WPg 2000, 825, 830, Tz. 51, "bei der Bewertung von Kapitalgesellschaften ist ergänzend das Halbeinkünfteverfahren zu berücksichtigen".
[766] *IDW S1 a.F.*, WPg 2000, 825, 834, Tz. 99; dazu *Siepe/Dörschell/Schulte*, WPg 2000, 946, 959.
[767] *Schiessl*, Börsen-Zeitung vom 14.7.2004, 2.
[768] *Fairness opinion* der *Goldman Sachs & Co. oHG*, Februar 2004 und *fairness opinion* der *J.P. Morgan GmbH*, Februar 2004 (beide unter Berücksichtigung verschiedener Bewertungsverfahren). Zwischenzeitlich wurde die Barabfindung im Rahmen von Unternehmensvertrag und Squeeze-Out deutlich erhöht.
[769] *IDW ES 1 n.F.*, WPg 2005, 28, 37.
[770] *IDW S1*, WPg 2005, 1303, Anhang.

1 UmwG bzw. § 293e Abs. 1 Satz 2 AktG). Sofern der Verschmelzungsprüfer das Testat der Angemessenheit nicht oder nur eingeschränkt erteilt, ist daran keine unmittelbare Rechtsfolge geknüpft.[771] Allerdings ist bei einer Publikumsgesellschaft die Zustimmung der Hauptversammlung zu der vorgeschlagenen Transaktion, die einer Mehrheit von 75% bedarf, bei Nichterteilung des Testats zu bezweifeln.[772] Insofern unterscheidet sich die Situation nicht von einer *fairness opinion*, die zum Ergebnis der mangelnden wirtschaftlichen Angemessenheit gelangt. Sofern eine unter dem Mehrheitseinfluss eines Anteilseigners stehende Hauptversammlung trotz des versagten Testats des Verschmelzungsprüfers der Transaktion zustimmt, besteht auf Grund des Missbrauchs durch den Mehrheitsaktionär ein Anfechtungsrecht.[773] Parallel hierzu haben die Anteilseigner die Möglichkeit der Überprüfung der Angemessenheit im Wege des Spruchverfahrens. Dieser Rechtsweg steht ihnen im Hinblick auf die nicht normierte *fairness opinion* nicht zur Verfügung. Anders als bei den gesetzlichen Prüfberichten zielt die *fairness opinion* nicht nur auf die Werthaltigkeit des zu bewertenden Unternehmens, sondern beurteilt auch die Angemessenheit der Transaktion angesichts der aktuellen Marktlage.[774]

8.) Zwischenergebnis

Der gesetzlich normierte Prüfbericht und die *fairness opinion* schließen sich nicht gegenseitig aus: Zu einer kapitalmarktbezogenen Beurteilung der wirtschaftlichen Auswirkungen einer Strukturmaßnahme wird eine *fairness opinion* häufig „als Flankierung zur Unternehmensbewertung des Wirtschaftsprüfers" im Rahmen der gesetzlichen Prüfberichte eingeholt.[775] Während die Prüfberichte die Werthaltigkeit der der Strukturmaßnahme zugrunde liegenden Wertpapiere grundsätzlich ohne Berücksichtigung von Marktdaten ermitteln, bezieht sich die *fairness opinion* auf die Angemessenheit einer Strukturmaßnahme im Hinblick auf die aktuelle Marktlage.[776] Ihre Bewertungsansätze haben eine größere internationale Akzeptanz, da sie die Kapitalmarktsituation mitberücksichtigen und auch die Möglichkeit strategischer Prämien in die Wertfindung einbeziehen.[777] Damit kann eine *fairness opinion* grundsätzlich eine sinnvolle Ergänzung zu den bereits in Deutschland etablierten und gesetzlich normierten Wirt-

---

[771] Dehmer-*Stratz*, § 12 UmwG, Rdn. 17; KK-*Kraft*, § 340b AktG a.F., Rdn. 17; Konzernrecht-*Emmerich*, § 293f AktG, Rdn. 23.
[772] Lutter/Winter-*Lutter/Drygala*, § 12 UmwG, Rdn. 17.
[773] OLG Karlsruhe WM 1989, 1134, 1140; KK-*Zöllner*, 1. Auflage, § 243 AktG, Rdn. 189 ff.; Geßler/Hefermehl/ Eckardt/Kropff-*Hüffer*, § 243 AktG, Rdn. 40; *Mertens*, AG 1990, 20, 32.
[774] *Ragotzky*, Unternehmensverkauf, S. 166.
[775] *Klemm*, Börsen-Zeitung vom 29.1.2000, Nr. 20, B8; kritisch zur Festlegung des Standards IDW S1 auf das Zahlungsstromverfahren *Westerfeldhaus*, NZG 2001, 673, 679, mit der Ansicht, dies sei rechtswidrig.
[776] *Achleitner*, Handbuch Investment Banking, S. 212.
[777] *Achleitner*, Handbuch Investment Banking, S. 211; *Schiessl*, ZGR 2003, 814, 822.

schaftsprüfergutachten darstellen.[778] Dies hängt jedoch entscheidend von der Art der jeweiligen Strukturmaßnahme bzw. Transaktion ab, was im folgenden Kapitel zu zeigen sein wird. Letztlich sind *fairness opinion* und Prüfbericht allerdings parallel und unabhängig voneinander erstellte Dokumente; eine *fairness opinion* kann durchaus auch eine vom Wirtschaftsprüfer verwendete Informationsquelle bei der Erstellung seines Prüfberichts sein.[779]

II. *Comfort Letters* in Deutschland

Vergleichbar der Rezeption des Instruments der *fairness opinion* für unterschiedliche Strukturmaßnahmen in der Transaktionspraxis (hierzu unten S. 147 ff. und Anhang A) hat sich in Deutschland dem US-amerikanischem Vorbild folgend der *comfort letter* bei Börseneinführungen etabliert.[780] Im deutschen Schrifttum hat dieser im Vergleich zur *fairness opinion* bereits eine erheblich höhere Aufmerksamkeit erfahren. Dies ist u.a. auf die Schaffung eines IDW-Standards für *comfort letters* zurückzuführen. Die Schaffung eines IDW-Standards für *comfort letters* in Deutschland war in hohem Maße von Meinungsverschiedenheiten zwischen den beteiligten Interessengruppen gekennzeichnet.[781] Für das Instrument des *comfort letters* bestehen entsprechend der Situation für *fairness opinions* keine europarechtlichen Vorgaben.[782]

1.) Entwicklung des *Comfort Letters* in den USA

Ebenso wie das Instrument der *fairness opinion* aus der US-amerikanischen Praxis stammt, gelten die USA als rechtstechnisches Ursprungsland des *comfort letters*.[783] Synonym zum Begriff des *comfort letters* wird insbesondere im US-amerikanischen Schrifttum auch der Begriff des *letters for underwriters* verwendet. Vor diesem Hintergrund sind die Rechtsgrundlagen und die praktische Entwicklung des *comfort letters* in den USA kurz darzustellen. Grundsätzlich besteht in den USA keine normierte Rechtspflicht zur Einholung eines *comfort letters* bei Börsengängen. Eine vergleichbar wegweisende Rolle, die der Entscheidung *Smith v. van Gorkom* für die *fairness opinion* zugesprochen wird (hierzu oben S. 38 ff.), kommt im Hinblick auf den *comfort letter* der Entscheidung *Escott v. BarChris Const. Corp.* des *United*

---

[778] *Ragotzky*, M&A Review 2000, 410 f.
[779] Exemplarisch Prüfbericht der *BDO Deutsche Warentreuhand AG* über die Prüfung der Kapitalerhöhung durch Ausgabe neuer Aktien gegen Sacheinlage gemäß § 205 Abs. 3 AktG bei der *Direkt Anlage Bank AG*, München vom 5.1.2000, S. 2 mit Bezug auf die *fairness opinion* der Investment Bank *Salomon Brothers International Limited, England (Schroder Salomon Smith Barney)*.
[780] Zur Verbreitung des *comfort letters Bosch*, ZHR 163 (1999), 274, 278; *Köhler/Weiser*, DB 2003, 565; *Ebke/Siegel*, WM 2001, Sonderbeilage Nr. 2, 3; *Harrer/Heidemann*, DStR 1999, 254, 259; *Schindler/Böttcher/Roß*, WPg 2001, 477, 478; *Kunold*, NZG 2003, 320, 321; *Lenenbach*, Kapitalmarkt- und Börsenrecht, Rdn. 8.105a; *von Rosen*, FAZ vom 10.11.2001, 12; aus der Perspektive der Schweiz *Herzog/Amstutz*, ST 2000, 757.
[781] Dazu *Meyer*, WM 2003, 1745; *Kunold*, NZG 2003, 320, 321.
[782] *Ebke/Siegel*, WM 2001, Sonderbeilage Nr. 2, 3.
[783] *Herzog/Amstutz*, ST 2000, 757, 758; *Köhler/Weiser*, DB 2003, 565, 566.

States District Court S.D. New York aus dem Jahre 1968 zu.[784] In dieser Entscheidung musste das Gericht zu der Frage Stellung nehmen, ob die verschiedenen bei der Erstellung eines Emissionsprospekts mitwirkenden Parteien, insbesondere die Emissionsbanken, ihrer Sorgfaltspflicht zu einer *reasonable investigation* bei der Überprüfung der Richtigkeit und Vollständigkeit der Angaben in ausreichendem Umfang nachgekommen waren, um eine direkte Haftung gegenüber den geschädigten Anteilseignern ausschließen zu können. Da alle Parteien infolge der Entscheidung in die Prospekthaftung genommen wurden, entwickelte sich der *comfort letter* im Folgenden als verbreitetes Instrument zur Vermeidung einer derartigen Haftung.[785]

2.) Anwendungsbereich des *Comfort Letters* in Deutschland

Die ökonomische Zielsetzung eines *comfort letters* ist es, die Qualität der Prospektinformationen – gemessen an deren Glaubwürdigkeit und Relevanz – durch das Urteil eines unabhängigen und sachverständigen Dritten zu erhöhen.[786] Aus informationsökonomischer Sicht stellen *comfort letters* damit *Monitoring*-Maßnahmen der Emissionsbanken und *Signaling*-Maßnahmen der Emittenten dar.[787] Das primäre Ziel in der Transaktionspraxis bei der Einholung eines *comfort letters* besteht allerdings darin, eine Anspruchsgrundlage für einen Rückgriff der Konsortialbanken bei dem Wirtschaftsprüfer im Fall einer erfolgreichen Prospekthaftungsklage durch Investoren gegen die Emissionsbanken zu schaffen.[788] Die für den Emissionsprospekt verantwortlich zeichnenden Konsortialbanken haften neben dem Emittenten für die Richtigkeit und Vollständigkeit der Angaben im Prospekt als Gesamtschuldner (§ 44 Abs. 1 Satz 1 BörsG). Wenngleich die Emissionsbanken einen Unternehmensbericht nach § 51 Abs. 1 Nr. 2 BörsG im Gegensatz zum Emittenten nicht unterzeichnen, unterliegen sie dennoch der Unternehmensberichtshaftung, da auch von ihnen der Prospekt i.S.v. §§ 55, 44 Abs. 1 Satz 1 Nr. 2 BörsG „ausgeht".[789] Damit können die Prospektverantwortlichen potenziellen Schadenersatzforderungen von Investoren ausgesetzt sein (§ 13 VerkProspG, § 44 BörsG). Nach § 45 Abs. 1 BörsG besteht allerdings die Möglichkeit zur Exkulpation der Emissionsbank, sofern diese nachweisen kann, dass ihr die Unrichtigkeit oder Unvollständigkeit der Angaben des Verkaufsprospekts nicht bekannt waren und ihre Un-

---

[784] *Escott v. BarChris Const. Corp.*, 283 F.Supp. 643 (S.D.N.Y. 1968).
[785] *Gibson,* Implications of Barchris, S. 61 ff.; *Heller/Weiss/Israels/Schwartz*, 57 Geo. L.J. (1968), 221, 237 f.
[786] *Köhler*, DBW 63 (2003), 77.
[787] *Köhler*, DBW 63 (2003), 77.
[788] *Köhler*, DBW 63 (2003), 77, 88.
[789] BGHZ 139, 225 ff.; OLG Frankfurt am Main WM 1997, 361, 362; OLG Frankfurt am Main WM 1998, 1181, 1183.

kenntnis auch nicht auf grober Fahrlässigkeit beruht.[790] Nach aktueller Rechtslage haften die Abschlussprüfer für die Richtigkeit eines im Emissionsprospekt abgedruckten Testats weder gegenüber den Emissionsbanken, die damit keinen direkten Regress nehmen können, noch gegenüber dritten Investoren.[791] Die Emissionsbanken müssen somit alle im Rahmen wirtschaftlich zumutbarer Grenzen liegenden Maßnahmen ergreifen, um die Richtigkeit und Vollständigkeit eines Emissionsprospekts sicherzustellen.[792] Dazu kommen zwar neben einem *comfort letter* eine eigene *due diligence* sowie die Einholung von *legal opinions* in Betracht.[793] Allerdings erfasst lediglich der *comfort letter* in ausreichendem Maße die Rechnungslegungsinformationen und weitere rechnungslegungsbezogene Aspekte des Emissionsprospekts. Weiterhin kann der Emittent durch die Einholung eines *comfort letters* sein eigenes Prospekthaftungsrisiko aus §§ 44 ff. BörsG senken; denn er kann die im Rahmen der Prüfungshandlungen aufgedeckten Mängel der Prospektinhalte beheben bzw. das Vertrauen auf den *comfort letter* kann seine Gutgläubigkeit begründen.[794]

3.) Adressaten des *Comfort Letters* in Deutschland

Der Vertrag über die Erstellung eines *comfort letters* wird zwischen dem Emittenten und dem Ersteller geschlossen. Seine Initiierung geht in der Regel von dem emissionsbegleitenden Kreditinstitut aus. Der *comfort letter* wird ähnlich der *fairness opinion* in Form eines Anschreibens ausgestellt. Hauptadressat des *comfort letters* ist der Emittent, der ihn mandatiert. In der Praxis wird der *comfort letter* allerdings auch von dem erstellenden Wirtschaftsprüfer im Auftrag des Emittenten der Emissionsbank ausgehändigt.[795] Ein Abdruck des *comfort letters* im Emissionsprospekt wird – auch auszugsweise – in der Regel vertraglich ausgeschlossen.[796] Da die Investoren häufig über die Existenz eines *comfort letters* ausdrücklich nicht informiert werden, bleibt dessen *Signaling*-Wirkung folglich auf die Emissionsbank beschränkt.[797] Damit soll eine „Garantenstellung" des Wirtschaftsprüfers gegenüber den An-

---

[790] Dazu *Paskert*, Informations- und Prüfungspflichten, S. 52 ff.; *Groß*, AG 1999, 199, 205; *Sittmann*, NZG 1998, 490, 494; *Meyer*, WM 2003, 1745; Assmann/Schütze-*Assmann*, § 7, Rdn. 202.
[791] *Kunold*, NZG 2003, 320; *Meyer*, WM 2003, 1745, 1750; Müko-*Ebke*, § 322 HGB, Rdn. 2.
[792] Schwark-*Schwark*, § 45 BörsG, Rdn. 14 ff.; *Ebke/Siegel*, WM 2001, Sonderbeilage Nr. 2, 3, 5; *Köhler/Weiser*, DB 2003, 565, 567.
[793] *Schindler/Böttcher/Roß*, WPg 2001, 478 f.; *Resnik*, 34 Bus. Law. (1979), 1725, 1728; *Hutter/Leppert*, NJW 2002, 2208, 2212; ausführlich insgesamt *Adolff*, Third Party Legal Opinions.
[794] *Johnson/McLaughlin*, Corporate Finance and the Securities Laws, S. 296, aus US-amerikanischer Perspektive.
[795] IDW EPS 910, Tz. 12, 33.
[796] *Meyer*, WM 2003, 1745, 1756; *Ebke/Siegel*, WM 2001, Sonderbeilage Nr. 2, 3, 6; ebenso in der US-amerikanischen Praxis *Steinberg*, Understanding Securities Laws, S. 156; *Kirkwood*, 133 CA Magazine December 2000, 37, 38.
[797] *Köhler*, DBW 63 (2003), 77, 88.

teilseignern und folglich eine mögliche Dritthaftung vermieden werden.[798] *Comfort letters* stiften im Ergebnis jedoch einen indirekten Nutzen gegenüber Investoren unabhängig von ihrer Offenlegung.

4.) Ersteller des *Comfort Letters* in Deutschland

Die Erstellung von *comfort letters* stellt im Gegensatz zu der überwiegenden Zahl der Prüfungsberichte nach Aktiengesetz und Umwandlungsgesetz in Deutschland keine Vorbehaltsaufgabe von Wirtschaftsprüfern dar; allerdings wird sie auf Grund der Unabhängigkeit und Sachverständigkeit des Berufsstands in der Praxis nahezu ausschließlich bei Wirtschaftsprüfern nachgefragt.[799] In der Praxis wird überwiegend der gesetzliche Abschlussprüfer des Emittenten mit der Erstellung eines *comfort letters* mandatiert.[800] Um ihre Klientenbeziehungen nicht zu belasten, lehnen Abschlussprüfer das Mandat eines *comfort letters* in der Praxis fast niemals ab.[801] Neben der Einholung eines *comfort letters* beauftragen Emissionsbanken häufig einen weiteren Wirtschaftsprüfer, welcher nicht mit dem gesetzlichen Abschlussprüfer des Emittenten identisch ist, mit der Durchführung einer externen *due diligence*.[802] Mit dem Ziel der Vermeidung von Interessenkonflikten des gesetzlichen Abschlussprüfers sowie um die Glaubwürdigkeit der Stellungnahmen zu erhöhen, ist es nach nahezu einhelliger Ansicht im Schrifttum empfehlenswert, die externe *due diligence* durch einen anderen externen Sachverständigen durchführen zu lassen.[803]

5.) Inhaltliche Anforderungen an einen *Comfort Letter*

Mit der Abgabe des *comfort letters* sollen die Ersteller dokumentieren, dass die im Emissionsprospekt enthaltenen Finanzangaben hinreichend verlässlich sind und welche Untersuchungshandlungen sie zu diesem Zweck über die Abschlussprüfung hinaus durchgeführt haben.[804] In den USA besteht mit dem *Statement on Auditing Standards No. 72 (SAS 72)* ein für den US-amerikanischen Rechtskreis vom *American Institute of Certified Public Accountants (AICPA)* veröffentlichter, verpflichtender Berufsstandard, der jedoch nicht ohne weiteres auf die spezifische rechtliche Situation in Deutschland übertragbar war. Im Jahr 2003 wurde

---

[798] *Ebke/Siegel*, WM 2001, Sonderbeilage Nr. 2, 3, 6; Baumbach/Hopt-*Hopt*, § 45 BörsG, Rdn. 4.
[799] *Köhler*, DBW 63 (2003), 77, 80.
[800] *Ostrowski/Sommerhäuser*, WPg 2000, 961, 968.
[801] *Köhler*, DBW 63 (2003), 77, 81.
[802] *Ostrowski/Sommerhäuser*, WPg 2000, 961, 966; *Köhler/Weiser*, DB 2003, 565, 570.
[803] *Haarbeck*, in: Going Public, S. 87, 90; *Koch/Wegmann*, Praktiker-Handbuch Börseneinführung, S. 183; *Ostrowski/Sommerhäuser*, WPg 2000, 961, 966; *Schanz*, Börseneinführung, S. 179; *Köhler/Weiser*, DB 2003, 565, 570; a.A. *Winterstetter/Paukstadt/Hegmann/Wonnemann*, DStR 2000, 1322, 1325.
[804] *Kunold*, NZG 2003, 320, 321.

daher in Deutschland ein eigener IDW-Prüfungsstandard für *comfort letters* etabliert.[805] An dessen Entstehung waren das *Deutsche Aktieninstitut (DAI)*, Investment Banken, Anwaltskanzleien sowie das *Institut der Wirtschaftsprüfer (IdW)* beteiligt.[806] Die darin enthaltenen Regelungen sind somit für alle Wirtschaftsprüfer verbindlich. Grundsätzlich orientiert sich der deutsche *comfort letter* angesichts der Globalisierung der Finanzmärkte am US-amerikanischen Standard. Allerdings ist im Unterschied zu SAS 72 eine erneute Aussage zu den früheren Testaten zur Haftungsbegründung des Wirtschaftsprüfers im deutschen Recht erforderlich. Üblicherweise enthält ein *comfort letter* eine Bestätigung der Unabhängigkeit des Wirtschaftsprüfers gegenüber dem Emittenten und die Wiedergabe der historischen Testate der Abschlussprüfer zu den Vollabschlüssen, die in den Emissionsprospekt aufzunehmen sind.[807] Weiterhin ist eine Feststellung über die Prüfung enthalten, ob spezifische von der Emissionsbank vorgegebene Betrags- und Prozentangaben, die außerhalb der Abschlüsse im Emissionsprospekt verwandt werden, aber aus Rechnungslegungsinformationen stammen, die dem internen Kontrollsystem des Emittenten entstammen, korrekt übernommen wurden. Ferner werden etwaige Veränderungen bedeutender Finanzdaten seit der letzten Jahresabschlussprüfung (*post audit review*) festgestellt.[808] Daraus wird ein Ergebnis in Form einer Negativaussage (*negative assurance*) abgeleitet.[809] Schließlich wird in einem *comfort letter* sowohl der Verwendungszweck als auch der Adressatenkreis bestimmt.

6.) Vergleich des *Comfort Letters* mit der *Fairness Opinion*

Ebenso wenig wie die Einholung einer *fairness opinion* ist die Mandatierung eines *comfort letters* in den USA und in Deutschland gesetzlich oder durch Börsenzulassungsstellen bzw. die SEC zwingend vorgeschrieben.[810] Beiden Instrumenten kommt aber eine hohe Legitimationswirkung zu: Während sich mittels einer *fairness opinion* die Verwaltungsorgane einer Gesellschaft vor einer persönlichen Haftung zu schützen beabsichtigen, dient der *comfort letter* dem Haftungsschutz der an einer Emission beteiligten Banken und Emissionsbegleiter. Auch die Ursachen für die Verbreitung beider Instrumente am deutschen Kapitalmarkt sind ähnlich. Die Verbreitung des *comfort letters* in Deutschland wird als eine Folge des Markteintritts US-

---

[805] *IdW*, WPg 2003, 353 ff., der Prüfungsstandard (IDW EPS 910) wurde am 11.3.2003 als Entwurf verabschiedet.
[806] Zur Entstehung des Prüfungsstandards ausführlich *Kunold*, NZG 2003, 320, 321; *Meyer*, WM 2003, 1745, 1747.
[807] *Von Rosen*, FAZ vom 10.11.2001, 12.
[808] *IdW*, WPg 2003, 353 ff., Tz. 36-54, insbesondere Tz. 39 ff.; dazu auch *Kunold*, NZG 2003, 320, 321.
[809] Dazu *Von Rosen*, FAZ vom 10.11.2001, 12.
[810] *Afterman*, Handbook of SEC Accounting and Disclosure, § 16-1; *O'Reilly/McDonell/Winograd/Gerson/ Jaenicke*, Auditing, Rdn. 5-18; *Köhler*, DBW 63 (2003), 77, 80; *Köhler/Weiser*, DB 2003, 565, 567, anders z.B. in Kanada, wo die Vorlage eines *comfort letters* eine offizielle Zulassungsvoraussetzung zum Börsenhandel durch die Zulassungsbehörden darstellt.

amerikanischer Investment Banken in das deutsche Emissionsgeschäft bzw. die Übernahme von Führungspositionen in deutschen Investment Banken durch US-Amerikaner gesehen.[811] Als weitere Ursache für die Verbreitung des *comfort letters* in Deutschland gilt die zunehmende Nutzung des US-amerikanischen Kapitalmarkts durch deutsche Unternehmen.[812]

Die Situation von *comfort letter* und *fairness opinion* unterscheidet sich allerdings in der Anbieter/Nachfrager-Perspektive; denn während *comfort letters* in der Regel durch Wirtschaftsprüfer erstellt und von den Emissionsbanken nachgefragt werden, werden *fairness opinions* vorwiegend von Investment Banken angeboten. Für beide Produkte kann jedoch festgestellt werden, dass sich ihre Verbreitung in Deutschland nicht auf konkrete veröffentlichte Fälle der Inanspruchnahme seitens der Emissionsbanken im Rahmen der Prospekthaftung im Hinblick auf *comfort letter* einerseits[813] und von der Inanspruchnahme von Verwaltungsorganen hinsichtlich ihrer Organpflichten bezüglich *fairness opinions* andererseits zurückführen lässt.

Schließlich ist eine weitere Parallele in der Begrenztheit der behördlichen Prüfung zu sehen: Die Prüfung des Prospektes durch die Zulassungsstelle ist nach Börsenpraxis und herrschender Meinung im Schrifttum lediglich formeller Natur und schließt keine Prüfung der materiellen Richtigkeit des Emissionsprospekts ein (§ 8a VerkProspG).[814] Darin ist eine Parallele zur Prüfung der Angemessenheit eines Kaufangebots in der Angebotsunterlage durch die Bundesanstalt für Finanzdienstleistungsaufsicht (BaFin) zu sehen; denn auch hier erfolgt *de iure* und *de facto* nur eine sehr eingeschränkte Prüfung der Angemessenheit der Gegenleistung eines Kaufangebots (§ 4 Abs. 1 WpÜG).[815] Die Prüfung der BaFin beschränkt sich formell auf die Bekanntmachung der Stellungnahme. Im Gegensatz zu den Angebotsunterlagen werden die Stellungnahmen der Organe der Zielgesellschaften nicht auf der Internetseite der BaFin publiziert. Hinsichtlich der Gegenleistung ist die Prüfung auf die Einhaltung der Mindestpreisvoraussetzungen beschränkt. Da die formellen Prüfungen von Zulassungsstelle bzw. BaFin den Prospektverantwortlichen bzw. die zur Stellungnahme betreffend der Angemessenheit der Gegenleistung verpflichteten Verwaltungsorgane keinesfalls von einer eigenen Prüfung ent-

---

[811] *Technau*, AG 1998, 445, 446; *Bosch/Groß*, Emissionsgeschäft, Rdn. 10/277.
[812] *Köhler/Weiser*, DB 2003, 565, 567.
[813] Dazu *Köhler/Weiser*, DB 2003, 565, 567.
[814] RegE 3. FGG, BT-Drucks. 13/8933 vom 6.11.1997, Begründung S. 87; Assmann/Lenz/Ritz-*Lenz*, § 8a VerkProspG, Rdn. 5; *Groß*, FB 1999, 32, 35; *Zahn*, ZGR 1981, 101, 109 f.; *Paskert*, Informations- und Prüfungspflichten, S. 115; *Schlick*, Going Public, S. 113; *Saage*, DB 1973, 485 f. a.A. *Schwark*, NJW 1987, 2041, 2043.
[815] *Lappe*, BB 2002, 2185, 2188 f., mit dem Hinweis, dass die BaFin die Berechnung des gewichteten durchschnittlichen Börsenkurses nach Maßgabe des § 5 Abs. 3 AngebotsVO durchführt, auch wenn diese Aufgabe weder nach AngebotsVO noch nach WpÜG der BaFin zugewiesen ist; *Lenz/Linke*, AG 2002, 361, 362 f.

binden,[816] besteht ein Bedarf für ein Schutzinstrument gegen eine persönliche Haftung, was die Preisermittlung jenseits der behördlich vorgegebenen Grenzen angeht.

E. Qualifikation der Ersteller einer *Fairness Opinion*

I. Marktübersicht Deutschland

Die Betätigung als wirtschaftlicher Berater von Unternehmen und als Gutachter zu Fragen der Unternehmensbewertung ist in Deutschland an keine Voraussetzungen beispielsweise in Form berufsqualifizierender Examina geknüpft.[817] Im Zusammenhang mit Unternehmenstransaktionen werden Gutachten zur Unternehmensbewertung außer von dem Berufsstand der Wirtschaftsprüfer zunehmend auch von Investment Banken, spezialisierten *Corporate-Finance-*Beratern oder unternehmenseigenen Stabsabteilungen durchgeführt.[818] Die im Anhang aufgeführte aktuelle Marktübersicht von in Deutschland erstellten *fairness opinions* zeigt, dass auch hier Investment Banken den Markt dominieren. Dazu gehören einerseits global tätige Investment Banken; andererseits werden *fairness opinions* auch von „*M&A*-Boutiquen" angeboten. Darüber hinaus werden in Deutschland *fairness opinions* teilweise von Wirtschaftsprüfungsgesellschaften erstellt.[819] Demgegenüber ist in den USA die Beraterfunktion der Wirtschaftsprüfer in der Unternehmensbewertung traditionell deutlich geringer ausgeprägt.[820] Weiterhin kommen als potenzielle Ersteller von *fairness opinions* Unternehmensberatungsgesellschaften in Betracht; diese treten auf dem deutschen Markt für *fairness opinions* allerdings bislang nicht auf.[821] Neben deutschen Gesellschaften oder ausländischen Gesellschaften mit deutschen Zweigniederlassungen oder Tochtergesellschaften besteht zudem die Möglichkeit, dass vornehmlich im anglo-amerikanischen Raum domizilierte Anbieter *fairness opinions* mit Bezug auf deutsche Gesellschaften erstellen. Dies kommt insbesondere in Betracht, sofern branchenspezifische Kenntnisse für deren Erstellung erheblich sind.[822] Sofern die Verwaltungsorgane einer Gesellschaft wissentlich einen unqualifizierten Ersteller einer *fairness opinion* mandatieren und ihre Entscheidungsfindungen auf diese *fairness opinion* stützen,

---

[816] *Bosch/Groß*, Emissionsgeschäft, Rdn. 10/128.
[817] *Bussmann*, Betreuung und Prüfung, S. 170; *Schildbach*, WPg 1981, 193, 194.
[818] *Rosenbaum*, DB 1999, 1613.
[819] *KPMG* mit verschiedenen Veröffentlichungen zu dieser Thematik *Aders/Salcher*, Fairness Opinion; *Schwetzler/Aders/Salcher/Bornemann*, FB 2005, 106 ff.; *Aders*, Börsen-Zeitung vom 26.5.2004, 2; *Borowicz*, M&A Review 2005, 253; zurückhaltend zur Marktposition von Wirtschaftsprüfungsgesellschaften im Rahmen von Unternehmensbewertungen bei Unternehmenstransfers *Rosenbaum*, DB 1999, 1613; deutlich anders in der Schweiz.
[820] *Gerling*, Unternehmensbewertung in den USA, S. 42.
[821] *Luber*, Capital vom 1.11.1998, 38.
[822] So z.B. die *fairness opinion* des im Bereich Financial Services spezialisierten britischen Anbieters *FPK* für die Kapitalerhöhung gegen Sacheinlage der *MLP AG*, Heidelberg.

kann dies auch in Deutschland eine persönliche Haftung der Organmitglieder begründen (dazu oben S. 107 ff.).[823]

II. Regulierung einzelner Ersteller von *Fairness Opinions*

1.) Wirtschaftsprüfer

Die Regulierung des Wirtschaftsprüfers mit Bezug auf die Erstellung von *fairness opinions* ist einerseits unter dem Gesichtspunkt der Vereinbarkeit dieser Tätigkeit mit der Rolle des Abschlussprüfers und andererseits vor dem Hintergrund etwaiger standesrechtlicher Schranken bei der Erstellung von *fairness opinions* zu erörtern.

a) Vereinbarkeit der Erstellung von *Fairness Opinions* mit der Abschlussprüfung

Damit Wirtschaftsprüfer ihren Prüfungsaufgaben im Spannungsfeld divergierender Interessen nachkommen können, werden ihnen strenge standesrechtliche und gesetzlich normierte Pflichten zur Berufsausübung auferlegt. Zu Konflikten zwischen den Berufspflichten der Wirtschaftsprüfer (§§ 43 und 49 WPO) und den Anforderungen, die sich aus der Erstellung einer *fairness opinion* ergeben, kann es kommen, wenn der Wirtschaftsprüfer auch den Jahresabschluss des zu bewertenden Unternehmens prüft.[824] Nach den standesrechtlichen Vorgaben verpflichtet sich der Wirtschaftsprüfer infolge seines Berufseids zur Unparteilichkeit. Darüber hinaus bestimmt § 22 der Berufssatzung für Wirtschaftsprüfer, dass die Beratung oder Vertretung eines Auftraggebers mit einer Prüfungs- oder Gutachtertätigkeit durch denselben Wirtschaftsprüfer ausschließlich vereinbar ist, wenn nicht die Besorgnis der Befangenheit bei der Durchführung des Prüfungs- oder Gutachterauftrags besteht.

Im Rahmen des Ende 2004 in Kraft getretenen Bilanzrechtsreformgesetzes (BilReG) wurden die gesetzlichen Anforderungen an die Unabhängigkeit des Abschlussprüfers in Deutschland insgesamt verschärft.[825] Nach § 319 Abs. 2 HGB ist ein Wirtschaftsprüfer von der Annahme des Mandats der Abschlussprüfung ausgeschlossen, wenn auf Grund von Beziehungen geschäftlicher, finanzieller oder persönlicher Art die Besorgnis der Befangenheit begründet wird. Bei der Bestimmung eines solchen relativen Grunds der Befangenheit stellt der BGH vorrangig auf die Haftungssituation des Prüfers und das daraus erwachsende Selbstschutzbedürfnis ab.[826] Demnach kann von einem Prüfer nicht ohne weiteres und vorurteilsfrei erwartet werden, dass dieser nach einer etwaigen nicht hinreichenden Berücksichtigung von wertbe-

---

[823] *Klafs*, Bus. L. Rev. 2003, 283, 284.
[824] Zur Kollision von Jahreabschlussprüfung und Bewertung *Schildbach*, WPg 1981, 193, 194.
[825] Dazu statt vieler *Hülsmann*, DStR 2005, 166, 167 ff.

stimmenden Faktoren im Rahmen einer Unternehmensbewertung in einer Jahresabschlussprüfung eine problemorientierte Berichterstattung und Prüfung vornimmt.[827] Es ist also ein konkretes Verdeckungsrisiko erforderlich, welches Haftungsrisiken aus der Beratertätigkeit voraussetzt.[828] In Deutschland führt damit ein wirtschaftlicher Interessengegensatz noch nicht zum Ausschluss von der Prüfung.

Darüber hinaus wurden in §§ 319 Abs. 3 und 319 a HGB die Ausschlussgründe, bei denen eine Besorgnis der Befangenheit unwiderlegbar vermutet wird, gegenüber der bisherigen Rechtslage weiter konkretisiert. Demnach führen u.a. die Erbringung von Unternehmens- oder Finanzdienstleistungen (§ 319 Abs. 3 Satz 1 Nr. 3c HGB) und die Erbringung eigenständiger Bewertungsleistungen, die sich auf den Abschluss nicht unwesentlich auswirken (§ 319 Abs. 3 Satz 1 Nr. 3d HGB) zu einem Ausschluss vom Mandat der Abschlussprüfung in dem jeweiligen Geschäftsjahr. Ferner ist von der Abschlussprüfung ausgeschlossen, wer Rechts- oder Steuerberatungsdienstleistungen erbracht hat, die über das Aufzeigen von Gestaltungsalternativen hinausgehen und dem Mandanten ein fertiges Produkt liefern, welches die Darstellung der Vermögens-, Finanz- und Ertragssituation deutlich verändert (§ 319a Abs. 1 Satz 1 Nr. 2 HGB). Darunter fallen im Einklang mit der Rechtsprechung des BGH im *Allweiler*-Urteil sowie in der *HVB*-Entscheidung konkrete Gestaltungsvorschläge, die ein Handeln des Mandanten nahe legen oder erfordern.[829] Gegenüber den bisherigen in § 319 HGB a.F. normierten *absoluten* Befangenheitsgründen[830] bedeutet die neue Rechtslage eine deutliche Verschärfung. Nunmehr ist auch die Erstellung einer *fairness opinion* unter den Tatbestand eines Ausschlussgrundes für die Mandatierung der Jahresabschlussprüfung zu subsumieren; denn sie fällt unter den Begriff der eigenständigen Bewertungsleistung.

Damit gleichen sich die neue deutsche Rechtslage nach Inkrafttreten des Bilanzrechtsreformgesetzes (BilReG) und die Rechtslage in den USA nach *Section 201* des *Sarbanes Oxley Acts* an. Für in den USA börsennotierte deutsche Gesellschaften ist zudem eine extraterritoriale Anwendbarkeit des *Sarbanes Oxley Acts* anzunehmen.[831]

---

[826] BGHZ 153, 32 ff.; dazu *Gelhausen/Kuss*, NZG 2003, 424, 426.
[827] *Gelhausen/Kuss*, NZG 2003, 424, 426, mit Hinweis auf die Pflicht auf Risiken im Prüfungsbericht einzugehen, § 321 Abs. 1 Satz 3 HGB, sowie im Bestätigungsvermerk, § 322 Abs. 2 Satz 2 HGB.
[828] *Gelhausen/Kuss*, NZG 2003, 424, 426.
[829] BGHZ 135, 260, 264 ff.; BGHZ 153, 32, 38 ff.; dazu *Hülsmann*, DStR 2005, 166, 171.
[830] Dazu BayObLG ZIP 1987, 1547; *Marx*, DB 2003, 431 ff.
[831] Dazu *von der Crone/Roth*, AJP/PJA 2003, 131 ff.

b) Vereinbarkeit der Erstellung von *Fairness Opinions* mit Standesrecht

Vor dem Hintergrund des Gebots der Unparteilichkeit des Wirtschaftsprüfers stellt sich die Frage, ob die Erstellung von *fairness opinions* mit dem Standesrecht der Wirtschaftsprüfer vereinbar ist.

Nach Ansicht des *IdW* soll der Wirtschaftsprüfer Entscheidungswerte ausschließlich ermitteln dürfen, sofern dies nach außen erkennbar ist.[832] Da der Bewerter aber bei der Bestimmung des Entscheidungswerts die subjektiven Ziele seines Mandanten berücksichtigt sowie dessen Finanzierungsmöglichkeiten in die Wertfindung einbezieht, könne er nicht unparteiisch sein. Nach Ansicht von *Schildbach* hindert dies den Wirtschaftsprüfer jedoch nicht, die Beratungsfunktion (hier zu oben S. 74 ff.) wahrzunehmen.[833] Da der Wirtschaftsprüfer hier nicht im öffentlichen Interesse tätig werde und seine Aktivität keinen direkten Einfluss auf die Zielerreichung der verschiedenen Personen habe, erübrige sich die Notwendigkeit der Unparteilichkeit. Im Übrigen bleibe der Entscheidungswert gegenüber der Gegenpartei regelmäßig geheim, so dass eine Benachteiligung durch die Funktion des Wirtschaftsprüfers nicht entsteht.

Mögliche Bedenken gegen eine gutachterliche Betätigung des Wirtschaftsprüfers im Rahmen der Argumentationsfunktion der Unternehmensbewertung ergeben sich aus der Berufspflicht des Wirtschaftsprüfers zur Unparteilichkeit.[834] Es kommt anders als in der Beratungsfunktion hier auf die Unparteilichkeit des Wirtschaftsprüfers an, da das Bewertungsgutachten zur Stärkung der Verhandlungsposition seines Mandanten dient (hierzu exemplarisch unten S. 193 f.) und damit der Gegenpartei oder den Aktionären der Zielgesellschaft zugänglich gemacht werden kann. Dabei wird das Ansehen des Berufsstandes der Wirtschaftsprüfer eingesetzt, um dem Gutachten im Interesse des angestrebten Ziels ein besonderes Gewicht zu verleihen.[835] Aus dieser Problematik folgert *Schildbach*, dass der Wirtschaftsprüfer nur insoweit Unternehmensbewertungen innerhalb der Argumentationsfunktion durchführen dürfe, als er einen gerechten Interessenausgleich sucht und das Gebot der Unparteilichkeit ernst nimmt.[836] Innerhalb dieser Grenzen ist die Erstellung von *fairness opinions* mit dem Standesrecht der Wirtschaftsprüfer vereinbar.

---

[832] *IdW*, Wirtschaftsprüfer-Handbuch, Rdn. A 40.
[833] *Schildbach*, WPg 1981, 193, 196.
[834] *Schildbach*, WPg 1981, 193, 199.
[835] *Schildbach*, WPg 1981, 193, 199.
[836] *Schildbach*, WPg 1981, 193, 199.

2.) Investment Banken

Zu den primären Erstellern von *fairness opinions* in Deutschland zählen Investment Banken.[837] Die *fairness opinion* gehört dabei zu den Produkten, die durch anglo-amerikanische Investment Banken angebotsgetrieben nach Deutschland „importiert" wurden.[838] Amerikanische Investment Banken sind durch die mit dem *Glass-Steagall-Act*[839] verbundene Trennung von Geschäfts- und Investment Banken entstanden. Innerhalb der Organisationsstruktur einer Investment Bank wird die Erstellung von *fairness opinions* dem Bereich *Mergers&Acquisitions/Advisory* zugeordnet.[840] Die Erstellung von *fairness opinions* gehört damit neben dem *underwriting* und der Transaktionsstrukturierung zu den klassischen intermediären Funktionen einer Investment Bank.[841] Allerdings kommt ihr innerhalb des Geschäftsfelds *M&A* der Status einer ergänzenden Dienstleistung zu, die nicht in das Leistungsspektrum sämtlicher Anbieter eingeschlossen ist.[842] Häufig wird die Erstellung einer *fairness opinion* als komplementäre Leistung zur Strukturierung einer Transaktion angeboten (hierzu unten Teil 5). Die Legitimität von Investment Banken als Anbieter von *fairness opinions* gründet sich auf ihren exklusiven Anspruch der Deutung und Bewertung von strategischen Optionen als „Stellvertreter der Kapitalmärkte".[843] Den Wirtschaftsprüfern vergleichbare Standesregeln sind Investment Banken jedoch bislang fremd. In jüngster Zeit wird jedoch eine Regulierung durch die *National Association of Securities Dealers, Inc. (NASD)* diskutiert (hierzu unten S. 358 ff.), die auch Implikationen für den deutschen Markt haben kann.

III. Europäischer Vergleich

Im Kontext von Unternehmensübernahmen bestehen im europäischen Ausland zum Teil Regelungen über die Qualifikation der Ersteller von *fairness opinions*:

1.) Schweiz

Fraglich ist, ob in der Schweiz weitergehende Regelungen für die Qualifikation des Erstellers einer *fairness opinion* existieren. Der Verfasser einer *fairness opinion* muss in der Schweiz

---

[837] Insbesondere in Deutschland siehe die Auswertung der *fairness opinions* im Anhang.
[838] Zu einer Abgrenzung der Produkte im Investment Banking unter Einfluss deutscher Banken *Flach*, Instrumente und Strategien im Investment Banking, S. 113, 121 ff.
[839] Ausführlich zur Entwicklung des Begriffs statt vieler *Pawelka*, Investment-Banking-Strategien, S. 16 ff., zwischenzeitlich aufgehobenes Gesetz über das Trennbankensystem dazu ausführlich *Benston*, Separation of Commercial and Investment Banking; vgl. auch *Hirte/Otte*, ZBB 1994, 189 f.
[840] Zu den Produktgruppen von Investment Banken in der deutschen Literatur *Achleitner*, Handbuch Investment-Banking, S. 211; *Brinker*, Investment Banking, S. 27 ff.; *Jacob/Klein*, Investment Banking, S. 10 ff., ohne Berücksichtigung der *fairness opinion*; *Pawelka*, Investment-Banking-Strategien, S. 63.
[841] *Vopel*, Wissensmanagement, S. 136, mit Bezug auf unterschiedliche Modelle zur Abgrenzung der Investment Bankings.
[842] *Pawelka*, Investment-Banking-Strategien, S. 225, zwischenzeitlich bietet entgegen Abbildung IV-11 auch die *Commerzbank AG* das Produkt *fairness opinion* an, vgl. Anhang.

denselben Anforderungen von Art. 25 UEV-UEK genügen wie eine Prüfstelle.[844] Aufgabe der Prüfstelle ist es, ein Angebot auf Einhaltung der gesetzlichen und ausführungsbestimmenden Vorschriften hin zu überprüfen. Als Prüfstellen werden von der EBK alle Effektenhändler und Revisionsgesellschaften zugelassen, die von ihr auch zur Prüfung der Effektenhändler nach Art. 18 BEHG i.V.m. Art. 32 BEHV-BR anerkannt sind. Davon ausgenommen sind – anders als nach den Regelungen des *Sarbanes Oxley Act* – weder die Revisionsgesellschaft nach Art. 727 ff. OR der Zielgesellschaft noch die des Anbieters.[845] Hinzuweisen ist darauf, dass die mit der Erstellung einer *fairness opinion* beauftragte Person nicht mit der Prüfstelle nach Art. 25 UEV-UEK übereinstimmen darf.[846]

Die Möglichkeit der Erstellung von *fairness opinions* ist nicht auf nationale Sachverständige beschränkt; vielmehr hat die Übernahmekommission bereits mehrfach ausländische Anbieter von *fairness opinions* zugelassen, solange diese Art. 25 Abs. 1 UEV-UEK analog erfüllen.[847] Dazu muss der ausländische Anbieter einer mit der Eidgenössischen Bankenkommission vergleichbaren Aufsichtsbehörde unterstellt sein und einer börsenrechtlichen Regelung unterliegen, die der schweizerischen gleichwertig ist.[848] Darunter fallen in der Praxis vornehmlich anglo-amerikanische Investment Banken. In der Praxis treten auf dem schweizerischen Markt zur Erstellung von *fairness opinions* neben diesen Investment Banken zurzeit die großen Revisionsgesellschaften auf.[849]

2.) Österreich

Auch in Österreich beabsichtigt die dortige Regelung des § 9 Abs. 2 öÜbG, dass grundsätzlich die Berufsgruppen der Wirtschaftsprüfer und der Investment Banken als Sachverständige für Bieter und Zielgesellschaften zugelassen werden. Die Praxis bedient sich hierbei ganz überwiegend der Wirtschaftsprüfer.[850] Der Sachverständige der Zielgesellschaft wird dabei vom Aufsichtsrat bestellt.[851] Darüber hinaus sind aus europarechtlichen Erwägungen auch

---

[843] *Vopel*, Wissensmanagement, S. 197.
[844] Empfehlung der *UEK Think Tools* vom 17.5.2002, Tz. E. 6.3 sowie Empfehlung der *UEK Companie Financière Michelin* vom 11.10.2002, Tz. E. 4.3.
[845] Dazu *Bernet*, Öffentliche Kaufangebote, S. 130.
[846] Empfehlung der *UEK Think Tools* vom 17.5.2002, Tz. E. 6.3 sowie Empfehlung der *UEK Companie Financière Michelin* vom 11.10.2002, Tz. E. 4.3.
[847] Exemplarisch die *fairness opinion* der *J.P. Morgan plc.* im Rahmen des öffentlichen Kauf- und Umtauschangebots der *Roche Holding AG*, Basel, an die Aktionäre der *Disetronic Holding* AG, Burgdorf vom 19. März 2003, dazu Empfehlung der UEK.
[848] *Langenegger/Hermann*, FuW vom 3.4.2004, 45.
[849] *Langenegger/Hermann*, FuW vom 3.4.2004, 45.
[850] *Diregger/Kalss/Winner*, Übernahmerecht, Rdn. 94.
[851] *Diregger/Kalss/Winner*, Übernahmerecht, Rdn. 113.

Kredit- und Finanzinstitute aus anderen Mitgliedstaaten zugelassen.[852] Zudem ist es praxisrelevant, dass ein nach § 14 öÜbG durch eine Wirtschaftsprüfungsgesellschaft erstellter Sachverständigenbericht auf eine separat durch eine Investment Bank erstellte *fairness opinion* Bezug nimmt.[853]

---

[852] *Winner*, Zielgesellschaft, S. 174, mit Hinweis auf die Vorbildfunktion des KMG.
[853] Beurteilung des freiwilligen öffentlichen Übernahmeangebots der *Österreichische Volksbanken-Aktiengesellschaft* an alle Aktionäre der *Investkredit Bank AG* vom 17. März 2005 sowie der Äußerung des Vorstands der *Investkredit Bank AG* vom 1. April 2005 durch den Sachverständigen gemäß § 14 Abs. 2 Übernahmengesetz, *BDO Auxilia Treuhand GmbH*, mit Bezug auf die *fairness opinion* der *Citigroup Global Markets Deutschland AG & Co. KGaA*.

F. Anwendungsbereiche der *Fairness Opinion* in Deutschland

Die folgende Analyse untersucht die Anwendungsbereiche der *fairness opinion* in Deutschland. Dazu werden die Anlässe der Unternehmensbewertung in gesellschaftsrechtliche, kapitalmarktrechtliche und vertragsrechtliche Strukturmaßnahmen gruppiert. Einen Schwerpunkt bilden dabei die Ausführungen hinsichtlich der Rezeption von *fairness opinions* bei öffentlichen Angeboten; denn die empirische Auswertung der Anwendungsbereiche von *fairness opinions* (hierzu unten Anhang A) hat gezeigt, dass die deutliche Mehrzahl der bekannt gewordenen *fairness opinions* in Deutschland im Kontext von öffentlichen Angeboten erstellt wurde.

I. Gesellschaftsrechtliche Anwendungsgebiete der *Fairness Opinion*

1.) Abfindungsanspruch des ausscheidenden Gesellschafters

Sowohl aus verfassungsrechtlichen Gründen (Art. 14 Abs. 1 GG) als auch aus gesellschaftsrechtlich korporativen Erwägungen ist ein ausscheidender Gesellschafter in Form eines vollen Ausgleichs für den Verlust seiner Beteiligung zu entschädigen.[854] Zur Bemessung dieser Abfindung ist regelmäßig eine Bewertung des Unternehmens erforderlich. Dabei finden in die Bemessung der Abfindung ausschließlich wirtschaftliche Kriterien Eingang. Hingegen sind Faktoren, die keine messbare wirtschaftliche Bedeutung haben, nach herrschender Meinung nicht zu berücksichtigen.[855] Dazu zählt beispielsweise der Verlust von Herrschaftsrechten. Zur Bestimmung der angemessenen Höhe einer Abfindung ist daher die Ermittlung des Unternehmenswertes einer Gesellschaft erforderlich. Auf Grund divergierender Interessen zwischen den ausscheidenden Anteilseignern und den verbleibenden Aktionären wird der Bewerter hier in der Vermittlungsfunktion tätig.

a) Unternehmensverträge (§§ 291 ff. AktG)

Im deutschen Recht ergeben sich Bewertungsfragen in diesem Sinne bei Unternehmensverträgen nach § 291 Abs. 1 AktG zur Ermittlung des Abfindungsanspruchs der außenstehenden Aktionäre. Ihnen ist nach § 305 Abs. 1 AktG eine Abfindung und bei Verbleib in der Gesellschaft ein Ausgleich nach § 304 Abs. 1 AktG zu gewähren. Die außenstehenden Aktionäre haben ein Wahlrecht zwischen beiden Optionen.

---

[854] BVerfGE 10, 289, 303; BVerfGE 14, 263, 284; BVerfG WM 1999, 433, 434.
[855] *Hüffer*, § 304 AktG, Rdn. 8 ff.; MüKo-*Bilda*, § 304 AktG, Rdn. 72.

aa) Angemessene Abfindung (§ 305 AktG)

In § 305 Abs. 1, Abs. 3 Satz 2 AktG ist das Gebot der Angemessenheit der Bewertung normiert. Demnach ist eine „volle Abfindung" zu gewähren,[856] die den Wert des lebenden Unternehmens widerspiegelt.[857] Die Abfindung kann entweder in Aktien (§ 305 Abs. 2 Nr. 1, 2 AktG) oder in einer Geldleistung (§ 305 Abs. 2 Nr. 1, 2 AktG) bestehen.

bb) Angemessener Ausgleich (§ 304 AktG)

Sofern es sich bei dem herrschenden Unternehmen um eine Aktiengesellschaft oder Kommanditgesellschaft auf Aktien handelt, kann die Ausgleichszahlung gemäß § 304 Abs. 2 Satz 1 AktG in einem festen Geldbetrag oder gemäß § 304 Abs. 2 Satz 2 AktG in einem variablen Geldbetrag bestehen, der unter Herstellung eines angemessenen Umtauschverhältnisses auf Aktien der anderen Gesellschaft jeweils als Gewinnanteil entfällt. Die wesentlichen wertbestimmenden Faktoren sind die Vertragsdauer und die künftigen Ertragsaussichten der Zielgesellschaft.[858] Da Ausgleich und Abfindung auf den gleichen Berechnungsgrundlagen basieren, kann der Ausgleich grundsätzlich als verrentete Abfindung interpretiert werden.[859]

cc) Unternehmensvertragsbericht

Dem Vorstand der Aktiengesellschaft obliegt gemäß § 293a AktG eine Berichtspflicht gegenüber der Hauptversammlung hinsichtlich der Art und Höhe von Ausgleich und Abfindung. In sie sind sowohl die rechtlichen als auch die wirtschaftlichen Aspekte der Unternehmensbewertung einzubeziehen.[860] Darüber hinaus unterliegt der Unternehmensvertrag nach § 293b Abs. 1 AktG der Prüfung durch einen oder mehrere sachverständige Prüfer. Eine Anfechtung des Hauptversammlungsbeschlusses kann allerdings nicht auf die fehlende Angemessenheit der Abfindung oder des Ausgleichs gestützt werden (§ 305 Abs. 5 AktG).

dd) Prüfung der Angemessenheit (§ 293b Abs. 1 AktG)

Nach § 293b Abs. 1 AktG ist der Unternehmensvertrag für jede vertragsschließende Aktiengesellschaft durch einen oder mehrere Vertragsprüfer auf seine Angemessenheit hin zu prüfen. Dabei ist ein schriftlicher Bericht zu erstellen (§ 293e Abs. 1 Satz 1 AktG), der mit einer Erklärung über die Angemessenheit von Abfindung und Ausgleich schließt. Umfangreiche

---

[856] BVerfGE 14, 263, 284; BVerfG WM 1999, 433, 434; BVerfGE 10, 289, 303; BayObLG, ZIP 1998, 1872.
[857] Zum Begriff der Angemessenheit GK-*Hirte*, § 305 AktG, Rn. 61 ff.
[858] *IdW*, Wirtschaftsprüfer-Handbuch, Rnd. A 13; MüKo-*Bilda*, § 304 AktG, Rdn. 72 ff.
[859] Zu berücksichtigen ist die Behandlung des nicht betriebsnotwendigen Vermögens bei der Ermittlung des Ausgleichs.

Angaben sind über die verwendeten Methoden und die der Unternehmensbewertung zugrunde liegenden Annahmen zu machen. §§ 293f und 293g AktG stellen sicher, dass diese Informationen den Anteilseignern zur Verfügung gestellt werden.[861] Nach § 319 Abs. 1 S. 1 HGB i.V.m. § 293d Abs. 1 AktG sind ausschließlich Wirtschaftsprüfer bzw. Wirtschaftsprüfungsgesellschaften als sachverständige Prüfer zugelassen.[862] Nach § 293e Abs. 1 Satz 2, 3 AktG hat der Bericht mit einer Erklärung darüber abzuschließen, ob der vorgeschlagene Ausgleich und die vorgeschlagene Abfindung angemessen sind; zudem muss er auf die Methoden der Unternehmensbewertung eingehen. Den außenstehenden Aktionären steht die Möglichkeit der gerichtlichen Überprüfung der Abfindung und des Ausgleichs im Spruchverfahren nach dem Spruchverfahrensgesetz (SpruchG) offen.

ee) **Anwendungsbereich der *Fairness Opinion***

Für den Abschluss eines Unternehmensvertrages ist eine Dreiviertelmehrheit des bei der Hauptversammlung vertretenen Kapitals erforderlich (§ 293 Abs. 1 Satz 2 AktG). Regelmäßig verfügt das herrschende Unternehmen in der Praxis bereits über die Stimmrechte mindestens in Höhe dieses Quorums, so dass eine Beschlussfassung ohne Mitwirkung der übrigen Anteilseigner bereits möglich ist. Angesichts der gesetzlich normierten Prüfung durch einen Sachverständigen erübrigt sich im Fall eines Beherrschungs- und Gewinnabführungsvertrags häufig eine weitere Legitimation zur externen Abstützung des Vorstandshandelns durch eine *fairness opinion*. Denn hier entfällt insbesondere die Prüfung der Vorteilhaftigkeit etwaiger Alternativtransaktionen durch einen Dritten. Folglich bietet sich in der deutschen Rechtspraxis beim Abschluss eines Unternehmensvertrags in der Regel kein Anwendungsbereich für das Instrument der *fairness opinion*.

ff) **Zwischenergebnis**

Der Abschluss eines Unternehmensvertrags bietet weder unter dem Gesichtspunkt der Legitimation des Handelns der Verwaltungsorgane noch zwecks Überzeugung der Anteilseigner von der Vorteilhaftigkeit einer Unternehmenstransaktionen einen Anwendungsbereich für die *fairness opinion*. Die Prüfung der Bewertung der abhängigen Gesellschaft ist folglich dem Berufsstand der Wirtschaftsprüfer mittels eines gesetzlich normierten Prüfauftrags vorbehalten.

---

[860] Vgl. MüKo-*Altmeppen*, § 293a AktG, Rdn. 35.
[861] Dazu auch *Gude*, Strukturänderungen und Unternehmensbewertung, S. 85.

b) Ausschluss von Minderheitsaktionären (*Squeeze Out*, §§ 327a ff. AktG)

Seit dem Jahr 2002 ermöglicht das deutsche Recht gemäß §§ 327a ff. AktG den Ausschluss von Minderheitsgesellschaftern aus der Aktiengesellschaft auf Verlangen des Hauptgesellschafters.[863] Der Ausschluss der Minderheitsaktionäre wird bei börsennotierten ebenso wie bei nicht in Deutschland notierten Aktiengesellschaften ermöglicht. Die Kernvoraussetzung für die Durchführbarkeit des *squeeze out* besteht in einer mindestens 95%-igen Beteiligung des Hauptaktionärs (§ 327a Abs. 1 AktG). Infolge dieser Strukturmaßnahme gehen die Aktien der außenstehenden Aktionäre gegen Barabfindung auf den Hauptaktionär über.

aa) *Squeeze-Out*-Bericht

Die Höhe der Abfindung, die ausschließlich in einer Barabfindung bestehen kann, wird durch den Hauptaktionär festgelegt. Hierzu ist eine Bewertung der Zielgesellschaft erforderlich. Zu diesem Zweck lässt der Hauptaktionär i.d.R. eine Unternehmensbewertung durchführen und stimmt sich mit dem gerichtlich bestellten Abfindungsprüfer (§ 327c Abs. 2 Satz 2 und 3 AktG) ab.[864] Dabei ist eine Bewertungsmethode zu wählen, die im Ergebnis den Bewertungszweck erfüllt.[865] Wie bei den Regelungen der §§ 305 Abs. 3 Satz 2, 320b Abs. 1 Satz 5 AktG ist die Bewertung zum Stichtag der Beschlussfassung der Hauptversammlung über die Maßnahme durchzuführen. Dabei hat die Abfindung eine volle wirtschaftliche Kompensation für den Verlust der Beteiligung der Minderheitsaktionäre darzustellen. Nach § 327c Abs. 2 Satz 1 AktG hat der Hauptaktionär einen schriftlichen Bericht zu erstatten, der die Angemessenheit der Barabfindung erläutert und begründet. Dieses Berichtserfordernis knüpft an die parallelen Berichtpflichten des Vorstands an, die für den Abschluss von Unternehmensverträgen, für Eingliederungen und Umwandlungsmaßnahmen normiert sind.[866] Im System der Kölner Funktionenlehre wird der Bewerter hier im Rahmen der Vermittlungsfunktion tätig.

bb) Prüfung der Angemessenheit

Darüber hinaus ist die Angemessenheit der Barabfindung durch einen oder mehrere sachverständige Prüfer nach § 327c Abs. 2 Satz 2 AktG zu prüfen. Als sachverständige Prüfer kommen ausschließlich Wirtschaftsprüfer und Wirtschaftsprüfungsgesellschaften in Betracht (§§ 327c Abs. 2 Satz 4 i.V.m. 293d Abs. 1 Satz 1 AktG i.V.m. § 319 Abs. 1 Satz 1 HGB). Um dem Eindruck einer Nähe der Prüfer zum Hauptaktionär entgegenzuwirken und damit die Ak-

---

[862] MüKo-*Altmeppen*, § 293c AktG, Rdn. 16.
[863] Ausführlich zum *squeeze out* statt vieler *Vetter*, AG 2002, S. 176 ff.; KK-WpÜG-*Hasselbach*, § 327a AktG, Rdn. 1 ff.
[864] KK-WpÜG-*Hasselbach*, § 327b AktG, Rdn. 3.
[865] MüKo-*Bilda*, § 305 AktG, Rdn. 62, bei vergleichbarem Bewertungszweck.

zeptanz des Prüfungsergebnisses für die Minderheitsaktionäre zu erhöhen, ist dieser Prüfer auf Antrag des Hauptaktionärs durch die Kammer für Handelssachen des zuständigen Landgerichts zu bestellen (§ 327c Abs. 2 Satz 3 AktG). Zur abschließenden Überprüfung der Angemessenheit der Abfindung steht den Minderheitsgesellschaftern das Spruchverfahren zur Verfügung, dessen Antragsgegner der Hauptaktionär ist (§ 327f Abs. 2 Satz 2 AktG). Eine Anfechtung des Übertragungsbeschlusses kann demgegenüber nicht auf eine mangelnde Angemessenheit der Abfindung gestützt werden (§ 327f Abs. 2 Satz 1 AktG).

cc) **Berichtspflicht des Vorstands der betroffenen Gesellschaft**

Umstritten ist im Schrifttum eine etwaige Obliegenheit des Vorstands der Gesellschaft zu einer eigenständigen Stellungnahme, die neben den beschriebenen Schutzmechanismen für Minderheitsaktionäre gegebenenfalls auch eine *fairness opinion* bedingen könnte. So fordert *Vetter* angesichts der Schwere des Eingriffs in die Rechtsposition der Minderheitsaktionäre unter Zustimmung auch von *Ehricke* und *Roth* eine schriftliche Stellungnahme des Vorstands[867] und verweist dazu auf die Parallele der zwischenzeitlich in § 27 WpÜG normierten Stellungnahme des Vorstands und des Aufsichtsrats der Zielgesellschaft (hierzu unten S. 190 ff.).[868] Nicht nur vor dem Hintergrund einer breiten und möglichst objektiven Information, sondern auch im Hinblick auf den sachgerechten Umgang mit den Treuepflichten gegenüber den Aktionären sei eine ausdrückliche Stellungnahme angezeigt.[869] Nach Ansicht von *Hasselbach* ist eine Stellungnahme des Vorstands der Zielgesellschaft, die eine weitere Unternehmensbewertung bedingt, nur in Fällen einer nach Ansicht dieses Vorstands groben Unangemessenheit der angebotenen Abfindung zwingend.[870] Demgegenüber wird die eigenständige Stellungnahme des Vorstands der Zielgesellschaft vor dem Hintergrund der dargelegten Schutzmaßnahmen von sachverständiger Prüfung und Spruchverfahren von *Krieger* und *Kiem* für entbehrlich gehalten.[871] Zudem weisen *Kiem* und *Schiessl* darauf hin, dass die Aktionäre bei einem *squeeze out* im Unterschied zu einem Übernahmeangebot, das der Stellungnahmepflicht des Vorstands und des Aufsichtsrats nach § 27 WpÜG unterliegt, gerade keine Desinvestitionsentscheidung treffen können; denn es handelt sich hierbei um einen

---

[866] *Krieger*, BB 2002, 53, 59, kritisch zu der Höhe des Schutzniveaus *Kallmeyer*, AG 2000, 59, 61.
[867] *Vetter*, AG 2002, 176, 187; zustimmend *Ehricke/Roth*, DStR 2001, 1120, 1125.
[868] *Vetter*, ZIP 2000, 1817, 1822 f., fordert, dass die schriftliche Stellungnahme des Vorstands den Aktionären zusammen mit dem in § 327c Abs. 2 Satz 1 AktG normierten schriftlichen Bericht des Hauptaktionärs zur Verfügung gestellt wird; ebenso *Ehricke/Roth*, DStR 2001, 1120, 1125, mit Hinweis auch auf den früheren deutschen Übernahmekodex und den Entwurf der zwischenzeitlich geltenden europäischen Übernahmerichtlinie.
[869] *Vetter*, ZIP 2000, 1817, 1822 f., mit Verweis auf *Hopt*, ZGR 1993, 534, 556; GK-*Hopt*, § 93 AktG, Rdn. 129.
[870] KK-WpÜG-*Hasselbach*, § 327b AktG, Rdn. 4.
[871] *Krieger*, BB 2002, 53, 59; *Kiem* in: Gesellschaftsrecht, S. 329, 347 f., mit Hinweis auf die „Statistenrolle", in die der Vorstand gedrängt wird.

zwangsweisen Ausschluss der Aktionäre.[872] Der Gesichtspunkt der fehlenden Unabhängigkeit der Verwaltungsorgane einer Gesellschaft vom Einfluss eines Hauptaktionärs, der wegen der Voraussetzung des § 327a Abs. 1 Satz 1 AktG bereits zu mindestens 95% an dieser beteiligt sein muss, könnte den Wert einer Stellungnahme des Vorstands dieser Gesellschaft für die Minderheitsaktionäre zudem belasten. Trotz intensiver Diskussion im Schrifttum während des Gesetzgebungsverfahrens hat der Gesetzgeber von der Normierung einer Pflicht zu einer schriftlichen Stellungnahme des Vorstands bewusst abgesehen.

dd)   Anwendungsbereich der *Fairness Opinion*

aaa)   Perspektive der Zielgesellschaft

Vor diesem Hintergrund erscheint eine Beratung der Verwaltungsorgane der von dem *squeeze out* betroffenen Gesellschaft, deren Ergebnis in einer *fairness opinion* zum Ausdruck kommt, durch einen sachverständigen Dritten in den meisten Fällen als nicht erforderlich.[873] Zwar äußert sich der Vorstand in der Regel während der über den Ausschluss der Minderheitsaktionäre beschlussfassenden Hauptversammlung zur Höhe und Angemessenheit der Abfindung. Nach neuerer Rechtsprechung rechtfertigen jedoch fehlende Informationen zur Abfindung in der Hauptversammlung keine Anfechtung des *Squeeze-Out*-Beschlusses; vielmehr sind die Aktionäre bei Informationsdefiziten auf das Spruchverfahren verwiesen.[874] Lediglich im Fall einer groben Unangemessenheit der Abfindung könnte der Vorstand unter Umständen im Wege der Einholung einer *inadequacy opinion* auf das Verlangen des Hauptaktionärs zum *squeeze out* und die angebotene Abfindung reagieren.

bbb)   Perspektive des Hauptaktionärs

Aus der Perspektive des Hauptaktionärs verbleibt kein Raum für eine über die dargelegten Prüfmaßnahmen durch Wirtschaftsprüfer oder Wirtschaftsprüfungsgesellschaften hinausgehende *fairness opinion*, auch wenn eine Beratung des Hauptaktionärs für das *Squeeze-Out*-Verfahren durch einen *Corporate-Finance*-Dienstleister oder eine Investment Bank durchaus üblich ist. Bei der Gestaltungsalternative des *squeeze out* ist zudem zu berücksichtigen, dass angesichts einer Mindestbeteiligung des Hauptaktionärs von 95%[875] die Anzahl ausländischer Minderheitsgesellschafter, die mit einer *fairness opinion* mehr vertraut sind als mit einem Wirtschaftsprüfergutachten, sehr gering ist. Dies gilt selbst für große Gesellschaften wie die

---

[872] *Kiem* in: Gesellschaftsrecht, S. 329, 348; *Schiessl*, AG 1999, 442, 452.
[873] Im Ergebnis ebenso *Aders/Salcher*, Fairness Opinion, S. 4; *Schiessl*, ZGR 2003, 814, 837 f.
[874] *Hirte*, ZHR 167 (2003), 8, 26 f.; *Krüll*, Wertpapier 2003, 65, zu OLG Köln, AZ W 35/03.

Dresdner Bank AG oder die *Mannesmann AG*, die einen *squeeze out* durchgeführt haben. Damit kommt der *fairness opinion* bei einem *squeeze out* nur eine geringe Argumentationsfunktion zu. Schließlich ist zu bedenken, dass das *Squeeze-Out*-Verfahren häufig keine isolierte Strukturmaßnahme darstellt, sondern am Ende einer aus verschiedenen Maßnahmen strukturierten Transaktion steht. Sofern etwa das *squeeze out* auf ein vorangegangenes erfolgreiches Übernahmeangebot folgt, kann die dort gezahlte Gegenleistung nur ein Indiz für die Kompensation im *squeeze out* darstellen; denn es gibt keine unwiderlegbare Vermutung für die Angemessenheit.[876] Damit können sich die Verwaltungsorgane der vom *squeeze out* betroffenen Gesellschaft auch nicht auf eine etwaige im vorherigen Übernahmeverfahren eingeholte *fairness opinion* zurückziehen.

ee) Zwischenergebnis

Weder aus Sicht des Hauptaktionärs noch aus Sicht der Verwaltungsorgane der Zielgesellschaft bietet sich in der Regel im deutschen Recht ein Anwendungsfeld für die *fairness opinion* im *Squeeze-Out*-Verfahren. Die Einleitung langwieriger und kostenintensiver Spruchverfahren wird auch eine *fairness opinion* bei einem *squeeze out* nicht verhindern können. Lediglich in Fällen einer groben Unangemessenheit der Abfindung könnte der Vorstand der Zielgesellschaft theoretisch geneigt sein, eine *inadequacy opinion* eines dritten Sachverständigen für die Auseinandersetzung anlässlich der Hauptversammlung einzuholen.

c) Mehrheitseingliederungen (§§ 319 ff. AktG)

Mit dem Ziel einer über dem Abschluss eines Beherrschungsvertrages hinausgehenden Konzerneinbeziehung kann eine Gesellschaft in eine Hauptgesellschaft eingegliedert werden. Dazu ist nach § 320 Abs. 1 Satz 1 AktG ein mindestens 95 %iger Anteil der Hauptgesellschaft am Grundkapital der einzugliedernden Gesellschaft notwendige Voraussetzung.[877] Sofern die Hauptgesellschaft nicht bereits sämtliche Aktien der einzugliedernden Gesellschaft hält (Mehrheitseingliederung), erfordert die Bestimmung der Abfindung für die Minderheitsgesellschafter eine Unternehmensbewertung.

---

[875] Zu Möglichkeiten eines geringeren Quorums infolge von Zurechnungen KK-WpÜG-*Hasselbach*, § 327a AktG, Rdn. 36.
[876] *Mattes/Graf von Maldeghem*, BKR 2003, 531, 532; anders noch Begr. RegE, BT-Drucks. 14/7034, S. 72; zur Änderung ausführlich *Krieger*, BB 2002, 53, 57; in der Praxis weichen die Gegenleistung im Übernahmeangebot nach WpÜG und die Abfindung im anschließenden *squeeze out* teils erheblich voneinander ab. Exemplarisch sind die Fälle *Stinnes AG* und *Edscha AG* mit lediglich geringer zeitlicher Distanz zwischen Erwerbsangebot und *squeeze out* zu nennen; mit Hinweis auf die Annahme einer unwiderlegbaren Vermutung bei dem in nationales Recht umzusetzenden *sell out Hasselbach*, ZGR 2005, 387, 395 f., mit Verweis auf Art. 16 Abs. 3 i.V.m. Art. 15 Abs. 5 Unterabs. 2 der Richtlinie.
[877] *K. Schmidt*, Gesellschaftsrecht, S. 922, unterscheidet den Fall des mindestens 95%igen und des 100%igen Anteils am Grundkapital der einzugliedernden Gesellschaft.

aa) Eingliederungsbericht

Im Eingliederungsbericht des Vorstands der *Hauptgesellschaft* ist die Eingliederung rechtlich und wirtschaftlich zu erläutern. Ein wesentlicher Schwerpunkt des Berichts hat sich auf die Art und Höhe der Abfindung zu erstrecken. Dabei ist die Bewertung der einzugliedernden Gesellschaft sowie der fortgeführten Gesellschaft (der späteren Hauptgesellschaft) erforderlich, da die Abfindung in Aktien dieser Gesellschaft gemäß § 320b Abs. 1 Satz 2 AktG die Regelabfindung für die ausscheidenden Aktionäre darstellt.[878] Dabei sind beide Gesellschaften nach gleichen Grundsätzen zu bewerten.[879] Sofern die Hauptgesellschaft allerdings selbst eine abhängige Gesellschaft ist, haben die ausscheidenden Aktionäre ein Wahlrecht zwischen einer Abfindung in Aktien und einer Geldleistung (§ 320b Abs. 1 Satz 3 AktG). Bei einer Abfindung in Aktien ist die Angemessenheit gegeben, sofern die so genannte Verschmelzungsrelation gewahrt bleibt, während sich die Angemessenheit einer Barabfindung entsprechend der Regelung im Unternehmensvertrag bestimmt.[880] Ein Ausgleichsanspruch besteht im Falle der Eingliederung naturgemäß nicht. Bei der Bestimmung der Barabfindung ist auch der Börsenkurs der einzugliedernden Gesellschaft zu berücksichtigen.[881]

bb) Prüfung der Angemessenheit (§ 320 Abs. 3 Satz 1 AktG)

Gemäß § 320 Abs. 3 Satz 1 AktG ist die Eingliederung durch sachverständige Prüfer, die vom Vorstand der späteren Hauptgesellschaft bestellt werden, zu prüfen. Diese Pflichtprüfung wurde durch das Gesetz zur Bereinigung des Umwandlungsrechts vom 28. Oktober 1994 eingeführt. Der Gesetzgeber hat den Kreis der möglichen Prüfer auf Wirtschaftsprüfer und Wirtschaftsprüfungsgesellschaften beschränkt (dazu oben S. 123 ff.). Für die Prüfung gelten die Regelungen der Prüfung eines Unternehmensvertrages kraft Verweisung analog. Entsprechend der Regelung für Abfindungen bei Unternehmensverträgen kann der Eingliederungsbeschluss nicht mit der Begründung angefochten werden, dass die angebotene Abfindung unangemessen sei (§ 320b Abs. 2 Satz 1 AktG). Vielmehr ist der ausscheidende Aktionär gemäß § 320b Abs. 2 Satz 2 AktG auf das Spruchverfahren verwiesen.

---

[878] MüKo-*Grunewald*, § 320b AktG, Rdn. 3, zu möglichen Aktiengattungen der Abfindung.
[879] *Hüffer*, § 320b AktG, Rdn. 2; MüKo-*Grunewald*, § 320b AktG, Rdn. 5; *Kamprad/Röder*, AG 1990, 486, 487.
[880] MüKo-*Grunewald*, § 320b AktG, Rdn. 10; *Kamprad/Röder*, AG 1990, 486, 487.
[881] BVerfG 100, 289 (DAT/Altana); BGHZ 147, 108 ff. (DAT/Altana), die zwar nicht direkt die Eingliederung betrafen; die Abweichungen zwischen ermitteltem Ertragswert und Börsenkurs der einzugliedernden Gesellschaft können signifikant sein, exemplarisch dazu die Eingliederung der *Brüggener Tonwaren AG* in die *Dachziegelwerke Idunahall AG*.

cc) Anwendungsbereich der *Fairness Opinion*

aaa) Perspektive der späteren Hauptgesellschaft

Aus der Perspektive der späteren Hauptgesellschaft bietet die Gestaltungsalternative der Eingliederung keine Anwendungsmöglichkeit für eine *fairness opinion*; denn dem Schutzbedürfnis der Minderheitsgesellschafter ist durch die normierte Prüfung der Unternehmensbewertung sowie die Möglichkeit zur Einleitung des Spruchverfahrens genügend Rechnung getragen. Da dem Minderheitsgesellschafter entsprechend der Situation im *squeeze out* keine eigene Entscheidungsmöglichkeit über die Andienung der Wertpapiere zukommt, entfällt die Argumentationsfunktion gegenüber dem Kapitalmarkt. Zudem zählen zu den verbliebenen Aktionären einer einzugliedernden Gesellschaft, die infolge der Tatbestandsvoraussetzungen zur Durchführung der Eingliederung maximal noch fünf Prozent des Grundkapitals dieser Gesellschaft halten können, in der Regel keine ausländischen institutionellen Investoren; denn institutionelle Investoren konzentrieren ihre Portfolios überwiegend auf Gesellschaften mit höherem Streubesitz und Indexzugehörigkeit.

bbb) Perspektive der Zielgesellschaft

Im Gegensatz zum Vorstand der Hauptgesellschaft trifft den Vorstand der einzugliedernden Gesellschaft keine Berichtspflicht gegenüber den Aktionären.[882] Dies ist im Gegensatz zur Berichtspflicht der vom *squeeze out* betroffenen Gesellschaft im Schrifttum unumstritten. Damit besteht auch für den Vorstand der einzugliedernden Gesellschaft keine Notwendigkeit zur Einholung einer *fairness opinion*. Die Transaktionsform der Eingliederung bietet folglich in der Regel keine Anwendungsmöglichkeiten für eine *fairness opinion*.[883]

dd) Zwischenergebnis

Auch im Fall der Mehrheitseingliederung besteht weder aus der Sicht der Verwaltungsorgane der einzugliedernden Gesellschaft noch aus Sicht der Organe der Mehrheitsgesellschafter, die in der Praxis häufig personenidentisch sind, eine Notwendigkeit zur Mandatierung einer *fairness opinion* neben dem gesetzlich normierten Prüfbericht. Wie auch in den Fällen des Unternehmensvertrags und des *squeeze outs* steht den Minderheitsaktionären der Rechtsweg des Spruchverfahrens offen.

---

[882] Statt vieler Münchener Handbuch-*Krieger*, § 73, Rdn. 28; *Hüffer*, § 320 AktG, Rdn. 15; MüKo-*Grunewald*, § 320 AktG, Rdn. 10.
[883] Im Ergebnis ebenso *Schiessl*, ZGR 2003, 814, 838; insgesamt zu Haftungsrisiken bei Eingliederungen, *Hübner*, Managerhaftung, S. 65 ff.

2.) Kapitalerhöhungen (§§ 183 ff. AktG)

Eine Kapitalerhöhung gegen Sacheinlagen setzt einen Ausschluss des Bezugsrechts voraus; denn die neu zu emittierenden Aktien sind als Gegenleistung für die Sacheinlage dem Einbringer zur Verfügung zu stellen. Damit ist der Beschluss über den Ausschluss des Bezugsrechts (186 Abs. 3 AktG) regelmäßig mit dem Beschluss über die Kapitalerhöhung zu verbinden.[884] Zur Durchführung der Kapitalerhöhung stehen verschiedene Strukturierungsalternativen zur Verfügung, die im Folgenden auf ihren Anwendungsbereich für das Instrument der *fairness opinion* hin zu untersuchen sind.

a) Strukturierungsalternativen

aa) Kapitalerhöhung gegen Sacheinlage (§ 183 AktG)

Neben einer Verschmelzung können sich Unternehmen im Wege eines Beteiligungserwerbs gegen Ausgabe neuer Aktien aus einer Kapitalerhöhung zusammenschließen.[885] Im Fall einer hohen Börsenbewertung der Zielgesellschaft ist ein Bieter häufig nicht in der Lage, die Zielgesellschaft mittels einer baren Gegenleistung zu erwerben, so dass sich eine Nutzung eigener Aktien als Akquisitionswährung anbietet; sie findet in der Praxis weite Verbreitung. Die Aktionäre der zu erwerbenden Gesellschaft erhalten dann anstelle eines baren Kaufpreises zumindest teilweise Aktien der Bietergesellschaft.[886] Der Beteiligungserwerb im Austausch gegen eigene Aktien stellt bei der Bietergesellschaft eine Strukturänderung in Form einer Kapitalerhöhung dar, die ihre Bewertung erforderlich macht. Diese Transaktionsstruktur stellt den wichtigsten Anwendungsbereich für einen Bezugsrechtsausschluss dar.[887]

bb) Bedingte Kapitalerhöhungen mit Sacheinlagen (§ 194 AktG)

Der Anwendungsbereich bedingter Kapitalerhöhungen mit Sacheinlagen gemäß § 194 AktG erstreckt sich auf die Bedienung von Wandelanleihen, die Durchführung von Unternehmenszusammenschlüssen sowie die Bedienung von Bezugsrechten für Arbeitnehmer und Mitglieder der Geschäftsführung. In der Praxis komme dieser Norm lediglich eine begrenzte Bedeutung zu.[888] Zu den Anwendungsbeispielen gehört exemplarisch die Emission von Wan-

---

[884] GK-*K. Schmidt*, § 255 AktG, Rdn. 10.
[885] *Hirte*, Bezugsrechtsausschluß und Konzernbildung, S. 70.
[886] *Gude*, Strukturänderungen und Unternehmensbewertung, S. 111; *Nick*, in: Ganzheitliches Corporate Finance Management, S. 479, 482.
[887] *Hirte*, Bezugsrechtsausschluß und Konzernbildung, S. 68; GK-*Hirte*, § 203 AktG, Rdn. 56.
[888] GK-*Frey*, § 194 AktG, Rdn. 16.

delgenussscheinen der früheren *Philipp Holzmann AG*, die zur Sanierung einen Austausch der Bankforderungen gegen Eigenkapital ermöglichen sollte.[889]

cc) Genehmigtes Kapital gegen Sacheinlage (§ 205 AktG)

Letztlich besteht die Option eines genehmigten Kapitals gegen Sacheinlage (§ 205 AktG). Im Hinblick auf die bei einer Sachkapitalerhöhung nach § 183 AktG bestehenden Transaktionsrisiken in Form der Anfechtungsklagen kommt dem genehmigten Kapital nach § 202 ff. AktG in der Praxis eine hohe Bedeutung zu.[890] § 205 AktG lässt dabei Sacheinlagen auch in diesem Falle zu. Dazu muss die Ermächtigung des Vorstandes die Möglichkeit der Sacheinlage ausdrücklich vorsehen. So ermöglicht die genehmigte Kapitalerhöhung gegen Sacheinlage den Erwerb von Vermögensgegenständen gegen die Gewährung neuer Aktien des Übernehmers. Dabei kann eine Unternehmensakquisition sowohl als *asset deal* als auch als *share deal* strukturiert werden.[891]

b) Unternehmensbewertung und Prüfungspflicht

Im deutschen Recht erfordert die Kapitalerhöhung gegen Sacheinlage gemäß § 183 Abs. 3 Satz 1 AktG eine Bewertung, die sicherstellt, dass der Wert der einzubringenden Sacheinlage den Nennbetrag der dafür zu gewährenden Leistung erreicht. Während das Gesetz eine Überbewertung der Sacheinlage verbietet, wird eine Unterbewertung im Rahmen der gesetzlich vorgeschriebenen Bewertung geduldet.[892]

Auch eine bedingte Kapitalerhöhung mit Sacheinlagen erfordert eine gesetzlich normierte Bewertung. Gemäß § 194 Abs. 4 S. 1 AktG hat dazu eine Prüfung durch einen oder mehrere Sachverständige stattzufinden. Dabei ist § 194 Abs. 4 AktG wortgleich zu § 183 Abs. 3 AktG. Dabei ist zwischen Wandelschuldverschreibungen (§ 194 Abs. 1 S. 2 AktG) und Arbeitnehmeraktien (§ 194 Abs. 3 AktG) zu differenzieren; denn die Ausübung von Umtauschrechten bei Wandelanleihen wird generell nicht als Sacheinlage eingeordnet, so dass weder die nach § 194 Abs. 1 S. 2 AktG vorgeschriebenen Festsetzungen noch eine Prüfung nach § 194 Abs. 4 AktG erforderlich sind, während die Regelung des § 194 Abs. 3 AktG die Prüfungspflicht nicht entbehrlich macht. Sie ist nach § 194 Abs. 4 AktG durchzuführen.[893] Im Falle einer bedingten Kapitalerhöhung kann der Wert der Sacheinlage zwischen dem Zeit-

---

[889] *Philipp Holzmann AG*, Angebot zum Erwerb von Wandelgenussrechten, BAZ vom 8.4.2000, S. 6488.
[890] *Schiessl*, ZGR 2003, 814, 844; *Paschos*, WM 2005, 356.
[891] GK-*Hirte*, § 205 AktG, Rdn. 4.
[892] GK-*Wiedemann*, § 183 AktG, Rdn. 62.
[893] Anwaltkommentar-*Wagner*, § 194 AktG, Rdn. 4.

punkt ihrer Bewertung und dem Zeitpunkt der Einlage erheblich variieren. Allerdings begrenzt § 199 Abs. 1 AktG weitgehende Wertverluste der Sacheinlage.

Auch die genehmigte Kapitalerhöhung gegen Sacheinlage erfordert gemäß § 205 Abs. 3 AktG eine Prüfung des Wertes der Sacheinlage. Dabei ist der Wortlaut dieser Norm identisch zu § 183 Abs. 3 AktG. Auf diese Prüfung finden §§ 33 Abs. 3-5, 34 Abs. 2 und 3, 35 AktG sinngemäß Anwendung. Der Prüfer wird auf Antrag des Vorstands durch das zuständige Registergericht nach Anhörung der Industrie- und Handelskammer bestellt.[894]

c)   **Umfang der gesetzlichen Prüfung**

Diese Prüfung hat sicherzustellen, dass der Wert der Sacheinlage den geringsten Ausgabebetrag der neuen Aktien erreicht. Umstritten ist im Schrifttum die Frage, ob sich die Prüfungspflicht zur Werthaltigkeit auch auf ein etwaiges Aufgeld erstreckt.

aa) **Prüfungspflicht in Höhe des geringsten Ausgabebetrags**

Einerseits wird vertreten, dass der Normzweck der Bewertung lediglich in der Einhaltung von § 9 Abs. 1 AktG besteht.[895] Demnach dürfen Aktien nicht zu einem Preis unter dem geringsten Ausgabepreis emittiert werden. Insofern sei durch die Prüfung nach § 183 AktG lediglich die Werthaltigkeit in Höhe des geringsten Ausgabebetrags der Aktien zu bescheinigen. Für diese Ansicht spricht, dass das Agio lediglich dem Schutz der Altaktionäre diene, der durch eine gläubigerorientierte Sacheinlagenprüfung nicht zu sichern sei.[896]

bb) **Erweiterte Prüfungspflicht in Höhe des Aufgelds**

Andererseits wird mit Hinweis auf § 36a Abs. 2 Satz 3 AktG im Schrifttum vertreten, dass dem Bewerter auch die Prüfung obliegt, ob der Wert der Sacheinlage das über den geringsten Ausgabebetrag hinausgehende Aufgeld der Emission deckt.[897] Im Hinblick auf die praktische Bedeutung des Agios sei ein derart zu erweiternder Prüfungsinhalt erforderlich. Denn die übrigen Mit- und Altgesellschafter sind vor einer Verwässerung ihrer eigenen Beteiligung durch minderwertige Einlagen anderer zu schützen.[898] Diese haben selbst in der Regel keine Mög-

---

[894] GK-*Wiedemann*, § 183 AktG, Rdn. 80.
[895] OLG Frankfurt am Main AG 1999, 231, 233; Geßler/Hefermehl/ Eckardt/Kropff-*Bungeroth*, § 183 AktG, Rdn. 90 f.; *Hüffer*, § 183 AktG, Rdn. 16; KK-*Lutter*, § 183 AktG, Rdn. 52; *Krieger*, Münchener Handbuch, § 56, Rdn. 41; a.A. GK-*Wiedemann*, § 183 AktG, Rdn. 82; *Priester*, in: FS Lutter, S. 617, 623; *Priester*, in FS Röhricht, S. 467, 474.
[896] *Hüffer*, § 183 AktG, Rdn. 16.
[897] *Angermayer*, WPg 1998, 914, 918 f.; *Bayer*, in: FS Ulmer, S. 21, 36 ff.; *Gude*, Strukturänderungen und Unternehmensbewertung, S. 133; *Penné*, Prüfung der Sacheinlagen, S. 247 f.; *Priester*, in: FS Lutter, S. 617, 623; GK-*Wiedemann*, § 183 AktG, Rdn. 82.
[898] *Herchen*, Agio, S. 210.

lichkeit, die über den Nennwert hinausgehende Werthaltigkeit der Sacheinlage unabhängig zu überprüfen.[899]

cc) **Stellungnahme**

Die Prüfungspraxis schließt sich ersterer Meinung an und beschränkt den Prüfungsumfang auf den geringsten Ausgabebetrag der neuen Aktien.[900] Denn sie dient ausschließlich dem Gläubigerschutz.[901] Damit entsteht aus der Perspektive der Altaktionäre der betroffenen Gesellschaft allerdings eine erhebliche Schutzlücke; denn in der Praxis übersteigt das Agio den geringsten Ausgabebetrag in der Regel um ein Vielfaches, worauf *Wiedemann* zutreffend hinweist.[902] Diese Lücke wird ebenso wenig durch eine Prüfung durch das Registergericht geschlossen. Denn nach § 183 Abs. 3 Satz 3 AktG ist das Registergericht lediglich verpflichtet, die angemessene Bewertung der Sacheinlage dahingehend zu prüfen, ob diese den geringsten Ausgabebetrag unterschreitet. Es kann dabei zwar von der Bewertung der Prüfer abweichen. Unwesentliche Wertdifferenzen bilden allerdings keinen Ablehnungsgrund für die Eintragung der Kapitalerhöhung, so dass dem Registergericht kein zusätzlicher Ermessensspielraum eingeräumt wird.[903] Parallel besteht aus Sicht der Verwaltungsorgane bei der Vorbereitung einer derartigen Strukturmaßnahme unter den Gesichtspunkten der Entscheidungsfindung und deren Legitimation die Notwendigkeit, eine Bewertung der gesamten einzubringenden Sacheinlagen vorzunehmen (hierzu oben S. 83 ff.). Im Ergebnis sprechen die besseren Gründe für eine Prüfung, ob die Bewertung der Sacheinlagen auch das Agio erreicht. Wenn dies vom Zweck der hier zu erörternden Norm nicht gedeckt wird, wie dies die Gegenansicht formuliert, ergibt sich die Notwendigkeit für ein alternatives Schutzinstrument für die Altaktionäre der Gesellschaft. Insofern kann das Instrument der *fairness opinion* auf Betreiben des Marktes eine offene Gesetzeslücke zum Schutz der Mit- und Altgesellschafter schließen.

---

[899] GK-*Hirte*, § 205 AktG, Rdn. 98.
[900] *IdW*, Wirtschaftsprüfer-Handbuch, Rdn. C 73; GK-*Wiedemann*, § 183 AktG, Rdn. 82.
[901] Dazu BT-Drucks. 9/1065, S. 16, „die Prüfung [dient] dazu, den tatsächlichen Wert der Sacheinlage zu ermitteln, damit die reelle Aufbringung des Grundkapitals sicherzustellen und eine Unterpariemission zu vermeiden; die Prüfung dient also dem Schutz der Gläubiger. Anders bei der Verschmelzung: Hier dient die Prüfung dem Schutz der außenstehenden Aktionäre".
[902] GK-*Wiedemann*, § 183 AktG, Rdn. 82.
[903] GK-*Wiedemann*, § 183 AktG, Rdn. 86.

dd) Anwendungsbereich der *Fairness Opinion*

aaa) Sachkapitalerhöhung

Die Prüfungspraxis nach der gesetzlichen Vorgabe lässt die wirtschaftliche Bedeutung des Aufgeldes, das wie dargestellt in der Regel ein Mehrfaches des Nennbetrages ausmacht,[904] unberücksichtigt. Es besteht aus der Sicht der außenstehenden Aktionäre einer Gesellschaft daher die Gefahr, dass einerseits zu Gunsten eines bisherigen Mehrheitsaktionärs und andererseits zu Gunsten eines bisher außenstehenden Dritten in die Beteiligungsverhältnisse eingegriffen wird.[905] Eine etwaige Überbewertung der Sacheinlage führt im Ergebnis zu einer Verwässerung der alten Aktien. Insbesondere im Fall des Ausschlusses des Bezugsrechts kann der Altaktionär einen Verlust auch nicht durch die Zeichnung junger Aktien vermeiden. Die Verwaltungsorgane und die Hauptversammlung sind aber andererseits nach § 255 Abs. 2 AktG zum Schutz der Altaktionäre vor einer Verwässerung verpflichtet.[906] Eine solche Verwässerung kann sich durchaus zu erheblichen Summen addieren, und sie geht zulasten von Aktionären, die typischerweise in der Vergangenheit nicht gegen Beschlussvorlagen opponierten.[907] Das Austauschverhältnis bzw. der Ausgabepreis ist das Ergebnis einer vom Vorstand der Gesellschaft geführten Verhandlung.[908] Es stellt folglich eine unternehmerische Ermessensentscheidung dieses Organs dar.[909] Darauf finden die Grundsätze des § 93 AktG Anwendung. Vorstand und Aufsichtsrat machen sich mithin schadenersatzpflichtig, wenn sie die Grenze des § 255 Abs. 2 AktG bei der Festsetzung des Ausgabebetrags missachten.[910] Ob daneben noch weitere Rechtsfolgen eintreten, braucht an dieser Stelle nicht vertieft zu werden.[911]

Im Fall des Bezugsrechtsausschlusses ist der vorgeschlagene Ausgabebetrag in einem schriftlichen Bericht zu begründen (§ 186 Abs. 4 Satz 2 AktG). Der *opinion letter* einer *fairness opinion* kann einen solchen Bericht zwar nicht ersetzen, allerdings kann er ihn zumindest ergänzen; denn der *opinion letter* gibt die einzelnen Denk- und Bewertungsschritte der *profes-*

---

[904] GK-*Wiedemann*, § 183 AktG, Rdn. 82.
[905] *Hirte*, Bezugsrechtsausschluß und Konzernbildung, S. 149, auf Grund des im Vergleich zur Eingliederung geringen Mehrheitserfordernisses wird das erhöhte Missbrauchspotenzial dieser Strukturmaßnahme deutlich.
[906] *Herchen*, Agio, S. 61 und 64 f.
[907] *Hirte*, ZIP 1994, 356, 359; *Frey/Hirte*, ZIP 1991, 697, 702.
[908] *Martens*, in: FS Bezzenberger, S. 267, 287 f.
[909] *Gude*, Strukturänderungen und Unternehmensbewertung, S. 138.
[910] BGHZ 136, 133, 141; dazu *Gude*, Strukturänderungen und Unternehmensbewertung, S. 139; *Herchen*, Agio, S. 235 f.
[911] Dazu GK-*Hirte*, § 203 AktG, Rdn. 97 ff.

sional service firm im Detail grundsätzlich nicht wieder.[912] Diese sind in einem separaten Dokument, dem *valuation memorandum* (dazu oben S. 20 f.), dokumentiert. Die deutsche Rechtsprechung zeigt in diesem Zusammenhang allerdings noch Skepsis gegenüber dem Instrument der *fairness opinion* im Kontext einer Kapitalerhöhung:[913]

> „Die von der Beklagten vorgelegte *fairness opinion* kann ein Sachverständigengutachten nicht ersetzen. Neben Haftungsbeschränkungen enthält sie nur eine Aufzählung der untersuchten und der nicht untersuchten Fragen und Informationen sowie die recht lapidare zusammenfassende Meinungsäußerung, dass das Umtauschverhältnis aus finanzieller Sicht angemessen („fair") sei. Auf drei Seiten lässt sich eine umfassende Auseinandersetzung mit den Bewertungsproblemen – die dem Schreiben durchaus zugrunde liegen mag – nicht darstellen."[914]

Eine Zusammenfassung der wesentlichen Prämissen und Methoden auch des *valuation memorandums* stellt vor diesem Hintergrund ein wesentliches Erfordernis dar und kann dann den ermittelten Ausgabekurs begründen.[915] Da die *fairness opinion* die wirtschaftliche Angemessenheit aus der Sicht der Altaktionäre der Gesellschaft beurteilt, ist sie in der Lage, den Verwaltungsorganen der Gesellschaft eine externe Abstützung ihrer Ermessensentscheidung zur Bestimmung des Austauschverhältnisses zu ermöglichen und damit der Interessenlage der Altaktionäre Rechnung zu tragen. Deren Interessen waren allein durch die gesetzliche Regelung und die Prüfungspraxis nicht ausreichend geschützt. Im Kontext von Kapitalerhöhungen gegen Sacheinlagen in Form von Unternehmen hat die *fairness opinion* in den vergangenen Jahren dementsprechend eine zunehmende Verbreitung in Deutschland gefunden.[916]

bbb) Ausnutzung eines genehmigten Kapitals

Im Falle des genehmigten Kapitals haben die Anteilseigner bereits mit dem Hauptversammlungsbeschluss hinsichtlich der Ermächtigung zur Kapitalerhöhung eine weitergehende Kontrolle der Strukturmaßnahme aufgegeben. Denn der beschlussfassenden Hauptversammlung sind die unter Umständen geplanten Maßnahmen nach heute herrschender Meinung lediglich

---

[912] *Schiessl*, ZGR 2003, 814, 843, mit dem Hinweis, dass ein Sachverständigengutachten nicht erforderlich sei (*obiter dictum* des Gerichts).
[913] Dazu auch *Schiessl*, ZGR 2003, 814, 835.
[914] LG München I ZIP 2001, 1148, 1151 f. (in der 2. Instanz durch Vergleich erledigt), zwischenzeitlich wurden von der Beklagten Abschreibungen in dreistelliger Millionenhöhe auf die eingebrachte Gesellschaft vorgenommen.
[915] OLG Karlsruhe NZG 2002, 959, 962; LG Heidelberg BB 2001, 1809, 1810 f.; zustimmend *Bungert*, BB 2001, 1812, 1813; dazu auch *Schiessl*, ZGR 2003, 814, 844.
[916] Exemplarisch Kapitalerhöhung der *Direkt Anlage Bank AG* gegen Einbringung der *Self Trade S.A.*, BAZ vom 6.10.2000, S. 19831 ff.; Kapitalerhöhung der *MLP AG* gegen Einbringung verschiedener Versicherungsgesellschaften, BAZ vom 5.10.2000, S. 19702 ff.; Kapitalerhöhung der früheren *OHB Teledata AG* (heute *OHB Technology AG*) gegen Einbringung der *OHB Systems AG*, BAZ vom 13.4.2002, S. 7975 ff.; Kapitalerhöhung der *BDAG Balcke-Dürr AG* gegen Sacheinlage der *Babcock Borsig Power GmbH*, BAZ vom 19.8.2000, S. 16608.

allgemein und in abstrakter Form bekannt zu geben.[917] Eine Berichtspflicht besteht nach Ansicht der Rechtsprechung mit Sicherheit erst bei einer auf die Transaktion folgenden Hauptversammlung.[918] Ob auch zum Zeitpunkt der Ausnutzung des genehmigten Kapitals berichtet werden muss, ist demgegenüber ungeklärt.[919] Die Beurteilung der Angemessenheit der Bewertung der Sacheinlage obliegt damit dem Vorstand und ist folglich als unternehmerische Ermessensentscheidung im Sinne des § 93 AktG zu qualifizieren. Ausdrücklich weist der BGH darauf hin, dass der Vorstand im Rahmen seines unternehmerischen Ermessens sorgfältig zu prüfen hat, ob der allein ihm bekannte vollständige Sachverhalt die Ausnutzung des genehmigten Kapitals im Gesellschaftsinteresse rechtfertigt, und betont die mögliche Schadenersatzpflicht des Vorstands.[920] Der vollständige Sachverhalt schließt insbesondere eine Bewertung der einzubringenden Sacheinlage ein. Andererseits unterliegt die Transaktion auch innerhalb des pflichtgemäßen Ermessens der Kontrolle des Aufsichtsrats (§ 204 Abs. 1 Satz 2 AktG).[921] Zudem wird gegen eine Pflicht zur Berichterstattung insbesondere die Organverantwortung, welche ohnehin als Korrektiv zum Schutz der Anteilseigner bestehe, angeführt.[922] Dies ist besonders dann von Bedeutung, wenn auf eine formelle Berichterstattung zum Zeitpunkt der Ausnutzung des genehmigten Kapitals verzichtet wird. Denn wenn die Verwaltungsorgane auf eine Berichtspflicht gegenüber den Anteilseignern verzichten, besteht ein besonders hohes Legitimationsbedürfnis für ihre Entscheidungsfindung über die wirtschaftliche Angemessenheit der Transaktion im Rahmen ihrer Organisationsverantwortung. Insofern können die Entscheidungsträger insbesondere vor dem Hintergrund der auch vom BGH betonten und nunmehr verschärften Organhaftung ihre Entscheidungsfindung extern abstützen und gleichsam bei Bekanntgabe der Transaktion unter Bezug auf die *fairness opinion* bereits vor der folgenden Hauptversammlung für Vertrauen bei den Anteilseignern sorgen und die Einhaltung von *Best Practice*-Standards kommunizieren.

---

[917] BGHZ 136, 133, 136 ff., unter Aufgabe von BGHZ 83, 319, 321, dazu *Schiessl*, ZGR 2003, 814, 844; im Schrifttum für eine nochmalige Berichtspflicht des Vorstands und einmonatige Wartefrist vor Ausnutzung des genehmigten Kapitals *Hirte*, Bezugsrechtsausschluss und Konzernbildung, S. 120 ff.; GK-*Hirte*, § 203 AktG, Rdn. 70 ff.; *Hirte*, NJW 2005, 477, 480; *Hirte*, DStR 2001, 577, 579 f.; *Hirte*, ZIP 1989, 1233, 1240, mit Hinweis auf eine bestehende Berichtspflicht in Belgien; KK-*Lutter*, § 203 AktG, Rdn. 30 ff.; *Meilicke/Heidel*, DB 2000, 2358, 2359 ff.; *Bayer*, in: FS Ulmer, S. 21, 28; *Timm*, Konzernspitze, S. 79; a.A. vor allem im Interesse der schnellen Transaktionsabwicklung OLG Frankfurt am Main ZIP 2003, 902; LG Frankfurt am Main ZIP 2001, 117 f.; dazu *Wälzholz*, DStR 2003, 1543; *Baums*, Bericht der Regierungskommission Corporate Governance, Rdn. 230; *Hüffer*, § 203 AktG, Rdn. 36 f.; *Bungert*, NJW 1998, 488, 491; *Krieger*, in: FS Wiedemann, S. 1081, 1094; *Happ*, in: FS Ulmer, S. 175, 182 ff.; *Schiessl*, ZGR 2003, 814, 844.
[918] BHGZ 136, 133, 140.
[919] Dafür GK-*Hirte*, § 203 AktG, Rdn. 70; *Hirte*, DStR 2001, 577, 579 f.; *Becker*, BB 1981, 394, 395; a.A. OLG Frankfurt am Main ZIP 2003, 902; *Paschos*, WM 2005, 356, 357 ff.
[920] BGHZ 136, 133, 139; dazu *Krieger*, in: FS Wiedemann, S. 1081, 1094; *Schiessl*, ZGR 2003, 814, 844 f.; *Wälzholz*, DStR 2003, 1543.
[921] *Schiessl*, ZGR 2003, 814, 845; kritisch zur Wirksamkeit der *Ex-Ante*-Kontrolle durch den Aufsichtsrat *Gude*, Strukturänderungen und Unternehmensbewertung, S. 138.

d) Zwischenergebnis

Die Einholung einer *fairness opinion* kann sicherstellen, dass das Agio einer Kapitalerhöhung durch den Wert der Sacheinlage gedeckt ist. Sie schließt insofern als eine Forderung des Marktes die in der Praxis bestehende Schutzlücke[923] für die Altaktionäre der Gesellschaft. Auf diese Weise wird nicht nur – wie vom Gesetzgeber gefordert – die Erreichung des geringsten Ausgabepreises sichergestellt, sondern das in der Regel ein Vielfaches dieses Preises betragende Agio einer marktorientierten Prüfung unterzogen. Insbesondere bei einem potenziellen Interessenkonflikt durch Beteiligung des Mehrheitsgesellschafters an der Sacheinlage bietet sich die Nutzung eines unabhängigen *gatekeepers* an.[924] Damit bilden die genannten Strukturierungsalternativen der Kapitalerhöhung ein wesentliches Anwendungsgebiet für *fairness opinions*.

3.) Umwandlungen und grenzüberschreitende Fusionen

Eine große Bedeutung kommt der Unternehmensbewertung im Rahmen des Umwandlungsgesetzes zu. Davon sind alle Strukturänderungen erfasst, bei denen es zum Vermögensübergang zwischen zwei Rechtsträgern mittels zumindest partieller Gesamtrechtsnachfolge kommt bzw. bei denen der Rechtsträger seine rechtliche Form wechselt.[925] Dabei kann die Umwandlung als Verschmelzung, Spaltung, Vermögensübertragung oder Formwechsel strukturiert werden (enumerative Aufzählung in § 1 Abs. 1 UmwG). Separat wird auf grenzüberschreitende Fusionen einzugehen sein, deren Transaktionsstrukturen sich auf Grund der inländischen Ausrichtung des Umwandlungsgesetzes von den genannten Formen unterscheiden.

a) Verschmelzungen (§§ 2 ff. UmwG)

aa) Strukturierungsalternativen

Der Begriff der Verschmelzung im Sinne des UmwG (*legal oder statutory merger*) beschreibt den juristischen Zusammenschluss von mindestens zwei Rechtsträgern auf dem Wege der Gesamtrechtsnachfolge, wobei den Mitgliedern des untergehenden Rechtsträgers ein Ausgleich in Form von Anteilsrechten an dem übernehmenden oder dem aus der Verschmelzung neu hervorgehenden Rechtsträger zu gewähren ist (§§ 2, 20 Abs. 1 Nr. 3 UmwG; Art. 3 Abs. 1, 19

---

[922] Dazu die Gegenansicht in Fn. 917.
[923] Dazu GK-*Hirte*, § 203 AktG, Rdn. 98, „das Fehlen einer solchen unparteiischen Überprüfung ist bedauerlich"; ähnlich *Bayer*, ZHR 163 (1999), 505, 551 f.; *Meilicke*, DB 1996, 513, 514; auch *Paschos*, WM 2005, 356, 365, mit Hinweis auf ein „gewisses Rechtsschutzdefizit".
[924] Exemplarisch die Transaktionen *BDAG*, *MLP AG* und *OHB Teledata AG*; *Gude*, Strukturänderungen und Unternehmensbewertung, S. 140, es bestehe die Notwendigkeit für einen Schutz durch externe Dritte.
[925] *Hirte*, Kapitalgesellschaftsrecht, Rdn. 6.91; *Hirte*, ZInsO 2004, 353.

Abs. 1a Dritte Richtlinie).[926] Zur Bemessung dieses Ausgleichs ist eine Unternehmensbewertung der an der Transaktion beteiligten Rechtsträger erforderlich. Die Verschmelzung im Sinne des § 2 UmwG kann als Grundtatbestand aufgefasst werden, auf den die folgenden Gestaltungsalternativen regulativ aufbauen.[927] Hinsichtlich der Verschmelzung nach § 2 UmwG selbst kann zwischen der Verschmelzung durch Aufnahme und der Verschmelzung durch Neugründung unterschieden werden.

aaa) Verschmelzungen durch Aufnahme (§ 2 Nr. 1 UmwG)

Im Falle der Verschmelzung durch Aufnahme erfolgt die Übertragung der Aktiva und Passiva eines oder mehrerer Rechtsträger auf einen anderen Rechtsträger grundsätzlich gegen die Gewährung von Anteilen an dem übernehmenden Rechtsträger, der zur Durchführung der Verschmelzung durch Aufnahme regelmäßig sein Kapital erhöht.

bbb) Verschmelzungen durch Neugründung (§ 36 Abs. 1 Satz 1 UmwG i.V.m. § 29 Abs. 1 UmwG)

Die Verschmelzung durch Neugründung unterscheidet sich von der Verschmelzung durch Aufnahme insofern, als der übernehmende Rechtsträger erst im Verlauf der Verschmelzung neu gegründet wird. Diese Alternative bietet sich insbesondere als Lösung an, sofern bei der Verschmelzung gleich starker Rechtsträger nicht die Wahl eines übernehmenden Rechtsträgers getroffen werden soll. Im Hinblick auf die Unternehmensbewertung wird die Ermittlung von zwei getrennten Umtauschverhältnissen erforderlich.

bb) Unternehmensbewertung zur Ermittlung des Umtauschverhältnisses

Zunächst ist die Vereinbarung über den Anteilstausch unter Angabe des Umtauschverhältnisses sowie der Höhe einer etwaigen Zuzahlung in den Verschmelzungsvertrag aufzunehmen (§ 5 Abs. 1 Nr. 3 UmwG). Nach § 8 Abs. 1 UmwG haben die Vertretungsorgane jedes an der Transaktion beteiligten Rechtsträgers einen Verschmelzungsbericht zu erstatten, der insbesondere auf das Umtauschverhältnis der Anteile sowie die Höhe einer anzubietenden Barabfindung eingeht und diese rechtlich und wirtschaftlich erläutert.[928] Von der Bestimmung des Umtauschverhältnisses werden die Interessen der Anteilseigner am intensivsten berührt; denn davon hängt der durch die Mitgliedschaft vermittelte Vermögenswert der Beteiligung ab.[929] Jeder Anteilseigner solle seinen bisherigen relativen Anteil an der Summe der verschmolze-

---

[926] *Hirte*, Kapitalgesellschaftsrecht, Rdn. 6.106; *Hirte*, ZInsO 2004, 353, 355.
[927] Lutter/Winter-*Lutter/Drygala*, § 2 UmwG, Rdn. 2.
[928] Zur Rechtsunsicherheit hinsichtlich des Umfangs der erforderlichen Erläuterungen *Priester*, ZGR 1990, 420, 421 f.; *Rodewald*, BB 1992, 237, 238.

nen Vermögensmassen behalten.[930] Dafür ist in Abgrenzung zu den einzelnen absoluten Unternehmenswerten die Angemessenheit des relativen Umtauschverhältnisses erforderlich, § 12 Abs. 2 UmwG.[931] Dessen angemessene Ermittlung basiert jedoch auf der Feststellung der jeweiligen Unternehmenswerte.[932]

Der Verschmelzungsbericht entspricht den Berichten bei Abschluss des Unternehmensvertrages (§ 293a AktG) sowie bei der Eingliederung (§ 319 Abs. 3 Nr. 3 AktG).[933] Neben dem Schutz der Anteilsinhaber[934] soll der Bericht bei den Anteilseignern Akzeptanz für die geplante Maßnahme schaffen.[935] Damit kommt dem Verschmelzungsbericht neben seiner Vermittlungsfunktion eine Argumentationsfunktion im Sinne der Kölner Funktionenlehre zu. Die durch ihn geleistete Information erfüllt eine bedeutende Funktion zum Gesellschafterschutz aus *Ex-Ante*-Perspektive.[936]

cc) **Unternehmensbewertung zur Ermittlung der Barabfindung**

Gemäß § 29 Abs. 1 Satz 1 UmwG ist den Anteilsignern, die gegen den Verschmelzungsbeschluss Widerspruch zur Niederschrift erklären, der Erwerb ihrer Anteile gegen eine angemessene Barabfindung anzubieten. Der Abfindungswert steht nicht im Ermessen des Sachverständigen und hat dem vollen wirtschaftlichen Wert der Anteilsrechte zu entsprechen.[937] Für die Bestimmung des Barangebots gelten dieselben Grundsätze wie bei der Unternehmensbewertung des übertragenden Rechtsträgers zur Festlegung des Umtauschverhältnisses. Den unterschiedlichen Bewertungsstichtagen beider Bewertungen wird durch Aufzinsung des Unternehmenswertes auf den Zeitpunkt der Beschlussfassung Rechnung getragen.[938] Zum Schutz der Anteilseigner des übertragenden Rechtsträgers ist die Angemessenheit der Barabfindung nach § 30 Abs. 2 Satz 1 UmwG durch die Verschmelzungsprüfer zu kontrollieren.[939] Sofern dies nicht im Rahmen der allgemeinen Verschmel-

---

[929] *Hirte*, Kapitalgesellschaftsrecht, Rdn. 6.122; *Hirte*, ZInsO 2004, 353, 357.
[930] Lutter/Winter-*Lutter/Drygala*, § 5 UmwG, Rdn. 18; *Gude*, Strukturänderungen und Unternehmensbewertung, S. 32.
[931] Dazu Lutter/Winter-*Lutter/Drygala*, § 5 UmwG, Rdn. 19.
[932] *Gude*, Strukturänderungen und Unternehmensbewertung, S. 33.
[933] Lutter/Winter-*Lutter/Drygala*, § 8 UmwG, Rdn. 4.
[934] *K. Schmidt*, ZGR 1993, 366, 374; *Ganske*, WM 1993, 1117, 1122.
[935] *Bork*, ZGR 1993, 343, 350; *Hommelhoff*, ZGR 1993, 452, 454; *Priester*, ZGR 1990, 420, 427 f., mit dem Hinweis, dass je „deutlicher und einleuchtender die Ausführungen zur Zweckmäßigkeit der Verschmelzung sind, desto weniger [...] eine Anfechtungsklage Erfolg versprechen [wird]"; *Hommelhoff*, ZGR 1993, 452, 454.
[936] *Hommelhoff*, ZGR 1993, 452, 454; *Hommelhoff*, ZGR 1990, 447, 454.
[937] BVerfGE 14, 263, 284; BGH NJW 1967, 1464, 1464; Semler/Stengel-*Kalss*, § 29 UmwG, Rdn. 24.
[938] Lutter/Winter-*Grunewald*, § 30 UmwG, Rdn. 2.
[939] Dazu Verweisung auf §§ 10 ff. UmwG.

zungsprüfung erfolgt, ist eine isolierte Prüfung der Angemessenheit der Barabfindung durchzuführen.[940]

dd) Prüfung der Verschmelzung (§ 60 Abs. 1 i.V.m. §§ 9-12 UmwG)

Eine nicht angemessene Festlegung des Umtauschverhältnisses kann zu erheblichen Vermögenseinbußen der Anteilseigner führen.[941] Die seitens des Richtliniengebers zum Schutz der Aktionäre aufgestellten Verpflichtungen sind in § 60 Abs. 1 i.V.m. §§ 9-12 UmwG in nationales Recht umgesetzt worden. Dabei ist die Notwendigkeit der Prüfung insbesondere vor dem Hintergrund von mehrheitlich beherrschten Gesellschaften zu sehen, bei denen Beschlussfassungen über die Verschmelzung kein hohes Maß an Richtigkeitsgewähr bieten. Daher liegt der Schwerpunkt der Prüfung auf der Angemessenheit des Umtauschverhältnisses. Zu prüfen ist, ob die angewendeten Methoden der Unternehmensbewertung sowie die getroffenen Prognose- und Wertungsentscheidungen vertretbar waren und den Regeln einer ordnungsgemäßen Unternehmensbewertung entsprochen haben.[942] Die Aufgabe des Verschmelzungsprüfers besteht allerdings nicht darin, die Zweckmäßigkeit der Verschmelzung zu prüfen und sich zu der Frage zu äußern, ob die rechtlichen und wirtschaftlichen Interessen der Aktionäre aller beteiligten Gesellschaften gewahrt worden sind.[943] Die durch ihn vorgenommene Prüfung soll lediglich vor einem wirtschaftlichen Verlust der Anteilseigner auf Grund der Verteilung der Anteile zwischen den beteiligten Rechtsträgern schützen; sie stellt hingegen keine Werthaltigkeitsprüfung mittels einer Gegenüberstellung der Anteile, die die Aktionäre bisher innehatten, mit den Anteilen, die ihnen nach Durchführung der Transaktion zustehen werden, dar (im Sinne einer *Dilution*-Analyse).[944] Gleichwohl stellt diese Einschätzung einen wesentlichen Einflussfaktor auf die Entscheidungsfindung der Anteilseigner bei der beschlussfassenden Hauptversammlung dar. Der Prüfungsbericht hat mit einer Erklärung zu schließen, ob das vorgeschlagene Umtauschverhältnis sowie die eventuell vorhandene bare Zuzahlung angemessen sind. Der Verschmelzungsprüfer darf aber nicht sein unternehmerisches Ermessen an die Stelle der für die Verschmelzung zuständigen Organe setzen.[945] Einem Prüfungsergebnis, dass ein Umtauschverhältnis unangemessen sei, kommt keine auto-

---

[940] Kallmeyer-*Marsch-Barner*, § 30 UmwG, Rdn. 13.
[941] *Hirte*, Kapitalgesellschaftsrecht, Rdn. 6.122; *Hirte*, ZInsO 2004, 353, 357.
[942] Lutter/Winter-*Lutter/Drygala*, § 9 UmwG, Rdn. 11.
[943] Nachweise hierzu oben Fn. 689; kritisch dazu insbesondere *Hommelhoff*, ZGR 1993, 452, 465 f., dass Prüfungsumfang und -gegenstand nicht ausreichend auf den Schutz der Anteilseigner zielen würden.
[944] *Gude*, Strukturänderungen und Unternehmensbewertung, S. 38.
[945] *Hommelhoff*, ZGR 1993, 452, 466.

matische Vetofunktion zu.[946] Die letzte Entscheidung über die Strukturmaßnahme verbleibt vielmehr bei den Anteilseignern als den Eigentümern der beteiligten Gesellschaften.

ee) Anwendungsbereich der *Fairness Opinion* bei Verschmelzungen

Über die beschriebenen Instrumente hinaus normiert das deutsche Umwandlungsgesetz keine explizite Pflicht zur Einholung einer *fairness opinion*. Allerdings haben sich bei Verschmelzungen nach dem Umwandlungsgesetz in der Praxis gleichwohl zusätzliche Verfahrensschritte etabliert, die von den Kapitalmärkten erwartet werden. Dazu gehört neben einer *Due-Diligence*-Prüfung der Verschmelzungspartner auch eine *fairness opinion*.[947] So werden bei Verschmelzungen mit signifikanten Transaktionsvolumina in Deutschland mittlerweile zumeist *fairness opinions* eingeholt.[948] Dabei erfüllt die *fairness opinion* unterschiedliche Funktionen: Zunächst besteht die Funktion der *fairness opinion* in einer Argumentationsfunktion gegenüber dem Kapitalmarkt; denn die Strukturmaßnahme der Verschmelzung bedarf nach § 65 UmwG bei der Beteiligung einer Aktiengesellschaft eines zustimmenden Hauptversammlungsbeschlusses mit einer Mehrheit von drei Vierteln des bei der Beschlussfassung anwesenden Kapitals und der einfachen Stimmenmehrheit (§ 133 Abs. 1 AktG).[949] Insbesondere für ausländische institutionelle Investoren ist die *fairness opinion* ein anerkanntes Instrument zur Bestimmung der Angemessenheit einer Transaktion, während ihnen die vornehmlich in Deutschland verbreiteten Gutachten von Wirtschaftsprüfern eher unbekannt sind. Darüber hinaus bezieht die *fairness opinion* die Frage der wirtschaftlichen Zweckmäßigkeit der Transaktion aus der Perspektive der Anteilseigner ein, die von den gesetzlich vorgeschriebenen Prüfungen nicht umfasst wird. Eine Beurteilung dieser Frage gewinnt für Vorstand und Aufsichtsrat vor dem Hintergrund der Durchsetzbarkeit der Ansprüche der Gesellschaft gegen ihre Verwaltungsorgane infolge der Neufassung des § 147 AktG durch das UMAG erheblich an Bedeutung. Denn die einer Verschmelzung zugrunde liegenden Umtauschrelationen sind das Ergebnis eines intensiven Verhandlungsprozesses zwischen den beteiligten Unternehmensleitungen. In der Praxis werden deshalb die später offen zu legenden Ertragswertgutachten den auf Basis deutlich vielschichtigerer Kriterien ermittelten Umtauschverhältnissen nachträglich angepasst.[950] In diesen Verhandlungsprozess sind die Ersteller von *fairness opinions* – typischerweise Investment Banken – intensiv eingebunden.

---

[946] *Gude*, Strukturänderungen und Unternehmensbewertung, S. 40.
[947] *Scheel*, in: Übernahme börsennotierter Unternehmen, S. 205, 207; *Mutschler/Mersmann*, DB 2003, 79, 82.
[948] In der jüngeren Praxis wurden *fairness opinions* in Deutschland u.a. bei den Verschmelzungen *Veba AG / Viag AG*, *Thyssen AG / Krupp AG* und *DG Bank AG / GZ Bank AG* in Auftrag gegeben.
[949] *Schiessl*, ZGR 2003, 814, 835.

Eine zunehmende Verbreitung der *fairness opinion* bei Verschmelzungen nach dem Umwandlungsrecht wird sich voraussichtlich weiterhin ergeben, sofern die Marktbewertung an Bedeutung gewinnt und damit die Grundsätze der *DAT/Altana*-Entscheidungen[951] auch bei der Bemessung der Verschmelzungsrelationen Berücksichtigung finden.[952] Ob diese für Unternehmensverträge und Eingliederungen aufgestellten Grundsätze allerdings auch auf eine Verschmelzung übertragbar sind, ist von der höchstrichterlichen Rechtsprechung noch unbeantwortet geblieben und im Schrifttum umstritten. Wenngleich nach einer Entscheidung des LG München I das aufgrund von Ertragswertgutachten ermittelte Umtauschverhältnis der verschmolzenen börsennotierten Gesellschaften nicht nach dem vom Ertragswert etwas abweichenden Börsenkurse vollständig zu korrigieren ist,[953] so wird sich nach Ansicht von *Piltz* jedoch zumindest die Sichtweise durchsetzen, dass der Börsenkurs Berücksichtigung bei der Bemessung der Umtauschrelation finden muss.[954] Voraussetzung dafür sind allerdings eine breite Streuung der Anteile, ein starker Umsatz sowie ein gleicher Zugang aller Marktteilnehmer zu kursbeeinflussenden Informationen.[955]

ff) Zwischenergebnis

Im Kontext von Verschmelzungen kommt der *fairness opinion* primär eine Argumentationsfunktion gegenüber dem Kapitalmarkt zu; denn anders als die gesetzlich normierten Prüfberichte bezieht sie sich auf die wirtschaftliche Zweckmäßigkeit der Transaktion. Die Verschärfung der Organhaftung in Deutschland fördert zudem auch im Kontext von Verschmelzungen die Legitimationsfunktion der *fairness opinion*.

b) Grenzüberschreitende Verschmelzungen

aa) Strukturierungsalternativen

Grenzüberschreitende Fusionen unter Einbeziehung deutscher Gesellschaften haben sich seit dem Ausgang der neunziger Jahre vermehrt ereignet.[956] Dabei wurde auf alternative Transaktionsstrukturen außerhalb der vom Umwandlungsgesetz vorgesehenen Lösungswege zurückgegriffen; denn das deutsche Umwandlungsrecht regelt bislang nur den Fall einer Verschmelzung inländischer Rechtsträger (§ 1 Abs. 1 UmwG). Es ist daher ungesichert, ob

---

[950] *Piltz*, ZGR 2001, 185, 207.
[951] BVerfGE 100, 289 ff; BGHZ 147, 108 ff.
[952] *Schiessl*, ZGR 2003, 814, 835.
[953] LG München I ZIP 2000, S. 1055; dazu *Bungert/Eckert*, BB 2000, 1845 f.
[954] *Piltz*, ZGR 2001, 185, 207.
[955] GK-*Hirte/Hasselbach*, § 305 AktG, Rdn. 139.
[956] *Horn*, ZIP 2000, 473 ff.; zu nennen sind insbesondere *Daimler/Chrysler, Hoechst/Rhône-Poulenc* (*Aventis*) sowie die nicht realisierten Transaktionen *Deutsche Telekom/Telecom Italia, Viag/Algroup.*

eine grenzüberschreitende Verschmelzung außerhalb des UmwG *de lege lata* überhaupt zulässig ist.[957] Da das wirtschaftliche Ergebnis dieser Transaktionen allerdings einer Verschmelzung gleichkommt, werden die nachfolgend analysierten Gestaltungsalternativen hier unter dem Begriff einer grenzüberschreitenden Fusion betrachtet. So wurde für den Zusammenschluss zwischen *Daimler-Benz* und *Chrysler* auf die Konstruktion eines so genannten *reverse triangular mergers* zurückgegriffen. Dieser setzt ein Erwerbsangebot durch eine dritte Gesellschaft (*NewCo*) an die Anteilseigner beider Gesellschaften voraus. Anschließend wurde die bisherige *Daimler-Benz AG* auf die neue *Daimler Chrysler AG* verschmolzen. Demgegenüber wurde den Anteilseignern der *Hoechst AG* durch die in *Aventis S.A.* umfirmierende *Rhône-Poulenc S.A.* ein Umtauschangebot für ihre Aktien unter Fortbestand der *Hoechst AG* unterbreitet.[958]

bb)   Unternehmensbewertung

Die vorgenannten Transaktionsstrukturen haben in der Regel die Komponente eines Tauschangebotes gemein, das nach aktueller Rechtslage dem WpÜG unterliegt (dazu unten S. 178 ff.). In diesem Kontext ist auf die Notwendigkeit der Differenzierung zwischen einem *merger of equals* und einer Verschmelzung unter Kontrollwechsel hinzuweisen. Letztere bedingt nach internationaler Marktpraxis die Berücksichtigung einer Kontrollprämie für die Anteilseigner der Zielgesellschaft, die bei einem *merger of equals* nicht zu gewähren ist.[959]

cc)   Überprüfung der Angemessenheit

Die Gestaltungsalternativen für eine grenzüberschreitende Verschmelzung bedienen sich teils einer Verschmelzung von zwei Rechtsträgern nach nationalem deutschen Recht. Für diese Fälle ist auf die Ausführungen zur Überprüfbarkeit der Umtauschrelation für inländische Verschmelzungen zu verweisen (dazu oben S. 163 ff.). Demgegenüber ist eine Überprüfung der Angemessenheit im Fall eines Tauschangebots in Deutschland nicht gesetzlich normiert. Da diese Strukturierungsalternative den Regelungen des WpÜG unterliegt, ist zur weiteren Erörterung auf die nachfolgende Diskussion zu verweisen (hierzu unten S. 178 ff.).

dd)   Anwendungsbereich einer *Fairness Opinion*

In den Fällen eines grenzüberschreitenden Unternehmenszusammenschlusses findet die *fairness opinion* vor allem Anwendung, weil es bei Transaktionen mit internationalem Bezug zur

---

[957] Statt aller *Decher*, in: FS Lutter, S. 1209, 1212; dazu jetzt die SEVIC-Entscheidung des EuGH.
[958] Ausführlich zu der Transaktionsstruktur bei dem Unternehmenszusammenschluss zwischen *Hoechst* und *Rhône-Poulenc* statt vieler *Hoffmann*, NZG 1999, 1077 ff.
[959] *Schiessl*, ZGR 2003, 814, 836; *Hirte/Schander*, in: Übernahme börsennotierter Unternehmen, S. 341, 342.

Gewinnung der Zustimmung institutioneller Investoren nahezu unmöglich ist, die Bewertung ausschließlich nach der Ertragswertmethode vorzunehmen. Es bedarf vielmehr einer Ausrichtung an den Börsenkapitalisierungen der beteiligten Gesellschaften z.b. mittels Multiplikatorenmethoden.[960] Auch sind die Gutachten von Wirtschaftsprüfern im internationalen Kontext weitgehend unbekannt.[961] Je nach Gestaltungsalternative besteht nach deutschem Recht jedoch ein Erfordernis für ein Wirtschaftsprüfergutachten neben der *fairness opinion*.

ee) Zwischenergebnis

Grenzüberschreitende Transaktionen stellen einen bedeutenden Anwendungsbereich für *fairness opinions* dar, da es in diesem Kontext der Überzeugung internationaler Investoren bedarf, denen die in Deutschland gesetzlich normierten Prüfberichte isoliert nicht genügend vermittelbar sind. So wurde der Zusammenschluss zwischen *Daimler-Benz* und *Chrysler* durch *fairness opinions* für beide beteiligten Parteien begleitet.[962] Der als Übernahme strukturierte Zusammenschluss zwischen der *Hoechst AG* und der *Rhône-Poulenc S.A.* zur *Aventis AG* wurde ebenfalls von einer Investment Bank mittels einer *fairness opinion* für wirtschaftlich angemessen befunden.[963]

c) Spaltungen (§§ 123 ff. UmwG)

aa) Strukturierungsalternativen

Die Spaltung des Vermögens eines übertragenden Rechtsträgers in mindestens zwei Teile im Rahmen der so genannten partiellen Gesamtrechtsnachfolge kann nach drei unterschiedlichen Strukturierungsalternativen gestaltet werden.[964] Die Gewährung von Anteilen an dem aufnehmenden Rechtsträger erfordert jeweils eine Unternehmensbewertung und könnte damit Anlass für die Mandatierung einer *fairness opinion* bieten.

---

[960] *Schiessl*, ZGR 2003, 814, 836.
[961] *Gerling*, Unternehmensbewertung in den USA, S. 42, mit Hinweis auf die geringer ausgeprägte Beratungsfunktion von Wirtschaftsprüfern in den USA.
[962] *Chrysler Corporation,* Proxy Statement for a Special Meeting of its Stockholders to be held on September 18, 1998, S. 53, Opinion of Financial Advisor of *Chrysler*, und S. 60, Opinion of Financial Advisor of *Daimler-Benz*; ausführlich zu der Transaktionsstruktur bei dem Unternehmenszusammenschluss *Daimler-Benz* und *Chrysler* statt vieler *Decher*, in: FS Lutter, S. 1209 ff., seinerzeit Berater der *Daimler-Benz AG*.
[963] *Hoechst AG*, Bericht über den Unternehmenszusammenschluss, S. 104, „ 2. Gutachten über die Angemessenheit des Umtauschverhältnisses: Am 20. Mai 1999 haben *M.M. Lazard Frères & Cie.* sowie *Lazard Frères & Co. LLC* dem Vorstand von *Hoechst* ein schriftliches Gutachten übermittelt, in dem sie feststellen, dass zum Zeitpunkt der Erteilung des Gutachtens das in dem Vertrag über den Zusammenschluss festgesetzte Umtauschverhältnis den *Hoechst* Aktionären und den Inhabern von *Hoechst ADS* gegenüber angemessen ist. Das Gutachten führt die zugrundegelegten Annahmen auf, erläutert die berücksichtigten Umstände und erklärt die Grenzen der Begutachtung".
[964] *Hennrichs*, ZIP 1995, 794, 797; *Dietz*, Ausgliederung, S. 85 ff.

aaa) Aufspaltung (§ 123 Abs. 1 UmwG)

Im Falle einer Aufspaltung überträgt der übertragende Rechtsträger seine Aktiva und Passiva ohne Abwicklung auf mindestens zwei andere übernehmende (Aufspaltung zur Aufnahme) oder neu zu gründende (Aufspaltung zur Neugründung) Rechtsträger. Die Anteilseigner des übertragenden Rechtsträgers erhalten Anteile der übernehmenden Rechtsträger.

bbb) Abspaltung (§ 123 Abs. 2 UmwG)

Die Abspaltung unterscheidet sich von einer Aufspaltung insofern, als der übertragende Rechtsträger lediglich einen Teil seines Vermögens auf einen oder mehrere andere Rechtsträger überträgt und mit seinen verbleibenden Aktiva und Passiva fortbesteht. Die Anteilseigner des übertragenden Rechtsträgers erhalten im Gegenzug Anteile an den übernehmenden Rechtsträgern.

ccc) Ausgliederung (§ 123 Abs. 3 UmwG)

Bei der der Abspaltung sehr ähnlichen Ausgliederung erhalten nicht die Anteilseigner des übertragenden Rechtsträgers, sondern der übertragende Rechtsträger selbst die Anteile an den übernehmenden Rechtsträgern. Im Gegensatz zur Abspaltung kann der übertragende Rechtsträger auch sein gesamtes Vermögen auf einen oder mehrere übernehmende Rechtsträger übertragen und damit als reine Holdinggesellschaft fungieren. Jedenfalls findet lediglich eine Umwandlung des Vermögens von Sachwerten des übertragenden Rechtsträgers in Anteile des übernehmenden Rechtsträgers statt, ohne dass das Gesamtvermögen des übertragenden Rechtsträgers reduziert wird.[965]

bb) Unternehmensbewertung bei Spaltungen

Gemäß § 126 Abs. 1 UmwG ist ein Spaltungs- und Übernahmevertrag als rechtsgeschäftliche Grundlage dieser Strukturmaßnahme zu erstellen. Mangels Vertragspartner im Fall einer Spaltung zur Neugründung ist der Spaltungs- und Übernahmevertrag bei Wahl dieser Gestaltungsalternative durch einen Spaltungsplan zu ersetzen. Bei Aufspaltungen oder Abspaltungen sind nach § 126 Abs. 1 Nr. 3 UmwG das Umtauschverhältnis und gegebenenfalls die bare Zuzahlung im Spaltungs- und Übernahmevertrag anzugeben. Darüber hinaus besteht nach § 127 UmwG in allen drei Formen der Spaltung die Verpflichtung zur Aufstellung eines Spaltungsberichts. Darin sind das Umtauschverhältnis sowie die Barabfindung wirtschaftlich und

---

[965] Vgl. Semler/Stengel-*Stengel/Schwanna*, § 123 UmwG, Rdn. 16.

rechtlich zu erläutern. Von der Angemessenheit der festzulegenden Umtauschverhältnisse hängt der Erhalt der Vermögenswerte der einzelnen Gesellschafter ab.[966] Die Zielsetzung des Spaltungsberichts entspricht folglich der des Verschmelzungsberichts.[967]

cc) **Überprüfbarkeit der Angemessenheit (§§ 125 Satz 1 i.V.m. 60 Abs. 1 UmwG)**

Für die Aufspaltung von Aktiengesellschaften schreibt die 6. EG-Spaltungsrichtlinie in Art. 8 eine Spaltungsprüfung vor. Über die Richtlinienvorgabe hinaus ordnet das deutsche Recht auch für die Strukturierungsalternative der Abspaltung eine Prüfung an (§§ 125 i.V.m. 60 UmwG). Zentraler Gesichtspunkt auch dieser Prüfung ist die Angemessenheit des Umtauschverhältnisses der Aktien und gegebenenfalls die Höhe der baren Zuzahlung.[968] Zudem ist sicherzustellen, dass den Gesellschaftern des Spaltungsträgers der Spaltungseffekt zugerechnet wird.[969] Insofern sind die Vorgaben über den Verschmelzungsprüfungsbericht auch für Spaltungen anwendbar. Ausdrücklich festzuhalten ist, dass es auch hier nicht zu den Aufgaben des Spaltungsprüfers gehört, die wirtschaftliche Zweckmäßigkeit der Aufspaltung/Abspaltung zu beurteilen und sich dazu zu äußern, ob die rechtlichen und wirtschaftlichen Interessen der Aktionäre sämtlicher beteiligten Gesellschaften gewahrt sind.[970] Die Zweckmäßigkeitskontrolle ist ausschließlich Sache der Anteilseigner. Ebenso wie bei der Verschmelzungsprüfung berichtet der Spaltungsprüfer schriftlich über das Ergebnis seiner Prüfungshandlung (§ 125 Satz 1 i.V.m. § 12 Abs. 1 Satz 1 UmwG), was den Anteilseignern eine verantwortliche Abstimmung und damit einen „Schutz durch Information" ermöglichen soll.[971]

dd) **Anwendbarkeit der *Fairness Opinion* bei Spaltungen**

Der Anwendungsbereich der *fairness opinion* für Spaltungen gestaltet sich entsprechend der zuvor erörterten Situation für Verschmelzungen; denn die beiden Umwandlungsarten Verschmelzung und Spaltung unterscheiden sich im Wesentlichen nur dahingehend, dass bei der Verschmelzung ein Gesamtvermögen den Rechtsträger wechselt, während bei der Spaltung nur ein Teilvermögen auf den oder die übernehmenden Rechtsträger übertragen wird.[972] Auch

---

[966] *Hirte*, Kapitalgesellschaftsrecht, Rdn. 6.182; *Hirte*, ZInsO 2004, 419, 421; *Heurung*, WPg 1998, 201, 202, „die Fixierung des Umtauschverhältnisses ist für die an der Spaltung beteiligten Anteilseigner die delikateste Entscheidung, da das Umtauschverhältnis angibt, für wie viele Anteile des übertragenden Rechtsträgers dessen Anteilseigner einen Anteil des übernehmenden Rechtsträgers als Gegenleistung erhalten".
[967] Vgl. Lutter/Winter-*Hommelhoff/Schwab*, § 127 UmwG, Rdn. 4.
[968] Dazu *Engelmeyer*, Spaltung von Aktiengesellschaften, S. 103 f. mit Verweis auf die bereits einhellige Ansicht im Fall der Verschmelzung; *Heurung*, DStR 1997, 1302, 1303; *Ossadnik*, BFuP 1985, 153, 156.
[969] *Heurung*, DStR 1997, 1341 ff., mit der Empfehlung für eine ertragswertanteilige Aufteilung von Kombinationseffekten, die von Spaltungseffekten zu trennen sind.
[970] *Engelmeyer*, Spaltung von Aktiengesellschaften, S. 106.
[971] *Engelmeyer*, Spaltung von Aktiengesellschaften, S. 146.
[972] Dazu *Heurung*, DStR 1997, 1302, 1304, mit dem weiteren Hinweis, dass der Schutzzweck einer Vermögenserhaltung der von der Spaltung betroffenen Gesellschafter in besonderem Maße deutlich wird, wenn an dem be-

hier kommt der *fairness opinion* demnach primär eine Argumentationsfunktion gegenüber dem Kapitalmarkt zu. Die bisherige geringe Anwendung der *fairness opinion* bei diesen Strukturmaßnahmen erklärt sich vornehmlich dadurch, dass Spaltungen anders als Verschmelzungen in den letzten Jahren in Deutschland keine weitreichende Verbreitung gefunden haben.

ee) Zwischenergebnis

Im Fall von Spaltungen kommt der *fairness opinion* eine Argumentationsfunktion gegenüber dem Kapitalmarkt zu; denn auch hier ist die Erreichung der Mehrheitserfordernisse für die beschlussfassende Hauptversammlung notwendig. Anders als bei *squeeze out*, Eingliederung und Formwechsel ist bei Spaltungen meist kein alleiniger Großaktionär vorhanden, der die Erreichung dieses Erfordernisses sicherstellt. Entsprechend der Situation bei Verschmelzungen kommt der *fairness opinion* zudem eine Legitimationsfunktion für die Ermessensentscheidungen des Vorstands zu.

d) Formwechselnde Umwandlungen (§§ 190 ff. UmwG)

Bei einem Rechtsformwechsel ist stets nur ein einzelner Rechtsträger in die Transaktion involviert, so dass eine Übertragung von Vermögensgegenständen nicht stattfindet. Anteilsinhaber, die dem Beschluss über einen Formwechsel widersprechen, haben nach Maßgabe des § 207 UmwG Anspruch auf das Ausscheiden aus dem Rechtsträger gegen eine angemessene Abfindung. Separat ist nachfolgend auf die Strukturierungsalternative der u.a. auf dem Wege eines Formwechsels durchführbaren Umwandlung eines Versicherungsvereins auf Gegenseitigkeit (Demutualisierung) einzugehen; denn wie in der Diskussion der Anwendungsbereiche der *fairness opinion* in den USA festgehalten (hierzu oben S. 69), kommt dort eine Mandatierung einer *fairness opinion* nicht nur durch die Verwaltungsorgane der Gesellschaft selbst, sondern auch durch staatliche Aufsichtsbehörden in Betracht.

aa) Unternehmensbewertung bei formwechselnden Umwandlungen

Erforderlich ist die Erstattung eines Umwandlungsberichts an die Aktionäre. Es ist nunmehr im Schrifttum anerkannt, dass sich Erläuterung und Begründung auch auf die Barabfindung

---

reits bestehenden übernehmenden Rechtsträger Gesellschafter beteiligt sind, die keine Anteile am übertragenden Rechtsträger halten.

beziehen müssen.[973] Damit besteht kein wesentlicher Unterschied zu der Ermittlung der Barabfindungen nach § 29 UmwG.[974]

bb) Prüfung bei formwechselnden Umwandlungen

Im Fall einer formwechselnden Umwandlung ist eine Prüfung nach § 208 UmwG i.V.m. § 30 Abs. 2 UmwG hinsichtlich der Angemessenheit der Barabfindung erforderlich. Entsprechend anwendbar ist damit die Vorschrift des § 12 UmwG hinsichtlich der Erstattung eines Prüfungsberichts und seines notwendigen Inhalts.

cc) Anwendbarkeit der *Fairness Opinion* bei Formwechseln

Bislang ist der *fairness opinion* bei einem Formwechsel in Deutschland keine Bedeutung zugekommen, denn angesichts der typischen eindeutigen Beteiligungsverhältnisse ist eine Argumentation gegenüber den Aktionären nicht notwendig. Insofern entspricht die Situation den Strukturmaßnahmen Unternehmensvertrag (hierzu oben S. 147 ff.) und *squeeze out* (hierzu oben 150 ff.). Auch entbindet die vorliegende Prüfung eines Wirtschaftsprüfers die Verwaltungsorgane von einem weitergehenden Legitimationsbedürfnis hinsichtlich der Angemessenheit der Bewertung.

dd) Zwischenergebnis

Der Formwechsel eröffnet angesichts der in der Praxis bestehenden Beteiligungsverhältnisse eines Großaktionärs und des fehlenden Bedürfnisses zur Legitimation der Transaktion durch die Verwaltungsorgane in der Regel keinen Anwendungsbereich für das Instrument der *fairness opinion*.

e) Demutualisierungen von Versicherungsvereinen auf Gegenseitigkeit (VVaG)

Die Demutualisierung eines Versicherungsvereins auf Gegenseitigkeit bezeichnet (untechnisch) den Wechsel von einer auf dem Gegenseitigkeitsprinzip beruhenden Organisationsform einer Versicherungsgesellschaft in eine Kapitalgesellschaft. Diese Transaktionen gewinnen auf Grund der stetig zunehmenden weltweiten Konzentration in der Versicherungswirtschaft und des fehlenden Zugangs der Versicherungsvereine zu den Kapitalmärkten international an Bedeutung.[975] Trotz intensiver Diskussion der Thematik haben in Deutschland anders als in

---

[973] Dazu Lutter/Winter-*Decher*, § 192 UmwG, Rdn. 30 f., mit dem Hinweis, dass eine Verletzung der Informationspflicht keine Anfechtbarkeit des Hauptversammlungsbeschlusses zur Folge habe, sondern die Anteilseigner nach der Rechtsprechung des BGH auf das Spruchverfahren verwiesen sind.
[974] Lutter/Winter-*Decher*, § 192 UmwG, Rdn. 7 und 10.
[975] Vgl. Semler/Stengel-*Koerfer*, § 109 UmwG, Rdn. 3.

den USA, England und der Schweiz Demutualisierungen erst in sehr geringem Ausmaß stattgefunden.

aa) Strukturierungsalternativen

Die Strukturierungsalternativen der Demutualisierung sind gesondert normiert: Neben einem möglichen Formwechsel gemäß §§ 190, 291 UmwG kommen dazu die Bestandsübertragung gemäß §§ 14, 44 VAG, die Voll- bzw. Teilübertragung von Vermögenswerten auf eine Kapitalgesellschaft oder ein öffentliches Versicherungsunternehmen sowie die Verschmelzung durch Aufnahme in Betracht. Diese Strukturierungsalternativen erfordern in unterschiedlicher Weise eine Unternehmensbewertung zur Bemessung der Kompensation der Versicherten des VVaG für den Verlust ihrer Mitgliedschaft.[976] In Abhängigkeit von der gewählten Transaktionsstruktur kann eine Abfindung in unterschiedlicher Höhe angemessen sein.[977] Jede Umwandlung eines VVaG bedarf gemäß § 14a VAG der Genehmigung der BaFin, die nach §§ 14 Abs. 1 Satz 3, 8 Abs. 1 Satz 1 Nr. 3, 14a S. 2 VAG die Wahrung der Belange der Versicherten sicherzustellen hat.[978]

aaa) Formwechsel (§§ 190, 291 UmwG)

Bei einer formwechselnden Umwandlung eines VVaG gemäß §§ 190, 291 UmwG, die für kleine VVaGs i.S.d. § 53 VAG gemäß § 291 Abs. 1 UmwG ausgeschlossen ist, findet eine Umwandlung in eine Aktiengesellschaft unter Wahrung der rechtlichen Identität des Unternehmensträgers statt. Grundsätzlich werden die Mitglieder des VVaG unter Ausschluss der Beteiligung Dritter gemäß § 291 Abs. 2 UmwG zu Aktionären der Aktiengesellschaft oder müssen zumindest eine volle Aktie erhalten. Nach durchgeführtem Formwechsel können die Mitglieder den Erwerb ihrer in Anteile an der Aktiengesellschaft umgewandelten Mitgliedschaften gegen angemessene Barabfindung gemäß §§ 300, 270 Abs. 1, 207 Abs. 1 Satz 1 UmwG verlangen. Gemäß §§ 292 Abs. 1, 229, 192 Abs. 2 UmwG ist ein Umwandlungsbericht zu erstatten, der eine Vermögensaufstellung des VVaG zu enthalten hat. Da §§ 208, 30 UmwG auch für den Formwechsel von VVaG Anwendung finden[979], ist die Angemessenheit der Barabfindung für widersprechende Mitglieder des VVaG durch einen gerichtlich bestellten Umwandlungsprüfer zu prüfen.

---

[976] Der Begriff des Versicherten erfasst sowohl Versicherungsnehmer als Vertragspartner des Versicherers als auch Mitglieder des VVaG, vgl. *Biewer*, Umwandlung eines Versicherungsvereins auf Gegenseitigkeit, S. 11.
[977] *BAV*, VerBAV, 3, 8.
[978] Zum Genehmigungsverfahren Prölls/Schmidt/Frey-*Schmidt*, § 14 VAG, Rdn. 27 ff. und § 14a, Rdn. 2 ff.
[979] Semler/Stengel-*Koerfer*, § 292 UmwG, Rdn. 28.

bbb) Verschmelzung auf eine Versicherungsaktiengesellschaft (§ 109 UmwG)

Ein VVaG kann gemäß § 109 Satz 2 UmwG auf eine Aktiengesellschaft, die den Betrieb von Versicherungsgeschäften zum Gegenstand hat, verschmolzen werden. Dabei werden die Mitgliederrechte auf Aktienbezugsrechte übertragen, ohne dass der Versichertenstatus berührt wird. Zur Bestimmung der den Versicherungsnehmern an der Aktiengesellschaft zu gewährenden Anteile sind sowohl eine Unternehmensbewertung des VVaG als auch eine Unternehmensbewertung der Versicherungs-Aktiengesellschaft erforderlich.[980] Sofern ein Versicherungsnehmer gegen den Verschmelzungsbeschluss Widerspruch zur Niederschrift erklärt, ist ihm gemäß § 29 UmwG eine festzulegende Barabfindung für den Verlust seiner Mitgliedschaft anzubieten.[981] Gemäß §§ 112 Abs. 1 Satz 1, 63 Abs. 1 Nr. 4, 8 UmwG ist ein Verschmelzungsbericht zu erstellen, der das konkrete Umtauschverhältnis sowie die Ermittlung des Barabfindungsangebots erläutert.[982] Weiterhin ist nach § 60 UmwG eine Verschmelzungsprüfung zum Schutz der Mitglieder erforderlich, die die Angemessenheit der Gegenleistung bestätigt.[983]

ccc) Vermögensübertragungen (§ 180 Abs. 2 i.V.m. § 176 Abs. 2 Satz 4 UmwG bzw. § 184 Abs. 2 i.V.m. § 176 Abs. 2 Satz 4 UmwG)

Alternativ kann eine Vollübertragung bzw. Teilübertragung des Vermögens eines VVaG auf eine Kapitalgesellschaft gemäß § 180 Abs. 2 i.V.m. § 176 Abs. 2 S. 4 UmwG oder auf ein öffentliches Versicherungsunternehmen gemäß § 184 Abs. 2 i.V.m. § 176 Abs. 2 S. 4 UmwG erfolgen. Eine derartige Transaktion erfordert eine Unternehmensbewertung zur Bemessung der Entschädigung für die Inhaber von Sonderrechten.[984] Diese Gegenleistung darf gemäß § 174 Abs. 1 UmwG nicht in Anteilen oder Mitgliedschaftsrechten an dem übernehmenden Rechtsträger bestehen und muss nach dem über § 180 Abs. 1 UmwG für entsprechend anwendbar erklärten § 15 i.V.m. §§ 180 Abs. 2, 176 Abs. 2 Satz 3 UmwG dem Wert der bisherigen Beteiligung der Mitglieder des VVaG entsprechen.[985] Da eine Beteiligung der Mitglieder an dem Vermögen des VVaG jedoch nicht besteht, ist eine Gegenleistung gemäß § 181 UmwG zum Schutz der Mitglieder obligatorisch. Auch wenn die Gegenleistung grundsätzlich für alle Mitglieder gemäß § 181 Abs. 3 Satz 1 UmwG gleich ist, kann nach Maßgabe der Verteilungsregeln des § 181 Abs. 3 Satz 2 UmwG eine Gegenleistung in Abhängigkeit von den Ausstattungsmerkmalen der Versicherungspolice des jeweiligen Mitglieds bestimmt

---

[980] Widmann/Mayer-*Vossius*, § 109 UmwG, Rdn. 86.
[981] *Biewer*, Umwandlung eines Versicherungsvereins auf Gegenseitigkeit, S. 12.
[982] Lutter/Winter-*Lutter/Drygala*, § 8 UmwG, Rdn. 13 ff., zum Inhalt des Verschmelzungsberichts.
[983] Semler/Stengel-*Koerfer*, § 112 UmwG, Rdn. 20.
[984] Widmann/Mayer-*Schwarz*, § 181 UmwG, Rdn. 9.

werden. Im Falle einer fehlenden oder aus Sicht eines Mitglieds nicht angemessenen Gegenleistung kann ihre gerichtliche Bestimmung durch ein Mitglied des VVaG beantragt werden.[986] Neben der Übertragung des Vermögens von einem VVaG auf eine Kapitalgesellschaft oder ein öffentliches Versicherungsunternehmen sieht das deutsche Recht auch die umgekehrte Vermögensübertragung auf einen VVaG gemäß § 178 Abs. 2 i.V.m. § 176 Abs. 2 S. 4 UmwG bzw. § 179 Abs. 2 i.V.m. § 176 Abs. 2 S. 4 UmwG vor. Auf Grund des begrenzten Kapitalmarktzugangs des VVaG kommt diese Alternative in der Praxis in der Regel jedoch nicht vor.

ddd) **Bestandsübertragung (§§ 11, 44 VAG)**

Die Bestandsübertragung eines VVaG bezeichnet die Vertragsübernahme des Portefeuilles durch eine Versicherungs-Aktiengesellschaft ohne Zustimmung des anderen Vertragspartners. Darüber hinaus werden die versicherungstechnischen Rückstellungen auf die übernehmende Gesellschaft übertragen.[987] Die Bestandsübertragung stellt einen Vertrag *sui generis* dar.[988] Auch wenn die Entgeltlichkeit der Bestandsübertragung kein Wesensmerkmal ist, wird i.d.R. eine Gegenleistung für den dem Bestand innewohnenden Eigenwert vereinbart.[989] Der Abfindungsanspruch der Vereinsmitglieder ist bei einer Gesamtbestandsübertragung aus § 48 Abs. 2 VAG zu folgern. Insofern ist eine Bewertung des Portefeuilles durchzuführen. Auch die Bestandsübertragung bedarf gemäß § 14 VAG der Genehmigung der Aufsichtsbehörde, obwohl es sich hier nicht um eine Umwandlung handelt.

bb) **Anwendungsbereich einer *Fairness Opinion***

Die Demutualisierung von VVaGs erfordert wie zuvor ausgeführt Unternehmensbewertungen zur Bestimmung der Abfindung der Vereinsmitglieder, die je nach Strukturierung der Transaktion wie dargestellt in Anteilen einer Kapitalgesellschaft oder einer Barabfindung bestehen kann. Im Übrigen unterliegen diese Strukturmaßnahmen der Kontrolle der Bundesanstalt für Finanzdienstleistungsaufsicht (BaFin). Dabei ist nach einer Entscheidung des BVerwG durch die BaFin zu prüfen, ob die gewählten Bemessungsgrundlagen zu einem unangemessen niedrigen Entgelt für die Mitglieder führen.[990] Hingegen ist es nicht Aufgabe der BaFin, die denk-

---

[985] Widmann/Mayer-*Schwarz*, § 181 UmwG, Rdn. 1.
[986] Lutter/Winter-*Hübner*, § 181 UmwG, Rdn. 11, zur Anwendbarkeit des Spruchverfahrens.
[987] Prölss/Schmidt/Frey-*Schmidt*, § 14, Rdn. 21.
[988] Die Einordnung der Bestandsübertragung erfolgt zur geschlossenen Darstellung der Möglichkeiten der Demutualisierung eines VVaG an dieser Stelle.
[989] *Nowak*, in: FS Prölss, S. 260 f.
[990] BVerwG VersR 1996, 569, 572; a.A. Lutter/Winter-*Hübner*, § 180 UmwG, Rdn. 8 und § 181 UmwG, Rdn. 14, mit Verweis auf die gerichtliche Überprüfbarkeit der Angemessenheit; Fahr/Kaulbach-*Kaulbach*, § 8 VAG, Rdn. 18.

bar beste Abfindung für die ausscheidenden Vereinsmitglieder durchzusetzen.[991] Entsprechend der Situation in den USA[992] ergibt sich damit auch in Deutschland eine Prüfungspflicht für die BaFin, der diese mittels Einholung einer *fairness opinion* gerecht werden kann.

Darüber hinaus kommt einer von den Verwaltungsorganen des VVaG oder anderen Initiatoren der Demutualisierung beauftragten *fairness opinion* im Fall der Strukturierungsalternativen für die Demutualisierung eines VVaG eine hohe Argumentationsfunktion gegenüber den Mitgliedern zu; denn zur Erreichung der Quoren für die erforderliche Beschlussfassung ist die Zustimmung einer Vielzahl von Mitgliedern des VVaG erforderlich. Damit besteht auch für die Organe des VVaG Anlass, im Fall einer von ihnen unterstützten oder initiierten Demutualisierung die Erstellung einer *fairness opinion* zu mandatieren.

cc) Zwischenergebnis

Gegenüber den zuvor erörterten Strukturmaßnahmen stellt die Alternative der Demutualisierung eines Versicherungsvereins auf Gegenseitigkeit die Besonderheit dar, dass die Mandatierung einer *fairness opinion* sowohl durch die zuständige Aufsichtsbehörde (BaFin) als auch durch die Verwaltungsorgane des VVaG in Betracht kommt. Daneben erfüllt die *fairness opinion* in diesem Kontext insbesondere eine Argumentationsfunktion gegenüber den Mitgliedern des VVaG.

II.   Kapitalmarktrechtliche Anwendungsbereiche von *Fairness Opinions*

1.)   Öffentliche Angebote

Anders als in den USA haben öffentliche Angebote zur Übernahme von Kontrollmehrheiten in Deutschland keine lange Tradition;[993] dies hat sich in jüngster Zeit jedoch geändert und eröffnet damit ein weiteres Anwendungsgebiet für *fairness opinions*. Das deutsche WpÜG unterscheidet drei Arten öffentlicher Angebote, die mit unterschiedlichen Voraussetzungen für die den Aktionären der Zielgesellschaft anzubietende Gegenleistung verbunden sind.

---

[991] *BAV*, VerBAV 1992, 3, 8.
[992] Exemplarisch *Sweeney*, Journal of Accountancy, August 1999, 44, 45, "insurance commissioners in Massachusetts recently called on PWC to assess whether a demutalisation plan by an insurance company was fair to policyholders".
[993] *Drygala*, ZIP 2001, 1861.

a) Strukturierungsalternativen öffentlicher Angebote

aa) Öffentliches Erwerbsangebot (§§ 10 ff. WpÜG)

Ein Angebot, das weder auf eine erstmalige Kontrollstellung noch auf einen Kontrollwechsel der Zielgesellschaft abzielt, wird unter den Begriff des (einfachen oder kontrollneutralen) öffentlichen Erwerbsangebots subsumiert. Dieses unterliegt keiner gesetzlich normierten Preisregelung in Bezug auf die Höhe oder die Art der Gegenleistung.

bb) Freiwilliges Übernahmeangebot (§§ 29 ff. WpÜG)

Freiwillige Übernahmeangebote, die in §§ 29 ff. WpÜG normiert sind, sind auf den Erwerb der „Kontrolle" über eine Zielgesellschaft gerichtet. Die Kontrolle der Gesellschaft ist nach der Legaldefinition des § 29 Abs. 2 WpÜG bei einem Halten von mindestens 30% der Stimmrechte der Zielgesellschaft gegeben. Im Gegensatz zu öffentlichen Erwerbsangeboten sind Teilangebote gemäß § 32 WpÜG hier unzulässig. Nach § 31 Abs. 1 S. 1 WpÜG ist der Bieter bei einem freiwilligen Übernahmeangebot zu einer angemessenen Gegenleistung gegenüber den Aktionären verpflichtet. Die Gegenleistung kann entweder in Euro oder in liquiden, zum Handel an einem organisierten Markt im europäischen Wirtschaftsraum zugelassenen Aktien bestehen. Im Hinblick auf die Vielgestaltigkeit der möglichen zu regelnden Sachverhalte hat der deutsche Gesetzgeber jedoch auf eine Konkretisierung des in § 31 Abs. 1 Satz 1 WpÜG normierten Angemessenheitserfordernisses für die Gegenleistung in Bezug auf deren Höhe verzichtet.[994] Allerdings finden die Vorgaben der §§ 4 ff. AngebVO Anwendung (hierzu unten S. 184 f.).

cc) Pflichtangebot gemäß §§ 35 ff. WpÜG

Kraft Gesetzes ist eine Person gemäß § 35 WpÜG verpflichtet, ein Kaufangebot abzugeben, sofern sie unmittelbar oder mittelbar die Kontrolle über eine Zielgesellschaft erlangt. Die Preisregelung des freiwilligen Übernahmeangebots gemäß §§ 29 ff. WpÜG ist nach § 39 WpÜG auch für das Pflichtangebot gemäß §§ 35 ff. WpÜG bindend.

dd) Zwischenergebnis

In Abhängigkeit von der bestehenden Kontrollsituation und des beabsichtigten Ziels des Angebots seitens des Bieters unterscheidet das deutsche Recht drei Angebotsarten. Diese haben allerdings gemein, dass den Anteilseignern der Zielgesellschaft keine Möglichkeit zur gericht-

---

[994] BegrRegE WpÜG, BR-Drucks. 574/01, S. 134 f.

lichen Überprüfung der angebotenen Gegenleistung offen steht; denn infolge des Angebots erfolgt kein Eingriff in die Mitgliedschaftsrechte der Anteilseigner.

b)   Pflicht zur Stellungnahme der Verwaltungsorgane der Zielgesellschaft

Die Aktionäre einer Zielgesellschaft treffen eine Entscheidung über die Attraktivität eines Angebots,[995] die in der Andienung ihrer Aktien an einen Bieter zum Ausdruck kommt. Zu einer überdachten Entscheidungsfindung bedürfen sie einer fundierten Informationsbasis, die dem häufig vorherrschenden Informationsungleichgewicht in dem Dreieck zwischen den Verwaltungsorganen der Zielgesellschaft, dem regelmäßig durch eine *due diligence* in seiner Informationsbasis gestärkten Bieter und den Anteilseignern, welche wohl grundsätzlich mit den geringsten Informationen zum Wert der Gesellschaft ausgestattet sind, gerecht wird. Daher sieht auch die neue EU-Übernahmerichtlinie eine Pflicht zur Stellungnahme des Leitungs- bzw. Verwaltungsorgans der Zielgesellschaft vor (Art. 9 Abs. 5 RL).

Gemäß § 3 Abs. 2 WpÜG müssen Inhaber von Wertpapieren einer Zielgesellschaft über ausreichende Informationen und genügend Zeit verfügen, um in ausreichender Kenntnis der Sachlage eine ausgewogene Entscheidung über ein Angebot treffen zu können. Ausgehend von diesem Informationsinteresse der Anteilseigner wurde mit § 27 WpÜG eine Pflicht des Vorstands *und* des Aufsichtsrats der Aktiengesellschaft zur Stellungnahme zum Übernahmeangebot normiert.[996] Bereits vor Einführung dieser Norm bestand Einigkeit darüber, dass der Vorstand einer Zielgesellschaft auch nach allgemeinem Aktienrecht eine begründete Stellungnahme zu dem Angebot abgeben müsse.[997] Dies ergebe sich aus der Leitungspflicht des Vorstands (§ 76 Abs. 1 AktG). Dafür werden sowohl Gründe des Individualschutzes als auch des Funktionenschutzes angeführt. Der Normzweck des § 27 WpÜG besteht folglich darin, den Aktionären der Zielgesellschaft eine Informationsgrundlage für ihre Entscheidung über eine etwaige Annahme des Angebots zu verschaffen.[998] Die Stellungnahme schafft somit ein „Gegengewicht" zu der Angebotsunterlage des Bieters. Der Anwendungsbereich einer *fairness opinion* in diesem Zusammenhang ist insbesondere vor dem Hintergrund möglicher Interessenkonflikte der Organe einer Zielgesellschaft, des Umfangs der Stellungnahme zur Höhe

---

[995] *Von Bülow*, Börsen-Zeitung vom 15.10.2003, 5.
[996] Zum Charakter des § 27 WpÜG als besondere Ausprägung des § 3 Abs. 2 WpÜG Begr. Reg-E, BT-Drucks. 14-7034, S. 52 = ZIP 2001, 1262, 1280, KK-*Hirte*, § 27 WpÜG, Rdn. 2; *Fleischer/Kalss*, WpÜG, S. 95.
[997] KK-*Hirte*, § 27 WpÜG, Rdn. 16; KK-*Mertens*, § 76 AktG, Rdn. 26; *Assmann/Bozenhardt*, in: Übernahmeangebote, S. 1, 103 ff.; *Hirte/Schander*, in: Übernahme börsennotierter Unternehmen, S. 341, 346; *Herrmann*, Zivilrechtliche Abwehrmaßnahmen, S. 87 ff.; *Hopt*, ZGR 1993, 534, 556; *Hopt* ZHR 161 (1997), 368, 411; *Hopt*, ZHR 166 (2002), 383, 418; *Merkt*, ZHR 165 (2001), 224, 248; *Mühle*, Wertpapiererwerbs- und Übernahmegesetz, S. 272; *van Aubel*, Vorstandspflichten, S. 172 f.
[998] Statt vieler KK-*Hirte*, § 27 WpÜG, Rdn. 2.

der Gegenleistung und einer etwaigen Pflicht zur Beiziehung eines sachverständigen Beraters bei der Beurteilung des Angebots durch die Verwaltung der Zielgesellschaft zu betrachten. Dabei ist zu berücksichtigen, dass die Aktionäre den Einschätzungen der Verwaltungsorgane innerhalb ihrer Entscheidung zur Annahme oder Ablehnung des Angebots eine sehr hohe Bedeutung beimessen.[999]

c) **Interessenlage**

Maßstab für das Handeln von Vorstand und Aufsichtsrat ist nach § 3 Abs. 3 WpÜG das Gesellschaftsinteresse der Zielgesellschaft. Im Sinne dieser Norm ist das Gesellschaftsinteresse als Interesse des Unternehmens zu verstehen, innerhalb dessen „die Interessen der Aktionäre, der Arbeitnehmer und die Interessen der Gesellschaft insgesamt zu berücksichtigen [sind]".[1000] Das Unternehmensinteresse umfasst damit eine nur schwer zu durchschauende und zu bewertende Gemengelage aus Einzelinteressen der am Unternehmen interessierten Kreise, die in klarer Abgrenzung zu einer ausschließlichen Orientierung an den Interessen der Aktionäre oder Marktteilnehmer steht, so dass der Vorstand nicht nach seinem Ermessen einzelne Interessen bevorzugen kann.[1001] Diesbezüglich kritisiert *Hirte*, dass das Aktionärsinteresse nicht gesondert zum Gegenstand der Stellungnahme der Organe der Zielgesellschaft nach § 27 WpÜG gemacht wird, wenn dieses von dem summarischen Gesellschaftsinteresse abweicht.[1002] Damit unterscheidet sich die deutsche Rechtslage fundamental vom US-amerikanischen Verständnis einer klaren Fokussierung des Managements auf den *shareholder value*.[1003] Denn ein nicht eindeutig auf die Interessen des Aktionärs ausgerichtetes Bild könnte den Vorstand dazu verleiten, kritische Punkte des Angebots gegenüber seinen Aktionären zu verheimlichen, so dass eine höhere Annahmequote erreicht wird. Zudem können die Mitglieder des Vorstands eigenen Interessenkonflikten sowohl bei freundlichen Angeboten und Pflichtangeboten als auch insbesondere bei *Management-Buy-Out*-Transaktionen unterliegen.[1004] Eine neutrale Beurteilung der Handlungsalternativen im Aktionärsinteresse ist dem Aufsichtsrat häufig ebenso wenig möglich wie dem Vorstand.[1005] Im Unterschied zu der US-amerikanischen Praxis ist zudem zu beachten, dass infolge der Mitbestimmung und der inländischen Beteiligungsverflechtungen, die die Anzahl an Gesellschaften mit reinem Streubesitz

---

[999] *Harbarth*, ZIP 2004, 3, 3; in diesem Sinne wohl auch *Horn*, ZIP 2000, 473, 474.
[1000] Begr. RegE zu § 3 Abs. 3 und § 27 Abs. 1 WpÜG.
[1001] *Drygala*, ZIP 2001, 1861, 1865; *Kort*, in: FS Lutter, 1421, 1426; *Adams*, AG 1990, 243, 247.
[1002] KK-*Hirte*, § 27 WpÜG, Rdn. 31.
[1003] *Drygala*, ZIP 2001, 1861, 1867, in den USA wird die Mehrung des *shareholder value expressis verbis* als Rechtspflicht verstanden, so dass die alleiniger Aktionäre Bezugspunkt der Ermessensentscheidung des Verwaltungsrats sind.
[1004] *Dieregger/Kalss/Winner*, Übernahmerecht, Rdn. 114; dazu auch bereits oben S. 95.
[1005] *Buchta/van Kann*, DStR 2003, 1665, 1667.

deutlich einschränken, die Ausschussbildung von *disinterested*[1006] Aufsichtsratsmitgliedern in der Praxis erheblich erschwert wird. Darüber hinaus können allerdings auch Interessenkonflikte für Aufsichtsratsmitglieder bestehen, die einem Intermediär (Investment Bank, *Corporate-Finance*-Dienstleister) verbunden sind.[1007] Insofern bietet sich die Einholung einer *fairness opinion* zur formalen Umgehung dieser latenten Interessenkonflikte an. Sie bewertet nämlich innerhalb der Transaktion ausschließlich das Aktionärsinteresse aus wirtschaftlicher Sicht.

d) Offenlegung von Interessenkonflikten

In ihrer Funktion als Organe der Zielgesellschaft müssen Vorstand und Aufsichtsrat ihre wertende Kommentierung unter sorgfältiger und vollständiger Ermittlung und Abwägung der von ihnen zu wahrenden fremden Interessen vornehmen.[1008] Bei der Bewertung kommt der Verwaltung unternehmerisches Ermessen zu.[1009] Es ist im deutschen Recht ungeklärt, ob ein einem Interessenkonflikt unterliegendes Organmitglied der Zielgesellschaft sich bei der Erstellung und Abgabe der Stellungnahme nach § 27 WpÜG enthalten muss oder ob eine Offenlegung des Interessenkonflikts ausreichend ist.[1010] Vor dem Hintergrund, dass bei sonstigen Verwaltungsentscheidungen im deutschen Aktienrecht nicht allgemein eine Enthaltung des von einem Interessenkonflikt betroffenen Organmitglieds gefordert wird, vertritt *Hirte* die Ansicht, dass eine Enthaltung für die Abgabe einer Stellungnahme nach § 27 WpÜG nicht zwingend verlangt werden kann.[1011] In der Literatur findet sich die übereinstimmende Ansicht, dass Gesichtspunkte, die die Unabhängigkeit der Organmitglieder der Zielgesellschaft in Frage stellen, offen zu legen sind.[1012] Folglich sind Umstände, die geeignet sein könnten, eine objektive Stellungnahme in Frage zu stellen, zu veröffentlichen.[1013] Eine darüber hinausgehende Verpflichtung zur Ergreifung von Maßnahmen durch die Verwaltungsorgane im Fall von Interessenkonflikten nach dem Modell des Schweizer Rechts (hierzu unten S. 206 ff.) ist in Deutschland jedoch unbekannt.

[1006] „*Disinterested*" in dem Sinne, dass kein eigenes Interesse an der Angelegenheit besteht.
[1007] Dazu *Lutter*, ZHR 145 (1981), 224, 232; *Schander/Posten*, ZIP 1997, 1534, 1537; *Werner*, ZHR 145 (1981), 252, 254 f.; exemplarisch *Celanese AG / Goldman Sachs oHG*.
[1008] KK-*Hirte*, § 27 WpÜG, Rdn. 32; Haarmann/Riehmer/Schüppen-*Röh*, § 27 WpÜG, Rdn. 17.
[1009] KK-*Hirte*, § 27 WpÜG, Rdn. 50; Haarmann/Riehmer/Schüppen-*Röh*, § 27 WpÜG, Rdn. 17, der weitergehend der Verwaltung auch Ermessen bei der Informationswiedergabe zubilligt.
[1010] KK-*Hirte*, § 27 WpÜG, Rdn. 22; *Hopt*, in: FS Lutter, S. 1361, 1381, mit Verweis auf ausländische Rechtsordnungen; deutlicher für eine Enthaltung bei der Stimmabgabe in der Schweiz, *Handschin*, in: FS Forstmoser, S.169, 173.
[1011] KK-*Hirte*, § 27 WpÜG, Rdn. 22.
[1012] KK-*Hirte*, § 27 WpÜG, Rdn. 22; Geibel/Süßmann-*Grobys/Schwennicke*, § 27 WpÜG, Rdn. 22; *Thümmel*, DB 2000, 461, 463; *Mühle*, Wertpapiererwerbs- und Übernahmegesetz, S. 277; *Bröcker/Weisner*, Übernahmeangebote, Rdn. 182; *Buchta/van Kann*, DStR 2003, 1665, 1668 und *Seibt*, AG 2003, 465, 475, mit Hinweis auf die Regelung des Deuschen Corporate Governance Kodexes (DCGK), Nummer 5.5.2 DCGK.

e) Stellungnahme zu Art und Höhe der Abfindung

Am Ende des Gesetzgebungsverfahrens zum WpÜG wurde der jetzige § 27 Abs. 1 Nr. 1 WpÜG eingefügt, der den Pflichtinhalt der Stellungnahme um eine Beurteilung zur Art und Höhe der angebotenen Gegenleistung erweitert.[1014] Damit soll dem Umstand Rechnung getragen werden, dass die Beurteilung von Art und Höhe der vom Bieter angebotenen Gegenleistung durch die Organe der Zielgesellschaft von vorrangiger Bedeutung für die Entscheidung der Wertpapierinhaber ist.[1015] Diese Beurteilung wurde auch zuvor bereits als Teil der aktienrechtlich begründeten Pflicht zur Stellungnahme angesehen.[1016] Innerhalb dieser Beurteilung ist explizit auf die Angemessenheit der Höhe der Gegenleistung in Abgrenzung zu einer reinen Darstellung einzugehen.[1017] Denn eine freie und rationale Aktionärsentscheidung ist nur auf dem Boden einer fundierten Tatsachenbasis, nicht aber auf der Grundlage reiner Werturteile möglich.[1018] Wenn ein Verwaltungsorgan auf unzureichender Informationsgrundlage Stellung zu einem Angebot nimmt, können den Anteilseignern der Zielgesellschaft Schäden entstehen.[1019] Es ist somit nicht ausreichend, die Höhe der Gegenleistung ohne ausreichende Fundierung schlicht als angemessen oder als zu niedrig zu bezeichnen.[1020]

aa) Angemessenheitsbegriff

§ 31 Abs. 1 Satz 1 WpÜG regelt für freiwillige Übernahmeangebote und Pflichtangebote, dass den Aktionären in diesen Fällen eine angemessene Gegenleistung anzubieten ist.[1021] Bei dem Begriff der Angemessenheit handelt es sich allerdings um einen unbestimmten Rechtsbegriff. Nach der EU-Übernahmerichtlinie sind zur Bestimmung der Angemessenheit die Preise der Vorerwerbe zu berücksichtigen. Nach deutschem Recht wird dieser durch die

---

[1013] Im Ergebnis ebenfalls *Assmann/Bozenhardt*, in: Übernahmeangebote, S. 1, 105.
[1014] Damit folgte der Gesetzgeber der Stellungnahme des DAV-Handelsausschusses zu RegE-WpÜG und RefE-WpÜG, *DAV-Handelsrechtsausschuss*, ZIP 2001, 1736, 1738; *DAV-Handelsrechtsausschuss*, NZG 2001,420, 426; *DAV-Handelsrechtsausschuss*, NZG 2001, 1003, 1005.
[1015] KK-*Hirte*, § 27 WpÜG, Rdn. 3.
[1016] *Hopt*, in: FS Lutter, S. 1361, 1381; *Hopt*, § 93 AktG, Rdn. 130.
[1017] KK-*Hirte*, § 27 WpÜG, Rdn. 39; *Maier-Reimer*, ZHR 165 (2001), 258 262; *Rödder/Hötzel/Mueller-Thuns*, Unternehmenskauf, § 2, Rdn. 57.
[1018] *Mühle*, Wertpapiererwerbs- und Übernahmegesetz, S. 274.
[1019] *Schlechtriem*, in: Haftung der Leitungsorgane, S. 9, 44 f.
[1020] *Müller*, in: Bad Homburger Handbuch zum Übernahmerecht, D 2.2, Rdn. 20, mit Hinweis auf die Transaktion *FAG Kugelfischer Georg Schäfer AG / INA Vermögensverwaltungsgesellschaft mbH*, mit ausführlicher Bewertung (noch unter Übernahmekodex); a.A. Geibel/Süssmann-*Schwennicke/Grobys*, § 27 WpÜG, Rdn. 14; gegen die Pflicht zur Durchführung einer Unternehmensbewertung noch unter dem Übernahmekodex *Kallmeyer*, ZHR 161 (1997), 435, 446.
[1021] Dazu *Habersack*, ZIP 2003, 1123 ff.; kritisch zu den Mindestpreisregeln *Mülbert*, ZIP 2001, 1221, 1223 ff.; vergleichend zur vorherigen Regelung des Übernahmekodex *Rodewald/Siems*, ZIP 2002, 926, 928.

WpÜG-Angebotsverordnung konkretisiert. Zur Bestimmung der Angemessenheit ist auf den Zeitpunkt der Veröffentlichung der Angebotsunterlage zu rekurrieren.[1022]

aaa) Mindestpreisregelung der EU-Übernahmerichtlinie

Nach Art. 5 Abs. 4 RL gilt der Preis als angemessen, der vom Bieter innerhalb eines Zeitfensters von sechs bis zwölf Monaten vor Abgabe des Angebots für die gleichen Wertpapiere gezahlt worden ist. Die genaue Frist innerhalb dieses Zeitfensters ist von den Mitgliedstaaten festzulegen.[1023] Insofern wird eine Anpassung des im Folgenden dargelegten deutschen Rechts erforderlich werden.

bbb) Mindestpreisregelung der WpÜG-Angebotsverordnung

Im Rahmen der WpÜG-Angebotsverordnung sind gemäß §§ 4 ff. AngebVO zwei Mindestpreisschwellen normiert. Dazu gehört einerseits der Vorerwerb. Ein etwaiger Paketzuschlag innerhalb des Vorerwerbs ist dabei nicht zu eliminieren.[1024] Andererseits darf der Mindestpreis den durchschnittlichen inländischen (§ 5 Abs. 1 AngebVO) bzw. ausländischen (§ 6 Abs. 1 AngebVO)[1025] Börsenkurs der letzten drei Monate vor Bekanntgabe des Angebots nicht unterschreiten. Dabei betont *Hirte* ausdrücklich, dass es sich bei dieser Preisregelung lediglich um eine Mindestpreisregelung handele.[1026] Insofern könne sie nicht abschließend die Angemessenheit bestimmen. Auch wenn sich die Beurteilung der Angemessenheit in der frühen Praxis nach Einführung des WpÜG in zahlreichen Stellungnahmen nach § 27 WpÜG auf einen bloßen Vergleich zwischen den Vorgaben der Angebotsverordnung und der Höhe der vom Bieter angebotenen Gegenleistung beschränkte,[1027] kommt es richtigerweise im Rahmen der Stellungnahme auf eine wirtschaftliche Betrachtungsweise zur Höhe der Gegenleistung an, die eine weitergehende Unternehmensbewertung erfordert. Der bloße Abgleich, ob ein Angebot die Mindestpreisvorschriften einhält, unterliegt bereits der Kontrolle der BaFin und ist im Zweifel von den Anteilseignern unschwer auch selbst durchzuführen, so dass sich die

---

[1022] KK-*Kremer/Oesterhaus*, § 31 WpÜG, Rdn. 17.
[1023] Dazu *Maul/Muffat-Jeandet*, AG 2004, 221, 230.
[1024] Kritisch KK-*Kremer/Oesterhaus*, § 4 AngebVO, Rdn. 22 f.; *Schiessl*, AG 1999, 442, 450; anders noch § 4 Satz 1 RefE AngebVO.
[1025] § 6 Abs. 1 AngebVO, anwendbar sofern die Aktien der Zielgesellschaft *ausschließlich* an einer ausländischen Börse kotiert sind.
[1026] *Hirte*, FAZ vom 2.7.2003, 19.
[1027] Exemplarisch die Pflichtveröffentlichungen gemäß § 27 Abs. 3 i.V.m. § 14 Abs. 3 Satz 1 WpÜG der *Edscha AG*, Beurteilung des Übernahmepreises, abgedruckt in der Börsen-Zeitung vom 12.12.2002, 6 und der *Stinnes AG*, Tz. 2 Angebotspreis, Pflichtveröffentlichung vom 20.8.2002.

Stellungnahme der Verwaltungsorgane zur Angemessenheit der Gegenleistung nicht in einem Abgleich der Mindestpreisvorschriften erschöpfen kann.[1028]

bb) Wirtschaftliche Betrachtungsweise

Die Stellungnahme im Hinblick auf die Angemessenheit der Gegenleistung (§ 27 Abs. 1 Satz 2 Nr. 1 WpÜG) erfordert vielmehr eine über einen reinen Abgleich der Mindestpreisvoraussetzungen hinausgehende wirtschaftliche Betrachtung der Höhe der Gegenleistung. Dazu reicht eine Betrachtung des Börsenkurses zum Zeitpunkt der Stellungnahme in Abgrenzung zu dem dreimonatigen Zeitfenster vor Veröffentlichung des Angebots (§§ 5, 6 AngebVO) nicht aus;[1029] denn der Börsenkurs ist zu diesem Zeitpunkt erheblich von Arbitragegesichtspunkten beeinflusst. Vielmehr bedarf es der Durchführung einer Unternehmensbewertung durch die Verwaltungsorgane.[1030] Nach §§ 5 Abs. 4 und § 6 Abs. 6 AngebVO ist demgegenüber die Durchführung einer Unternehmensbewertung bei der Bemessung der Angebotshöhe lediglich im Fall einer illiquiden Notierung[1031] der Zielgesellschaft erforderlich. Auch wenn danach bei der Angebotsbemessung durch den Bieter eine Unternehmensbewertung grundsätzlich entbehrlich ist, ist dies nicht auf die Stellungnahme der Zielgesellschaft übertragbar.[1032]

Die folgende Abbildung illustriert den Fall, dass trotz eines über dem Börsenkurs liegenden Übernahmeangebots keine die Transaktion befürwortende *fairness opinion* erstellt werden kann; denn das Angebot erreicht nicht den im Rahmen einer Bewertung ermittelten Unternehmenswert.[1033]

[1028] *Harbarth*, ZIP 2004, 3, 4; Baums/Thoma-*Harbarth*, § 27 WpÜG, Rdn. 42; damit machen die Mindestpreisregeln die Mandatierung einer *fairness opinion* in Deutschland keineswegs überflüssig, a.A. *Cafritz/Jacob*, Financier Worldwide International M&A Review, 23, 24.
[1029] *Harbarth*, ZIP 2004, 3, 5; Baums/Thoma-*Harbarth*, § 27 WpÜG, Rdn. 42; an dieser Stelle ist nochmals auf den Wortlaut des Del.Sup. in Smith v. van Gorkom hinzuweisen: *Smith v. van Gorkom*, 488 A.2d 858, 875 (Del.Sup. 1985), „a substantial premium may provide one reason to recommend a merger but in absence of other sound valuation information, the fact of a premium alone does not provide an adequate basis upon which to assess the fairness of an offering price".
[1030] KK-*Hirte*, § 27 WpÜG, Rdn. 39; *Hirte/Schander*, in: Übernahme börsennotierter Unternehmen, S. 341, 357, „die Stellungnahme sollte Angaben zu den möglichen Auswirkungen der Übernahme auf den Unternehmenswert sowie alle Informationen, die zur Beurteilung der Angemessenheit des angebotenen Kaufpreises erforderlich sind, enthalten"; *Ekkenga/Hofschroer*, DStR 2002, 724, 728; *Harbarth*, ZIP 2004, 3, 5, „um den Wertpapierinhabern eine möglichst tragfähige Entscheidungsgrundlage zu liefern, sollte die Wertermittlung idealiter anhand solcher Unternehmensbewertungsverfahren vorgenommen werden, deren Ergebnis eine besondere Verlässlichkeit und Aussagekraft zukommt"; *Maier-Reimer*, ZHR 165 (2001), 258, 262, „dies erfordert eine Aussage über den Wert und das Wertpotential der Aktien der Zielgesellschaft"; *Winter/Harbath*, in: Handbuch Corporate Governance, S. 475, 506.
[1031] Bei Feststellung von Börsenkursen an weniger als einem Drittel der Börsentage und Abweichungen nacheinander festgestellter Börsenkurse > 5,0%.
[1032] *Harbarth*, ZIP 2004, 3, 5.
[1033] *Aders/Salcher*, Fairness Opinion, S. 3.

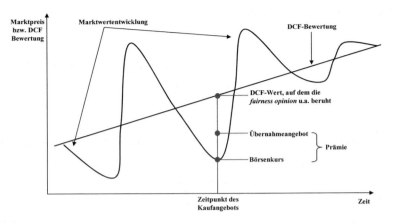

Abbildung 2: Szenarien für die Erstellung einer *fairness opinion*
Quelle: Darstellung in Anlehnung an *Aders/Salcher*, Fairness Opinion, S. 3, Abbildung 3.

Im Schrifttum wird eine Grenze für eine Unternehmensbewertung nach dem *DCF*-Verfahren bzw. dem Ertragswertverfahren in dem begrenzten den Verwaltungsorganen für die Abgabe ihrer Stellungnahme zur Verfügung stehenden Zeitfenster gesehen.[1034] Diese Ansicht lässt allerdings unberücksichtigt, dass zwischen der Ankündigung und der Veröffentlichung eines Angebots häufig ein mehrwöchiger Zeitraum liegt, der die Erstellung einer Unternehmensbewertung nach *DCF*-Verfahren bzw. Ertragswertverfahren durchaus erlaubt. Insbesondere bei freundlichen Angeboten werden die Verwaltungsorgane in der Regel nicht unvorbereitet von der Veröffentlichung einer Angebotsunterlage getroffen. Insbesondere in diesen Fällen steht den Verwaltungsorganen der Zielgesellschaft ein ausreichendes Zeitfenster für die Durchführung verschiedener Bewertungsverfahren zur Verfügung.[1035]

cc) Zwischenergebnis

Um den Erfordernissen der Berichtspflicht nach § 27 WpÜG Genüge zu tun, besteht für Vorstand und Aufsichtsrat der Zielgesellschaft die Pflicht zur Durchführung einer Unternehmensbewertung. Aus diesen Überlegungen leitet sich nunmehr die Frage ab, inwiefern seitens der

---

[1034] Gegen eine Pflicht zur Unternehmensbewertung durch die Organe der Zielgesellschaft insgesamt *Fleischer/Kalss*, WpÜG, S. 97; zurückhaltender mit Bezug auf das *DCF*-Verfahren *Harbarth*, ZIP 2004, 3, 5 f.; Baums/Thoma-*Harbarth*, § 27 WpÜG, Rdn. 43 f., mit Hinweis auf die Durchführbarkeit marktorientierter Bewertungsverfahren; *Winter/Harbarth*, in: Handbuch Corporate Governance, S. 475, 506 f.; Assmann/Pötzsch/Schneider-*Krause/Pötzsch*, § 27 WpÜG, Rdn. 66.
[1035] Aus Sicht der Praxis erscheint ein Zeitfenster von ca. drei Wochen für die Durchführung einer *DCF*-Analyse erforderlich.

Organe eine Verpflichtung zur Beurteilung des Angebots durch einen geeigneten externen Berater besteht.

f) Pflicht zur Beurteilung des Angebots durch geeignete externe Berater

aa) Europäische Übernahmerichtlinie

Nach 15-jährigen Beratungen wurde die EU-Übernahmerichtlinie (13. Richtlinie) durch Ministerrat und Parlament verabschiedet; sie ist bis Mai 2006 in nationales Recht umzusetzen.[1036] Die 13. Richtlinie sieht jedoch anders als der Londoner *City Code* eine Pflicht zur Mandatierung eines Sachverständigen weder für den Bieter noch für die Zielgesellschaft vor.[1037]

bb) Übernahmekodex

Vor Einführung des WpÜG regelte Art. 18 des am 1. Oktober 1995 in Kraft getretenen und zuletzt mit Wirkung vom 1. Januar 1998 geänderten deutschen Übernahmekodexes[1038] eine Pflicht für die Organe der Zielgesellschaft, eine Stellungnahme zu einem Übernahmeangebot abzugeben.[1039] Bei dem Übernahmekodex handelte es sich um einen nicht rechtsverbindlichen Katalog von Verhaltensregeln und Empfehlungen für die an einer Unternehmensübernahme beteiligten Parteien, dessen Zweck darin besteht, allgemein die Fairness und Transparenz des deutschen Kapitalmarkts zu fördern und damit seine Reputation durch die Einführung bestimmter, an internationale Standards angelehnter Regeln zu steigern.[1040] Daher konnten auf dieser Grundlage keine gesetzlichen, sondern lediglich vertragliche Verpflichtungen zwischen den Parteien, die sich zur Einhaltung der Bestimmungen des Kodexes verpflichtet haben, und den Aktionären der Zielgesellschaft begründet werden.[1041] Eine Pflicht zur Beratung des Vorstands durch einen sachverständigen Dritten und zur Abgabe einer qualifizierten Einschätzung zur Angemessenheit des Angebots lässt sich daher aus dem Übernahmekodex nicht im Sinne einer *fairness opinion* ableiten.

[1036] Zur Entstehungsgeschichte der Richtlinie *Hirte*, ECFR 2005, 1, 2 f.; *Maul/Muffat-Jeandet*, AG 2004, 221, 222 ff.
[1037] Dazu auch *Winner*, Zielgesellschaft, S. 173.
[1038] Abgedruckt bei *Hirte*, WpÜG, S. 315 ff.
[1039] Dazu *Schander/Posten*, ZIP 1997, 1534, 1536.
[1040] KK-*Hirte*, Einleitung, Rdn. 44.
[1041] *Hirte/Schander*, in: Übernahme börsennotierter Unternehmen, S. 341, 349.

cc) **Wertpapiererwerbs- und Übernahmegesetz (WpÜG)**

aaa) **Rechtsgrundlage § 14 WpÜG-DiskE**

Innerhalb des Gesetzgebungsverfahrens für das WpÜG sah § 14 WpÜG-DiskE in Anlehnung an den Londoner *City Code* eine dem ausländischen Recht entlehnte Pflicht zur Beurteilung eines Angebots durch einen geeigneten externen Berater vor.[1042] Damit wäre erstmals eine gesetzlich normierte Pflicht zur Einholung einer *fairness opinion* in Deutschland begründet worden. Als *geeignet* wurden Berater in Betracht gezogen, die über ausreichende Erfahrung auf dem Gebiet von Unternehmensübernahmen verfügen. Dieses Kriterium hätten nach der Begründung zum Diskussionsentwurf exemplarisch Wertpapierdienstleistungsunternehmen, Investment Banken oder spezialisierte Anwaltskanzleien erfüllt.[1043] Darüber hinaus beinhaltete der DiskE allerdings keine Anforderungen an die Unabhängigkeit des sachverständigen Dritten.[1044] Der Normzweck der Beratungspflicht sollte darin bestehen, ein reibungsloses und rasches Übernahmeverfahren zu ermöglichen und kostspielige und zeitraubende Fehlentscheidungen zu vermeiden.[1045] Auch sollte ein sachverständiger Berater für die Verwaltung der Zielgesellschaft als Korrektiv möglicher divergierender Interessen zwischen dem Vorstand und den Aktionären der Zielgesellschaft wirken.[1046] Allerdings wurde diese Verpflichtung für die Zielgesellschaft nicht in den Regierungsentwurf und abschließend auch nicht in § 27 WpÜG übernommen.[1047] Ursache hierfür war die Einschätzung, dass die Verwaltungsorgane der Zielgesellschaft die Angebotsbedingungen am besten selbst beurteilen könnten.[1048]

Im Schrifttum wird die Forderung nach der Hinzuziehung eines unabhängigen Beraters für den Bieter und die Zielgesellschaft sowohl positiv wie negativ beurteilt: *Hirte* hält die Einholung professionellen Rates vor Veröffentlichung der Stellungnahme für empfehlenswert.[1049]

[1042] Diskussionsentwurf, Entwurf eines Gesetzes zur Regelung von Unternehmensübernahmen, abgedruckt NZG 2000, 844, 848.
[1043] § 14 WpÜG-BegrDiskE, abgedruckt bei *Fleischer/Kalss*, WpÜG, S. 312; *Land/Hasselbach*, DB 2000, 1747, 1749.
[1044] *Hopt*, ZGR 2002, 333, 355.
[1045] *Land/Hasselbach*, DB 2000, 1747, 1749.
[1046] § 14 WpÜG-BegrDiskE, abgedruckt bei *Fleischer/Kalss*, WpÜG, S. 312; ähnlich dazu aus österreichischer Perspektive *Kalss*, NZG 1999, 421, 429, Fn. 98, „der Sachverständige bildet damit ein präventives Korrektiv für die wirtschaftlichen Entscheidungen (business judgment), die die Verwaltungsorgane der Gesellschaft zu treffen haben. Die Einbindung und Stellungnahmepflicht des Sachverständigen lässt sich in die Entwicklung fügen, dass begleitende Sachverständige (Abschlussprüfer) verstärkt dazu verpflichtet werden, nicht nur zur Rechtmäßigkeit, sondern auch zur Wirtschaftlichkeit und Zweckmäßigkeit von Tatbeständen Stellung zu nehmen"; *Stockenhuber*, RIW 1997, 752, 757; *Winner*, Zielgesellschaft, S. 172.
[1047] Dazu *Harbarth*, ZIP 2004, 3, 9; KK-*Hirte*, § 27 WpÜG, Rdn. 4; *Nick*, Übernahme börsennotierter Unternehmen, 87, 113.
[1048] *Klaß*, Bus. L. Rev. 2003, 283.
[1049] KK-*Hirte*, § 27 WpÜG, Rdn. 17.

Hopt sieht in der fehlenden Verpflichtung des Vorstands und Aufsichtsrats der Zielgesellschaft zur Einholung von unabhängigem und kompetentem Rat ein „wesentliches Versäumnis" und eine „bedauerliche Lücke"; denn das Argument, die verantwortlichen Organe der Zielgesellschaft wüssten selbst am besten, wie sie ein Angebot zu bewerten hätten, überzeuge nicht.[1050] Nach Ansicht von *Möllers* könnte ein externer Dritter die Stellungnahme der Zielgesellschaft „qualitativ heben und verobjektivieren".[1051] Dies steht im Einklang mit der Ansicht von *Wackerbarth*, der aus dem Vorliegen einer externen sachverständigen Stellungnahme eine Erhöhung der Transparenz des Angebots für die Wertpapierinhaber folgert.[1052] Auch *Fleischer* und *Kalls* erachten die obligatorische Einholung sachverständigen Rates durch die Verwaltungsorgane der Zielgesellschaft für unbedingt empfehlenswert.[1053] Darüber hinaus identifiziert *Oechsler* in dem Diskussionsentwurf für das WpÜG die Etablierung einer Seriositätsschwelle zur Vermeidung von unprofessionellen Übernahmeangeboten durch einen Bieter in Anlehnung an englisches Recht.[1054] Schließlich sieht *Mühle* in der Einholung einer *fairness opinion* die Möglichkeit zur Unterstreichung der Objektivität der Einschätzung der Verwaltungsorgane und der Verlässlichkeit der Tatsachenbasis der von ihnen abgegebenen Stellungnahmen.[1055] Dies steht im Einklang mit der Ansicht von *Schwetzler*, *Aders*, *Salcher* und *Bornemann*, dass zwar unter der Prämisse eines informationseffizienten Kapitalmarkts im Rahmen einer Stellungnahme der Verwaltungsorgane keine *fairness opinion* erforderlich sei, dass diese jedoch einer interessengeleiteten Enscheidung der Verwaltungsorgane durchaus entgegenwirken könne und daher für die Zielgesellschaft sinnvoll sei.[1056]

Demgegenüber stimmt *Uwe H. Schneider* dem legislatorischen Absehen von der Einführung einer Verpflichtung zur Einholung externen Rates zu; denn dieser Rat könne vor dem Hintergrund des für Vorstand und Aufsichtsrat der Zielgesellschaft geltenden Neutralitätsgebots allenfalls in der Stellungnahme oder der Zulässigkeit der Einholung eines konkurrierenden Angebots Anwendung finden. Dieser Zweck steht jedoch nach Ansicht von *Schneider* in keinem Verhältnis zu den mit der Einholung externer Beratungsleistung verbundenen Kosten.[1057] *Von Nussbaum* sieht die Gefahr der Einholung eines externen Sachverständigenrates darin,

---

[1050] *Hopt*, ZGR 2002, 333, 355 und 364.
[1051] *Möllers*, ZGR 2002, 664, 687 und 693 f., These 10, *de lege ferenda* für eine Normierung der Beratungspflicht wie ursprünglich in § 14 WpÜG-DiskE vorgesehen.
[1052] MüKo-*Wackerbarth*, § 27 WpÜG, Rdn. 13.
[1053] *Fleischer/Kalls*, WpÜG, S. 97.
[1054] *Oechsler*, NZG 2001, 817, 820, allerdings ohne Stellungnahme zu einer etwaigen Verpflichtung der Zielgesellschaft.
[1055] *Mühle*, Wertpapiererwerbs- und Übernahmegesetz, S. 275.
[1056] *Schwetzler/Aders/Salcher/Bornemann*, FB 2005, 106, 112.
[1057] *U. Schneider*, AG 2002, 125, 128.

dass im Fall der Empfehlung zur Annahme des Angebots durch den Dritten den Verwaltungsorganen die Argumentationsgrundlage für Verteidigungsmaßnahmen entzogen würde.[1058]

bbb) Rechtsgrundlage § 27 WpÜG

Darüber hinaus ist allerdings im Wege der Auslegung zu ermitteln, ob eine derartige Pflicht zur Beiziehung eines Sachverständigen aus § 27 WpÜG in der jetzigen Fassung abgeleitet werden kann. Der Wortlaut der Norm bietet dafür keinen Anhaltspunkt. Auch spricht die Entstehungsgeschichte der Norm gegen eine generelle Verpflichtung zur Einschaltung von Beratern, weil nach der Streichung von § 14 WpÜG-DiskE die Formulierung von § 27 WpÜG unverändert blieb und darin keine direkte Obliegenheit der Verwaltungsorgane aufgenommen wurde, dass sie den Rat Dritter einholen müssen. Damit bleibt der Normzweck des § 27 WpÜG näher zu analysieren, der darin besteht, den Anteilseignern eine fundierte Entscheidungshilfe zu bieten. Sämtliche Informationen sind demnach sorgfältig und objektiv zu recherchieren und darzustellen.[1059] Dabei sind reine Werturteile ohne fundierte Tatsachenbasis unzulässig. *Harbarth* sieht in diesem Rahmen eine Verpflichtung zur Einholung sachverständigen Rats, wenn die Verwaltungsorgane nicht allein zu einer pflichtgemäßen Abgabe der Stellungnahme in der Lage sind; denn diese müsse den Anteilseignern eine sachgerechte Entscheidung ermöglichen.[1060] Auch *Hopt, Thiel* ebenso wie *Krause* und *Pötzsch* sind der Ansicht, dass die Einholung externen sachverständigen Rats notwendig sein *könne*.[1061] Demgegenüber vertritt *Hirte* die Ansicht, dass die Verwaltung in diesem Fall einen Hinweis in die Stellungnahme aufnehmen könne, dass eine endgültige Beurteilung mangels Einholung sachverständigen Rats nicht erfolgen könne.[1062] Damit wird allerdings die Stellungnahme ihrem Normzweck, der Schaffung einer fundierten Entscheidungsvorbereitung für die Anteilseigner der Gesellschaft, kaum mehr gerecht.[1063] Nur wenn eine hinreichende Beurteilung der Angemessenheit der Gegenleistung durch die Verwaltungsorgane möglich ist, wird die Hinzuziehung eines Sachverständigen entbehrlich.[1064] In der Praxis ist durchaus zu beobachten, dass eine umfassende Stellungnahme teils auch ohne Beiziehung eines sachverständigen Drit-

---

[1058] *Von Nussbaum*, Die Aktiengesellschaft als Zielgesellschaft eines Übernahmeangebots, S. 133, Fn. 468.
[1059] *Herrmann*, Zivilrechtliche Abwehrmaßnahmen, S. 89; *Kort*, in: FS Lutter, S. 1421, 1438; *Mühle*, Wertpapiererwerbs- und Übernahmegesetz, S. 274.
[1060] *Harbarth*, ZIP 2004, 3, 9; Baums/Thoma-*Harbarth*, § 27 WpÜG, Rdn. 72.
[1061] Assmann/Pötzsch/Schneider-*Krause/Pötzsch*, § 27 WpÜG, Rdn. 49; *Hopt*, ZHR 166 (2002), 382, 420; Semler/Volhard-*Thiel*, § 54, Rdn. 20 und 24.
[1062] KK-*Hirte*, § 27 WpÜG, Rdn. 33; a.A. Baums/Thoma-*Harbarth*, § 27 WpÜG, Rdn. 72.
[1063] Assmann/Pötzsch/Schneider-*Krause/Pötzsch*, § 27 WpÜG, Rdn. 49.
[1064] Assmann/Pötzsch/Schneider-*Krause/Pötzsch*, § 27 WpÜG, Rdn. 49.

ten, der eine *fairness opinion* erstellt, abgegeben wird.[1065] Eine abwägende Auslegung des § 27 WpÜG führt im Ergebnis zu keiner generellen Verpflichtung des Vorstands und des Aufsichtsrats zur Einholung von unabhängiger und kompetenter externer Beratung.[1066]

ccc) **Stellungnahme und Zwischenergebnis**

Damit besteht in Deutschland keine gesetzlich normierte Verpflichtung zur Einholung einer *fairness opinion* durch die Verwaltungsorgane der Zielgesellschaft; eine derartige Gesetzesformulierung wurde bewusst nicht in das WpÜG übernommen, so dass sich auch im Wege der Auslegung keine generelle derartige Verpflichtung hieraus ableiten lässt. Gleichwohl zeigt ein erster Fall zur Organhaftung mit Bezug auf den Inhalt einer Stellungnahme nach § 27 WpÜG die Gefahr der Haftung der Verwaltungsorgane deutlich auf.[1067] Eine gesetzlich normierte Pflicht der Verwaltungsorgane zu einer auch rechtspolitisch zu befürwortenden Beratung durch einen sachverständigen Dritten, wie sie § 14 WpÜG-DiskE vorsah, ist im Ergebnis indes nicht erforderlich; denn infolge des Haftungsprivilegs der *business judgment rule* wird ein ausreichender Anreiz zur Nutzung externer Expertise geschaffen, wenn die Möglichkeiten zur Beurteilung nicht im Hause der Zielgesellschaft selbst zur Verfügung stehen. Dies gilt spiegelbildlich für die ebenfalls im Schrifttum geforderte Beratungspflicht für den Bieter.[1068] Insofern entspricht der Weg zur Erreichung des rechtspolitischen Ziels einer fundierten Enscheidungsbasis für die Anteilseigner dem US-amerikanischen Vorbild, bei dem ebenfalls auf eine spezialgesetzliche Normierung verzichtet wurde und die Beratung durch sachverständige Dritte gleichwohl weit verbreitet ist.

dd) **Anwendungsbereich der *Fairness Opinion* für Zielgesellschaften**

Vor dem Hintergrund der Organverantwortung von Vorstand und Aufsichtsrat der Zielgesellschaft kann eine in ihren Prognosen oder Werturteilen unrichtige oder unvollständige Stellungnahme der Verwaltungsorgane der Zielgesellschaft haftungsbegründend sein.[1069] Während das WpÜG die Haftung des Bieters für die Angebotsunterlage explizit anspricht (§ 12 WpÜG),[1070] ist die Haftung der Verwaltungsorgane der Zielgesellschaft für eine inhaltlich fehlerhafte Stellungnahme nicht normiert. Eine analoge Anwendung der Regelungen für

---

[1065] Exemplarisch Stellungnahme des Vorstands und des Aufsichtsrat der *Holsten AG* zum Angebot der *Carlsberg Deutschland GmbH* auf Basis einer hauseigenen kapitalmarktorientierten Unternehmensbewertung und Analyse der Kursentwicklung der Aktie ohne Einholung einer externen *fairness opinion*.
[1066] *Hopt*, ZGR 2002, 333, 355; MüKo-*Wackerbarth*, § 27 WpÜG, Rdn. 13; Assmann/Pötzsch/Schneider-*Krause/Pötzsch*, § 27 WpÜG, Rdn. 49.
[1067] Dazu *Drinkuth*, Börsen-Zeitung vom 8.5.2004, 14, Strafanzeige gegen die Aufsichtsratsmitglieder der *Dyckerhoff AG*, es lag eine *fairness opinion* vor.
[1068] So KK-*Möllers*, § 13 WpÜG, Rdn. 36; *Möllers*, ZGR 2002, 664, 685 ff.
[1069] Ausführlich *Friedl*, NZG 2004, 448 ff.; dazu auch *Klafs*, Bus. L. Rev. 2003, 283, 284.

den Bieter wird im Schrifttum zurückhaltend beurteilt.[1071] § 93 AktG bzw. § 116 AktG kommen als Anspruchsgrundlage für eine Haftung gegenüber der Gesellschaft in Betracht. Daneben haften die Verwaltungsmitglieder für die von ihnen abgegebene Stellungnahme auch unmittelbar gegenüber den Aktionären (Haftung wegen schuldhafter Verletzung der Treuepflichten).[1072] Gerade bei den Aktionären und nicht bei der Gesellschaft selbst stellt sich nämlich ein etwaiger Schaden infolge einer fehlerhaften Stellungnahme ein.

Darüber hinaus könnte auch eine deliktische Haftung der Verwaltungsorgane aus §§ 823 Abs. 2 bzw. 826 BGB in Betracht kommen. Dazu müsste eine Schutzgesetzverletzung in Form von Betrug oder Untreue §§ 263, 266 StGB, §§ 399, 400 AktG vorliegen. Ungeklärt ist, ob § 27 WpÜG als Schutzgesetz zu qualifizieren ist.[1073] Teilweise wird auch eine Haftung der Verwaltungsorgane aus Prospekthaftung (§ 45 BörsG) bzw. allgemeiner zivilrechtlicher Prospekthaftung befürwortet.[1074] Eine Normierung der Organaußenhaftung wegen fehlerhafter Kapitalmarktinformation kommt ebenfalls in Betracht, wie der – inzwischen allerdings zurückgestellte – Entwurf zum KapInHaG zeigte (dazu oben S. 83 ff.).

Auch wenn die Mandatierung einer *fairness opinion* durch die Verwaltungsorgane wie zuvor ausgeführt nicht spezialgesetzlich erforderlich ist, wird sie auf Grund des Haftungsrisikos der Verwaltungsorgane mit zunehmender Verbreitung eingeholt. Eine Auswertung der Kaufangebote nach dem WpÜG hat gezeigt, dass insbesondere bei Kaufangeboten mit erheblichen Transaktionsvolumina *fairness opinions* nachgefragt wurden.[1075] Mit der Mandatierung einer unabhängigen *fairness opinion* und der Überprüfung ihrer Ergebnisse können die Verwaltungsorgane grundsätzlich die Erfüllung ihrer Organpflichten zur Beurteilung der Höhe der Gegenleistung dokumentieren.[1076] Insbesondere bei einem Interessenkonflikt der Verwal-

---

[1070] Dazu ausführlich *Santelmann*, Angebotsunterlagenhaftung; *Huber*, Haftung für Angebotsunterlagen.
[1071] Dazu *Drinkuth*, Börsen-Zeitung vom 8.5.2004, 14; *Klafs*, Bus. L. Rev. 2003, 283, 285, der Hintergrund für die fehlende explizite Regelung bestehe in § 14 WpÜG-DiskE; denn dem sachverständigen Dritten stehe nur eine begrenzte Informationsbasis zur Verfügung.
[1072] KK-*Hirte*, § 27 WpÜG, Rdn. 27; *van Aubel*, Vorstandspflichten, S. 145; *Steinmeyer/Häger*, § 27 WpÜG, Rdn. 7; a.A. Geibel/Süssmann-*Schwennicke/Grobys*, § 27 WpÜG, Rdn. 47, gegen eine Qualifizierung von § 27 WpÜG als Schutzgesetz zugunsten der Wertpapierinhaber.
[1073] A.A. *Bröcker/Weisner*, Übernahmeangebote, Rdn. 185; *Müller*, in: Bad Homburger Handbuch zum Übernahmerecht, D 2.5., Rdn. 29, Geibel/Süssmann-*Schwennicke/Grobys*, § 27 WpÜG, Rdn. 47, gegen eine Qualifizierung von § 27 WpÜG als Schutzgesetz zugunsten der Wertpapierinhaber.
[1074] KK-*Hirte*, § 27 WpÜG, Rdn. 27; MüKo-*Wackerbarth*, § 27 WpÜG, Rdn. 16; kritisch *Drinkuth*, Börsen-Zeitung vom 8.5.2004, 14; *Klafs*, Bus. L. Rev. 2003, 283, 285; unentschieden *Ekkenga/Hofschroer*, DStR 2002, 724, 728.
[1075] Exemplarisch Zielgesellschaften mit vorheriger *M-Dax* Zugehörigkeit: *Celanese AG, WEDECO Water Technology AG, Wella AG*.
[1076] *Drinkuth*, Börsen-Zeitung vom 8.5.2004, 14.

tungsorgane bietet sich die Einholung einer *fairness opinion* durch die Zielgesellschaft an; denn sie schafft gegenüber den Aktionären die erforderliche Transparenz.[1077]

Unter dem Aspekt der Verhandlungstaktik zur Maximierung der Gegenleistung kommt der *fairness opinion* bei öffentlichen Angeboten eine weitere Bedeutung zu; denn der Vorstand der Zielgesellschaft kann in der Bewertungsdiskussion mit dem Bieter argumentieren, dass ein ihn beratender Dienstleister sich nur bei Erreichen eines bestimmten Angebotspreises in der Lage sehe, eine *fairness opinion* für die Transaktion abzugeben.[1078] Dieser Gesichtspunkt macht nach Einschätzung von *Nick* die Einholung einer *fairness opinion* auch in Deutschland „beinahe unabdingbar".[1079] Auch im Hinblick auf regelmäßig problematische Bewertungsfragen empfehle es sich, den sachverständigen Rat eines Wirtschaftsprüfers oder einer Investment Bank einzuholen.[1080]

g) *Fairness Opinion* aus Bieterperspektive

Im Rahmen von öffentlichen Kaufangeboten kann die Mandatierung einer *fairness opinion* auch aus der Perspektive des Bieters unter Berücksichtigung unterschiedlicher Absichten von Bedeutung sein. Hinsichtlich ihrer Legitimationswirkung entspricht ihr Anwendungsbereich dem der *fairness opinion* bei Erwerb oder Veräußerung von Beteiligungen (hierzu unten S. 199 ff.). Insbesondere bei fehlender Möglichkeit zur Durchführung einer *due diligence* wird eine Obliegenheit zur Einholung einer *fairness opinion* gesehen.[1081] Aus der Perspektive des Bieters besteht das Ziel einer Bewertung und Wertfestsetzung im Rahmen eines öffentlichen Kaufangebots für eine Zielgesellschaft weiterhin darin, den Preis zu minimieren und gleichzeitig die Aktionärsakzeptanz im Aktionariat der Zielgesellschaft zu maximieren.[1082] Innerhalb der Verhandlung zwischen den Organen des Bieters und der Zielgesellschaft kann einer durch den Bieter mandatierten *fairness opinion* nach Ansicht von *Schränkler* eine verhandlungstaktische Funktion zukommen; denn sofern die Verwaltungsorgane der Zielgesellschaft eine eigene *fairness opinion* einholen und diese in die Verhandlungen einbringen können, werde die Flexibilität der Preisfindung „empfindlich eingeschränkt".[1083] Dies geschehe insbesondere, sofern die Erwartungshaltungen zwischen Bieter und Zielgesellschaft erheb-

---

[1077] *Ragotzky*, M&A Review 2000, 410, 413.
[1078] *Nick*, in: Übernahme börsennotierter Unternehmen, S. 87, 114.
[1079] *Nick*, in: Übernahme börsennotierter Unternehmen, S. 87, 114, aus der Perspektive einer *fairness opinions* erstellenden Investment Bank.
[1080] Haarmann/Riehmer/Schüppen-*Röh*, § 27 WpÜG, Rdn. 34; *Thümmel*, DB 2000, 461, 463; a.A. wohl *van Aubel*, Vorstandspflichten, S. 65, eine Stellungnahme dürfe nur auf der Basis von eigenen Kenntnissen erfolgen.
[1081] *Böttcher*, Börsen-Zeitung vom 2.12.2004, 12.
[1082] *Schränkler*, Börsen-Zeitung vom 31.1.2004, B3.
[1083] *Schränkler*, Börsen-Zeitung vom 31.1.2004, B3.

lich differieren. Daher biete es sich in der Praxis an, aus Bieterperspektive eine *fairness opinion* zu „simulieren" und dem Zielunternehmen gegenüber zu argumentieren, dass auch die Interessen der Aktionäre der Zielgesellschaft in dem Angebot berücksichtigt seien.[1084]

h) Abwehrmaßnahmen, § 33 WpÜG

Die vom Vorstand einer Gesellschaft eingeleiteten Abwehrmaßnahmen unterliegen dessen unternehmerischem Ermessen, wobei sich ein strenges Neutralitätsgebot im deutschen Schrifttum nicht durchgesetzt hat.[1085] § 33 Abs. 1 Satz 2 Alt. 3 WpÜG ermächtigt den Vorstand zur Durchführung von Abwehrmaßnahmen innerhalb seiner Geschäftsführungskompetenz auch ohne Zustimmung der Hauptversammlung, wenn der Aufsichtsrat diesen Maßnahmen zuvor zugestimmt hat. Demzufolge können Schäden, die durch pflichtwidrige Abwehrmaßnahmen entstanden sind, die persönliche Haftung der Mitglieder der Verwaltungsorgane begründen.[1086] Als Anspruchsberechtigte kommen der Bieter, die Zielgesellschaft sowie die Anteilseigner der Zielgesellschaft in Betracht. Die Kostendimension, die Beratungs- und Werbekosten, finanzielle Zugeständnisse an so genannte *white knights* einerseits oder die Veräußerung von Beteiligungen unter Wert andererseits, begründen das hohe Legitimationsbedürfnis für eine Entscheidung zu Gunsten von Abwehrmaßnahmen.[1087]

Es besteht zudem insbesondere beim Vorstand die Gefahr, dass sein Verhalten zu Gunsten von Abwehrmaßnahmen durch Eigeninteressen geleitet wird.[1088] Vor diesem Hintergrund kommt dem Aufsichtsrat eine besonders intensive Kontrollfunktion zu, die eine umfängliche Analyse des Angebots und der vom Vorstand beabsichtigten Maßnahmen erfordert.[1089] Auch ein etwaiger Ermächtigungsbeschluss der Hauptversammlung befreit nicht von der Organhaftung. Eine entlastende Wirkung für die Verwaltungsorgane kann dabei im Wege einer von einem sachverständigen Dritten erstellten *inadequacy opinion* erreicht werden (zur Abgrenzung oben S. 25). Ein derartiges Beratermandat ist insbesondere auch für den Aufsichtsrat empfehlenswert;[1090] denn auch dem Aufsichtsrat steht ein Handlungsspielraum in seiner Zustimmung zu etwaigen Abwehrmaßnahmen zur Verfügung.[1091] Daher kann es auch für den

---

[1084] *Schränkler*, Börsen-Zeitung vom 31.1.2004, B3.
[1085] Dazu statt vieler KK-*Hirte*, § 33 WpÜG m.w.N.; *von Nussbaum*, Zielgesellschaft, S. 69 ff.
[1086] *Assmann/Bozenhardt*, in: Übernahmeangebote, S. 1, 104 ff.; GK-*Hopt*, § 93 AktG, Rdn. 122; *Hübner*, Managerhaftung, S. 77 ff.; *Thümmel*, Persönliche Haftung, Rdn. 184 und 191; *Thümmel*, DB 2000, 461; *Schander/Posten*, ZIP 1997, 1534, 1535 f.
[1087] Dazu aus US-amerikanischer Perspektive auch *Paefgen*, AG 1991, 189, 195.
[1088] *Thümmel*, DB 2000, 461, 463.
[1089] *Schiessl*, ZGR 2003, 815, 830; *Semler*, in: FS Ulmer, S. 627, 638 f.; kritisch *Winter/Harbarth*, ZIP 2002, 1, 8, im Hinblick auf die Interessenlage des Aufsichtsrats.
[1090] *Schiessl*, ZGR 2003, 815, 831; *Thümmel*, DB 2000, 461, 463.
[1091] *Winter/Harbarth*, ZIP 2002, 1, 11.

Aufsichtsrat angezeigt sein, vor der Zustimmung zur Durchführung einer Abwehrmaßnahme eine *inadequacy opinion* einzuholen.

Schließlich kann eine *inadequacy opinion* die Entscheidungsfindung der Anteilseigner im Fall eines Hauptversammlungsbeschlusses nach Ankündigung des Angebots beeinflussen. Anders als die Stellungnahme der Verwaltungsorgane orientiert sie sich ausschließlich an den Interessen der Anteilseigner. Ihr kommt daher ein hoher Argumentationswert zu. In der deutschen Praxis ist eine veröffentlichte *inadequacy opinion* allerdings bislang kaum vorgekommen (dazu oben S. 71).

i) Zwischenergebnis

In Deutschland wurde im Gesetzgebungsverfahren zum WpÜG von einer generellen Verpflichtung zur Einholung externen sachverständigen Rats durch die Organe der Zielgesellschaft abgesehen. Gleichwohl schafft die verschärfte Organhaftung Anreize für die Verwaltungsorgane zur Einholung von *fairness opinions*. Die Verpflichtung der Verwaltungsorgane ist in Abhängigkeit der innerhalb der Gesellschaft vorhandenen Kenntnisse zur Unternehmensbewertung zu beurteilen. Unter Legitimations- und Argumentationsgesichtspunkten findet dieses Instrument bei Kaufangeboten daher eine zunehmende Verbreitung aus der Perspektive der Zielgesellschaft. In diesem Zusammenhang ist auch darauf hinzuweisen, dass die Aktionäre nach einer Entscheidung des OLG Frankfurt am Main keinen Anspruch haben, am Verwaltungsverfahren zur Überprüfung der Angemessenheit des Preises (§ 31 WpÜG) beteiligt zu werden.[1092] Im Fall der Abwehr eines unfreundlichen Angebots kann unter diesen Überlegungen auch eine *inadequacy opinion* eingeholt werden. Sowohl aus der Perspektive der Zielgesellschaft als auch des Bieters kann eine *fairness opinion* auch als Verhandlungsinstrument mit dem Ziel der Maximierung bzw. – je nach Interessenlage – der Minimierung der Gegenleistung eingesetzt werden.

2.) Aktienrückkäufe (§ 71 Abs. 1 Nr. 8 AktG)

Seit Verabschiedung des KonTraG im Jahre 1998 ermöglicht der deutsche Gesetzgeber den Rückkauf eigener Aktien, welcher vom Kapitalmarkt als sinnvolle Alternative zur direkten Ausschüttung von Erträgen an die Anteilseigner gesehen wird.[1093] Die neu eingeführte Norm des § 71 Abs. 1 Nr. 8 AktG ermöglicht einen Beschluss der Hauptversammlung, der die Ver-

---

[1092] OLG Frankfurt am Main, ZIP 2003, 1392; dazu *Hirte*, NJW 2005, 477, 482.
[1093] Zur Reformdiskussion: *Martens*, AG 1996, 337 ff.; *Huber*, in: FS Kropff, S. 101 ff.; *von Rosen/Helm*, AG 1996, 434 ff.; *Piepenburg*, BB 1996, 2582 ff.; zuvor bestand seit 1931 ein restriktiv gehandhabtes Verbot für den Rückerwerb eigener Aktien in Deutschland.

waltung der Gesellschaft ermächtigt, innerhalb eines Zeitfensters von 18 Monaten aus den freien Rücklagen eigene Aktien von insgesamt bis zu zehn Prozent des Grundkapitals zu erwerben.[1094] Der Rückkauf eigener Aktien gilt als Signal, dass die Verwaltungsorgane einer Gesellschaft die Marktbewertung ihrer Gesellschaft für zu gering erachten.[1095] Ein Rückerwerb eigener Aktien kann entweder als Rückkaufprogramm über einen längeren Zeitraum über die Börse oder in der Form eines öffentlich unterbreiteten Rückkaufprogramms als Festpreisangebot bzw. als Preisspannenangebot abgewickelt werden. Eine weitere mögliche Strukturierung des Aktienrückkaufs besteht in der Emission von Andienungsrechten, die selbstständig veräußert werden können. Letztlich besteht die Option des Rückerwerbs von Paketen einzelner Aktionäre.

Die Gefahr einer Ungleichbehandlung der Anteilseigner ist unter die folgenden Gesichtspunkte zu fassen:[1096] Eine verfahrensrechtliche und informationelle Gleichbehandlung der Aktionäre, die die Mandatierung einer *fairness opinion* erfordern könnte, ist durch eine angemessene und einheitliche Preisgestaltung, welche u.a. durch die Gewährleistung gleicher Verkaufschancen und durch eine ausreichende Versorgung der Aktionäre mit Informationen erreicht werden kann, sicherzustellen. Während ein Rückkauf über die Börse oder mittels übertragbarer Andienungsrechte eine gezielte Vermögensverlagerung zu Gunsten einzelner Aktionäre ausschließt, besteht insbesondere bei einem Paketkauf von einzelnen Altaktionären sowie ggf. bei einem öffentlichen Kaufangebot die Gefahr, dass die Verwaltung der Gesellschaft durch einen überhöhten Kaufpreis zum Nachteil der übrigen Anteilseigner Mittel entzieht und den veräußernden Aktionären unter Verstoß gegen das Gleichbehandlungsgebot des § 53a AktG Sondervorteile einräumt.[1097]

a) Individuell ausgehandelter Rückkauf (*Negotiated Repurchase*)

In Deutschland wird der Paketerwerb unter dem Gesichtspunkt der Gleichbehandlung der Anteilseigner im Schrifttum teils kritisch gesehen.[1098] Aus diesem Grunde wird teilweise schon die Zulässigkeit eines Erwerbs eigener Aktien durch die Gesellschaft im Wege des Paketkaufs

---

[1094] Zu den Grenzen *Johannsen-Roth*, Erwerb eigener Aktien, S. 301 ff.; *Grobecker/Michel*, DStR 2001, 1757.
[1095] *Escher-Weingart/Kübler*, ZHR 162 (1998), 537, 544; *Kübler*, Aktie, Unternehmensfinanzierung und Kapitalmarkt, S. 43.
[1096] *Baum*, ZHR 167 (2003), 580, 592.
[1097] *Baum*, ZHR 167 (2003), 580, 593 f.; demgegenüber sind gleiche Verkaufschancen bei einem Erwerb über die Börse und der Emission von Andienungsrechten anzunehmen, so dass diese Alternative für die Betrachtung der Fairness Opinion keiner weiteren Analyse zu unterziehen sind.
[1098] *Rosen/Helm*, AG 1996, 434, 442, mit Bezug auf den Vorschlag des DAI; *Martens*, AG 1996, 337, 339 f., Forderung, dass ein Rückerwerb ausschließlich über die Börse ermöglicht werden sollte; a.A. *Benckendorff*, Erwerb eigener Aktien, S. 79, mit Hinweis auf die Notwendigkeit von Gestaltungsspielräumen.

skeptisch beurteilt.[1099] Diese Erwerbsform kann aber nach anderer Ansicht durchaus im Unternehmensinteresse liegen.[1100] Ein Verstoß gegen die Verpflichtung zur Beachtung des Grundsatzes der Gleichbehandlung aller Aktionäre beim Erwerb eigener Aktien kann allerdings eine Schadenersatzpflicht der handelnden Personen gegenüber den benachteiligten Personen begründen.[1101] Daher besteht ein besonderes Interesse der Verwaltungsorgane der Gesellschaft an der Dokumentation eines Verfahrens, das die Gleichbehandlung der Anteilseigner sicherstellt. Dem entspricht die Lage in den USA. Denn hier stellt der Paketkauf von einzelnen Aktionären auf Grund des damit verbundenen Gefahrenpotenzials den primären Anwendungsbereich von *fairness opinion*s bei Rückerwerben eigener Aktien dar.

b) Öffentliches Rückkaufangebot (*Tender Offer*)

Umstritten ist die Anwendbarkeit des WpÜG trotz des Fehlens spezifischer Regelungen für Rückerwerbsangebote auf ein öffentliches Angebot.[1102] Im April 2002 machte die Bundesanstalt für Finanzdienstleistungsaufsicht (BAFin) ihre Auffassung deutlich, dass öffentliche Angebote zum Erwerb eigener Aktien grundsätzlich den Regeln des WpÜG unterlägen.[1103] Auch bei einem Rückerwerb eigener Aktien mittels eines öffentlichen Rückkaufangebots werden typischerweise über dem aktuellen Marktpreis liegende Erwerbspreise angeboten; denn eine Prämie ist erforderlich, um die Anteilseigner zur Andienung ihrer Wertpapiere zu bewegen.[1104] Die Regelung des § 31 WpÜG ist für ein Kaufangebot als einfaches Erwerbsangebot nicht anwendbar. Die Prämie ist somit unter Berücksichtigung der Erwerbsmenge und des Zeitfaktors angemessen festzusetzen.[1105] Auch für das so genannte *Tender*-Verfahren wird aber im Schrifttum eine Kontrollinstanz gefordert, die den Verdacht manipulativen Erwerbsverhaltens von vorneherein ausschließt.[1106] Im Rahmen der gebotenen Ermessensentscheidung steht es den Verwaltungsorganen der Gesellschaft zwar offen, eine Prämie über dem aktuellen Börsenkurs mit dem von dem Rückkauf erwarteten Anstieg von Gewinn und *cash flow* je Ak-

---

[1099] Für die Zulässigkeit des Paketkaufs *Paefgen*, ZIP 2000, 1509, 1511, in analoger Anwendung der Vorschriften zum Bezugsrechtsausschluss bei einer Kapitalerhöhung, d.h. Ausschluss des Andienungsrecht der Aktionäre entsprechend § 186 Abs. 3 AktG; *Paefgen*, AG 1999, 67, 70; *Wastl/Wagner/Lau*, Erwerb eigener Aktien aus juristischer Sicht, S. 134 ff.; *Bosse*, NZG 2000, 16, 19 f.; a.A. *Huber*, in: FS Kropff, S. 101, 116; *Martens*, AG 1996, 337, 340; KK-*Lutter*, § 71 AktG, Rdn. 15; *Peltzer*, WM 1998, 322, 329; zurückhaltend *Hüffer*, § 71 AktG, Rdn. 19k.
[1100] Vgl. zur Entflechtung von Schachtel- und Überkreuzbeteiligungen in Deutschland *Wastl/Wagner/Lau*, Erwerb eigener Aktien aus juristischer Sicht, S. 134 ff.; *Adams*, AG 1994, 148 ff.; in der geschlossenen Gesellschaft zur Auflösung von Pattsituationen zwischen verschiedenen Gesellschafterstämmen oder als Hilfe beim Generationenwechsel, dazu Begr.RegE KonTraG, BT-Drucks. 13/9712, S. 13 f.
[1101] *Wastl/Wagner/Lau*, Erwerb eigener Aktien aus juristischer Sicht, S. 134 ff.; *Hüffer*, § 53a AktG, Rdn. 12.
[1102] *Baum*, ZHR 167 (2003), 580, 584 ff.
[1103] Dazu ausführlich *Lenz/Linke*, AG 2002, 420, 421 f.; *Lenz/Behnke*, BKR 2003, S. 43, 49 f.
[1104] *Baum*, ZHR 167 (2003), 580, 593.
[1105] *Baum*, ZHR 167 (2003), 580, 594.
[1106] *Martens*, AG 1996, 337, 340; *Baums/Stöcker*, in: FS Wiedemann, 703, 709 f.

tie zu begründen. Allerdings ist der Informationsbedarf der Aktionäre gegenüber dem Kaufangebot eines dritten Bieters als deutlich geringer einzustufen.[1107]

c) Anwendungsbereich der *Fairness Opinion*

Die rechtliche Folge des Ausschlusses des Andienungsrechts (umgekehrtes Bezugsrecht) ist eine Wertkontrolle des Rückkaufspreises analog § 255 Abs. 2 Satz 1 AktG.[1108] Ausgangspunkt der Wertprüfung ist der innere Wert der Aktie einschließlich stiller Reserven und des Geschäftswerts. Von diesem Wert kann nach oben abgewichen werden, wenn von dem Rückerwerb nach Einschätzung des Managements besondere Vorteile zu erwarten sind, die den höheren Preis aufwiegen. Wie bei der Kapitalerhöhung unter Bezugsrechtsausschluss lässt sich auch beim Aktienrückerwerb die Wertkontrolle nicht allein auf den Börsenpreis fixieren.[1109] Der Charakter der Entscheidung über die Angemessenheit des Rückkaufspreises als Artikulation des Gesellschaftsinteresses durch die Verwaltungsorgane führt dazu, dass die Entscheidung so lange einer gerichtlichen Kontrolle entzogen bleibt, wie dabei nicht Verstöße gegen Loyalitäts-, Informations- und Sachprüfungspflichten vorkommen.[1110] Sofern die Verwaltungsorgane keinem Interessenkonflikt unterliegen und auf Basis einer gebührenden Informationslage entscheiden, muss damit eine judizielle Nachprüfung ihrer Entscheidung im Rahmen der Wertkontrolle ausscheiden. Vor dem Hintergrund der potenziellen Schadenersatzpflicht der Verwaltungsorgane bei einem Paketkauf und einer etwaigen Rückerstattungspflicht des Erwerbers gemäß § 62 AktG[1111] besteht allerdings ein hohes Sicherungsbedürfnis der beteiligten Parteien. Im Schrifttum werden daher hohe Transparenzgrundsätze sowie ein Bericht der Verwaltung an die Anteilseigner angeregt.[1112] Die wirtschaftliche Fairness eines Rückerwerbs eigener Aktien im Wege eines Paketkaufs kann dabei durch die *fairness opinion* eines sachverständigen Dritten abgesichert werden. Ebenso kann eine *fairness opinion* bei einem Rückkaufangebot im Wege der *tender offer* unter Legitimations- und Argumentationsgesichtspunkten zur Anwendung kommen.

[1107] *Baum*, ZHR 167 (2003), 580, 600; *Koch*, NZG 2003, 61, 69; *Berrar/Schnorbus*, ZGR 2003, 59, 78 und 83.
[1108] *Paefgen*, ZIP 2000, 1509, 1512.
[1109] *Paefgen*, ZIP 2000, 1509, 1512; *Sinewe*, NZG 2002, 314, 316.
[1110] Zum Zusammenhang der Wertkontrolle nach § 255 Abs. 2 AktG mit dem unternehmerischen Ermessen OLG Frankfurt am Main AG 1999, 231, 232 f.; *Paefgen*, WuB 2002, II. A. § 255 AktG 1.02; *Paefgen*, Unternehmerische Entscheidungen und Rechtsbindung der Organe, S. 171 ff.
[1111] Dazu *Hüffer*, § 57 AktG, Rdn. 20.
[1112] *Wastl/Wagner/Lau*, Erwerb eigener Aktien aus juristischer Sicht, S. 141 ff.

III. Vertragsrechtliche Anwendungsbereiche für *Fairness Opinions*

Unter den Begriff der vertragsrechtlichen Anwendungsbereiche für *fairness opinions* sind insbesondere der Kauf und Verkauf von Tochtergesellschaften und Beteiligungen durch eine Muttergesellschaft zu subsumieren. Darauf beschränken sich die nachfolgenden Ausführungen.

1.) Entscheidungsfindung durch die Verwaltungsorgane

Infolge der Neufassung des § 111 Abs. 4 Satz 2 AktG durch das TransPuG bedürfen bedeutende Unternehmenskäufe und Verkäufe einer Muttergesellschaft regelmäßig der Zustimmung des Aufsichtsrats (präventive Kontrolle).[1113] Damit unterliegen diese Maßnahmen sowohl der Organverantwortung des Vorstands als auch der des Aufsichtsrats. Nach Ansicht von *Schiessl* stellen Unternehmenskäufe und -verkäufe einen klassischen Anwendungsfall für die *business judgment rule* dar; denn sie bedürfen einer eingehenden Prüfung der Transaktion, der Konditionen und Risiken sowie strategischer Überlegungen und erfüllen damit die Tatbestandsvoraussetzungen des § 93 AktG. Somit stellen diese Fälle einen Einsatzbereich für *fairness opinions* dar. Unter den folgenden Voraussetzungen kommt allerdings eine Beschlussfassung zu diesen Maßnahmen durch die Hauptversammlung der Gesellschaft in Betracht.

2.) Beschlussfassung der Hauptversammlung

a) Vorlagepflicht nach der *Holzmüller*-Entscheidung

Nach den Grundsätzen der *Holzmüller*-Entscheidung des BGH aus dem Jahr 1982,[1114] die unlängst durch die *Gelatine*-Entscheidungen[1115] konkretisiert wurden, sind die Verwaltungsorgane der Muttergesellschaft verpflichtet, Maßnahmen, die einen wesentlichen Eingriff in die Mitgliedsrechte und die Vermögensinteressen der Aktionäre bedeuten, der Hauptversammlung zur Beschlussfassung vorzulegen. Entsprechend den Grundsätzen zur Einbringung von Unternehmensteilen werden im Schrifttum auch nach den *Gelatine*-Entscheidungen die Fälle des Unternehmensverkaufs und der Veräußerung von Unternehmensbeteiligungen in Abhängigkeit von ihrem Umfang als mögliche *Holzmüller*-Fälle qualifiziert.[1116] Schließlich wurde im Schrifttum den zuvor erörterten Maßnahmen auch der Erwerb von Beteiligungen gleichgestellt; denn auch beim Erwerb einer Beteiligung können die Aktionäre die Möglichkeit verlie-

---

[1113] *Schiessl*, ZGR 2003, 814, 845.
[1114] BGHZ 83, 122, 131 f.
[1115] BGH ZIP 2004, 993 und BGH ZIP 2004, 1001; dazu *Hirte*, NJW 2005, 477, 488; *Hirte*, EWIR 2004, 1161 f.
[1116] *Lutter*, in: FS Westermann, S. 347, 365 f.; *Zimmermann/Pentz*, in: FS Müller, S. 151, 155; Münchener Handbuch-*Krieger*, § 69, Rdn. 7 und 38.

ren, den Kapitaleinsatz unmittelbar zu beeinflussen.[1117] Die Frage, ob infolge der *Gelatine*-Entscheidungen die *Holzmüller*-Grundsätze für schlichte Veräußerungs- und Erwerbssachverhalte Anwendung finden, ist jedoch zurückhaltend zu beurteilen.[1118]

b) Freiwillige Vorlage an die Hauptversammlung, § 119 Abs. 2 AktG

Nach § 119 Abs. 2 AktG kann der Vorstand der Hauptversammlung auch Maßnahmen zur Beschlussfassung vorlegen, die nach den *Holzmüller*-Grundsätzen nicht zustimmungspflichtig sind.

c) Berichts- und Prüfungspflichten

Wenn eine Geschäftsführungsangelegenheit der Hauptversammlung zur Zustimmung vorgelegt wird, ist der Vorstand verpflichtet, den Anteilseignern die für eine sachgerechte Willensbildung erforderlichen Informationen zukommen zu lassen.[1119] Die Hauptversammlungsberichte enthalten regelmäßig auch Ausführungen hinsichtlich der Bewertung der zu beurteilenden Transaktion. Im Schrifttum besteht allerdings eine einhellige Ansicht gegen eine Pflichtprüfung der Unternehmenstransaktion in Anlehnung an die Regelungen für einen Unternehmensvertrag (§ 293b AktG), eine Mehrheitseingliederung (§ 320 Abs. 3 AktG) oder eine Verschmelzung (§ 9 UmwG; dazu jeweils oben).[1120]

d) Anwendungsbereich der *Fairness Opinion*

Wenn die Transaktion der Hauptversammlung zur Beschlussfassung seitens der Verwaltungsorgane als so genannte *Holzmüller*-Entscheidung bzw. freiwillig zur Beschlussfassung vorgelegt wird (§ 119 Abs. 2 AktG), kann der *fairness opinion* eine hohe Argumentationsfunktion zukommen; denn sie kann zur Erreichung der erforderlichen Quoren bei der Beschlussfassung beitragen. Vor diesem Hintergrund regt *Schiessl* an, dass die *fairness opinion* den Anteilseignern als Teil des Berichts an die Hauptversammlung zugänglich gemacht werden sollte.[1121] Schließlich kann die *fairness opinion* auch in diesem Fall die Funktion eines Verhandlungsinstruments zur Maximierung der Bewertung im Interesse der Anteilseigner in den Verhandlungen zwischen den Verwaltungsorganen und der Gegenseite der Transaktion einnehmen (dazu oben S. 118). Letztlich bleibt im Zusammenhang der vertragsrechtlichen Anwendungsgebiete

---

[1117] *Hirte*, Bezugsrechtsausschluß und Konzernbildung, S. 163 ff.; *Zimmermann/Pentz*, in: FS Müller, S. 151, 155; a.A. *K. Schmidt*, Gesellschaftsrecht, S. 873.
[1118] *Röhricht*, in: Gesellschaftsrecht in der Diskussion 2004, S. 1, 10 f.
[1119] BGHZ 146, 288, 294 ff.
[1120] *Dietz*, Ausgliederung, S. 373 f.; *Krieger*, in: Holding-Handbuch, 3. Auflage (Vorauflage), Rdn. E45; *Schiessl*, ZGR 2003, 814, 846; *Zimmermann/Pentz*, in: FS Müller, S. 151, 170 f.
[1121] *Schiessl*, ZGR 2003, 814, 846, allerdings ohne Differenzierung zwischen *opinion letter* und *valuation memorandum*; ausführlich zu den Offenlegungspflichten von *fairness opinions* unten Teil 6.

noch anzumerken, dass *fairness opinions* in Deutschland keine Bedeutung bei der Privatisierung von Unternehmen durch die Treuhand hatten.

3.) Zwischenergebnis

Einen weiteren breiten Anwendungsbereich von *fairness opinions* in Deutschland bilden nach ihrem anglo-amerikanischen Vorbild Unternehmenskäufe und -verkäufe von Tochter- und Beteiligungsgesellschaften. Von wenigen Ausnahmen abgesehen wird die Existenz dieser *fairness opinions* allerdings nicht publik und ist daher in der empirischen Auswertung zur Verbreitung dieses Instruments in Deutschland nicht erfasst[1122]. Gleichwohl kommt der *fairness opinion* hier insbesondere unter dem Gesichtspunkt ihrer Legitimationsfunktion eine hohe Bedeutung zu. Dies gilt insbesondere für Veräußerungsfälle, die der Beschlussfassung der Muttergesellschaft unterliegen (so genannte *Holzmüller*-Fälle ebenso wie freiwillige Beschlussfassungen).

IV. Zwischenergebnis

Die vorstehenden Ausführungen haben gezeigt, dass die primären Anwendungsbereiche der *fairness opinion* in ihrer Funktion als Argumentationsinstrument gegenüber den Anteilseignern der betroffenen Gesellschaften, als Legitimationsinstrument für unternehmerische Ermessensentscheidungen der Verwaltungsorgane und als Verhandlungsinstrument zwecks Maximierung der Gegenleistung bzw. des Umtauschverhältnisses Verschmelzungen, grenzüberschreitende Fusionen, Kapitalerhöhungen gegen Sacheinlagen und Erwerbsangebote aus der Perspektive der Zielgesellschaften darstellen. Bei dem Erwerb oder der Veräußerung von Tochtergesellschaften werden insbesondere unter dem Aspekt der externen Abstützung von Entscheidungen der Verwaltungsorgane *fairness opinions* eingeholt. Demgegenüber kommt dem Instrument der *fairness opinion* bei *squeeze outs*, dem Abschluss von Unternehmensverträgen, Mehrheitseingliederungen und Formwechseln eine sehr geringe Bedeutung zu. Bei diesen einseitig dominierten Transaktionen ist die Zustimmung der außenstehenden Aktionäre zu den vorgeschlagenen Strukturmaßnahmen zwecks Erreichung der gesetzlichen Quoren regelmäßig nicht erforderlich.[1123] Ebenso wenig besteht bei diesen Strukturmaßnahmen die Notwendigkeit, über die Einholung der gesetzlichen Prüfberichte hinaus die Entscheidungsfindung der Verwaltungsorgane extern abzustützen. Unter diese Fallgruppe wird auch der in der Übernahmerichtlinie vorgesehene und in nationales Recht umzusetzende *sell out*[1124] zu

---

[1122] Dazu demnächst *Essler*, Fairness Opinion
[1123] Zur Klassifikation der Unternehmenstransaktionen und Strukturmaßnahmen in dominierte und nicht dominierte Situationen *Drukarczyk*, Unternehmensbewertung, S. 123, Tabelle 11.
[1124] Ausführlich zum *sell out* und dessen Umsetzung in nationales Recht *Hasselbach*, ZGR 2005, 387 ff.

fassen sein. Damit begründen Strukturmaßnahmen mit dem Ziel eines *going private*, anders als die in den USA unter *Rule 13e-3* zu subsumierenden Fälle, hierzulande keinen Anwendungsbereich für eine *fairness opinion*. Insofern sind die in Deutschland bereits gesetzlich normierten Schutzinstrumente einschließlich der Möglichkeit der gerichtlichen Überprüfung im Spruchverfahren als ausreichend zu erachten.[1125]

Dieses Ergebnis zum Anwendungsbereich des Instruments der *fairness opinion* in Deutschland wird in der nachfolgenden Grafik zusammengefasst:

	Bewertungsanlass	Gesetzlich normierte Prüfungspflichten	Anwendungsbereich für f.o.
Gesellschaftsrechtliche Anwendungsbereiche	Unternehmensverträge, §§ 291 ff. AktG	ja, § 293b Abs. 1 AktG	○
	squeeze out, §§ 327a ff. AktG	ja, § 327c Abs. 2 Satz 2 AktG	◐
	Mehrheitseingliederungen, §§ 319 ff. AktG	ja, § 320 Abs. 3 Satz 1 AktG	○
	Kapitalerhöhungen gegen Sacheinlage, §§ 183 ff. AktG	ja, § 183 Abs. 3 AktG	●
	Bedingte Kapitalerhöhungen mit Sacheinlage, § 194 AktG	ja, § 194 Abs. 4 Satz 1 AktG	●
	Genehmigtes Kapital gegen Sacheinlage, § 205 AktG	ja, § 205 Abs. 3 AktG	●
	Verschmelzungen, §§ 2 ff. UmwG	ja, § 60 Abs. 1 i.V.m. §§ 9-12 UmG	◐
	Grenzüberschreitende Verschmelzungen	in Abhängigkeit der Transaktionsstruktur	
	Spaltungen, §§ 123 ff. UmwG	ja, § 125 Satz 1 i.V.m. § 60 Abs. 1 UmwG	◐
	Formwechselnde Umwandlungen, §§ 190 ff. UmwG	ja, § 208 i.V.m. § 30 Abs. 2 UmwG	○
	Demutualisierungen von VVaGs	in Abhängigkeit der Transaktionsstruktur	●
Kapitalmarktrechtliche Anwendungsbereiche	Öffentliche Angebote (Perspektive Zielgesellschaft)	nein	●
	Öffentliche Angebote (Perspektive Anbieter)	nein	◐
	Abwehrmaßnahmen, § 33 WpÜG	nein	◐
	Aktienrückkäufe, § 71 Abs. 1 Nr. 8 AktG	u.U. analog § 255 Abs. 2 Satz 1 AktG	◐
Vertragsrechtliche Anwendungsbereiche	Kauf und Verkauf von Tochtergesellschaften	nein	●

Abbildung 3: Ergebnisdarstellung der Anwendungsbereiche von *fairness opinions* in Deutschland
Quelle: eigene Darstellung

Anmerkungen: ○ kein Anwendungsbereich für *f.o.*; ● großer Anwendungsbereich für *f.o.*

Dieses Ergebnis steht unter der Prämisse, dass die *fairness opinion* von den Verwaltungsorganen der an einer Transaktion beteiligten Gesellschaften beauftragt wird. Darüber hinaus bietet wie zuvor dargelegt z.B. die Strukturmaßnahme der Demutualisierung eines Versicherungs-

---

[1125] Mit entsprechendem Ergebnis auch *Schwetzler/Aders/Salcher/Bornemann*, FB 2005, 106, 109; *Schiessl*, ZGR 2003, 814 ff.

vereins auf Gegenseitigkeit (VVaG) einen Anwendungsbereich für eine Mandatierung der *fairness opinion* durch die zuständige Aufsichtsbehörde.

V. Europäischer Vergleich

Der Anwendungsbereich der *fairness opinion* ist im Folgenden im europäischen Vergleich zu betrachten. Dabei wird auf die teils gesetzlichen und teils von den Aufsichtsbehörden getroffenen Regelungen Bezug zu nehmen sein. Angesichts des begrenzten Raums können hier allerdings lediglich die kapitalmarktrechtlichen Anwendungsbereiche für eine *fairness opinion* betrachtet werden.

1.) Österreich

In Österreich initiierte der Kauf der Bundesanteile an der *Creditanstalt-Bankverein* durch die *Bank Austria* die Diskussion um ein österreichisches Übernahmegesetz, die im Jahre 1997 zu einer positiven Entschließung des Nationalrates zur Einführung dieses Gesetzes führte. Vorrangiges Regelungsziel ist dabei ausweislich der politischen Absichtserklärungen der Schutz der Minderheitsaktionäre.[1126] Ausgehend von dem seinerzeitigen europäischen Richtlinienvorschlag soll das österreichische Übernahmerecht sicherstellen, dass den Minderheitsaktionären im Fall eines öffentlichen Angebots möglichst aufschlussreiche Informationen über die Bewertung ihrer Aktien zur Verfügung gestellt werden. Denn jedes öffentliche Übernahmeangebot führt bei den angesprochenen und damit meist überraschten Aktionären zu einem großen Informationsbedürfnis, da diese innerhalb kurzer Zeit eine Entscheidung über den Verkauf ihrer Anteile oder den Verbleib in der Gesellschaft zu treffen haben.[1127] Damit sollen die Aktionäre ihre Entscheidung über eine etwaige Annahme des Angebots oder den Verbleib in der Gesellschaft auf einer möglichst soliden und transparenten Wissensgrundlage treffen können.[1128] Der österreichische Gesetzgeber setzte Art. 5 Abs. 1 lit. b RL-Vorschlag wortgleich in § 3 Abs. 2 öÜbG um; demnach „müssen die Empfänger des Angebots über [...] hinreichende Informationen verfügen, um in voller Kenntnis der Sachlage entscheiden zu können." Dieses Transparenzgebot wird durch das Geheimhaltungsinteresse des Bieters begrenzt, so dass die „volle Kenntnis der Sachlage" nicht derart auszulegen sei, dass der Angebotsadressat uneingeschränkt auf den Informationsstand des Bieters zu bringen sei.[1129]

[1126] *Huber/Löber*, Einleitung, S. 1; *Diregger/Kalss/Winner*, Übernahmerecht, Rdn. 3.
[1127] *Huber/Löber*, Einleitung, S. 2; *Diregger/Kalss/Winner*, Übernahmerecht, Rdn. 4, „es bedarf einer marktrechtlichen Überlagerung durch die Anordnung eines geordneten Verfahrens, um die kapitalmarkttypische Situation des Wissens- und Gestaltungsvorsprungs eines oder weniger Marktteilnehmer im Verhältnis zu einer Vielzahl der Marktgegenseite zu bewältigen".
[1128] *Huber/Löber*, Einleitung, S. 6.
[1129] *Huber/Löber*, § 3 öÜbG, Rdn. 15.

a) Perspektive des Anbieters

Der österreichische Gesetzgeber hat anders als in Deutschland für den Anbieter eine Verpflichtung zur Beiziehung eines unabhängigen Sachverständigen in § 9 Abs. 1 öÜbG normiert. Demnach hat der Bieter zu seiner Beratung während des gesamten Verfahrens und zur Prüfung der Angebotsunterlage einen hierfür geeigneten, von ihm unabhängigen Sachverständigen zu bestellen. Dem Sachverständigen obliegt nach dieser Norm die Prüfung der Angebotsunterlage insbesondere im Hinblick auf die vom Anbieter offerierte Gegenleistung. Das Prüfungsergebnis ist im Rahmen eines schriftlichen Berichts durch den Sachverständigen in einer abschließenden Bestätigung zusammenzufassen.[1130] Neben der Prüfung der vom Bieter zur Finanzierung des Angebots aufzubringenden Mittel ist dabei die Prüfung der Gesetzmäßigkeit – nicht jedoch der Angemessenheit – der angebotenen Gegenleistung von erheblicher Bedeutung. Neben dem Schutz der Minderheitsaktionäre wird diese Regelung auch dem Grundsatz der Raschheit des Übernahmeverfahrens gerecht; denn die Kontrollaufgabe der Übernahmekommission wird durch den Sachverständigenbericht erleichtert. Allerdings ist der schriftliche Bericht nicht auf eine formelle Bestätigung der Gesetzmäßigkeit und Vollständigkeit der Angebotsunterlage zu begrenzen, sondern hat sich inhaltlich mit dieser auseinander zu setzen und die vorgenommenen Prüfungshandlungen insbesondere im Hinblick auf die Gegenleistung darzustellen.

b) Perspektive der Zielgesellschaft

Der Stellungnahme der Zielgesellschaft kommt auch in Österreich die Bedeutung einer wichtigen Entscheidungshilfe für die Inhaber der Beteiligungspapiere zu; denn sie soll eine vom Bieter unabhängige Informationsquelle darstellen.[1131] In seiner Stellungnahme nach § 14 öÜbG hat der Vorstand der Zielgesellschaft die angebotene Gegenleistung im Interesse aller Aktionäre zu beurteilen. Mit dieser Norm verfolgt der Gesetzgeber nicht eine erneute Überprüfung der Gesetzmäßigkeit der angebotenen Gegenleistung, sondern vielmehr eine wirtschaftliche Beurteilung ihrer Angemessenheit.[1132] Das Interesse der Aktionäre besteht nach Ansicht von *Huber* und *Löber* in der Gewährung einer Gegenleistung, welche den voraussichtlichen *shareholder value* ohne die Durchführung des Angebots übersteigt.[1133] Anders als in Deutschland sieht das österreichische Recht nach § 13 öÜbG im Falle von Übernahme-

---

[1130] Dazu *Diregger/Kalss/Winner*, Übernahmerecht, Rdn. 92.
[1131] *Huber/Löber*, § 14 öÜbG, Rdn. 1.
[1132] *Huber/Löber*, § 14 öÜbG, Rdn. 7; *Diregger/Kalss/Winner*, Übernahmerecht, Rdn. 115, mit dem kritischen Hinweis, dass es nicht um eine neuerliche Gesetzmäßigkeitsprüfung der Angebotsunterlage und des Angebotspreises gehe, was mitunter sogar von Sachverständigen der Zielgesellschaft verkannt werde; *Winner/Gall*, WBl 2000, 1, 3; *Winner*, Zielgesellschaft, S. 160.
[1133] *Huber/Löber*, § 14 öÜbG, Rdn. 7.

angeboten explizit eine Verpflichtung der Zielgesellschaft zur Einholung einer Stellungnahme eines externen Sachverständigen vor.[1134] Damit orientiert sich der österreichische Gesetzgeber an *Rule 3.1* des Londoner *City Code.* Ausweislich der RV 35 ist die Beratung der Organe der Zielgesellschaft und die Prüfung ihrer Äußerung für eine unabhängige und informierte Entscheidung der Beteiligungspapierinhaber der Zielgesellschaft unverzichtbar; denn die Unabhängigkeit des Sachverständigen stellt ein „wichtiges Korrektiv" bei den latent vorhandenen Interessenkollisionen des Managements der Zielgesellschaft dar.[1135] Damit kann der gesetzlich vorgeschriebene Bericht einer *fairness opinion* gleichkommen.[1136] In der Praxis wird neben dem durch einen Wirtschaftsprüfer erstellten Bericht nach § 14 öÜbG auch eine separat erstellte *fairness opinion* einer Investment Bank beobachtet, auf die der Bericht nach § 14 öÜbG ohne eigene diesbezügliche Analysen Bezug nimmt.[1137] Auch in Österreich ist zudem die enthaftende Legitimationswirkung solcher *fairness opinions* anerkannt.[1138] Allerdings verweist *Winner* darauf, dass sich die Erwartungen des Gesetzgebers an die Sachverständigenberichte in der Praxis nicht erfüllt hätten; denn diese gingen mehr auf Formalfragen ein, als dass sie sich inhaltlich mit dem Angebot beschäftigten.

c) Rückerwerbsangebote für eigene Aktien

Auch in Österreich wird die übernahmerechtliche Behandlung eines Rückerwerbs eigener Aktien nicht direkt im Übernahmegesetz (öÜbG) geregelt. Die österreichische Übernahmekommission verlangt ebenso die Durchführung eines förmlichen Übernahmeverfahrens.[1139] Die nach §§ 9 und 14 öÜbG erforderlichen sachverständigen Prüfungen können hier von einem Prüfer durchgeführt werden. Insofern ist eine teleologische Reduktion vorzunehmen.

[1134] Dazu *Hopt*, in: FS Lutter, S. 1361, 1379; *Diregger/Kalss/Winner*, Übernahmerecht, Rdn. 113 f., „einserseits soll [mit der sachverständigen Beratung] die unvermeidliche Informationsasymmetrie zwischen Aktionären und Management überbrückt werden. Andererseits soll die sachverständige Prüfung und Beurteilung auch die Objektivität der Äußerung der Zielgesellschaft sicherstellen"; zum Interessengegensatz zwischen den Verwaltungsorganen der Zielgesellschaft und den Aktionären im österreichischen Schrifttum *Doralt*, in: Takeover-Recht, S. 1, 9.
[1135] *Huber/Löber*, § 13 öÜbG, Erläuterungen zur RV 35; *Doralt/Winner*, ecolex 1997, 936, 938, „durch die Sachverständigenpflicht wird die Stellungnahme der Organe der Zielgesellschaft objektiviert" ; *Kalss*, NZG 1999, 421, 429; *Stockenhuber*, RIW 1997, 752, 757; *Winner*, Zielgesellschaft, S. 172; *Diregger/Kalss/Winner*, Übernahmerecht, Rdn. 114.
[1136] *Winner*, Zielgesellschaft, S. 183.
[1137] Beurteilung des freiwilligen öffentlichen Übernahmeangebots der *Österreichische Volksbanken-Aktiengesellschaft* an alle Aktionäre der *Investkredit Bank AG* vom 17. März 2005 sowie der Äußerung des Vorstands der *Investkredit Bank AG* vom 1. April 2005 durch den Sachverständigen gemäß § 14 Abs. 2 Übernahmegesetz, *BDO Auxilia Treuhand GmbH*, mit Bezug auf die *fairness opinion* der *Citigroup Global Markets Deutschland AG & Co. KGaA*.
[1138] Dazu *Winner*, Zielgesellschaft, S. 173.
[1139] Dazu *Kalss/Zöllner*, ÖBA 2001, 499, 501 ff.

2.) Schweiz

Kaufangebote, die einen wesentlichen Anwendungsbereich für *fairness opinions* in der Schweiz darstellen, unterliegen dort dem Bundesgesetz über den Börsen- und Effektenhandel (BEHG).[1140] In jedem Einzelfall wird die Einhaltung der Bestimmungen über öffentliche Kaufangebote durch die Übernahmekommission geprüft.[1141] Das Ergebnis ihrer Prüfungshandlungen veröffentlicht die Übernahmekommission auf dem Wege ihrer schriftlichen Empfehlungen.[1142] Dabei hat die Übernahmekommission allerdings nicht die Kompetenz, sich selbst zu Angebotspreisen eines Kaufangebots zu äußern.

a) Perspektive des Anbieters

Nach der Vorschrift des Art. 25 BEHG ist der Anbieter eines Kaufangebots verpflichtet, dieses vor Veröffentlichung durch eine von der EBK anerkannte Revisionsstelle oder einen Effektenhändler prüfen zu lassen. Aufgabe der Prüfstelle ist es, das Angebot auf Einhaltung der gesetzlichen und ausführungsbestimmenden Vorschriften hin zu überprüfen. Dabei hat sie namentlich zu prüfen, ob der Inhalt des Angebotsprospekts sowie dessen allfällige Zusammenfassung vollständig sind und der Wahrheit entsprechen, die Gleichbehandlungspflicht der Angebotsempfänger beachtet und die Finanzierung des Angebots sichergesellt ist.[1143] Darüber hinaus obliegt es der Prüfstelle, während der Angebotsdauer die Verpflichtungen des Anbieters und der Zielgesellschaft neben der Übernahmekommission zu prüfen. Diese Prüfung schließt jedoch nicht den Aspekt der wirtschaftlichen Angemessenheit der angebotenen Gegenleistung aus der Perspektive der Anteilseigner der Zielgesellschaft ein. Insofern stellt der Bericht der Prüfstelle keine *fairness opinion* mit den hier betrachteten Funktionen dar.

Es steht grundsätzlich auch der Bieterin frei, eine separate *fairness opinion* zum Angebotspreis in Auftrag zu geben. Für diesen Fall dürfen die in der *fairness opinion* enthaltenen Informationen jedoch nicht irreführend sein.[1144] Sofern allerdings der Verwaltungsrat der Zielgesellschaft die in der *fairness opinion* vom Anbieter enthaltenen Informationen als irreführend erachtet, kann er in seinem nachfolgend diskutierten Bericht nach Art. 29 Abs. 1 BEHG darauf eingehen.

[1140] Abgedruckt bei *Fleischer/Kalss*, WpÜG, S. 1057 ff.
[1141] Art. 23 Abs. 3 Satz 1 BEHG. Nach Art. 1 Reglement-ÜK tut dies die Übernahmekommission sowohl im Fall eines freiwilligen Angebots als auch im Falle eines nach Art. 32 BEHG erforderlichen Pflichtangebots.
[1142] Zur Rechtsnatur der Empfehlungen der UEK *Tschäni*, M&A Transaktionen nach Schweizer Recht, Rdn. 76 und 79; *Senn*, AJP/PJA 1997, 1177, 1179 f., wenngleich die Empfehlungen keinen bindenden Charakter haben, kommt ihnen durch die Publikation eine hohe disziplinierende Wirkung zu.
[1143] *Bernet*, Öffentliche Kaufangebote, S. 130 f.
[1144] Empfehlung der UEK *Big Star Holding AG / Tsufa AG* vom 7.4.2000.

b) Perspektive der Zielgesellschaft

Der Verwaltungsrat der Zielgesellschaft eines öffentlichen Übernahmeangebots ist zur Veröffentlichung eines Berichts verpflichtet, in dem er zum Angebot Stellung nimmt (Art. 29 Abs. 1 BEHG). Nach Art. 29 Abs. 4 UEK-UEV muss der Bericht des Verwaltungsrates der Zielgesellschaft eine klare Begründung enthalten und alle wesentlichen Elemente, welche die Stellungnahme beeinflusst haben, darlegen.[1145] Der Zweck dieser Regelung besteht darin, dass ein Inhaber eines Beteiligungspapiers in sachkundiger Weise über ein Angebot entscheiden soll. Dabei sind die Grundsätze der Transparenz, der Lauterkeit und der Gleichbehandlung als tragende Prinzipien zu berücksichtigen. Insbesondere wird auch der Schutz der Minderheitsaktionäre als besonderer Zweck der Regelung betont.[1146] Somit kann diese Regelung dem Inhaber des Beteiligungspapiers eine sachgerechte Entscheidung ermöglichen.[1147]

Nach Art. 31 Abs. 1 UEV-UEK ist im Bericht des Verwaltungsrats auf mögliche Interessenkonflikte von Mitgliedern des Verwaltungsrats oder der obersten Geschäftsleitung hinzuweisen. Diese Regelung dient der Transparenz.[1148] Interessenkonflikte können darin bestehen, dass Mitglieder des Verwaltungsrates der Zielgesellschaft ebenfalls dem Verwaltungsrat oder der Geschäftsleitung des Anbieters angehören.[1149] Weiterhin können Beraterverträge zwischen Mitgliedern des Verwaltungsrates der Zielgesellschaft und dem Anbieter bestehen.[1150] Ein Interessenkonflikt liegt bereits dann vor, wenn die Mitglieder des Verwaltungsrates mit den mehrheitlichen Stimmen des Anbieters gewählt wurden.[1151] Auch sieht die *UEK* die Gefahr, dass Sonderentschädigungen an das Management dessen Neutralität in Frage stellen können.[1152] Darüber hinaus entsteht ein potenzieller Interessenkonflikt, sofern Mitglieder des Verwaltungsrates in einer privaten Transaktion die Stimmenmehrheit an den Anbieter veräußert haben.[1153] Nach Art. 31 Abs. 3 UEV-UEK ist für den Fall von Interessenkonflikten über die Maßnahmen der Zielgesellschaft, die einen Nachteil für den Adressaten des Angebots in-

---

[1145] Der frühere Schweizerische Übernahmekodex enthielt keine Pflicht zur Stellungnahme der Verwaltungsorgane der Zielgesellschaft, dazu *Strazzer*, Übernahmeangebot im Kapitalmarktrecht der Schweiz, S. 182.
[1146] Vogt/Watter-*Tschäni/Oertle*, Vorb. Art. 22-30 BEHG, Rdn. 2.
[1147] *Tschäni*, M&A Transaktionen nach Schweizer Recht, Rdn. 70.
[1148] Haarmann/Riehmer/Schüppen-*Röh*, § 27 WpÜG, Rdn. 11; *Frei*, Öffentliche Übernahmeangebote, S. 148.
[1149] Ausführlich zu Interessenkonflikten im Schweizerischen Aktienrecht, *von der Crone*, SZW 66 (1994), 1 ff., auch eingrenzend, dass nicht jeder Widerspruch zwischen verschiedenen Interessen als Interessenkonflikt zu qualifizieren sei; Empfehlung der UEK *Allgemeine Finanzgesellschaft / Klaus J. Jacobs Holding AG* vom 8.1.1999.
[1150] Empfehlung der UEK Brauerei *Haldengut AG / Heineken International Beheer B.V.* vom 18.5.1999.
[1151] Empfehlung der UEK *Cementia Holding AG / Lafarge* vom 27.5.2002.
[1152] Empfehlung der UEK *Keramik Holding Laufen AG / Compania Roca Radiadores S.A.* vom 1.11.1999; *Tschäni*, M&A Transaktionen nach Schweizer Recht, Rdn. 72; Empfehlung der UEK *Kuoni Holdings Plc./ Kuoni Reisen AG* vom 20.4.1999; Empfehlung der UEK *Heineken International Beheer B.V. / Brauerei Haldengut* vom 18.5.1999, E.7; Empfehlung der UEK *Bon appétit Group AG / Usego Hofer Curti* vom 21.6.1999, E1.

folge der Interessenkonflikte vermeiden, zu berichten. Wenn sich der Verwaltungsrat bei der Bestimmung der Angemessenheit des Angebotspreises auf ein unabhängiges Gutachten stützt, kommt er der Pflicht zur Ergreifung geeigneter Maßnahmen im Sinne des Art. 31 Abs. 3 UEV-UEK nach. Eine Enthaltung der von einem Interessenkonflikt betroffenen Verwaltungsratsmitglieder allein ist hingegen nicht ausreichend.[1154] Im Übrigen befinden sich in der Praxis häufig sämtliche Mitglieder des Verwaltungsrates in einem potenziellen Interessenkonflikt.[1155]

Vielfach beauftragt der Verwaltungsrat der Zielgesellschaft in der schweizerischen Praxis eine *fairness opinion*.[1156] Eine eingeholte *fairness opinion* wird Bestandteil des Berichts des Verwaltungsrats.[1157] Der *fairness opinion* kommt vor dem Hintergrund der beschriebenen potenziellen Interessenkonflikte nach Ansicht der Übernahmekommission für die Aktionäre der Zielgesellschaft „enorme Bedeutung" zu.[1158] Im Vergleich zum Bieter und zu den Verwaltungsorganen der Zielgesellschaft sind die Anteilseigner der Zielgesellschaft in der Regel am schlechtesten informiert.[1159] Die *fairness opinion* ist im Sinne von Art. 29 Abs. 4 UEV-UEK ausreichend zu begründen.

c) **Rückerwerbsangebote für eigene Aktien**

Auch wenn in der Schweiz das BEHG Rückerwerbsangebote für eigene Aktien nicht direkt anspricht, wird die Anwendbarkeit der gesetzlichen Vorschriften von der Schweizer Übernahmekomission bejaht.[1160] Damit finden die vorgenannten Regelungen hinsichtlich der *fairness opinion* auch Anwendung auf die Fallgruppe der Rückerwerbsangebote für eigene Aktien.

[1153] Empfehlung der UEK *Keramik Holding Laufen AG / Compania Roca Radiadores S.A.* vom 1.11.1999.
[1154] So wohl auch *Tschäni*, M&A Transaktionen nach Schweizer Recht, Rdn. 72.
[1155] Vgl. Empfehlung der UEK *Disetronic Holding AG / Roche Holding AG* vom 19.3.2003; *Handschin*, in: FS Forstmoser, S. 169, 175.
[1156] *Tschäni*, M&A-Transaktionen nach Schweizer Recht, Rdn. 20 und 71; *Tschäni*, M&A IV, S. 202 ff.
[1157] Zur Praxis der Übernahmekommission *Lengauer*, ST 2000, 469 ff.
[1158] Empfehlung der UEK *Disetronic Holding AG / Roche Holding AG* vom 19.3.2003.
[1159] *Frei*, Öffentliche Übernahmeangebote, S. 147.
[1160] Mitteilung der UEK Nr. 1 vom 28.3.2000 über Rückkäufe von Beteiligungspapieren; dazu Vogt/Watter-*Tschäni/Oerle*, Art. 22 BEHG, Rdn. 14 ff.; *Bernet*, Öffentliche Kaufangebote, S. 113 ff.

Fünfter Teil   *Expectation-Performance Gap* der *Fairness Opinion*

> They provided a range of opinions that
> even a Texan would feel at home on –
> very big indeed
> **Judge in Shareholder Challenge to
> the Time Warner Merger** [1161]

A. Wahrnehmung des Marktes für *Fairness Opinions*

Insbesondere zum Ende der neunziger Jahre wurden erhebliche Zweifel an der Funktionsweise des Konzepts der *gatekeeper* insgesamt deutlich, und deren Eigeninteressen rückten zunehmend in das Blickfeld einer kritischen Öffentlichkeit.[1162] Hinsichtlich der *fairness opinion* sind in den USA die Gesichtspunkte der Neutralität und des Eigeninteresses ihrer Ersteller allerdings bereits wesentlich früher diskutiert worden.[1163] Bereits Ende der achtziger Jahre gerieten nämlich *fairness opinions* in der US-amerikanischen Diskussion vermehrt in die Kritik.[1164] Demnach hätten die Ersteller von *fairness opinions* grundsätzlich einen Anreiz zu Gunsten einer die Transaktion positiv beurteilenden *fairness opinion*.[1165] Folglich werde die Verwaltung stets einen zur Abgabe einer *fairness opinion* bereiten Sachverständigen finden, so dass letztlich die Kosten für *fairness opinions* einer *"judicially imposed tax on fundamental corporate changes"* gleichkommen, die den Anteilseignern keinen Nutzen stiften.[1166] Während diese Kritik in der Vergangenheit weitestgehend ohne Konsequenzen für die Praxis blieb, hat die Diskussion in jüngster Zeit deutlich an Schärfe gewonnen und lässt Verände-

---

[1161] Zitiert nach *Sweeney*, Journal of Accountancy, August 1999, 44, 47.
[1162] Statt aller *Coffee*, Gatekeeper Failure and Reform, S.14 f.; anders noch zu Beginn der neunziger Jahre, so exemplarisch *DiLeo v. Ernst & Young*, 901 F.2d 624, 629 (7th Cir. 1990), "an accountant's greatest asset is its reputation for honesty, followed closely by its reputation for careful work. Fees for two years' audits could not approach the losses E & W would suffer from a perception that it would muffle a client's fraud."
[1163] Erstmals Wander, 7 Inst. On Sec. Reg. (1976), 157 ff. und 521 ff.
[1164] Statt vieler *Bartlett*, New York Times vom 30.5.1989, D1, D2, mit Zitaten von *William T. Allen* (*Delaware Chancery* Court), „the courts are suspicious and will no longer blindly accept the advice of bankers" und „if you were in my position, you would grow suspicious too, if you saw investment bankers from household name firms evaluating a bid as fair one day and then, a few weeks later, testifying that the same transaction was 20 percent more"; *Weiss*, 4 Cardozo L. Rev. (1983), 245, 255, "[a]s [...] is illustrated by Weinberger, it often is all too easy for a corporation to find a compliant investment banker prepared to opine, without much study, that a proposed transaction is 'fair and reasonable'".
[1165] *Bebchuk/Kahan*, 27 Duke L.J. (1989), 27 ff.; *Sweeney*, Journal of Accountancy, August 1999, 44 ff.; *Rachelson/Solomon*, 22 Corporate Acquisitions, Mergers, and Divestitures Januar 2004, 1, 1, "fairness opinions almost never indicate that a particular transaction is unfair".
[1166] *Fischel*, 40 Bus. Law. 1985, 1437, 1453, demnach seien die Aktionäre der betroffenen Gesellschaften die größten Verlierer infolge der *Smith v. van Gorkom* Entscheidung des *Delaware Supreme Courts*; ähnlich *Carney*,

rungen in der Behandlung von *fairness opinions* erwarten. So wurde die Erfüllung der erwarteten Qualitätsansprüche durch *fairness opinions* von *Elliot Spitzer*, dem *New York State Attorney General*, in öffentlichen Stellungnahmen im Jahre 2003 in Frage gestellt.[1167] Vergleichbare Vorwürfe wurden in jüngster Zeit auch von institutionellen Investoren und so genannten *watch dogs* (Interessenvertretern) erhoben. So führte die *NASD* in diesem Zusammenhang Ende 2004 eine Untersuchung zur Regulierung von *fairness opinions* durch (hierzu unten S. 358 ff.). Daran schließen sich in den USA Forderungen an, durch Regulierung den Wert des Schutzinstruments der *fairness opinion* für Aktionäre zu steigern.[1168] Insbesondere im Anschluss an eine sehr euphorische Kapitalmarktphase gewinnen *gatekeeper* nämlich wieder erheblich an Bedeutung; denn Investoren zeigen infolge des erheblichen Vertrauensverlusts eine deutliche Skepsis gegenüber dem Kapitalmarkt und erwarten Absicherungsinstrumente, die nur renommierte Kapitalmarktintermediäre unter hohen Qualitätsanforderungen erfüllen können.

Nicht nur in den USA, sondern auch in Europa wird die Neutralität von Erstellern von *fairness opinions* in jüngster Zeit kritisch betrachtet.[1169] Vergleichbare Eigeninteressen, die zu Interessenkonflikten führen können, werden in Deutschland allerdings auch bei der Erstellung gesetzlich normierter Bewertungsgutachten durch Wirtschaftsprüfer beobachtet.[1170]

Parallel zu dieser Kritik werden dem Instrument der *fairness opinion* jedoch häufig auch Erwartungen entgegengebracht, die dieses nicht erfüllen kann. Eine Parallele zu der im US-amerikanischen und europäischen Schrifttum eingehend diskutierten Erwartungslücke der

---

70 Wash. U. L.Q. (1992), 523, 528, „the fairness opinion thus becomes another costly tax that legal rules impose on business transactions".

[1167] *Anderson*, The New York Post vom 30.5.2003, 41; *Clow*, FT vom 5.3.2003, 32; *Henry*, Bus. Wk. vom 24.11.2003, 108 f.; *MacIntosh*, Reuters English News Service vom 13.3.2003, ohne Seitenangabe; *Browning*, Valuation Researcher Alert, S. 1; *Cefali*, 25 Los Angeles Business Journal vom 15.12.2003, 43; *Wighton*, FT vom 28.2.2004, 11; *Sikora*, Mergers and Acquisitions Journal August 2004, 4; *Siris*, Daily News vom 10.3.2003, 28.

[1168] *Elson/Rosenbloom/Chapman*, 35 Securities Regulation & Law Report (2003), 1984, 1985.

[1169] *Bertschinger*, ST 1999, 911, 918; *Borowicz*, M&A Review 2005, 253 ff., mit dem deutlichen Titel „Fairness Opinions: Feigenblatt oder ernstzunehmendes Gutachten?"; *Bucher/Bucher*, ST 2005, 155, 157; *Drill*, Börsen-Zeitung vom 23.10.2004, B2; *Hansen*, AG 2001, R104 ff., mit dem Ergebnis, dass es sich um einen für eine neutrale Wertermittlung völlig ungeeigneten Bewertungsbericht handele; *Nüssli*, NZZ vom 30.10.2003, 23, mit Hinweis auf die Transaktionen *Unaxis/ESEC* und *Smith & Nephew/Centerpulse*; *Mutter*, Unternehmerische Entscheidungen, S. 221, vergleichend zwischen US-amerikanischen *fairness opinions* und deutschen Wirtschaftsprüfergutachten; *Ragotzky*, Unternehmensverkauf, S. 169; *Wells*, FT vom 12.2.2005, 11; *Wenger*, FuW vom 26.6.2004, 22; entsprechend zu Interessenkonflikten bei *third party legal opinions*, *Adolff*, Third Party Legal Opinions, S. 76 f.

[1170] Statt vieler *Luttermann*, ZIP 1999, 45, 47; exemplarisch *Kroneck*, Börsen-Zeitung vom 28.11.2003, 13.

Jahresabschlussprüfung liegt daher nahe.[1171] Mit dem Begriff der Erwartungslücke wird die Differenz zwischen den Erwartungen bezeichnet, die unabhängige Prüfer einerseits und Prüfungsadressaten andererseits an Prüfungsleistungen richten.[1172] Die zunehmende Komplexität von Unternehmenstransaktionen führt dazu, dass eine Bewertung der strategischen Handlungsempfehlungen durch Mandanten und auch Investoren deutlich schwieriger wird.[1173] Die Rechtfertigung ihrer Empfehlung wird den Sachverständigen vor dem Hintergrund der Ambiguität von Einschätzungen somit erleichtert.[1174] Auf dieser Basis sind alsdann Marktmechanismen ebenso wie andere Steuerungsinstrumente, einschließlich der Offenlegung und der Dritthaftung, zu betrachten. Sie können zu einer Sicherung des Qualitätsstandards von *fairness opinions* beitragen und die Leistungs- und Erwartungslücke (*expectation-performance gap*) bezüglich einer *fairness opinion* zumindest verringern.

B. Systematisierung der *Principal-Gatekeeper*-Beziehung

I. Ansatz der Neuen Institutionenökonomik

Neben der *Agency*-Beziehung, die zwischen den Anteilseignern und den Verwaltungsorganen besteht (hierzu oben S. 6 f.), schafft der Einsatz eines *gatekeepers* eine weitere *Principal-Agent*-Beziehung im ökonomischen Sinne.[1175] Innerhalb dieser *Agency*-Beziehung zwischen den Anteilseignern und dem *gatekeeper* kann die asymmetrische Informationsverteilung zwischen den Anteilseignern einerseits und dem *gatekeeper* andererseits in die Kategorien *hidden characteristics*, *hidden action* und *hidden intention* unterteilt werden.[1176] Die *Principal-Agent*-Beziehung zwischen Anteilseigner und dem Ersteller einer *fairness opinion* unterscheidet sich insofern von der zwischen Anteilseigner und Jahresabschlussprüfer, als die Mandatserteilung für die Erstellung einer *fairness opinion* ohne Beteiligung der Anteilseigner durch die Verwaltungsorgane erfolgt.

1.) *Hidden Characteristics*

Hidden characteristics, die auch als Qualitätsunsicherheiten bezeichnet werden, sind gegeben, sofern dem *principal* mangelnde Qualifikationen des *agent* vor Vertragsabschluss unbekannt

---

[1171] Zur Erwartungslücke statt aller *Liggio*, 3 Journal of Contemporary Business (1974), 27 ff., mit erstmaliger Anwendung des Begriffs der Erwartungslücke auf die Abschlussprüfung.
[1172] Erstmals zu diesem Begriff *Liggio*, Journal of Contemporary Business 1974, 27.
[1173] *Kosnik/Shapiro*, 11 Academy of Management Executive (1997), 7, 9.
[1174] *Vopel*, Wissensmanagement, S. 198.
[1175] *Ewert/Stefani* in: Prinzipal-Agenten-Theorie in der Betriebswirtschaftslehre, S. 147, 166; *Quick*, BFuP 2000, 525, 525, dahingehend auch *Göres*, Interessenkonflikte von Wertpapierdienstleistern, S. 32, mit dem Hinweis im Kontext von Wertpapieranalysen, dass eine Empfehlung für einen Investor nur von Nutzen ist, wenn er sicher sein kann, dass der Rat und die Tätigkeit des Intermediärs „uneigennützig nur im Kundeninteresse" erfolgt.
[1176] *Herzig/Watrin*, ZfbF 47 (1995), 775, 789; *Spremann*, ZfB 60 (1990), 561, 566.

sind.[1177] So können *hidden characteristics* in nicht mit dem gesetzlichen und standesrechtlichen Qualitätslevel übereinstimmenden Fachkenntnissen eines *gatekeepers* bestehen und zu einer unzureichenden Urteilsfähigkeit führen. Ferner kann eine mangelnde Integrität des *gatekeepers* dem *principal ex ante* verborgen bleiben. Damit besteht für den principal die Gefahr der Auswahl eines unerwünschten Austauschpartners (*adverse selection*),[1178] der im Wege von *signaling* oder *screening* begegnet werden kann. Während – bezogen auf die *fairness opinion* – ein *screening* des *gatekeepers ex ante* nicht durch den Anteilseigner, sondern nur durch die Verwaltungsorgane möglich ist, besteht für den *agent* die Alternative des so genannten *signaling*. Dieses kann allgemein in der Durchführung von mandatsunabhängigen Qualitätskontrollen in Form von Gesetzen, Berufsstandsregeln oder einem *Peer-Review*-Verfahren bestehen, wie es etwa im Hinblick auf die Jahresabschlussprüfer zur Anwendung kommt. An die Qualifikation der Ersteller von *fairness opinion*s sind insbesondere vor dem Hintergrund der Legitimationswirkung ihrer Beurteilung sehr hohe Ansprüche zu stellen. Unter diesem Gesichtspunkt werden *fairness opinion*s teils vor ihrer Präsentation gegenüber dem mandatierenden Verwaltungsorgan durch die Rechtsberater der betroffenen Gesellschaften hinsichtlich ihrer Schutzwirkung für Dritte geprüft.[1179] Damit ist eine wenn auch unternehmensinterne „Kontrolle der Kontrolleure" gegeben.[1180] Insbesondere auf dem US-amerikanischen Markt mit deutlich mehr als 50 Erstellern von *fairness opinion*s werden *hidden characteristics* bei den Erstellern von *fairness opinions* beobachtet.[1181] Sie werden auf ein begrenztes Training und eine nicht ausreichende Erfahrung bei einzelnen Erstellern zurückgeführt.[1182] Sie können zu fehlerhaften Bewertungsrechnungen, zu unrealistischen Modellannahmen oder zu einer fehlerhaften Einschätzung des Marktumfelds für die Strukturmaßnahme führen.[1183] Demgegenüber werden *fairness opinions* in Deutschland nahezu ausschließlich von etablierten Investment Banken und Wirtschaftsprüfern erstellt. Daher dürften *hidden characteristics* in diesem Marktumfeld derzeit in der Regel nicht zu erwarten sein.

[1177] *Spremann*, ZfB 60 (1990), 561, 566.
[1178] *Akerlof*, 84 Quarterly Journal of Economics (1970), 488 ff., zum grundlegenden Beispiel des Gebrauchtwagenmarktes.
[1179] *Wander*, 7 Inst. On Sec. Reg. (1976), 157, 162.
[1180] Zur Thematik der „Kontrolle der Kontrolleure" von Jahresabschlussprüfern im Rahmen des Stiftungspreises Stiftung Hessischer Wirtschaftsprüfer und vereidigter Buchprüfer, Frankfurt am Main (Stiftungspreis 2003), *Kilian*, ZGR 2004, 189 ff.; *Müßig*, NZG 2004, 796 ff.; *Westhoff*, DStR 2003, 2086 ff.
[1181] *Cooke*, 17 Corp. Board (Juli 1996), 17, 18.
[1182] *Cefali/Goldblatt*, Business Law Today Juli/August 2003, ohne Seitenangabe.
[1183] *Carusone*, Conn. L. Trib. vom 15.4.1996, S13; *Rosenbloom/Aufses*, 4 Insights (April 1990), 3; *Elson/Rosenbloom/Chapman*, 35 Securities Regulation & Law Report (2003), 1984, 1988, mit dem Beispiel einer fehlenden Bewertung des übernehmenden Rechtsträgers in einem Aktientausch aus einer *fairness opinion*.

2.) Hidden Action

Mit dem Begriff der *hidden action* wird ein durch Eigeninteressen gesteuertes Verhalten des *gatekeepers* zum Nachteil des *principals* bezeichnet.[1184] Ursächlich für dieses Phänomen ist es, dass der *principal* das Verhalten des *gatekeepers* nicht direkt und nicht kostenfrei kontrollieren kann. Die sich daraus ergebende Gefahr für den Principal wird unter den Begriff des moralischen Risikos (*moral hazard*) gefasst. Je höher der Handlungsspielraum des *gatekeepers* auf Grund technologischer und organisatorischer Freiheitsgrade ist (Plastizität), desto stärker kann ein opportunistisch agierender *gatekeeper* diese Informationsasymmetrie ausnutzen.[1185] Bezogen auf die *fairness opinion* können die *hidden actions* des *gatekeepers* einerseits in aus Profitabilitätsüberlegungen begrenzten Bewertungsleistungen bestehen, und andererseits kann der *gatekeeper* Koalitionen zum Schaden der Anteilseigner mit dem Management eingehen.[1186] Auf diese Gefahren wird im Folgenden detaillierter einzugehen sein. Im engen Zusammenhang dazu steht auch *hidden information*, die der *gatekeeper* im Gegensatz zu den Anteilseignern während der Bearbeitung des Mandats generiert und die ihm gestattet, seinen Arbeitseinsatz in der laufenden Mandatsbearbeitung zu optimieren.[1187] Diesen Gesichtspunkten kommt im Kontext der *fairness opinion* eine erhöhte Bedeutung zu. Eine Sanktionsmöglichkeit gegen *hidden actions* eines *gatekeepers* besteht grundsätzlich in der Haftung des *agent* gegenüber dem *principal* (hierzu unten S. 279 ff.). Das *Moral-Hazard*-Problem kann jedoch mit Haftungsnormen allein nicht wirkungsvoll eliminiert werden.[1188] Vielmehr bedarf es darüber hinaus ausreichender Kontrollmechanismen für die Leistung des *gatekeepers*, die der einzelne Adressat der Prüfung nicht ausführen kann.[1189]

3.) Hidden Intention

Die dritte Form asymmetrischer Information besteht in der so genannten *hidden intention*, die als hybride Form zwischen *hidden characteristics* und *hidden action* besteht.[1190] In Abgrenzung zu *hidden characteristics* ist die Informationsasymmetrie durch den Agenten willentlich beeinflussbar und sie ist von der *hidden action* insofern zu differenzieren, als sie *ex post* (zumindest für die Verwaltungsorgane) erkennbar wird.[1191] In Bezug auf die *fairness opinion* kann die aus *hidden intentions* resultierende Gefahr des *hold ups* darin bestehen, dass die

---

[1184] *Jost* in: Prinzipal-Agenten Theorie in der Betriebswirtschaftslehre, S. 11, 25.
[1185] Dazu *Westhoff*, DStR 2003, 2086, 2087.
[1186] *Ewert*, Wirtschaftsprüfung, S. 148 ff., bezogen auf die Jahresabschlussprüfung.
[1187] *Jost* in: Prinzipal-Agenten Theorie in der Betriebswirtschaftslehre, S. 31.
[1188] *Herzig/Watrin*, ZfbF 47 (1995), 775, 791.
[1189] Entsprechend im Kontext der Jahresabschlussprüfung *Ewert*, Wirtschaftsprüfung, S. 158.
[1190] *Breid*, ZfbF 47 (1995), 821, 825.
[1191] *Schmitz*, Marketing für professionelle Dienstleistungen, S. 25.

Leistungsbereitschaft des Erstellers der *fairness opinion* den implizit oder explizit vereinbarten Standard bewusst unterschreitet.[1192] Dies kann sich beispielsweise im Einsatz wenig erfahrener Mitarbeiter der *professional service firm* oder in unerwartet steigenden Zeithonoraren äußern. Dabei besteht für den *hold up* nicht die Notwendigkeit von Opportunismus des *gatekeepers*. Vielmehr kann der *hold up* auch durch Umweltbedingungen wie der Verfügbarkeit von qualifizierten Mitarbeitern bestehen. Dem *hold up* kann durch *signaling* oder der Reputation des Agenten begegnet werden.

II. Modell eines Expectation-Performance Gap der Fairness Opinion

Im Folgenden sind die einzelnen Faktoren im Zusammenhang der um *fairness opinions* geführten Diskussion zu untersuchen. Mit dem Ziel einer systematischen Analyse bietet es sich an, diese Aspekte im Modell des so genannten *expectation-performance gap* zu integrieren, welches vergleichbare Aspekte für Jahresabschlussprüfer darstellt.[1193] Dieses Modell knüpft an die in der Literatur vielfach diskutierte Erwartungslücke in Bezug auf Wirtschaftsprüfer an[1194] und erweitert diese Darstellung um die Berücksichtigung von defizitären Standards und Leistungen. Sie kann als Grundlage für die Ableitung wirkungsvoller Steuerungsinstrumente dienen.

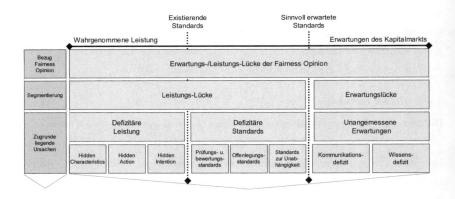

Abbildung 4: *Expectation-Performance Gap* der *Fairness Opinion*

Quelle: eigene erweiterte Darstellung in Anlehnung an das *Audit Expectation-Performance Gap* von *Porter*, 24 Acct. & Bus. Res. (1993), 49, 50.

[1192] Entsprechend für den Abschlussprüfer *Westhoff*, DStR 2003, 2086, 2088.
[1193] Zur Anwendung auf Jahresabschlussprüfer allgemein *Porter*, 24 Acct. & Bus. Res. (1993), 49, 50; für den deutschen Markt *Westhoff*, DStR 2003, 2086, 2087 f. und 2092.
[1194] Statt aller *Liggio*, Journal of Contemporary Business 1974, 27 ff., zur erstmaligen Anwendung des Begriffs der Erwartungslücke auf die Abschlussprüfung.

1.) Performance below Standards

Auf Basis der Systematisierung der Neuen Institutionenökonomie kann im Folgenden zunächst das Segment der unzureichenden Leistung des Erstellers einer *fairness opinion* analysiert werden. Diese kann durch eine aus unterschiedlichen Gründen resultierende Befangenheit (*independence in appearance*) begründet sein. Maßstab dafür ist es, ob ein umfänglich informierter Dritter den begründeten Verdacht haben kann, dass ein Umstand vorliegt, der das Vertrauen in ein objektives Urteil des sachverständigen Dritten mindern könnte.[1195]

a) Honorarstruktur

Durch die Honorarstruktur des Erstellers der *fairness opinion* könnte ein Anreiz zu der Abgabe einer *fairness opinion* bestehen, die den Forderungen der Verwaltungsorgane entspricht und den Interessen der Anteilseigner zuwiderläuft.[1196] Dabei kann zwischen einer direkten und einer indirekten Anreizwirkung mittels der Honorarstruktur unterschieden werden:

aa) Direkte Incentivierung des Erstellers

Teilweise kommen in der Praxis direkte Erfolgshonorare für den Ersteller einer *fairness opinion* vor, die an die positive Beurteilung der Strukturmaßnahme geknüpft sind.[1197] Diese finden sich auch noch in jüngster Zeit trotz einer zunehmenden Sensibilisierung der Öffentlichkeit für die Unabhängigkeit von *gatekeepern*.[1198] Auch aus Sicht einer *professional service firm* wird eine direkt an den Erfolg der Transaktion geknüpfte Honorierung des *gatekeepers* allerdings zunehmend als belastend für dessen Unabhängigkeit empfunden.[1199] Daher werden derartige Vereinbarungen zunehmend seltener. Auch *Note 3* zu *Rule 3.3.* des Londo-

---

[1195] Dazu im Kontext der Abschlussprüfung *Schwandtner*, DStR 2002, 323, 324.
[1196] *Cooke*, Corp. Board. Juli 1996, 17, 18; *Bebchuk/Kahan*, 27 Duke L.J. (1989), 27, 38; *Elson*, 53 Ohio St. L.J. (1992), 951, 966.
[1197] *Anderson v. Boothe*, 103 F.R.D. 430, 435 (D.C.Minn. 1984), "my understanding is that if we had found it [the merger proposal] was not fair, we would not have received the second payment"; *Radol v. Thomas*, 103 F.R.D. 430, 436 (D. Minn. 1984), "a contingent fee arrangement between a target company and the investment banker could have the potential to taint the fairness opinion of the investment banker"; *Oesterle*, 70 Wash. U. L.Q. (1992), 541, 544, Verhältnis zwischen fixer Vergütung und Erfolgshonoraren exemplarisch 1: 4 - 1 : 6; kritisch bereits 1987: Report 100-265; 100th Congress 1st Session, S. 1323; *Markey*, Leveraged Management Buyouts, S. 211, 212.
[1198] *Rachelson/Solomon*, 22 Corporate Acquisitions, Mergers, and Divestitures Januar 2004, 1, 2, mit Bezug auf die Transaktion *Bank of America / FleetBoston Financial*, "in exchange for preparing the fairness opinion, the [fairness opinion provider] received $ 25,000,000, of which $ 17,000,000 was contingent upon the closing [the] acquisition; Wighton, FT vom 28.2.2004, 11, 11, "[…] point out that the bank was compensated not for the fairness opinion but for years of unpaid advice to BofA [Bank of America]"; *Zehren*, Newsday vom 23.12.2003, A46.
[1199] *Feuerstein*, 32 Bus. Law. (1977), 1337, 1338, aus der Sicht des *general counsel* von *Salomon Brothers*; zur Honorarstruktur von *fairness opinions* auch *Caruscone*, Conn. L. Trib. vom 15.4.1996, S13, mit Korrektur Conn. L. Trib. vom 2.4.1996; *Schwetzler/Aders/Salcher/Bornemann*, FB 2005, 106, 113.

ner *City Codes* regelt etwa, dass Erfolgshonorare die Unabhängigkeit des Sachverständigen ausschließen können.

bb) Indirekte Incentivierung des Erstellers

Demgegenüber sind die meisten Honorare für *fairness opinions* selbst nicht direkt, aber gleichwohl indirekt vom Erfolg der Transaktion abhängig.[1200] Denn neben der Erstellung der *fairness opinion* durch die beauftragte *professional service firm* führt diese häufig weitere erfolgsabhängig honorierte Dienstleistungen für dieselbe Unternehmenstransaktion durch.[1201] Dazu ist bei Investment Banken insbesondere die Strukturierung und Beratung einer Transaktion bei freundlichen Übernahmen oder Zusammenschlüssen zu zählen.[1202] Häufig ging sogar von dem Berater, der abschließend die *fairness opinion* erstellt, die Initiative und der Vorschlag für die Strukturmaßnahme aus.[1203]

Im Falle eines Verteidigungsmandates gegen eine feindliche Übernahme kann die Investment Bank neben der Erstellung einer *fairness opinion* bzw. *inadequacy opinion* zudem mit der Strukturierung einer *poison pill*[1204] oder *lock up option*[1205] bzw. mit der Suche eines so genannten „Weißen Ritters"[1206] mandatiert werden. Damit geht die Rolle des Erstellers einer *fairness opinion* in der Praxis häufig über eine enge Auslegung des *Gatekeeper*-Begriffs hinaus. Es besteht vielmehr eine Parallele zu der Rolle des *security attorneys*, dem einerseits die Beratung und die Strukturierung einer Transaktion und andererseits die Überwachung der Of-

---

[1200] *Elson*, 53 Ohio St. L.J. (1992), 951, 966; *Laird/Perrone*, 3 Construction Law and Business (2002), 39, 40; *Schuldt*, 56 Mo. L. Rev. 103, 110; *Sweeney*, Journal of Accountancy, August 1999, 44, 46; exemplarisch *Hecco Ventures v. Avalon Energy Corp.*, 606 F.Supp. 512, 520 (D.C.N.Y. 1985).
[1201] *Chazen*, 36 Bus. Law. (1981), 1439, 1442 f.; *Elson*, 53 Ohio St. L.J. (1992), 951; *Leddy/Walters*, Mergers and Acquisitions Journal März 2005, 35; *Weidenbaum*, 70 Wash. U. L.Q. (1992), 563, 569; *Rachelson/Solomon*, 22 Corporate Acquisitions, Mergers, and Divestitures Januar 2004, 1, 4; *Ragotzky*, M&A Review 2000, 410, 413; *Liaw*, Business of Investment Banking, S. 43; *Schwetzler/Aders/Salcher/Bornemann*, FB 2005, 106, 113, mit empirischen Daten zum deutschen Markt.
[1202] Exemplarisch aus der deutschen Praxis die Berater der *Veba AG* und der *Viag AG* bei dem Zusammenschluss zur *eon AG*; aus der US-amerikanischen Rechtsprechung *Gerstle v. Gamble-Skogmo Inc.*, 298 F.Supp. 66, 95 (D.C.N.Y. 1969), "structuring merger and evaluation its fairness blurred investment bank's lenses, resulted in failure to note erroneous property valuation"; *Gougis*, Mergers & Acquisitions März/April 1992, 33; *McGough*, Forbes vom 29.7.1985, 52, "[...] deals are set up so that bankers would be kissing their fees good-bye if they didn't capitulate to the board"; *Ragotzky*, Unternehmensverkauf, S. 169; *Strasser*, Informationsasymmetrien, S. 110; *Weidenbaum*, 70 Wash. U. L.Q. (1992), 563, 569, "if in a burst of candor, the investment advisor tells the board that the contemplated action would be a lousy move for the shareholders, it will only receive the fee for the "fairness" opinion. It would forego the possibility of the much more generous second fee."
[1203] Abweichend dazu der Berufsgrundsatz der Wirtschaftsprüfer, dass der Wirtschaftsprüfer einen Sachverhalt nicht beurteilen darf, an dessen Zustandekommen er selbst maßgeblich beteiligt war. Damit ist die Tätigkeit als Unternehmensbewerter und Verschmelzungsprüfer nach deutschem Recht grundsätzlich miteinander unvereinbar dazu *Meyer zu Lösebeck*, WPg 1989, 499.
[1204] Exemplarisch *Dynamics Corp.of America v. CTS Corp.*, 794 F.2d 250, 257 f. (7th Cir. 1986), "the advisor would receive a bonus if Dynamics lost the proxy fight".
[1205] So *Hanson Trust Plc. v. ML SCM Acquisition, Inc.*, 781 F.2d 264, 270 f. (2nd Cir. 1986).

fenlegungspflichten (*disclosure supervisor*) zukommen.[1207] Die Höhe der Vergütung des sachverständigen Dritten für diese Dienstleistungen ist in der Regel vom erfolgreichen Abschluss der Transaktion bzw. der erfolgreichen Verteidigung gegen ein feindliches Angebot abhängig,[1208] während für die Erstellung einer *fairness opinion* zumeist ein fixes Honorar vereinbart wird.

Nach einer Untersuchung von *Elson, Rosenbloom* und *Chapman* erreicht der Anteil der Vergütung für die Erstellung der *fairness opinion* gegenüber dem Erfolgshonorar für die Strukturierung der Transaktion durchschnittlich zehn Prozent.[1209] *Commercial banks*, die nur sehr partiell mit der Erstellung von *fairness opinions* mandatiert werden, werden primär durch die Fremdkapitalfinanzierung der Transaktion vergütet, während Unternehmensberatungen neben der Erstellung von *fairness opinions* weitere transaktionsabhängige Projekte in der Integrationsphase einer Transaktion erhalten können.[1210]

Damit hängt grundsätzlich für sämtliche Berufsgruppen ein erheblicher Teil des Gesamthonorars von dem erfolgreichen Abschluss der Transaktion ab; denn der Berater erhält für den Fall, dass die Transaktion infolge seiner *fairness opinion* nicht zum Abschluss gelangt, nur ein geringes Fixhonorar.[1211] Der Sachverständige hat somit meist ein erhebliches Interesse an der Durchführung der Transaktion, was zu einem potenziellen Interessenkonflikt bei der Erstellung der *fairness opinion* führen kann.[1212] Zudem könnte ein Transaktionsberater im Rahmen einer Eigenkapitalposition, welche *long* oder *short* sein mag, vom Abschluss einer Transaktion indirekt profitieren.[1213] Dieser Gefahr kann jedoch durch so genannte *chinese walls* begegnet werden.

Andererseits führt die Beteiligung des Erstellers der *fairness opinion* an der Strukturierung der Transaktion auch zu der umfangreichsten Kenntnis der Transaktion, was für die Beurtei-

---

[1206] So *Radol v. Thomas*, 534 F. Supp.1302, 1315 (D.C. Ohio 1982); *Giuffra*, 96 Yale L. J. (1986), 119, 128, Fn. 58.
[1207] Zu den Funktionen des Security Attorneys *Coffee*, Attorney as Gatekeeper, S. 16 f.
[1208] *Martin*, 60 Fordham L. Rev. 1991, 133, 141; *Schuldt*, 56 Mo. L. Rev. (1991), 103, 110.
[1209] *Elson/Rosenbloom/Chapman*, 35 Securities Regulation & Law Report (2003), 1984, 1985; *Cefali/Goldblatt*, Business Law Today Juli/August 2003, ohne Seitenangabe, in der Vergangenheit wurden auch *fairness opinions* ohne weitere Berechnung beobachtet.
[1210] *Sweeney*, Journal of Accountancy, August 1999, 44, 47.
[1211] *Bebchuk/Kahan*, 27 Duke L.J. (1989), 27, 40; *Sweeney*, Journal of Accountancy, August 1999, 44, 46.
[1212] *Bebchuk/Kahan*, 27 Duke L.J. (1989), 27, 40; *Giuffra*, 96 Yale L. J. (1986), 119, 128; *Sweeney*, Journal of Accountancy, August 1999, 44, 46; aus deutscher Perspektive dazu *Ohne Verfasser*, Platow Brief vom 3.4.2001.
[1213] *Gougis*, in: Handbook of M&A, S. 389, 390.

lung hilfreich sein kann.[1214] Teilweise wird darüber hinaus vertreten, dass die Vergütung der *professional service firm* in prozentualer Abhängigkeit vom Volumen der Unternehmenstransaktion die Ersteller von *fairness opinions* dazu incentivieren könnte, Transaktionspreise mit dem Ziel als unangemessen einzustufen, diese aus Eigeninteresse zu erhöhen.[1215]

cc)   **Zwischenergebnis**

Bei einer direkt bedingten Vergütung des Erstellers ebenso wie bei einem vom Resultat unabhängigen Honorar für die *fairness opinion* können Eigeninteressen der *professional service firm* zur Abgabe einer nicht unabhängigen *opinion* führen, solange neben der Erstellung der *fairness opinion* weitere Dienstleistungen durch dieselbe *professional service firm* erbracht werden.[1216] Auch wenn der Gesichtspunkt der Unabhängigkeit an Bedeutung gewinnt,[1217] werden in der Praxis gleichwohl noch *fairness opinions* von *professional service firms* erbracht, deren Honorierung auf Grund weiterer Dienstleistungen vom Erfolg der Transaktion abhängt.[1218] In diesem Zusammenhang bietet es sich an, auf *Louis D. Brandeis* Bezug zu nehmen, der bereits im Jahre 1913 forderte, dass gegenüber dem Kapitalmarkt die Vergütung eines Wertpapierdienstleisters für eine Transaktion offen zu legen sei, so dass die Investoren die Zuverlässigkeit einer Einschätzung begutachten können und das Eigeninteresse des Wertpapierdienstleisters einschätzen können.[1219] Auch wenn es sich bei dem Interessenkonflikt des Erstellers der *fairness opinion* auf Grund seiner über die Beurteilung der Transaktion hinausgehenden Mandatierung um keine neue Erkenntnis handelt,[1220] wurde diese doppelte Funktion durch die US-amerikanische Rechtsprechung bislang kaum in Frage gestellt. Nicht zuletzt seit Einführung des *Sarbanes Oxley Acts*, der die Erstellung von *fairness opinions* durch Jahresabschlussprüfer begrenzt (dazu oben S. 26 f.), ist der Markt jedoch zunehmend für den Gesichtspunkt der Unabhängigkeit des Erstellers der *fairness opinion* sensibilisiert. Vor diesem Hintergrund erscheint es sehr fraglich, ob *fairness opinions,* deren Ersteller einem Interessenkonflikt unterliegen, zukünftig ihrer Legitimationsfunktion bei einer gerichtlichen Prüfung des Verhaltens der Verwaltungsorgane und dem Schutz durch das Haftungsprivileg der *business judgment rule* gerecht werden können.

[1214] *Lee/Matthews*, in: Advanced Business Valuations, S. 309, 321.
[1215] *Fleischer*, N.Y. Times vom 8.6.1986, F2; a.A.; *Bebchuk/Kahan*, 27 Duke L.J. (1989), 27, 41.
[1216] Im Ergebnis ebenfalls *Heidemann*, Verhältnis zwischen Management und Aktionären, S. 114.
[1217] *Shearea*, Mergers and Acquisitions Journal, März 2004, 17, „in the current climate, with its emphasis on transparency and avoidance of conflicts of interest, it seems that the days of the in-house fairness opinion [by transactions' advisers] are numbered. There is a good chance that in two years, you won't see any more fairness opinions done by the primary bank."
[1218] *Cefali*, Evolution of Fairness Opinions, S, 4; *Cefali*, 25 Los Angeles Business Journal vom 15.12.2003, 43; *Cefali*, 28 Directorship (September 2002), 10, 12, mit Darstellung einer Beispieltransaktion.
[1219] *Louis D. Brandeis* im Jahre 1913, zitiert nach *Hawkins*, Corporate Financial Disclosure, S. 353 f.
[1220] Statt vieler *Bebchuk/Kahan*, 27 Duke L.J. (1989), 27, 40.

b) Klientenbeziehungen

Zwischen *professional service firms* und ihren Mandanten bestehen über die jeweilige Transaktion hinaus häufig langjährige Klientenbeziehungen, in denen die *professional service firms* auch in anderen Geschäftsbereichen signifikante Honorare generieren.[1221] Im Fall der Ersteller von *fairness opinions* können dazu neben der Strukturierung von Unternehmenskäufen und -verkäufen die Begleitung von Börsengängen der Gesellschaft oder ihrer Tochtergesellschaften, die Abwicklung von Fremdkapitalemissionen oder der Fremd- und Eigenhandel mit Wertpapieren der Gesellschaft zählen. Neben den zuvor angesprochenen, durch die betroffene Transaktion zu generierenden Honorare wird eine *professional service firm* auch den Einfluss dieser Transaktion auf das zukünftige Geschäft bei der Erstellung einer *fairness opinion* in Betracht ziehen;[1222] denn sie ist bestrebt, Klientenbeziehungen aufrecht zu erhalten und neue Klienten zu gewinnen. *Bebchuk* und *Kahan* weisen zudem darauf hin, dass die Mandatierung von *professional service firms* bei den Mitgliedern der Verwaltungsorgane der Gesellschaften liegt und innerhalb dieser Gruppe eine sehr restriktive Erteilung von *fairness opinions* durch eine *professional service firm* zum Nachteil ihrer zukünftigen Mandate schnell bekannt würde.[1223] Damit können auch persönliche Beziehungen der handelnden Personen die Neutralität einer *fairness opinion* potenziell belasten.[1224] Sachverständige, die *fairness opinions* nach den Erwartungen der Verwaltungsorgane anpassen, werden daher im Allgemeinen wieder engagiert, während dies bei Banken, die Gegengutachten schreiben, eher unwahrscheinlich ist.[1225] Die Situation hinsichtlich der Erhaltung von Kundenbeziehungen ist insofern vergleichbar mit der früheren Lage bei der Erhaltung von Kundenbeziehungen durch Jahresabschlussprüfer für die Beratungseinheiten und der des Wertpapieranalysten für die *investment banking divisions*.[1226] In Bezug auf die Abschlussprüfer wurde durch das Ende 2004 in Kraft getretene Bilanzrechtsreformgesetz eine verschärfte Regulierung geschaffen.

[1221] *Johnson/Smith*, FT vom 28.5.2002, 21, exemplarisch anhand der Transaktion *Castorama/Kingfisher*; *Stein*, N.Y. Times vom 8.6.1986, F2; *Elson*, 53 Ohio St. L.J. (1992), 951, 966; *Borowicz*, M&A Review 2005, 253, 257, exemplarisch anhand der Transaktionen *VA Tech/Siemens*, *Unaxis/ESEC* und *MONY/AXA*; zu den Möglichkeiten zum Aufbau einer vertrauensvollen Klientenverbindung durch M&A Transaktionen *Brinker*, Investment Banking, S. 31.
[1222] *Bebchuk/Kahan*, 27 Duke L.J. (1989), 27, 41 f.; *Cooke*, Corp. Board. Juli 1996, 17, 19; *Martin*, 60 Fordham L. Rev. (1991), 133, 141; *Schuldt*, 56 Mo. L. Rev. 103, 111; aus deutscher Perspektive in diese Richtung *ohne Verfasser*, Platow Brief vom 3.4.2001; exemplarisch dazu *ohne Verfasser*, Financial News vom 11.10.1999; zum Wettbewerb von fünf *professional service firms* um das Mandat der *fairness opinion* selbst *ohne Verfasser*, Rompres vom 6.6.2002; *Schwetzler/Aders/Salcher/Bornemann*, FB 2005, 106, 114.
[1223] *Bebchuk/Kahan*, 27 Duke L.J. (1989), 27, 41 f.
[1224] So *Weinberger v. UOP Inc.*, 457 A.2d 701, 706 (Del. 1983), hier wurde die *fairness opinion* durch einen Investment Banker erstellt, der zuvor als *director* für *UOP Inc.* tätig war; dazu auch *Borowicz*, M&A Review 2005, 253, 257; *Elson*, 53 Ohio St. L.J. (1992), 951; *Weiss*, Ausschluss von Minderheitsaktionären, S. 98.
[1225] *Bebchuk/Kahan*, 27 Duke L.J. (1989), 27, 40; *Heidemann*, Verhältnis zwischen Management und Aktionären, S. 115; *Ragotzky*, Unternehmensverkauf, S. 169.
[1226] Dazu *Coffee*, Gatekeeper Failure and Reform, S. 39.

c) League Table Credit

Entscheidend für die Reputation der Investment Banken als Teil der mit der Erstellung von *fairness opinions* mandatierten *professional service firms* und damit für die Gewinnung neuer Mandate ist ihre Position in den so genannten *league tables*.[1227] *League tables* sind Ranglisten von Investment Banken in Abhängigkeit von Anzahl und Volumen betreuter Transaktionen, die durch Informationsdienstleister, darunter führend *Thomson Financial*, erstellt werden. Sie werden in Fachzeitschriften veröffentlicht bzw. dienen als Basis für die Berichterstattung von Tageszeitungen und anderen Medien über den Markt für Fusionen und Übernahmen. Zur Gewinnung neuer Mandate werden neben *League Table*-Ergebnissen auch so genannte *tumbstone adds* verwendet, in denen Berater eine Aufstellung der in der Vergangenheit betreuten Transaktionen in Zeitungen und Zeitschriften veröffentlichen.[1228] Im Vergleich zu anderen *gatekeepern* besteht nur bei Investment Banken dieses intensiv wahrgenommene Instrument der Leistungsmessung innerhalb der *peer group*. Auch wenn die Erstellung einer *fairness opinion* im Vergleich zu der Beratung und Strukturierung einer Transaktion mit einer geringeren Arbeitsintensität für den Ersteller verbunden ist, führen beide Dienstleistungen zu einem identischen *league table credit*. Denn es werden die Termini „*fairness to public*" und „*fairness to board*" von *Thomson Financial* als Kriterien für die Vergabe von gleichwertigen *league table credits* im Vergleich zur Transaktionsstrukturierung geführt.[1229] Auf diese Weise können Institute durch die Erstellung einer *fairness opinion* ihren Bekanntheitsgrad und ihre Geschäftschancen erheblich ausbauen.[1230] In der deutschen Praxis werden vor diesem Hintergrund auch *fairness opinions* beobachtet, die von Investment Banken mit dem Anreiz eines hohen *league table credit* zu sehr geringen Honoraren erstellt wurden.[1231] Neben der Hinnahme geringer Honorare besteht vor diesem Hintergrund auch die Gefahr, dass *professional service firms* auf Grund ihres eigenen Interesses an einem hohen *league table credit*, der vom erfolgreichen Abschluss der Transaktion abhängt, eine an den Interessen des beauftragenden Managements

---

[1227] *Jacob/Klein*, Investment-Banking, S. 36 f.; *Pawelka*, Investment-Banking-Strategien, S. 179; dazu durchaus kritisch *Vopel*, Wissensmanagement, S. 54, Reputation könne nicht in Abhängigkeit von objektiv erbrachten Leistungen betrachtet werden, wenn gleich dies durch *league tables* gefördert werde.

[1228] Deutlich *Pawelka*, Investment-Banking-Strategien, S. 182, die Stärken in Kernleistungsfeldern des Investment Banking sollten auch in der Positionsbelegung in jenen Ranglisten erkennbar sein, die auf die definierte internationale Kernregion Bezug nehmen. So werden von der Unternehmenspraxis zumindest Top-Zehn-, möglichst Top-Fünf-Platzierungen in den kernregionbezogenen (z.B. europabezogenen) *league tables* [...] für erforderlich gehalten" und S. 177, „Weltumspannende Stärke [...] sollten nach Expertenmeinungen ihren materiellen Ausdruck in zumindest Top-Fünf-, idealerweise Top-Drei-Platzierungen in den entsprechenden global definierten Ranglisten finden".

[1229] *Thomson Financial*, M&A Database & League Table Eligibility Criteria.

[1230] Exemplarisch *fairness opinion* der Investment Bank *Greenhill* in der Transaktion *Wella / Procter & Gamble*; in diese Richtung auch *Böhmert*, Börsen-Zeitung vom 8.2.2002, 19.

orientierte *fairness opinion* erstellen. Diese Bedenken bestehen insbesondere bei Transaktionen, die auf Grund ihres Volumens mit einer einzelnen *fairness opinion* einer Investment Bank bereits einen vorderen Platz in einem *league table* verschaffen. Dies läuft der Prämisse zuwider, dass *gatekeeper* zur Sicherung ihrer Unabhängigkeit über viele Mandate verfügen und mit jedem Mandat nur einen geringen Teil ihres gesamten Honorarvolumens generieren sollten.[1232] Da ein *league table credit* nur für erfolgreich abgeschlossene Transaktionen gewährt wird, kommt dieses Instrument im Ergebnis einer direkten erfolgsabhängigen Honorierung des Erstellers einer *fairness opinion* gleich.

d) Zwischenergebnis

Bei vielen den mit der Erstellung von *fairness opinions* beauftragten *professional service firms* fällt nach im Schrifttum verbreiteter Ansicht eine gering ausgeprägte Sensibilität für die Unabhängigkeit von *fairness opinion*s auf.[1233] Aus den vorgenannten Eigeninteressen können Interessenkonflikte erwachsen, die die Aussagekraft einer *fairness opinion* erheblich beeinträchtigen und in der Lage sind, eine effektive und unabhängige Kontrolle der Aktivitäten der Verwaltungsorgane durch unabhängige Dritte in Frage zu stellen. Dieses Phänomen kann im *expectation-performance gap* für *fairness opinions* abgebildet werden. Im Schrifttum wird auch eine "*cavalier attitude of Wall Street firms toward fairness opinions*" beobachtet und geschlussfolgert, "*fairness opinions are little more than rubber stamps and not worth the handsome fees Wall Street charges for them*".[1234] Vor diesem Hintergrund ist zudem festzuhalten, dass die Ablehnung der Erstellung einer *fairness opinion* und die Niederlegung eines Mandates zwar sehr selten vorkommen, aber die Kenntnis eines derartigen Falles für die Aktionäre der Gesellschaft von erheblichem Wert wäre. Auch in der deutschen Praxis ist bereits ein Fall bekannt geworden, in dem die Ablehnung einer *fairness opinion* zu der Beendigung der Geschäftsbeziehung zwischen einer Investment Bank und einem Mandanten geführt hat.

[1231] Dazu auch *Wighton*, FT vom 28.2.2004, 11; deutlich auch *Becker*, Börsen-Zeitung vom 22.12.2004, 8, „schön macht sich mal eben eine ‚Fairness Opinion' – dann ist man auch noch auf dem ‚Deal' und bekommt den ‚Credit'".
[1232] *Coffee*, Understanding Enron, S. 6; *Coffee*, Gatekeeper Failure and Reform, S.33, "whoever is the gatekeeper [...] a one client firm practice compromises the agent".
[1233] Statt vieler *Nüssli*, NZZ vom 30.10.2003, 23.
[1234] *Sweeney*, Journal of Accountancy, August 1999, 44, 46.

2.) Standards

Zur Erstellung einer *fairness opinion* bestehen anders als in den Fällen der Jahresabschlussprüfung und der *Rating*-Dienstleistungen keine Berufsstandards.[1235] Aus deutscher Perspektive findet der Standard IDW S1 für eine *fairness opinion* nicht notwendigerweise Anwendung (hierzu oben S. 127 ff.). Dem Ersteller einer *fairness opinion* kommt im Rahmen seiner Beurteilung folglich ein erheblicher Ermessensspielraum zu.[1236] Der Aussagekraft von *fairness opinions* wird zunächst entgegengehalten, dass die Annahmen der Unternehmensbewertung vom Management der Gesellschaft zur Verfügung gestellt werden und nicht zwangsläufig einer unabhängigen Überprüfung durch den Ersteller der *fairness opinion* unterliegen.[1237] Der Ersteller einer *fairness opinion* führe demnach häufig keine ausreichende *due diligence* durch und verlasse sich ausschließlich auf die von den Verwaltungsorganen der Gesellschaft zur Verfügung gestellten Informationen.[1238] Ebenso führten geringe Änderungen der Annahmen zu einer deutlichen Abweichung der ermittelten Unternehmenswerte (Sensitivität).[1239] Durch die Wahl der Bewertungsmethode könnten darüber hinaus deutlich unterschiedliche Bewertungsergebnisse erzielt werden.[1240] Der weite Ermessensspielraum der Ersteller von *fairness opinions* wird auch von Investoren zunehmend kritisch gesehen. So äußerte der auch in Deutschland bekannte Investor *Guy P. Wyser-Pratte*, dass die Ersteller von *fairness opinions* bei von den Verwaltungsorganen der Zielgesellschaft ablehnend beurteilten Angeboten höhere Standards zur Beurteilung der wirtschaftlichen Angemessenheit verwenden als bei der Beurteilung freundlicher Übernahmen.[1241]

3.) Erwartungen

Abweichend von der zuvor beschriebenen Komponente der Leistungslücke sind diejenigen Erwartungen von Teilen der Interessengruppen unter die Erwartungslücke zu fassen, die nicht von geprüften Unternehmen und Prüfungsadressaten übereinstimmend für sinnvoll befunden

---

[1235] *Rachelson/Solomon*, 22 Corporate Acquisitions, Mergers, and Divestitures Januar 2004, 1, 3; *Ragotzky*, M&A Review 2000, 410; *Glover/Slyke*, 33 Nat'l. L.J. vom 15.4.1996, C13; zu den bestehenden Standards für Jahresabschlussprüfung und *rating* unten S. 348 ff.
[1236] *Martin*, 60 Fordham L. Rev. (1991), 133, 142; *Bebchuk/Kahan*, 27 Duke L.J. (1989), 27, 29 ff.; *Macey/Miller*, 98 Yale L. J. (1988), 127, 134 f.
[1237] *Elson/Rosenbloom/Chapman*, 35 Securities Regulation & Law Report (2003), 1984, 1987; *Rifkind*, 78 B.U. L. Rev. (1998), 105, 127.
[1238] *Gougis*, Mergers & Acquisitions März/April 1992, 33.
[1239] *Elson*, 53 Ohio St. L.J. (1992), 951, 965; *Schmitt*, Wall. St. J. vom 10.3.1988, 1, *"the approach can be massaged so it supports the desired result"*; *Schuldt*, 56 Mo. L. Rev. 103, 108; *Markey*, Leveraged Management Buyouts, S. 211, 212.
[1240] *Schuldt*, 56 Mo. L. Rev. 103, 105; *Bebchuk/Kahan*, 27 Duke L.J. (1989), 27, 34 f.
[1241] *Guy P. Wyser-Pratte* zitiert nach *ohne Verfasser*, Business Wire vom 11.5.2001, 1, "As a frequent investor in companies that receive acquisition proposals, I have long been concerned that the financial advisors of target companies may apply tougher standards when evaluating an offer opposed by their clients' board than when opining on an offer that is welcomed by their clients' board."

werden und damit einem Kosten Nutzen Vergleich nicht standhalten.[1242] Diesen Erwartungen kommt – übertragen auf die *fairness opinion* – gerade auf Grund der Heterogenität der Adressaten einer *fairness opinion* besondere Bedeutung zu. Während empirische Untersuchungen in Bezug auf die Jahresabschlussprüfung als Teil dieser Gruppe u.a. die Erwartungen identifizieren, dass der Abschlussprüfer die vollständige Fehlerfreiheit des Jahresabschlusses garantiere oder, dass das uneingeschränkte Testat ein wirtschaftlich gesundes Unternehmen garantiere,[1243] wird hinsichtlich von *fairness opinions* teilweise davon ausgegangen, dass diese eine Maximierung der Gegenleistung garantierten und ihr Vorliegen höhere Gebote ausschließen müssen.[1244] Demgegenüber deutet bei richtigem Verständnis das Vorliegen einer *fairness opinion* „nicht automatisch auf ein gutes oder sehr gutes Angebot aus wirtschaftlicher Sicht hin".[1245] Denn eine *fairness opinion* kann nicht abschließend sicherstellen, dass ein anderer Bieter zur Zahlung einer höheren Gegenleistung bereit ist oder ein Bieter sein Angebot nachbessert.[1246] Der Grenzpreis eines Bieters kann einen extern ermittelten angemessenen Wert des Unternehmens durchaus, zum Beispiel infolge des *winner's curse*, übersteigen. Vergleichbar der Situation der Jahresabschlussprüfung bedarf es zur Verringerung der Erwartungslücke einer zielgerichteten Information der Adressaten einer *fairness opinion* über die Aussagekraft dieses Instruments.[1247]

4.) Zwischenergebnis

Die Wahrnehmungen des Marktes zum Instrument der *fairness opinion* lassen sich im Wege des *expectation-performance gap* systematisieren. Aus ökonomischer Perspektive können infolge des *expectation-performance gap* der *fairness opinion* sowohl Umverteilungsschäden als auch Ressourcenschäden entstehen.[1248] Die Komponente des Umverteilungsschadens beschreibt einerseits den Verlust eines Anlegers infolge der Annahme einer nicht angemessenen Gegenleistung im Rahmen einer Strukturmaßnahme und andererseits den Gewinn des Kontrahierungspartners, der von der unangemessenen Gegenleistung profitiert. Per saldo entsteht damit eine Vermögensverschiebung, aber kein gesamtwirtschaftlicher Schaden. Darüber hinaus kann ein Ressourcenschaden entstehen, wenn in ein überbewertetes Unternehmen zusätz-

---

[1242] *Porter*, 24 Acct. & Bus. Res. (1993), 49, 63; dazu auch *Westhoff*, DStR 2003, 2086, 2088.
[1243] *Porter*, 24 Acct. & Bus. Res. (1993), 49, 63.
[1244] Dazu *Carney*, 70 Wash. U. L.Q. (1992), 523, Fn. 3; *McGough*, Forbes vom 29.7.1985, 52; *Nüssli*, NZZ vom 30.10.2003, 23.
[1245] *Langenegger/Hermann*, FuW vom 3.4.2004, 45; dazu kritisch *Wenger*, FuW vom 26.6.2004, 22.
[1246] Deutlich statt vieler *Cooke*, Corp. Board. Juli 1996, 17, "an *opinion* cannot determine whether a stated price is the highest attainable one"; exemplarisch dazu auch die *fairness opinions* betreffend die Transaktionen *Wella AG* und *Celanese AG*.
[1247] Aus der Perspektive der Jahresabschlussprüfung *Böcking/Orth*, WPg 1998, 351, 353.
[1248] Vgl. *Schäfer*, AcP 202 (2002), 808, 813 f.

liche Ressourcen investiert worden sind, deren Ertrag nicht die Höhe ihrer Opportunitätskosten erreicht. Zudem kann infolge dieses Phänomens die Informationseffizienz von Aktienmärkten beeinträchtigt werden. Die Anteilseigner hätten demnach einen Anreiz, sich auf eigene Kosten Informationen über eine Strukturmaßnahme zu beschaffen bzw. andere Intermediäre damit zu beauftragen.[1249] Das Ergebnis dieser Untersuchung indiziert Handlungsbedarf zur Sicherstellung der Funktionen der *fairness opinion* (hierzu oben S. 33 ff. und S. 82 ff.). Im Kontext von Wertpapieranalysen werden im Schrifttum die Lösungsansätze Wettbewerb, Abstandnahme vom Geschäft, Organisation und Gleichbehandlung zur Qualitätssteigerung diskutiert.[1250] Auf diese Steuerungsinstrumente ist im Folgenden einzugehen. Dabei ist zunächst von der Kontrolle des Marktes selbst auszugehen.

C. Marktkontrolle

I. Reputation der Professional Service Firm

1.) Schutzwirkung von Reputation

Im Kontext von Wertpapiertransaktionen war die Schutzwirkung von Reputation in der Vergangenheit weitestgehend anerkannt. Dieses für die Funktionsweise des *Gatekeeper*-Modells grundlegende Prinzip wird in den folgenden Zitaten von *Wallace B. Donham* und *William H. Lough*, die zu Beginn des zwanzigsten Jahrhunderts entstanden, deutlich:

> "The only way that the public in this country can get the protection given by the English Companies Act is by going to a banking house of high standards and great care."[1251]

> "The first test of a security is to see that it is sponsored by one or more reliable investment firms."[1252]

Diesen Einschätzungen liegt folgende Funktion von Reputation zugrunde: Da sich ein opportunistisches Verhalten negativ auf die Reputation auswirkt, investiert ein Leistungserbringer durch den Verzicht auf ein derartiges Verhalten langfristig in seine Reputation.[1253] Eine wesentliche Voraussetzung dafür, dass die Reputation eine Schutzwirkung entwickeln kann, ist

---

[1249] *Schäfer*, AcP 202 (2002), 808, 813 f.; ebenfalls aus rechts-ökonomischer Perspektive *Herrmann*, Ökonomische Analyse der Haftung, S. 72 ff.
[1250] *Eisele*, WM 1993, 1021, 1022; *Göres*, Interessenkonflikte von Wertpapierdienstleistern, S. 80.
[1251] *Wallace B. Donham*, Dean der Harvard Graduate School of Business Administration im Jahre 1908, zitiert nach *Hawkins*, Corporate Financial Disclosure, S. 352.
[1252] *William H. Lough* im Jahre 1919 zitiert nach *Hawkins*, Corporate Financial Disclosure, S. 352.
[1253] *Von der Crone*, in: Organverantwortlichkeit als Instrument der Corporate Governance, S. 235, 261; *Wilson*, in: Game-theoretic Models of Bargaining, S. 27, 29.

die Konstellation von auch in Zukunft miteinander agierenden Parteien (*repeat players*). Dazu müssen die Leistungsempfänger auch zukünftig die Rolle des *principals* einnehmen oder die Entscheidungen zukünftiger *principals* beeinflussen zu können.[1254]

2.) Anwendbarkeit für *Fairness Opinions*

Dieser Grundsatz wird auch auf die Ersteller von *fairness opinion*s bei Unternehmenstransaktionen übertragen. Demnach wird die Reputation einer *professional service firm* als verbreiteter Schutzmechanismus betrachtet, durch die die Gefahr einer durch Eigeninteressen des Erstellers beeinflussten und damit parteiischen *fairness opinion* begrenzt wird.[1255] Reputations- und Beziehungskapital, das *professional service firms* durch jedes betreute Projekt verlieren können, sind für ihr Geschäftsmodell von erheblicher Bedeutung.[1256] Ein professioneller Ruf für Qualitätsarbeit ist ein derart entscheidender Vermögenswert für eine *professional service firm*, dass sie ihn durch eine parteiische *fairness opinion* nicht gefährden möchte.[1257] Allerdings wird die Wirksamkeit von Reputation als Steuerungselement dadurch begrenzt, dass sich die Risiken in der Regel nur selten verwirklichen.[1258] Eine Differenzierung von Investment Banken in Bezug auf ihre Reputation ist bei amerikanischen Gerichten nach Ansicht von *Bebchuk* und *Kahan* jedoch in der Regel nicht zu erkennen.[1259] Sofern ausdrücklich auf die Reputation einer *professional service firm* Bezug genommen wird, beschränkt sich dies auf die generelle Reputation des Unternehmens – nicht jedoch auf eine spezielle Reputation für die Erstellung von *fairness opinions*.[1260] Demnach bestehen für eine Investment Bank die Anreize für durch Eigeninteressen beeinflusste *fairness opinion*s fort, solange die Anbieter eine hohe Reputation für ihr Gesamtgeschäft sicherstellen können.[1261]

[1254] *Von der Crone*, in: Organverantwortlichkeit als Instrument der Corporate Governance, S. 235, 262, mit exemplarischem Hinweis auf die untergeordnete Bedeutung von Reputation bei Souvenirhändlern, die lediglich einmaligen Kontakt zu einem Kunden haben und auch von potenziellen Kunden nicht beobachtet werden.
[1255] *Bebchuk/Kahan*, 27 Duke L.J. (1989), 27, 42; *Giuffra*, 96 Yale L. J. (1986), 119, 127; *Kennedy*, 1255 PLI/Corp., 605, 607; *McGough*, Forbes vom 29.7.1985, 52, mit Zitat von *Jay Levine, Managing Director, Dean Witter* (heute: *Morgan Stanley Dean Witter*), "all we have to give is our reputation"; *Borden/Yunis*, Going Private, § 9.02, "the better known and more highly reputed the adviser, the more valued its opinion will be", "reputation becomes a key qualifying ingredient, if not the most significant element."
[1256] *Vopel*, Wissensmanagement, S. 52.
[1257] *Heidemann*, Verhältnis zwischen Management und Aktionären, S. 114; Obergericht des Kantons Zug zitiert nach *Wenger*, FuW vom 26.6.2004, 22; mit Bezug auf das *rating, Habersack*, ZHR 169 (2005), 185, 196.
[1258] *Schäfer*, in: FS Ott, S. 279, 304.
[1259] *Bebchuk/Kahan*, 27 Duke L.J. (1989), 27, 43; *McGough*, Forbes vom 29.7.1985, 52, mit Verweis auf *Cottle v. Storer Communication Inc.*, 849 F.2d 570, 578 (11th Cir. 1988) und die *credentials* von *Dillon Read* (heute *UBS Investment Bank*).
[1260] So bereits *Denison Mines Ltd. v. Fibreboard Corp.*, 388 F. Supp. 812, 821 (D.Del. 1974), mit Hinweis auf die Reputation von *Lehman Brothers* im Geschäftsfeld Investment Banking.
[1261] *Bebchuk/Kahan*, 27 Duke L.J. (1989), 27, 44; dahingehend auch deutlich *Wenger*, FuW vom 26.6.2004, 22, „Das Gericht trat ihnen [den Minderheitsaktionären] mit der Begründung entgegen, dass ein „Gefälligkeitsgutachten" für Sachverständige „bezüglich seines guten Rufs (...) ein erhebliches Risiko darstellt"; deshalb seien „Bedenken gegen (vom Großaktionär eingeholte) Privatgutachten nicht gerechtfertigt". Wer wie der Verfasser,

Bei den Beteiligten von *fairness opinions* ist von *repeat players* auszugehen; denn bedeutende institutionelle Investoren sowie Intermediäre (u.a. *ISS*) bestimmen regelmäßig die Akzeptanz einer Unternehmenstransaktion.[1262] Demgegenüber erfüllen Gesellschaften mit einem lediglich geringen Streubesitz, der vornehmlich von privaten Investoren gebildet wird, diese Modellannahme nicht. Denn diese können nicht unter den Begriff der *repeat player* subsumiert werden. Zudem sind Reputationsunterschiede von *professional service firms* einem breiten Anlegerpublikum in der Regel unbekannt und die Kosten ihrer Kenntnisnahme für den einzelnen Anleger prohibitiv hoch. So kann die Reputationswirkung nur die Erstellung von völlig abwegigen *fairness opinion*s verhindern, die dem jeweiligen Ersteller einen signifikanten Schaden zufügen könnten. In einem Kapitalmarktboom ist zudem eine Tendenz zu einer geringeren Wertschätzung von Reputation durch Investoren festzustellen; damit wird die Funktionsweise des *Gatekeeper*-Modells begrenzt.[1263] *Gatekeeper* können in einer solchen Situation auch bereit sein, zu Gunsten von kurzfristigen Honorargewinnen langfristige Reputation aufzugeben.

3.) Exkurs: Reputation bei Wertpapieranalysen und Börsengängen

Dass die Reputation einer Bank nicht vollständig in der Lage ist, als Steuerungsinstrument Interessenkonflikte zu verhindern, zeigt der Vergleich mit Börsengängen und Wertpapieranalysen. Auch im Fall dieser Produkte besteht ein Anreiz für deren Ersteller, ihre Reputation durch wahrheitsgemäße Analysen zu schützen. Die Praxis hat jedoch gezeigt, dass von *professional service firms* erstellte Wertpapieranalysen häufig massiv von Eigeninteressen beeinflusst waren. Im Fall von Börseneinführungen wird die Reputation im Gegensatz zur Fallgruppe der *fairness opinion*s zumindest als ein wirksameres Instrument des Marktschutzes betrachtet; denn der Kapitalmarkt kann die folgende Preisentwicklung der Wertpapiere auf eine einfache Art und Weise mit dem Emissionskurs vergleichen.[1264] Dieser Vergleich ist bei *fairness opinions* bei der Einstellung von Börsennotierungen häufig nicht mehr möglich.

---

regelmässig mit den Gutachten jener „unabhängigen" Expertenfirmen zu tun hat, deren sich Grossaktionäre weltweit bedienen, kann sich nur die Frage stellen, ob er eine derart weltfremde Einstellung eines Obergerichts mit Empörung oder Erheiterung quittieren soll."
[1262] Zur Position von Analysten als *repeat players* gegenüber der direkten Kommunikation von Unternehmen in Form von Analystenpräsentationen und so genannten *One-to-One*-Gesprächen *von der Crone*, in: Organverantwortlichkeit als Instrument der Corporate Governance, S. 235, 262.
[1263] *Coffee*, Gatekeeper Failure and Reform, S. 40.
[1264] *Gilson/Kraakman*, 70 Va. L. Rev. (1984), 549, 619 f.

4.) Zwischenergebnis

Die Schutzwirkung von Reputation kann das *expectation-performance gap* bei *fairness opinions* nicht nachhaltig verringern; denn sie ist lediglich in der Lage, grob fehlerhafte *fairness opinions* zu verhindern. Die Grenzen der Wirkung von Reputation insbesondere in einem euphorischen Kapitalmarktumfeld werden von den Parallelen zu Wertpapieranalysen und Börsengängen eindrucksvoll belegt. Ein vergleichbar zurückhaltendes Ergebnis zur Bedeutung der Reputation wird bereits bei der Lektüre von *Shakespeares Othello* deutlich:

> „Cassio: Guter Ruf, guter Ruf, ich habe meinen guten Ruf verloren! Ich habe den unsterblichen Teil, Herr, meiner selbst verloren, und was bleibt, ist tierisch! Mein guter Ruf, Jago, mein guter Ruf! Jago: So wahr ich ein redlicher Mann bin, ich dachte, Ihr hättet irgendeine körperliche Wunde erhalten; da ist der Schaden größer als beim guten Ruf. Der gute Ruf ist eine nutzlose und höchst falsche Obliegenheit, oft ohne Berechtigung erhalten und unverdient verloren." [1265]

Auch hier wird die Wirkung des Reputationsgedankens erheblich in Frage gestellt. Zudem ist der Agent in der Lage, die Wahrnehmung seiner Reputation durch Kommunikation zu beeinflussen, so dass letztlich ein ambivalenter Charakter des Reputationsverlusts verbleibt.

II. Interne Verfahren und Richtlinien

Professional service firms haben darüber hinaus interne Verfahren und Richtlinien etabliert, die eine unparteiische Erstellung der *fairness opinions* sicherstellen sollen.[1266] Dazu gehört die Einrichtung von *Fairness-Opinion-Review*-Komitees, vor denen *fairness opinions* vor ihrer Abgabe an den Klienten intern zu rechtfertigen sind.[1267] Diesen Gremien gehören in der Praxis Vertreter des Senior-Managements der *professional service firm* an, die an der Transaktion selbst und insbesondere an der Erstellung der *fairness opinion* nicht mitgewirkt haben. Auf diese Weise soll sichergestellt werden, dass einzelne Mitarbeiter und Partner der *professional service firm* im Interesse ihres Unternehmens handeln.[1268] Auch kann in besonders komplexen Fällen eine zweite Arbeitsgruppe eingesetzt werden. Auf einer hausinternen Ebene legt dieser Gedanke einen Vergleich zu dem auch in Deutschland etablierten *Peer-Review*-Verfahren für Jahresabschlussprüfer (§ 57a Abs. 1 WPO) nahe.

[1265] *Shakespeare*, Othello, 2. Akt, 3. Szene; zitiert auch bei *von der Crone*, in: Organverantwortlichkeit als Instrument der Corporate Governance, S. 235, 263.
[1266] *Bebchuk/Kahan*, 27 Duke L.J. (1989), 27, 44 f.
[1267] *Kennedy*, 1255 PLI/Corp., 605, 655; *Goss*, 1154 PLI/Corp., 383; *Henry*, Bus. Wk. vom 24.11.2003, 108, 109; allgemein zur Institutionalisierung unabhängiger Komitees innerhalb von Investment Banken, *Vopel*, Wissensmanagement, S. 206; vgl. auch *Merkt*, in: FS Sandrock, 657, 678, zu Ausschüssen innerhalb von Kanzleien bei der Erstellung von *legal opinions*.
[1268] Exemplarisch zu den Interessen eines einzelnen Partners des Erstellers einer *fairness opinion*, der ebenso einem Gremium der betroffenen Gesellschaft angehörte Inc., 426 A.2d 1333, 1338 (Del.Ch.1981).

Die zuvor beschriebenen Eigeninteressen, die aus der Honorarstruktur, den Klientenbeziehungen und dem *league table credit* resultieren, sind jedoch viel mehr als solche der *professional service firm* selbst als derjenigen der einzelnen Mitarbeiter zu betrachten. Vor diesem Hintergrund ist zu erwarten, dass interne Verfahren und Richtlinien kein abschließend wirksames Steuerungsinstrument für die Eigeninteressen der *professional service firm* insgesamt, sondern lediglich für einzelne handelnde Personen sein können.[1269] Ihre Wirkung bleibt damit auf das *Principal-Agent*-Problem innerhalb der *professional service firm* begrenzt.[1270] Dort tragen diese Verfahren allerdings wirkungsvoll zur Vermeidung von *hidden characteristics* bei.

III. Zwischenergebnis

Interne Verfahren und Richtlinien bei der Erstellung von *fairness opinion*s können verhindern, dass die Eigeninteressen einzelner Mitarbeiter und Partner der *professional service firm* zu parteiischen Gutachten führen (*hidden characteristics* und Teil der *hidden actions*). Auf diese Weise können psychologische und gesellschaftliche Faktoren, die einzelne Banker veranlassen, eine *fairness opinion* zu veröffentlichen, die günstiger für den Auftraggeber ist, als es im Interesse der Bank liegt, begrenzt werden.[1271] Der Vergleich zu *equity research reports* zeigt jedoch sehr eindrucksvoll, dass die Reputation des Erstellers einer *fairness opinion* kein abschließend wirksames Steuerungsinstrument für die Auswirkungen potenzieller Interessenkonflikte ist. Der Ersteller einer *fairness opinion* muss einen Anreiz haben, sich selbst richtig zu informieren; denn für die uninformierte Partei der Anteilseigner ist es sehr schwierig, nachträglich die Richtigkeit der Aussagen einer *fairness opinion* zu überprüfen.[1272] Die Informationen sind für den Kapitalanleger erst dann aussagekräftig, wenn ihre Vertrauenswürdigkeit sichergestellt ist.[1273] Aus dem Eintritt einer unwahrscheinlichen Zukunftslage kann andererseits jedoch *ex post* nicht unbedingt auf eine fehlerhafte Aussage innerhalb der *fairness opinion* geschlossen werden.[1274] Die Sicherstellung ihrer Aussagekraft kann zum Zeitpunkt der Erstellung neben den beschriebenen Marktmechanismen auf unterschiedliche Weise erreicht werden – daher sind die Aspekte der Offenlegung, der Dritthaftung sowie der weitergehenden Regulierung im Folgenden als Instrumente der Steuerung möglicher *hidden actions* zu untersuchen.

[1269] Im Ergebnis ebenfalls für Honorarstrukturen und Klientenbeziehungen *Heidemann*, Verhältnis zwischen Management und Aktionären, S. 118.
[1270] Dazu *Coffee*, Gatekeeper Failure and Reform, S. 14.
[1271] *Bebchuk/Kahan*, 27 Duke L.J. (1989), 27, 45; *Heidemann*, Verhältnis zwischen Management und Aktionären, S. 118; im Ergebnis ebenfalls *Giuffra*, 96 Yale L.J. (1986), 119, 127.
[1272] *Wagenhofer*, BFuP 1988, 533, 549.
[1273] *Paskert*, Informations- und Prüfungspflichten, S. 115.
[1274] *Wagenhofer*, BFuP 1988, 533, 549.

Sechster Teil Offenlegungspflichten gegenüber Aktionären

> Publicity is just commended as a remedy for social and industrial diseases. Sunlight is said to be the best of disinfectants; electric light the most efficient policeman.
> **Louis D. Brandeis**[1275]

Im Sinne des vorstehenden Zitats von *Louis D. Brandeis* kann auch die Offenlegung von *fairness opinion*s zu einer fachkundigen und sorgfältigen Arbeit des Erstellers einer *fairness opinion* beitragen; das ist jedenfalls die Ansicht von *Fiflis*.[1276] Im einzelnen: Vor dem Hintergrund der beschriebenen Funktionen der *fairness opinion* können zunächst Aktionäre der betroffenen Gesellschaften ein Interesse an der Offenlegung der *fairness opinion* in unterschiedlichen Unternehmenstransaktionen haben. Sowohl die Verwaltungsorgane der Gesellschaften als auch die Ersteller der *fairness opinions* haben demgegenüber das einerseits durch Geheimhaltungsinteressen und andererseits durch Vermeidung einer Dritthaftung aus der *fairness opinion* motivierte Interesse, diese Dokumente nicht offen zu legen, sie zusammenzufassen oder Teile von ihnen zu „schwärzen". Nach Abschluss einer Transaktion – zu einem Zeitpunkt, in dem sich unter Umständen negative Konsequenzen der Transaktion offenbaren und Dritthaftungsansprüche gestellt werden könnten – besteht erst recht kein Anreiz für die Ersteller, ihre *fairness opinions* der Öffentlichkeit zugänglich zu machen.

Die folgenden Ausführungen betrachten zunächst die Offenlegungspflichten für *fairness opinions* in den USA, die bereits deutlich weiter entwickelt sind als in Deutschland. Auf der Basis dieser Erkenntnisse werden die Offenlegungspflichten von *fairness opinions* nach deutschem Recht analysiert und die Ergebnisse im europäischen Kontext verglichen. Auch im Hinblick auf die Offenlegungspflichten ist zwischen dem Offenlegungsgegenstand, der zum einen aus dem *opinion letter* bestehen kann und zum anderen die diesem zugrunde liegenden Analysen in Form einer Zusammenfassung des *valuation memorandums* ("*blue book*") einschließen kann, zu unterscheiden. Schließlich ist im Rahmen der Offenlegungspflicht einer *fairness opinion* auch der Gesichtspunkt der Offenlegung von potenziellen Interessenkonflikten des Erstellers einer *fairness opinion* im *opinion letter* zu berücksichtigen. Hinsichtlich der

---

[1275] *Brandeis*, Other People's Money, S. 89.
[1276] *Fiflis*, 70 Wash. U. L.Q. (1992), 497, 498.

Offenlegung von *fairness opinions* ist zudem zu beachten, dass das Honorar des Erstellers im Fall einer Offenlegung der *fairness opinion* nach der typischen Vertragsgestaltung die Vergütung für eine ausschließlich den Verwaltungsorganen zugängliche *fairness opinion* übersteigt.[1277] Diese Differenz kommt ökonomisch einer Versicherungsprämie für den Fall einer etwaigen Dritthaftung des Erstellers der *fairness opinion* gleich. Sofern die Obliegenheiten zur Veröffentlichung von *opinion letter* und *valuation memorandum* nicht eingehalten werden, kann sich das Instrument der *fairness opinion* für die Verwaltungsorgane auch zu einem „zweischneidigen Schwert" entwickeln und von Aktionären gegen das Verwaltungsorgan verwendet werden; denn dann könnte die Legitimationswirkung der *fairness opinion* durch ein Gericht nicht mehr anerkannt werden.[1278]

A. Offenlegungspflichten für *Fairness Opinions* in den USA

Offenlegung und Transparenz kommen im amerikanischen Recht eine grundlegende Bedeutung zu. Demnach ist der *Securities Exchange Act of 1934* auf der Philosophie *"there cannot be honest markets without honest publicity. Manipulation and dishonest practices of the market place thrive upon mystery and secrecy"*[1279] entstanden. Dieser Grundsatz wurde auch in der Rechtsprechung des *U.S. Supreme Court* übernommen.[1280] Noch zu Beginn des zwanzigsten Jahrhunderts wurde eine Offenlegung von durch Investment Banken durchgeführten Analysen vor dem Hintergrund von Vertrauen und Reputationswirkung als weitgehend nicht erforderlich angesehen.[1281] Insbesondere in den letzten Jahren haben sich die Offenlegungspflichten für *fairness opinions* einschließlich der *valuation memoranda* in den USA jedoch erheblich verschärft. Sie sind mit der zunehmenden Bedeutung der *fairness opinion* bei der Entscheidungsfindung von Verwaltungsräten deutlich erweitert worden; insbesondere innerhalb der letzten fünf Jahre wurden die Offenlegungspflichten für die meisten Strukturmaßnahmen auf das Niveau von *Going-Private*-Transaktionen, die besonders streng gehandhabt werden, angehoben.[1282]

[1277] *Schmults*, 3 Inst. On Sec. Reg. (1972), "many investment bankers have a two-tier price list for advising on transactions"; *Schwetzler/Aders/Salcher/Bornemann*, FB 2005, 106, 108.
[1278] *Wander*, 7 Inst. On Sec. Reg. (1976), 157, 158, "if the disclosure rules are not followed, the report can become a double-edged sword and can be used against the management that sought, relied upon and presented the report to the shareholders".
[1279] H.R. Rep. No. 1383, 73d Cong. 2d Sess. 11 (1934); zur Entwicklung von disclosure in Europa *Merkt*, ECFR 2004, 3 ff., mit Bezug auf den Abschlussbericht der *High Level Group of Company Law Experts*.
[1280] *Santa Fe Industries, Inc. v. Green*, 430 U.S. 462, 477 f. (1977); *SEC v. Capital Gains Research Bureau, Inc.*, 375 U.S. 180, 186 (1963).
[1281] *Hawkins*, Corporte Financial Disclosure, S. 349.
[1282] *Cefali*, Evolution of Fairness Opinions, S. 3.

Die Offenlegungspflichten für von dritten Sachverständigen eingeholte *fairness opinions* sind in den USA heute zunächst im Fall einiger Strukturmaßnahmen durch Regelungen der *SEC* im *Securities Law* normiert. Sie sind insbesondere im Zusammenhang mit der Erwartung von Stimmrechtsvollmachten vor bestimmten Entscheidungen der Hauptversammlung (so genannten *proxy statements*) offen zu legen. Während die *SEC* in den achtziger und neunziger Jahren hierbei lediglich einen in der Literatur geschätzten Anteil von 25 bis 35 % der *proxy statements* prüfte, sind dieser Anteil ebenso wie der Detailgrad der inhaltlichen Prüfung zwischenzeitlich signifikant angestiegen.[1283] Darüber hinaus war die Offenlegung von *fairness opinions* wiederholt Gegenstand von Aktionärsklagen in *Delaware*. Auf diese beiden Themen wird im Folgenden einzugehen sein.

I. Offenlegungspflichten für *Fairness Opinions* nach *Securities Law*

Nach den Regeln der *SEC* unterliegen *fairness opinions* bei verschiedenen Strukturmaßnahmen einer Offenlegungspflicht, wobei sich diese Pflichten jedoch nicht auf sämtliche *valuation memoranda* erstrecken.

1.) Offenlegungspflichten bei *Going-Private*-Transaktionen

a) Anwendungbereich *Rule 13e-3*

Der *Securities Exchange Act of 1934* (hierzu oben S. 30) normiert umfangreiche Offenlegungspflichten für Kapitalmarkttransaktionen und reguliert damit den Sekundärmarkt für Wertpapiere. Hierzu zählt auch die so genannte *Rule 13e-3*. Der Normzweck dieser Mitte der siebziger Jahre eingeführten Norm besteht darin, den Anteilseignern einer Gesellschaft eine ausreichende Informationsbasis für ihre Beurteilung einer Strukturmaßnahme zu geben.[1284] Der Anwendungsbereich der *Rule 13e-3* wird durch einen so genannten "*structure test*" und einen „*triggering test*" bestimmt.[1285] Er ist eröffnet, wenn als rechtliche Folge der Transaktion eine Einschränkung oder Beseitigung der Verkehrsfähigkeit der Aktien oder eine Verminderung der nach dem *Securities Exchange Act of 1934* bestehenden Informationspflichten angestrebt wird oder zumindest wahrscheinlich ist.[1286] Davon werden Transaktionen erfasst, die auf einen Wegfall der Registrierungspflichten oder die Einstellung der Börsennotierung zielen, in denen der Emittent eigene Wertpapiere erwirbt oder eine dem Emittenten verbundene

---

[1283] *Cefali*, Evolution of Fairness Opinions, S. 3.
[1284] Leveraged Buyouts and Corporate Debt: Hearing Before the Committee on Finance, 101st Cong., 1st Session 149 (1989), S. 137.
[1285] *Borden*, 21 Rev. Sec. & Com. Reg. (1988), 73.
[1286] *Weiss*, Ausschluss von Minderheitsaktionären, S. 52.

Partei an der Transaktion teilnimmt.[1287] Der Anwendungsbereich von *Rule 13e-3* wird auch auf solche Transaktionen erweitert, bei denen Verwaltungsratsorgane ein eigenes Interesse an der Transaktion haben.[1288] Demgegenüber fallen einseitig dominierte Transaktionen und *Stock-for-Stock*-Akquisitionen nicht in den Anwendungsbereich dieser Norm.[1289]

b)   Offenlegungspflichten nach *Rule 13e-3*

Der so genannte *Schedule 13E-3*[1290] präzisiert die umfangreichen Offenlegungsvorschriften:[1291] *Item 1014(a) Regulation M-A (Item 8(a) Schedule 13E-3)*, "*Fairness of the Transaction*", erfordert etwa eine Stellungnahme der Gesellschaft, ob diese vernünftigerweise annimmt, dass die von *Rule 13e-3* erfasste Transaktion fair gegenüber den Minderheitsgesellschaftern ist. Um oberflächliche Stellungnahmen ("*boilerplate statements*") der Gesellschaft zu vermeiden, erfordert *Item 1014(b) Regulation M-A (Item 8 (b))* darüber hinaus die Erörterung der für die Meinungsbildung erheblichen Faktoren im notwendigen Detail und, sofern möglich, das ihnen jeweils zugesprochene Gewicht bei der Entscheidungsfindung. Diese zu erörternden Gesichtspunkte werden weiter präzisiert: Dazu zählen die Bewertung, ob die Gegenleistung für die Minderheitsgesellschafter im Hinblick auf aktuelle Marktpreise, historische Marktpreise, den Buchwert, den *Going-Concern*-Wert, den Liquidationswert und die Bewertungen in vergleichbaren Transaktionen fair ist. Weiterhin ist anzugeben, ob eine *fairness opinion* hinsichtlich der Transaktion eingeholt wurde und ob in den vergangenen 18 Monaten andere Bieter Angebote für einen Unternehmenszusammenschluss, eine Übernahme oder den Kauf von wesentlichen Aktiva der Gesellschaft unterbreitet haben. Die Notwendigkeit der Gewichtung der einzelnen Faktoren wurde in der Entscheidung *Howing Co. v. Nationwide Corp.* präzisiert.[1292] Nach den Vorschriften (*Item 1015 – Reports, Opinions, Appraisals and Negotiations*)[1293] bestehen sodann umfangreiche Offenlegungspflichten für etwaige im Zusammenhang mit einer Strukturmaßnahme eingeholte *fairness opinions*. Zunächst ist eine Darstellung des sachverständigen Dritten, seiner Qualifikationen zur Erstellung einer *fairness opinion* und der Methode seiner Auswahl erforderlich. Damit ist zu publizieren, ob sich der Verwaltungsrat

---

[1287] 17 C.F.R. § 240.13e-3 (a) (1) und (3) (i), (ii).
[1288] *Bagley/Golze*, Nat'l. L.J.vom 5.2.1990, S5, mit Hinweis auf *Linda Quinn, Director of SEC Division of Corporate Finance, address to ABA Committee on Federal Regulation of Securities*, 18.11.1989.
[1289] SEC Interpretative Release „transactions between the issuer and a non-affiliate are ordinarily the product of arm's length negotiations and therefore do not involve the potential for abuse and overreaching associated with the types of transactions intended to be covered by the Rule".
[1290] 17 C.F.R. 241.13e-100.
[1291] Dazu *Gilson/Black*, Law and Finance of Corporate Acquisitions, S. 1312.
[1292] *Howing Co. v. Nationwide Corp.*, 826 F.2d 1470, 1478 (6th Cir. 1987), "had done nothing more than provide a laundry list of factors considered by [its] investment banker"; dazu auch *Rosenbloom/Aufses*, 4 Insights (April 1990), 3, 3; *Stuntebeck/Withrow*, Nat'l. L.J. vom 13.6.1988, 22, „the single most important factor is very likely to be the fairness opinion".

der Beratung durch einen sachverständigen Dritten in seiner Entscheidungsfindung bedient hat.[1294] Weiterhin sind durch die Gesellschaft erhebliche Geschäftsbeziehungen sowie an den sachverständigen Dritten gezahlte Honorare offen zu legen. Hinsichtlich der Vergütung einer *fairness opinion* ist weiterhin durch die Gesellschaft anzugeben, ob diese durch die Gesellschaft vorgeschlagen wurde oder auf einem Angebot des sachverständigen Dritten beruht.

Wenn eine *fairness opinion* im Rahmen einer *Going-Private*-Transaktion eingeholt wurde, erfordert *Item 9 (b) 6* der *Rule 13e-3* die Offenlegung des *opinion letters* sowie eine Zusammenfassung der ihm zugrunde liegenden Analysen einschließlich ihrer Methoden und Annahmen;[1295] die Offenlegung des *opinion letters* ist allein nicht ausreichend.[1296] Schließlich ist nach *Item 1510 (c)* jedem Anteilseigner der Gesellschaft eine Kopie der *fairness opinion* zur Verfügung zu stellen oder in den Geschäftsräumen der Gesellschaft Einsicht in sie zu gewähren. Nach Ansicht der *commission* ist eine derart umfangreiche Erörterung der Fairness der Transaktion zum Schutz der Minderheitsgesellschafter erforderlich; denn das Fehlen von *Arm's-Length*-Verhandlungen ist durch detaillierte Informationen zu kompensieren, die den Minderheitsgesellschaftern eine Einschätzung erlauben, ob ihre Interessen in angemessener Weise geschützt wurden.[1297] Allerdings erfordert *Rule 13e-3* nicht ausdrücklich, dass eine *fairness opinion* eingeholt wird (hierzu oben S. 32); sie regelt ausschließlich, dass diese im Fall ihrer Einholung offen zu legen ist.[1298]

c) Zwischenergebnis

Im Rahmen ihrer Offenlegungspflichten nach *Rule 13e-3* ist es den Verwaltungsorganen nicht möglich, sich auf einen *opinion letter* zu stützen, der nicht alle erheblichen Annahmen aufführt, die verwendeten Bewertungsmethoden nicht erläutert oder die Gründe für die Nichtberücksichtigung von Daten nicht nennt, die eine höhere Bewertung gerechtfertigt hätten. Im Ergebnis ist damit auch eine Offenlegung der Zusammenfassung des *valuation memorandums*

[1293] Abgedruckt bei *Coffee/Seligman*, Federal Securities Laws, S. 864 ff.
[1294] *Jacobs*, Disclosure, § 17:33; *Rosenbloom/Aufses*, 4 Insights (April 1990), 3; *Oesterle*, Mergers and Acquisitions, S. 160.
[1295] Item 1015 (b) 6, "the summary must include, but need not be limited to, the procedures followed; the findings and recommendations; the bases for and methods of arriving at such findings and recommendations; instructions received from the subject company and affiliate; and any limitation imposed by the subject company or affiliate on the scope of the investigation."; dazu *Herlihy/Wasserman/Coates*, 6 Insights (März 1992), 11.
[1296] *Howing Co. v. Nationwide Corp.*, 826 F.2d 1470, 1478 (6th Cir. 1987), *"had done nothing more than provide a laundry list of factors considered by [its] investment banker"*; *Rosenbloom/Aufses*, 4 Insights (April 1990), 3, "this one-page letter is itself woefully inadequate when measured against the specific disclosure requirements of the Rule. An issuer cannot insulate itself from 13e-3 liability by relying on an investment banker's opinion letter which itself does not comply with the specific disclosure requirements of the Rule. Therefore, defendant's conclusory statements are not cured by conclusory statements made by First Boston in its opinion letter."
[1297] *Gilson/Black*, Law and Finance of Corporate Acquisitions, S. 1312.

("*blue book*"), das für die Präsentation gegenüber den Verwaltungsorganen der Gesellschaft erstellt wurde, erforderlich.[1299]

2.) Offenlegungspflichten bei Unternehmenszusammenschlüssen

a) Anwendungbereich *Rule 14d-9*

Nach *Rule 14d-9(b)(1)* des *Securities Exchange Act of 1934*[1300] hat die Zielgesellschaft bei Unternehmenszusammenschlüssen in Form einer Verschmelzung oder eines öffentlichen Angebots gegenüber den Anteilseignern der Gesellschaft Stellung zu nehmen.[1301] Diese Verpflichtung wurde erst im Jahre 1980 im *Williams Act* normiert.[1302] Mit ihr soll den Anteilseignern die Möglichkeit gegeben werden, auf der Grundlage einer angemessenen Informationsbasis eine Entscheidung hinsichtlich der Andienung ihrer Wertpapiere zu treffen.[1303]

b) Offenlegungspflichten nach *Rule 14d-9*

Rule 14d-9-d regelt mit Verweis auf *Schedule 14d-9* die mit der Stellungnahme durch die Zielgesellschaft offen zu legenden Informationen. Auf eine *fairness opinion* wird darin anders als in *Rule 13e-3* allerdings kein Bezug genommen. Gleichwohl fordert die *SEC* eine Offenlegung der *fairness opinions by practice*.[1304] Selbst wenn dabei das *valuation memorandum* nicht offen zu legen ist, wird auch dies in der Regel indirekt einer Prüfung der *SEC* insoweit unterzogen, als das *proxy statement* der Verwaltungsorgane sämtliche Überlegungen des Erstellers der *fairness opinion* hinreichend berücksichtigen muss.[1305] Die heutigen Ansprüche der *SEC* im Hinblick auf die Offenlegungspflichten der Verwaltungsorgane zur Analyse der

---

[1298] *Gougis*, in: M&A Handbook, S. 389, 392.
[1299] *Thompson*, 21 J. Corp. L. 1996, 457, 467.
[1300] Abgedruckt bei *Coffee/Seligman*, Federal Securities Laws, S. 998 ff.
[1301] Dazu *Gilson/Black*, Law and Finance of Corporate Acquisitions, S. 918; *Brown*, Corporate Disclosure, § 7.03[2].
[1302] Vgl. Exchange Act Release No. 16384 vom 29.11.1979, "The subject company's position with respect to a tender offer can have a determinative effect on the outcome of a tender offer and thus is material to security holders. The subject company therefore should not be permitted to state its position when it maximizes its tactical advantage and to remain silent when it does not. Such complete discretion increases the likelihood for hasty, ill-considered decision-making by security holders and the possibility for fraudulent, deceptive or manipulative actor practices by a subject company and others".
[1303] So bereits *Rondeau v. Mosinee Paper Corp.*, 422 U.S. 49, 58 (1975); *Piper v. Chris-Craft Industries*, 430 U.S. 1, 35 (1977), „the purpose of the Williams Act is to insure that public shareholders who are confronted by a cash tender offer for their stock will not be required to respond without adequate information"; dazu *Gilson/Black*, Law and Finance of Corporate Acquisitions, S. 368, mit der Frage "what information must be disclosed to provide the appropriate information".
[1304] *Kennedy*, 1255 PLI/Corp., 605, 666, Fn. 103.
[1305] *Cefali*, Evolution of Fairness Opinions, S. 3.

Fairness einer Transaktion unterscheiden sich damit grundlegend von den Anforderungen in der Vergangenheit.[1306]

c)   Anwendungsbereich Form S-4

Das *Form S-4* (*registration statement under the Securities Act of 1933*) findet u.a. Anwendung bei Unternehmenszusammenschlüssen und Tauschangeboten von Unternehmensanteilen.[1307]

d)   Offenlegungspflichten nach Form S-4

Auch im Fall von Transaktionen *at arm's length* sind die Offenlegungspflichten für *fairness opinions* insbesondere zu Beginn der neunziger Jahre seitens der *SEC* substanziell erweitert worden.[1308] Sowohl *Item 14 (a) (10)* des *Schedule 14A* und *Item 4(b)* des *Form S-4* (*business combination registration statement*) sehen vor (sofern eine *fairness opinion* eingeholt wurde und auf diese *fairness opinion* im Prospekt oder im *proxy statement* Bezug genommen wurde), dass die Parteien verpflichtet sind, die gleichen Informationen offen zu legen, die von *Item 9(b)* des *Schedule 13E-3* für *Going-Private*-Transaktionen erfasst werden.[1309] Weiterhin schreiben die Regelungen der *SEC* vor, dass bei einer im Prospekt erwähnten *fairness opinion*, die im Falle einer Transaktion eingeholt wird, die ein *Form S-4* erfordert, der *opinion letter* einschließlich einer Zusammenfassung des *valuation memorandums* offen zu legen ist.[1310] Die Anforderungen an die Offenlegung schließen eine Beschreibung der Bewertungsmethoden und der Grundlage für ihre Auswahl sowie die Offenlegung der Bandbreiten der Bewertung ein. Darüber hinaus waren in verschiedenen Fällen auch die Planzahlen offen zu legen bzw. Gründe anzugeben, warum diese nicht offen gelegt wurden und wie sich die Planzahlen zu den Unternehmensergebnissen der Vergangenheit verhielten. Auch Honorarvereinbarungen sind nach dieser Maßgabe offen zu legen.[1311] Einschränkend weist *Thompson* jedoch dar-

---

[1306] *Cefali*, Evolution of Fairness Opinions, S. 4, "factors once addressed in conclusionary statements now require paragraphs or even pages of detailed descriptions".
[1307] Form S-4, A. Rule as to Use of Form S-4, This Form may be used for registration under the Securities Act of 1933 ("Securities Act") of securities to be issued (1) in a transaction of the type specified in paragraph (a) of Rule 145 (§230.145 of this chapter); (2) in a merger in which the applicable state law would not require the solicitation of the votes or consents of all of the security holders of the company being acquired; (3) in an exchange offer for securities of the issuer or another entity; (4) in a public reoffering or resale of any such securities acquired pursuant to this registration statement; or (5) in more than one of the kinds of transaction listed in (1) through (4) registered on one registration statement.
[1308] *Herlihy/Wasserman/Coates*, 6 Insights (März 1992), 11.
[1309] Dazu *Herlihy/Wasserman/Coates*, 6 Insights (März 1992), 11.
[1310] *Securities Act of 1933, Form S-4, Item 21(c)*; dazu *Fried, Frank, Harris, Shriver & Jacobson (Eds.)*, Fairness Opinions in French Tender Offers, S. 1.
[1311] *Zehren*, Newsday vom 21.12.2003, exemplarisch zur *fairness opinion* hinsichtlich der Akquisition von *FleetBoston Financial* durch *Bank of America*.

auf hin, dass im Falle nicht einseitig dominierter Transaktionen keine Pflicht zur Veröffentlichung des *valuation memorandums* bestehe.[1312]

3.) Kürzung einer *Fairness Opinion*

In den USA war es bislang umstritten, ob die Offenlegung der gesamten *fairness opinion* erforderlich ist oder ob eine Zusammenfassung ihrer Ergebnisse ausreicht.[1313] Die *SEC* hat die Zusammenfassung von *opinion letters* und *valuation memoranda* in der Vergangenheit gestattet, diese Praxis jedoch seit Beginn der neunziger Jahre revidiert. Seither ist eine umfangreiche Offenlegung der Analysen, auf denen die *fairness opinion* basiert, auch im Fall nicht einseitig dominierter Transaktionen gegenüber der *SEC* erforderlich.[1314] Zumindest fordert die *SEC* nunmehr, dass der Ersteller einer *fairness opinion* ausreichende Informationen offen legt, so dass die Anteilseigner ihre eigene unabhängige Beurteilung hinsichtlich der wirtschaftlichen Fairness einer Transaktion treffen können.[1315] Die *SEC* fordert nunmehr häufig die Offenlegung von weiteren Hintergrundmaterialien durch den Ersteller der *fairness opinion*, selbst wenn diese Dokumente dem Verwaltungsrat nicht zur Verfügung gestellt wurden.[1316]

4.) Grenzen der Offenlegungspflichten nach dem *Securities Exchange Act*

Nach diesen Ausführungen ist auf der Grundlage des *Securities Exchange Act of 1934* nicht in sämtlichen Anwendungsfällen einer *fairness opinion* eine Veröffentlichungspflicht für den *opinion letter* bzw. das *valuation memorandum* gegeben. Vielmehr ist es möglich, in der Struktur einer *exchange offer* den *opinion letter* in *Schedule 14D-9* zu veröffentlichen und mangels Nennung der *fairness opinion* in dem *S-4* Prospekt das *valuation memorandum* gegenüber den Anteilseignern nicht offen zu legen. Im Fall eines Barangebots, das nicht der Regelung der *Rule 13e-3* unterliegt, ist die Analyse des Erstellers der *fairness opinion* nach dem *Securities Exchange Act of 1934* nicht zu veröffentlichen.[1317] Allerdings haben sich die Offenlegungspflichten in Bezug auf die *fairness opinion* erheblich erweitert, nachdem die *SEC* noch im Jahre 1969 eine umfangreiche Offenlegung von Informationen im Zusammenhang mit Un-

---

[1312] *Thompson*, 21 J. Corp. L. 1996, 457, 467.
[1313] *Feuerstein*, 32 Bus. Law. 1977, 1337, 1340.
[1314] *Thompson*, 21 J. Corp. L. 1996, 457, 467, mit Bezug auf ein Memorandum der Law Firm *Wachtell, Lipton, Rosen & Katz*, Oktober 1991.
[1315] *Cefali*, 37 Mergers & Acquisitions (2002), 37, 38.
[1316] *Cefali*, 37 Mergers & Acquisitions (2002), 37, 39.
[1317] Dazu *Clifford Chance US L.L.P.*, Disclosure of Fairness Opinion Analyses, S. 2; *Bagley/Golze*, Nat'l. L.J. vom 5.2.1990, S5.

ternehmenszusammenschlüssen unter dem Aspekt der Irreführung der Anleger und der fehlenden Klarheit der Aussage des Verwaltungsorgans noch sehr kritisch gesehen hatte.[1318]

II. Offenlegungspflichten für *Fairness Opinions* nach *Case Law*

Neben der gesetzlichen Regelung war die Offenlegung von *opinion letter* und *valuation memorandum* einer *fairness opinion* in der Vergangenheit häufig Gegenstand des US-amerikanischen Fallrechts. In der folgenden Analyse ist wiederum zwischen dem *opinion letter* und dem *valuation memorandum* zu differenzieren.

1.) Offenlegung des *Opinion Letters*

Die Frage nach der Offenlegung des *opinion letters* einer *fairness opinion* beschäftigte die Gerichte in *Delaware* bereits im Jahre 1974.[1319] Der Entscheidung *Denison Mines Ltd. v. Fibreboard Corp.* lag ein *proxy statement* der Verwaltungsorgane der Gesellschaft zugrunde, welches eine Verschmelzung aus Sicht der Verwaltungsorgane des übernehmenden Rechtsträgers als fair für die Gesellschaft und ihre Aktionäre einstufte. Darüber hinaus verwies das *proxy statement* darauf, dass eine Bewertung durch eine Investment Bank durchgeführt worden ist und diese ebenfalls zu dem Ergebnis gelangt sei, dass diese Strukturmaßnahme wirtschaftlich fair sei. Der Wortlaut des *opinion letters* wurde in dem *proxy statement* der Verwaltungsorgane allerdings weder umfassend wiedergegeben noch war der *opinion letter* des Erstellers der *fairness opinion* Bestandteil des *proxy statements*. Angesichts der Tatsache, dass den Aktionären damit keinerlei Informationen über die grundlegenden Annahmen der Bewertung durch die Investment Bank zuteil wurden und die Verwaltungsorgane lediglich den Argumentationsfaktor nutzten, stufte das Gericht den auf das Ergebnis der Bewertung begrenzten Verweis im *proxy statement* als irreführend (*materially misleading*) und damit als Verletzung der *Rule 10b-5* ein. Damit bestätigte das Gericht eine vorherige Entscheidung aus dem Jahre 1972, dass die Veröffentlichung der grundlegenden Annahmen der Beurteilung durch den sachverständigen Dritten von erheblicher Bedeutung sei und dass selbst ein fehlender Verweis auf den Anhang eines *proxy statements*, der diese enthielt, eine Verletzung der *Rule 10b-5* begründe.[1320] Diese Ansicht wurde auch in der Entscheidung *Weinberger v. UOP, Inc.* unabhängig von der Frage des Inhalts des *opinion letters* bestätigt.[1321]

[1318] Dazu SEC Summary of Disclosure Policy Study Report, [Special Studies 1962-1972 Transfer Binder] CCH Fed. Sec. L. Rep. ¶ 74,617 (1969).
[1319] *Denison Mines Ltd. v. Fibreboard Corp.*, 388 F. Supp. 812 (D.Del. 1974).
[1320] *Kohn v. American Metal Climax, Inc.*, 458 F.2d 255, 268 (3rd Cir. 1972), „the disclosure of the basis for the advisers' recommendation was of signal importance"; a.A. *Kaufmann v. Lawrence*, 386 F.Supp. 12 (S.D.N.Y. 1974), unter der Prämisse, dass der Verwaltungsrat keine Empfehlung gegenüber den Aktionären ausspricht.
[1321] *Weinberger v. UOP, Inc.*, 426 A.2d 1333, 1352 f. (Del.Ch. 1983).

2.) Offenlegung des *Valuation Memorandums*

Die Pflicht zur Offenlegung der dem *opinion letter* einer *fairness opinion* zugrunde liegenden Analysen des sachverständigen Dritten war im US-amerikanischen Fallrecht bislang deutlich umstrittener. Im Jahre 2002 hat allerdings die Entscheidung des *Delaware Court of Chancery In re Pure Resources, Inc., Shareholders Litigation* zu einer Etablierung von gegenüber vorherigen Entscheidungen erweiterten Offenlegungspflichten bei einer *exchange offer* geführt.[1322]

a) Beurteilungsmaßstab der Entscheidungen

Die Verpflichtung, dass der Verwaltungsrat gegenüber den Anteilseignern alle relevanten Informationen, die im Kontext mit der Abstimmung über einen Unternehmenszusammenschluss stehen, offen zu legen hat, geht auf die Sorgfalts- und Treuepflichten des Verwaltungsrats zurück.[1323] In seiner Entscheidung *Rosenblatt v. Getty Oil Co.* wendete der *Delaware Supreme Court* den vom *United States Supreme Court* in der Entscheidung *TSC Industries v. Northway* verwendeten und insgesamt unumstrittenen Standard der Erheblichkeit der Information ("*materiality standard*") an.[1324] Demnach ist eine unterbliebene Information für die Anteilseigner einer Gesellschaft *material*, sofern eine erhebliche Wahrscheinlichkeit besteht, dass ein vernünftiger Anteilseigner diese Information in seiner Entscheidungsfindung zum Abstimmungsverhalten als wesentlich ansieht. Hingegen sei kein Nachweis erforderlich, dass der Aktionär in Kenntnis dieser Information ein anderes Abstimmungsverhalten gezeigt hätte.[1325] Des Weiteren erfordern die *Forms S-4* und *14D-9* eine ausgewogene, wahrheitsgemäße Angabe aller Angelegenheiten, die offen gelegt werden.[1326] Daraus ist abzuleiten, dass die dem Aktionär zur Verfügung gestellten Unterlagen keine irreführenden Teilveröffentlichungen enthalten dürfen.[1327] Ein den Aktionären zur Verfügung gestelltes Dokument, welches zu einer die Aktionäre betreffenden Angelegenheit Auskunft gibt, muss vielmehr vollständig sein und darf nicht durch die unterlassene Veröffentlichung von Informationen irreführend sein.[1328] Gleichzeitig ist der Standard der Erheblichkeit jedoch nicht zu niedrig zu setzen; denn andernfalls würden die Anteilseigner eine Vielzahl für sie unübersichtlicher Informationen erhalten, was für eine informierte Entscheidungsfindung nicht zielführend ist.[1329] Dieser

---

[1322] *In re Pure Resources, Inc., Shareholders Litigation*, 808 A.2d 421 (Del.Ch. 2002).
[1323] *Weinberger v. UOP, Inc.*, 457 A.2d 701 (Del.Sup. 1983).
[1324] *Rosenblatt v. Getty Oil Co.*, 493 A.2d 929, 944 (Del.Sup. 1985).
[1325] *TSC Industries v. Northway*, 426 U.S. 438, 449, 96 S.Ct. 2126, 2132, 48 L.Ed.2d 757 (1976).
[1326] *Malone v. Brincat*, 722 A.2d 5, 12 (Del.Sup. 1998).
[1327] *In re Pure Resources, Inc., Shareholders Litigation*, 808 A.2d 421, 448 (Del.Ch. 2002).
[1328] *Loudon v. Archer-Daniels-Midland Co.*, 700 A.2d 135, 143 (Del. 1997).
[1329] *Soderquist/Gabaldon*, Securities Regulation, S. 476.

Beurteilungsmaßstab an sich ist in der Rechtsprechung etabliert und unumstritten.[1330] Er ist im Folgenden in Bezug auf die *fairness opinion* zu diskutieren.

b) Informationsgehalt des *Valuation Memorandums*

Auf Basis der vorgenannten Grundsätze war es in der Rechtsprechung in *Delaware* bislang umstritten, ob die in einem *valuation memorandum* enthaltenen Informationen den Anspruch einer wichtigen (*"material"*) Information erfüllen und damit offenlegungspflichtig sind. Grundsätzlich entschieden wurde diese Frage zuletzt *In re Pure Resources, Inc., Shareholders Litigation* des *Delaware Court of Chancery* im Jahre 2002.

aa) *In re Pure Resources, Inc., Shareholders Litigation*[1331]

Der Entscheidung *In re Pure Resources, Inc., Shareholders Litigation* lag die Fallkonstellation einer *exchange offer* des bisherigen Mehrheitsgesellschafters für die verbleibenden Aktien der *Pure Resources, Inc.* zugrunde. Während der *opinion letter* der *fairness opinion* den Anteilseignern gegenüber veröffentlicht wurde, hatten diese keine Einsicht in die vom Ersteller der *fairness opinion* durchgeführten Analysen. Nach Ansicht des *Delaware Court of Chancery* bildet den eigentlichen Informationswert der Analyse des sachverständigen Dritten nicht der *opinion letter*, sondern die Analyse, auf die die Bestätigung der wirtschaftlichen Angemessenheit einer Unternehmenstransaktion gestützt wird.[1332] Im Übrigen ist darauf hinzuweisen, dass Mehrheitsgesellschafter in der Regel einen hohen Informationsvorsprung gegenüber den Minderheitsgesellschaftern besitzen und dieser durch einen Verwaltungsratsausschuss (*special committee*) nur bedingt ausgeglichen werden kann. Der Zweck eines *gatekeepers* besteht gerade darin, diese Informationsasymmetrie zu verringern. Dazu kann die Offenlegung einer Zusammenfassung des *valuation memorandums* erheblich beitragen. Schließlich ist es innerhalb dieser Transaktionsstruktur auch von Bedeutung, dass dem Mehrheitsgesellschafter nach einem erfolgreichen Kaufangebot die Möglichkeit zu einem *short form merger* (vergleichbar dem heutigen deutschen Zwangsausschluss von Minderheitsaktionären

---

[1330] Statt vieler *Skeen v. Jo-Ann Stores, Inc.*, 750 A.2d 1170, 1172 (Del.Sup. 2000), "these disclosure standards have been expressed in much the same language over the past 25 years".
[1331] *In re Pure Resources, Inc., Shareholders Litigation*, 808 A.2d 421 (Del.Ch. 2002).
[1332] *In re Pure Resources, Inc., Shareholders Litigation*, 808 A.2d 421, 448 f. (Del.Ch. 2002), "In my view, it is time that this ambivalence be resolved in favour of a firm statement that stockholders are entitled to a fair summary of the substantive work performed by the investment bankers upon whose advice the recommendations of their boards to how to vote on a merger or tender rely. I agree that our law should not encourage needless prolixity, but that concern cannot reasonably apply to investment bankers' analyses, which usually address the most important issue to stockholders – the sufficiency of the consideration being offered to them for their shares in a merger or tender offer. Moreover, courts must be candid in acknowledging that the disclosure of the bankers' „fairness opinion" [*opinion letter*] alone and without more, provides stockholder with nothing other than a conclusion, qualified by a gauze of protective language designed to insulate the banker from liability. The real in-

(§ 327a AktG) eröffnet wird. Diesbezüglich ist es erforderlich, dass die Aktionäre schon frühzeitig eine Entscheidung über eine etwaige gerichtliche Überprüfung der Gegenleistung für ihren Ausschluss aus der Gesellschaft treffen können (*appraisal rights*). Da die Offenlegung des *opinion letters* den Anteilseignern keine über das Beurteilungsergebnis, das allgemeine Vorgehen und die Haftungsbegrenzungen des Erstellers hinausgehenden Informationen bereitstellt, ist zur Erfüllung der Pflichten des Verwaltungsrats somit die Offenlegung einer Zusammenfassung des *valuation memorandums* mit *Schedule 14D-9* erforderlich.[1333] Es sind die Bewertungsmethoden, die wesentlichen dabei verwendeten Annahmen und die Bandbreiten der auf diese Weise bestimmten Werte offen zu legen. Damit wurde eine deutlich über die im Rahmen der Vorschriften der *SEC* regulierten Anwendungsfälle hinausgehende Offenlegungspflicht für die einer *fairness opinion* zugrunde liegenden Analysen etabliert.[1334] Umstritten bleibt allerdings noch, welche Transaktionen (hierzu unten S. 242 ff.) von diesen Offenlegungspflichten erfasst werden.

bb) *Skeen v. Jo-Ann Stores, Inc.*

In verschiedenen früheren Entscheidungen in *Delaware* zur Offenlegungspflicht der Analysedaten des *valuation memorandums* wurde diese Frage noch mit abweichendem Ergebnis beurteilt. So lehnte der *Delaware Supreme Court* noch im Jahre 2000 in seiner Entscheidung *Skeen v. Jo-Ann Stores, Inc.* eine Offenlegung der Bewertungsmethoden, der der Bewertung zugrunde liegenden Annahmen sowie der im Rahmen der Erstellung der *fairness opinion* ermittelten Bandbreite fairer Werte für die Gesellschaft ab.[1335] Dabei differenzierte das Gericht zwischen für die Entscheidungsfindung der Anteilseigner erheblichen (*"material"*) und lediglich hilfreichen Informationen.[1336] Mit Verweis auf das frühere, im Folgenden näher zu untersuchende Fallrecht sah das Gericht in dieser Entscheidung noch keine Veranlassung, die von den Minderheitsgesellschaftern geforderten Informationen als wichtig (*"material"*) einzustufen, wenngleich die vom Ersteller der *fairness opinion* als wirtschaftlich angemessen beurteilte Gegenleistung den Buchwert der Gesellschaft um 20,0 % unterschritt. Eine Änderung des Offenlegungsstandards auch im Hinblick auf eine Entscheidung der Anteilseigner zur gerichtlichen Überprüfung der Gegenleistung schloss das Gericht damit im Ergebnis zu diesem Zeitpunkt noch aus.

---

formative value of the bankers' work is not in its bottom-line conclusion, but in the valuation analysis that buttresses that result".
[1333] In der Tendenz ebenfalls *McMullin v. Beran*, 765 A.2d 910 (Del.Sup. 2000).
[1334] Dazu auch *Clifford Chance US L.L.P.*, Disclosure of Fairness Opinion Analyses, S. 2; *Thoyer/Malaquin*, 74 Corporation Sec. 2 vom 3.2.2003, 1, 2 f.
[1335] *Skeen v. Jo-Ann Stores, Inc.*, 750 A.2d 1170, 1173 (Del.Sup. 2000).
[1336] *Skeen v. Jo-Ann Stores, Inc.*, 750 A.2d 1170, 1174 (Del.Sup. 2000).

cc) *Matador Capital Management Corp. v. BRC Holdings, Inc.*

Auch nach der Entscheidung des *Delaware Court of Chancery* in *Matador Capital Management Corp. v. BRC Holdings, Inc.*[1337] stellen die ermittelte Bandbreite angemessener Bewertungen und die verwendeten Bewertungsmethoden, die den sachverständigen Dritten zum Ergebnis der wirtschaftlichen Angemessenheit geführt haben, keine im Rahmen von *Form 14D-9* zu veröffentlichenden Informationen dar. Nur unter ungewöhnlichen Umständen, deren Voraussetzungen allerdings vom Gericht nicht weiter präzisiert wurden, sei eine Veröffentlichungspflicht dieser Informationen gegeben. Grundsätzlich sei nicht anzunehmen, dass ein vernünftig handelnder Aktionär diese Informationen in seiner Entscheidungsfindung berücksichtigen werde.[1338] Diese Entscheidung stützt sich auf weitere Entscheidungen in *Delaware* aus den neunziger Jahren, die die einer *fairness opinion* zugrunde liegenden Analysen ebenfalls nicht als wichtig (*"material"*) für die Anteilseigner der Gesellschaft angesehen hatten.[1339]

dd) *Tanzer Economic Associates, Inc. v. Haynie*

Schließlich ist die Entscheidung *Tanzer Economic Associates, Inc. v. Haynie* aus dem Jahre 1974 zu betrachten, die sich erstmals intensiver mit der Offenlegungspflicht des *valuation memorandums* einer *fairness opinion* bei einer Verschmelzung auseinandergesetzt hatte.[1340] In ihr sah das Gericht es als Gefahr an, dass die Anteilseigner durch die Offenlegung der gesamten Analyse des sachverständigen Dritten irregeführt oder verwirrt werden könnten; denn die Anteilseigner hätten nicht notwendigerweise die Kenntnisse und Erfahrung, um das *valuation memorandum* angemessen beurteilen zu können.[1341] Das Verständnis des *valuation memorandums* erfordere nach dieser Entscheidung eine profunde Branchenkenntnis, die von den Anteilseignern im Gegensatz zum Verwaltungsrat nicht erwartet werden könne. Auf Grund des Prognoserisikos sollten nach dieser Ansicht zudem die für die der Zielgesellschaft vergleichbare *peer group* erwarteten Ertragsgrößen den Aktionären der Zielgesellschaft nicht zugänglich gemacht werden. Auch wenn das Gericht diese Ansicht sehr vorsichtig äußert und auf

---

[1337] *Matador Capital Management Corp. v. BRC Holdings, Inc.*, 729 A.2d 280 (Del.Ch. 1998).
[1338] *Matador Capital Management Corp. v. BRC Holdings, Inc.*, 729 A.2d 280, 298 (Del.Ch. 1998).
[1339] *Abbey v. E.W. Scripps Co.*, C.A. No. 13397 (Del.Ch. 1995), "all of the work and consideration that enter into the ground leading to [an investment banker's] opinion will […] rarely if ever be material. The only benefit to plaintiffs arising from fuller disclosure would have been that they might (presumably) have been alerted that they should seek appraisal"; *In re Dataproducts Corp. Shareholders Litigation* (Del.Ch. 1991), 17 Del. J. Corp. L. (1991), 1159, "[o]ur law rejects the proposition that disclosure of the detailed facts and specific analyses underlying a financial advisor's valuation methodology is automatically required in all circumstances. […]"; *In re Genentech, Inc. Shareholders Litigation*, (Del.Ch. 1990), 16 Del. J. Corp. L. (1990), 745, 758, "the ranges of values include numbers as low as $ 10 and as high as $ 47. Such ranges are of little or no help to a shareholder trying to determine the value of a company"; *TCG Securities, Inc. v. Southern Union Co.*, (Del.Ch. 1990), 16 Del. J. Corp. L. (1990), 449.
[1340] *Tanzer Economic Associates, Inc. v. Haynie*, 388 F.Supp. 365 (D.C.N.Y. 1974).
[1341] *Tanzer Economic Associates, Inc. v. Haynie*, 388 F.Supp. 365, 368 (D.C.N.Y. 1974).

seine schnelle Entscheidungsfindung im Hinblick auf eine einstweilige Verfügung hinweist, kommt dieses Ergebnis einem „Schutz des Aktionärs vor sich selbst" gleich. Dennoch fand die Entscheidung, zumindest noch 1976, Zustimmung im Schrifttum unter der Voraussetzung, dass der Aktionär das die Transaktion stützende *valuation memorandum* auf Wunsch einsehen kann.[1342] Im Übrigen lehnte die *SEC* – in fundamentalem Gegensatz zu ihrer heutigen Praxis – die ihr von der Gesellschaft angebotene Einsichtnahme in das *valuation memorandum* ab.[1343]

ee) Stellungnahme und Zwischenergebnis

Eine Analyse des Fallrechts in *Delaware* hat gezeigt, dass sich die gerichtliche Einschätzung zur Qualifikation der einer *fairness opinion* zugrunde liegenden Analysen seit dem Jahr 2000 mit den Entscheidungen *McMullin v. Beran* und *In re Pure Resources, Inc., Shareholders Litigation* grundsätzlich geändert hat. Während in verschiedenen Entscheidungen im Laufe der neunziger Jahre des letzten Jahrhunderts die Veröffentlichung dieser Informationen stets als für die Entscheidungsfindung der Anteilseigner nicht erheblich angesehen wurde, hat sich nunmehr die Erkenntnis durchgesetzt, dass der eigentliche Informationswert der Analyse des sachverständigen Dritten für die Anteilseigner nicht im Ergebnis des *opinion letters,* sondern in der Bewertungsanalyse liegt, die das Beurteilungsergebnis der *fairness opinion* stützt. Dem früheren Argument, dass der Aktionär durch die Zurückhaltung der Information „vor sich selbst geschützt werden" müsse, kann jedoch nicht zugestimmt werden; denn die Entscheidung zur Nutzung einer Information kann nur der Informationsempfänger selbst anhand seiner Anlageziele treffen.

c) Anwendbarkeit für nicht einseitig dominierte Transaktionen

Ungeklärt ist allerdings, ob die *In re Pure Resources* entwickelten Grundsätze auch für Transaktionen Anwendung finden, in denen kein Mehrheitsaktionär die Zielgesellschaft beherrscht.[1344] Einerseits könnte man annehmen, dass die Offenlegung einer erweiterten Informationsbasis lediglich für einseitig dominierte Transaktionen zum Ausgleich der Informationsasymmetrien relevant sei, die zwischen dem Mehrheitsgesellschafter und den außen stehenden Aktionären bestehen.[1345] Diese Ansicht wird von der Einschätzung gestützt, dass gerade bei diesen Transaktionen die Institutionalisierung eines unabhängigen Verwaltungs-

---

[1342] *Wander*, 7 Inst. On Sec. Reg. (1976), 157, 168; *Wander*, 7 Inst. On Sec. Reg. (1976), 521, 523.
[1343] Dazu *Wander*, 7 Inst. On Sec. Reg. (1976), 521, 523.
[1344] *Clifford Chance US L.L.P.*, Disclosure of Fairness Opinion Analyses, S. 2; für eine Differenzierung wohl *ohne Verfasser*, 18 Del. Corp. L. Update (Dezember 2002), 3, 6, "sometimes it is enough to disclose only the [fairness opinion provider's] conclusion about the proposed transaction's fairness, but other times the banker's valuation is material to a stockholder's decision on how to vote, so then that information must be disclosed".
[1345] Zurückhaltend *Grossman/Ciriello*, M&A Lawyer Oktober 2002, 24.

ratsausschusses die Informationsasymmetrie nicht nachhaltig beseitigen kann. Andererseits besteht jedoch auch für die Adressaten eines Kaufangebots unabhängig von der Qualifikation als einseitig dominierte oder nicht einseitig dominierte Transaktion ein Informationsbedürfnis für eine sachgerechte Entscheidung zur Annahme oder Ablehnung des Angebots. Ein erhöhter Informationsbedarf besteht auch, sofern der Verwaltungsrat keine Empfehlung hinsichtlich der Annahme des Angebots ausspricht. In diesem Zusammenhang weist *Wander* auf die Notwendigkeit zur Differenzierung zwischen *fairness opinions*, die eine Transaktion stützen, und *inadequacy opinions* hin.[1346] Eine erhöhte Notwendigkeit zur Offenlegung eines *valuation memorandums* bestehe demnach für die Fallgruppe der *inadequacy opinions* bei *At-Arm's-Length*-Transaktionen. Dies lässt jedoch nicht den Umkehrschluss zu, eine Offenlegung der Unternehmensbewertung sei im Fall von die Transaktion stützenden *fairness opinions* entbehrlich. Insbesondere angesichts der hohen Sensitivität der Ergebnisse der Unternehmensbewertung von den der Analyse zugrunde liegenden Daten ist eine Offenlegung auch in nicht einseitig dominierten Transaktionen zur Schaffung einer Informationsbasis für Aktionäre von erheblicher Bedeutung. Eine Analyse der Veröffentlichungspraxis in *Delaware* und auch in anderen Bundesstaaten nach Bekanntwerden von *In re Pure Resources* zeigt, dass diese Entscheidung in der Praxis bereits zur Etablierung erweiterter Offenlegungsstandards bei Kaufangeboten Dritter geführt hat.[1347] Diese „normative Kraft des Faktischen" hat im Fall von Zielgesellschaften mit einem *dual listing* in den USA und Deutschland auch Auswirkungen auf die deutsche Veröffentlichungspraxis (hierzu unten S. 251). In der Praxis werden nämlich heute manche sensitive Daten, wie die erwarteten *cash flows,* teilweise nicht mehr im *valuation memorandum* genannt, sondern lediglich im Rahmen einer mündlichen Präsentation vorgetragen, um eine Veröffentlichung an die Anteilseigner der Gesellschaft zu vermeiden.[1348] Allerdings sind sämtliche Präsentationsmappen einschließlich etwaiger Entwürfe durch den Ersteller einer *fairness opinion* bei der *SEC* einzureichen.

d) **Aktuelle Offenlegungspraxis nach *In re Pure Resources***

Zu einer besseren Verdeutlichung der Auswirkungen der Offenlegungspflicht einer Zusammenfassung des *valuation memorandums* sind die infolge der Entscheidung *In re Pure Resources, Inc., Shareholders Litigation* offen gelegten Daten nachfolgend exemplarisch anhand der Änderung des Schedule 14D-9 der *Pure Resources, Inc.*, dargestellt.[1349] Der *opinion letter*

[1346] *Wander*, 7 Inst. On Sec. Reg. (1976), 157, 168.
[1347] *Grossman/Ciriello*, M&A Lawyer Oktober 2002, 24.
[1348] *Cefali/Goldblatt*, Business Law Today Juli/August 2003, ohne Seitenangabe.
[1349] Veröffentlicht als *SEC Filing* vom 9.10.2002 unter http://www.sec.gov/Archives/edgar/data/1109860/ 000089924302002646/dsc14d9a.txt

der Investment Bank *Credit Suisse First Boston* war im *Schedule 14-D9* bereits vollumfänglich abgedruckt.

aa) *Selected-Transaction*-Analyse

Es werden zunächst die von der mit der Erstellung der *fairness opinion* beauftragten Investment Bank im Rahmen der durchgeführten *Selected-Transaction*-Analyse verwendeten vergleichbaren Transaktionen sowohl für die Bewertung der Zielgesellschaft als auch für die Bewertung der Bieterin enumerativ genannt.[1350] Weiterhin werden die daraus abgeleiteten Transaktionsmultiplikatoren auf Basis des *EBITDAX* (*"Earnings before Interest, Taxes, Depreciation, Amortization and Exploration Expense"*) in Tabellenform wiedergegeben. Schließlich wird die auf dieser Basis berechnete Bandbreite des angemessenen Umtauschverhältnisses offen gelegt und dem dem Angebot zugrunde liegenden Tauschverhältnis gegenübergestellt.

bb) *Selected-Companies*-Analyse

Unter dem Begriff der *Selected-Companies*-Analyse werden die vom Ersteller der *fairness opinion* herangezogenen vergleichbaren börsennotierten Gesellschaften getrennt nach Zielgesellschaft und Anbieterin offen gelegt. Darüber hinaus enthält das den Anteilseignern der Zielgesellschaft zugängliche Dokument den Mittelwert und den Median der errechneten Bewertungsmultiplikatoren auf Basis des erwarteten *EBITDAX* und des *cash flows* für das laufende und das folgende Geschäftsjahr. Weiterhin werden spezifisch für den Energie-Sektor die Werte der Rohstoffreserven der Gesellschaften berechnet und ebenfalls Median und Mittelwert veröffentlicht. Die auf dieser Grundlage abgeleitete Bandbreite des angemessenen Umtauschverhältnisses wird abschließend genannt.

cc) *Sum-of-the-Parts*-Analyse

Vor dem Hintergrund, dass die zu beurteilende Transaktion zwei Energieunternehmen betrifft, wird unter dem Begriff der *Sum-of-the-Parts*-Analyse eine Bewertung der einzelnen Rohstoffreserven auf Basis der zuvor publizierten Transaktionsmultiplikatoren offen gelegt. Wiederum wird die unter Verwendung dieser Bewertungsmethode ermittelte Bandbreite angemessener Umtauschverhältnisse dargelegt.

[1350] Zur Methodik der Bewertung ausführlich statt vieler *Damodaran*, Dark Side of Valuation, S. 251 ff.

dd) *Discounted-Cash-Flow*-Analyse

Unter diesem Gliederungspunkt des *proxy statements* wird offen gelegt, dass der Ersteller der *fairness opinion* unter Berücksichtigung eines vierjährigen Planungshorizonts und unter Verwendung von vier unterschiedlichen Szenarien auf Basis der von den Gesellschaften zur Verfügung gestellten Unternehmensplanungen und öffentlich zugänglichen Unternehmensanalysen eine *Discounted-Cash-Flow*-Analyse vorgenommen hat. Weiterhin werden die verwendeten Diskontierungszinssätze angegeben, wenngleich deren Berechnung nicht im Einzelnen aufgezeigt wird. Die auf dieser Basis für die unterschiedlichen Szenarien ermittelten Bandbreiten angemessener Umtauschverhältnisse werden abschließend in Tabellenform dargestellt.

ee) *Historical-Exchange-Ratio*-Analyse

Unter Zugrundelegung verschiedener Referenzzeiträume werden weiterhin die auf der Basis der Marktpreise ermittelten historischen Umtauschverhältnisse zwischen der Zielgesellschaft und der Bieterin abgeleitet. Die Ergebnisse werden in Form einer Tabelle in dem geänderten *proxy statement* dargestellt.

ff) *Pro-Forma-Merger*-Analyse

Unter dem Begriff der *Pro-Forma-Merger*-Analyse werden vom Ersteller der *fairness opinion* unter Annahme unterschiedlicher Umtauschverhältnisse und von Synergien, deren Höhe genannt wird, die *dilution* (Ergebnisverwässerung) bzw. *accretion* (Ergebnissteigerung) infolge der Transaktion berechnet und das allerdings nicht näher quantifizierte Ergebnis der Analyse, dass es zu einer Verwässerung des Gewinns je Aktie und des *cash flows* je Aktie kommen kann, offen gelegt.

gg) *Premiums-Paid*-Analyse

Im Rahmen dieser Bewertungsmethode werden vom Ersteller der *fairness opinion* die im Rahmen unterschiedlicher genannter *Going-Private*-Transaktionen und Unternehmensübernahmen im Energiesektor gezahlten Prämien im Verhältnis zu den Marktbewertungen der Zielgesellschaften zu unterschiedlichen Referenzzeitpunkten berechnet und jeweils der Mittelwert sowie der Median dieser Transaktionen offen gelegt.

hh) Weitere Analysen

Abschließend wird darauf hingewiesen, dass der Ersteller der *fairness opinion* weitere Analysen unter Berücksichtigung der Marktpreisentwicklung der Zielgesellschaft sowie der Entwicklung des Gesamtmarktes vorgenommen hat. Neben der hier zusammengefassten Analyse wird im Folgenden eine entsprechende Datenbasis für eine weitere von dem Verwaltungsratsausschuss eingeholte *fairness opinion* einer anderen *professional service firm* dargestellt.

III. Stellungnahme und Zwischenergebnis

Pflichten zur Offenlegung haben in den USA eine hohe Bedeutung. Dies betrifft auch *fairness opinions*. Insbesondere die jüngere Rechtsprechung hat die Offenlegungspflichten für *valuation memoranda* deutlich erweitert. Diese werden von der Praxis nunmehr auch auf nicht einseitig dominierte Transaktionen, darunter öffentliche Angebote dritter Bieter, erstreckt. Es bleibt allerdings anzumerken, dass nicht der gesamte Prozess der Erstellung einer *fairness opinion* abgebildet werden muss und verschiedene Informationen, darunter insbesondere die Planzahlen der Gesellschaft, sensitiv sein können. Kritisch wird im Schrifttum angemerkt, dass sich die Informationen einer *fairness opinion* eigentlich an die Verwaltungsorgane richten und damit nicht für Anteilseigner und damit auch potenzielle Wettbewerber des Unternehmens bestimmt sind.[1351] Dem ist allerdings entgegenzuhalten, dass die Veröffentlichung von preisrelevanten Tatsachen dem Interesse der Anteilseigner entspricht, um eine Kontrolle der Angebotsbedingungen des Bieters durch den Markt zu ermöglichen. Denn im Fall ihres Ausscheidens aus der Gesellschaft profitieren sie nicht mehr von einer etwaigen Geheimhaltung. Daher ist den erweiterten Offenlegungspflichten zuzustimmen. Diese Überlegungen bilden die Grundlage für die Betrachtung der Pflichten zur Offenlegung in Deutschland.

B. Offenlegungspflichten für *Fairness Opinions* in Deutschland

I. Offenlegungspflichten für Wirtschaftsprüfungsgutachten

Es bietet sich an, vor einer Betrachtung der Informationsrechte im Hinblick auf *fairness opinions* zunächst die Offenlegungspflichten für die gesetzlich normierten Prüfberichte in Deutschland zu analysieren. Diese unterliegen angesichts der häufigen Begründung von Anfechtungsklagen mit einem zu geringen Informationsgehalt der Prüfberichte der weiteren Diskussion im Schrifttum und Teilen der Rechtsprechung. Auch hierzulande stellt die Information ein wesentliches Schutzprinzip bei Strukturveränderungen in der Aktiengesellschaft dar.[1352]

[1351] *Herlihy/Wasserman/Coates*, 6 Insights (März 1992), 11.
[1352] *Bayer*, ZGR 1995, 613 ff.; *Merkt*, ECFR 2004, 3 ff.

1.) Unternehmensverträge (§§ 291 ff. AktG)

§ 293f Abs. 1 AktG regelt, dass vor der beschlussfassenden Hauptversammlung die nach § 293a AktG erstatteten Berichte der Vorstände und die nach § 293e AktG erstatteten Berichte der Vertragsprüfer in den Geschäftsräumen der beteiligten Gesellschaften auszulegen sind bzw. jedem Aktionär kostenlos und unverzüglich eine Abschrift dieser Unterlagen zu erteilen ist.

2.) Ausschluss von Minderheitsaktionären (*Squeeze Out*, §§ 327a ff. AktG)

Nach § 327c Abs. 3 AktG sind vor einer über den *squeeze out* beschlussfassenden Hauptversammlung der nach § 327c Abs. 2 Satz 1 AktG zu erstattende Bericht des Hauptaktionärs und der nach § 327c Abs.2 Satz 2 bis 4 AktG zu erstattende Prüfbericht in den Geschäftsräumen der Gesellschaft auszulegen. Zudem ist jedem Aktionär unverzüglich und kostenlos eine Abschrift dieser Unterlagen zu übersenden (§ 327c Abs. 4 AktG).

3.) Mehrheitseingliederungen (§§ 319 ff. AktG)

Nach § 320 Abs. 4 Satz 1 AktG sind der Eingliederungsbericht und der Prüfungsbericht vor der beschlussfassenden Hauptversammlung in den Geschäftsräumen der einzugliedernden Gesellschaft und der Hauptgesellschaft zur Einsichtnahme auszulegen. Auf Verlangen ist jedem Aktionär der zukünftigen Hauptgesellschaft unverzüglich und kostenlos eine Abschrift dieser Unterlagen zu erteilen (§ 319 Abs. 3 Satz 1 AktG).

4.) Umwandlungen nach UmwG

a) Verschmelzungen (§§ 2 ff. UmwG)

Die Aktionäre haben gemäß Art. 11 der Fusionsrichtlinie ein Informationsrecht, das sich nach Abs. 1 lit e) *expressis verbis* auch auf die Sachverständigengutachten bezieht. Mit dem Ziel einer frühzeitigen Information der Anteilseigner der Gesellschaft ordnet § 63 UmwG die Auslegung der Prüfberichte in den Geschäftsräumen der Gesellschaft an. Entsprechende Regelungen gelten auch für die eingetragene Genossenschaft und den rechtsfähigen Verein (§§ 83, 101 UmwG). Zudem ist jedem Aktionär auf Verlangen ein Exemplar des Prüfberichts kostenfrei zu übersenden (§ 63 Abs. 3 UmwG).

b) **Formwechselnde Umwandlungen (§§ 190 ff. UmwG)**

aa) **Gesetzliche Regelung**

Entgegen den vorstehenden Regelungen trifft das Gesetz keine Aussage über die Offenlegungspflichten eines nach § 208 i.V.m. §§ 30, 10 ff. UmwG bei einem Formwechsel erstatteten Prüfungsberichts zur Angemessenheit der Barabfindung.

bb) **Rechtsprechung**

Nach einer Entscheidung des BGH vom 29.1.2001 ist eine Verpflichtung der Gesellschaft zu verneinen, den von einem unabhängigen Sachverständigen zu erstattenden Prüfbericht zur Angemessenheit der Barabfindung vor der Hauptversammlung in den Geschäftsräumen der Gesellschaft oder in der Hauptversammlung zur Einsicht der Aktionäre auszulegen.[1353] Diese Ansicht wird damit begründet, dass im Gegensatz zur Verschmelzung (§ 63 Abs. 1 Nr. 5 i.V.m. § 12 UmwG) § 208 UmwG ohne Referenz zu § 63 UmwG direkt auf § 30 UmwG verweise, der seinerseits in Abs. 2 lediglich eine „entsprechende" Anwendung von § 12 UmwG vorschreibe. Damit differieren die gesetzlich kodifizierten Informationsrechte der Aktionäre bei formwechselnder Umwandlung und Verschmelzung. Mit dieser Entscheidung bestätigt der BGH die in weiten Teilen der Literatur vorherrschende Ansicht.

cc) **Schrifttum**

Im Schrifttum wird diese unterschiedliche Behandlung der Informationsrechte jedoch auch kritisch betrachtet: Im Hinblick auf die durch diese BGH-Entscheidung reduzierten Sanktionen bei einem Verstoß der Gesellschaft gegen die Informationspflichten hätte es nach Ansicht von *Hirte* näher gelegen, diese (kleine) offene Flanke zu schließen und die Gesellschaft zur Offenlegung des Prüfberichts auch bei einem Formwechsel (§§ 190 ff. UmwG) zu verpflichten.[1354] Obwohl *de lege lata* der Auffassung des BGH zu folgen sei, sieht auch *Vetter* in der Struktur der Unternehmenstransaktionen Verschmelzung und formwechselnde Umwandlung keinen sachlichen Grund für eine unterschiedliche Behandlung der Informationsrechte der betroffenen Aktionäre.[1355] Damit sei die Entscheidung nicht konform mit der im UmwG formulierten Zielsetzung einer qualifizierten Unterrichtung der Aktionäre. Zudem werde der Prüfungsbericht auch im Fall der formwechselnden Umwandlungen in der Praxis vielfach offen gelegt.[1356] Bereits vor der Entscheidung stellte *Bayer* fest, dass eine Ablehnung der Informati-

---

[1353] BGH ZIP 2001, 412 ff.; zuvor auch Lutter/Winter-*Decher*, § 208 UmwG, Rdn. 29.
[1354] *Hirte*, ZHR 167 (2003), 8, 13; *Hirte*, Kapitalgesellschaftsrecht, Rdn. 6.217.
[1355] *Vetter*, in: FS Wiedemann, S. 1323, 1334; ebenso auch *Witt*, WuB II. N. § 210 UmwG 1.01.
[1356] *Vetter*, in: FS Wiedemann, S. 1323, 1334, Fn. 29.

onspflicht über den Prüfungsbericht zu einer völligen Entwertung der zwingend vorgeschriebenen Prüfung bei einem Formwechsel führe, und forderte daher die Offenlegung des Prüfungsberichts analog §§ 60, 63 Abs. 1 Nr. 5 UmwG.[1357]

5.) Zwischenergebnis

Abgesehen von der Strukturmaßnahme des Formwechsels sind damit die Informationsrechte hinsichtlich des „Ob" der Offenlegung für Prüfberichte gesetzlich geregelt. Im Folgenden ist jedoch auf das „Wie" und damit den Umfang der offen zu legenden Information näher einzugehen.

II. Umfang der Offenlegungspflichten für Wirtschaftsprüfungsgutachten

Im Schrifttum ist noch ungeklärt, ob die Vorstands- und Prüfberichte alle bei der Prüfung der Unternehmenstransaktion verwendeten Daten enthalten müssen.[1358] Ein Großteil von Schrifttum und Rechtsprechung möchte die Informationsrechte der Anteilseigner nach den Vorgaben des Gesetzes (§ 12 Abs. 2 Satz 2 UmwG) auf die Nennung der Bewertungsmethoden und die Gründe für deren Verwendung beschränken.[1359] Nach anderer Ansicht sind die Informationsrechte der Aktionäre demgegenüber weiter auszulegen und der Prüfbericht habe daher auch konkrete Tatsachen und Zahlen zu enthalten, die es dem Anteilseigner ermöglichen, die Bewertung des Wirtschaftsprüfers in Ansätzen nachzuvollziehen und sich zumindest ein ungefähres Bild von den Grundlagen der Prognosen zu machen.[1360] Der Informationsanspruch der Anteilseigner erstreckt sich allerdings in keinem Fall auf Detailinformationen; denn die exakte Überprüfung der Angemessenheit des Umtauschverhältnisses ist dem Spruchverfahren vorbehalten.[1361]

Einer Beschränkung der Berichtspflicht auf die Angaben nach § 12 Abs. 2 Satz 2 UmwG ist nach dem Wortlaut der Norm entgegenzuhalten, dass sich diese Angaben ausschließlich auf die Begründung des abschließenden Testats, nicht jedoch auf den vorstehenden Prüfungsbe-

---

[1357] *Bayer*, ZIP 1997, 1613, 1622.
[1358] Zur Komplementarität von Verschmelzungs- und Verschmelzungsprüfungsbericht BGHZ 107, 296, 303; *Priester*, NJW 1983, 1459, 1461 f.
[1359] OLG Hamm ZIP 1988, 1051, 1054; LG Mannheim ZIP 1988, 773, 777 f.; LG Frankfurt am Main WM 1990, 592, 594; Dehmer-*Stratz*, § 12 UmwG, Rdn. 10 f.; Lutter/Winter-*Lutter/Drygala*, § 12 UmwG, Rdn. 7; Heckschen, WM 1990, 377, 383; *Hoffmann-Becking*, in: FS Fleck, S. 105, 123; *Mertens*, AG 1990, 20, 32.
[1360] OLG Karlsruhe ZIP 1989, 988, 992; *Bayer*, AG 1988, 323, 328; *Bayer*, WM 1989, 121, 123, ablehnend zu der „Kochs Adler"-Entscheidung, OLG Hamm ZIP 1988, 1051 ff.; *Dirrigl*, WPg 1989, 454, 457; Kallmeyer-*Müller*, § 12 UmwG, Rdn. 6, einschränkend auf den Einzelfall; Semler/Stengel-*Zeidler*, § 12 UmwG, Rdn. 8 f., der jedoch grundsätzlich einen Hinweis auf den Standard IDW S1 für ausreichend erachtet; eher zurückhaltend auch *Rodewald*, BB 1992, 237, 238.
[1361] *Bayer*, AG 1988, 323, 328.

richt beziehen.[1362] Zudem sagt die Norm auch nicht, dass es sich bei den genannten Angaben um eine abschließende Regelung handelt, die weitere Informationen zum Schutz der Anteilseigner ausschließt.[1363] Darüber hinaus hat der Prüfbericht vielmehr zwingend weitere Angaben zu enthalten;[1364] denn eine abschließende Erklärung im Sinne des Testats setzt etwas „Vorangegangenes", das sich nicht nur auf allgemeine Angaben der Transaktionsstruktur beschränken kann, voraus. So muss für die Bestimmung von Umfang und Inhalt des Prüfberichts dessen Zweck ausschlaggebend sein, der im Rahmen der teleologischen Auslegung zu ermitteln ist. Dabei sind der Verschmelzungsbericht der Verwaltung sowie der Prüfbericht einander ergänzende Instrumente, deren Zweck darin besteht, den Schutz der Aktionäre so vollkommen wie möglich auszugestalten.[1365] Insbesondere sollen die Aktionäre dadurch bereits vor der Durchführung der Strukturmaßnahme durch Information soweit geschützt werden, dass sie in Kenntnis der Sachlage an der Hauptversammlung teilnehmen können. Diesem Zweck kann nur entsprochen werden, wenn der Aktionär zuvor bereits die Möglichkeit hat, das Ergebnis des Prüfers nachzuvollziehen und damit als Prinzipal seinen Agenten zu kontrollieren. Dafür sind u.a. die Plandaten der Jahresergebnisse bzw. *cash flows* des Planungszeitraums erforderlich. Der Gegenansicht, dass eine „Kontrolle der Kontrolleure" durch Offenlegung angesichts der hohen Anforderungen an Qualität und Unabhängigkeit entbehrlich sei,[1366] ist im Ergebnis nicht zuzustimmen; denn *hidden characteristics* und *hidden actions* des Prüfers als Agenten können zu einer potenziellen Benachteiligung der Aktionäre als Prinzipal führen.[1367] In diesem Zusammenhang ist insbesondere auf den hohen Anteil der Spruchverfahren hinzuweisen, die das Prüfergebnis des Wirtschaftsprüfers signifikant korrigieren. Das Spruchverfahren allein kann als Korrektiv die vorangehende Information jedoch nicht ersetzen.[1368] Im Ergebnis wird der Prüfbericht damit seiner Funktion nur gerecht, wenn er eine Verifizierbarkeit des Ergebnisses ermöglicht, wozu die Angabe der zur Ermittlung des Umtauschverhältnisses verwendeten Daten geschuldet ist.[1369] Für dieses Ergebnis spricht auch die Beweissicherungsfunktion des Prüfberichts im Spruchverfahren, der die Bestandteile des

---

[1362] Dazu ausführlich *Schaal*, Umwandlungsprüfer, S. 279 f.
[1363] *Schaal*, Umwandlungsprüfer, S. 280; a.A. LG Frankfurt am Main, WM 1990, 592, 594.
[1364] *Schaal*, Umwandlungsprüfer, S. 280; a.A. *Möller*, Verschmelzungsbeschluss, S. 141 zu § 340b Abs. 4 Satz 1 AktG a.F. der die Norm zu Gunsten einer fakultativen Nennung weiterer Angaben auslegt.
[1365] BGH ZIP 1990, 168, 169; Kallmeyer-*Müller*, § 12 UmwG, Rdn. 6.
[1366] KK-*Kraft*, § 340b AktG a.F., Rdn. 14; Widmann/Mayer-*Mayer*, § 12 UmwG, Rdn. 14; *Möller*, Verschmelzungsbeschluss, S. 142; *Heckschen*, ZIP 1989, 1168, 1172, mit Bedenken, der Aktionär könne andernfalls die Position eines „Überverschmelzungsprüfers" bekommen; *Rodewald*, BB 1992, 237, 240.
[1367] Ausführlich zu *hidden characteristics* und *hidden action* bei Wirtschaftsprüfern *Westhoff*, DStR 2003, 2086, 2087 f.
[1368] Im Ergebnis auch *Schaal*, Umwandlungsprüfer, S. 283 mit der Begründung, dass im Spruchverfahren nur eine bare Zuzahlung erstritten werden kann; a.A. Widmann/Mayer-*Mayer*, § 12 UmwG, Rdn. 14.
[1369] *Bayer*, ZIP 1997, 1613, 1621; *Bayer*, ZGR 1995, 613, 615, Fn. 12; *Lamla*, Umwandlungsprüfung, S. 34; *Schmitz*, Verschmelzungsprüfung, S. 183.

Berichts in einem höheren Maße gerecht werden können als unveröffentlichte Arbeitspapiere des Wirtschaftsprüfers. Auch das psychologische Moment, infolge dessen Anteilseigner bei hoher Transparenz in geringerem Maße zur Einleitung von kostenintensiven Spruchverfahren oder Anfechtungsklagen geneigt sind, kann als Argument für die Offenlegung dienen.[1370] Begrenzt wird der Anspruch auf zusätzliche Information nur, wenn durch die Bekanntgabe von Unternehmensdaten einem beteiligten Unternehmen ein nicht unerheblicher Nachteil zugefügt würde.[1371]

Vorrangig bezwecken diese weitreichenden Informationspflichten, die lediglich durch ein schlüssig zu begründendes Geheimhaltungsinteresse des Unternehmens begrenzt werden können, eine Absicherung der vermögensrechtlichen Position der Minderheitsgesellschafter.[1372] Mittels der Information soll ihnen einerseits die Möglichkeit gegeben werden, die Angemessenheit eines festgesetzten Umtauschverhältnisses ihrer Anteile bzw. einer angebotenen Abfindungs- und Ausgleichszahlung zu überprüfen, und andererseits sollen sie in ihrer Entscheidungsfindung, ob sie trotz der Strukturmaßnahme in der Gesellschaft verbleiben oder gegen Erhalt einer Abfindung aus der Gesellschaft ausscheiden möchten, unterstützt werden.[1373]

III. Informationsrechte betreffend *Fairness Opinions*

Noch umstrittener sind demgegenüber in Deutschland die Informationsrechte der Aktionäre in Bezug auf die *fairness opinion*: Während in den letzten Jahren bei verschiedenen Strukturmaßnahmen die *opinion letters* den Aktionären der betroffenen Rechtsträger zur Einsicht vorlagen oder ihnen auf Verlangen von den Gesellschaften übersandt wurden,[1374] verweigerten andere Gesellschaften nachdrücklich die Einsicht der Aktionäre in die im Rahmen von Unternehmenstransaktionen eingeholten *fairness opinions*.[1375] Aus deutscher Sicht ist wohl auch die Frage ungeklärt, ob die Offenlegung des *opinion letters* genügt oder ob auch die Bewer-

---

[1370] *Lamla*, Umwandlungsprüfung, S. 229; *Schaal*, Umwandlungsprüfer, S. 284.
[1371] Dazu BGHZ 107, 296, 303; *Rodewald*, BB 1992, 237, 239.
[1372] *Bayer*, ZGR 1995, 614, 615.
[1373] *Bayer*, ZGR 1995, 614, 615; *Bayer*, AG 1988, 323, 327 f.
[1374] So z.B. die von der *Direkt Anlage Bank (DAB) AG* im Rahmen der Kapitalerhöhung gegen Sacheinlage (*Self Trade S.A.*) eingeholte *fairness opinion*, die in der Hauptversammlung der *Direkt Anlage Bank AG* am 15.11.2000 auslag.
[1375] So z.B. der Vorstand der *Wella AG* im Fall der von ihm eingeholten *fairness opinion* der Investment Bank *Greenhill* für das Angebot der *Procter & Gamble Germany Management GmbH*. Ebenso im Kontext von Stellungnahmen nach § 27 WpÜG u.a. der Vorstand der in Deutschland notierten niederländischen *RheinBiotech N.V.* im Fall des Übernahmeangebots durch die *Berna Biotech AG*, der Vorstand der *WEDECO Water Technology AG* im Fall des Angebots der *ITT Industries German Holding GmbH* ebenso wie der Vorstand der *Brau und Brunnen AG* im Fall des Angebots der *RB Brauholding GmbH*; mit ähnlichem Befund auch *Borowicz*, M&A Review 2005, 253, 255.

tung publiziert werden muss.[1376] Letzteres war erstmals bei Gesellschaften mit einem *dual listing* in den USA und Deutschland der Fall.[1377] Insbesondere vor dem Hintergrund einer fehlenden Möglichkeit zur gerichtlichen Überprüfung der einer *fairness opinion* zugrunde liegenden Bewertung[1378] kommt der in der Bewertung enthaltenen Information jedoch eine Schlüsselfunktion zu.

1.) Gesellschaftsrechtliche Offenlegungspflichten für *Fairness Opinions*

a) Rechtsgrundlage § 131 Abs. 1 Satz 1 AktG

aa) Offenlegungspflicht innerhalb der Hauptversammlung

Nach § 131 Abs. 1 Satz 1 AktG ist jedem Aktionär in der Hauptversammlung vom Vorstand Auskunft über Angelegenheiten der Gesellschaft zu geben, soweit dies zur sachgemäßen Beurteilung des Gegenstands der Tagesordnung erforderlich ist.[1379] Der Prüfungsmaßstab für die Beurteilungserheblichkeit im Rahmen dieser Norm stellt auf den Standpunkt des objektiv denkenden Durchschnittsaktionärs ab. Noch weitgehend ungeklärt ist die Frage, ob eine *fairness opinion*, die zur Bestätigung der wirtschaftlichen Angemessenheit einer Strukturmaßnahme oder Unternehmenstransaktion eingeholt wurde, während der Hauptversammlung zur Einsichtnahme durch die Aktionäre auszulegen sei. Eine Analyse der deutschen Praxis zeigt ein geteiltes Bild: Einerseits wird den Aktionären die Einsicht in *fairness opinions* verweigert, obwohl diese die wirtschaftliche Angemessenheit von für die Gesellschaft grundlegenden Transaktionen bestätigen.[1380] Andererseits wird den Aktionären die Einsichtnahme in *fairness opinions* im Rahmen der Hauptversammlung ermöglicht.[1381] Darüber hinaus erklären sich deutsche Aktiengesellschaften teilweise bereit, ihren Aktionären kostenfrei eine Kopie des *opinion letters* der *fairness opinion* in Analogie zu Vorstands- und Prüfberichten zu übersenden.[1382] Im Folgenden ist daher zu analysieren, ob § 131 AktG die Offenlegung einer *fairness opinion* erfordert. Eine Beurteilungserheblichkeit kann, sofern die Transaktion nicht ohnehin der Hauptversammlung zur Beschlussfassung vorliegt, für die Tagesordnungspunkte „Vorlage des Jahresabschlusses" oder „Entlastung des Vorstands bzw. des Aufsichtsrats" gegeben sein;

[1376] *Notz*, in: RWS-Forum Gesellschaftsrecht, S. 31, 34, mit Zitat von *Puszkajler*.
[1377] Exemplarisch *fairness opinion* der *Goldman Sachs oHG* im Fall *Celanese*.
[1378] Dazu *Hirte*, EWiR 2003, 299, 300, mit dem Hinweis, dass in der lediglich auf Plausibilität begrenzten Prüfung eine bedenkliche Rechtsschutzverkürzung für die Aktionäre liege.
[1379] Auch in Bezug auf Tochtergesellschaften von Holdings, dazu *Krieger*, in: Holding-Handbuch, 4. Auflage, Rdn. 60.
[1380] So exemplarisch Hauptversammlungen der *Wella AG* am 15.5.2003 und 3.2.2004 in Frankfurt am Main.
[1381] So exemplarisch Hauptversammlung der *MLP AG* am 17.11.2000 in Heidelberg.
[1382] So exemplarisch die *ThyssenKrupp AG*.

denn die *fairness opinion* stützt eine Ermessensentscheidung dieser Organe. Zudem muss die allgemein zu berücksichtigende Maßgeblichkeitsschwelle überschritten sein. Dies ist anzunehmen, wenn die *fairness opinion* eine für die Gesellschaft erhebliche oder außerhalb ihres Satzungszwecks liegende Transaktion betrifft. Insofern ist zur Frage der Offenlegung von *fairness opinions* auf den Meinungsstand zur Bekanntgabe von Anschaffungskosten für Beteiligungen abzustellen.[1383]

Zur Abwägung der Größenordnung einer Transaktion wird als Richtschnur § 52 Abs. 1 AktG vorgeschlagen.[1384] Demnach wäre eine *fairness opinion* grundsätzlich offen zu legen, wenn das Transaktionsvolumen 10 % des Grundkapitals einer Gesellschaft überschreitet. Neben dem *opinion letter* und den wesentlichen für den Ersteller der *fairness opinion* beurteilungsrelevanten Annahmen ist zudem das Honorar und insbesondere die Honorarstruktur i.S. ihrer Erfolgsabhängigkeit von der Transaktion offen zu legen.[1385] Weitgehende Offenlegungspflichten finden zudem Anwendung, wenn die Transaktion kraft Gesetzes Gegenstand der Beschlussfassung der Hauptversammlung ist oder der Vorstand die Umsetzung freiwillig zum Gegenstand einer *Holzmüller*-Entscheidung der Hauptversammlung macht.[1386] Auch in der Kommentarliteratur findet sich grundsätzliche Zustimmung dazu, dass das Auskunftsrecht des Aktionärs nach § 131 AktG auch eine *fairness opinion* erfasst.[1387] Das Informationsrecht kann sich jedoch nicht auf den *opinion letter* beschränken; denn dieser erlaubt den Anteilseignern nicht das Nachvollziehen der durchgeführten Bewertungsschritte.[1388] Daher ist es erforderlich, dass den Anteilseignern im Rahmen des § 131 AktG zumindest eine Zusammenfassung des *valuation memorandums* zur Verfügung gestellt wird, deren Umfang durch die Grenzen des Informationsrechts zu bestimmen ist. Andernfalls kann nicht ausgeschlossen werden, dass die Anteilseigner in Kenntnis dieser Information ein anderes Abstimmungsverhalten gezeigt hät-

---

[1383] MüKo-*Kubis*, § 131 AktG, Rdn. 168, „soweit die Anschaffungskosten vom Vorstand zu offenbaren sind, hat dieser den Aktionären auch über wertbildende Begleitumstände, wie z.B. Unternehmenswertermittlungen, Auskunft zu erteilen".
[1384] MüKo-*Kubis*, § 131 AktG, Rdn. 168.
[1385] Für die Offenlegung von Anschaffungsnebenkosten, wie z.B. Honorare an Vermittler und Berater, MüKo-*Kubis*, § 131 AktG, Rdn. 168.
[1386] *Aha*, BB 2001, 2225, 2232.
[1387] Anwaltkommentar-*Heidel*, § 131 AktG, Rdn. 85, explizit zum Terminus *fairness opinion*; wohl auch MüKo-*Kubis*, § 131 AktG, Rdn. 189, mit Bezug auf sachverständige Expertisen und die darin enthaltenen Ergebnisse für die Wertermittlung von Kunstbesitz; GK-*Decher*, § 131 AktG, Rdn. 215, „insofern ist Auskunft zu geben über etwa angewendete Bewertungsverfahren oder sonstige Anhaltspunkte, aus denen sich die Angemessenheit des Preises ergibt, etwa unter Hinweis auf vergleichbare Transaktionen in der Branche, übliche Multiplikatoren etc. Die Auskünfte sind erforderlich, damit sich die Aktionäre vergewissern können, dass der Vorstand die Grenzen seiner kaufmännischen Sorgfalt eingehalten hat und sich der vereinbarte Kaufpreis bzw. Verkaufspreis im Rahmen vertretbarer unternehmerischer Entscheidungen bewegt" und Rdn. 219 und 223, Vorliegen und wesentliche Ergebnisse von Bewertungsgutachten.

ten. Insbesondere besteht ein Anspruch auf Einsicht in eine *fairness opinion* durch die Aktionäre, wenn diese außerhalb der Hauptversammlung bereits einem Aktionär gewährt wurde (§ 131 Abs. 4 AktG).[1389]

bb) Begrenzung des Auskunftsrechts (§ 131 Abs. 3 AktG)

Allerdings kann das Informationsrecht der Anteilseigner durch das Geheimhaltungsinteresse der Gesellschaft (§ 131 Abs. 3 Nr. 1 AktG) begrenzt werden. Einzelheiten der künftigen Unternehmensplanung eines Kaufobjekts oder einer zu verkaufenden Gesellschaft brauchen nach § 131 Abs. 3 Satz 1 Nr. 1 AktG ggf. nicht offen gelegt zu werden.[1390] Demgegenüber sind Marktdaten über vergleichbare Transaktionen oder vergleichbare notierte Unternehmen grundsätzlich öffentlich zugänglich, so dass die Selektion der so genannten *peer group* und die zugehörigen Prognosedaten nicht dem Auskunftsverweigerungsrecht unterliegen können.

b) Rechtsgrundlage Analogie zu den gesetzlichen Obliegenheiten zur Auslegung und Erteilung von Abschriften an die Aktionäre

aa) Auslegung in den Geschäftsräumen und Übersendung an Aktionäre

Weiterhin kommt eine gesellschaftsrechtliche Pflicht zur Auslegung und Übersendung einer im Zusammenhang mit einem Beschlussgegenstand einer Hauptversammlung erstellten *fairness opinion* in Betracht. Der Gesetzgeber hat für den zustimmungspflichtigen Vertrag (§ 124 Abs. 2 Satz 2 AktG), die Nachgründung (§ 52 Abs. 2 AktG), die Übertragung des gesamten Gesellschaftsvermögens (§ 179a AktG), den Abschluss von Unternehmensverträgen (§§ 293f f. AktG), die Verschmelzung (§§ 63 Abs. 1 Nr. 1, 64 Abs. 1 Satz 1 UmwG) und den *squeeze out* (§ 327c Abs. 3, 4 AktG) Pflichten zur Auslegung und Übersendung von Vertragsdokumenten und Prüfberichten normiert. Die Vorverlagerung der Information der Anteilseigner durch eine Pflicht zur Auslegung und Übersendung von Informationen in den gesetzlich definierten Fällen findet ihre Rechtfertigung darin, dass den Anteilseignern eine angemessene Zeit zur Analyse der Informationen und Bildung ihres Urteils zu gewähren ist.[1391] In Bezug auf das Instrument der *fairness opinion* besteht hier eine Regelungslücke; denn sie findet erst seit kurzer Zeit verbreitete Anwendung (hierzu Anhang A). Zur Rechtfertigung einer Analogie der Auslegungs- und Übersendungspflichten auf *fairness opinions* müsste dargelegt wer-

---

[1388] Explizit LG München I ZIP 2001, 1148, 1152, „auf drei Seiten lässt sich eine umfassende Auseinandersetzung mit den Bewertungsproblemen – die dem Schreiben durchaus zugrunde liegen mag – nicht darstellen".
[1389] Zur Auslegung des erweiterten Auskunftsrechts insbesondere *Hoffmann-Becking*, in: FS Rowedder, S. 155 ff.
[1390] GK-*Decher*, § 131 AktG, Rdn. 216, auch mit Hinweis auf etwaige ausländische Regelungen hinsichtlich Insidertatbeständen bei der Offenlegung von Ertragsprognosen einer ausländischen Tochergesellschaft.
[1391] Begr. RegE bei *Kropff*, Aktiengesetz, § 124 AktG, S. 174; ebenfalls *Tröger*, ZHR 165 (2001), 593, 597.

den, dass hier bei wertender Betrachtung ein vergleichbares Vorabinformationsbedürfnis für die Anteilseigner besteht.[1392] In diesem Zusammenhang kann auf die *Altana/Milupa*-Entscheidung rekurriert werden, in der sich der BGH mit diesem Pflichtenkreis für einen Veräußerungsvertrag befasst hat.

aaa) *Altana/Milupa*-**Entscheidung**[1393]

Die als Grundlage für die Veröffentlichungspflicht einer *fairness opinion* heranzuziehende *Altana/Milupa*-Entscheidung behandelt den Umfang von Informationspflichten gegenüber Anteilseignern bei der Beschlussfassung über Verträge, die den Aktionären zur Beschlussfassung vorgelegt werden, aber zu ihrer Wirksamkeit nicht der Zustimmung der Hauptversammlung bedürfen. Unter Berufung auf Vertraulichkeitsgründe kam hier die Muttergesellschaft (*Altana AG*) weder einer Aufforderung zur Übersendung einer Abschrift des Vertragswerks über die Veräußerung des gesamten Vermögens einschließlich des Geschäftsbetriebs einer Tochergesellschaft (*Milupa AG*) nach noch legte sie diese Dokumente in den Geschäftsräumen der Gesellschaft oder in der Hauptversammlung zur Einsichtnahme für die Aktionäre aus. Der gefasste Hauptversammlungsbeschluss wurde daraufhin in allen Instanzen erfolgreich angefochten.[1394] Ausgehend von dem Grundsatz, dass der Vorstand, wenn er in Anwendung der *Holzmüller*-Grundsätze nach – so die früher hierfür herangezogene Rechtsfolge – § 119 Abs. 2 AktG in einer Geschäftsführungsangelegenheit die Entscheidung der Hauptversammlung verlangt, den Aktionären die Informationen geben muss, die sie für eine sachgerechte Willensbildung benötigen, bestimmte der II. Zivilsenat die Informationsrechte der Aktionäre unter Heranziehung der für zustimmungsbedürftige Verträge geltenden Regelungen, also § 124 Abs. 2 Satz 2 AktG. Es liege zudem eine gesteigerte Informationspflicht zur Auslegung des Verpflichtungsvertrages in der Hauptversammlung vor sowie eine Pflicht zur Übersendung einer Abschrift des Vertrages auf Verlangen der Aktionäre in Analogie zu § 179a Abs. 2 AktG. Im Rahmen der entsprechenden Anwendung des § 179a Abs. 2 AktG sei demnach ein Geheimhaltungsinteresse der Vertragsparteien hinsichtlich des Vertragstextes nicht anzuerkennen.[1395]

[1392] *Tröger*, ZHR 165 (2001), 593, 599.
[1393] BGHZ 146, 288 ff.
[1394] Vorinstanzen LG Frankfurt am Main ZIP 1997, 1698 ff. und OLG Frankfurt am Main ZIP 1999, 842 ff.
[1395] Im Ergebnis auch schon OLG München WM 1996, 1462, 1462 = DZWiR 1996, 511, 513 mit zustimmender Anmerkung *Hirte*.

bbb) Schrifttum

Die *Altana/Milupa*-Entscheidung des BGH hat im Schrifttum sowohl Zustimmung[1396] als auch Kritik[1397] erfahren. Inbesondere konzentriert sich die Diskussion im Schrifttum auf die Frage nach der Zulässigkeit einer Gesamtanalogie zu den gesetzlichen Auslegungspflichten insgesamt versus einer Einzelanalogie zu § 179a AktG zur Begründung des Informationsrechts der Anteilseigner. Als Ausgangspunkt der Diskussion wird grundsätzlich bejaht, dass die Möglichkeit der Kenntnisnahme des Vertragstextes als ein geeignetes Mittel anzusehen ist, die Fähigkeit des Aktionärs zur Erkennung und Abwägung von Vor- und Nachteilen für sich oder die Gesellschaft zu verbessern.[1398] Auf diese Weise werde der Aktionär in die Lage versetzt, auf Basis ausreichender Information eine Entscheidung über einen etwaigen Verkauf seiner Anteile zu treffen. Denn wer in Fragen der unternehmerischen Zweckmäßigkeit eine andere Auffassung als die Aktionärsmehrheit vertritt, kann – weil er die Aktionärsmehrheit nicht mit gerichtlicher Hilfe zwingen kann, sich seiner Meinung anzuschließen – selbst eine informierte Desinvestitionsentscheidung über seine Aktien treffen.[1399] Darin sei eine Entwicklung zu mehr Transparenz und Information sowie zu weniger Inhaltskontrolle zu sehen.[1400]

Hinsichtlich der Übertragbarkeit der anerkannten Informationsfunktion von Verträgen auf andere Instrumente und damit auch auf *fairness opinions* finden sich im Schrifttum allerdings keine weiteren Anhaltspunkte. Lediglich nach einer Ansicht sollten im Zusammenhang mit einer Kapitalerhöhung gegen Sacheinlage erstellte *fairness opinions* für die eingebrachte und aufnehmende Gesellschaft von der Einberufung der Hauptversammlung an zudem in den Geschäftsräumen der aufnehmenden Gesellschaft ausgelegt und den Aktionären auf Anfrage zugeschickt werden.[1401] Denn *fairness opinions* können ihre positiven Effekte für Eintragungsvorgänge nur dann vollständig entfalten, sofern sie den Aktionären auch rechtzeitig zugänglich gemacht werden.

ccc) Stellungnahme

Der BGH bejaht ebenso wie alle Gerichte des Instanzenzugs im Ergebnis eine Pflicht zur Auslage des gesamten Vertragstexts vor und während der Hauptversammlung sowie zur

---

[1396] *Schockenhoff*, NZG 2001, 921 ff.
[1397] *Tröger*, ZHR 165 (2001), 593 ff.; *Drinkuth*, AG 2001, 256 ff.
[1398] *Schockenhoff*, NZG 2001, 921, 923; zurückhaltender in der Frage nach dem Weg zur Erfüllung der Informationspflicht wohl *Drinkuth*, AG 2001, 256, 257 und 259.
[1399] *Schockenhoff*, NZG 2001, 921, 923.
[1400] *Schockenhoff*, NZG 2001, 921, 923, mit Verweis auf *Schiessl*, AG 1999, 442; *Hommelhoff*, ZGR 2000, 748, 767.
[1401] *Aha*, BB 2001, 2225, 2232, im Ergebnis wohl eher ablehnend für einen Analogieschluss.

Übersendung von Abschriften an die Aktionäre. Während die Instanzgerichte eine Gesamtanalogie zu den eingangs erwähnten Normen heranziehen, favorisiert der BGH hier eine Einzelanalogie zu § 179a AktG.[1402] Nach dieser Entscheidung kann das Informationsbedürfnis der Anteilseigner als zentraler Grund für die Analogie durch Auslage und Erteilung von Abschriften befriedigt werden.[1403] Der BGH macht in seiner Entscheidung deutlich, dass die Hauptversammlung über Verträge nur in Kenntnis ihrer Tragweite entscheiden kann, und folgert, dass zumindest der wesentliche Vertragsinhalt offen zu legen ist.[1404] Aus Sicht der Anteilseigner ist zur Beurteilung eines vorgeschlagenen Beschlussgegenstands der Hauptversammlung die Stellungnahme eines Sachverständigen in der Regel allerdings wesentlich sachdienlicher als ein vollständiger Vertrag. Denn das Interesse der Anteilseigner orientiert sich zusammengefasst an der wirtschaftlichen Angemessenheit und weniger an Details, die der Sachverständige als Intermediär beurteilt. Diese Ansicht macht die Veröffentlichung des Vertragsinhalts keineswegs überflüssig, sondern billigt einer sachverständigen Beurteilung einen zusätzlichen, für Aktionäre jedoch häufig entscheidenden Informationswert zu.[1405] Denn für viele Aktionäre besteht lediglich ein geringer Anreiz für eine intensive Auseinandersetzung mit dem Beschlussgegenstand (hierzu oben S. 6 ff.). Vor diesem Hintergrund kann eine Vergleichbarkeit der Interessenlage zwischen Vertragsunterlagen und *fairness opinions* grundsätzlich angenommen werden. Angesichts der unterschiedlichen Ausprägung der Informationsrechte in Abhängigkeit vom Transaktionstyp ist der Umfang der Information allerdings im Einzelfall zu bestimmen. Eine praktische Relevanz ist einerseits beim Erwerb und bei der Veräußerung von Tochtergesellschaften gegeben. Andererseits ist sie für Umwandlungen – insbesondere für Verschmelzungen – anzunehmen.

bb)   Kürzung einer *Fairness Opinion*

In der Praxis besteht zum Schutz von Geschäftsgeheimnissen das Interesse der beteiligten Rechtsträger, die von einem Sachverständigen eingeholte *fairness opinion* – insbesondere das *valuation memorandum* – nicht vollumfänglich offen zu legen. So legte z.B. die *Marschollek, Lautenschläger und Partner AG (MLP)* ihrer Hauptversammlung einen *opinion letter* sowie ein in Teilen „geschwärztes" *valuation memorandum* vor.[1406] Dabei wurden u.a. die *fair va-*

[1402] BGHZ 146, 288, 295.
[1403] BGHZ 146, 288, 294.
[1404] BGHZ 146, 288, 294; GK-*Werner*, § 119 AktG, Rdn. 49.
[1405] In diese Richtung *Hirte*, in: FS Röhricht, S. 217, 228 mit dem Hinweis, dass „die Möglichkeit, sich bei der Ausübung der Informationsrechte eines Sachverständigen bedienen zu dürfen, eine ausgesprochene Begünstigung dar[stellt]" und Fn. 63, „Erweitert werden […] die praktischen Möglichkeiten, vom Recht auf Information umfänglich Gebrauch machen zu können".
[1406] *Bungert*, BB 2001, 1812, 1813.

lues der zu bewertenden Gesellschaften im *valuation memorandum* unkenntlich gemacht.[1407] Demgegenüber bedarf eine Übernahme der Verantwortung durch die Hauptversammlung mit der Folge des Haftungsausschlusses der Verwaltungsorgane (§ 93 Abs. 4 Satz 1 AktG) einer hinreichenden Darlegung der Fakten.[1408] Daher haben Anteilseigner den Hauptversammlungsbeschluss der *MLP AG* mit Verweis auf die zuvor dargestellte *Altana/Milupa*-Entscheidung des BGH vor dem LG Heidelberg in einer der ganz wenigen deutschen Entscheidungen mit Bezug zur *fairness opinion* (allerdings erfolglos) angefochten.[1409] Auch wurde die gegen die Entscheidung gerichtete Berufung vom OLG Karlsruhe zurückgewiesen.[1410]

aaa)   Entscheidungen der Instanzgerichte

Das LG Heidelberg lehnte mangels Vergleichbarkeit der zugrunde liegenden Sachverhalte eine Veröffentlichungspflicht für die *fairness opinion* in Anwendung der *Altana/Milupa*-Entscheidung des BGH ab. Dieses Urteil wurde vom OLG Karlsruhe bestätigt. Entscheidend für die Ablehnung der Offenlegungspflicht war nach Ansicht des Gerichts, dass die vorgelegte Zusammenfassung der *fairness opinion* es erlaubte, das Bewertungsergebnis als solches nachzuvollziehen.[1411] Die dafür erforderliche „einige Plausibilität" sei gegeben. Auch könne die Berichtspflicht des Vorstands nicht über das Auskunftsrecht des Aktionärs in der Hauptversammlung nach § 131 AktG hinausgehen.[1412] Demnach hat der Vorstand einer Aktiengesellschaft ein Auskunftsverweigerungsrecht, sofern die Erteilung der Auskunft der Gesellschaft einen nicht unerheblichen Nachteil zufügt.

bbb)   Stellungnahme

Die Möglichkeit der Kenntnisnahme von Details der im Rahmen der *fairness opinion* durchgeführten Bewertungen müssen den Aktionär in die Lage versetzen, die Vor- und Nachteile einer Transaktion für die Gesellschaft und für sich als Anteilseigner zu erkennen und abzuwä-

---

[1407] *Fox-Pitt, Kelton*, Bewertungsgutachten für die MLP AG vom 18.10.2000 (beglaubigte Übersetzung aus der englischen Sprache), S. 17, die Zeile mit der Bezeichnung „*Fair Value gesamt*" ist für alle Szenarien mit X gekennzeichnet. Lediglich die prozentuale Verteilung des Gesamtwerts auf die einzelnen Gesellschaften wird angegeben, ebenso S. 35, die „*Werte des Neugeschäfts von 1999*" werden in Tabelle 12 des Gutachtens geschwärzt, ebenso die „*Gewinnmargen des Neugeschäfts 1999*", Tabelle 13, die „*Lebens Gewinne und Gewinnmargen des Neugeschäfts*" für die folgenden Jahre, Tabelle 14, die „*Lebens Firmenwertbandbreite*", Tabelle 15, die „*angekommenen Multiplikatoren des Neugeschäfts*", Tabelle 16, der „*Fair Value von Leben*", Tabelle 18, entsprechend für die übrigen in der *fairness opinion* bewerteten Gesellschaften.
[1408] Dazu Fn. 1413; ebenfalls *Mankowski*, EWiR 2001, 1081, 1081, mit Bezug auf die *fairness opinion* in der Transaktion *Direkt Anlage Bank AG / Self Trade S.A.*
[1409] LG Heidelberg BB 2001, 1809 ff., mit Anmerkung *Bungert*.
[1410] OLG Karlsruhe NZG 2002, 959 ff.; dazu *Hirte*, EWiR 2003, 299 f.
[1411] LG Heidelberg BB 2001, 1809, 1810, zustimmend *Bungert*, BB 2001, 1812, 1813; ohne weitergehende Diskussion dieser Frage in der Berufung, OLG Karlsruhe NZG 2002, 959 ff.
[1412] GK-*Decher*, § 131 AktG, Rdn. 21 f.

gen.[1413] Dies entspricht dem Grundsatz der Pflicht zur Erteilung einer sachgerechten Information der Anteilseigner im Falle einer Entscheidung der Hauptversammlung (§ 119 Abs. 2 AktG). Andererseits können durch den Einsatz eines sachverständigen Dritten als „Informationsschleuse" in bestimmten Konstellationen informationsrechtliche Interessenkonflikte zwischen der Gesellschaft und ihren Anteilseignern geschlichtet werden.[1414] Von Bedeutung ist in diesem Kontext, dass die Gesellschaft mit der Beschlussfassung der Hauptversammlung über eine Maßnahme grundsätzlich die Möglichkeit verliert, die Verwaltungsorgane schadenersatzpflichtig zu machen (§ 93 Abs. 4 Satz 1 AktG). Diese Wirkung tritt aber nur ein, wenn auch eine ausreichende Informationsbasis erteilt wurde. Insofern ist das Recht zur Kürzung einer *fairness opinion* zu begrenzen. Schließlich ist die Offenlegung auch für Beurteilung der Werthaltigkeit der Sacheinlage durch ein Gericht von Bedeutung.[1415]

cc) Zwischenergebnis

Die vorstehenden Überlegungen haben gezeigt, dass mit dem Ziel einer sachgerechten Informationsversorgung der Anteilseigner eine Analogie für eine Obliegenheit zur Auslegung und Übersendung einer *fairness opinion* begründet werden kann. Jeweils im Einzelfall ist die Reichweite dieser Pflicht in Abhängigkeit von der gewählten Transaktionsstruktur zu prüfen.

c) Rechtsgrundlage § 130 Abs. 5 AktG

aa) Regelungsgehalt des § 130 Abs. 5 AktG

Nach § 130 Abs. 5 AktG hat der Vorstand eine Niederschrift der Hauptversammlung nebst ihrer Anlagen zum Handelsregister einzureichen. Im Rahmen der Informationsrechte stellt sich daher die Frage, ob § 130 Abs. 5 AktG eine im Kontext einer durch die Hauptversammlung beschlossenen Strukturmaßnahme erstellte *fairness opinion* erfasst und diese *fairness opinion* folglich als Anlage zur Niederschrift der Versammlung durch den Vorstand zum Handelsregister einzureichen ist. In diesem Fall stünde die *fairness opinion* nach § 9 Abs. 2 HGB der Öffentlichkeit auch ohne Nachweis eines rechtlichen Interesses zur Einsicht im Anschluss an die Transaktion zur Verfügung. Auch könnten danach Abschriften oder Fotokopien der *fairness opinion* gefertigt werden (§ 9 Abs. 2 2 Alt. HGB).[1416] Nach Umsetzung des

---

[1413] LG München I ZIP 2001 1148, 1150, „man kann nicht die Entscheidungskompetenz angeben, sich von der Haftung freizeichnen lassen und zugleich das Herrschaftswissen behalten wollen"; ähnlich *Schockenhoff*, NZG 2001, 921, 923, im Kontext der *Altana-Milupa* Entscheidung des BGH.
[1414] *Hirte*, in FS Röhricht, S. 217, 233.
[1415] *Mutter*, Auskunftsansprüche, S. 51.
[1416] Dazu allgemein Staub-*Hüffer*, § 9 HGB, Rdn. 7.

Entwurfs zum EHUG wird auch ein elektronischer Abruf der zum Handelsregister eingereichten Dokumente möglich sein.

bb) Handhabung der Praxis

Nach heutiger Praxis werden die im Kontext von beschlusspflichtigen Strukturmaßnahmen erstellten und während der Hauptversammlungen zur Einsichtnahme durch die Anteilseigner ausliegenden *fairness opinions* nicht zum Handelsregister eingereicht; dies zeigt eine Analyse der Registerakten ausgewählter im Anhang dieser Arbeit genannter *fairness opinions* für deutsche Gesellschaften. Eine Einreichung zum Handelsregister und damit die spätere Verfügbarkeit des Dokuments für Anteilseigner ist insofern von Bedeutung, als sich die Frage einer möglichen Sorgfaltspflichtverletzung der Verwaltungsratsmitglieder einerseits und der Ersteller einer *fairness opinion* andererseits naturgemäß erst nach Eintritt des wirtschaftlichen Misserfolgs einer Transaktion stellt.[1417] Dabei ist insbesondere darauf hinzuweisen, dass ein pflichtwidrig herbeigeführter Hauptversammlungsbeschluss nicht zu einer Haftungsbefreiung nach § 93 Abs. 4 AktG führt.[1418] Gerade zu dem Zeitpunkt, nach dem sich das Risiko verwirklicht hat, ist es für die Anteilseigner von besonderer Bedeutung, sich über die Tatsachenbasis ihrer Rechteverfolgung aufklären zu können.[1419]

cc) Anwendbarkeit von § 130 Abs. 5 AktG für eine *Fairness Opinion*

Zur Klärung einer etwaigen Verpflichtung zur Einreichung der *fairness opinion* zum Handelsregister ist zu prüfen, ob sich die Pflicht zur Einreichung der Anlagen ausschließlich auf die in § 130 Abs. 3 Satz 1 AktG genannten Anlagen erstreckt oder ob auch darüber hinausgehende Anlagen, auf die der Notar ohne eine gesetzliche Verpflichtung in der Niederschrift Bezug genommen hat, zum Handelsregister einzureichen sind. § 130 Abs. 3 Satz 1 AktG regelt lediglich, dass das Verzeichnis der Teilnehmer an der Versammlung sowie die Belege über die Einberufung als Anlagen der Niederschrift beizufügen sind.[1420] Bereits vor der Einführung des § 130 Abs. 5 AktG war die Verpflichtung zur Einreichung von Anlagen in der Kommentarliteratur umstritten: Einerseits wurde im Schrifttum die Ansicht vertreten, dass Anlagen

---

[1417] Exemplarisch *fairness opinion* für den Erwerb der *Self Trade S.A.* durch die *Direkt Anlage Bank AG* im September 2000. Infolge der anschließenden Veräußerung der *Self Trade S.A.* entstand ein Abschreibungsbedarf in dreistelliger Millionenhöhe. Nicht unbedingt überraschend ist die *fairness opinion* nicht mehr erhältlich; ähnlich *Hopt*, ZGR 2004, 1, 31, zur Offenlegungspflicht von Interessenkonflikten, wo Verdachtsmomente für einen möglichen Verstoß auch erst später auftreten.
[1418] GK-*Hopt*, § 93 AktG, Rdn. 325.
[1419] *Schäfer*, in: FS Ott, S. 279, 305.
[1420] Vgl. bereits RGZ 114, 202 ff.

überhaupt nicht zum Handelsregister einzureichen sind.[1421] Andererseits wurde von der Gegenansicht die Einreichung der vorgeschriebenen Anlagen zur Hauptversammlungsniederschrift zum Handelsregister für geboten erachtet.[1422] Um diesen Meinungsstreit zu beenden, führte der Gesetzgeber in der Novellierung des Aktiengesetzes von 1965 die Norm des § 130 Abs. 5 AktG ein. Ausweislich der Begründung zum Regierungsentwurf bestehen Sinn und Zweck der Vorschrift darin, dass vor allem das Teilnehmerverzeichnis als Anlage beizufügen ist, so dass „jeder Aktionär auch nach der Hauptversammlung Einsicht in das Teilnehmerverzeichnis erhält, sei es, um den ordnungsgemäßen Verlauf der Hauptversammlung zu prüfen, sei es, um zu erfahren, wer außer ihm noch Aktionär ist".[1423] Auf dieser Basis stellt sich die Frage, ob der Gesetzgeber damit über die frühere Mehrheitsmeinung hinausgehend eine Vorlagepflicht auch bezüglich freiwilliger Anlagen der Niederschrift begründen wollte. Der Wortlaut der Begründung zum RegE stützt diese Ansicht; denn das Teilnehmerverzeichnis wird mit dem Begriff „vor allem" lediglich exemplarisch genannt. Auch umschreibt § 130 Abs. 3 AktG nicht für alle denkbaren Fälle den Kreis der der Niederschrift beizufügenden Unterlagen; denn auch im Falle von Hauptversammlungsbeschlüssen betreffend Nachgründungs-, Unternehmens- oder Verschmelzungs- bzw. Vermögensübertragungsverträge kategorisiert der Gesetzgeber diese als Pflichtanlagen (§§ 52 Abs. 2 Satz 6, 293 Abs. 3 Satz 6, 340d Abs. 5 Satz 3, 359 ff AktG).[1424] Demgegenüber wird vom LG München I vertreten, dass sich der Wille des Gesetzgebers auf das Einsichtsrecht in das Teilnehmerverzeichnis beschränke; ein Einsichtnahmerecht in weitergehende „freiwillige" Anlagen widerspräche Sinn und Zweck der Norm.[1425] Diese Ansicht findet auch Zustimmung im Schrifttum. Demnach entspreche es einer zulässigen Gesetzesauslegung, unter dem Ausdruck „Anlagen" nur die Pflichtanlagen zu verstehen. Auch sei die Hauptversammlungsniederschrift kein Inhaltsprotokoll, sondern erstrecke sich nur auf die Beurkundung bestimmter Vorgänge. Daraus sei zu folgern, dass nur insoweit ein durch die Vorlagepflicht gesicherter Informationsanspruch von Aktionären oder Dritten besteht. Auf eine Vorlage zusätzlicher Anlagen bestehe kein Anspruch; denn sie stellen ein „Mehr" an Information dar.[1426] Während sich die Entscheidung des LG München I auf die Anlage eines Jahresabschlusses bezieht, für den nach § 325 HGB ohnehin eine von

---

[1421] *Ritter*, § 111 AktG a.F., Rdn. 6.
[1422] GK-*Schmidt/Meyer-Landrut*, 2. Auflage, § 111 AktG a.F., Rdn. 16 m.w.N.
[1423] *Kropff*, Aktiengesetz, § 130 AktG, Begr. RegE, S. 183; heute eingeschränkt durch das NaStraG, dazu *Hüffer*, § 130 AktG, Rdn 24.
[1424] *Hüffer*, § 130 AktG, Rdn. 25; GK-*Werner*, § 130 AktG, Rdn. 61; *Werner*, WuB II A, § 130 AktG 1.91, 241, 242.
[1425] LG München I WM 1991, 19.
[1426] LG München I WM 1991, 19.

§ 130 Abs. 5 AktG unabhängige Vorlagepflicht besteht, ist für eine *fairness opinion* eine alternative Vorlagepflicht zum Schutz der Anteilseigner nicht gesetzlich normiert.

dd) Zwischenergebnis

Demnach besteht *de lege lata* nach herrschender Meinung keine Verpflichtung, eine der Beschlussfassung der Hauptversammlung zugrunde liegende *fairness opinion* als Protokollanlage zum Handelsregister einzureichen. Diese Regelung verkürzt den Rechtsschutz der Aktionäre allerdings erheblich; denn ohne Zugriff auf das Dokument ist ihnen *ex post* die Überprüfung einer Sorgfaltspflichtverletzung durch den Ersteller der *fairness opinion* verwehrt. Es liegt nahe, dass die Gesellschaften nach Eintritt eines etwaigen Misserfolgs der beurteilten Maßnahme die Offenlegung des Dokuments verweigern.[1427] Die Geltendmachung von Ansprüchen, die zweifelsfrei nicht auf eine Erfolgshaftung zielen darf,[1428] könnte daher nur auf Mutmaßungen beruhen. Hierdurch wird die Durchsetzbarkeit einer ohnehin unwägbaren Dritthaftung für die Anteilseigner (hierzu unten Teil 7) zusätzlich erschwert.

2.) Kapitalmarktrechtliche Veröffentlichungspflichten für *Fairness Opinions*

a) Handhabung der Praxis bei Erwerbsangeboten

Insbesondere von den Verwaltungsorganen von Zielgesellschaften im Rahmen ihrer Stellungnahmepflicht nach § 27 WpÜG eingeholte *fairness opinions* werden in der deutschen Praxis vielfach weder in Form des *opinion letters* noch in Form des *valuation memorandums* oder dessen Zusammenfassung offen gelegt.[1429] Vielmehr nehmen die Verwaltungsorgane im Rahmen ihrer Stellungnahme häufig ausschließlich auf die Existenz einer *fairness opinion* und die die Transaktion unterstützende Ergebnisformulierung Bezug. So lautet exemplarisch ein Auszug aus einer Stellungnahme nach § 27 WpÜG:

> Die [Erstellerin der *fairness opinion*] hat sich hierzu verschiedener gängiger Bewertungsmethoden bedient. Die von einer Investment Bank im Rahmen einer solchen Fairness-Opinion angewandten Methoden sind andere als die Methoden, die von einem Wirtschaftsprüfer im Rahmen einer Unternehmensbewertung angewandt werden; insbesondere entsprechen sie nicht den im Standard IDW S 1 des Instituts der Wirtschaftsprüfer enthaltenen Grundsätzen zur Durchführung von Unternehmensbewertungen.[1430]

[1427] Exemplarisch die *Direkt Anlage Bank AG* zur *fairness opinion* bei dem Erwerb der *Self Trade S.A.*
[1428] Entscheidend ist hier die Differenzierung zwischen Verhaltensanforderung und judiziellem Prüfungsmaßstab; denn eine Entscheidung mit negativem Ergebnis darf nicht automatisch als schlechte Entscheidung angesehen werden, hierzu oben S. 36 ff.
[1429] Dazu siehe Fn. 1375.
[1430] Gemeinsame Stellungnahme des Vorstands und des Aufsichtsrats der *IXOS AG* gemäß §§ 27 Abs. 1 Satz 3, 14 Abs. 1 Satz 3 WpÜG, Tz. III. 3.

Diese restriktive und sich von der US-amerikanischen Situation unterscheidende bisherige Veröffentlichungspraxis von *fairness opinions* wird nahezu ausschließlich durch die Fallgruppe der Zielgesellschaften mit einem *dual listing* in den USA und Deutschland durchbrochen. Hier orientiert sich die Offenlegung am US-amerikanischen Maßstab.[1431]

b) Rechtsgrundlage 13. Richtlinie („Übernahmerichtlinie")

Nach Art. 9 Abs. 1 lit. d) der 13. Richtlinie hat das Leitungs- und Verwaltungsorgan der Zielgesellschaft eine mit Gründen versehene Stellungnahme zu einem Erwerbsangebot zu erstellen und diese zu veröffentlichen. Entgegen früherer Richtlinienentwürfe hat Art. 10 RL weit reichende Pflichten hinsichtlich der Offenlegung der Kapital- und Kontrollstrukturen und Verteidigungsmaßnahmen normiert.[1432] Über weitere Veröffentlichungspflichten, etwa hinsichtlich der Beurteilung des Angebots durch Sachverständige, enthält die 13. Richtlinie keine Regelungen. Nach Ansicht von *Winner* entspricht dieser Verzicht auf Detailregelungen allerdings dem Charakter einer Rahmenrichtlinie.[1433]

c) Rechtsgrundlage § 27 WpÜG

aa) Regelungsgehalt des § 27 WpÜG

Seit Einführung des Wertpapiererwerbs- und Übernahmegesetzes (WpÜG) zum 1. Januar 2002[1434] besteht eine gesetzlich geregelte Verpflichtung zu einer begründeten Stellungnahme des Vorstands und des Aufsichtsrats der Zielgesellschaft (§ 27 WpÜG). Der Normzweck des § 27 WpÜG besteht darin, für die Aktionäre der Zielgesellschaft eine Informationsgrundlage für die Entscheidung über eine etwaige Annahme des Angebots zu schaffen (dazu oben S. 179).[1435] Zuvor regelte Art. 18 des am 1. Oktober 1995 in Kraft getretenen und zuletzt mit Wirkung vom 1. Januar 1998 geänderten deutschen Übernahmekodexes[1436] die Stellungnahme der Organe der Zielgesellschaft (dazu oben S. 187). Gemäß § 27 Abs. 3 Satz 1 WpÜG haben Vorstand und Aufsichtsrat die Stellungnahmen nach Maßgabe von § 14 Abs. 3

[1431] Exemplarisch Stellungnahme des Vorstands der *Celanese AG* zum Kaufangebot der *BCP Crystal Acquisition GmbH & Co. KG* einschließlich Offenlegung des *opinion letters* und einer Zusammenfassung des *valuation memorandums* der *Goldman Sachs oHG* nach Vorbild des *Schedule 14-D9* innerhalb der Stellungnahme nach § 27 WpÜG, abgedruckt BAZ vom 10.2.2004; unlängst darüber hinaus mit Abdruck des *opinion letters* die Stellungnahme nach § 27 WpÜG des Vorstands und des Aufsichtsrats der *SAP Systems Integration AG* zum Erwerbsangebot der *SAP AG*.
[1432] Dazu ausführlich *Maul/Muffat-Jeandet*, AG 2004, 306, 307 ff.; *Hirte*, ECFR 2005, 1 ff.
[1433] *Winner*, Zielgesellschaft, S. 185.
[1434] BGBl. I S. 3822 ff.; zur Entstehungsgeschichte KK-*Hirte*, Einleitung, Rdn. 35 ff.
[1435] KK-*Hirte*, § 27 WpÜG, Rdn. 2.
[1436] Abgedruckt bei *Hirte*, WpÜG, S. 315 ff., ursprüngliche Version; ZIP 1995, S. 1464 ff.

Satz 1 WpÜG zu veröffentlichen. Demnach sind die Bekanntgabe im Internet (§ 14 Abs. 3 Satz 1 Nr. 1 WpÜG) und der Abdruck in einem überregionalen Börsenpflichtblatt (§ 14 Abs. 3 Satz 1 Nr. 2 Alt. 1 WpÜG)[1437] erforderlich. Die Veröffentlichung in einem überregionalen Pflichtblatt kann durch die Bereithaltung zur kostenlosen Ausgabe bei einer geeigneten Stelle (so genannte „Schalterpublizität") ersetzt werden (§ 14 Abs. 3 Satz 1 Nr. 2 Alt. 2 WpÜG). Daran schließt sich die Frage an, ob nach dieser Norm die Verwaltungsorgane zur Publikation von *opinion letter* und/oder *valuation memorandum* verpflichtet sind, sofern sie denn eine *fairness opinion* eingeholt haben. Insbesondere ist diese Frage zu stellen, sofern die Verwaltungsorgane in ihren Stellungnahmen explizit Bezug auf eine *fairness opinion* nehmen und ihre Bewertung des Angebots auf diese *fairness opinion* stützen. In der aktuellen Praxis finden sich in den Stellungnahmen gemäß § 27 Abs. 3 Satz 1 WpÜG zunehmend Hinweise auf *fairness opinions*, ohne dass *opinion letter* oder *valuation memorandum* Bestandteil der Stellungnahme werden.[1438]

bb) Auslegung § 27 Abs. 3 i.V.m. § 14 WpÜG

Weder in § 27 WpÜG noch in § 14 WpÜG trifft der Gesetzgeber eine normative Regelung zu Veröffentlichungspflichten von etwaigen durch die Verwaltungsorgane eingeholten *fairness opinions*. Auch im § 14 DiskE-WpÜG, der eine Pflicht zur Beratung der Zielgesellschaft regelte (dazu oben S. 188 ff.), äußerte sich der Gesetzgeber nicht zu einer Veröffentlichungspflicht, so dass die wortlautgetreue Auslegung keinen Aufschluss über eine Verpflichtung zur Offenlegung der *fairness opinion* liefert. Systematisch steht die Pflicht zur Stellungnahme von Vorstand und Aufsichtsrat (§ 27 Abs. 3 WpÜG) in enger Verbindung zur Pflicht zur Veröffentlichung der Stellungnahme der Arbeitnehmerseite gegenüber den Aktionären. Nach § 27 Abs. 2 WpÜG hat der Vorstand eine etwaige Stellungnahme des Betriebsrats der Gesellschaft bzw. der Arbeitnehmer unmittelbar der Stellungnahme beizufügen.[1439] Ausweislich der Regierungsbegründung wird mit dieser Regelung bezweckt, dass die Wertpapierinhaber nicht nur über die Position des Vorstands, sondern auch über die Haltung der Arbeitnehmer der Zielgesellschaft zu dem Angebot im Interesse einer vollständigen Informationsversorgung unterrichtet werden.[1440] Dabei sind auch extrem umfangreiche Stellungnahmen zu veröffentlichen.[1441] Wenn nun eine Pflicht zur Veröffentlichung einer – selbst umfangreichen – Stellungnahme der Arbeitnehmer mit dem Ziel einer vollständigen Informationsversorgung

---

[1437] Zu den zugelassenen überregionalen Börsenpflichtblättern KK-*Seydel,* § 14 WpÜG, Rdn. 66.
[1438] Dazu siehe Fn. 1375.
[1439] Dazu ausführlich *Seibt,* DB 2002, 529, 533 f.
[1440] BegrRegE WpÜG, BT-Drucks. 14/7034, S. 52; dazu auch KK-*Hirte,* § 27 WpÜG, Rdn. 51.
[1441] KK-*Hirte,* § 27 WpÜG, Rdn. 62; Geibel/Süßmann-*Schwennicke/Grobys,* § 27 WpÜG, Rdn. 33.

anzunehmen ist, kann dies für eine eingeholte *fairness opinion* nicht anders sein; denn wenn auch die Veröffentlichung etwaiger Divergenzen zwischen Verwaltungsorganen und Arbeitnehmern für eine sachgerechte Entscheidungsfindung der Aktionäre vom Gesetzgeber als nicht unwesentlich angesehen wird, dann muss erst recht die Ansicht eines Sachverständigen, der aus der Perspektive der Aktionäre zweifelsfrei höhere Bedeutung zukommt, vollständig veröffentlicht werden.

Dies steht im Einklang mit dem Bericht des Finanzausschusses des Deutschen Bundestages, nach dem die Art und Höhe der angebotenen Gegenleistung von besonderer Bedeutung für die Entscheidungsfindung der Wertpapierinhaber sind.[1442] Auch dieser Zweck bedingt eine Veröffentlichung der Ansicht des Sachverständigen; andernfalls könnte der Vorstand die Stellungnahme des Sachverständigen vorenthalten. Auch ausweislich der Begründung zum Regierungsentwurf zu § 27 WpÜG besteht ein wichtiges Ziel der Norm in der Schaffung von Transparenz und darin, als Korrektiv möglicher divergierender Interessen zwischen dem Vorstand und den Aktionären der Gesellschaft zu dienen; allerdings wird eine Veröffentlichung von etwaigen Sachverständigengutachten nicht näher angesprochen.[1443] Ausschlaggebend für die Beantwortung der Frage nach Umfang und Inhalt der Offenlegungspflicht muss letztlich der Zweck der Pflicht zur Stellungnahme sein. Die Verpflichtung, zu einem Angebot begründet Stellung zu nehmen, kann teleologisch nur so verstanden werden, dass sie die Pflicht zur Offenlegung all der Tatsachen einschließt, die aus Sicht eines normalen Aktionärs zur Beurteilung der Stellungnahme relevant sind;[1444] denn der Normzweck des § 27 WpÜG besteht wie ausgeführt in einer umfassenden Information als Entscheidungshilfe für die Anteilseigner.[1445] Die Gründe, die den Vorstand zur Entscheidung für seine Meinung bewegen, sind darzulegen.[1446] Insbesondere bei freundlichen Übernahmeangeboten kann der Vorstand allerdings versucht sein, kritische Punkte des Angebots gegenüber seinen Aktionären geheim zu halten, um damit die Aktionäre zur Annahme des Angebots zu bewegen.[1447]

[1442] Beschlussempfehlung und Bericht des Finanzausschusses zu § 27 WpÜG abgedruckt bei *Fleischer/Kalss*, WpÜG, S. 798.
[1443] BegrRegE WpÜG, BT-Drucks. 14/7034, S. 52.
[1444] *Hopt*, ZGR 2002, 333, 363; MüKo-*Hefermehl/Spindler*, § 93 AktG, Rdn. 40.
[1445] KK-*Hirte*, § 27 WpÜG, Rdn. 2; Ehricke/Ekkenga/Oechsler-*Ekkenga*, § 27 WpÜG, Rdn 2.
[1446] *Herrmann*, Zivilrechtliche Abwehrmaßnahmen, S. 88; *Mühle*, Wertpapiererwerbs- und Übernahmegesetz, S. 274; *Ebenroth/Daum*, DB 1991, 1157, 1159.
[1447] KK-*Hirte*, § 27 WpÜG, Rdn. 16.

Mit Hinweis auf *Rule 25.1* des englischen *City Codes* wird daher im Schrifttum die Ansicht vertreten, dass die „Essenz" einer *fairness opinion* zu veröffentlichen sei.[1448] Dies wird von *Krause* und *Pötzsch* aus der Verpflichtung zur vollständigen Information hergeleitet.[1449] *Hefermehl* und *Spindler* fordern, dass grundsätzlich alle Informationen im Rahmen der Stellungnahme offen zu legen sind, die Beurteilungsgrundlage der Verwaltungsorgane waren.[1450] In der Diskussion des Entwurfs zum WpÜG sah *Hopt* die Notwendigkeit, dass der „Rat" des Beraters im Rahmen der Stellungnahme des Vorstands und des Aufsichtsrats nach § 27 WpÜG an die Aktionäre der Zielgesellschaft bekannt zu machen sei.[1451] Er erachtete es als notwendig, das frühere Bundesaufsichtsamt für den Wertpapierhandel (BAWe) zu einer Anforderung des Rates zu ermächtigen.[1452] Diese Ansicht erfuhr auch Zustimmung von *Möllers*, der eine zusätzliche Informations- und Entscheidungsgrundlage für die Anteilseigner erst bei der Offenlegung des Rats des unabhängigen Beraters realisiert sieht.[1453] Angesichts eines Übernahmeangebots ist nach Ansicht von *Assmann* und *Bozenhardt* der Vorstand als verpflichtet anzusehen, preisrelevante Informationen zum öffentlichen Angebot zu publizieren. Ein solches Vorgehen entspreche dem vorrangigen Interesse der Aktionäre, denen es näher liege, solche Informationen veröffentlicht zu sehen als ihre Anteile – ohne von der Geheimhaltung zu profitieren – zu unangemessenen Konditionen zu veräußern.[1454] Die Nichtveröffentlichung des *opinion letters* läuft damit dem Zweck von § 27 WpÜG zuwider; auf diese Weise bleiben wesentliche Annahmen, namentlich die Datenquellen, die Haftungsbeschränkungen des Erstellers der *fairness opinion* (hierzu oben S. 15 ff.) und etwaige durch den Ersteller zu veröffentlichende Interessenkonflikte (hierzu oben S. 215 ff.) den Aktionären verborgen.[1455] Auf dieser Basis ist es den Anteilseignern nicht möglich, eine informierte Entscheidung zu treffen. Vielmehr wird die Reputation des Erstellers der *fairness opinion* ungefiltert zur Beeinflussung

---

[1448] KK-*Hirte*, § 27 WpÜG, Rdn. 33; MüKo-*Wackerbarth*, § 27 WpÜG, Rdn. 13, andernfalls sei die Möglichkeit für eine haftungsbegründende Schönung des Angebots gegeben; *Hopt*, in: FS Lutter, S. 1361, 1381; *Hopt*, ZHR 166 (2002), 382, 420; Rule 25.1 Views of the Board, The City Code on Takeovers and Mergers, abgedruckt bei *Hirte*, WpÜG, S.466; dazu auch *Zinser*, RIW 2001, 481, 484.
[1449] Assmann/Pötzsch/Schneider-*Krause/Pötzsch*, § 27 WpÜG, Rdn. 49, allerdings ohne genaue Abgrenzung des Informationsumfangs.
[1450] MüKo-*Hefermehl/Spindler*, § 93 AktG, Rdn. 40.
[1451] *Hopt*, in: FS Koppensteiner, S. 61, 78.
[1452] *Hopt*, in: FS Koppensteiner, S. 61, 79; das frühere BAWe ist heute Teil der BaFin.
[1453] *Möllers*, ZGR 2002, 664, 687.
[1454] *Assmann/Bozenhardt*, in: Übernahmeangebote, S. 1, 105.
[1455] Für den Informationswert des *valuation memorandums* für Anteilseigner auch *Aders/Salcher*, Fairness Opinion, S. 5, „zudem kann die *fairness opinion*, insb. wenn neben dem *opinion letter* auch ein *valuation memorandum* einsehbar ist, ein adäquates Informationsinstrument für Anteilseigner darstellen, das deren Informationsnachteil gegenüber dem Management verringert. Neben der Einschätzung der Transaktion im *opinion letter* werden im *valuation memorandum* relevante Transaktionsinformationen zusammengefasst, so dass Anteilseigner ein Übernahmeangebot auch ohne die für eine Unternehmensbewertung notwendige Zeit, Expertise und Zugang zu relevanten Informationen hinreichend beurteilen können [...]. Diese Fähigkeit ist insb. für die

des Abstimmungs- bzw. Andienungsverhaltens der Aktionäre eingesetzt. Darüber hinaus kann, wie dies auch die Schweizerische Übernahmekommission (*UEK*) fordert, von einer ausreichenden Informationsbasis lediglich ausgegangen werden, wenn auch wesentliche Ergebnisse des *valuation memorandums* offen gelegt werden.[1456] Die dem Markt zur Verfügung gestellten Informationen über börsennotierte Unternehmen und Emittenten sind für die Bewertung des Unternehmens und seiner Wertpapiere von herausragender Bedeutung.[1457] So sind die Anteilseigner über die Ergebnisse einer durchgeführten Unternehmensbewertung zu informieren.[1458] Ebenso wichtig sind hierbei jedoch die Annahmen, die der Unternehmensbewertung zugrunde liegen.[1459] Zusätzliche Aussagekraft gewinnt eine *fairness opinion*, wenn in einer Sensitivitätsanalyse die Elastizität des Preises auf Veränderungen bei den wertbildenden Annahmen der Unternehmensbewertung dargestellt wird.[1460]

Die Pflicht der Verwaltungsorgane, den Anteilseignern relevante Informationen für die Bewertung des Angebots zu offenbaren, wird allerdings durch die aktienrechtlichen Verschwiegenheitspflichten begrenzt. Diese Pflichten bleiben auch im Kontext öffentlicher Übernahmefälle anwendbar; denn das WpÜG suspendiert die gesellschaftsrechtlichen Verpflichtungen der Verwaltungsorgane nicht.[1461] Die Geheimhaltungspflicht tritt allerdings bereits dann zurück, wenn das Unternehmensinteresse an der Veröffentlichung bestimmter Informationen dieses überwiegt. Dies ist bereits dann anzunehmen, wenn die Angaben die Unangemessenheit des Angebots belegen können.[1462] Die Veröffentlichung von preisrelevanten Tatsachen entspricht grundsätzlich dem Interesse der Anteilseigner, um eine Kontrolle der Angebotsbedingungen des Bieters durch den Markt zu erreichen.[1463] Damit sind die wesentlichen Annahmen des *valuation memorandums* der Stellungnahme beizufügen. Auf diese Weise kann die *fairness opinion* als Korrektiv gegen ein entstehendes Informationsgefälle zu Gunsten des Bieters wirken, wenn man (bei einem nicht feindlichen Angebot) annimmt, dass

---

Anteilseigner wichtig, denen das Übernahmeangebot unterbereitet wurde und die darüber selbst entscheiden müssen."
[1456] Vgl. Position der *Schweizerischen Übernahmekommission (UEK)*, hierzu unten S. 274.
[1457] Dazu im Hinblick auf Neuemissionen *von Rosen*, FAZ vom 10.11.2001, 12.
[1458] Vorsichtig *Harbarth*, ZIP 2004, 3, 6, für die Ergebnisse einer *DCF*-Bewertung.
[1459] Zur Offenlegung der Planzahlen bei einer *DCF*-Bewertung im Rahmen der Angebotsunterlage KK-*Seydel*, § 11 WpÜG, Rdn. 88.
[1460] *Bebchuk/Kahan*, 27 Duke L.J. (1989), 27, 48; *Rhein*, Interessenkonflikt der Manager, S. 46.
[1461] BegrRegE § 3 Abs. 3 WpÜG, abgedruckt bei *Hirte*, WpÜG, S. 135; dazu auch *Mühle*, Wertpapiererwerbs- und Übernahmegesetz, S. 278.
[1462] *Assmann/Bozenhardt*, in: Übernahmeangebote, S. 1, 105, Fn. 548; *Herrmann*, Zivilrechtliche Abwehrmaßnahmen, S. 90 f., *Hopt*, in: FS Lutter, S. 1361, 1381; zurückhaltender *Harbarth*, ZIP 2004, 3, 10.
[1463] *Hirte/Schander*, in: Übernahme börsennotierter Unternehmen, S. 341, 357; *Kallmeyer*, ZHR 161 (1997), 435, 446, im Kontext des Übernahmekodex.

diesem die Möglichkeit zur Durchführung einer *due diligence* der Zielgesellschaft[1464] vor Abgabe seines Angebots gegeben wurde.

cc) Zwischenergebnis

Als Ergebnis ist festzuhalten, dass der Normzweck sowie die Systematik von § 27 WpÜG die Pflicht zur Offenlegung von *opinion letter* und den wesentlichen Parametern der Unternehmensbewertung erfordern. Dieses Ergebnis wird auch nicht von der aktienrechtlichen Geheimhaltungspflicht des Vorstands in Frage gestellt. Vielmehr ermöglicht die Offenlegung eine „Kontrolle der Kontrolleure" durch die Anteilseigner der Zielgesellschaft. Insofern wirkt die Offenlegung positiv auf das *expectation-performance gap* der *fairness opinion*. Gleichzeitig ist die Stellungnahme allerdings vor einer Überfrachtung durch übermäßige Information zu bewahren.[1465] Vergleichbare Handhabungen zeigen jedoch, dass dies bei einer Veröffentlichung der genannten Informationen nicht zu befürchten ist. Damit ist die im Rahmen einer Stellungnahme der Verwaltungsorgane nach § 27 WpÜG eingeholte *fairness opinion* in gleicher Weise zu veröffentlichen wie die Stellungnahme selbst. Dies schließt insbesondere die elektronische Verfügbarkeit für die Anteilseigner ein.

3.) Rechtsgeschäftliche Verschwiegenheitsvereinbarungen

In der deutschen Praxis der *fairness opinion* finden sich vermehrt Fälle rechtsgeschäftlicher Verschwiegenheitsvereinbarungen über den Inhalt der *fairness opinion* in den zwischen den betroffenen Gesellschaften und den Sachverständigen geschlossenen Mandatsvereinbarungen. Demnach haben die Verwaltungsorgane der Gesellschaft gegenüber den Inhabern ihrer Beteiligungspapiere bzw. der interessierten Öffentlichkeit Stillschweigen über den Inhalt von *opinion letter* und *valuation memorandum* einer *fairness opinion* teils insgesamt, teils nach Abschluss der über die Strukturmaßnahme beschlussfassenden Hauptversammlung zu bewahren.[1466] Durch derartige Vereinbarungen könnte sich die betroffene Gesellschaft als Schuldnerin der Information ihrer Informationspflicht gegenüber den Inhabern von Beteiligungspapieren insbesondere nach Abschluss der Transaktion entziehen. Gleichzeitig minimiert der Sachverständige auf diesem Wege die Gefahr eines möglichen Haftungsregresses. Dieses Vorgehen liefe daher im Ergebnis auf einen Vertrag zulasten Dritter hinaus. Einem Vertrag zulasten Dritter verwehrt die deutsche Rechtsordnung allerdings die Rechtsfolgenbestimmung. Einer Verschwiegenheitsverpflichtung kann daher keine beschrän-

---

[1464] Dazu statt vieler *Hirte*, in: Handbuch Due Diligence, *demnächst*.
[1465] Lutter/Winter-*Lutter/Drygala*, § 12 UmwG, Rdn. 8, zur Überfrachtung im Fall von Prüfungsberichten bei Unternehmensverschmelzungen.

kende Wirkung zugesprochen werden, soweit die erfassten Informationen aus dem Bereich des Informationsschuldners, mithin der Gesellschaft, stammen.[1467] Die Beschränkung kann lediglich Wirksamkeit entfalten, wenn die Informationen einem Geschäftsgeheimnis unterliegen. Als solche sind sie aber nicht allein durch eine entsprechende Vereinbarung zwischen dem Sachverständigen und der Gesellschaft zu qualifizieren.[1468] Somit kann sich die betroffene Gesellschaft als Informationsschuldnerin gegenüber den Inhabern der Beteiligungspapiere ebenso wenig auf die Verschwiegenheitsvereinbarung berufen wie der Sachverständige gegenüber der betroffenen Gesellschaft zur Begründung möglicher Sanktionen für den Fall des Zuwiderhandelns gegen die Verschwiegenheitsvereinbarung.[1469]

4.) Sprache der *Fairness Opinion*

Einen weiteren für *fairness opinions* in Deutschland bestehenden Streitpunkt wirft die Praxis angelsächsisch geprägter *professional service firms* auf, *fairness opinions* nicht in deutscher Sprache zu erstellen. Insbesondere bei grenzüberschreitenden Transaktionen ergibt sich dieses Erfordernis aus rein praktischen Erwägungen.[1470] Daran schließt sich (anfechtungstaktisch) die Forderung deutscher Aktionäre an, beim Erwerb ausländischer Gesellschaften Unterlagen nicht nur in englischer, sondern auch in deutscher Sprache verfügbar zu machen. Eine vergleichbare Frage stellt sich naturgemäß in der US-amerikanischen Praxis der *fairness opinion* nicht. Nach der angesprochenen Entscheidung des LG München I sind in einer in Deutschland abgehaltenen Hauptversammlung die Dokumente einschließlich einer *fairness opinion* in einer allen Aktionären verständlichen Sprache zugänglich zu machen.[1471] Diese Entscheidung steht grundsätzlich im Einklang mit § 15 Abs. 3 Satz 1 WpHG, der eine Veröffentlichung der *Ad-hoc*-Mitteilung in deutscher Sprache anordnet. Lediglich bei ausländischen Emittenten kann die BaFin eine Veröffentlichung der *Ad-hoc*-Mitteilung in einer anderen Sprache gestatten (§ 15 Abs. 3 Satz 1 3. HS WpHG). Demnach sind Veröffentlichungen für ausländische Emittenten in englischer Sprache zu gestatten; denn diese wird von den professionellen Marktteilnehmern und damit von der Bereichsöffentlichkeit beherrscht.[1472] Zutreffend weist *Mankowski* auf den vom LG München I offen gelassenen Aspekt hin, dass insbesondere diese Gruppe der professionellen Marktteilnehmer ein Interesse am Vorliegen auch einer *fairness*

[1466] Statt vieler exemplarisch die von der *OHB Technology AG, WEDECO Water Technology AG* und *MIS AG* mandatierten *fairness opinions*.
[1467] Information, S. 272.
[1468] Information, S. 272.
[1469] Mit identischem Ergebnis *Roth,* Information, S. 274.
[1470] So z.B. die englischsprachige *fairness opinion* in der Transaktion *Direkt Anlage Bank AG / Self Trade S.A.*.
[1471] LG München I ZIP 2001, 1148, 1150; zustimmend *Mankowski*, EWiR 2001, 1081, 1082, der darin eine vertrauensbildende Maßnahme sieht und damit der *fairness opinion* indirekt eine Argumentationsfunktion zuspricht.
[1472] Assmann/Schneider-*Kümpel/Assmann*, § 15 WpHG, Rdn. 224.

opinion in englischer Sprache zur Kontrolle der Nuancen im Detail haben werde.[1473] Vor diesem Hintergrund bietet es sich an, zusätzlich zur Originalfassung der *fairness opinion* eine Übersetzung bereitzuhalten. Allein eine englische Fassung reicht wohl auch bei ausländischen Emittenten nicht aus; denn mangels des im Anwendungsfall des § 15 WpHG bestehenden Zeitdrucks für die Erstellung einer Übersetzung zur Vermeidung von Insiderhandel[1474] ist eine Rechtfertigung für diese Erleichterung hier nicht gegeben.

5.) Offenlegungspflichten bei *Opinion Shopping*

a) *Opinion Shopping*

In der Regel werden von den Erstellern von *fairness opinions* keine für ihren Mandanten negativen *fairness opinions* vorgelegt; vielmehr legt eine *professional service firm* in dem Fall, dass sie keine unterstützende *fairness opinion* zu gewähren bereit ist, das Mandat in der Regel nieder oder lehnt es von vorneherein ab.[1475] Dies ist auch in der europäischen und speziell in der deutschen Praxis für *fairness opinions* bereits vorgekommen.[1476] Für einen solchen Fall stellt sich das Problem, dass das betroffene Unternehmen so lange Anfragen für *fairness opinions* an Sachverständige richten könnte, bis es einen Sachverständigen findet, der eine unter Umständen zweifelhafte Transaktion mit einer positiven *fairness opinion* begleitet. Eine entsprechende Problematik liegt auch bei Rating-Agenturen vor; vgl. Diskussionsbereich zum ZHR Symposium ZHR 169 (2005), S. 243 ff. Im US-amerikanischen Schrifttum wird dieses Verhalten, das auch in der dortigen Praxis zu beobachten ist,[1477] unter dem Begriff des *multiple contracting* von *gatekeepern* diskutiert.[1478]

b) Behandlung von *Multiple Contracting* bei Jahresabschlussprüfern

Die Gefahr des *multiple contracting* von *gatekeepern* hat auch der deutsche Gesetzgeber im Hinblick auf die Abberufbarkeit von Jahresabschlussprüfern erkannt. Es bietet sich an, diese Regelung zum Vergleich kurz zu betrachten. Durch die Gesellschaft kann ein einmal erteiltes Mandat zur Jahresabschlussprüfung nicht gekündigt werden; denn mit der Regelung des § 318 Abs. 1 Satz 5 i.V.m. Abs. 3 HGB hat der deutsche Gesetzgeber die zuvor eröffnete

---

[1473] *Mankowski*, EWiR 2001, 1081, 1082.
[1474] BT-Drucks. 13/3084 v. 22.11.1995, S. 27; dazu Assmann/Schneider-*Kümpel/Assmann*, § 15 WpHG, Rdn. 224.
[1475] *Martin*, 60 Fordham L. Rev. (1991), 133, 140 f., mit Hinweis auf *FMC Corp. v. Boesky*, 727 F.Supp. 1182, 1187 (N.D. Ill. 1989); *Siris*, Daily News vom 10.3.2003, 28; aus der Perspektive der Schweiz Langenegger/*Hermann*, FuW vom 3.4.2004, 45.
[1476] In diese Richtung exemplarisch *ohne Verfasser*, Financial News vom 11.10.1999.
[1477] *Sweeney*, Journal of Accountancy, August 1999, 44, 47; *Lipin*, Wall Str. J. vom 14.2.2000, C22; *McGough*, Forbes vom 29.7.1985, 52, mit exemplarischer Nennung eines Falls.
[1478] *Giuffra*, 96 Yale L.J. 1986, 119, 123; *Kraakman*, 2 J.L. Econ. & Org. 1986, 53, 72 ff.

Möglichkeit der Abberufung des bereits bestellten Jahresabschlussprüfers durch Widerruf der Wahl und Kündigung des Prüfungsvertrages unterbunden. Der Zweck dieser Regelung besteht darin, die Unabhängigkeit des Abschlussprüfers gegenüber der Gesellschaft zu stärken. Ebenso kann ein angenommener Prüfungsauftrag vom Abschlussprüfer nur aus wichtigem Grund gekündigt werden (§ 318 Abs. 6 Satz 1 HGB). An das Vorliegen eines wichtigen Grundes ist nach einhelliger Meinung ein sehr hoher Maßstab zu legen, infolge dessen es dem Prüfer geradezu unzumutbar sein muss, den angenommenen Prüfungsauftrag zu Ende zu führen.[1479] Nach dem Wortlaut des Gesetzes stellen sachliche Differenzen explizit keinen Kündigungsgrund dar (§ 318 Abs. 6 Satz 2 HGB). Damit soll sich der Abschlussprüfer der Austragung von in der Prüfung begründeten Meinungsverschiedenheiten mit den Verwaltungsorganen der Gesellschaft nicht entziehen können.[1480] Schließlich ist auch eine einvernehmliche Aufhebung des Prüfungsvertrags nicht zulässig.[1481] Mangels vergleichbarer normierter Regelungen für *fairness opinions* stellt sich die Frage, ob die Organe der Gesellschaft verpflichtet sein könnten, die Ablehnung der Erstellung oder Abgabe einer *fairness opinion* durch einen sachverständigen Dritten zumindest publizieren zu müssen; denn diese Information ist für die Aktionäre der Gesellschaft bei der Entscheidungsfindung über die Annahme eines Angebots von erheblichem Wert.

c) Offenlegungspflicht für negative *Fairness Opinions*

Wenn die Gesellschaft ein schriftliches Dokument einer *professional service firm* erhalten hat, welches zu einem negativen Ergebnis hinsichtlich der die wirtschaftlichen Angemessenheit der Transaktion gelangt, ist das Verwaltungsorgan nach US-amerikanischem Fallrecht zur Offenlegung verpflichtet. Dies gilt auch für den Fall, dass ein anderer sachverständiger Dritter dieselbe Strukturmaßnahme abweichend positiv beurteilt.[1482] Andernfalls führt dies zu einer Verletzung der *Rule 10b-5*. Diese Anforderung findet sowohl Zustimmung im Schrifttum als auch bei der *SEC*, welche die Offenlegung von *"opinion shopping"* in den *proxy materials* verlangt.[1483]

[1479] MüKo-*Ebke*, § 318 HGB, Rdn. 71; *A/D/S*, § 318 HGB, Rdn. 435.
[1480] BegrRegE, BT-Drucks. 10/317, S. 95 zu § 276 HGB-E.
[1481] *A/D/S*, § 318 HGB, Rdn. 260, dazu müssten die Voraussetzungen für die Kündigung aus wichtigem Grund vorliegen.
[1482] Securities and Exchange Commission v. Senex Corp., 399 F.Supp. 497 (E.D.Ky. 1975).
[1483] *Schmults*, 3 Inst. On Sec. Reg. (1972), 205, 222; *Giuffra*, 96 Yale L. J. (1986), 119, 132, Fn. 79, "the SEC carefully monitors accountants and requires directors to disclose „opinion shopping" in proxy materials. See Form 8-K, Item 4, 42 Fed. Reg. 4429, 4430 (1977)".

d) Offenlegungspflicht über eine Mandatsablehnung

Sehr zutreffend wird in diesem Zusammenhang von *Wander* die Frage aufgeworfen, wann von einer offenlegungspflichtigen, die Transaktion nicht stützenden *fairness opinion* auszugehen sei; denn es liege nahe, dass in derartigen Fällen eine *professional service firm* gegenüber dem Verwaltungsorgan bereits frühzeitig signalisiert, dass die *fairness opinion* nicht zu einem die Transaktion stützenden Ergebnis gelangen wird. In diesem Kontext wird es gar nicht mehr zur Erstellung einer schriftlich dokumentierten *fairness opinion* kommen. Auch könnte der Ersteller die Mandatserteilung nach einer vorläufigen Prüfung, die zu einem die Transaktion nicht stützenden Ergebnis führt, mit einer von der Transaktion unabhängigen Begründung ablehnen.[1484] Letztlich kann sich auch eine Konstellation ergeben, dass der Verwaltungsrat von vornherein keine *fairness opinion* mandatiert, da er ein negatives Ergebnis erwartet.[1485] Nach Ansicht von *Schmults* ist eine vorläufige negative Einschätzung einer *professional service firm* zur Fairness einer Transaktion, die nicht auf einer eingehenden Analyse der Fakten beruht, nicht als erheblich und folglich nicht als offenlegungspflichtig anzusehen.[1486] Letztlich weist *Borden* darauf hin, dass eine Offenlegung der Ablehnung eines Mandats, die ganz unabhängig von der Bewertung aus anderen objektiven Gründen (etwa der Honorarvereinbarung) erfolgte, den Abschluss einer Transaktion erheblich in Frage stellen kann, selbst wenn anschließend ein anderer Sachverständiger die wirtschaftliche Angemessenheit bestätigt.[1487] Die vorstehenden Überlegungen zeigen auf, dass die Grenzen zwischen der Veröffentlichungspflicht eines gelösten Vertragsverhältnisses zwischen Gesellschaft und Ersteller und nicht veröffentlichungspflichtigen Vorgesprächen fließend sein können und eine letztlich angemessene Offenlegungspflicht wohl nicht zu konstruieren ist.[1488] Auch wenn der Verwaltungsrat seine Gutgläubigkeit im rechtlichen Sinne bei der Suche nach einem neuen Ersteller für eine *fairness opinion* verlieren kann und damit unter Umständen persönlich für die Richtigkeit einstehen muss, kann diese Form des *opinion shoppings* das Instrument einer *fairness opinion* in der Praxis nachhaltig entwerten. Diesem Phänomen kann nur dann wirkungsvoll

---

[1484] *Wander*, 7 Inst. On Sec. Reg. (1976), 157, 175, „this is what we would like to do. Do you think you can do it or are you too busy? And the expert will say, I think I'm too busy".
[1485] *Wander*, 7 Inst. On Sec. Reg. (1976), 157, 174, "let's not get an investment banker's opinion because it's apt to be adverse" und "are you playing games".
[1486] *Schmults*, 3 Inst. On Sec. Reg. (1972), 205, 222.
[1487] *Borden/Yunis*, Going Private, § 9.02[4], "if a firm is not hired after an interview in which the candidate expresses some reservation as to the fairness of the proposed price range, even it could truthfully be said that there were numerous other reasons why the engagement was not offered or accepted, such as problems of fee or of timely completion of assignment, the disclosure of this fact may have fatal effects on the significance of the opinion finally obtained from another firm".
[1488] Zur Frage der *Ad-hoc*-Publizität des *Rating*-Prozesses *Kersting*, ZHR 169 (2005), 242, 243.

begegnet werden, wenn Ersteller von *fairness opinions* über andere Steuerungsinstrumente von der Abgabe unangemessener *fairness opinions* abgehalten werden.

C. Offenlegungspflichten im europäischen Vergleich

Die folgenden Ausführungen analysieren die Rechtslage zu den Informationsrechten der Aktionäre in der Schweiz und Österreich, wo die Informations- und Berichtspflichten wie auch im angelsächsischen Raum[1489] oder in Frankreich[1490] bereits deutlich konkreter sind.

I. Schweiz

In der Schweiz geht die Verpflichtung zur Offenlegung von *fairness opinions* bereits sehr weit.[1491] Diese Verpflichtung stützt sich im Wesentlichen auf die Empfehlungen der Schweizerischen Übernahmekommission (*UEK*) bei Erwerbsangeboten, die im Folgenden zu erörtern sind.

1.) Berichtspflicht des Verwaltungsrats der Zielgesellschaft

Nach Art. 29 Abs. 1 BEHG[1492] ist der Verwaltungsrat einer Zielgesellschaft verpflichtet, gegenüber den Inhabern der Beteiligungspapiere einer Gesellschaft in einem Bericht Stellung zu dem öffentlichen Kaufangebot zu beziehen. Dieser Bericht hat nach Art. 29 Abs. 1 UEV-UEK[1493] alle Informationen zu enthalten, die notwendig sind, damit die Empfänger des Angebots ihre Entscheidung in Kenntnis der Sachlage treffen können.

2.) Offenlegungspflicht des *Opinion Letters*

Sofern sich der Verwaltungsrat im Rahmen seines Berichts zu einem öffentlichen Kaufangebot auf ein unabhängiges Gutachten – *fairness opinion* – stützt, wird das Gutachten zu einem Bestandteil des Berichts.[1494] Folglich ist es in gleicher Form zu veröffentlichen wie der Bericht selbst. Sofern allerdings die *fairness opinion* zu umfangreich für eine Veröffentlichung ist, kann eine Zusammenfassung des Gutachtentextes erfolgen. Dabei ist jedoch ein Hinweis auf den vollständigen Text des Gutachtens erforderlich, der den Interessenten nach Art. 32 Abs. 4 UEV-UEK vom Tag der Veröffentlichung an kostenlos zur Verfügung zu stellen ist. Bei der Auslegung dieser Norm lässt sich aus ihrem französischen Wortlaut die Verpflichtung

---

[1489] Ehricke/Ekkenga/Oechsler-*Ekkenga*, § 27 WpÜG, Rdn. 6; KK-*Hirte*, § 27 WpÜG, Rdn. 9; *Rule 25* des *Londoner City Codes*, abgedruckt bei *Hirte*, WpÜG, S. 466 ff.; dazu *Zinser*, RIW 2001, 481, 484; *Weinberg/Blank/Rabinowitz*, Weinberg and Blank on Takeovers and Mergers, Rdn. 3-504;
[1490] *Cafritz/Jacob*, Financier Worldwide International M&A Review, 23, 24.
[1491] *Nüssli*, NZZ vom 30.10.2003, 23, 24.
[1492] Börsengesetz vom 24. März 1995 über die Börsen und den Effektenhandel (BEHG).
[1493] Verordnung der Übernahmekommission über öffentliche Kaufangebote (UEV-UEK).
[1494] Empfehlung der UEK *Danzas Holding AG / Deutsche Post International B.V.* vom 15.1.1999.

der Gesellschaft zur kostenfreien Übersendung eines vollständigen Gutachtens an die Interessenten ableiten.[1495]

3.) Offenlegungspflicht des *Valuation Memorandums*

a) Von der Zielgesellschaft mandatierte *Fairness Opinions*

Ein Hinweis im Prospekt, dass der Ersteller der *fairness opinion* zur der Beurteilung gelangt ist, das Angebot sei wirtschaftlich angemessen, genügt den gesetzlichen Anforderungen lediglich in formeller Hinsicht. In materieller Hinsicht hingegen sind dem Angebotsempfänger sämtliche Informationen im Angebotsprospekt zur Verfügung zu stellen, die erforderlich sind, um einen Entscheid in Kenntnis der Sachlage zu treffen (Art. 17 Abs. 1 UEV-UEK). Aus diesem Grunde und angesichts der Diskussion um „Gefälligkeitsgutachten"[1496] hat die Übernahmekommission in ihrer Empfehlung zum öffentlichen Kaufangebot der *Alpine Select AG* für alle sich im Publikum befindlichen Inhaberaktien der *EIC Electricity S.A.* vom 21. August 2003 ihre Praxis geändert und verlangt nunmehr, dass die Zusammenfassung der *fairness opinion* im Angebotsprospekt aussagekräftiger auszugestalten sei, so dass die Angebotsempfänger nachvollziehen könnten, worauf sich der Ersteller der *fairness opinion* bei seiner Beurteilung zur wirtschaftlichen Angemessenheit des Angebots stützt. Die Nennung der Bewertungsgrundlagen und Bewertungsmethoden in allgemeiner Form, wie dies nach der früheren Praxis der Übernahmekommission noch ausreichend war, genügt daher nicht mehr dem Gebot der Vollständigkeit und Transparenz. Stattdessen sind die vom Ersteller der *fairness opinion* konkret herangezogenen Grundlagen und angewandten Parameter der Unternehmensbewertung offen zu legen.[1497] Dazu führt die Empfehlung der *UEK* exemplarisch die Diskontierungssätze, die Nennung von Transaktionen, die zu Vergleichszwecken herangezogen wurden, sowie die historische Kursbetrachtung auf. Die geänderte Praxis der Übernahmekommission wird durch Art. 23 Abs. 3 Satz 2 BEHG gestützt. Demnach kann die Übernahmekommission von Anbietern und Zielgesellschaften *alle* erforderlichen Auskünfte und Unterlagen einfordern. Den Anteilseignern wird somit verstärkt die Möglichkeit gegeben, sich ein eigenes Bild von der Bewertung zu verschaffen.[1498]

Diese Steigerung der Transparenz und Publizität von *fairness opinions* wird in der Praxis teilweise kritisch beurteilt. So subsumiert *Ehrenhold* die zur Nachvollziehung der *Discounted-*

[1495] Empfehlung der UEK *Allgemeine Finanzgesellschaft / Klaus J. Jacobs Holding AG* vom 8.1.1999.
[1496] *Ehrenhold*, Le Tempo vom 3.11.2003, ohne Seitenzahl, „l'existence d'attestations de complaisance".
[1497] Empfehlung der UEK *EIC Electricity SA / Alpine Select AG* vom 21.8.2003, Tz. 9.3; dazu *Bucher/Bucher*, ST 2005, 155, 156.

Cash-Flow-Bewertung zu veröffentlichenden *cash flows* innerhalb des Planungshorizonts unter das Geschäftsgeheimnis der betroffenen Gesellschaft.[1499] Auch betrachtet er eine Umsetzung der Multiplikatormethode vor dem Hintergrund, dass es sich bei schweizerischen kotierten Gesellschaften vornehmlich um kleine und mittlere Gesellschaften handelt, die in Nischenmärkten operierten, als vielfach unmöglich. Gerade angesichts der beschriebenen Schwierigkeit bei der Auswahl der *peer group* in der Schweiz erscheint es jedoch angezeigt, dass die vom Ersteller gewählten Gesellschaften auch in der *fairness opinion* genannt werden. Nur so kann sich der Adressat über die vorgenommene Bewertung informieren und selbst über die Aussagekraft der Bewertung befinden. Hinsichtlich der etwaigen Offenlegung von Geschäftsgeheimnissen, worunter in diesem Kontext insbesondere die Planzahlen der Gesellschaft fallen, ist im Zweifelsfall das Gespräch mit der *Schweizerischen Übernahmekommission (UEK)* zu suchen.[1500] Seit der Empfehlung der *UEK* im Herbst 2003 wurden erste *fairness opinions* mit erweiterten Offenlegungspflichten veröffentlicht. Nach einer Übergangsregelung[1501] waren bislang u.a. die *fairness opinions* in den Fällen *UEK BVZ Holding AG/Gornergrat Bahn AG, AirTrust AG/Swiss International Air Lines AG, Carlton-Holding AG/Clair Finanz Holding AG, EnAlpin/Aletsch* und *Absolute/Absolute Invest* von den erweiterten Offenlegungspflichten betroffen.[1502] Insofern ist die Neuregelung in der Praxis nunmehr etabliert.

b) **Von der Anbieterin mandatierte Bewertungsgutachten**

In analoger Anwendung der Anforderungen an den Detaillierungsgrad und den Informationsgehalt einer *fairness opinion* finden die erweiterten Offenlegungspflichten auch für durch den Anbieter wegen Illiquidität der Aktien der Zielgesellschaft mandatierte Bewertungsgutachten Anwendung, so dass die Angebotsempfänger ihre Entscheidung über die Annahme des Angebots in Kenntnis der Sachlage treffen können, Art. 17 Abs. 1 UEV-UEK.[1503] Demnach sind die „konkret für die Meinungsbildung des Bewertungsexperten herangezogenen Grundlagen,

---

[1498] Zustimmend *Bucher/Bucher*, ST 2005, 155, 156; *Langenegger/Hermann*, FuW vom 3.4.2004, 45.
[1499] *Ehrenhold*, Le Tempo vom 3.11.2003, ohne Seitenzahl.
[1500] *Langenegger/Hermann*, FuW vom 3.4.2004, 45.
[1501] Empfehlung der UEK *Bon appétit Group AG / REWE-Beteiligungs-Holding International GmbH* vom 28.8.2003, Tz. 6.3.
[1502] Empfehlung der UEK *BVZ Holding AG / Gornergrat Bahn AG* vom 28.6.2006, Tz. 4.2.3; Empfehlung der UEK *AirTrust AG / Swiss International Air Lines AG* vom 28.4.2005, Tz. 7.2.6; Empfehlung der UEK *EnAlpin AG (vormals EnAlpin Wallis AG) / Aletsch AG* vom 26.5.2004, Tz. 5.2; Empfehlung der UEK *Absolute US AG / Absolute Invest AG* vom 17.10.2003, Tz. 8.3; Angebotsprospekt: Öffentliches Kaufangebot der *Carlton-Holding AG*, für alle sich im Publikum befindlichen Namensaktien und Inhaberaktien der *Clair Finanz Holding AG, Cham (ZG), Fairness Opinion*, „Die vollständige *fairness opinion* kann unentgeltlich bei der *Clair Dienstleistungs AG*, [...] bezogen werden oder unter [Angabe der Website] heruntergeladen werden", abgedr. in der FAZ vom 17.06.2004, 25.
[1503] Empfehlung der UEK *Intervia Anlagen AG / Geolag AG* vom 16.1.2004, Tz. 4.3.2.

Bewertungsannahmen und die angewendeten Parameter (bspw. Diskontierungssätze, Nennung von Transaktionen, die zu Vergleichszwecken herangezogen wurden, historische Kursbetrachtungen, Prognosehorizont etc.) sowie deren Herleitung offen zu legen." Diese Offenlegungsverpflichtung wird allerdings durch die berechtigten Geheimhaltungsinteressen der Gesellschaft begrenzt. Auch hier betont die *UEK* ausdrücklich, dass die Angebotsempfänger die Einschätzung des Experten nachvollziehen können muss. Somit müssen die Angebotsadressaten ihren Entscheid zur Annahme oder Ablehnung des Angebots in Kenntnis der Sachlage treffen können, Art. 17 Abs. 1 UEV-UEK. Von dem Erlass der *UEK* zur Offenlegung der wesentlichen Parameter des *valuation memorandums*, der sich kraft der Kompetenz der *UEK* ausschließlich auf Kaufangebote beziehen kann, wird vonseiten der Ersteller von *fairness opinions* eine Auswirkung auch auf die Offenlegungspraxis dieser Parameter bei *fairness opinions* in anderen Unternehmenstransaktionen erwartet.[1504]

II. Österreich

1.) Berichtspflicht des Verwaltungsrats der Zielgesellschaft

Nach § 14 Abs. 1 öÜbG hat der Vorstand unverzüglich nach der Veröffentlichung der Angebotsunterlage eine Stellungnahme zu dem Angebot zu verfassen. Auch in Österreich hat diese insbesondere eine Beurteilung darüber zu enthalten, ob die angebotene Gegenleistung angemessen ist.[1505] Damit soll den Anteilseignern der Zielgesellschaft eine zusätzliche Informationsquelle für ihre Entscheidung zur Andienung der Aktien gegeben werden,[1506] wofür in Abgrenzung zu einer reinen Überprüfung der Gesetzmäßigkeit der Angebotshöhe eine wirtschaftliche Betrachtungsweise erforderlich ist.[1507] Insofern folgt die österreichische Rechtslage den Vorgaben der 13. Richtlinie und unterscheidet sich nicht von der zuvor für Deutschland dargelegten Situation.

2.) Offenlegungspflicht des Sachverständigenberichts (§ 14 Abs. 3 öÜbG)

Über die deutsche gesetzliche Regelung des § 27 WpÜG hinaus hat der österreichische Gesetzgeber die Offenlegungspflichten für die von der Zielgesellschaft einzuholenden Sachverständigengutachten gesetzlich normiert. Nach § 14 Abs. 3 öÜbG ist die Veröffentlichung der nach § 14 Abs. 2 öÜbG einzuholenden *fairness opinions* (hierzu oben S. 203 ff.) als Anlage zur Stellungnahme der Verwaltungsorgane ausdrücklich im Übernahmegesetz vorgeschrie-

---

[1504] *Langenegger/Hermann*, FuW vom 3.4.2004, 45, 45.
[1505] Dazu *Winner*, Zielgesellschaft, S. 158.
[1506] *Bydlinski/Winner*, ÖBA 1998, 913, 917; *Winner*, Zielgesellschaft, S. 159; *Diregger/Kalss/Winner*, Übernahmerecht, Rdn. 114.
[1507] Dazu oben siehe Fn. 1132.

ben. Allerdings weist *Winner* darauf hin, dass es in der Praxis eine Tendenz gebe, die Veröffentlichung der Sachverständigentexte zu übersehen.[1508] So wird der Wortlaut des § 14 Abs. 3 öÜbG dahingehend ausgelegt, dass nicht der Sachverständigenbericht, sondern eine Veröffentlichung des „materiellen Kerns des Berichts", in dem die Äußerungen des Vorstands und des Aufsichtsrats selbst wertend untersucht werden, ausreichend sei.[1509] Zumindest werden die vollständigen Berichte der Sachverständigen aber der österreichischen Übernahmekommission zur Kenntnis gebracht.

Eine Verletzung der dem Vorstand nach § 14 Abs. 1 und Abs. 3 öÜbG obliegenden Pflichten wird – sofern die Tat nicht den Tatbestand einer gerichtlich strafbaren Handlung erfüllt – als Verwaltungsübertretung verfolgt (§35 Abs. 1 Z. 2 öÜbG) und kann mit einer Geldstrafe belegt werden. Auch kann die Übernahmekommission in einer Stellungnahme empfehlen, dass die Zielgesellschaft ergänzende Äußerungen zu veröffentlichen hat (§ 18 öÜbG).

D. Zwischenergebnis

Die Offenlegung des *opinion letters* und des *valuation memorandums* erfüllt eine wesentliche Funktion zur Reduzierung des *expectation-performance gap* in Bezug auf die *fairness opinion*; andernfalls sind Transparenz und Vergleichbarkeit der Bewertungsergebnisse für die Anteilseigner einer Gesellschaft nicht gegeben.[1510] Nach der US-amerikanischen Rechtsprechung wurden die Offenlegungspflichten für *fairness opinions* in Abhängigkeit von der Transaktionsstruktur deutlich erweitert. Im Schrifttum wird nunmehr erwartet, dass die *SEC* zukünftig in sämtlichen Strukturmaßnahmen einer gelisteten Gesellschaft in den USA gegenüber den Anteilseignern eine detaillierte Diskussion der erheblichen Informationen vorschreiben wird, auf deren Basis eine Transaktion als wirtschaftlich fair beurteilt wird.[1511] Auch nach den aktuellen Regelungen in Deutschland ist davon auszugehen, dass entgegen der verbreiteten Praxis eine Offenlegungspflicht für *fairness opinions* besteht. Dies betrifft sowohl die gesellschaftsrechtlichen Pflichten zur Offenlegung in der Hauptversammlung bzw. zur Auslegung in den Geschäftsräumen als auch die kapitalmarktrechtlichen Obliegenheiten zur Veröffentlichung einer *fairness opinion* als Bestandteil einer Stellungnahme nach § 27 WpÜG. Der europäische Vergleich für öffentliche Erwerbsangebote zeigt, dass in der Schweiz und auch in Österreich die Offenlegungspflichten diesbezüglich bereits wesentlich erweitert und teilweise gesetzlich

---

[1508] *Winner*, Zielgesellschaft, S. 169.
[1509] *Winner*, Zielgesellschaft, S. 184.
[1510] *Ragotzky*, M&A Review 2000, 410, 413; *Wander*, 7 Inst. On Sec. Reg. (1976), 521, 521, "disclosure of the report […] is often as important as the actual terms of the proposed transaction"
[1511] *Schiedemeyer*, NACD – Directors Monthly September 2003, 16.

normiert wurden. Sie schließen insbesondere die wesentlichen Inhalte des *valuation memorandums* ein.

Siebter Teil   Dritthaftung der Ersteller einer *Fairness Opinion*

> A new body of law is about to develop concerning the duties owed by [fairness opinion providers] directly to the shareholders of their clients.
>
> Frank B. Morrison[1512]

A. Zielsetzung der Dritthaftung

Die Dritthaftung von Dienstleistern in Unternehmenstransaktionen gehört in den USA zu den Bereichen des *"legal concerns"*, da sie nicht von den traditionellen Prinzipien des *corporate law* klar definiert wird.[1513] Dahingehend haben sich die Rechte der Anteilseigner zu einem rechtspolitischen Diskussionsthema im US-amerikanischen Schrifttum entwickelt.[1514] Dabei ist die Dritthaftung von *gatekeepern* insgesamt umstritten; ein sehr striktes Haftungsregime für alle *gatekeeper* forderte etwa *Partnoy* angesichts der Folgen des *Enron*-Skandals.[1515] Schäden aus einer fehlerhaft erstellten *fairness opinion* fallen in der Regel nicht bei der Gesellschaft selbst, sondern bei ihren Anteilseignern an, die unabhängig von der Rechtsordnung in keinem direkten vertraglichen Verhältnis zum Ersteller der *fairness opinion* stehen. Ein Schaden der Anteilseigner kann entweder daraus resultieren, dass sie ihre Aktien unter Wert veräußern, oder daraus, dass sie ein wirtschaftlich angemessenes Angebot bei anschließender negativer Marktpreisentwicklung nicht annehmen. Für Unternehmenskäufe gilt es zu berücksichtigen, dass zwischen Anteilseignern von Publikumsgesellschaften und Bietern infolge von meist umfangreichen *Due-Diligence*-Prüfungen bei der Vorbereitung der Transaktionen regelmäßig deutliche Informationsasymmetrien bestehen.[1516] Diese Informationsasymmetrien zulasten der Anteilseigner steigern ökonomisch deren Zahlungsbereitschaft hinsichtlich der Sorgfalt der Ersteller von *fairness opinions* und des haftungsrechtlichen Schutzes.[1517] Es hat rechtspolitisch allerdings keinen Zweck, den potenziellen Verlust der Anteilseigner mit dem Gewinn des Kontrahierungspartners (Bieter, Einbringer einer Sacheinlage etc.) zu saldie-

---

[1512] *Morrison*, ATLA Winter 2003 Convention Reference Materials, ohne Seitenangabe.
[1513] *Lund*, 52 U. Pitt. L. Rev. (1991), 603.
[1514] *Fiflis*, 70 Wash. U. L.Q. (1992), 497 ff.; *Giuffra*, 96 Yale L.J. (1986), 119, 125 ff.; *Lund*, 52 U. Pitt. L. Rev. (1991), 603; *Martin*, 60 Fordham L. Rev. (1991), 133 ff.; *Rosenbloom*, 16 Del. J. Corp. L. (1991), 557 ff.; *Rosenbloom/Aufses*, 4 Insights (April 1990), 3 ff.; *Steinberg/Lindahl*, 13 Sec. Reg. L.J. (1985), 80 ff.
[1515] *Partnoy*, 79 Wash. U. L. Q. 2001, 491, 540 ff.
[1516] *Schäfer*, Dritthaftung des Wirtschaftsprüfers für Vermögensschäden auf Primär- und Sekundärmärkten, S.16 f., entsprechend der Situation auf dem Primärmarkt.
[1517] *Schäfer*, Dritthaftung des Wirtschaftsprüfers für Vermögensschäden auf Primär- und Sekundärmärkten, S.17, demgegenüber bestehe auf dem Sekundärmarkt ohne Informationsaysmmetrien ein „Schleier des Nichtwissens".

ren.[1518] Nachdem die Einholung einer *fairness opinion* nach US-amerikanischem und auch deutschem Recht grundsätzlich die Erfüllung der Sorgfaltspflicht bedeutet und das Haftungsprivileg der *business judgment rule* im Verhältnis zur Gesellschaft eröffnet, stellt eine etwaige Dritthaftung ein mögliches Steuerungsinstrument zum Schutz der Anteilseigner dar; denn andernfalls könnten - solange die *business judgement rule* hält - die Anteilseigner bei einem Verschulden auf niemanden direkt oder indirekt Rückgriff nehmen.[1519] Faktisch ist allerdings das Haftungsrisiko der *gatekeeper*, z.B. der Jahresabschlussprüfer, innerhalb der neunziger Jahre deutlich zurückgegangen, während die Gewinne aus einer Duldung stiegen.[1520]

Obwohl auf den ersten Blick ansprechend, überzeugt eine rigide Dritthaftung der Ersteller von *fairness opinions* nach Ansicht ihrer Gegner nicht; sie führe lediglich zu erhöhten Transaktionskosten und *fairness opinions* von fraglichem Wert.[1521]

"This solution is conceptually appealing and morally acceptable, but, in the final analysis, unsound, of little benefit and ultimately harmful to the injured party the shareholder. The Bank will become an insurer for the fairness of a transaction and consequently has to charge higher fees. An individual who is held to be liable for inaccuracies in his speech is most likely to meet the threat by simply saying less."[1522]

Nach anderer Ansicht wird in der Dritthaftung von *professional service firms* auch ein Mechanismus zur Sicherung der Qualität von Dienstleistungen gesehen werden:[1523] Im Fall einer unbeschränkten Haftung besitze ein *gatekeeper* den Anreiz, durch die Ausdehnung seiner Prüfungshandlungen die Wahrscheinlichkeit wesentlicher Fehler oder Unvollständigkeiten in seiner Prüfungsdurchführung zu senken.[1524] Dem steht jedoch die Gefahr gegenüber, dass *professional service firms* nicht zur Erstellung von *fairness opinions* bereit sind; denn die Erstellung einer *fairness opinion* begründet ohnehin das größte Haftungsrisiko für eine Investment Bank im *Advisory*-Geschäft.[1525] Zudem ist nicht zu verkennen, dass eine eindeutige Unternehmensbewertung kaum möglich ist.[1526] Das rechtspolitische Ziel einer Dritthaftung

---

[1518] *Schäfer*, Dritthaftung des Wirtschaftsprüfers für Vermögensschäden auf Primär- und Sekundärmärkten, S.18.
[1519] *Fiflis*, 70 Wash. U. L.Q. (1992), 497; *Haight*, 8 Del. J. Corp. L. (1983), 98, 110 f.
[1520] *Coffee*, Gatekeeper Failure and Reform, S. 28.
[1521] *Elson*, 53 Ohio St. L.J. (1992), 951, 952 ff. "it is hard to be found responsible for the consequences of that which you have never said."
[1522] *Elson,* 53 Ohio St. L.J. (1992), 951, 996.
[1523] *Hirte*, Berufshaftung, S. 315; *Böcking/Ort*, WPg 1998, 351, 357; *Ewert/Fees/Nell*, BFuP 2000, 572.
[1524] *Herrmann*, Ökonomische Analyse der Haftung, S. 227, zur Korrelation zwischen Prüfungsumfang und Prüfungssicherheit bei Wirtschaftsprüfern.
[1525] Zu Haftungsrisiken insgesamt *Mundiya*, New York L. J. vom 17.9.1998, 5.
[1526] Deutlich *Damodaran*, Valuation, S. 3, „Myth 3: A good valuation provides a precise estimate of value. Even at the end of the most careful and detailed valuation of a company, there will be uncertainty about the final numbers, colored as they are by assumptions that are made about the future of the company and of the economy. It is

der Ersteller von *fairness opinions* muss demnach einerseits darin bestehen, Anreize zu schaffen, dass Illoyalität oder Sorglosigkeit ihrer Ersteller (im Sinne von *hidden actions* und *characteristics*) vermieden werden. Andererseits ist jedoch eine „Haftungskeule" zu vermeiden, die zu einer übermäßigen Sorgfalt, zum Fehlervermeidungsperfektionismus oder gar zur Behinderung eines funktionierenden Marktes für das Informationsprodukt der *fairness opinion* führt.[1527] Gleichsam ist zur Wiederherstellung des Vertrauens der Anleger in den Kapitalmarkt, in die korrekte Kapitalmarktpublizität und das pflichtgemäße Verhalten der hiermit befassten Informationshelfer eine sachgemäße Haftungsgrundlage mit präventiver Wirkung zu schaffen.[1528]

B. Dritthaftung in den USA

Der folgende Vergleich von *Elson* pointiert die Schwierigkeiten zur Durchsetzung einer etwaigen Dritthaftung des Erstellers einer *fairness opinion* und macht gleichwohl deutlich, dass diese Rechtsfrage insbesondere seit dem Beginn der neunziger in den USA in Bewegung geraten ist:

> "Traditionally, bank liability for misstatement or omissions was as difficult for a holder to obtain as winning the state lottery. [...] If a Fairness Opinion was inaccurate, unless some sort of "evil" intent was demonstrated, the shareholder was out of luck. [...] Recently, however [...] the tide may be turning in the shareholders' favor".[1529]

Die dahingehende Diskussion im Schrifttum und das zunehmende Fallmaterial der US-amerikanischen Rechtsprechung zu dieser Thematik ist im Folgenden auf der Basis der Konzepte zur Dritthaftung von Jahresabschlussprüfern einer Analyse zu unterziehen.

I. Dritthaftung von Jahresabschlussprüfern

Eine potenzielle Dritthaftung der Ersteller von *fairness opinions* ist historisch mit der Sorgfaltspflichtverletzung von Jahresabschlussprüfern zu begründen.[1530] Die im Rahmen der Dritthaftung für Jahresabschlussprüfer entwickelten Grundsätze wurden in der Rechtsprechung vielfach auch auf andere Berufsträger angewendet, die Dritten gegenüber Informatio-

---

unrealistic to expect or demand absolute certainty in valuation, since cash flows and discount rates are estimated with error."
[1527] *Coffee*, Gatekeeper Failure and Reform, Part III; *Schäfer*, AcP 202 (2002), 808, 809 und 811, mit Bezug auf Wertgutachten insgesamt.
[1528] *Baums/Fischer*, Haftung des Prospekt- und des Abschlussprüfers gegenüber den Anlegern, S. 14.
[1529] *Elson*, 53 Ohio St. L.J. (1992), 951, 952; dahingehend auch *Glover/Slyke*, 33 Nat'l. L.J. vom 15.4.1996, C13.
[1530] *Kennedy*, 1255 PLI/Corp., 605, 666.

nen erbringen.[1531] Daher bietet sich zunächst ein Überblick über diese Haftungsgrundlagen im US-amerikanischen Recht an. Dabei werden drei Theorien unterschieden:

1.) *Ultramares Corp. v. Touche, Niven & Co.*

Zu den grundlegenden Entscheidungen der US-amerikanischen Rechtsprechung zur Dritthaftung von Jahresabschlussprüfern gehört die Entscheidung des *New York Court of Appeals* in Sachen *Ultramares Corp. v. Touche, Niven & Co.* aus dem Jahre 1931.[1532] Sie wird vielfach als Grundlage für die Begründung von Dritthaftung anderer Dienstleistungsunternehmen herangezogen. Diese Entscheidung begrenzte die Dritthaftung des Jahresabschlussprüfers für Fahrlässigkeit auf einen Personenkreis, der in einem vertraglichen Verhältnis oder einem diesem nahe kommenden Verhältnis zu dem Jahresabschlussprüfer stand.[1533] Unter dem Begriff der *doctrine of privity of contract* wird verstanden, dass Rechte und Pflichten lediglich zwischen den beteiligten Vertragsparteien begründet werden können. Wenngleich das Gericht deutlich machte, dass kein Erfordernis für eine *actual privity* gegeben sei, haben spätere Entscheidungen den Fall *Ultramares* derart ausgelegt, dass eine *strict privity* für alle Normen von Dritthaftung von *professional service firms* auf Grund von *negligence* erforderlich sei.[1534] Eine Gruppe von Gerichten hat allerdings die Grundsätze der *Ultramares*-Entscheidung weniger restriktiv ausgelegt und fordert daher lediglich eine "*constructive privity*" zwischen dem Dritten und dem Jahresabschlussprüfer.[1535] Als Tatbestandsvoraussetzungen werden dabei verlangt, (1) dass der Berufsträger das Vertrauen des Dritten auf die Darstellung für den jeweiligen Zweck voraussieht; (2) ein Verhalten der *professional service firm*, welches eine „Verbindung zu dem Dritten herstellt". Die zweite Tatbestandsvoraussetzung ist – so schwierig sie zu definieren ist – entscheidend für die Abgrenzung zwischen den Haftungsgrundlagen nach *Ultramares* und dem im Folgenden zu erläuternden *Second-Restatement*-Standard. Typischerweise erfordern die Gerichte eine Verbindung zwischen der *professional service firm*

[1531] *Martin*, 60 Fordham L. Rev. (1991), 133, 150 f., m.w.N.
[1532] *Ultramares Corp. v. Touche, Niven & Co.,* 255 N.Y. 170 (N.Y. 1931); differenziert von der früheren Entscheidung *Glanzer v. Shepard*, 135 N.E. 275 (N.Y.1922), hinsichtlich eines Wägers (*public weigher*), der gegenüber einem dritten Erwerber haftete, nachdem er im Auftrag des Verkäufers von Bohnen das offizielle Gewicht der Bohnen unrichtig bezeugte und eine Kopie des Berichts an den Erwerber aushändigte.
[1533] *Ultramares Corp. v. Touche, Niven & Co.*, 255 N.Y. 170, 183 (N.Y. 1931).
[1534] *Bagby/Ruhnka*, 22 Ga. L. Rev. (1987), 149, 156 f., Fn. 36; *Gardner*, 64 B.U.L. Rev. (1984), 415, 430, Fn. 103; *Gormley*, 14 Seton Hall L. Rev. (1984), 528, 532, Fn. 22; *Martin*, 60 Fordham L. Rev. (1991), 133, 152, Fn. 108, mit Bezug auf *O'Connor v. Ludlam*, 92 F.2d 50, 53 (2nd Cir. 1937), cert. denied, 302 U.S. 758 (1937); *Thornton v. Little Sisters of the Poor*, 380 A.2d 593, 595 (D.C. 1977); *Birkmayer & Co., Inc. v. Homestead Minerals*, 510 P.2d 449, 451 (Colo. App. 1973).
[1535] *Credit Alliance Corp. v. Arthur Andersen & Co.*, 65 N.Y.2d 536 (1985); mit Bezug auf diese Entscheidung u.a. *LaSalle Nat. Bank v. Ernst & Young LLP*, 729 N.Y.S.2d 671 (N.Y.A.D. 1. Dept. 2001); *Parrott v. Coopers & Lybrand, L.L.P.*, 702 N.Y.S.2d 40 (N.Y.A.D. 1 Dept. 2000); zum Tatbestandsmerkmal der *constructive privity* auch *Coffee*, New York L. J. vom 25.1.1990, 5, 6.

und dem Dritten.[1536] Sofern dies als *actual* oder *constructive privity* interpretiert wird, bleibt der Ansatz des Gerichts in der Entscheidung *Ultramares* der am engsten gezogene Maßstab für Dritthaftung wegen *negligence*.

Das Ziel der Begrenzung und Vermeidung einer zu umfangreichen Dritthaftung rührt nach Ansicht von *Martin* von zwei Grundideen her:[1537] Einerseits sollen Klagen, die sich ausschließlich auf einen wirtschaftlichen Verlust stützen, einer strengen gerichtlichen Prüfung unterzogen werden, und andererseits sollte das Verhalten von Sachverständigen durch Selbstregulierung bzw. die eigene Sorge um die Reputation gesteuert werden können. Im Ergebnis schützt die *Ultramares*-Entscheidung die sachverständigen Dritten durch die enge Begrenzung der anspruchsberechtigten Dritten. Allerdings hat diese Entscheidung wegen ihres zu hohen Schutzes der Schädiger zulasten der geschädigten Dritten auch erhebliche Kritik erfahren.[1538]

2.) The Reasonably Foreseeable Approach

Gegenüber den aus der *Ultramares*-Entscheidung entwickelten Grundsätzen für die Dritthaftung ist der so genannte *Reasonably Foreseeable Approach* des *Supreme Court of New Jersey*[1539] als weniger restriktiv einzustufen. Dieser Ansatz wendet sich gegen den Schutz der Sachverständigen, der ihnen infolge der *Ultramares*-Entscheidung zuteil wurde, und unterstellt, dass, solange ein Schaden vorhersehbar ist, alle Schädiger unabhängig vom Vorliegen eines Vertrags gegenüber Dritten verantwortlich sein sollten.[1540] Dabei verfolgt der Ansatz drei Ziele:[1541] Zunächst soll damit eine Entschädigung der Dritten erreicht werden. Weiterhin soll mittels der erweiterten Dritthaftung das Verhalten von *professional service firms* wirkungsvoll gesteuert werden. Und schließlich sollen mittels dieses Ansatzes die Haftungsregelungen für Dienstleister auf das Niveau angehoben werden, welches auch für andere potenzielle Schädiger gilt. Die Befürworter dieses Ansatzes tragen zudem vor, dass die *professional service firm* sich gegen die Gefahr einer erheblichen monetären Belastung versi-

---

[1536] *Martin*, 60 Fordham L. Rev. (1991), 133, 153, m.w.N.
[1537] *Martin*, 60 Fordham L. Rev. (1991), 133, 154.
[1538] *Rusch Factors, Inc. v. Levin*, 284 F.Supp. 85, 91 (D.R.I. 1968), "why should an innocent reliant party be forced to carry the weighty burden of an accountant's professional malpractice"; *Wiener*, 20 San Diego L.Rev. 233, 252, "because no undue burden will result from the extension of liability, innocent third parties should not be required to bear disastrous amounts of financial loss"; a.A. *Siliciano*, 86 Mich. L. Rev. (1988), 1929, 1955 ff., allerdings mit dem Hinweis, dass es sich bei den Geschädigten um Banken mit hohem eigenen Fachwissen handele.
[1539] *H. Rosenblum, Inc. v. Adler*, 461 A.2d 138 (N.J. 1983); dazu kritisch *Lazare*, 48 Alb. L. Rev (1984), 876, 890 f. mit Verweis auf *Wiener*, 20 San Diego L. Rev. (1983), 233 ff.
[1540] *H. Rosenblum, Inc. v. Adler*, 461 A.2d 138, 146 f. (N.J. 1983).

chern könne. Dieser Ansatz hat allerdings wegen der in ihm liegenden Angleichung von Berufshaftung und Produkthaftung[1542] und wegen der fehlenden Differenzierung zwischen fahrlässigen und betrügerischen Berufsträgern auch Kritik erfahren. Der *California Supreme Court* begrenzte vor diesem Hintergrund die Anwendung dieser Theorie in seiner Entscheidung *Bily v. Arthur Young & Co.* zur Vermeidung einer *"multibillion dollar liability that is out of proportion"* und wandte die im Folgenden dargestellte dritte Theorie an.

3.) The Second Restatement's Actually Foreseeable Approach

Der so genannte *Second Restatement's Actually Foreseeable Approach* begrenzt die Dritthaftung auf einen Personenkreis, dessen Vertrauen auf seine Darstellung vom Berufsträger tatsächlich abzusehen war (*restatement of torts*).[1543] Damit unterscheidet sich diese Theorie vom vorgenannten Ansatz darin, dass eine Vorhersehbarkeit für den Sachverständigen *tatsächlich* gegeben sein musste und nicht lediglich die *Möglichkeit* dazu bestand. Diese Theorie nimmt folglich eine vermittelnde Position zwischen dem restriktiven Ansatz auf Basis der *Ultramares*-Entscheidung und dem *Reasonably Foreseeable Approach* ein:

> "As such it balances, more so than the other standards, the need to hold accountants to a standard that accounts for their contemporary role in the financial world with the need to protect them from liability that unreasonably exceeds the bounds of their real undertaking."[1544]

Ein Nachteil dieses Ansatzes wird jedoch darin gesehen, dass die Identität der Dritten dem Berufsträger erst zum Zeitpunkt seiner Darstellung und nicht bereits zum Zeitpunkt des Vertragsschlusses zwischen dem Berufsträger und der Gesellschaft bekannt sein muss und er damit Risikogesichtspunkte nicht mehr in seine diesbezügliche Honorargestaltung einbinden könne.[1545]

[1541] Dazu *H. Rosenblum, Inc. v. Adler*, 461 A.2d 138, 153 (N.J. 1983); *Wiener*, 20 San Diego L. Rev. (1983), 233, 260.
[1542] *Gormley*, 14 Seton Hall L. Rev. (1984), 528, 552 ff.; *Lazare*, 48 Alb. L. Rev (1984), 876, 909.
[1543] "Restatement (Second) of Torts § 552 (1) One who, in the course of his business, profession or employment, or in any other transaction in which he has a pecuniary interest, supplies false information for the guidance of others in their business transactions, is subject to liability for pecuniary loss caused to them by their justifiable reliance on the information, if he fails to exercise reasonable care or competence in obtaining or communicating the information. (2) Except as stated in Subsection (3), the liability stated in Subsection (1) is limited to the loss suffered: (a) by the person or one of a limited group of persons for whose benefit and guidance he intends to supply the information or knows that the recipient intends to supply it; and (b) through reliance upon it in a transaction that he intends the information to influence or knows that the recipient so intends or in a substantially similar transaction."; zur Anwendbarkeit dieser Grundsätze für die Dritthaftung bei der Erstellung von *legal opinions Gruson*, RIW 2000, 596, 597.
[1544] *Raritan River Steel Co. v. Cherry, Bekaert & Holland*, 367 S.E.2d, 609, 617 (N.C. 1988).
[1545] *Martin*, 60 Fordham L. Rev. (1991), 133, 157.

4.) Übertragbarkeit auf die *Fairness Opinion*

Damit bestehen drei unterschiedliche Ansätze zur Begründung einer Dritthaftung von Jahresabschlussprüfern. Zu folgen ist dem letztgenannten Modell; denn es schafft einen Ausgleich der Interessen von Anteilseignern und Jahresabschlussprüfer, indem es dem Prüfer die Möglichkeit zur realistischen Kalkulation des Risikos eröffnet. Der Kritik an diesem Ansatz kann nicht zugestimmt werden; denn für die Risikokalkulation ist nicht die Identität der Geschädigten, sondern ihre (mögliche) Existenz entscheidend.

Es stellt sich nunmehr die Frage, ob die Diskussion dieser Grundsätze problemlos von der Jahresabschlussprüfung auf die *fairness opinion* übertragen werden kann. Die abschließende Vergleichbarkeit einer Jahresabschlussprüfung und einer *fairness opinion* wird im Schrifttum jedoch zu Recht in Frage gestellt.[1546] *Carney* weist in diesem Zusammenhang darauf hin, dass der Prozess der Unternehmensbewertung mit wesentlich mehr Informationsunsicherheiten behaftet ist als der der Jahresabschlussprüfung.[1547] Damit könne die Dritthaftung eines Jahresabschlussprüfers nicht ohne weiteres auf den Ersteller einer *fairness opinion* übertragen werden, sondern biete lediglich einen Ausgangspunkt für die weitere Diskussion.[1548]

II. Anspruchsgrundlagen der Dritthaftung für *Fairness Opinions*

Hinsichtlich der Haftung der Ersteller von *fairness opinions* herrscht in der US-amerikanischen Rechtsprechung bislang kein einheitlicher Standard.[1549] Das Kapitalmarktrecht schützt die Interessen der Anteilseigner gegenüber Sachverständigen und Beratern lediglich bedingt, da es den Anteilseignern obliegt, den Vorsatz einer Täuschung durch den Sachverständigen nachzuweisen.[1550] Allerdings liegen im Gegensatz zur deutschen Rechtsprechung bezüglich der Dritthaftung von Erstellern von *fairness opinions* bereits verschiedene Entscheidungen vor, die Ansprüche auf einzelstaatliches Recht und Bundesrecht stützen. Etwaige Klagen können demnach auf *negligent misrepresentation*,[1551] *violation of Federal Securities Laws*[1552] und Unterstützung und Beihilfe der Verwaltungsorgane bei der Verlet-

---

[1546] *Kennedy*, 1255 PLI/Corp., 605, 666; zur Anwendung der in der Dritthaftung von Jahresabschlussprüfern entwickelten Grundsätze für Legal Opinions *Gruson*, RIW 2000, 596, 598.
[1547] *Carney*, 70 Wash. U. L.Q. (1992), 523, 535, "[the preparation of a *fairness opinion*] does not lend itself to the precision of the accountants' certificate".
[1548] *Fiflis*, 70 Wash. U. L.Q. (1992), 497, 500.
[1549] *Haire*, 74 NYU Law Review (1999), 277, 279
[1550] *Lund*, 52 U. Pitt. L. Rev. (1991), 603, 604, mit Bezug auf *Ernst & Ernst v.Hochfelder*, 425 U.S. 185 (1976).
[1551] *Herskowitz v. Nutri/Sys., Inc.*, 857 F.2d 179, 190 (3rd Circ. 1988); *Dowling v. Narragansett Capital Corp.*, 735 F.Supp 1105, 1124 f. (D.R.I. 1990); *Wells v. Shearson Lehman/American Express, Inc.*, 514 N.Y.S.2d 1, 2 (1st Dep't 1987), rev'd on other grounds, 526 N.E.2d 8 (N.Y. 1988).
[1552] *Herskowitz v. Nutri/Sys., Inc.*, 857 F.2d 179, 190 (3rd Circ. 1988), Section 14 (a) claim; *Adams v. Standard Knitting Mills, Inc.*, 623 F.2d 422, 428 ff. (6th Cir. 1980).

zung von Sorgfalts- und Treuepflichten gestützt werden.[1553] Im Schrifttum ist die Dritthaftung von Erstellern von *fairness opinions* ebenso umstritten. So regt *Fiflis* eine Haftung der Ersteller von *fairness opinions* als Beauftragte des Verwaltungsrats mit entsprechenden *duties of care, candor and loyalty* an.[1554] Demgegenüber wird eine unbegrenzte Haftung vor allem aus rechtsökonomischen Erwägungen abgelehnt. Im Folgenden sind die unterschiedlichen Optionen zur Begründung der Dritthaftung zu analysieren.

1.) *Federal Securities Actions*

a) Grundlagen der *Federal Securities Actions*

Für viele Transaktionen, in denen *fairness opinions* zur Anwendung kommen, ist eine Registration nach dem *Securities Act of 1933* erforderlich. Innerhalb dieser Transaktionen können Ersteller von *fairness opinions* als "*experts*" unter *Sections 7 und 11* des *Securities Act of 1933* klassifiziert werden[1555] und damit einer Haftung unterliegen, sofern sie sich nicht auf eine *due diligence defense* berufen können. Darüber hinaus können Banken auch einer Haftung für die Unterstützung bei einer Verletzung der *Rule 10b-5* durch die Gesellschaft unterliegen.[1556] Allerdings erfordert die *Rule 10b-5* den Nachweis des Klägers, dass der Beklagte mit Vorsatz handelte.[1557] Trotz der damit bestehenden hohen Hürden für die Durchsetzbarkeit der Ansprüche von Anteilseignern[1558] stellte das *Federal Securities Law* lange Zeit den einzig gangbaren Weg für die Begründung einer Dritthaftung dar.

b) Qualifikation des Erstellers der *Fairness Opinion* als *Statutory Underwriter*

Weiterhin könnte eine Qualifikation des Erstellers einer *fairness opinion* als *statutory underwriter* in Betracht kommen.[1559] In *Section 11 (b) (3)* wird u.a. zwischen solchen Angaben im *registration statement*, die auf einen Sachverständigen (*expert*) zurückgehen und anderen Angaben (*expertised bzw. non-expertised information*) unterschieden. Als Sachverständige in

---

[1553] *Anderson v. Boothe*, 103 F.R.D. 430, 441 f. (D.Minn. 1984); *Mills Acquisition Co. v. Macmillan, Inc.*, 559 A.2d 1261, 1284 (Del.Sup. 1989).
[1554] *Fiflis*, 70 Wash. U. L.Q. (1992), 497.
[1555] *In re Global Crossing, Ltd.*, Fed. Sec. L. Rep. ¶ 92,645 (S.D.N.Y. 2003), "[the *fairness opinion* provider's] opinion letters affimatively tout its professional expertise as a reason to take its opinion as authoritative [...], and a reasonable factfinder could easily conclude that a letter from a professedly expert appraiser of business transactions opining that a particular exchange ratio for securities of two companies is fair, delivered to the shareholders of one side of the transaction and deliberately included in the registration statement of the securities to be issued in connection with the deal, constitutes a 'report or valuation used in connection with [a] registration statement'"; *Lipton/Steinberger*, Takeovers & Freezeouts, S. 8-27; *Mundiya*, New York L. J. vom 17.9.1998, 5.
[1556] 17 C.F.R. § 240.10b-5 (1991); dazu *Fiflis*, 70 Wash. U. L.Q. (1992), 497, 505.
[1557] Nach einer Entscheidung des U.S. Supreme Courts ist die Tatbestandsvoraussetzung des *scienter* als „*intent to deceive, manipulate or defraud*" definiert, *Ernst&Ernst v. Hochfelder*, 425 U.S. 185, 193 (1976). Ein Nachweis eines derartigen Verhaltens ist im Kontext von *fairness opinions* allerdings kaum zu führen.
[1558] *Elson*, 53 Ohio St. L.J. (1992), 951, 973.

diesem Sinne gelten z.B. Wirtschaftsprüfer, Rechtsanwälte oder auch technische Sachverständige.[1560] Im Unterschied zur deutschen börsengesetzlichen Prospekthaftung, die u.a. grobe Fahrlässigkeit als Verschuldensmaßstab voraussetzt (§ 45 Abs. 1 BörsG),[1561] reicht für eine Haftung nach *Section 11* des *Securities Act of 1933* bereits leicht fahrlässiges Nichterkennen (*ordinary negligence*) von Fehlern und Unvollständigkeiten im Prospekt aus.[1562] Der Standard, wann eine Untersuchung als angemessen (*reasonable*) angenommen werden kann, ist allerdings ungeklärt;[1563] denn die von der jeweiligen Person für den Nachweis einer Angemessenheit zu verlangende Untersuchungsintensität ist immer von ihren jeweiligen Zugangsmöglichkeiten zu entsprechenden Informationen abhängig.[1564] Im Fall der Börsengänge von *broker-dealern* ist nach den Regelungen der *NASD* die Einholung von zwei unabhängigen *opinions* betreffend die Fairness des Emissionspreises erforderlich. In diesem Fall wurden die Ersteller dieser *fairness opinions* nach *Section 11* und von *SEC* als *unterwriter* im Sinne des *Securities Act of 1933* qualifiziert. Eine Verallgemeinerung dieser Qualifikation findet im Schrifttum jedoch keine Zustimmung; denn andernfalls müsste der Ersteller der *fairness opinion* das gesamte *offering document* einer eingehenden Prüfung unterziehen, auf die sich der *dealer manager* oder der *statutory underwriter* alsdann ohne eigene *due diligence* berufen könnten.[1565]

c)   *Herskowitz v. Nutri/System, Inc.*[1566]

Dieser Entscheidung des *United States Court of Appeals for the Third Circuit* lag die Strukturmaßnahme eines *leveraged buy-out* zugrunde.[1567] Die klagenden Anteilseigner der Gesellschaft stützten ihren Schadenersatzanspruch im vorliegenden Fall auf *Section 10 (b)* und *Section 14 (a)* des *Securities Exchange Act of 1934*; denn die von der *Conneticut National Bank* erteilte *fairness opinion* sei fahrlässig erstellt worden. Das Gericht setzte alsdann den für die Verwaltungsorgane gültigen Verhaltensmaßstab auch für den Ersteller der *fairness opinion* voraus:

[1559] Kritisch *Lipton/Steinberger*, Takeovers & Freezeouts, S. 8-28.
[1560] *Resnik*, 34 Bus. Law. (1979), 1725, 1727.
[1561] Dazu auch *Bosch/Groß*, Emissionsgeschäft, Rdn. 10/130; *Kümpel*, Bank- und Kapitalmarktrecht, Rdn. 9.362 ff.; *Sittmann*, NZG 1998, 490, 494.
[1562] *Fredebeil*, Aktienemissionen, S. 125; *Grundmann/Selbherr*, WM 1996, 985, 986.
[1563] *Ebke/Siegel*, WM 2001, Sonderbeilage Nr. 2, 3, 11; *Gruson*, WM 1995, 89, 94; *Köhler/Weiser*, DB 2003, 565, 569, der Standard eines „*prudent man in the management of his own property*" erfordert eine weitgehende Auslegung, in deren Folge er nicht operabel ist.
[1564] *Block/Hoff*, New York L. J. vom 27.5.1999, 5, 6.
[1565] *Feuerstein*, 32 Bus. Law. (1977), 1337, 1338 f.; *Wander*, 7 Inst. On Sec. Reg. (1976), 157, 167, "counterproductive [...] to impose all attendant liabilities on him when his association with the transaction, while important, is rather narrow in scope".
[1566] *Herskowitz v. Nutri/System, Inc.*, 857 F.2d 179 (3rd Cir. 1988).
[1567] Dazu auch *Fraust*, Am. Banker vom 1.11.1988, 2.

"since an investment banker rendering a *fairness opinion* in connection with a leveraged buyout knows full well that it will be used to solicit shareholder approval, and is well paid for the service it performs, we see no convincing reason for not holding it to the same standard of liability as the management it is assisting."[1568]

d) Zwischenergebnis

Irreführende *fairness opinions* können auf Basis des *Securities Acts of 1933* und des *Securities Exchange Acts of 1934* angegriffen werden, wenn die *opinion* die tatsächliche Einschätzung des Erstellers bezüglich einer Transaktion unrichtig wiedergibt.[1569] Allerdings obliegt den Anteilseignern die schwierige Beweisführung des Vorsatzes, so dass die Begründung von Dritthaftungsansprüchen auf dieser Anspruchsgrundlage in der Praxis kaum aussichtsreich ist. Auch eine generelle Qualifikation des Erstellers einer *fairness opinion* als *statutory underwriter* scheidet aus.

2.) *Fiduciary Duties* des Erstellers der *Fairness Opinion*

a) Grundlagen der *Fiduciary Duties*

Als eine alternative Anspruchsgrundlage zu *Federal Securities Actions* wird in der US-amerikanischen Literatur vermehrt die Annahme von *fiduciary duties* des Erstellers einer *fairness opinion* gegenüber der Gesellschaft und ihren Anteilseignern gefordert. Diese Ansicht wird vor allem mit den deutlich höheren Kenntnissen hinsichtlich der spezifischen Transaktion und der allgemeinen Transaktionserfahrung der Ersteller von *fairness opinions* im Vergleich zu einem durchschnittlichen Aktionär begründet.[1570] Weiterhin seien *fiduciary duties* für den Fall anzunehmen, dass der Ersteller einer *fairness opinion* einem Interessenkonflikt unterliegt oder der Ersteller der *fairness opinion* keine ausreichende Analyse der an der Strukturmaßnahme beteiligten Parteien vorgenommen hat.[1571] Im Folgenden ist die dahingehende Rechtsprechung in den USA zu untersuchen:

[1568] *Herskowitz v. Nutri/System, Inc.*, 857 F.2d 179, 190 (3rd Cir. 1988).
[1569] *Virginia Bankshares, Inc. v. Sandberg*, 501 U.S. 1083, 1095 (1991); *Shields v. Citytrust Bancorp, Inc.*, 25 F.3d, 1124, 1131 (2nd Cir. 1994); *Freedman v. Value Health, Inc.*, 135 F.Supp.2d 317, 337 (D.Conn. 2001).
[1570] *Haight*, 8 Del. J. Corp. L. (1983), 98, 117 ff., "shareholders' confidence in investment banker's superior knowledge should give rise to a fiduciary duty"; *Giuffra*, 96 Yale L.J. (1986), 119, 136, Fn. 94, "investment banker might arguably owe a fiduciary duty to shareholders"; *Steinberg/Lindahl*, 13 Sec. Reg. L.J. (1985), 80, 87 ff., "banker should be held as fiduciary to shareholders because its knowledge of facts and skill in reviewing deals are superior to average shareholder, and it expects shareholders to rely upon its opinion".
[1571] *Oesterle/Norberg*, 41 Vand. L. Rev. (1988), 207, 253.

b)   **Weinberger v. UOP, Inc.**[1572]

Den Entscheidungen des *Court of Chancery of Delaware* aus dem Jahr 1981 und des *Supreme Court of Delaware* aus dem Jahr 1983 lag der Sachverhalt einer im Zusammenhang mit einer *Going-Private*-Transaktion erstellten *fairness opinion* zugrunde. Die Kläger, Anteilseigner der früheren *Universal Oil Products Company (UOP),* machten geltend, dass die *fairness opinion* nicht die Interessen der Minderheitsaktionäre schütze, sondern ihr Ersteller im Interesse des Mehrheitsgesellschafters handele und damit u.a. eine *fiduciary duty* gegenüber den Minderheitsaktionären verletze. Die *fairness opinion* wurde mit Hinweis auf die detaillierten Kenntnisse des Unternehmens von einem früheren Mitglied des Verwaltungsrats der Zielgesellschaft für eine Investment Bank erstellt.[1573] Auch stand dem Ersteller nur ein geringes Zeitfenster von drei Tagen zur Erstellung der *fairness opinion* offen. Innerhalb des *opinion letters* war der Preis offen gelassen worden, der von dem Ersteller der *fairness opinion* erst kurz vor bzw. während der Sitzung des Verwaltungsrats eingesetzt wurde.[1574] Mit dem *proxy statement* wurde den Anteilseignern der Gesellschaft, deren mehrheitliche Zustimmung zu der Strukturmaßnahme erforderlich war (*majority of the minority*), ebenfalls eine Kopie des *opinion letters* übermittelt. Die Kläger, Anteilseigner der Gesellschaft, führten aus, dass der *fairness opinion* keine kritische Analyse zugrunde gelegen habe, und wiesen auf den Interessenkonflikt des Erstellers der *fairness opinion* hin.[1575] Die fehlende Offenlegung der Umstände der Erstellung der *fairness opinion* gegenüber den Anteilseignern der Gesellschaft begründe eine Verletzung der *duty of complete candor*.[1576] Von der Mehrheit der Richter wurde diese Ansicht jedoch bereits in der ersten Instanz mit der Begründung zurückgewiesen, dass kein Vertragsverhältnis zwischen den Anteilseignern und dem Ersteller der *fairness opinion* bestanden habe:

> "[…] although [the firm rendering the *fairness opinion*] has been lumped together with Signal and UOP in plaintiff's allegations of breach of fiduciary duty, plaintiff has offered no authority to indicate that an investment banking firm rendering a *fairness*

[1572] *Weinberger v. UOP, Inc.*, 426 A.2d 1333 (Del.Ch.1981), rev'd on other grounds, 457 A.2d 701 (Del.Sup. 1983).
[1573] *Weinberger v. UOP, Inc.*, 426 A.2d 1333, 1338 (Del.Ch.1981).
[1574] *Weinberger v. UOP, Inc.*, 426 A.2d 1333, 1339 (Del.Ch. 1981), „the two had with them a draft of a fairness opinion letter in which the price had been left blank. Either during or immediately prior to the directors' meeting that followed, the two pages fairness letter was typed in final form and the price of $ 21 per share was inserted."
[1575] *Weinberger v. UOP, Inc.*, 426 A.2d 1333, 1341 (Del.Ch. 1983); dazu kritisch *Moskin*, 10 Del. J. Corp. L. (1985), 405, 416, „the court either did not understand or refused to recognize that delivery of an opinion by a reputable firm is an affirmation that the firm believes it has done everything necessary to justify its conclusion. When it puts its name on the line, it does the same with its reputation."
[1576] Zur *duty of complete candor Lynch v. Vickers Energy Corp.*, 383 A.2d 278 (Del.Sup. 1978).

opinion as to the terms of a merger owes the same fiduciary duty to the minority shareholders as does the majority shareholder who intended the merger as direct result of being retained by the management of the controlled subsidiary."[1577]

Auch im Berufungsverfahren stellte das Gericht deutlich heraus, dass die Beziehung zwischen dem Ersteller der *fairness opinion* und der Gesellschaft rein vertraglicher Natur sei und daher *fiduciary duties* vom Ersteller einer *fairness opinion* nicht geschuldet würden.[1578] Abweichend von diesem Ergebnis bejahte jedoch die *dissenting opinion* einen Anspruch der Kläger wegen *negligent misrepresentation* gegen den Ersteller der *fairness opinion* (dazu unten S. 298 f.).

c) *Schneider v. Lazard Frères & Co.*[1579]

Die Entscheidung *Schneider v. Lazard Frères & Co.* stellt erstmals die Annahme von *fiduciary duties* eines Erstellers einer *fairness opinion* gegenüber den Anteilseignern dar und differiert damit grundlegend von den vorherigen Entscheidungen im Kontext der *fairness opinion*.[1580] Ihr liegt der *buy-out* von *RJR Nabisco Inc.* durch *Kohlberg, Kravitz, Roberts & Co. (KKR)* zugrunde, deren Kaufangebot im Wettbewerb zu einem Angebot des Managements für die Gesellschaft stand.[1581] Eine von Anteilseignern zunächst gegen die Verwaltungsorgane angestrengte Klage vor dem *Delaware Chancery Court* wegen einer Verletzung ihrer *fiduciary duties* wurde abgewiesen.[1582] Sie klagten alsdann wegen einer fahrlässigen Beratung (*negligent advise*) gegenüber dem Verwaltungsratsausschuss gegen die beratenden Investment Banken, die u.a. *fairness opinions* erstellten und die Gleichwertigkeit beider Angebote gegenüber einem Verwaltungsratsausschuss bestätigten. Nach Ansicht der Kläger wäre für die Gesellschaft ein um $ 1 Mrd. höheres Angebot erzielbar gewesen. Demgegenüber bestand nach Ansicht der Beklagten keine direkte Verpflichtung gegenüber den Anteilseignern der Gesellschaft, da sie die *fairness opinion* ausschließlich gegenüber dem unabhängigen Verwaltungsratsausschuss erstattet haben. Dieser Auffassung schloss sich das Gericht allerdings nicht an, sondern entwickelte vielmehr einen Ansatz auf Basis der *Agency*-Theorie. Der unabhängige Verwaltungsratausschuss stellt demnach einen *agent* der Anteilseigner dar und der Ersteller der *fairness opinion* sei als *"subagent"* des Verwaltungsrats zu betrachten. Insofern werden die *fiduciary duties* des Verwaltungsrats nach dieser Ansicht auf den Ersteller der *fairness opinion* erstreckt. Somit steht diese Entscheidung im Einklang mit

---

[1577] *Weinberger v. UOP, Inc.*, 426 A.2d 1333, 1348 (Del.Ch.1981).
[1578] *Weinberger v. UOP, Inc.*, 457 A.2d 701 (Del.Sup. 1983); mit entsprechendem Ergebnis zuvor auch *Walton v. Morgan Stanley & Co. Inc.*, 623 F.2d 796 (2nd Cir. 1980); dazu auch *Haight*, 8 Del. J. Corp. L. (1983), 98, 105; *Steinberg/Lindahl*, 13 Sec. Reg. L.J. (1985), 80, 88.
[1579] *Schneider v. Lazard Frères & Co.*, 552 N.Y.S.2d 571 (1st Dep't 1990).
[1580] *Lund*, 52 U. Pitt. L. Rev. (1991), 603, 614.
[1581] Dazu ausführlich *Burrough/Helyar*, Barbarians at the Gate: The Fall of RJR Nabisco.

früheren Entscheidungen des Gerichts in *New York*.[1583] Die Kernaussagen des Gerichts sind auf Grund ihrer Bedeutung im Kontext der Dritthaftung für *fairness opinions* im Folgenden im Originaltext wiedergegeben:

> "[We] agree with the shareholders that sale of the control of a corporation is not corporate business of the type governed by traditional principles of corporate governance, and that the Special Committee stood in a relationship to the shareholders different from that which normally obtains between a corporation's board and shareholders. The Special Committee's purpose was not to judge transactions accruing to the benefit of the corporate treasury; nor was it concerned with any matters affecting RJR's internal affairs. Rather, its purpose was to advise the shareholders with respect to a transaction that contemplated RJR's demise and whose end and aim was to obtain for the shareholders the highest possible price for their stock. In this buy-out context, if something less than the highest possible price was obtained, the loss was sustained by the shareholders, not the corporation, and, for that reason, we are of the view that the relationship between the shareholders and the Special Committee was essentially that of principal and agent on which principles of corporate law should not be superimposed."[1584]

Nach dieser Ansicht kommt es im Gegensatz zu den vorherigen Entscheidungen im Bundesstaat *New York* nicht mehr darauf an, dass sich die Anteilseigner in ihrer Entscheidungsfindung nachweislich auf die *fairness opinion* verlassen haben und dass ihnen das Dokument der *fairness opinion* selbst vorgelegen hat.[1585] Im Gegenteil stellte das Gericht fest, dass die Aktionäre den Handlungsempfehlungen des unabhängigen Verwaltungsratsausschusses passiv gefolgt seien.[1586] Die Behandlung der Dritthaftung bei der Erstellung von *fairness opinions* sei demnach nicht mit der Situation der Jahresabschlussprüfung vergleichbar; denn der etwaige Schaden entstehe bei den Anteilseignern und nicht bei der Gesellschaft.

In ihrem Ergebnis hat diese Entscheidung die potenzielle Dritthaftung von Erstellern von *fairness opinion* im Vergleich zu den früheren Entscheidungen deutlich erweitert; denn der haftungsbegründende dreistufige Test, den der Sachverhalt *Schneider v. Lazard Frères & Co.*

[1582] *In Re RJR Nabisco, Inc. Shareholders Litigation*, No. 10389, slip op. (Del.Ch. 1989).
[1583] *Credit Alliance Corp. v. Arthur Anderson & Co.*, 65 N.Y. 2d 536 (1985), dazu *Brodsky*, New York L. J. vom 3.5.1990, 3; *Gruson*, RIW 2000, 596, 599, mit Hinweis auf drei Voraussetzungen für die Begründung einer Dritthaftung (1) der Wirtschaftsprüfer muss sich bewusst gewesen sein, dass der Prüfbericht für einen bestimmten Zweck benutzt werden soll, (2) Zur Erreichung dieses Zwecks soll eine dem Wirtschaftsprüfer bekannte dritte Person auf den Bericht vertrauen und (3) Der Wirtschaftsprüfer muss etwas unternommen haben, das ihn mit dem Dritten verbindet (*linking element*); nicht abschließend geklärt sei allerdings die Ausgestaltung bzw. Abgrenzung des *linking elements*. Zumindest genüge die direkte Kommunikation zwischen dem Wirtschaftsprüfer und dem Dritten, nicht hingegen ein bloßes Wissen um die Weitergabe eines an den Mandaten gerichteten Berichts; *Ossining Union Free School District v. Anderson La Rocca*, 73 N.Y. 2d 417 (N.Y. 1989).
[1584] *Schneider v. Lazard Frères & Co.*, 552 N.Y.S.2d 571, 575 (1st Dep't 1990).
[1585] *Elson*, 53 Ohio St. L.J. (1992), 951, 992; *Lund*, 52 U. Pitt. L. Rev. (1991), 603, 615; *Brodsky*, New York L. J. vom 3.5.1990, 3; *Wachtell/Roth/Houston*, New York L. J. vom 29.3.1990, 1.
[1586] *Schneider v. Lazard Frères & Co.*, 552 N.Y.S.2d 571, 574 (1st Dep't 1990).

nicht erfüllt hätte, wurde seitens des Gerichts nicht mehr zur Anwendung gebracht. Diese Entscheidung hat in der US-amerikanischen Literatur erhebliche Kritik erfahren.[1587] Das Verhältnis zwischen Anteilseignern und dem Verwaltungsrat entspreche nach Ansicht der Kritiker keiner *Principal-Agent*-Beziehung; denn Anteilseigner seien gegenüber dem Verwaltungsrat nicht weisungsbefugt. Auch könnten Anteilseigner den Verwaltungsrat nicht ohne weiteres zwischen Generalversammlungen abberufen. Demnach bestehe keine *Principal-Agent*-Beziehung, sondern eine Beziehung *sui generis*,[1588] die dem Verwaltungsrat einen Ermessensspielraum zubilligt, wie er einer *Principal-Agent*-Beziehung fremd sei. Dieser differenzierte Charakter der Beziehung zwischen Anteilseignern und Verwaltungsrat werde auch in der *business judgment rule* ausgedrückt und entspreche den Grundsätzen des *corporations law*. Dem unabhängigen Verwaltungsratsausschuss obliege demnach eine über die Beratung der Aktionäre hinausgehende unabhängige statutarische Pflicht zur Zustimmung zu der beabsichtigten Unternehmenstransaktion (*8 Del. C. § 251 (b)*).[1589] Nach Ansicht von *Lund* knüpft die vom Gericht vertretene Ansicht jedoch an die *Revlon Duties* an, die einen Verwaltungsrat verpflichten, die Gegenleistung für die Anteilseigner der Gesellschaft im Kontext eines Kontrollwechsels zu maximieren.[1590] Dem wird entgegengehalten, dass das Mandat zur Erstellung der *fairness opinion* auf eigene Initiative des Verwaltungsrats hin erteilt werde und nicht auf Basis eines ausdrücklichen oder impliziten Beschlusses der Anteilseigner.[1591] Demnach obliege es dem Verwaltungsrat zu prüfen, ob ein fahrlässiges Handeln der Ersteller der *fairness opinion* vorliegt, und ggf. Schadenersatzansprüche gegen diese geltend zu machen. Diese Ansicht verkennt jedoch die Interessenlage zwischen Verwaltungsrat und Ersteller einer *fairness opinion*, welche häufig, auch im Falle unabhängiger Verwaltungsratsausschüsse, gleichgerichtet sein kann.

[1587] *Carney*, 70 Wash. U. L.Q. (1992), 523, 529, "agency is a consensual relationship, and consent by the [provider of a *fairness opinion*] to serve as shareholders' agent is generally lacking in the context of fairness opinions"; *Coffee*, New York L. J. vom 25.1.1990, 5, 6, „Schneider's finding of privity seems doctrinally incorrect"; *Fiflis*, 70 Wash. U. L.Q. (1992), 497, 507; *Wachtell/Roth/Houston*, New York L. J. vom 29.3.1990, 1, "The Schneider court's reference to „[superimposing]" principles of corporate law on a relationship of principal and agent fundamentally misconstrues the legal relationship between directors and shareholders. It is well-settled law that directors are not agents of the shareholders, or even of the corporation"; *Brodsky*, New York L. J. vom 3.5.1990, 3, "The theory of *Schneider* should be limited to buyouts. Courts should not confuse this potential liability in the auction context with well-established principles of accountant and attorney malpractice liability"; *Lund*, 52 U. Pitt. L. Rev. (1991), 603, 617 ff.
[1588] *Wachtell/Roth/Houston*, New York L. J. vom 29.3.1990, 1.
[1589] Dazu auch *TW Services, Inc. v. SWT Acquisition Corp.*, Fed. Sec. L. Rep. ¶ 94,334, 94,334 (Del.Ch. 1989), "under the [Delaware] corporation law, a board of directors is given the critical role of initiating and recommending a merger to the shareholders".
[1590] *Lund*, 52 U. Pitt. L. Rev. (1991), 603, 618, Fn. 75.
[1591] *Franklin*, New York L. J. vom 5.10.1989, 5; *Lund*, 52 U. Pitt. L. Rev. (1991), 603, 618 f.

Die Fallkonstellationen in *Wells* und *Schneider* unterscheiden sich im Wesentlichen hinsichtlich der Veröffentlichung gegenüber den Anteilseignern. Während die *fairness opinion* zwar in beiden Fällen offen gelegt wurde, wurde im Fall *Schneider* der Vergleich zwischen dem Kaufangebot des Managements und von *KKR* lediglich gegenüber dem *special committee* gezogen.[1592] Für die Anteilseigner bestand auch keine Wahl zwischen den Angeboten des Managements und von *KKR*; vielmehr folgten sie der Empfehlung des unabhängigen Verwaltungsratsausschusses. Auf diese Differenzierung ging das Gericht in seiner Urteilsbegründung allerdings nicht ein.[1593] Mit diesem eher passiven Vertrauen der Anteilseigner auf den Verwaltungsratsausschuss (*passive reliance*) begründete das Gericht jedoch die Anwendung der *Prinzipal-Agent*-Theorie.[1594] Demnach wurde die von den Erstellern der *fairness opinion* gegenüber dem Verwaltungsratsausschuss geschuldete Sorgfaltspflicht auch auf die Anteilseigner erstreckt. Nach Ansicht von *Coffee* existiert ein derartiges Verhältnis von *constructive privity* unter der im Fall *Schneider* getroffenen Annahme in einer Vielzahl von Unternehmenstransaktionen, so dass *Wells* infolge der *Schneider*-Entscheidung zu einer allgemeinen Regel werde.[1595]

"An investment banking firm now must recognize even though it wasn't appointed by the shareholders, [was] not contracted by the shareholders and got paid nothing by the shareholders, their real client is the shareholders".[1596]

Im Unterschied zu dem von den Gerichten angewendeten Maßstab der groben Fahrlässigkeit (*gross negligence*) für Verwaltungsorgane unterliegen die Finanzberater einem Fahrlässigkeitsstandard (*negligence standard*). Nach Ansicht von *Hirsch* und *Somach* wird diese Entscheidung dem Dilemma der Aktionäre gerecht, welches darin besteht, dass die unabhängigen Verwaltungsorgane sich durch die Mandatierung eines sachverständigen Dritten exkulpieren können (*Section 141 (e) Del. Corp. L.*) und ihre *fiduciary duties* erfüllen und dass eine vertragliche Haftung des sachverständigen Dritten gegenüber den Aktionären nicht besteht.[1597] Dieser Entscheidung im Bundesstaat *New York* wurde eine Signalwirkung für die Drittenhaftung von Erstellern von *fairness opinion* bei Strukturmaßnahmen für weitere Staaten zugespro-

---

[1592] Auch wenn *Wells* in *Schneider* zwar zitiert wurde, hat das Gericht die Beziehung zwischen *Wells* und *Schneider* nicht diskutiert, dazu auch *Brodsky*, New York L. J. vom 3.5.1990, 3; *Hirsch/Somach*, 4 Insights (Januar 1990), 36.
[1593] *Brodsky*, New York L. J. vom 3.5.1990, 3.
[1594] *Brodsky*, New York L. J. vom 3.5.1990, 3.
[1595] *Coffee*, New York L. J. vom 25.1.1990, 5, "[i]f such a relationship of constructive privity existed in Schneider, it is also present in most other corporate control transactions in which professionals advise the board. Thus Schneider expands Wells from an exceptional case to be the general rule".
[1596] *Franklin*, New York L. J. vom 5.10.1989, 5, mit Bezug auf ein Zitat von *Herbert Hirsch* (*Fried, Frank, Harris, Shriver & Jacobson*).
[1597] *Hirsch/Somach*, 4 Insights (Januar 1990), 36.

chen.[1598] Gleichwohl soll ihr Anwendungsbereich nach teilweise vertretener Ansicht aber auf den Kontext von Auktionen begrenzt werden.[1599]

d) *In re Shoe-Town, Inc. Stockholders Litigation*[1600]

Dem *derivative suit* von Anteilseignern der *Shoe-Town, Inc.* lag die Fallgestaltung eines *leveraged management buy-out* der Gesellschaft zugrunde. Der mehrheitlich unabhängige Verwaltungsrat der Gesellschaft mandatierte eine *fairness opinion* einer Investment Bank. Die Kläger, Anteilseigner der *Shoe Town, Inc.*, machten u.a. geltend, dass der Ersteller der *fairness opinion* seine *fiduciary duties* gegenüber den Anteilseignern verletzt habe.[1601] Der Ersteller der *fairness opinion* beantragte mit Verweis auf die Entscheidung *Weinberger v. UOP, Inc.* die Klage abzuweisen. Demgegenüber beriefen sich die Kläger auf die Entscheidung im Bundesstaat New York *Wells v. Shearson Lehman/American Express* (dazu unten S. 299), die eine *fiduciary duty* gegenüber den Anteilseignern bestätigte. Das Gericht stellte jedoch fest, dass sich der vorliegende Fall von der Entscheidung *Wells v. Shearson Lehman/American Express* insofern unterscheide, dass hier der Ersteller der *fairness opinion* die Transaktion ebenfalls für das Management strukturiert habe und nicht ausschließlich mit der Beurteilung der Fairness für die Aktionäre durch einen unabhängigen Verwaltungsratsausschuss mandatiert gewesen sei. Damit habe der Ersteller der *fairness opinion* als *agent* des Managements gehandelt. Allerdings entspreche die Rolle eines *agents* nicht der eines *trustees*, so dass kein treuhänderisches Verhältnis zwischen dem Ersteller der *fairness opinion* und den Anteilseignern begründet gewesen sei.[1602] Darüber hinaus sei ein derartiges Verhältnis zwischen dem Ersteller der *fairness opinion* und den Aktionären auch deshalb abzulehnen, da die Mandatierung einer *fairness opinion* in *Delaware* rechtlich nicht erforderlich sei:

> "it escapes reason to say that an investment bank hired by a management group taking a company private [...] would stand in a relationship with a given corporation and its stockholders similar to the relationship of a trustee to his cestui que trust [...] because a *fairness opinion* or an outside valuation is not an absolute requirement under Delaware law, it makes little sense to strap those investment banks, who are retained, with the duties of a fiduciary."[1603]

[1598] *Lund*, 52 U. Pitt. L. Rev. (1991), 603, 617.
[1599] *Lund*, 52 U. Pitt. L. Rev. (1991), 603, 620.
[1600] *In re Shoe-Town, Inc. Stockholders Litigation*, No. 9483 (Del.Ch. 1990), 16 Del. J. Corp. L. (1990), 404 ff.
[1601] *In re Shoe-Town, Inc. Stockholders Litigation*, No. 9483 (Del.Ch. 1990), 16 Del. J. Corp. L. (1990), 404, 416, "the threshold question – whether Shearson owes a fiduciary duty – is hotly contested by the parties".
[1602] *In re Shoe-Town, Inc. Stockholders Litigation*, No. 9483 (Del.Ch. 1990), 16 Del. J. Corp. L. (1990), 404, 417; mit Verweis auf *Loft, Inc. v. Guth*, 2 A.2d 225, 238 (Del.Ch. 1938), aff'd, 5 A.2d 503 (Del.Sup. 1939).
[1603] *In re Shoe-Town, Inc. Stockholders Litigation*, No. 9483 (Del.Ch. 1990), 16 Del. J. Corp. L. (1990), 404, 417; dazu auch *Martin*, 60 Fordham L. Rev. (1991), 133, 146, Fn. 75; *Carney*, 70 Wash. U. L.Q. (1992), 523, 532; *Mundiya*, New York L. J. vom 17.9.1998, 5.

Im Ergebnis lehnte der *Court of Chancery of Delaware* damit die Begründung von *fiduciary duties* des Erstellers einer *fairness opinion* gegenüber den Anteilseignern der betroffenen Gesellschaft ab. Es fällt auf, dass das Gericht dabei das Argument von *Oesterle* und *Norberg*, die die Begründung einer *fiduciary duty* im Fall eines potenziellen Interessenkonflikts fordern (hierzu oben S. 209 ff.), umkehrt und deren Annahme mit Verweis auf das weitergehende Mandat des Erstellers der *fairness opinion* ablehnt. Dies wurde im Schrifttum zu Recht kritisiert.[1604]

Darüber hinaus machten die Kläger geltend, dass der Ersteller der *fairness opinion* die Mitglieder des Verwaltungsrats bei ihrer Verletzung der von diesen geschuldeten *fiduciary duties* unterstützt habe. Diesbezüglich sind nach Ansicht des Gerichts drei Tatbestandsvoraussetzungen zu erfüllen. Zunächst ist das Bestehen eines *fiduciary relationship* (zwischen den Verwaltungsorganen und den Anteilseignern) erforderlich. Weiterhin muss eine Verletzung dieser Pflicht vorliegen. Schließlich ist eine bewusste Beteiligung an dieser Pflichtverletzung durch den Beklagten erforderlich.[1605] Entscheidend hinsichtlich der Behandlung einer *fairness opinion* ist das dritte Tatbestandsmerkmal. Angesichts der Tatsache, dass der Ersteller der *fairness opinion* bei den beschlussfassenden Sitzungen des Verwaltungsrats und des unabhängigen Verwaltungsratsausschusses zugegen war und Einfluss auf die Entscheidungsfindung nahm (*present and active*), nahm das Gericht im vorliegenden Fall eine Unterstützung des Erstellers der *fairness opinion* bei den zuvor festgestellten Pflichtverletzungen der *duty of care* und der *duty of loyalty* der Verwaltungsorgane an.

e)   **Stuchen v. Duty Free International**[1606]

Dieser Entscheidung des *Supreme Court of Delaware* lag eine im Zusammenhang mit einem *merger at arm's length* erstellte *fairness opinion* zugrunde. Die Kläger waren Anteilseigner einer der Gesellschaften. Das Gericht bestätigte hier die Rechtsprechung der *Shoe Town*-Entscheidung.[1607] Angesichts der typischen Formulierungen innerhalb eines *opinion letters*, dass dieser sich ausschließlich an die Verwaltungsorgane der Gesellschaft und namentlich nicht an die Aktionäre richte, sei der Nachweis einer beabsichtigten Einbeziehung in ihre Entscheidungsfindung für die Anteilseigner schwierig.[1608] Allerdings kommt nach dieser Entscheidung eine *Negligent-Misrepresentation*-Klage (hierzu unten S. 297 ff.) in Betracht,

---

[1604] *Fiflis*, 70 Wash. U. L.Q. (1992), 497, 511.
[1605] Dazu auch *Gilbert v. El Paso Co.* 490 A.2d 1050, 1057 (Del.Ch. 1984).
[1606] *Stuchen v. Duty Free International, Inc.* (Del.Sup. 1996), unveröffentlichter Fall.
[1607] *Mundiya*, New York L. J. vom 17.9.1998, 5.

sofern ein direktes Verhalten zwischen einem Anteilseigner und dem Ersteller einer *fairness opinion* Aufschluss über eine Beziehung beider Parteien gibt.[1609] Eine deratige Fallgestaltung kommt allerdings nur bei bedeutenden Investoren in Betracht, die ggf. mit dem Ersteller der *fairness opinion* auch im Rahmen der Strukturierung einer Transaktion in Kontakt treten.

f) Meyer v. Goldman, Sachs & Co.[1610]

In seiner Entscheidung begrenzte das Gericht in erster Instanz die Anwendbarkeit der in der Entscheidung *Schneider* entwickelten Theorie auf Fallkonstellationen, in denen ein unabhängiger Verwaltungsratsausschuss zur Vertretung der Interessen der Anteilseigner gebildet wurde.[1611]

> "The board of directors of a corporation ordinarily represents the corporate body, and is not an ordinary agent in the immediate control of shareholders. Therefore, it cannot be said that a relationship of principal and agent existed between plaintiffs and Centel's board, establishing the requisite privity between plaintiff shareholders and any party in contractual privity with the Centel board."[1612]

Diese Ansicht wurde auch vom Berufungsgericht aufrechterhalten. Damit ist es zur Begründung einer Dritthaftung erforderlich, dass der Ersteller einer *fairness opinion* einen Bezug zu den Aktionären herstellt, der das begründete Vertrauen der Anteilseigner auf die *fairness opinion* darlegt.[1613] Die Erfüllung dieses Erfordernisses gilt jedoch als sehr schwierig.

g) Zwischenergebnis

Die Anerkennung von *fiduciary duties* der Ersteller von *fairness opinions* gegenüber den Anteilseignern der betroffenen Gesellschaften ist umstritten. Während diese in der Literatur teilweise gefordert wird, hat sie die US-amerikanische Rechtsprechung nur bedingt anerkannt. Insbesondere hat die Entscheidung *Schneider v. Lazard Frères* erhebliche dogmatische Bedenken gegen die Qualifikation der Anteilseigner einer Gesellschaft als *fiduciaries* der Ersteller einer *fairness opinion* ausgelöst. Daher ist nunmehr die *negligent misrepresentation* als weitere Anspruchsgrundlage zu untersuchen.

[1608] *Mundiya*, 4 Insights (Oktober 1997), 15.
[1609] *Mundiya*, 4 Insights (Oktober 1997), 15.
[1610] *Meyer v. Goldman Sachs & Co.*, Index No. 101735/95 (Sup.Ct. N.Y.Co.Oct. 12, 1995). aff'd, 651 N.Y.S.2d, 304 (1st Dep't 1996).
[1611] Dazu *Mundiya*, New York L. J. vom 17.9.1998, 5, 7.
[1612] *Meyer v. Goldman Sachs & Co.*, Index No. 101735/95 (Sup.Ct. N.Y.Co.Oct. 12, 1995).
[1613] *Mundiya*, 4 Insights (Oktober 1997), 15.

3.) Negligent Misrepresentation

a) Grundlagen der *Negligent Misrepresentation*

Weiterhin kommt wohl eine deliktsrechtliche Dritthaftung des Erstellers einer *fairness opinion* auf Basis einer *negligent misrepresentation* in Betracht. Der Begriff der *negligent misrepresentation* kann wie folgt umschrieben werden:

"Negligent misrepresentation is a false representation made by a person who has no reasonable grounds for believing it to be true, though he does not know that it is untrue, or even believes it to be true."[1614]

Negligent misrepresentation erfordert eine Pflichtverletzung, eine *actual and proximate cause*, und einen Schaden.[1615] Der Beklagte muss dem klagenden Dritten zudem eine Sorgfaltspflicht schulden.[1616] Gefordert wird weiterhin, dass diese Pflicht gegenüber allen absehbaren (*"foreseeable"*) Klägern geschuldet ist.[1617] In Entscheidungen hinsichtlich der Dritthaftung freier Berufe wurden die Berufsträger von absehbaren Drittklagen dabei teils durch das Fehlen eines Vertrags zwischen ihnen und dem Dritten geschützt. Diese *duty of care* muss durch den Beklagten im Wege einer Falschdarstellung einer wichtigen (*material*) Information verletzt worden sein.[1618] Weiterhin muss der Kläger nachweisen, dass die Falschdarstellung die unmittelbare Ursache für den Schaden darstellte, indem er sich vernünftigerweise in seiner Entscheidungsfindung auf die Darstellung verlassen habe. Ein derartiges Vertrauen (*reliance*) wird angenommen, sofern die jeweiligen Umstände es vernünftig oder wahrscheinlich erscheinen lassen, dass der Kläger die Ansicht des Beklagten annimmt und auf ihrer Basis eine Entscheidung trifft.[1619] Trotz der Argumentationswirkung gegenüber den Aktionären, die einer *fairness opinion* in den USA zugesprochen wird (hierzu oben S. 61 ff.), wurde dieser Ge-

---

[1614] *Martin*, 60 Fordham L. Rev. (1991), 133, 147; *Garner*, Black's Law Dictionary, S. 1016.
[1615] *Keeton*, Prosser and Keeton on the Law of Torts, S. 164 f., § 30, "the traditional formula for the elements necessary to such a cause of action may be stated [...] as follows: 1. A duty, or obligation, recognized by the law, requiring the person to conform to a certain standard of conduct for the protection of others against unreasonable risks, 2. A failure of the person's part to conform to the standard required: a breach of the duty [...], 3. A reasonably close causal connection between the conduct and the resulting injury. This is what is commonly known as [...] "proximate cause" [...], 4. Actual loss or damages resulting to the interests to another [...]".
[1616] *Prosser*, 19 Vand. L. Rev. (1966), 231, 236.
[1617] *Keeton*, Prosser and Keeton on the Law of Torts, S. 719 f., § 104, "it is no longer in dispute that one who renders services to another is under a duty to exercise reasonable care in doing so, and that he is liable for any negligence to anyone who may foreseeably be expected to be injured as a result. [...] Efforts to induce the courts to apply strict liability in tort to those engaged in rendering services have not entirely failed and the law is in a state of considerable uncertainty"; *Dobbs*, Law of Torts, S. 463, § 187, "the language of foreseeability is a short hand expression intended to say that the scope of the defendant's liability is determined by the scope of the risk he negligently created. [...] The point of limiting the defendant's liability under proximate cause rules is to make the defendant's liability coexistive with his negligence."
[1618] *Keeton*, Prosser and Keeton on the Law of Torts, S. 753 f., § 108.
[1619] *Keeton*, Prosser and Keeton on the Law of Torts, S. 760, § 109.

sichtspunkt bislang gerichtlich noch nicht weitgehend erörtert, so dass Anteilseigner diesen Nachweis jeweils im Einzelnen führen müssen.[1620] Schließlich muss der Kläger einen Schaden nachweisen, wobei diesbezüglich nunmehr auch ein finanzieller Schaden (Vermögensschaden) in Betracht kommt.[1621] Vor diesem Hintergrund sind im Folgenden die gerichtlichen Entscheidungen hinsichtlich der Dritthaftung von Erstellern von *fairness opinions* gegenüber den Aktionären auf die Erfüllung der oben genannten Tatbestandsmerkmale hin zu untersuchen.

b) *Weinberger v. UOP, Inc. (Dissenting Opinion)*

Hinsichtlich der *negligent misrepresentation* machten die Kläger in diesem bereits zuvor angesprochenen Fall geltend, dass der Ersteller der *fairness opinion* seine Sorgfaltspflichten verletzt habe und die *fairness opinion* lediglich die persönliche Meinung des früheren Verwaltungsratsmitglieds der Zielgesellschaft hinsichtlich der wirtschaftlichen Fairness der Gegenleistung wiedergebe.[1622] Wie zuvor ausgeführt lehnte die Mehrheit der Richter die Ansprüche der Anteilseigner gegenüber dem Ersteller der *fairness opinion* ab. Demgegenüber ging die *dissenting opinion* dieser Entscheidung davon aus, dass der Ersteller einer *fairness opinion* einer Sorgfaltspflicht unterliege und dass ein Verstoß gegen diese zu einer Haftung gegenüber den Anteilseignern als voraussehbare vertrauende Dritte (*foreseeable third party*) nach der Theorie der *negligent misrepresentation* führe. Vor dem Hintergrund der Argumentationsfunktion der *fairness opinion* hat diese Ansicht im Schrifttum Zustimmung gefunden.[1623] Auch wird im Schrifttum anerkannt, dass der Ersteller einer *fairness opinion* bei der Durchführung seines Mandats zumindest den Aktionären der Gesellschaft eine angemessene Sorgfalt schuldet; dies wird auf die Lehre gestützt, dass Sachverständige allen Personen, die auf ihr Urteil vertrauen, eine Sorgfaltspflicht schulden. Demnach beschreibt *Section 552 of the Restatement (Second) of Torts* den Begriff des *tort of negligent misrepresentation* wie folgt:

> "One who, in the course of his business, profession, or employment, [...] supplies false information for the guidance of others in their business transactions, is subject to liability for pecuniary loss caused to them by their justifiable reliance upon the information, if he fails to exercise reasonable care or competence in obtaining or communicating the information."

[1620] *Martin*, 60 Fordham L. Rev. (1991), 133, 148.
[1621] *Schwartz/Kelly/Partlett*, Torts: Cases and Materials, S. 1024.
[1622] *Weinberger v. UOP, Inc.*, 426 A.2d 1333, 1351 (Del.Ch.1981), plaintiff charges that the [...] opinion was nothing more than a superficial substantiation of Glaville's initial personal opinion that a $ 20 to $ 21 price range was fair, and thus was merely a rubberstamp approval of that which Signal [majority shareholder] decided to offer".
[1623] *Steinberg/Lindahl*, 13 Sec. Reg. L.J. (1985), 80, 83; *Haight*, 8 Del. J. Corp. L. (1983), 98, 111 mit Hinweis auf *Denison Mines Ltd. v. Fibreboard Corp.*, 388 F. Supp. 812, 821 (D.Del. 1974).

Nach Ansicht des Schrifttums ist diese Lehre, ebenso wie sie für Jahresabschlussprüfer angewendet wird, auf die Ersteller von *fairness opinions* anwendbar.[1624] Die analoge Anwendung sei gerechtfertigt, da die Dienstleistung beider *gatekeeper* dazu verwendet werde, Einfluss auf die Entscheidungsfindung Dritter zu nehmen.[1625] Obwohl die *dissenting opinion* dieser Entscheidung letztlich zurückgezogen wurde,[1626] zeigt sie, dass der Ersteller einer *fairness opinion* auch unter dem engeren *near privity requirement* gegenüber den Anteilseignern haftbar sein kann.

c) *Brug v. Enstar Group, Inc.*[1627]

Das Gericht wendete in diesem Fall den Standard des *Restatement of Torts* an.[1628] Allerdings wurde die Klage vorliegend abgewiesen, da nach Ansicht des Gerichts die Kläger keinen Teil der begrenzten Gruppe bildeten, zu deren Gunsten die Darstellung verwendet worden ist:

"[…] the only documents which plaintiffs identify as containing the alleged misrepresentations are ones that were released to the public at large. If any member of the public who might choose to invest in [the issuer's] common stock were to qualify as part of a protected class, the „limited group" requirement [of the Restatement Approach] would be meaningless."[1629]

Dieser Ansicht ist nicht zuzustimmen, da die Gruppe der geschützten Dritten durch die Aktionärseigenschaft begrenzt wird und es für die Risikokalkulation nicht darauf ankommt, ob ein Aktionär einen hohen Schaden erfährt oder viele Aktionäre einen entsprechend geringeren Schaden erfahren.

d) *Wells v. Shearson Lehman/American Express, Inc.*[1630]

Dieser Entscheidung im Bundesstaat New York lag die Fallgestaltung einer *Management-Buy-Out*-Transaktion zugrunde, die die Veräußerung wesentlicher Vermögenswerte der Gesellschaft, *Metromedia, Inc.*, an Personen des Managements der Gesellschaft vorsah. *Fairness opinions* von zwei unterschiedlichen Erstellern befanden die Bewertung der Aktiva der Ge-

---

[1624] *Rosenbloom/Aufses*, 4 Insights (April 1990), 3, 3; *Giuffra*, 96 Yale L.J. (1986), 119, 135 f., Fn. 93; *Steinberg/Lindahl*, 13 Sec. Reg. L.J. (1985), 80, 83 f.; *Haight*, 8 Del. J. Corp. L. (1983), 98, 119.
[1625] *Steinberg/Lindahl*, 13 Sec. Reg. L.J. (1985), 80, 84.
[1626] Dazu *Fiflis*, 70 Wash. U. L.Q. (1992), 497, 504 f., „opinion of the Delaware Supreme Court, later withdrawn on rehearing" […] „It would appear from these opinions that Delaware courts reasonably may be expected to apply Justice Duffy's opinion in case of negligent misrepresentation to shareholders by a banker […]".
[1627] *Brug v. Enstar Group, Inc.*, 755 F.Supp. 1247 (D.Del. 1985).
[1628] *Brug v. Enstar Group, Inc.*, 755 F.Supp. 1247, 1258 (D.Del. 1985) mit Verweis auf *Insurance Co. of North America v. Waterhouse*, 424 A.2d 675, 678 (Del.Sup. 1980).
[1629] *Brug v. Enstar Group, Inc.*, 755 F.Supp. 1247, 1258 (D.Del. 1985).
[1630] *Wells v. Shearson Lehman/American Express, Inc.*, 514 N.Y.S.2d 1, 2 (1st Dep't 1987), rev'd on other grounds, 526 N.E.2d 8 (N.Y. 1988).

sellschaft für angemessen und waren dem den Aktionären übersandten *proxy statement* beigefügt. Die Klägerin veräußerte daraufhin ihre Anteile an der Gesellschaft für $ 1,1 Mrd., während die Aktiva der Gesellschaft anschließend für $ 4,5 Mrd. weiterveräußert wurden.[1631]

> "Anyone hired by the committee, aiding its endeavor, was actually retained to advise the shareholders [...] assuming Shearson, Lehman and Bear Stearns were aware (as they must have been) that their opinion would be used to help shareholders decide on the fairness of Metromedia's stock offer, they can be held liable to the shareholders."[1632]

In seiner Entscheidung nahm das Gericht Bezug auf die *Credit-Alliance*-Entscheidung und damit implizit auf den darin begründeten dreistufigen Test zur Begründung einer Dritthaftung (hierzu oben S. 281 ff.). Demnach war es den Erstellern der *fairness opinion* bekannt, dass diese einerseits in ihrer Argumentationsfunktion gegenüber den Anteilseignern der Gesellschaft verwendet werden würde und dass sich die Anteilseigner andererseits auf die *fairness opinion* in ihrer Entscheidungsfindung verlassen würden. Schließlich wurde die *fairness opinion* auch gegenüber den Aktionären durch den Verwaltungsratsausschuss als Teil der *proxy materials* offen gelegt.[1633] Demnach haben sich Kläger und Beklagte in diesem Fall in einer *"virtual, if not actual, privity"* befunden, die eine Pflicht der Ersteller der *fairness opinion* gegenüber den Anteilseignern der Gesellschaft begründete und damit eine Klage wegen *negligence* erlaubte.[1634] Allerdings nahm das Gericht keine *Agency*-Beziehung an, so dass die Entscheidung nicht im Widerspruch zu den Prinzipien der Entscheidungen *Ultramares* und *Credit Alliance* steht.[1635] Vor diesem Hintergrund war der Bezug der Anteilseigner auf die *fairness opinion* in ihrer Entscheidungsfindung und die Offenlegung für die Begründung der Dritthaftung von erheblicher Bedeutung.[1636] Mit dieser Entscheidung wurde erstmals im US-amerikanischen Recht eine deliktische Dritthaftung eines Erstellers einer *fairness opinion* gegenüber Aktionären für eine fahrlässig erstellte *fairness opinion* begründet, ohne dass der Nachweis eines Vorsatzes (*scienter*) geführt werden musste.[1637] Die Formulierung des Gerichts kommt nach Ansicht von *Coffee* der Annahme einer *Agency*-Theorie, wie sie im Fall *Schneider v. Lazard Frères & Co.* (hierzu oben S. 290 ff.) explizit diskutiert wurde, nahe.[1638]

[1631] Dazu *Fiflis*, 70 Wash. U. L.Q. (1992), 497, 501; *Hirsch/Somach*, 4 Insights (Januar 1990), 36, 36; *Oesterle*, 70 Wash. U. L.Q. (1992), 541, 542.
[1632] *Wells v. Shearson Lehman/American Express, Inc.*, 514 N.Y.S.2d 1, 2 (1st Dep't 1987).
[1633] *Lund*, 52 U. Pitt. L. Rev. (1991), 603, 613 f., Fn. 55.
[1634] *Lund*, 52 U. Pitt. L. Rev. (1991), 603, 614.
[1635] *Fiflis*, 70 Wash. U. L.Q. (1992), 497, 501.
[1636] *Brodsky*, New York L. J. vom 3.5.1990, 3.
[1637] *Coffee*, New York L. J. vom 25.1.1990, 5, 6.
[1638] *Coffee*, New York L. J. vom 25.1.1990, 5, 6.

e)   *Dowling v. Narragansett Capital Corp.*[1639]

Anteilseigner der Gesellschaft klagten gegen den Ersteller einer *fairness opinion* wegen *negligent misrepresentation* und der Unterbewertung der Gesellschaft in der *fairness opinion*. Auch hier wendete das Gericht in seiner Entscheidung ausdrücklich die von *Section 552 of the Restatement (Second) of Torts* vorgeschlagene Theorie an. Nach Ansicht des Gerichts ist das Abstimmungsverhalten des Anteilseigners für die Begründung des Vertrauens *(reliance)* auf eine *fairness opinion* unerheblich; denn die gesamte Gruppe der Anteilseigner der Gesellschaft sei durch die Darstellung der *fairness opinion* zum Handeln verleitet worden, dessen Ergebnis sich auch auf die Situation des Klägers auswirke.[1640] Den Einwand des beklagten Erstellers der *fairness opinion*, dass es sich bei der *fairness opinion* lediglich um eine Meinungsäußerung in Abgrenzung zu einer Erklärung von Fakten handele, die keine Berücksichtigung in der Entscheidungsfindung seitens der Anteilseigner erlaube, wies das Gericht zurück. Sofern der Sachverständige über einen Zugang zu Informationen verfüge, die seine Meinungsäußerung stützen und den Anteilseignern der Gesellschaft nicht zur Verfügung stehen, und sofern im Vergleich zur Gruppe der Anteilseigner wesentlich spezialisierte Kenntnisse besitze, sei eine Meinungsäußerung als Erklärung *(assertion)* aufzufassen, auf die der Empfänger vernünftigerweise vertrauen dürfe:

> "[the provider of the *fairness opinion*] was hired to assess the adequacy of the proposed purchase price for [the company's] assets. That assessment was patently intended to guide shareholders in deciding whether to approve the sale. Consequently, [the provider of the *fairness opinion*'s] duty to exercise reasonable care in preparing its assessment extended to [the company's] shareholders."[1641]

f)   *Collins v. Morgan Stanley Dean Witter*[1642]

Diesem abschließend zu analysierenden Fall liegen zwei *fairness opinions* zugrunde, die von einem Finanzberater im Rahmen seines Mandats beim Zusammenschluss zwischen der *Allwaste, Inc.*, und der *Philips Environmental, Inc.* erstellt wurden. Infolge von Bilanzmanipulationen der *Philips Environmental, Inc.* brach die Marktbewertung der fortgeführten Gesellschaft kurze Zeit später erheblich ein. Daraufhin klagten Inhaber von Optionen, nicht jedoch Anteilseigner der früheren *Allwaste, Inc.*, gegen den Ersteller der *fairness opinion* wegen *negligent misrepresentation* und einer Verletzung der *fiduciary duty*. Eine vertragliche Dritthaftung ist nach dieser Entscheidung auszuschließen, denn einzig der Verwaltungsrat sei

---

[1639] *Dowling v. Narragansett Capital Corp.*, 735 F.Supp. 1105 (D.R.I. 1990).
[1640] *Dowling v. Narragansett Capital Corp.*, 735 F.Supp. 1105, 1124 (D.R.I. 1990), mit Verweis auf *Keeton*, Prosser and Keeton on the Law of Torts, S. 747, § 107.
[1641] *Dowling v. Narragansett Capital Corp.*, 735 F.Supp. 1105, 1125 (D.R.I. 1990).

berechtigt, auf Basis des geschlossenen Vertrags (*engagement letters*) eine Klage zu führen. Innerhalb des *engagement letters* wurde der Adressatenkreis der *fairness opinion* bereits mehrfach eingeschränkt:

> "bank's services (including *fairness opinion*) will be provided to the company"; "the bank will act with duties only to Allwaste"; "the banks opinions and advice may not be publicly disclosed or referred to without the Bank's prior written consent."

Auch die *opinion letters* waren ausschließlich an den Verwaltungsrat der Gesellschaft adressiert und enthielten die Formulierung:

> "for the information of the Board of Directors only and may not be used for any other purpose without prior consent."

Entscheidend für den Erfolg eines *tort claim* gegen einen Ersteller von *fairness opinions* ist die Frage, ob der Kläger berechtigt war, sich in seiner Entscheidungsfindung auf die *fairness opinion* zu verlassen. Nach Ansicht des Gerichts ist für die erforderliche *reliance* eine Handlung des Klägers notwendig (*"reliance requires action"*). Eine derartige Handlungsmöglichkeit steht den Inhabern von Optionen aber grundsätzlich nicht zu; denn anders als der Verwaltungsrat geben sie keine Zustimmung zu einer Strukturmaßnahme (*"no right to authorize the transaction"*) und in Abgrenzung zu den Anteilseignern der Gesellschaft ist die Strukturmaßnahme nicht von der Abstimmung der Inhaber von Optionen abhängig (*"they had no right to vote for it"*). Diese Entscheidung des Gerichts lässt allerdings weitergehende Fragen offen. So bleibt unbeantwortet, ob ein etwaiger Zustimmungsvorbehalt in den Optionsbedingungen, der in der Praxis vorkommt und den Inhabern von Optionen im Fall einer Strukturmaßnahme das Recht einer Barabfindung gewährt, ein ausreichendes Vertrauen begründet.[1643] Auch äußert sich diese Entscheidung nicht zu einer etwaigen Anspruchsberechtigung der Anteilseigner in Abgrenzung zu den Inhabern von Optionen.[1644] Nach Ansicht von *Bab* darf die in dieser Entscheidung vertretene Ansicht nicht nur für die Inhaber von Optionen gelten, sondern muss ebenfalls die Anteilseigner der betroffenen Gesellschaft erfassen.[1645]

[1642] *Collins v. Morgan Stanley Dean Witter*, 60 F. Supp. 2d 614 (S.D. Tex. 1999), aff'd 224 F.3d, 496 (5th Cir. 2000).
[1643] Dazu *Bab*, 14 Insights (Dezember 2000), 16.
[1644] Aus der folgenden Formulierung des Gerichts ließe sich allenfalls eine Differenzierung zwischen Anteilseignern und Inhabern von Optionen schlussfolgern: „*it is clear that Morgan Stanley supplied its information to the Board with the intent to benefit the company and the shareholders, not the Optionholders*".
[1645] *Bab*, 14 Insights (Dezember 2000), 16.

Die *dissenting opinion* dieser Entscheidung weist allerdings darauf hin, dass Anteilseigner in ihrer Entscheidungsfindung stets auf eine veröffentlichte *fairness opinion* vertrauen, auch wenn in dem Dokument seitens des Erstellers zum Ausdruck gebracht wird, dass dieses zur ausschließlichen Verwendung durch die Verwaltungsorgane bestimmt ist.[1646] Dem stehe auch eine verbale Einschränkung des Adressatenkreises einer *fairness opinion* nicht entgegen. Nach Ansicht von *Bab* macht dieser Fall das Risiko für den Ersteller einer *fairness opinion* deutlich, sofern diese nach Unterzeichnung eines *merger agreements* erstellt wird.[1647]

g) Zwischenergebnis

Vor dem Hintergrund des untersuchten Fallmaterials stellt *negligent misrepresentation* die praktikabelste Anspruchsgrundlage im US-amerikanischen Recht für Anteilseigner einer Gesellschaft hinsichtlich der Erstellung von *fairness opinions* durch *professional service firms* dar.[1648] Verschiedene Gerichte haben diese Anspruchsgrundlage angewandt.[1649] Im Schrifttum wird darauf hingewiesen, dass in den zuvor betrachteten Entscheidungen die Gerichte die Gründe zur Annahme einer Theorie nur sehr begrenzt diskutieren und stattdessen lediglich auf das Ergebnis ihrer Erwägungen eingehen.[1650] Unter Berücksichtigung weiterer Entscheidungen, die die Dritthaftung von Jahresabschlussprüfern, Rechtsberatern und weiteren Sachverständigen betreffen, ist die Theorie des *Second Restatement of Torts* nach dieser Ansicht für die Behandlung von Erstellern von *fairness opinions* zutreffend. Die Gruppe der Aktionäre stellt eine begrenzte und vorhersehbare Gruppe von Anspruchsberechtigten dar. Auch die größte Publikumsgesellschaft hat letztlich eine begrenzte Anzahl von Anteilseignern. Zudem kann bereits im *engagement letter* zwischen dem Ersteller der *fairness opinion* und der mandatierenden Gesellschaft eine Veröffentlichung der *fairness opinion* geregelt werden, sofern sie nicht ohnehin nach *securities law* bzw. *case law* vorgeschrieben ist. Der Verwendungszweck einer *fairness opinion* ist enger als der eines testierten Jahresabschlusses. Letztlich gibt dieser Ansatz dem Ersteller der *fairness opinion* die Möglichkeit, das erweiterte Haftungsrisiko zum Zeitpunkt der Unterzeichnung des *engagement letters* in seine Honorarverhandlung einzubeziehen.[1651]

[1646] *Collins v. Morgan Stanley Dean Witter*, 224 F.3d, 496, 503 (5th Cir. 2000).
[1647] *Bab*, 14 Insights (Dezember 2000), 16.
[1648] *Coffee*, New York L. J. vom 25.1.1990, 5, 6; *Haight*, 8 Del. J. Corp. L. (1983), 98, 112 ff.; *Martin*, 60 Fordham L. Rev. (1991), 133, 146; *Steinberg/Lindahl*, 13 Sec. Reg. L.J. (1985), 80, 88.
[1649] Neben den genannten Fällen auch *Klein v. King, Fed. Sec. L. Rep.* ¶ 95,002 (N.D.Cal. 1990), auch wenn in der Entscheidung nicht ausdrücklich erwähnt, geht das Schrifttum von der Anwendung des *Actual Foreseeable Approach* in der Entscheidung *Klein v. King* aus; dazu *Elson*, 53 Ohio St. L.J. (1992), 951, 994.
[1650] *Martin*, 60 Fordham L. Rev. (1991), 133, 159.
[1651] *Martin*, 60 Fordham L. Rev. (1991), 133, 159; dazu auch aus der Perspektive von Jahresabschlussprüfern *Bagby/Ruhnka*, 22 Ga. L. Rev. (1987), 149, 192.

4.) Handlungsalternativen

Die Dritthaftung der Ersteller von *fairness opinions* hat sich – wie angezeigt – in den USA zunehmend verschärft. Während noch im Jahre 1986 vertreten wurde, dass eine bewusste Falschdarstellung in der *fairness opinion* zur Begründung einer Dritthaftung erforderlich sei,[1652] haben US-amerikanische Gerichte seither verschiedene Wege für die Begründung einer Dritthaftung gefunden. Am aussichtsreichsten ist dabei die Anspruchsgrundlage der *negligent misrepresentation*.

Zum Ausschluss einer Dritthaftung von Erstellern von *fairness opinions* wird in der US-amerikanischen Praxis empfohlen, dass der Vertrag über die Erbringung der Leistung zwischen dem gesamten Leitungsorgan und der *professional service firm* in Abgrenzung zu einem Vertrag zwischen einem Verwaltungsratsausschuss und dem Ersteller der *fairness opinion* geschlossen wird.[1653] Um den Schutz gegen mögliche Ansprüche Dritter zu maximieren, wird seitens der Ersteller der *fairness opinion* versucht, diese auf die Verwaltungsratsmitglieder als Adressaten zu beschränken und damit dem Argument der *reliance* der Anteilseigner zu begegnen.[1654] Ob dieser „verbale Schutzwall" gegen die Dritthaftung gegenüber Anteilseignern hält, ist im Lichte der *dissenting opinion* in der *Collins*-Entscheidung allerdings ungewiss. In diesem Sinne forderte auch *Coffee* eine Ausweitung der Offenlegungspflicht von *fairness opinions* innerhalb des *Schedule 14D-9*, in deren Folge eine *fairness opinion* unter die *Credit Alliance*-Ausnahme der *Ultramares*-Regel falle.[1655] Dies wurde zwischenzeitlich durch die *In re Pure Resources*-Entscheidung und ihre faktische Anwendung in nicht einseitig dominierten Transaktionen in der Praxis erreicht (hierzu oben S. 239 f.). Damit ist die *constructive privitiy* auf der dogmatisch stärkeren Basis gegeben, dass den Erstellern der *fairness opinion* bekannt ist, dass sowohl der *opinion letter* als auch eine Zusammenfassung des *valuation memorandums* gegenüber den Anteilseignern der betroffenen Gesellschaft offen zu legen sind.[1656]

[1652] *Giuffra*, 96 Yale L.J (1986), 119, 128; *Coffee*, New York L. J. vom 25.1.1990, 5; *Steinberg/Lindahl*, 13 Sec. Reg. L.J. (1985), 80, 80, "no judicial authority exists for imposing liability on an investment banker in rendering a *fairness opinion* based on negligent misrepresentation or fiduciary duties theory".
[1653] *Kasner/Manne*, 4 M&A Law. (2000), 18.
[1654] *Kasner/Manne*, 4 M&A Law. (2000), 18.
[1655] *Coffee*, New York L. J. vom 25.1.1990, 5, 6.
[1656] *Coffee*, New York L. J. vom 25.1.1990, 5, 6.

III. Sorgfaltsstandards für die Erstellung von *Fairness Opinions*

"Generally, a person who undertakes to render services in the practice of a profession or trade is required to exercise the skill and knowledge normally possessed by members of that profession or trade in good standing in similar communities."[1657]

Sofern man eine Pflicht des Erstellers einer *fairness opinion* gegenüber den Anteilseignern der Gesellschaft annimmt, stellt ein fehlender Standard als Maßstab für die Erstellung von *fairness opinions* jedoch eine erhebliche Schwierigkeit in der Durchsetzung etwaiger Drittansprüche dar.[1658] Die Gewichtung einzelner Faktoren innerhalb der Bewertung und der Urteilsfindung betreffend der wirtschaftlichen Angemessenheit liegt demnach weitgehend im Ermessen des Erstellers der *fairness opinion*.[1659] Damit kommt dem Ersteller erheblicher Ermessensspielraum bei der Bestimmung der wirtschaftlichen Fairness einer Transaktion zu (hierzu oben S. 209 ff.):

"All of which would be reasonable and none of which could be shown to be wrong or unfair under objective criteria."[1660]

Noch weitgehend undefiniert, nach Ansicht von *Carney* auch nicht abschließend definierbar,[1661] ist damit der bei der Erstellung einer *fairness opinion* anzuwendende Sorgfaltsstandard. Als Substitut für einen fehlenden Standard zur Erstellung von *fairness opinions* wird in der Literatur eine Orientierung an bestehenden Gerichtsentscheidungen empfohlen. Darüber hinaus könnten in begrenztem Umfang auch Entscheidungen zu Rate gezogen werden, die die Sorgfaltspflichten und Offenlegungspflichten von Verwaltungsorganen gegenüber Aktionären

---

[1657] Restatement (Second) of Torts § 299A (1965); vgl. zu den Pflichten gegenüber Dritten auch § 98 – Statements to a Nonclient: A lawyer communicating on behalf of the client with a nonclient may not: (1) knowingly make a false statement of material fact or law to the nonclient, (2) make other statements prohibited by law or (3) fail to make a disclosure of information required by law.
[1658] *Steinberg/Lindahl*, 13 Sec. Reg. L.J. (1985), 80, 85; *Hirsch/Somach*, 4 Insights (Januar 1990), 36, mit Bezug auf die Verteidigung in *Schneider v. Lazard Frères*; *Martin*, 60 Fordham L. Rev. (1991), 133, 162; *Brodsky*, New York L. J. vom 3.5.1990, 3; *Carney*, 70 Wash. U. L.Q. (1992), 523, 536 mit Verweis auf *Kraakman*, 93 Yale L.J. (1984), 857, 857, "[the imposition of gatekeeper liability] requires the prudent crafting of circumscribed duties to monitor and to respond that, above all, do not ask too much from their targets", dazu *Carney* "nothing could be further from that description than imposing gatekeeper liability on investment bankers for *fairness opinions*."
[1659] *Steinberg/Lindahl*, 13 Sec. Reg. L.J. (1985), 80, 85; *Martin*, 60 Fordham L. Rev. (1991), 133, 162.
[1660] *Bebchuk/Kahan*, 27 Duke L.J. (1989), 27, 29; *Martin*, 60 Fordham L. Rev. (1991), 133, 165; *Oesterle/Norberg*, 41 Vanderbilt Law Rev. (1988), 219, 252, mit Verweis auf *Joseph v. Shell Oil Co.*, 482 A.2d 335, 339 (Del.Ch. 1984), Bandbreite von $ 53 bis $ 85 je Aktie; *Kaplan v. Goldsamt*, 380 A.2d 556, 566 f. (Del.Ch. 1977), Bandbreite von $ 7,25 bis $ 9,50 je Aktie.
[1661] *Carney*, 70 Wash. U. L.Q. (1992), 523, 535, "to expect the courts skilfully to craft minimum standards of care is expected too much"; kritisch dazu *Oesterle*, 70 Wash. U. L.Q. (1992), 541, 545, mit dem Hinweis, gute *opinions*, die sich als falsch herausstellen, müssen von schlechten *opinions* zu trennen sein, ebenso würden Gerichte die Management-Entscheidungen beurteilen und damit indirekt auch die *fairness opinions*.

betreffen; denn diese geben Aufschluss über einen fairen Umgang mit den Anteilseignern einer Gesellschaft.[1662]

1.)   Joseph v. Shell Oil Co.[1663]

In seiner Entscheidung *Joseph v. Shell Oil Co.* ging der *Delaware Chancery Court* zwar kritisch auf die Bewertungsmethoden der Ersteller der *fairness opinions* ein, ließ allerdings die Frage nach einem Standard mit dem Hinweis *"both the opinions [...] leave something to be desired"* weitestgehend offen.[1664] Zumindest weist das Gericht auf die Notwendigkeit der Informationsbasis des Erstellers der *fairness opinion*, das ausreichende Zeitfenster zu ihrer Erstellung und die Notwendigkeit zur Berücksichtigung aktueller Unternehmensereignisse hin. Ebenso weist das Gericht auf die Gefahr der Überbetonung einer einzelnen Bewertungsmethode hin. Auch wird von dem Gericht deutlich erkannt, dass selbst auf gleicher Datenbasis unterschiedliche Ersteller von *fairness opinions* zu abweichenden Ergebnissen kommen können.[1665]

2.)   Kahn v. Dairy Mart Conveniences Stores[1666]

Auch wenn der Ersteller der *fairness opinion* im Fall *Kahn v. Dairy Mart Conveniences Stores* nicht zu den Beklagten gehörte, kann diese Entscheidung weiteren Aufschluss über den gerichtlichen Maßstab des Verhaltensstandards eines Erstellers von *fairness opinions* gewähren. So weist das Gericht nämlich kritisch auf die *"possible motivation for her firm to secure professional business"* hin. Diese Entscheidung zeigt weiterhin, dass eine aktive Korrektur der Prognosen des Managements zur Anpassung der Bewertung, die über eine *due diligence* hinausgeht, mögliche Schadenersatzansprüche auslösen kann und daher eine besondere Vorsicht des Erstellers der *fairness opinion* angebracht ist.[1667]

3.)   Schneider v. Lazard Frères[1668]

In der bereits zuvor angesprochenen Entscheidung *Schneider v. Lazard Frères* ging das Gericht allerdings nur sehr bedingt auf den erforderlichen Sorgfaltsmaßstab ein. Denn es findet sich lediglich der Hinweis, dass der Sorgfaltsstandard vergleichbaren Transaktionen gerecht werden müsse. Dabei definierte das Gericht jedoch insbesondere nicht den Standard ver-

---

[1662] *Martin*, 60 Fordham L. Rev. (1991), 133, 167; *Rosenbloom/Aufses*, 4 Insights (April 1990), 3.
[1663] *Joseph v. Shell Oil Co.*, 482 A.2d 335 (Del.Ch. 1984).
[1664] *Joseph v. Shell Oil Co.*, 482 A.2d 335, 344 (Del.Ch. 1984).
[1665] *Joseph v. Shell Oil Co.*, 482 A.2d 335, 341 (Del.Ch. 1984); ähnlich auch *Radol v. Thomas*, 534 F. Supp. 1302 (S.D. Ohio 1982); *Richardson v. White, Weld & Co.*, Fed. Sec. L. Rep. ¶ 96,864 (S.D.N.Y. 1979).
[1666] *Kahn v. Dairy Mart Convenience Stores*, Civil Action No. 12489, 1996 WL 159628 (Del.Ch. Mar. 29, 1996).
[1667] *Mundiya*, 4 Insights (Oktober 1997), 15.
[1668] *Schneider v. Lazard Frères & Co.*, 552 N.Y.S.2d 571 (1st Dep't 1990).

gleichbarer Transaktionen und zeigte damit nochmals implizit die Schwierigkeiten zu einer derartigen Definition auf.

4.) *Herskowitz v. Nutri/System, Inc.*[1669]

Schließlich findet sich ein Hinweis in Bezug auf den Sorgfaltsstandard in der Entscheidung *Herskowitz v. Nutri/System, Inc.*:

> "Nutri that permits recovery when an expert, in making a projection adopts an assumption which the factfinder concludes was objectively unreasonable in the circumstances."[1670]

Damit schließt ein aufrichtiges, gutgläubiges Vertrauen des Erstellers der *fairness opinion* in die von ihm getroffenen Annahmen eine Haftung nach Ansicht des Gerichts nicht generell aus.

5.) Zwischenergebnis

Das vorstehende Fallmaterial zeigt deutlich die Schwierigkeiten bei der Definition eines einheitlichen Sorgfaltsstandards bei der Erstellung von *fairness opinions* auf. Gleichwohl wird deutlich, dass eine Pflicht zur sorgfältigen Durchführung des Erstellungsprozesses der *fairness opinion* besteht. Eine Festlegung auf bestimmte Methoden der Unternehmensbewertung muss angesichts der Natur der Bewertungsfrage ausscheiden.[1671]

IV. Vereinbarungen zur Haftungsvermeidung

Zum Schutz vor einer sich etwa ergebenden Haftung treffen die Ersteller von *fairness opinions* in der Praxis weitreichende Vereinbarungen zur Haftungsvermeidung. Auf diese ist im Folgenden einzugehen.

1.) Informationsbasis

Die folgende Klausel entspricht einer in der Praxis üblichen Formulierung aus dem *opinion letter* einer US-amerikanischen *fairness opinion:*

> "We have relied upon the accuracy and completeness of information supplied to us with respect to the Company, including the financial forecasts provided to us by Com-

---

[1669] *Herskowitz v. Nutri/System, Inc.*, 857 F.2d 179 (3rd Cir. 1988).
[1670] *Herskowitz v. Nutri/System, Inc.*, 857 F.2d 179, 185 (3rd Cir. 1988).
[1671] *Rosenbloom/Aufses*, 4 Insights (April 1990), 3.

pany's management. We have not independently verified the accuracy and completeness of the information and do not assume any responsibility with respect thereto."[1672]

Wie zuvor bereits angesprochen berufen sich die Ersteller von *fairness opinions* in ihrem *opinion letter* häufig darauf, dass sie keine *due diligence* für die der Unternehmensbewertung zugrunde gelegten Prognosedaten durchgeführt haben.[1673] Vielmehr geben die Ersteller von *fairness opinions* regelmäßig an, in ihren Analysen ausschließlich die von den Verwaltungsorganen ihnen zur Verfügung gestellten Unternehmensinformationen zu Grunde zu legen. Diesbezüglich wird innerhalb des *opinion letters* die Haftung für die der Unternehmensbewertung zugrunde liegenden Daten ausgeschlossen. Ob derartige Haftungseinschränkungen jedoch Bestand haben, ist nicht abschließend geklärt. Im Folgenden ist auf das diesbezügliche US-amerikanische Fallrecht sowie auf das diese Frage betreffende Schrifttum einzugehen.

a)   *Robert W. Lemmon et al. v. First Boston Corp*[1674]

Nach einer Entscheidung des *New York Stock Exchange Arbitration Panel* im Jahre 1994 war der Ersteller der *fairness opinion* verpflichtet worden, $ 4,5 Mio. an frühere Aktionäre der *Medical Care International* zu zahlen. Das *Arbitration Panel* rügte vor allem, dass der Ersteller der *fairness opinion* keine ausreichende *due diligence* hinsichtlich der Geschäftsaussichten der *Critical Care America, Inc.* vorgenommen habe. Andernfalls hätten dem Ersteller die rückläufigen *cash flows* der Gesellschaft auffallen müssen. Damit habe sich der Ersteller der *fairness opinion* ausschließlich auf die Prognosen des Managements für zukünftige *cash flows* verlassen. Zudem kritisierte das *Arbitration Panel* den Interessenkonflikt des Erstellers der *fairness opinion*, da ein Großteil des Honorars in Höhe von ca. $ 3 Mio. als Erfolgshonorar vom erfolgreichen Abschluss der Transaktion abhing. Demnach habe ein direkter Interessenkonflikt mit den Aktionären der *Medical Care International, Inc.* bestanden.

b)   *In re Global Crossing, Ltd.*[1675]

Ebenso hält die im *engagement letter* getroffene Haftungsausschlussklausel für den Ersteller einer *fairness opinion* der gerichtlichen Überprüfung im Rahmen einer Entscheidung des *Uni-*

[1672] Auszug aus der *fairness opinion* der *First Boston Corp.* in Sachen *Medical Care America, Inc.* und *Critical Care America Inc.*; mit ähnlichem Wortlaut auch im Fall *Global Crossing, Ltd.*, „we have relied upon and assumed the accuracy and completeness of all of the financial and other information that was available to us from public sources [or] that was provided to us by [...] Global Crossing or their [...] representatives. [...] [W]e have not assumed any responsibility for making an independent evaluation of any assets or liabilities or for making any independent verification of any of the information reviewed by us", zitiert nach *In re Global Crossing, Ltd.*, Fed. Sec. L. Rep. ¶ 92,645, 93,103, 93,114 (S.D.N.Y. 2003).
[1673] Dazu kritisch *Rachelson/Solomon*, 22 Corporate Acquisitions, Mergers, and Divestitures Januar 2004, 1, 2.
[1674] *Robert W. Lemmon, et al. v. First Boston Corp.*, dazu auch *Siconolfi*, Wall St. J. vom 25.8.1994, A3.
[1675] *In re Global Crossing, Ltd.*, Fed. Sec. L. Rep. ¶ 92,645, 93,103, 93,113 f. (S.D.N.Y. 2003).

ted States District Court, Southern District of New York im Hinblick auf die infolge von Bilanzmanipulationen insolvente Gesellschaft *Global Crossing, Ltd.* stand. Denn der Ersteller der *fairness opinion* habe explizit in seinem *opinion letter* eine unabhängige Überprüfung der der Unternehmensbewertung zugrunde liegenden Daten ausgeschlossen, so dass die Anteilseigner darauf keine Ansprüche stützen könnten, solange ihnen nicht der Nachweis gelänge, dass dem Ersteller der *fairness opinion* die Unrichtigkeit dieser Informationen bekannt gewesen sei oder die Informationen in der *fairness opinion* unrichtig dargestellt worden seien.[1676] Auch sei der *disclaimer* des Erstellers der *fairness opinion* nicht derart auszulegen, dass dieser der *fairness opinion* die Grundlage für die Meinungsbildung des Erstellers der *fairness opinion* entziehe und daher das Ergebnis nicht die wahre Ansicht des Erstellers der *fairness opinion* verkörpern könne.[1677]

c)   *In re AOL Time Warner, Inc. Securities and „ERISA" Litigation*[1678]

Auch in der Entscheidung *In re AOL Time Warner, Inc. Securities and „ERISA" Litigation* sieht das Gericht keine Obliegenheit des Erstellers der *fairness opinion* zur Prüfung der der *fairness opinion* zu Grunde liegenden Informationen. Das Gericht stützt seine Entscheidung auf den Umstand, dass der Ersteller der *fairness opinion* seine Verantwortung für die der *fairness opinion* zu Grunde liegenden Informationen im *opinion letter* ausgeschlossen hat.[1679]

d)   *Richardson v. White, Weld & Co.*[1680]

Demgegenüber macht allerdings die Entscheidung *Richardson v. White, Weld & Co.* deutlich, dass, sofern dem Ersteller einer *fairness opinion* die Unrichtigkeit der vom Management erteilten Informationen als Grundlage der *fairness opinion* bekannt war, eine Haftungsausschlussklausel den Ersteller der *fairness opinion* nicht von seiner Dritthaftung entbinden könne.[1681]

[1676] *In re Global Crossing, Ltd.*, Fed. Sec. L. Rep. ¶ 92,645, 93,103, 93,114 (S.D.N.Y. 2003), "[the provider of the fairness opinion] had not purposed to make a reasonable investigation of the financial information provided by [the issuer]. To the contrary, it expressly revealed that it had taken the information provided by the [the issuer] at face value, and opined only that, *if that information was true*, the exchange ratio was fair".
[1677] *In re Global Crossing, Ltd.*, Fed. Sec. L. Rep. ¶ 92,645, 93,103, 93,114 (S.D.N.Y. 2003), Fn. 10, "[…] the complaint must be alleging that [the provider of the fairness opinion] had no reason to believe, and hence did not believe, that this was its true opinion. This would be a remarkably strained reading of a sentence that more naturally that none of the parties had reason to believe in the accuracy of the underlying statements about [the issuer's] financial condition".
[1678] *In re AOL Time Warner Sec. & "ERISA" Litig.*, Fed. Sec. L. Rep. (CCH) ¶ 92,812 (S.D.N.Y. 2004).
[1679] *In re AOL Time Warner Sec. & "ERISA" Litig.*, Fed. Sec. L. Rep. (CCH) ¶ 92,812 (S.D.N.Y. 2004), "Put simply, it was not Morgan Stanley's job to independently investigate AOL's accounting; indeed, Morgan Stanley explicitly disclosed this by disavowing any such independent investigation in the fairness opinion itself."
[1680] *Richardson v. White, Weld & Co.*, Fed. Sec. L. Rep. ¶ 96,864 (S.D.N.Y. 1979).
[1681] *Richardson v. White, Weld & Co.*, Fed. Sec. L. Rep. ¶ 96,864 (S.D.N.Y. 1979).

e) Schrifttum

Die Frage nach der Bestandskraft von Haftungsausschlussklauseln ist auch im Schrifttum umstritten. Nach Ansicht von *Wander* ist eine unabhängige Überprüfung der Daten durch den Ersteller der *fairness opinion* entbehrlich, sofern es aus der Sicht der *professional service firm* unter allen Umständen als vernünftig erscheint, sich auf die vom Management der Gesellschaft zur Verfügung gestellten Daten zu verlassen.[1682] Die Regeln der *SEC* lassen den Gesichtspunkt der Informationsbasis für die Erstellung einer *fairness opinion* bislang offen. Demnach dürfen zwar die Ersteller einer *fairness opinion* diese erst nach einer angemessenen Untersuchung (*reasonable investigation*) ausfertigen, doch bleibt dieser Begriff durch die *SEC* undefiniert. Der Vorbehalt, dass der *fairness opinion* die Prognosen des Managements zugrunde gelegt wurden und diese keiner eigenständigen Prüfung unterzogen wurden, entbindet den Ersteller auch nach Ansicht von *Tack* nicht von seiner eigenen Prüfungspflicht.[1683] Zur Kompensation dieser Unsicherheit sind im Schrifttum weiterhin zunehmend hohe Offenlegungsstandards für *fairness opinions* gefordert worden, die den Anteilseignern eine Beurteilung des Vorgehens ihres Erstellers ermöglichen (hierzu ausführlich Teil 6).[1684] Durch eine umfangreiche Offenlegung der Annahmen und Methoden der Erstellung der *fairness opinion* kann der Ersteller nach dieser Ansicht eine etwaige Haftung für *negligent misrepresentation* verringern. Nur auf diese Weise können die Anteilseigner der Gesellschaft den Wert der *fairness opinion* richtig einschätzen; denn die *fairness opinion* ist kein standardisiertes Produkt, auch wenn dieser Eindruck häufig durch den uniformen Wortlaut der *opinion letters* erweckt wird. Schließlich hänge der anzuwendende Sorgfaltsmaßstab auch von der Komplexität der Strukturmaßnahme, von der Kenntnis der betroffenen Gesellschaft durch den Ersteller der *fairness opinion* sowie von der ihm zur Verfügung stehenden Informationsbasis ab.[1685]

f) Stellungnahme

Ein expliziter Ausschluss der Haftung für die Prüfung der der Unternehmensbewertung zugrunde liegenden Annahmen wird den Zielsetzungen dieses Instruments nicht gerecht. Andernfalls könnte das Ergebnis der *fairness opinion* in hohem Maße vom Leitungsorgan der Gesellschaft beeinflusst werden.[1686] Damit ist der Ansicht zuzustimmen, dass sich der Erstel-

---

[1682] *Wander*, 7 Inst. On Sec. Reg. (1976), 157, 164.
[1683] *Tack*, Lessons from Inadequate Fairness Opinions, S. 2.
[1684] *Oesterle/Norberg*, 41 Vanderbilt Law Rev. (1988), 219, 251 f.; *Stuntebeck/Withrow*, Nat'l. L.J. vom 13.6.1988, 22, 23.
[1685] *Rosenbloom/Aufses*, 4 Insights (April 1990), 3.
[1686] A.A. *Mundiya*, 4 Insights (Oktober 1997), 15; es handelt sich jedoch bei den vom Management zur Verfügung gestellten Daten um zukunftsorientierte Annahmen und keines falls um Fakten (*facts*) wie von *Mundiya* dargestellt.

ler einer *fairness opinion* nicht ausschließlich auf testierte Jahresabschlüsse und die Prognosen der im Rahmen der *fairness opinion* zu beurteilenden Gesellschaft berufen kann. Vielmehr kommt ihm die Obliegenheit zu, diese Rechnungslegungsunterlagen einer angemessenen eigenen Prüfung zu unterziehen. Dabei ist zweifelsfrei zu berücksichtigen, dass ein Zugriff des Erstellers einer *fairness opinion* innerhalb der Gesellschaft zur eigenverantwortlichen Beschaffung und Überprüfung der Informationen, wie er beim Jahresabschlussprüfer gegeben ist, nicht stattfindet.[1687] Andernfalls wird eine pauschale Haftungsfreizeichnung gerichtlich nicht anerkannt. Dies hat das vorstehende Fallmaterial deutlich gemacht.

Zweifelsohne kommt auch der Offenlegung der Datenbasis für die *fairness opinion* eine hohe Bedeutung zu:

"The letters are carefully hedged as to the opinion being given, and quite explicit as to the nature of the investigation upon which the opinion is based."[1688]

Allerdings kann die Offenlegung allein die hohe Abhängigkeit der Bewertung von den Prognosedaten nicht lösen. Daher bedarf es zumindest einer gewissenhaften Plausibilisierung der Annahmen durch den Ersteller der *fairness opinion* (hierzu oben S. 108 ff.). Gleichwohl muss dabei deutlich werden, dass auf diese Weise doloses Handeln der Verwaltungsorgane bei der Erstellung von Prognosen nicht abschließend verhindert werden kann. Dazu kann der Ersteller einer *fairness opinion* nicht unter allen Umständen in der Lage sein.

2.) Haftungsverlagerung auf die Gesellschaft

Eine vertragliche Vereinbarung zwischen dem Ersteller der *fairness opinion* und der mandatierenden Gesellschaft zum Rückgriff auf die Gesellschaft für den Fall einer Inanspruchnahme des Erstellers auf dem Wege der Dritthaftung (*indemnification agreement*) kommt in der Praxis regelmäßig im Vertrag (*engagement letter*) zur Anwendung.[1689] In diesem Kontext weist *Coffee* darauf hin, dass derartige Vereinbarungen für den Ersteller einer *fairness opinion* keinen abschließenden Schutzmechanismus darstellen.[1690] Einerseits könne eine Insolvenz des Mandanten dazu führen, dass der Rückgriff des Erstellers der *fairness opinion* nicht möglich

---

[1687] Entsprechend für *Rating*-Agenturen *Deipenbrock*, BB 2003, 1849, 1853.
[1688] *In re Global Crossing, Ltd.*, Fed. Sec. L. Rep. ¶ 92,645, 93,103, 93,113 (S.D.N.Y. 2003).
[1689] *Brodsky*, New York L. J. vom 3.5.1990, 3; *Martin*, 60 Fordham L. Rev. (1991), 133, 162; *Rosenbloom/Aufses*, 4 Insights (April 1990), 3; *Martin*, 60 Fordham L. Rev. (1991), 133, 141; *Oesterle*, 70 Wash. U. L.Q. (1992), 541, 555; dazu kritisch insbesondere *Fiflis*, 70 Wash. U. L.Q. (1992), 497, 521.
[1690] *Coffee*, New York L. J. vom 25.1.1990, 5, 6.

ist.[1691] Andererseits könne eine vertragliche Rückgriffsklausel zwischen dem Ersteller einer *fairness opinion* und den Verwaltungsorganen deren Möglichkeit, sich im Rahmen der Legitimationsfunktion auf die *fairness opinion* zum Ausschluss der eigenen Haftung zu berufen, einschränken. Denn in einem derartigen Fall sei der Anspruch der *reasonableness* nach *Del. Gen. Corp. Law § 141(e)* nicht mehr gewährleistet.[1692] Dieses Ergebnis liefe dem Ziel der *fairness opinion* als Legitimationsinstrument für die Entscheidungsfindung des Leitungsorgans zuwider.

Neben der Haftungsverlagerung auf die Gesellschaft könnte eine vertragliche Vereinbarung zwischen dem Ersteller der *fairness opinion* und der Gesellschaft in Betracht kommen, dass die Haftung des Erstellers der *fairness opinion* auf die Höhe seines Honorars begrenzt werde. Eine derartige Vereinbarung entspräche einer analogen Anwendung des *Uniform Commercial Code § 2-719*. Dem möglichen Einwand der Anteilseigner, dass sie einer derartigen Vereinbarung nicht zugestimmt hätten und diese damit nichtig sei, ist nach Ansicht von *Coffee* entgegenzuhalten, dass unter Annahme der *Principal-Agent*-Beziehung die Verwaltung als *agent* in der Lage sei, für die Anteilseigner als *principal* verbindliche Verträge zu schließen.[1693] Allerdings kann auch hier vertreten werden, dass unter einer derartigen Vertragsbedingung die *reasonableness* nicht mehr gewahrt wäre; denn die möglichen Schäden der Anteilseigner könnten das Honorarvolumen um ein Vielfaches übersteigen.

3.) Einschränkung des Adressatenkreises

Um der Gefahr einer Ausweitung der Haftung auf die Anteilseigner der Gesellschaft zu begegnen, können die Ersteller von *fairness opinions* eine Klausel in den *opinion letter* aufnehmen, die es nur den Verwaltungsorganen gestattet, sich auf den Inhalt der *fairness opinion* zu verlassen.[1694] Derartige Formulierungen sind wie bereits ausgeführt in der Praxis von *fairness opinions* weit verbreitet.[1695]

Allerdings vertritt die *SEC* die Position, dass *opinion letters* derartige Begrenzungen nicht enthalten dürften.

[1691] *Mundiya*, 4 Insights (Oktober 1997), 15.
[1692] Zurückhaltend *Martin*, 60 Fordham L. Rev. (1991), 133, 162.
[1693] *Coffee*, New York L. J. vom 25.1.1990, 5, 6.
[1694] Zur vergleichbaren Gestaltung von Legal Opinions *Gruson*, RIW 2000, 596, 600.
[1695] Dazu exemplarisch oben S. 302.

"delete the language which appears to limit a shareholder's ability to rely on the *fairness opinion* or supplementally provide the staff with a written consent of [the financial advisor] that such language will not be used as a defense in any action."[1696]

"The staffs position is that (1) if such provisions are included, investment banks must specify the basis for their view that shareholders cannot rely on the opinion, including whether the governing state law has addressed this issue, (2) the *fairness opinion* should disclose whether the investment bank intends to assert the shareholders' inability to rely on the opinion as a defense under state law, and (3) the inability of the shareholders to rely on the opinion will have no effect on the rights and responsabilities of the board under state law or the rights and responsibilities of the board or the advisor under the federal securities laws".[1697]

Insofern können derartige Formulierungen nur eine eingeschränkte Wirkung entfalten.

4.) Handlungsalternativen

Ersteller von *fairness opinion*s versuchen regelmäßig, ihre Haftung durch vielschichtige Haftungsausschlussklauseln sowohl im Vertrag mit der Gesellschaft (*engagement letter*) als auch im *opinion letter* der *fairness opinion* zu begrenzen. Innerhalb eines gegenüber den Aktionären der Gesellschaft offen gelegten *opinion letter* kann ein *disclaimer* die Position des Erstellers einer *fairness opinion* zwar insofern stärken, dass er das Vertrauen der Anteilseigner in das Dokument nicht vorhergesehen habe.[1698] Allerdings können Verpflichtungen im Deliktsrecht in der Regel nicht vertraglich ausgeschlossen werden.[1699] Vor diesem Hintergrund sind *disclaimer* am wirkungsvollsten, wenn sie auf die Verpflichtungen des Erstellers der *fairness opinion* in Abgrenzung zur Verlässlichkeit der *fairness opinion* Bezug nehmen.[1700] Sie können u.U. wirksam sein, sofern sie nicht nur im *engagement letter* festgeschrieben, sondern auch in der *fairness opinion* offen gelegt werden und damit den Anteilseignern zur Kenntnis gebracht werden.

Weiterhin wird den US-amerikanischen Erstellern von *fairness opinions* in Literatur und Praxis empfohlen, das Risiko einer etwaigen Haftung durch weitergehende vertragliche Vereinbarungen im *engagement letter* zwischen den Verwaltungsorganen und dem Ersteller einer

---

[1696] *SEC*, Comment Letter zitiert nach *Borden/Yunis*, Going Private, § 10.6[4].
[1697] *SEC*, Current Issues and Rulemaking Projects.
[1698] Vgl. *Hoffmann v. Greenberg*, 767 P.2d 725, 728 (Ct. App. 1988), zum Schutz eines *disclaimers* bei Jahresabschlussprüfern.
[1699] *Keeton*, Prosser and Keeton on the Law of Torts, S. 656, § 92, "the extend to which tort obligations may be impaired by contract depends largely on the relationship between the parties, the nature of the bargaining transaction, and the type of loss for which liability is disclaimed".
[1700] Zur begrenzten Gültigkeit von umfassenden *disclaimern* zur Verlässlichkeit der Information *First Nat. Bank of Bluefield v. Crawford*, 386 S.E.2d 310, 314 f.; *Ryan v. Kanne*, 170 N.W.2d 395, 404 (Iowa 1969); dazu *Martin*, 60 Fordham L. Rev. (1991), 133, 138, 163, Fn. 174.

fairness opinion zu begrenzen.[1701] Derartige Vereinbarungen können darin bestehen, den Gerichtsstand in *Delaware* zu begründen und auf diesem Wege die Anwendbarkeit von *New Yorker* Entscheidungen in Sachen *Wells* (dazu oben S. 299) und *Schneider* (dazu oben S. 290 ff.) auszuschließen.[1702] Darüber hinaus könnte eine Schiedsgerichtsvereinbarung zwischen dem Verwaltungsrat und dem Ersteller der *fairness opinion* die Zuständigkeit ordentlicher Gerichte derogieren und damit einen höheren Einfluss auf die Entscheidungsträger in einem etwaigen Verfahren ermöglichen.[1703]

V. Zwischenergebnis

Ausgangspunkt für die Beurteilung der Dritthaftung der Ersteller von *fairness opinions* ist die Dritthaftung der Jahresabschlussprüfer. Während noch 1986 im Schrifttum festgehalten wurde, dass hinsichtlich einer etwaigen Dritthaftung der Ersteller von *fairness opinions* kein *case law* existiert und auch *standards of due care* für die Ersteller von *fairness opinions* noch nicht geklärt sind,[1704] sind seither verschiedene Fälle entschieden worden, die den Haftungsstandard gegenüber den Anteilseignern der mandatierenden Gesellschaft zumindest konkretisiert haben. Dabei können die Bemühungen der Ersteller zum Ausschluss der Haftung mittels *disclaimer* in *engagement* und *opinion letter* nur begrenzt Wirkung entfalten. Insbesondere können sich die Sachverständigen auf Grund ihrer Sachkenntnis nicht von jeglicher Durchführung einer *due diligence* freizeichnen.

Neben den Anteilseignern kommen als Kläger gegen die Ersteller von *fairness opinions* in der US-amerikanischen Praxis zunehmend auch Insolvenzverwalter von Gesellschaften in Betracht, die auf Grund einer nicht erfolgreichen Strukturmaßnahme Insolvenz beantragt haben.[1705]

[1701] *Wachtell/Roth/Houston*, New York L. J. vom 29.3.1990, 1.
[1702] *Coffee*, New York L. J. vom 25.1.1990, 5, 6; *Wachtell/Roth/Houston*, New York L. J. vom 29.3.1990, 1.
[1703] *Coffee*, New York L. J. vom 25.1.1990, 5, 6.
[1704] *Giuffra*, 96 Yale L.J. (1986), 119, 121; dazu *Rosenbloom/Aufses*, 4 Insights (April 1990), 3.
[1705] *Mundiya*, 4 Insights (Oktober 1997), 15, mit exemplarischem Hinweis.

C. Dritthaftung in Deutschland

Die Dritthaftung der Ersteller von *fairness opinions* war bislang nicht Gegenstand der deutschen Rechtsprechung; auch gibt es in Deutschland bisher wohl noch keine gerichtlichen Urteile zur Haftung von Beratern bei *M&A*-Transaktionen.[1706] Vor diesem Hintergrund ist für eine etwaige Dritthaftung der Ersteller einer *fairness opinion* auf die Dogmatik für die Haftung von Wirtschaftsprüfern bzw. Sachverständigen zurückzugreifen. Der Vorschlag des Rates für eine Richtlinie über die Haftung bei Dienstleistungen[1707] zur Ergänzung der bereits transformierten Produkthaftungsrichtlinie wäre selbst im Falle seiner Umsetzung nicht auf *fairness opinions* anwendbar; denn demnach sind reine Vermögensschäden nicht zu ersetzen, sondern nur Personen- und Sachschäden sowie sekundäre Vermögensschäden (Art. 1, Abs. 1, Art. 4). Ebenso wie Fehlleistungen bei der Jahresabschlussprüfung führen diese im Kontext von *fairness opinions* jedoch lediglich zu reinen Vermögensschäden.[1708]

I. Dritthaftung des Jahresabschlussprüfers

1.) Grundlagen

Die Haftung des Abschlussprüfers aus seinem Testat ist in § 323 HGB ausdrücklich normiert. Nach § 323 Abs. 1 Satz 3 HGB ist der Abschlussprüfer bei schuldhaften Pflichtverletzungen im Rahmen der Abschlussprüfung grundsätzlich nur der geprüften Gesellschaft und ggf. den mit ihr verbundenen Unternehmen gegenüber verantwortlich – nicht jedoch den Anteilseignern oder Gläubigern der Gesellschaft.[1709] Im Übrigen ist die Haftung in ihrer Höhe auf 1 Mio. Euro bei nicht börsennotierten Gesellschaften und auf 4 Mio. Euro bei börsennotierten Gesellschaften beschränkt (§ 323 Abs. 2 Satz 1, 2 HGB).

Die Anspruchsgrundlage des § 323 HGB findet auch für weitere gesetzlich normierte Prüfungen Anwendung. § 11 Abs. 2 Satz 1 UmwG erklärt für die Haftung des Verschmelzungsprüfers § 323 HGB als anwendbar.[1710] Entsprechende Regelungen finden sich für die

---
[1706] *Von Dryander*, Börsen-Zeitung vom 10.10.2001, 11.
[1707] Vorschlag für eine Richtlinie des Rates über die Haftung bei Dienstleistungen vom 9.11.1990, ABl.EG vom 18.1.1991 Nr. C12, S. 8 ff.
[1708] *Geuer*, Management des Haftungsrisikos, S. 151; *Heinemann*, ZIP 1991, 1193 f.
[1709] Empfehlung des Rechtsausschusses des Deutschen Bundestages, BT-Drucks. 13/10038 vom 4.3.1998, S. 22, 25; dazu auch *Ebke*, BFuP 2000, 549, 551; *Quick*, BFuP 2000, 525, 526.
[1710] Dazu *Dirrigl*, WPg 1989, 413, 417, mit Hinweis auf die Vorgabe des Art. 21 der Verschmelzungsrichtlinie, der die Haftung der Verschmelzungsprüfer gegenüber den Aktionären der übertragenden Gesellschaft für schuldhaftes Verhalten bei der Erfüllung der Aufgaben regelt. Darüber hinaus findet das nationale Recht auch Anwendung für die Anteilseigner der übernehmenden Gesellschaft; zurückhaltend zur „Haftungskulisse" *Schedlbauer*, WPg 1984, 70, 73, „es handelt sich um eine sehr weitreichende Haftungskulisse, die mit Sicherheit in der Praxis noch Diskussionen auslösen wird, weil mit dieser weit ausgelegten Haftung zwangsläufig auch große Vorsicht bei der Berichterstattung- und Testatsabfassung verbunden sein wird".

Vertragsprüfer (§ 293d Abs. 1 AktG), *Squeeze-Out*-Prüfer (§ 327c Abs. 2 Satz 4 AktG mittels Verweis auf die vorgenannte Norm), Eingliederungsprüfer (§ 320 Abs. 3 Satz 3 AktG entsprechend) und Gründungs- und Kapitalerhöhungsprüfer (§ 49 AktG). § 11 Abs. 2 Satz 2 UmwG und § 293d Abs. 2 Satz 2 AktG erweitern ausdrücklich den Kreis der Anspruchsberechtigten auch auf die Anteilsinhaber.[1711] Demgegenüber wird die Haftung des Gründungs- bzw. Kapitalerhöhungs- (§ 49 AktG), Nachgründungs- (§ 53 AktG), Sonder- (§§ 144, 258 Abs. 5 Satz 1 AktG) und Kapitalerhöhungssonderbilanzprüfers (§ 209 Abs. 4 Satz 2 AktG, § 57f Abs. 3 Satz 2 GmbHG) nicht ausdrücklich auf die Anteilseigner der betroffenen Gesellschaft erweitert.

Das Dritthaftungsrisiko für Abschlussprüfer hat sich durch ein Urteil des BGH grundlegend geändert; denn der BGH verneinte hier eine Sperrwirkung von § 323 Abs. 1 Satz 3 HGB für eine vertragliche Haftung des Abschlussprüfers gegenüber Dritten und bejahte eine Haftung auch gegenüber Dritten nach Maßgabe der von der Rechtsprechung entwickelten Grundsätze zur Haftung Sachkundiger.[1712] Dabei macht der BGH jedoch deutlich, „dass es Sache der Vertragsparteien ist, zu bestimmen, gegenüber welchen Personen eine Schutzpflicht begründet werden soll."[1713] Über die aktuelle Rechtslage hinaus liegt ein Regelungsvorschlag von *Baums* und *Fischer* vor, der eine unmittelbare Haftung des Wirtschaftsprüfers gegenüber den Anteilseignern bei Falschinformationen vorsieht.[1714] Dieser Ansatz wurde für den Arbeitskreis „*Abschlussprüfung und Corporate Governance*" entwickelt und von diesem am 28. Mai 2003 mehrheitlich beschlossen und der Bundesregierung zur Umsetzung empfohlen.[1715] Auch das 10-Punkte-Programm „*Unternehmensintegrität und Anlegerschutz*" der Bundesregierung stellt eine allgemeine kodifizierte Dritthaftung des Abschlussprüfers gegenüber Anteilseignern der Gesellschaft in Aussicht.[1716]

2.) Anwendbarkeit für die *Fairness Opinion*

Die Anspruchsgrundlage des § 323 Abs. 1 Satz 3 HGB scheidet jedoch für die Geltendmachung von Haftungsansprüchen bei von Wirtschaftsprüfern erstellten *fairness opinions* aus; denn auf andere betriebswirtschaftliche Prüfungen im Sinne des § 2 Abs. 1 WPO, zu denen

---

[1711] Zustimmend Lutter/Winter-*Lutter/Drygala*, § 11 UmwG, Rdn. 9, mit dem Hinweis, dass die Anteilseigner die Hauptgeschädigten sind; Konzernrecht-*Emmerich*, § 293d AktG, Rdn. 13; MüKo-*Altmeppen*, § 293d AktG, Rdn. 18; KK-*Kraft*, § 340b AktG a.F., Rdn. 27.
[1712] Dazu *Quick*, BFuP 2000, 525, 527.
[1713] BGHZ 138, 257 ff.
[1714] *Baums/Fischer*, Haftung- des Prospekt- und des Abschlussprüfers gegenüber Anlegern.
[1715] *Baetge/Lutter*, Abschlussprüfung und Corporate Governance, S. 23 ff.; dazu auch *Zimmer*, WM 2004, 9.
[1716] 10 Punkte Programm der Bundesregierung „*Unternehmensintegrität und Anlegerschutz*", Punkt 5; dazu *Seibert*, BB 2003, 693, 697; *Zimmer*, WM 2004, 9.

auch Untersuchungen zwecks Ausstellung einer *fairness opinion* zählen, und sonstige berufliche Tätigkeiten von Wirtschaftsprüfern im Sinne des § 2 Abs. 2 und 3 WPO ist § 323 Abs. 1 Satz 3 HGB weder direkt noch analog anwendbar.[1717]

Die in Rechtsprechung und Schrifttum vielfach diskutierte Dritthaftung von Wirtschaftsprüfern auf Basis unterschiedlicher darüber hinausgehender Anspruchsgrundlagen[1718] bildet mangels direkter Rechtsprechung mit Bezug auf *fairness opinions* die Grundlage für die weitere Analyse nach deutschem Recht.[1719] Auf die einzelnen in Betracht kommenden Anspruchsgrundlagen ist im Folgenden mit direktem Bezug auf die *fairness opinion* einzugehen.

II. Dritthaftung bei *Fairness Opinions*

Aus der Systematik des BGB lässt sich ein eindeutiger Haftungstatbestand für gegenüber Dritten geäußerte Expertenmeinungen nicht gewinnen; denn wer seinen geschäftlichen Dispositionen fremdes Expertenwissen zugrunde legt, ohne zu dem Experten in einem direkten vertraglichen Verhältnis zu stehen, muss nach dem Willen des Gesetzgebers das Risiko eines dadurch begründeten Vermögensschadens selbst tragen.[1720] Dies basiert auf dem wesentlichen Grundsatz der Privatautonomie, wie er auch in § 676 BGB niedergelegt ist.[1721] Da zwischen den Anteilseignern der betroffenen Gesellschaft und dem Ersteller einer *fairness opinion* kein direktes Vertragsverhältnis besteht, handelt es sich bei den Anteilseignern in der Regel um vertragsfremde Dritte. Damit sind vertragsähnliche oder deliktsrechtliche Anspruchsgrundlagen im Zusammenhang mit der Dritthaftung heranzuziehen,[1722] die im „Niemandsland" zwischen Vertrags- und Deliktsrecht[1723] von der Rechtsprechung des BGH und der Wissenschaft ausgestaltet wurden. So wird der Grundsatz von § 676 BGB umschifft. Unter dem Siegel von Autorität und Sachkunde schuldhaft fehlerhaft erteilte Auskünfte oder falsche Gutachten können nach höchstrichterlicher Rechtsprechung durchaus eine Haftung der Sachverständigen begründen.[1724]

[1717] MüKo-*Ebke*, § 323 HGB, Rdn. 14; BeckBilKomm-*Hense*, § 323 HGB, Rdn. 5; *Ebke/Siegel*, WM 2001, Sonderbeilage Nr. 2, 3, 14, mit entsprechendem Ergebnis für *Comfort Letters*.
[1718] Dazu im internationalen Vergleich *Ebke*, in: FS Trinkner, S. 493 f.; vgl. zur Anwendung zivilrechtlicher Haftung für Ratingagenturen, *Fleischer*, Gutachten F zum 64. Deutschen Juristentag, S. F140 f.
[1719] Im Kontext von Stellungnahmen nach § 27 WpÜG im Ergebnis ebenfalls Baums/Thoma-*Harbarth*, § 27 WpÜG, Rdn. 132.
[1720] Dazu *Schneider*, ZHR 163 (1999), 246, 249; *Honsell*, in: FS Medicus, S. 211, 213.
[1721] *Honsell*, in: FS Medicus, S. 211, 213, mit Hinweis auf das römische *mandatum tua gratia*.
[1722] *Köhler*, DBW 63 (2003), 77, 80, zur vergleichbaren Situation bei *comfort letters*, in der der Emissionsbank die Position des vertragsfremden Dritten außerhalb der Vertragsbeziehung zwischen Emittent und Ersteller des *comfort letters* zukommt.
[1723] *Schwichtenberg*, ZvglRWiss 91 (1992), 290; *Zugehör*, NJW 2000, 1601, 1602; *Quick*, BFuP 2000, 525, 527.

Dem steht nicht entgegen, dass der Dritte sich durch seine eigene Vermögensdisposition, etwa durch die Andienung von Aktien zu einem unangemessen niedrigen Preis, selbst schädigt.[1725] Gleichwohl besteht bei der Erfassung der Dritthaftung insgesamt die Notwendigkeit, das Haftungsrisiko des Schuldners nicht ungerechtfertigt auszuweiten und von reinen „Reflexwirkungen", die keinen Schadenersatzanspruch auslösen,[1726] abzugrenzen. Vor diesem Hintergrund sind im Folgenden die möglichen Anspruchsgrundlagen nach deutschem Recht einer Untersuchung zu unterziehen. Dazu gehören Prospekthaftung, Vertrauenshaftung, deliktische Haftung, Auskunftsvertrag und Vertrag mit Schutzwirkung für Dritte. Die Gehilfenhaftung (§ 831 BGB) entfällt, wenn der Geschäftsherr darlegt und beweist, dass er bei der Auswahl und Leitung des Gehilfen die erforderliche Sorgfalt beachtet hat oder der Schaden auch bei Anwendung dieser Sorgfalt entstanden wäre.

1.) Prospekthaftung

a)   Börsenrechtliche Prospekthaftung

Im Bereich der gesetzlichen Prospekthaftung nach BörsG und VerkProspG wurde in Deutschland, anders als in den USA, bislang eine unmittelbare Haftung von Experten gegenüber den Anlegern für ihre in einem Prospekt abgedruckten fachlichen Erklärungen abgelehnt.[1727] Vor diesem Hintergrund stellt sich die Frage nach der möglichen Subsumtion einer *fairness opinion* unter den Expertenbegriff des Verkaufsprospekts in Deutschland *de lege lata* nicht. De lege ferenda hat der Arbeitskreis „Abschlussprüfung und Corporate Governance" allerdings einen Vorschlag zur Erweiterung der börsenrechtlichen Prospekthaftung von Abschlussprüfern und sonstigen Sachverständigen unterbreitet.[1728] Vor diesem Hintergrund hat das Bundesfinanzministerium in einem Diskussionsentwurf zu einem Kapitalmarktinformationshaftungsgesetz (KapInHaG) die Einführung einer Prospekthaftung von Experten in Gestalt eines § 44a BörsG-E vorgeschlagen.[1729]

Für die Anwendbarkeit dieser beabsichtigten Regelung müsste eine *fairness opinion* als Prospekt i.S.d. Börsengesetzes zu qualifizieren sein. Die für die börsengesetzliche Prospekthaf-

---

[1724] BGH NJW 1984, 355, 356, zu Verkehrs- und Ertragswertgutachten; BGHZ 127, 378 ff. zu Bausachverständigengutachten.
[1725] *Martiny*, JZ 1996, 19, 24.
[1726] BGH NJW 1977, 2073, 2074.
[1727] Regierungsentwurf zum Dritten Finanzmarktförderungsgesetz zu § 45 BörsG, BT Drucks 13/8933, S. 78; *Groß*, Kapitalmarktrecht, §§ 45, 46 BörsG, Rdn. 20; Schäfer-*Hamann*, §§ 45, 46 BörsG a.F., Rdn. 44; Assmann/Schütze-*Assmann*, § 7, Rdn. 205.
[1728] *Baums/Fischer*, Haftung des Prospekt- und des Abschlussprüfers gegenüber den Anlegern, S. 6.
[1729] Der Entwurf ist mit Begründung abgedruckt in NZG 2004, 1042; dazu *Zimmer*, WM 2005, 577 ff.

tung maßgeblichen §§ 45, 46 Abs. 1 BörsG begründen eine Haftung nur für solche Schriftstücke, die als Börsenzulassungsprospekte i.S.v. §§ 36 Abs. 3 Satz 2, 38 Abs. 1 Satz 2 BörsG i.V.m. § 13 ff. BörsZulVO anzusehen sind und aufgrund derer die Wertpapiere zum Börsenhandel zugelassen wurden.[1730] Auf Grund der Änderungen des Anlegerschutzverbesserungsgesetzes vom 1. Juli 2005 werden nunmehr auch Verkaufsprospekte für nicht in Wertpapieren verbriefte Vermögensanlagen einbezogen. Der vorgeschlagene Haftungstatbestand umfasst nicht den Fall, dass auf die Mitwirkung des Experten entgegen § 30 Abs. 2 BörsZulVO nicht hingewiesen wurde.[1731] Der zuvor umrissene Anwendungsbereich für *fairness opinions* in Deutschland verdeutlicht, dass die *fairness opinion* – auch im Falle einer Änderung der Vorschriften – keinen Teil eines Prospektes in diesem Sinne darstellt. Auch mangelt es an dem im Diskussionsentwurf enthaltenen Tatbestandsmerkmal der ausdrücklichen Verantwortungsübernahme durch den Experten.[1732] Folglich muss die börsenrechtliche Prospekthaftung auch nach § 44a BörsG-E als Haftungsgrundlage für eine Dritthaftung der Ersteller von *fairness opinions* ausscheiden.

b)   Spiegelbildliche Anwendung von § 12 Abs. 1 Nr. 1 WpÜG

Für eine im Rahmen einer Stellungnahme der Verwaltungsorgane zu einem öffentlichen Angebot (§ 27 WpÜG) abgegebene *fairness opinion* könnte weiterhin eine spiegelbildliche Anwendung von § 12 Abs. 1 Nr. 1 WpÜG in Betracht kommen. Nach dieser Norm haftet, wer erkennbar die Verantwortung für die Angebotsunterlage übernimmt. Allerdings verpflichtet das WpÜG ein Wertpapierdienstleistungsunternehmen weder auf Bieterseite die Angebotsunterlage noch auf der Seite der Zielgesellschaft die Stellungnahme mit zu unterschreiben.[1733] Die Stellung des Erstellers einer *fairness opinion* unterscheidet sich damit von der eines Emissionsbegleiters nach § 30 Abs. 2 BörsG i.V.m. § 13 Abs. 1 Satz 5 BörsZulV. Zudem kommt für Dritte eine Haftung als Angebotsveranlasser nur bei einem eigenen wirtschaftlichen Interesse in Betracht.[1734] Ein abweichendes Ergebnis könnte allenfalls in Betracht kommen, wenn zwischen der Zielgesellschaft und dem Berater ein direkt erfolgsabhängiges Honorar vereinbart wird.[1735] Dafür reichen Dienstleistungen in Teilbereichen des Übernahmeverfahrens allerdings nicht aus.[1736] Demnach kann für Wertpapierdienstleistungsunterneh-

---

[1730] Assmann/Schütze-*Assmann*, § 7, Rdn. 48.
[1731] *Baums/Fischer*, Haftung des Prospekt- und des Abschlussprüfers gegenüber den Anlegern, S. 7.
[1732] Dazu kritische *Zimmer/Binder*, WM 2005, 577, 580.
[1733] *Möllers*, ZGR 2002, 664, 688.
[1734] Begr. Reg-E § 12 WpÜG, BT-Drucks. 14/7034, S. 42.
[1735] Hierzu oben S. 215 ff.
[1736] *Möllers*, ZGR 2002, 664, 689, mit Verweis auf die börsenrechtliche Prospekthaftung; für eine weitere Erfassung einzelner Finanzdienstleister einer *due diligence* hingegen Ehricke/Ekkenga/Oechsler-*Oechsler*, § 12 WpÜG, Rdn. 8.

men *de lege lata* keine Haftung nach § 12 WpÜG begründet werden.[1737] Dieses Ergebnis wird zudem durch teleologische Überlegungen fundiert; eine Beratung diene ja gerade einer Beschleunigung des Verfahrens, während ein erhebliches Haftungsrisiko den Prüfer zu einer derart sorgfältigen und eingehenden Prüfung veranlassen würde, dass der Zeitgewinn deutlich relativiert wäre.[1738] Im Ergebnis kann somit auch eine spiegelbildliche Anwendung dieser Anspruchsgrundlage für den Berater der Verwaltungsorgane einer Zielgesellschaft keine Haftung begründen. Insofern kommt es auf die analoge Anwendbarkeit von § 12 WpÜG auf die Vorschrift des § 27 WpÜG hier nicht an.[1739]

c) Bürgerlich-rechtliche Prospekthaftung

Die bürgerlich-rechtliche Prospekthaftung wurde von der Rechtsprechung aus der Vertrauenshaftung für Verschulden vor oder bei Vertragsschluss und in Anlehnung an gesetzliche Prospekthaftungsregeln zum Schutz des Kapitalanlegers entwickelt, der seine Anlageentscheidung auf Grund eines Werbeprospektes trifft.[1740] Zu den Prospektverantwortlichen zählen Personen, die wegen ihrer herausgehobenen Stellung oder als berufsmäßige Sachkenner eine „Garantenstellung" einnehmen und mit ihrer Zustimmung als Fachleute im Prospekt angeführt werden und darin Erklärungen abgeben, die in ihrer Außenwirkung einen besonderen – zusätzlichen – Vertrauenstatbestand schaffen.[1741] Eine unbegrenzte Expertenhaftung ist jedoch bei leicht fahrlässigem Verhalten mit § 45 Abs. 1 BörsG unvereinbar, wonach selbst der Emittent nur für grobe Fahrlässigkeit haftet.[1742] Als Prospekt i.S.d. bürgerlich-rechtlichen Prospekthaftung ist jede marktbezogene, d.h. an eine bestimmte Zahl von Personen gerichtete schriftliche Erklärung, die für die Beurteilung der Anlage erhebliche Angaben enthält oder den Eindruck eines solchen Inhalts erwecken soll, zu qualifizieren.[1743] Dazu muss der Prospekt die wichtigste Informationsquelle sein, die den Anleger in die Lage versetzt, die Anlage objektiv zu beurteilen und sein Risiko richtig einzuschätzen.[1744] Da die Stellungnahme nach § 27 WpÜG kapitalmarktrechtlich ausgestaltet ist, finden auf sie die für die zivilrechtliche Prospekthaftung geltenden Regelungen entsprechende Anwendung.[1745] Damit sich dies auch

---

[1737] *Möllers*, ZGR 2002, 664, 690; KK-*Möllers*, § 13 WpÜG, Rdn. 36; zurückhaltend auch KK-*Hirte*, § 27 WpÜG, Rdn. 29.
[1738] *Möllers*, ZGR 2002, 664, 690; KK-*Möllers*, § 13 WpÜG, Rdn. 36.
[1739] Zu dieser Problematik KK-*Hirte*, § 27 WpÜG, Rdn. 27; Baums/Thoma-*Harbarth*, § 27 WpÜG, Rdn. 135 f.
[1740] *Zugehör*, NJW 2000, 1601, 1607 m.w.N.
[1741] BGHZ 77, 172, 176 f.; BGHZ 79, 337, 341; BGHZ 83, 222, 224; BGHZ 111, 314, 319; BGH NJW 1995, 1025.
[1742] *Baums/Fischer*, Haftung des Prospekt- und des Abschlussprüfers gegenüber den Anlegern, S. 4.
[1743] Assmann/Schütze-*Assmann*, § 7, Rdn. 57.
[1744] Assmann/Schütze-*Assmann*, § 7, Rdn. 91, mit Bezug auf BGHZ 115, 214, 218 und BGHZ 111, 314, 317.
[1745] KK-*Hirte*, § 27 WpÜG, Rdn. 27; Ehricke/Ekkenga/Oechsler-*Ekkenga*, § 27 WpÜG, Rdn. 44; *Hopt*, ZHR 166 (2002), 383, 431; Haarmann/Riehmer/Schüppen-*Röh*, § 27 WpÜG, Rdn. 49; a.A. Geibel/Süßmann-

auf die *fairness opinion* erstreckt, müsste die *fairness opinion* einen integralen Bestandteil der Stellungnahme nach § 27 WpÜG darstellen.

d) Haftung des Abschlussprüfers für unrichtige Angaben (§ 37d WpHG n.F.)

De lege ferenda wird eine Haftung des Abschlussprüfers für unrichtige Angaben nach § 37d WpHG n.f. vorgeschlagen.[1746] Diese Vorschrift ist in ihrem Anwendungsbereich jedoch auf die Funktion des Jahresabschlussprüfers beschränkt. Somit werden die Ersteller einer *fairness opinion* von ihr nicht erfasst.

2.) Auskunftsvertrag

Den Anteilseignern der betroffenen Gesellschaft könnte ein eigener vertraglicher Ersatzanspruch gegen den Ersteller der *fairness opinion* zustehen, der einem etwaigen Anspruch aus dem Gesichtspunkt des Vertrages mit Schutzwirkung Dritter vorginge. Dieser Anspruch könnte sich gegenüber dem Ersteller einer *fairness opinion* aus einer positiven Verletzung eines selbstständigen, vom Vertrag mit dem Emittenten unterscheidbaren Auskunftsvertrag zwischen dem Ersteller der *fairness opinion* und den Anteilseignern ergeben. Bezüglich dieser Anspruchsgrundlage kann zwischen einem ausdrücklichen und einem stillschweigenden Auskunftsvertrag unterschieden werden.

a) Ausdrücklicher Auskunftsvertrag

Haftungsbegründend kann sich insbesondere eine direkte Kommunikation des Erstellers einer *fairness opinion* mit Anteilseignern der betroffenen Gesellschaft auswirken.[1747] Dies setzt allerdings die Existenz eines *ausdrücklichen* Auskunftsvertrags zwischen den Anteilseignern der betroffenen Gesellschaft und dem Ersteller einer *fairness opinion* voraus. Ein direkter Versand einer *fairness opinion* von deren Ersteller an die Anteilseigner ist in der Praxis jedoch unüblich. Auch bei einem etwaigen direkten Kontakt zwischen einzelnen bedeutenden Investoren einer Gesellschaft und dem Ersteller einer *fairness opinion* kommt eine ausdrückliche Einigung über die Erteilung einer Auskunft nur selten in Betracht; es liegt grundsätzlich nicht im Interesse des Erstellers der *fairness opinion,* einen Auskunftsvertrag mit Anteilseignern der betroffenen Gesellschaft abzuschließen.[1748]

Grobys/Schwennicke, § 27 WpÜG, Rdn. 51, für eine abschließende Regelung der übernahmerechtlichen Direkthaftung für Fehlinformationen in § 12 WpÜG.
[1746] *Baums/Fischer*, Haftung des Prospekt- und des Abschlussprüfers gegenüber den Anlegern, S. 18.
[1747] *Ebke/Siegel*, WM 2001, Sonderbeilage Nr. 2, 3, 16, entsprechend für *comfort letters*.
[1748] Vgl. Rechtsprechung gegen die Annahme eines stillschweigenden Auskunftsvertrags bei der Jahresabschlussprüfung OLG Düsseldorf, WPK-Mitt. 1999, 258, 259; LG Hamburg, WM 1999, 139, 140; LG Frankfurt am Main WM 1997, 1932 f.; LG Mönchengladbach, NJW-RR 1991, 415, 415.

b) Stillschweigender Auskunftsvertrag

Das Fehlen einer ausdrücklichen Einigung zwischen dem Dritten und dem Sachverständigen hat die Rechtsprechung in der Vergangenheit haftungsbegründend über einen „stillschweigend" geschlossenen Auskunftsvertrag gelöst.[1749] Insbesondere bei der Erteilung von Auskünften oder Bescheinigungen, Erstattung von Gutachten und Durchführungen freiwilliger oder sonstiger betriebswirtschaftlicher Prüfungen würde ein stillschweigend geschlossener Auskunftsvertrag zur Anwendung gebracht.[1750] Als Voraussetzung für das Vorliegen eines stillschweigenden Auskunftsvertrags wird angenommen, dass die Auskunft für den Empfänger erkennbar von erheblicher Bedeutung gewesen ist und dieser sie andererseits zur Grundlage wesentlicher Entschlüsse oder Maßnahmen gemacht hat.[1751] Grundsätzlich kann einer *fairness opinion* eine erhebliche Bedeutung für das Entscheidungsverhalten von Anteilseignern zugesprochen werden. Auch kann sie Grundlage der Abwägung von Anteilseignern sein; denn bei geringen Beteiligungshöhen erübrigt sich häufig für den Aktionär eine selbstständige Analyse aus Kostengründen und ggf. mangels besonderer Kenntnisse. Im Schrifttum wurde diesem Ansatz wiederholt vorgeworfen, dass ein Wille des Sachverständigen, für die Richtigkeit von Gutachten oder Auskünften gegenüber Dritten einzustehen, von denen er kein Honorar erhalte und die er nicht kenne, nicht vorhanden sei und die Annahme eines derartigen Vertragsschlusses eine reine Fiktion darstelle.[1752] Der Sachverständige hafte nach den Worten von *Medicus* nicht, „*wo er will, sondern wo er soll*".[1753] Allerdings hat der BGH in seiner Entscheidung vom 17.9.1985 deutlich gemacht, dass die Bedeutung der Auskunft für den Empfänger seinerseits und die Sachkunde des Auskunftgebers allein nicht ausreichen, um einen stillschweigend geschlossenen Auskunftsvertrag anzunehmen. Diesen Kriterien könne lediglich eine Indizienfunktion zukommen.[1754] Der BGH stellt nunmehr entscheidend darauf ab, ob die Gesamtumstände unter Berücksichtigung der „Verkehrsauffassung" und der „Verkehrsbedürfnisse" den Rückschluss zulassen, dass beide Teile die Auskunft zum Gegenstand

---

[1749] *Ebke/Siegel*, WM 2001, Sonderbeilage Nr. 2, 3, 17; *Quick*, DBW 60 (2000), 60, 65.
[1750] *Ebke/Siegel*, WM 2001, Sonderbeilage Nr. 2, 3, 17; *Ebke*, Zivilrechtliche Verantwortlichkeit, S. 45 f. Nichtannahmebeschluss des IX. Zivilsenats des BGH GI 1995, 130 f.
[1751] *Grunewald*, AcP 187 (1987), 285, 294 ff.; *Hirte*, Berufshaftung, S. 387; *Hopt*, AcP 183 (1983), 608, 617 f.; *Huber*, in: FS von Caemmerer, S. 359, 368; *Jost*, Auskunfts- und Beraterhaftung, S. 44 ff.; *Lammel*, AcP 179 (1979), 337, 339 ff.; *Lang*, WM 1988, 1001, 1005; *Lorenz*, in: FS Larenz, S. 575, 584; *Wiegand*, Sachwalterhaftung, S. 78 ff., mit ausführlichem Überblick zur Rechtsprechung des BGH.
[1752] *Von Bar*, Verkehrspflichten, S. 230 ff.; *Ebke*, Wirtschaftsprüfer und Dritthaftung, S. 66 ff.; *Grunewald*, AcP 187 (1987), 285, 294 ff.; *Hopt*, AcP 183 (1983), 608, 617 f.; *Honsell*, in: FS Medicus, S. 211, 219; *Huber*, in: FS von Caemmerer, S. 359, 376; *Jost*, Auskunfts- und Beraterhaftung, S. 112; *Lammel*, AcP 179 (1979), 337, 338 ff.; *Schmitz*, DB 1989, 1909, 1910 f., allerdings mit Zustimmung bei direkter Kontaktaufnahme; *Stahl*, Dritthaftung, S. 50; *Wiegand*, Sachwalterhaftung, S. 56 ff.; *Zugehör*, NJW 2000, 1601, 1606; weitere Literaturübersicht bei *Hirte*, Berufshaftung, S. 387 f.
[1753] So die häufig aufgegriffene Formulierung von *Medicus*, Bürgerliches Recht, Rdn. 371.
[1754] BGH NJW 1986, 180, 181.

vertraglicher Rechte und Pflichten machen wollen.[1755] Vor diesem Hintergrund sei es erforderlich, dass der Sachverständige mit dem Dritten unmittelbar in Kontakt trete und für die Richtigkeit und Vollständigkeit seiner Erklärungen erkennbar einstehen will.[1756]

Im Fall einer *fairness opinion* tritt deren Ersteller allenfalls mit bedeutenden Investoren der betroffenen Gesellschaft in Kontakt, während eine Kontaktaufnahme mit dem gesamten Aktionariat einer Gesellschaft in der Praxis ausgeschlossen ist. Allerdings ist dem Ersteller einer *fairness opinion* die Existenz der Aktionäre und die Offenlegung seiner Expertise zum Zeitpunkt der Mandatierung ohne Zweifel bekannt. Einer möglichen Annahme, dass der *opinion letter* einer *fairness opinion* einer Information der Aktionäre dienen solle, begegnet die Praxis mit dem expliziten Hinweis im *opinion letter*, dass dieser keine Handlungsempfehlung an die Aktionäre darstelle. Damit wird seitens der Ersteller von *fairness opinions* dokumentiert, dass ihrerseits kein erkennbarer Rechtsbindungswille gegenüber den Aktionären besteht (Einwand der abredewidrigen Vorlage der Ausarbeitung an einen anderen Dritten).[1757] Die Wirksamkeit der Einrede setzt allerdings die Offenlegung des *opinion letters* gegenüber den Aktionären voraus. Auch werden als Adressaten des *opinion letters* meist ausschließlich die Verwaltungsorgane genannt (dazu oben S. 16). In der bisherigen deutschen Praxis kommt es vor, dass ein einzelner bedeutender Investor bei der Existenz eines persönlichen Kontakts mit dem Ersteller der Transaktionsbewertung ausdrücklich aus dem Adressatenkreis einer *fairness opinion* ausgenommen wird und der Ersteller ihm gegenüber keine Erklärung abgibt.[1758] Vor diesem Hintergrund muss ein stillschweigender Auskunftsvertrag zwischen dem Ersteller der *fairness opinion* und den Anteilseignern der betroffenen Gesellschaft regelmäßig ausscheiden.[1759]

3.) Drittschadensliquidation

Ist der Schaden infolge einer Leistungsstörung des Vertragsschuldners nicht beim Vertragsgläubiger, sondern bei einem Dritten eingetreten, so kann der Vertragsgläubiger diesen Drittschaden dann geltend machen („liquidieren"), wenn die Interessen dieser Personen so eng

---

[1755] BGH NJW 1986, 180, 181; *Ebke/Siegel*, WM 2001, Sonderbeilage Nr. 2, 3, 17.
[1756] BGHZ 127, 378, 380; BGH NJW 1992, 2080, 2082; BGH NJW 1973, 321, 323; OLG Düsseldorf GI 1999, 218, 220; OLG München WM 1997, 613, 615; LG Hamburg WM 1999, 139, 140; LG Mönchengladbach, NJW-RR 1991, 415, 415.
[1757] *Stahl*, Dritthaftung, S. 142 f.
[1758] Exemplarisch *fairness opinion* der *Goldman Sachs & Co. OHG* im Zusammenhang der begründeten Stellungnahme des Vorstands der *Celanese AG*, § 27 Abs. 3 Satz 1 WpÜG, S. 11, zum Kontakt zwischen dem Ersteller der *fairness opinion* und dem Anteilseigner, S. 15 und Anlage 1, S. 4.
[1759] Im Ergebnis für Wertgutachten ebenfalls *Schäfer*, AcP 202 (2002), 808, 817, der darin eine „Überdehnung" oder gar eine „Verkehrung" des Vertragsgedankens sieht; a.A. *Phillipsen*, Dritthaftung des privat beauftragten Gutachters, S. 131 ff.

verknüpft sind, dass der Vertragsgläubiger die Belange des Dritten wahrzunehmen hat und der Vertragsschuldner dies auch vorhersehen kann.[1760] Anerkannte Fälle des Instituts der Schadensliquidation im Drittinteresse, die keine eigenständige Anspruchsgrundlage bildet, sondern nur die Anspruchsdurchsetzung ermöglicht, sind der Vertragsschluss in mittelbarer Stellvertreterschaft für Rechnung eines Dritten,[1761] die so genannte Gefahrenentlastung, §§ 447, 644 Abs. 2 BGB,[1762] und die Obhutspflicht für eine fremde Sache.[1763] Im Fall von Unternehmenstransaktionen liegt ein Schaden infolge einer fehlenden wirtschaftlichen Angemessenheit der Gegenleistung bei den Anteilseignern und nicht bei der Gesellschaft selbst. Die Drittschadensliquidation führt damit Ersatzanspruch und Schaden bei den Anteilseignern zusammen. Der Sachverhalt einer *fairness opinion* unterscheidet sich jedoch von den typischen Fallgestaltungen einer Drittschadensliquidation dahingehend, dass es sich gerade nicht um einen zufälligen Drittschaden, eine zufällige Schadensverlagerung auf einen nur mittelbar geschädigten Dritten, sondern um eine unmittelbare Schädigung des Dritten handelt.[1764] Damit kommt eine Drittschadensliquidation, die Vorrang vor den Regeln des Vertrages mit Schutzwirkung zu Gunsten Dritter hätte,[1765] hinsichtlich der Haftung der Ersteller von *fairness opinions* als Anspruchsgrundlage nicht in Betracht.[1766]

4.) Vertrauenshaftung (§ 311 Abs. 3 i.V.m. § 280 Abs. 1 BGB)

a) Tatbestandsvoraussetzungen

Auch wenn die Voraussetzungen der allgemeinen zivilrechtlichen Prospekthaftung nicht erfüllt sind, kann nach der Rechtsprechung des BGH eine Schadenersatzhaftung aus Verschulden bei Vertragsabschluss (*culpa in contrahendo*) in Betracht kommen. Als Anspruchsgrundlage dient heute § 311 Abs. 3 i.V.m. § 280 Abs. 1 BGB, womit die schon vor der Schuldrechtsreform entwickelte Vertrauenshaftung der Rechtsfigur *culpa in contrahendo* nunmehr kodifiziert wurde.[1767] Dazu müsste der Ersteller einer *fairness opinion* durch „vertrauenswerbende und -bildende Äußerungen über das Vertragsobjekt" auch für sich selbst Vertrauen in Anspruch genommen und tatsächlich gewährt bekommen haben. Ein rechtsge-

---

[1760] *Weber*, NZG 1999, 1, 3; *Zugehör*, NJW 2000, 1601, 1605.
[1761] BGHZ 25, 250, 258; BGHZ 40, 91, 100; BGH WM 1987, 581, 582; BGH NJW 1998, 1864, 1865.
[1762] BGHZ 40, 91, 101; BGHZ 52, 359, 363 f.
[1763] BGHZ 40, 91, 101; BGH NJW 1969, 789, 790; BGH NJW 1985, 2411 f.
[1764] BGHZ 127, 378 = JZ 1995, 306, 308 f. mit Anmerkung *Medicus*; *Bayer*, Vertrag zugunsten Dritter, S. 193 f.; *Ebke*, Wirtschaftsprüfer und Dritthaftung, S. 65 f.; *Weber*, NZG 1999, 1, 3.
[1765] *Berg*, NJW 1978, 2018, 2019; *Zugehör*, NJW 2000, 1601, 1605.
[1766] Allgemein zur Abgrenzung zwischen Drittschadensliquidation und vertraglichem Drittschutz *Traugott*, ZIP 1997, 872 ff.; mit entsprechendem Ergebnis für die *legal opinion Adolff*, Third Party Legal Opinions, S. 109.
[1767] *Schäfer*, Dritthaftung des Wirtschaftsprüfers für Vermögensschäden auf Primär- und Sekundärmärkten, S. 19, mit dem Hinweis, dass die Kodifizierung reine Vermögensschäden ausdrücklich einschließe.

schäftlicher Kontakt zwischen Anteilseignern und Erstellern einer *fairness opinion* ist hingegen nicht erforderlich.[1768] Damit sollen durch das Institut der Vertrauenshaftung ausschließlich solche Informationen, die im Rahmen der beruflichen Tätigkeit des Auskunftsgebers erteilt werden und die für den Empfänger eine erkennbare vermögenswirksame Bedeutung haben, geschützt werden.[1769] Dazu müsste die Gesellschaft gegenüber den Anteilseignern unter Hinweis auf die Existenz der *fairness opinion* oder mit konkreten Angaben des Erstellers der *fairness opinion* geworben haben und der Ersteller der *fairness opinion* damit haben rechnen müssen, dass die Verwaltungsorgane die *fairness opinion* oder die darin enthaltenen Informationen gegenüber den Anteilseignern verwenden würden. Dafür kommt die Bezugnahme auf die *fairness opinion* in gesetzlich normierten Berichten der Verwaltungsorgane, etwa einer Stellungnahme nach § 27 WpÜG, sowie ihre Veröffentlichung als Anlage zu diesen Dokumenten in Betracht.

Der diesbezüglichen Rechtsprechung liegt der allgemeine Rechtsgedanke zugrunde, dass für die Richtigkeit und Vollständigkeit der in Verkehr gebrachten Angaben jeder einstehen muss, der durch von ihm in Anspruch genommenes und durch ihm entgegengebrachtes Vertrauen auf den Willensentschluss der Anleger Einfluss genommen hat.[1770] Eine Haftung kommt allerdings nur dann in Betracht, wenn dem Ersteller der *fairness opinion* vertraglich die umfassende Wahrung der Rechte und Interessen der Wertpapiererwerber übertragen wurde und er *positive assurances* macht.[1771] Im Gegensatz zu *comfort letters* ist dies bei *fairness opinions* in der Aussage zur wirtschaftlichen Angemessenheit anzunehmen. Die inhaltlichen Grenzen der positiven Aussagen des Experten bilden folglich die Grenzen des Vertrauenstatbestands.[1772] Bezogen auf die *fairness opinion* bedeutet dies, dass die Bestätigung des Erstellers zwar die wirtschaftliche Fairness eines Transaktionspreises umfasst, dies allerdings nicht der höchste erzielbare Preis sein muss. Insoweit handelt ein Anleger wieder auf eigene Gefahr.

b) Einschränkungen des Vertrauenstatbestands

Der Ersteller einer *fairness opinion* kann den Vertrauenstatbestand allerdings auf unterschiedliche Weise einschränken und somit eine Dritthaftung gegenüber den Anteilseignern der ihn mandatierenden Gesellschaft zu unterbinden versuchen.

[1768] Vgl. *Canaris*, in: 2. FS Larenz, S. 27, 93 ff.; *Lorenz*, in: FS Larenz, S. 575, 588; *Picker*, in: FS Medicus, S. 397, 413; *Schäfer*, AcP 202 (2002), 808, 819, „der Dritte [hat] keinen Anspruch auf Lieferung des Gutachtens gegenüber dem Gutachter [...]. Wird ihm aber das Gutachten zugänglich gemacht und ist es schuldhaft fehlerhaft, so hat der Dritte Anspruch auf Schadenersatz".
[1769] *Hirte*, Berufshaftung, S. 20.
[1770] BGHZ 145, 187, 194 f.; dazu auch *Möllers*, JZ 2001, 909 ff.
[1771] *Ebke/Siegel*, WM 2001, Sonderbeilage Nr. 2, 3, 19.

aa) Sorgfaltsmaßstab

Zunächst besteht die Möglichkeit, innerhalb des *opinion letters* anzugeben, dass der Ersteller der *fairness opinion* Ertragsprognosen der Gesellschaft ungeprüft von den Verwaltungsorganen übernommen habe.[1773] Die Reichweite der Expertenäußerung bestimmt insgesamt die Reichweite des Vertrauenstatbestands, so dass Aussagen, die von der Expertenäußerung ausgenommen sind, nicht Gegenstand des Vertrauenstatbestands werden.[1774]

bb) Gläubigerkreis

Weiterhin kann der Ersteller der *fairness opinion* auf diese Weise auch den Kreis der Personen einschränken, die Vertrauen in die *fairness opinion* setzen dürfen.[1775] Personen, denen signalisiert wird, sie dürften sich auf die Expertenäußerung nicht verlassen, können nicht zugleich Adressaten oder primäre Weitergabeempfänger sein.[1776] Folglich muss die abgegebene Erklärung an den Geschädigten „gerichtet" oder „adressiert" sein.[1777] Auch von dieser Option der Begrenzung der Dritthaftung wird in der Praxis in den *opinion letters* regelmäßig Gebrauch gemacht.[1778] Voraussetzung für die Wirksamkeit dieser Einschränkung des Vertrauenstatbestands ist allerdings die Offenlegung des *opinion letters*. Demnach entfalten die Vereinbarungen des *engagement letters* zwischen der Gesellschaft und dem Ersteller der *fairness opinion* allein keine ausreichende Wirkung.[1779] Schließlich können Haftungsbeschränkungen hinsichtlich ihrer Höhe oder des Erfordernisses von Fahrlässigkeit als Regelungen von Rechtsfolgen nicht zu Einschränkungen des Vertrauenstatbestands führen, selbst wenn sie Teil des *opinion letters* wären.[1780]

[1772] *Schneider*, ZHR 163 (1999), 246, 263.
[1773] *Canaris*, ZHR 163 (1999), 206, 230; exemplarisch dazu die Formulierung aus dem *opinion letter* der *fairness opinion* von *Merrill Lynch International* vom 31.8.2004 (*Viva Media AG*), „Wir sind bei der Erstellung dieser Stellungnahme von der Richtigkeit, Genauigkeit und Vollständigkeit sämtlicher Informationen ausgegangen, die uns zur Verfügung gestellt wurden, mit uns diskutiert wurden oder uns in sonstiger Weise vorlagen oder von uns verwertet wurden oder aus öffentlichen Quellen stammen, und übernehmen keine Gewähr für eine eigenständige Überprüfung dieser Informationen".
[1774] *Schneider*, ZHR 163 (1999), 246, 268.
[1775] *Bosch*, ZHR 163 (1999), 275, 284; *Canaris*, ZHR 163 (1999), 206, 230; *Schneider*, ZHR 163 (1999), 246, 266 f.
[1776] *Schneider*, ZHR 163 (1999), 246, 266 f.
[1777] *Canaris*, in: 2. FS Larenz, S. 27, 94 f.; *Lorenz*, in: FS Larenz, S. 575, 619.
[1778] Exemplarisch dazu auch die Formulierung des *opinion letter* der *J.P. Morgan GmbH* an den Vorstand der früheren *Thyssen AG* vom 10.9.1998, S. 5 f. „Dieses Schreiben richtet sich nicht an Personen außerhalb des Vorstandes von *Thyssen* (nachfolgend „Dritte"), insbesondere nicht an Anteilseigner von *Thyssen* oder andere, an der Transaktion mittelbar oder unmittelbar beteiligte Parteien. Es ist nicht der Zweck dieses Schreibens, Dritte in ihrer Entscheidungsfindung im Hinblick auf die Transaktion oder auf andere geschäftliche Dispositionen zu unterstützen, d.h. insbesondere stellt dieses Schreiben keine Empfehlung an die Aktionäre von *Thyssen* und/oder *Krupp* im Hinblick auf ihr Abstimmungsverhalten in den Hauptversammlungen der beiden Gesellschaften dar. *J.P. Morgan* übernimmt Dritten gegenüber keine Haftung für die Richtigkeit der in diesem Schreiben gemachten Aussagen."
[1779] *Schneider*, ZHR 163 (1999), 246, 267.
[1780] Zur Bank- und Finanzpraxis allgemein *Bosch*, ZHR 163 (1999), 275, 284.

c)   Zwischenergebnis

Wenn man die Haftung des Experten vertrauensrechtlich qualifiziert, stellt die Wirksamkeit der Einschränkungen des Vertrauenstatbestands ohne jegliche Inhaltskontrolle eine systembedingte Notwendigkeit dar.[1781] Damit kann dem Ersteller der *fairness opinion* weitgehend der Ausschluss einer vertrauensrechtlich qualifizierten Haftung gegenüber den Anteilseignern der ihn mandatierenden Gesellschaft gelingen. Ohne Einfluss auf die Haftung bleibt die Frage, ob die *fairness opinion* gegenüber den Anteilseignern der Gesellschaft offen gelegt wurde. Dies ist von erheblicher Bedeutung; denn die Offenlegung liefert den Anteilseignern wesentliche Informationen und eine fehlende Offenlegung ist kein „Schutzschild" gegen die Haftung.

5.)   Vertrag mit Schutzwirkung für Dritte

Zu differenzieren ist zwischen einem echten Vertrag zugunsten Dritter (§ 328 BGB), der dem Dritten ein eigenes Forderungsrecht und bei einer Vertragsverletzung einen eigenen Schadenersatzanspruch gegenüber dem Ersteller der *fairness opinion* zuspricht,[1782] und einem Vertrag, der lediglich eine Schutzwirkung für Dritte entwickelt. Hinsichtlich des Instruments der *fairness opinion* scheidet ein echter Vertrag zugunsten Dritter, der Anteilseigner der Gesellschaft, aus; denn ein erforderlicher derartiger Wille der Vertragsparteien ist nicht anzunehmen.[1783] Allerdings kommt ein Vertrag mit Schutzwirkung zugunsten Dritter in Betracht. Bereits das Reichsgericht hat in Anwendung des § 328 BGB einer Person, die bei der Erfüllung eines fremden Vertrages geschädigt worden ist, durch ergänzende Auslegung aus diesem Vertrag abgeleitete Schadenersatzansprüche zugestanden. In Entscheidungen aus den Jahren 1965 und 1977 hat der BGH erstmalig die vertragliche Schutzwirkung für einen Dritten auch auf die geschuldete Hauptleistung, hier die Rechtsberatung, erstreckt.[1784] Seitens der Rechtsprechung werden somit Dritte durch einen fremden Vertrag, auf Grund dessen ein Rechtsanwalt, Steuerberater oder Wirtschaftsprüfer eine Auskunft erteilt, ein Gutachten anfertigt oder einen Zwischen- oder Jahresabschluss erstellt, geschützt.[1785] Von der grundsätzlichen Idee der Erweiterung des Gläubigerkreises von Körper- und Gesundheitsschäden hat sich das Modell des Vertrages mit Schutzwirkung zugunsten Dritter zunehmend zu einem Schutz allein poten-

---

[1781] *Canaris*, ZHR 163 (1999), 206, 230 ff.
[1782] Zur Differenzierung zwischen einem berechtigendem („echten") und einem ermächtigendem („unechten") Vertrag zugunsten Dritter statt vieler Soergel-*Hadding*, § 328 BGB, Rdn. 3.
[1783] Entsprechend für Abschlussprüfungen und Steuerberatung *Geuer*, Management des Haftungsrisikos, S. 65; *Czech*, BB 1975, 723, 723; entsprechend für Legal Opinions, *Adolff*, Third Party Legal Opinions, S. 96.
[1784] BGH NJW 1965, 1955; BGH NJW 1977, 2073 f.
[1785] BGH WM 1986, 711; BGH NJW 1983, 1053, 1054; BGH WM 1993, 897 f.; BGHZ 138, 257; zurückhaltend dazu *Zugehör*, NJW 2000, 1601, 1604, m.w.N.; zurückhaltend *Ebke*, WPK-Mitt. 1997, 196 ff.

zieller Schadenersatzgläubiger ohne direkte vertragliche Beziehungen entwickelt. Insofern wird im Schrifttum auch der Begriff des *Haftungsvertrags zugunsten Dritter* verwendet.[1786]

Im Folgenden ist zu untersuchen, inwiefern ein – im Schrifttum durchaus umstrittener[1787] – Vertrag mit Schutzwirkung zugunsten Dritter, der in der neueren Rechtsprechung[1788] den „stillschweigend" abgeschlossenen Auskunftsvertrag ersetzt, auch auf für den deutschen Rechtskreis neue Instrumente wie die *fairness opinion* anwendbar ist; denn der vertragliche Drittschutz soll nicht jedem gewährt werden, der irgendwie durch die mangelhafte Erfüllung eines Vertrages beeinträchtigt wird.[1789] Im Schrifttum wird dem Vertrag mit Schutzwirkung für Dritte entgegengehalten, er verkehre § 676 BGB in sein Gegenteil und habe uferlose, unübersehbare und letztlich nicht mehr kalkulier- und versicherbare Risiken zur Folge. Damit sei er für Auskunft und Gutachten abzulehnen.[1790] Die Haftung über dieses Instrument wird seitens des BGH jedoch für „Berufsgruppen, die über eine besondere, vom Staat anerkannte Sachkunde verfügen und deren Vertragsleistung von vornherein erkennbar zum Gebrauch gegenüber Dritten bestimmt ist", verwendet.[1791] Für Ansprüche aus (quasi-) vertraglicher Haftung, die an die im Folgenden zu analysierenden Tatbestandsvoraussetzungen geknüpft sind,[1792] kommen die Vorschriften des Bürgerlichen Gesetzbuchs zur Verjährung zur Anwendung.[1793]

a) Leistungsnähe

Eine der Voraussetzungen für die Qualifikation des Vertrages zwischen dem Ersteller der *fairness opinion* und der Gesellschaft als Vertrag mit Schutzwirkung für die Anteilseigner der Gesellschaft ist, dass die Anteilseigner bestimmungsgemäß den Gefahren einer Leistungsstörung im Rahmen des Vertrages ebenso intensiv ausgesetzt sind wie der Emittent und sich daher in Leistungsnähe (d.h. im „Gefahrenbereich" des Vertrages) befinden.[1794] Mit der Offenlegung in einer Hauptversammlung oder ihrer Reproduktion in Vorstandsbericht oder Stellungnahme von Vorstand und Aufsichtsrat (§ 27 Abs. 3 Satz 1 WpÜG) verliert die *fair-*

[1786] So *Adolff*, Third Party Legal Opinions, S. 98.
[1787] Dazu mit Überblick zum Meinungsstand *Hirte*, Berufshaftung, S. 390.
[1788] Unlängst BGH NJW 2004, 3420, zur Frage des Schadenersatzes eines Wirtschaftsprüfers gegenüber einem Kapitalanleger wegen Prüfung eines Werbeprospektes.
[1789] *Ebke*, BFuP 2000, 549, 554; *Medicus*, Schuldrecht, Rdn. 773.
[1790] *Honsell*, in: FS Medicus, S. 211, 223; *Honsell*, JuS 1976, 621, 627; *Lammel*, AcP 179 (1979), 337, 344; *Littbarski*, NJW 1984, 1667, 1668 f.
[1791] BGH NJW 1996, 2927, 2928; dazu *Honsell*, in: FS Medicus, S. 211, 226.
[1792] *Medicus*, Schuldrecht, Rdn. 774 ff.; *Quick*, BFuP 2000, 525, 527; *Quick*, BB 1992, 1675, 1682.
[1793] Zur Dauer der Verjährungsfrist kritisch *Schäfer*, AcP 202 (2002), 808, 831.
[1794] BGH NJW 1996, 2927, 2928; BGH NJW 2001, 3115, 3116; MüKo-*Gottwald*, § 328 BGB, Rdn. 110; für eine Leistungsnähe bei Prüfungsverträgen von Wirtschaftsprüfern *Quick*, BB 1992, 1675, 1682.

ness opinion den Charakter einer internen Entscheidungshilfe für die Verwaltungsorgane. Dies ist bereits bei einer reinen Nennung der Existenz einer *fairness opinion* in einer Hauptversammlung anzunehmen; denn hier wird auf Grund ihrer Reputationswirkung bereits ein Vertrauenstatbestand geschaffen. Auch auf eine Differenzierung hinsichtlich des *opinion letter* und des *valuation memorandums* einer *fairness opinion* kommt es hier nicht an; dies entspricht der parallelen Fallkonstellation der Jahresabschlussprüfung, wo der Bestätigungsvermerk als Ausgleich dafür dient, dass der eigentliche Prüfungsbericht nur vom Aufsichtsrat und vom Vorstand eingesehen werden kann (§ 321 Abs. 5 HGB).[1795] Allerdings ist eine Leistungsnähe nicht anzunehmen, sofern die Existenz der *fairness opinion* gegenüber den Anteilseignern ungenannt bleibt. Dies ist insbesondere in Fällen anzunehmen, in denen z.B. eine *fairness opinion* auf Käuferseite einer Unternehmenstransaktion eingeholt wird. Hier entspricht die Situation einer *fairness opinion* der eines *comfort letters*.[1796] Eine Offenlegung der Existenz einer *fairness opinion* im Wege der *league tables* (dazu oben Teil 5) durch Dritte ohne direkten Bezug zu der Gesellschaft kann zur Begründung einer Leistungsnähe nicht ausreichen. Allerdings kann die Erwähnung in Pressemitteilungen der Gesellschaft den Tatbestand der Leistungsnähe begründen; denn sie kann damit das Entscheidungsverhalten von Anteilseignern beeinflussen. Die nicht ordnungsgemäße Erstellung einer *fairness opinion* kann für den Rechtsverkehr eine erhebliche Gefahr darstellen, so dass die Annahme einer Leistungsnähe für die *fairness opinion* bei einer Offenlegung in der Regel gegeben ist.

b) Abgrenzbarkeit des Anlegerkreises

Als weitere Voraussetzung für die Konstruktion eines vertraglichen Drittschutzes wurde in der Vergangenheit die Abgrenzbarkeit und Überschaubarkeit des Kreises potenzieller Anleger betrachtet. Im Schrifttum mit Bezug auf die Dritthaftung des Jahresabschlussprüfers dominiert die Ansicht, dass der Kreis der Ersatzberechtigten nicht ausufern dürfe.[1797] Ohne Bezug zu dem für Abschlussprüfer geltenden Normzweck des § 323 Abs. 1 Satz 3 HGB hat der BGH im Jahre 1994 die Position vertreten, dass die Bejahung der Schutzpflicht bei einem Bausachverständigen nicht die Kenntnis der Zahl oder Namen der zu schützenden Personen voraussetze.[1798] Vielmehr genüge es, dass dem Beklagten bekannt sei, dass sein Wertgutachten für

---

[1795] Dazu MüKo-*Ebke*, § 322 HGB, Rdn. 2; *Kiss*, WM 1999, 117, 118, dass der Dritte nicht mit dem vollständigen Urteil in Berührung kommen müsse.
[1796] Kritisch *Ebke/Siegel*, WM 2001, Sonderbeilage Nr. 2, 3, 20, für die Fallgruppe der *comfort letters*.
[1797] *Assmann*, AG 2004, 435, 437 f.; *Canaris*, ZHR 163 (1999), 206, 234; *Ebke*, BFuP 2000, 549, 566; *Grunewald*, ZGR 1999, 583, 597; *Schwark-Schwark*, § 45 BörsG, Rdn. 12; allgemein dazu auch *Martiny*, JZ 1996, 19 ff.
[1798] BGHZ 127, 378, 381; *Geuer*, Management des Haftungsrisikos, S. 66.

einen potenziellen Käufer bestimmt ist.[1799] In einem 2004 ergangenen Urteil zur Schutzwirkung eines Auftrags über ein Grundstücksbewertungsgutachten bestätigte der BGH die Ansicht, dass auch eine namentlich nicht bekannte Vielzahl von Kapitalanlegern als in den Schutzbereich des Vertrags einbezogener Dritter in Betracht kommt, wenn der Gutachter nach dem Inhalt des ihm erteilten Auftrags wusste oder zumindest damit rechnen konnte, dass sein Gutachten zur Erlangung von in der Höhe begrenzten Anlagemitteln bei Dritten verwendet wird.[1800]

Dieses Erfordernis wird in der Regel bei Publikumsgesellschaften, in denen *fairness opinions* in der deutschen Praxis bislang ausschließlich auf Käufer- oder Verkäuferseite einer Strukturmaßnahme zum Einsatz kommen, gegeben sein. Denn auf die Preisgestaltung und das Risikoverhalten der Gutachtenersteller hat die Anzahl und Abgrenzung der Anleger grundsätzlich keinen Einfluss.[1801] Die Gefahr einer unübersehbaren Schadensvervielfältigung besteht hier nicht. Allerdings ist auf den nicht zwingenden Charakter dieses Tatbestandsmerkmals hinzuweisen; die Rechtsprechung ist insoweit noch im Fluss.[1802] Letztlich muss es für diese Frage auf einen stabilen Erwartungswert des Schadens ankommen; denn der Schaden soll für den Schuldner *ex ante* kalkulierbar sein.[1803]

c) **Besonderes Interesse am Schutz des Dritten (Einbeziehungsinteresse)**

Weiterhin müssten als entscheidendes Kriterium für den Drittschutz die Verwaltungsorgane ein besonderes Interesse bei der Einbeziehung des Dritten in den Schutzbereich des Vertrages haben. Dieses ursprünglich sehr streng formulierte Drittschutzinteresse wurde von der Rechtsprechung zunächst nur angenommen, sofern der Gläubiger auf Grund eines Rechtsverhältnisses mit personenrechtlichem Einschlag für das „Wohl und Wehe" des Dritten mitverantwortlich war.[1804] Das Drittschutzinteresse wird heute aber auch dann bejaht, wenn der Dritte bestimmungsgemäß mit der im Vertrag versprochenen Leistung in Kontakt kommen soll oder wenn sonstige Anhaltspunkte für einen auf den Schutz des Dritten gerichteten

---

[1799] Siehe Fn. 1798.
[1800] BGH NJW 2004, 3035; dazu *Zimmer/Binder*, WM 2005, 577, 579; *Oechsler*, LMK 2004, 178 f.
[1801] *Köndgen*, in: Karlsruher Forum, S. 3, 43 f.; *Schäfer*, AcP 202 (2002), 808, 820; anders offenbar die Praxis der Preisgestaltung für *fairness opinions* in den USA, die die Aktionärsstruktur berücksichtigt.
[1802] *Ebke*, BFuP 2000, 549, 566; *Ebke/Siegel*, WM 2001, Sonderbeilage Nr. 2, 3, 20; *Zimmer/Binder*, WM 2005, 577, 579 mit Hinweis auf ein abweichendes Urteil des OLG Bamberg in Kenntnis der vorgenannten BGH-Entscheidungen, OLG Bamberg DB 2005, 156, 157.
[1803] Zutreffend *Schäfer*, AcP 202 (2002), 808, 820 f., „es ist so, als ob man einen Hundertmarkschein in kleinere Scheine umtauscht".
[1804] BGHZ 51, 91, 95; BGHZ 56, 269, 273; BGHZ 66, 51, 57; BGH NJW 1977, 2208, 2209.

Parteiwillen bestehen.[1805] Der Gläubiger muss ein eigenes und berechtigtes Interesse daran haben, dass der Dritte in den Schutzbereich des Vertrages einbezogen wird.[1806] Eine Gegenläufigkeit der Interessen zwischen der Gesellschaft und den Anlegern steht deren Einbeziehung in den Schutzbereich des Vertrages nicht entgegen.[1807] Zur Beurteilung dieser Frage hinsichtlich der *fairness opinion* kann auf parallele Fallkonstellationen zur Einbeziehung Dritter in Verträge von Jahresabschlussprüfern zurückgegriffen werden. Dabei haben Rechtsprechung und Literatur bei Jahresabschlussprüfern in der Vergangenheit eine Haftung gegenüber Anteilseignern mit dem Verweis auf den abschließenden Regelungsgehalt von § 323 Abs. 1 Satz 3 HGB (hierzu oben S. 315 f.) ausgeschlossen.[1808] Auch würde sich die Dritthaftung letztlich nicht mehr in „berechenbaren und versicherbaren Grenzen" für die *professional service firm* halten.[1809] In der neueren Rechtsprechung wird allerdings ein Vertrag mit Schutzwirkung zu Gunsten Dritter in einzelnen Fällen angenommen.[1810] Dabei handelte es sich allerdings meist um Fälle, in denen die *professional service firm* in direktem Kontakt mit dem Dritten stand. Die Einbeziehung des Dritten wurde in diesen Fällen durch individuelle vertragliche Vereinbarungen begründet.[1811] Der abschließende Charakter von § 323 Abs. 1 Satz 3 HGB greift für *fairness opinions* jedoch nicht. In Bezug auf die *fairness opinion* erscheint es weiterhin fraglich, ob es für das Vorliegen eines Einbeziehungsinteresses auf das Kriterium des direkten Kontakts zwischen dem Ersteller und den Anteilseignern ankommen kann. Die *fairness opinion* kann für den Anteilseigner eine erhebliche Bedeutung in seiner Anlageentscheidung erlangen (hierzu oben Teil 3, Argumentationsfunktion). Mit der Offenlegung in einer Hauptversammlung oder ihrer Reproduktion in Vorstandsbericht oder Stellungnahme von Vorstand und Aufsichtsrat (§ 27 Abs. 3 Satz 1 WpÜG), verliert die *fairness opinion* den Charakter einer internen Entscheidungshilfe für die Verwaltungsorgane. Dies ist bereits bei einer reinen Nennung der Existenz einer *fairness opinion* in einer Hauptversammlung oder einer Unternehmenskommunikation anzunehmen; denn auch hier wird auf Grund

---

[1805] BGHZ 69, 82, 86; BGH NJW 1984, 355, 355; der so genannten *Käufergruppen* Fall ist auf eine Kapitalgesellschaft wohl insofern übertragbar, dass die Interessen von den Verwaltungsorganen wahrgenommen werden.
[1806] BGHZ 138, 257, 261; MüKo-*Gottwald*, § 328 BGB, Rdn. 111.
[1807] Im Hinblick auf die *fairness opinion* können die Interessen zwischen dem Unternehmensinteresse der Verwaltungsorgane und einem rein auf *shareholder value* ausgerichteten Interesse der Anteilseigner zwar differieren, jedoch sind sie nicht als „gegenläufig" zu qualifizieren; *de facto* abweichend in der Fallgruppe von *Management-Buy-Out*-Transaktionen.
[1808] *Ebke*, Wirtschaftsprüfer und Dritthaftung, S. 38 ff.; *Ebke*, JZ 1998, 991, 992 ff.; A/D/S, § 323 HGB, Rdn. 177; MüKo-*Ebke*, § 323 HGB, Rdn. 115, m.w.N.
[1809] BeckBilKomm-*Hense*, § 323 HGB, Rdn. 198; MüKo-*Ebke*, § 323 HGB, Rdn. 132.
[1810] BGHZ 138, 257, 257, mit Anmerkung *Claussen* WuB IV E. § 328 HGB 2.99, dazu auch MüKo-*Ebke*, § 323 HGB, Rdn. 118 f., der BGH hat zur Frage der Anwendung der Grundsätze des Vertrages mit Schutzwirkung zugunsten Dritter selbst keine abschließende Aussage getroffen. Der Fall wurde an das OLG Hamm zurückverwiesen und dort durch Vergleich erledigt; OLG Stuttgart, WPK-Mitt. 1995, 222 f., dazu kritisch *Siebert*, WPK-Mitt. 1996, 235 ff.; LG Passau, BB 1998, 2052, 2053, dazu kritisch *Muth*, EWiR, 365, 365 f.
[1811] BGHZ 138, 257, 262; Staub-*Zimmer*, § 323 HGB, Rdn. 54.

ihrer Reputationswirkung bereits ein Vertrauenstatbestand geschaffen. Erklärt der Ersteller einer *fairness opinion* gegenüber einem dritten bedeutenden Anleger noch einmal individuell das Ergebnis der *fairness opinion*, geht er inhaltlich nicht über das hinaus, was er schon durch die Erklärung der wirtschaftlichen Angemessenheit in seinem *opinion letter* erklärt hat.

d) Schutzbedürftigkeit des Anlegers

Ein Anspruch aus einem Vertrag mit Schutzwirkung für Dritte ist nicht anzunehmen, sofern den Anteilseignern ein eigener Ersatzanspruch für den erlittenen Schaden gegen den Schädiger zusteht, der zumindest einen gleichwertigen Inhalt hat wie derjenige, der ihnen aus dem Vertrag mit Schutzwirkung zukommt.[1812] Insofern gehen die Grundsätze der unmittelbaren vertraglichen Haftung der Rechtsfigur des Vertrages mit Schutzwirkung für Dritte vor.[1813] Die erforderliche Schutzbedürftigkeit der Anteilseigner wird man nur verneinen können, wenn sie einen eigenen, wirtschaftlich gleichwertigen und durchsetzbaren Anspruch gegen die Gesellschaft oder die Verwaltungsorgane haben. Infolge eines etwaigen eingetretenen Vermögensschadens im Kontext einer *fairness opinion* ist eine wirtschaftliche Durchsetzbarkeit des Anspruchs gegen die Gesellschaft einerseits nicht sichergestellt und andererseits führte dessen Durchsetzung zu einer Reduzierung des Unternehmenswertes und damit des Anteilswerts der Aktionäre. Wenn die Voraussetzungen der *business judgment rule* (hierzu oben S. 84 ff.) erfüllt sind, unterliegt die unternehmerische Entscheidung der Verwaltungsorgane zudem einem Haftungsprivileg. Folglich ist nach deutscher Rechtslage grundsätzlich von einer Schutzbedürftigkeit der Anleger auszugehen.

e) Erkennbarkeit

Nicht abschließend geklärt ist, ob die Leistungsnähe und das Interesse des Gläubigers am Schutz des Dritten für den Schuldner bereits bei Vertragsschluss erkennbar sein mussten. Insbesondere unter ökonomischen Aspekten ist die Erkennbarkeit für den Schuldner erforderlich; denn nur so kann er sein Haftungsrisiko angemessen kalkulieren und ggf. versichern.[1814] Eine weitergehende Überlegung ist im Hinblick auf die Fallgruppe der *fairness opinion* nicht erheblich; denn für den Ersteller einer *fairness opinion* sind sowohl die Leistungsnähe als Verbindung zwischen Verwaltungsorganen und Anteilseignern sowie das Interesse der Verwaltungsorgane am Schutz der Anteilseigner bereits *ex ante* klar ersichtlich. Die genaue Zahl oder die Namen der in den Vertrag einbezogenen Personen müssen dabei nicht bekannt

---

[1812] BGHZ 70, 327, 329 f.; BGHZ 133, 168, 176; dazu auch *Martiny*, JZ 1996, 19, 21.
[1813] MüKo-*Ebke*, § 323 HGB, Rdn. 110; *Ebke*, BFuP 2000, 549, 556.
[1814] *Martiny*, JZ1996, 19, 24; *Saar*, JuS 2000, 220, 224; *Medicus*, Schuldrecht, Rdn. 776.

sein.[1815] Darauf kann es auch deshalb nicht ankommen, weil für die Bestimmung eines möglichen Schadens in diesem Kontext der absolute Unternehmenswert bzw. der Wert je Aktie entscheidend ist und nicht die Verteilung des Schadens auf eine bestimmte Anzahl von Anspruchsberechtigten.[1816]

f) Zurechenbarkeit des Verschuldens von Verwaltungsorganen

Zu betrachten ist darüber hinaus die Frage, ob sich die Anteilseigner ein Mitverschulden der Verwaltungsorgane zurechnen lassen müssen. Im Hinblick auf die *fairness opinion* kann ein Mitverschulden der Verwaltungsorgane in der Zurverfügungstellung unrichtiger Informationen gegenüber dem Ersteller der *fairness opinion* bestehen (hier zu oben S. 107 ff.). Von einem Teil der Rechtsprechung wird diesbezüglich vertreten, dass dem geschützten Dritten grundsätzlich keine weiteren Rechte zustehen als dem Vertragspartner des Schuldners, weil der Geschädigte seine Rechte gegen den Schuldner aus dessen Vertragsbeziehung mit dem Gläubiger des Vertrages ableitet. Nach dieser Ansicht muss sich der Dritte auch ein Mitverschulden des Gläubigers zurechnen lassen (§ 334 BGB analog).[1817] Nach der Gegenansicht ist eine anders lautende stillschweigende Vereinbarung möglich (Abbedingung im Wege der ergänzenden Vertragsauslegung, § 157 BGB) und wird in der Rechtsprechung auch angenommen, sofern zwischen den Vertragspartnern und dem Dritten ein Interessengegensatz besteht.[1818] Im Hinblick auf die Erstellung von *fairness opinions* kann ein solcher Interessengegensatz gegeben sein; denn ebenso wie die Verwaltungsorgane können die Ersteller der *fairness opinion* Anreize zu einem Abschluss der Transaktion haben, während sich der Interessengegensatz zum Nachteil der Anteilseigner auswirken kann (dazu oben S. 214 ff.). Gerade zur Überbrückung der Interessengegensätze aus der *Principal-Agent*-Beziehung zwischen Anteilseignern und Verwaltungsorganen kommt eine *fairness opinion* zum Einsatz. Insofern erscheint es für die Fallgruppe der *fairness opinion* folgerichtig, dass ein Verschulden der Verwaltungsorgane, welches in der Praxis insbesondere in der Zurverfügungstellung unrichtiger Informationen bestehen kann, den Anteilseignern nicht zuzurechnen ist. Andernfalls bestünde keine wirksame Kontrolle, wenn sich der Ersteller der *fairness opinion* ohne weitere Prüfungspflicht auf die Informationen verlassen könnte. Dies ist gerade im Hinblick auf die Unternehmensbewertung von großer Bedeutung. Es führte jedoch dazu, dass der Sachverstän-

---

[1815] BGH NJW 1995, 51, 53; MüKo-*Gottwald*, § 328 BGB, Rdn. 116; *Gernhuber*, Schuldverhältnisse, § 21 II 4, S. 525
[1816] So auch *Hirte*, Berufshaftung, S. 419 f.
[1817] BGH NJW 1997, 2327, 2328; OLG München WM 1997, 613, 615; zustimmend *Zugehör*, NJW 2000, 1601, 1604.

dige selbst die Folgen einer arglistigen Täuschung, die ihm gegenüber von den Verwaltungsorganen begangen wurde, im Verhältnis zu den Dritten tragen würde.[1819] Folglich muss es auf die Erkennbarkeit der Unrichtigkeit aus der Position des Sachverständigen heraus ankommen. In Bezug auf die *fairness opinion* ist zumindest sicherzustellen, dass der Sachverständige die erhaltenen Informationen mit den ihm zur Verfügung stehenden, veröffentlichten Größen der vergangenen Jahre ebenso wie mit den Erwartungen von Wertpapieranalysten abgleicht. Er muss sich ein eigenes Bild über die aktuelle und voraussichtliche Lage des Unternehmens machen und darauf seine Bewertung und Entscheidung gründen (hierzu oben S. 108 ff.).[1820]

g) Ausschluss der Anteilseigner aus dem Schutzbereich

Der BGH führte bereits in seiner *Konsul*-Entscheidung aus, dass die Vertragsparteien vereinbaren können, dass Dritte nicht in den Schutzbereich des Vertrages einbezogen werden sollen,[1821] und bestätigte diese Ansicht später nochmals.[1822] Derartige Ausschlüsse Dritter kommen im Fall von *fairness opinions* regelmäßig bereits in der Mandatsvereinbarung (*engagement letter*) zwischen dem Ersteller und der Gesellschaft zur Anwendung.[1823] Außerhalb der *disclaimer* sehen auch Ersteller von *fairness opinions* diese als „zentrale Entscheidungsgrundlage für die Annahme der Abgabe eines Übernahmeangebots [...] für institutionelle Investoren und Privatanleger" an.[1824] Es ist offensichtlich, dass der Ersteller einer *fairness opinion* keine Haftung gegenüber Dritten begründen möchte (Einwand des Ausschlusses der Drittverwendung).[1825] Die Dispositionsfähigkeit über die Einbeziehung Dritter in den Schutzbereich und deren Reichweite müsste bereits aus der rechtsgeschäftlichen Herleitung der

---

[1818] Unter Verweis auf BGH NJW 1998, 1059, 1060; dazu *Schlechtriem*, in: FS Medicus, S. 529 ff.; BGHZ 127, 378, 384 f.; OLG München WM 1997, 613, 613; kritisch *Canaris*, JZ 1998, 603, 604; *Canaris*, JZ 1995, 441, 444; *Schlechtriem*, in: FS Medicus, S. 529, 540.
[1819] Vgl. *Canaris*, JZ 1998, 603, 605.
[1820] Vgl. *Schäfer*, Dritthaftung des Wirtschaftsprüfers für Vermögensschäden auf Primär- und Sekundärmärkten, S. 13, entsprechend für Jahresabschlussprüfer als Treuhänder der Portfolioinvestoren.
[1821] BGH ZIP 1985, 398, 400; dazu *Grunewald*, AcP 187 (1987), 285, 290; auch *Pack*, Haftungsausschlüsse und Haftungsbeschränkungen.
[1822] BGH NJW 1998, 1059, 1065, „[der Sachverständige] kann durch entsprechend deutliche Darstellung in seinem Gutachten klarstellen, daß das Gutachten nur für den internen Gebrauch der Auftraggeber dient oder daß es in einzelnen, nicht näher bezeichneten Punkten auf nicht überprüften Angaben der Auftraggeber beruht, für die der Sachverständige keine Gewähr übernimmt."; zurückhaltend dazu *Schlechtriem*, in: FS Medicus, S. 529, 541.
[1823] Deutlich die Veröffentlichung der *EDS Systematics Beteiligungs GmbH* zum freiwilligen öffentlichen Kaufangebot an die Anteilseigner der *Systematics AG*, BAZ vom 10.4.2001, S. 6555, „dies hat ein unabhängiger Finanzberater der *Systematics AG* in einer gegenüber dem Vorstand, nicht jedoch gegenüber den Aktionären von [der] *Systematics AG*, abgegebenen sog. *fairness opinion* bestätigt"; anders der veröffentlichte *opinion letter* der *fairness opinion* zur Angemessenheit des freiwilligen öffentlichen Übernahmeangebotes der *IPCar Beteiligungs GmbH* an die Aktionäre *der P&I Personal & Informatik AG* erstellt durch die *O&R Oppenhoff & Rädler AG*, der keine einschränkenden Hinweise zum Adressatenkreis der *fairness opinion* und ihrer Verwendung enthält.
[1824] *Drill*, Börsen-Zeitung vom 23.10.2004, B2, der Autor ist *Managing Director* und Leiter *Mergers & Acquisitions* bei *Sal. Oppenheim jr. & Cie. KGaA*.
[1825] Vgl. *Picker*, in: FS Medicus, S. 397, 405.

Pflichtbindung folgen.[1826] Gleichwohl wird im Schrifttum bezweifelt, ob der BGH weiterhin zu der Möglichkeit eines Ausschlusses Dritter aus dem Schutzbereich eines Vertrages stehe.[1827] Die Zulässigkeit einer Dritthaftungsbeschränkung ist im Ergebnis noch umstrittener als die Einbeziehung des Dritten in den Schutzbereich des Vertrags selbst.[1828] Nach Ansicht von *Ebke* und *Fechtrup* ebenso wie *Lang* ist ein derartiger Ausschluss uneingeschränkt möglich.[1829] *Gottwald* und *Larenz* schränken hingegen diesbezüglich ein, dass der Haftungsausschluss für seine Wirksamkeit auch gegenüber dem Vertragspartner des Experten – hinsichtlich der *fairness opinion* folglich im Rahmen der Mandatsvereinbarung (*engagement letter*) – erfolgen müsse.[1830] Demgegenüber vertreten *Esser* und *Schmidt* die Ansicht, dass ein derartiger Haftungsausschluss gegenüber dem Dritten nicht möglich sei.[1831] Die nicht kontraktuelle Vermögenssorge sollte denen zukommen, die mangels eigener Kontrollressourcen auf die Korrektheit der fremden Beratung und Bewertung angewiesen sind. *Grunewald*, *Schäfer* und *H. Schneider* setzen über die Regelung in der Mandatsvereinbarung hinaus voraus, dass der Dritte über den Haftungsauschluss informiert werden muss; es müsse ihm bewusst gemacht werden, dass er auf eigenes Risiko handele.[1832] Damit komme es auf die Offenlegung im Gutachten selbst, mithin im *opinion letter*, an. *H. Schneider* möchte zudem den Kreis potenzieller Schadenersatzgläubiger auf primäre Weitergabeempfänger begrenzen, die in ihrer Entscheidungsfindung im Interesse des Auftraggebers des Experten zu beeinflussen waren und damit dem Auftraggeber gleichzustellen sind.[1833]

Der Ansicht von *Grunewald*, *Schäfer* und *Schneider* ist zuzustimmen. Andernfalls wäre der wirkliche Informationswert der *fairness opinion* für den Anteilseigner nicht einschätzbar. Ein derartiger Ausschluss einer Handlungsempfehlung an Dritte außerhalb der Verwaltungsorgane der mandatierenden Gesellschaft ist in der Praxis üblich.[1834] Eine fehlende Veröffentlichung der *fairness opinion*, auf die mit Wissen des Erstellers seitens der Verwaltungsorgane

---

[1826] Grundsätzlich *Schneider*, ZHR 163 (1999), 206, 266, mit exemplarischer Formulierung.
[1827] *Schmitz*, DB 1989, 1909, 1914; *Schneider*, ZHR 163 (1999), 206, 267.
[1828] *Weber*, NZG 1999, 1, 9.
[1829] *Ebke/Fechtrup*, JZ 1986, 111, 1114; *Ebke/Scheel*, WM 1991, 389, 396, wenn das Verhalten der Vertragsparteien damit im Einklang steht; *Lang*, WPg 1989, 57, 63; zurückhaltend dazu *Geuer*, Management des Haftungsrisikos, S. 113.
[1830] MüKo-*Gottwald*, § 328 BGB, Rdn. 168 ff.; *Larenz*, Schuldrecht AT, § 17 II, S. 229.
[1831] *Esser/Schmidt*, Schuldrecht, § 34 IV 2c, S. 272 f.
[1832] *Grunewald*, AcP 187 (1987), 285, 290; *Grunewald*, ZGR 1999, 583, 597; *Schäfer*, AcP 202 (2002), 808, 831; *Schneider*, ZHR 163 (1999), 206, 267.
[1833] *Schneider*, ZHR 163 (1999), 246, 260.
[1834] Dazu exemplarisch die Formulierung des *opinion letters* der *J.P. Morgan GmbH* an den Vorstand der *Thyssen AG*, siehe Fn. 1778; ähnliche Formulierungen auch in Frankreich „*Cet avis ne constitue, en aucune façon, une recommandation distribuée à des tiers quant a leur appréciation de la suite à donner l'offre*", zitiert nach *Cafritz/Caramalli*, La Semaine Juridique Entreprise et Affaires 2004, 805, 810.

ohne Hinweis auf die Parteiabreden Bezug genommen wird,[1835] setzt den Ersteller der *fairness opinion* dem im Schrifttum erwähnten Risiko einer Dritthaftung trotz Vereinbarungen im *engagement letter* aus. Die zunächst bestehende Wirksamkeit des Ausschlusses der Anteileigner aus dem Schutzbereich könnte allerdings durch die Inhaltskontrolle für AGB begrenzt werden, was im Folgenden noch zu analysieren sein wird.

h) Begrenzung des Sorgfaltsmaßstabs und des Leistungsumfangs

Hinsichtlich der Begrenzung des Sorgfaltsmaßstabes ist zwischen echten Parteiabreden zwischen dem Ersteller der *fairness opinion* und der Gesellschaft in der Mandatsvereinbarung (*engagement letter*) einerseits und einem Erklärungsverhalten des Erstellers der *fairness opinion*, welches dazu führt, dass eine haftungsbegründende Pflicht erst gar nicht entsteht, andererseits zu unterscheiden.[1836] Nach einer Entscheidung des BGH soll ein Gutachter haften, der ungeprüft Angaben seines Auftraggebers übernimmt und dies nicht kenntlich macht.[1837] Wenn der Ersteller einer *fairness opinion* keine Ausführungen über sein Vorgehen bei der Erstellung der *fairness opinion* macht, darf der Dritte davon ausgehen, er habe dabei berufstypischen Verhaltensanforderungen genügt. Wahrheitspflichten, in deren Schutzbereich der Dritte durch die Parteiabrede zwischen dem Mandanten und dem Experten einbezogen worden ist, können nicht weiter reichen als das Einstehenmüssen für die eingeschränkten Aussagen, welche der Experte in seinem Gutachten gemacht hat.[1838] Der Experte kann in seinem Gutachten darlegen, dass er konkrete Informationen – im Fall der *fairness opinion* insbesondere Planzahlen des Managements – ungeprüft übernommen habe und nach welchen Methoden er vorgegangen ist.[1839] Dies wird auch im Schrifttum – insbesondere im Hinblick auf Abschlussprüfung und Bewertungsgutachten – wiederholt empfohlen (Einwand der Auftragsbegrenzung).[1840] In diesem Fall kann ihn für die Richtigkeit dieser Annahmen nach Ansicht von Rechtsprechung und Schrifttum keine Haftung treffen.[1841] Dieses Ergebnis ist insbesondere im Hinblick auf die *fairness opinion* unbefriedigend; denn die zukünftig zu erwartenden *cash flows* der Gesellschaft stellen einen grundlegenden Parameter für ihre Bewertung dar. Gibt man diesen ohne jegliche Prüfungspflicht des Erstellers der *fairness opinion* zurück in die Hand der

---

[1835] Durchaus anzutreffen in Stellungnahmen von Vorstand und/oder Aufsichtsrat nach § 27 WpÜG.
[1836] *Hirte*, Berufshaftung, S. 446; *Schneider*, ZHR 163 (1999), 246, 268.
[1837] BGH NJW 1998, 1059 ff.; dazu *Canaris*, JZ 1998, 603; *Schneider*, ZHR 163 (1999), 246.
[1838] *Schneider*, ZHR 163 (1999), 246, 269.
[1839] Vgl. statt vieler BGH WM 1989, 375, 376.
[1840] *Hopt*, in: FS Pleyer, S. 341, 369; *Stahl*, Dritthaftung, S. 139 f.; *Weber*, NZG 1999, 1, 12.
[1841] BGH WM 1998, 440, 442, „der [...] Beklagte hat die ihm mitgeteilten Mieterträge seinem Gutachten ohne jeden Vorbehalt zugrunde gelegt. Damit hat er bei jedem, der das Gutachten auswertete, den Eindruck hervorgerufen, dass es auf von ihm selbst geprüften Zahlen beruhe [...] und dass er die Gewähr für den von ihm zugrunde gelegten Mietertrag übernehme. Dies begründet seine Haftung"; *Canaris*, JZ 1995, 441, 446; *Canaris*, JZ 1999, 603, 604; *Schneider*, ZHR 163 (1999), 246, 268.

Verwaltungsorgane, die dem Ersteller der *fairness opinion* die Planzahlen zur Verfügung stellen, büßt die *fairness opinion* insbesondere bei Interessenkollisionen der Verwaltungsorgane nachhaltig ihre Legitimationsfunktion ein. Die Verwertung von Untersuchungen sachverständiger Dritter soll von deren Qualifikation und Unparteilichkeit abhängen.[1842] Vor diesem Hintergrund ist der Ansicht *Webers* zuzustimmen, dass derartige Freizeichnungen für erkennbar falsche oder selbst unter Berücksichtigung zulässiger Ermessensfreiräume fragwürdiger Angaben und Wertansätze von einer eigenen beruflichen Haftung nicht befreien; denn die Übernahme fremder Daten würde einen Verstoß im Drittshaftungsverhältnis gerade erst begründen und kann insofern nicht zugleich von ihm „freizeichnen".[1843] Zutreffend weist *Hirte* darauf hin, dass es bei einem erhöhten Risiko einer unangemessenen Benachteiligung des Dritten oder der Gefahr eines kollusiven Zusammenwirkens der Vertragspartner zulasten des Dritten einer starken Sensibilisierung dafür bedarf, ob die Konkretisierung des Leistungsumfangs sachgerecht vorgenommen wurde.[1844] Andernfalls würde die Regelung zu unangemessenen Ergebnissen führen; denn der Schaden entsteht bei Unternehmenstransaktionen typischerweise nicht beim Vertragspartner des Erstellers der *fairness opinion*, sondern bei den dritten Anteilseignern.[1845] Insofern ist eine Pflicht zumindest zur Durchführung einer Plausibilitätskontrolle der zur Verfügung gestellten Zahlen durch den Ersteller der *fairness opinion* anzunehmen.[1846]

i) **Weitergabe- und Verwendungsbeschränkungen**

Um darüber hinaus eine etwaige Dritthaftung präventiv zu vermeiden, wird ein vertraglich fixiertes Weitergabeverbot bzw. eine Weitergabebeschränkung im Schrifttum mit Bezug auf den Berufsstand der Abschlussprüfer empfohlen (Einwand der abredewidrigen Vorlage der Ausarbeitung an einen anderen Dritten).[1847] Dieses Instrument kommt auch regelmäßig in Bezug auf *fairness opinions* zur Anwendung. In engem Zusammenhang hierzu stehen Verwendungsbeschränkungen, die vertraglich die Auslage eines *opinion letters* auf eine Hauptversammlung der Gesellschaft beschränken, der eine im Rahmen der *fairness opinion* untersuchte Strukturmaßnahme zur Beschlussfassung vorliegt. Der Einwand der Weitergabe-

---

[1842] *Hopt*, in: FS Pleyer, S. 341, 366.
[1843] *Weber*, NZG 1999, 1, 12; dahingehend auch die Ansicht von Rechtsprechung und Schrifttum im Kontext des Jahresabschlusses, dass ein leichtfertiges Handeln bereits durch die ungeprüfte Übernahme von Prüfungsergebnissen durch einen Jahresabschlussprüfer erfüllt sein kann, dazu MüKo-*Ebke*, § 323 HGB, Rdn. 88, Fn. 212.
[1844] *Hirte*, Berufshaftung, S. 451.
[1845] *Hirte*, Berufshaftung, S. 451.
[1846] Zur Exkulpation durch eine Plausibilitätsprüfung OLG Karlsruhe NZG 2002, 959, 963; vgl. oben S. 334.
[1847] *Hopt*, in: FS Pleyer, S. 341, 368; *Müller*, WPK-Mitt. Sonderheft 1991, 3, 27; *Stahl*, Dritthaftung, S. 141 f.; *Weber*, NZG 1999, 1, 11; vgl. auch die Allgemeinen Auftragsbedingungen für Wirtschaftsprüfer und Wirtschaftsprüfungsgesellschaften, Nr. 7.

beschränkungen setzt allerdings voraus, dass diese Beschränkungen bereits bei Vertragsschluss vereinbart wurden und sich auch für einen sich außerhalb des Weitergabebereichs befindlichen Dritten aus dem Gutachten ergeben müssen.[1848] Entsprechende Formulierungen finden sich regelmäßig in den Verträgen (*engagement letter*) ebenso wie in den *opinion letters*. Wenngleich grundsätzlich zulässig, können derartige Vereinbarungen jedoch mit dem Informationsrecht der Anteilseigner kollidieren und insofern einen Vertrag zulasten Dritter begründen.

j) Zwischenergebnis

Anders als im Fall der Jahresabschlussprüfung, wo § 323 Abs. 4 HGB eine Beschränkung oder einen Ausschluss der Ersatzpflicht verbietet, unterliegt die *fairness opinion* grundsätzlich der Privatautonomie der Vertragspartner. Eine ausdrückliche Erstreckung der Schutzpflichten des Vertrages zwischen der Gesellschaft und dem Ersteller der *fairness opinion* auf den Anleger liegt in der Regel nicht vor. Die Ersteller der *fairness opinion* beabsichtigen regelmäßig, dass *fairness opinions* ausschließlich der Information der Verwaltung als Organe der betroffenen Gesellschaft dienen und Dritte keine Kenntnis von den Inhalten der Bewertung erhalten sollen. Die Erforderlichkeit des Willens der Vertragspartner, Dritte in den Schutzbereich des Vertrages einzubeziehen, ist vom BGH zwar besonders herausgestellt worden;[1849] allerdings besteht die Möglichkeit einer konkludenten Einbeziehung der Anleger in den Schutzbereich des Vertrages zwischen Gesellschaft und Ersteller der *fairness opinion*.[1850] Dieser BGH-Rechtsprechung wird jedoch vorgeworfen, der vom Gericht angenommene Wille, einen Dritten in den Schutzbereich des Vertrages einzubeziehen, sei ebenso fiktiv wie die Annahme eines Auskunftsvertrages.[1851] Grundsätzlich erstrecken sich Haftungsbeschränkungen im Modell des Vertrages mit Schutzwirkung zu Gunsten Dritter auch auf Dritte – allerdings könnten diese im Rahmen einer Qualifikation als Allgemeine Geschäftsbedingungen nicht zulässig sein (dazu unten S. 341ff.).[1852]

[1848] Zurückhaltend *Geuer*, Management des Haftungsrisikos, S. 113; *Stahl*, Dritthaftung, S. 141.
[1849] BGH WM 1997, 2218 = WuB II C. § 11 GmbHG 1.98 *Förschle*, „eine Dritthaftung, die wesentlich darauf beruht, daß es Sache der Vertragsparteien ist zu bestimmen, gegenüber welchen Personen eine Schutzpflicht begründet werden soll".
[1850] Kritisch *Ebke/Siegel*, WM 2001, Sonderbeilage Nr. 2, 3, 20, für die Fallgruppe des *comfort letter*.
[1851] *Ebke/Scheel*, WM 1991, 389, 392; *Schmitz*, DB 1989, 1909, 1913.
[1852] *Hübner*, NJW 1989, 5, 10.

6.) Deliktische Haftung

a) Verletzung eines absolut geschützten Rechtsgutes (§ 823 Abs. 1 BGB)

Wenn der Ersteller einer *fairness opinion* rechtswidrig eines der in § 823 Abs. 1 BGB enumerativ genannten besonders schutzwürdigen Rechtsgüter verletzt, wird auch im Fall der Fahrlässigkeit eine Haftung begründet. Allerdings kann es sich bei durch berufliches Fehlverhalten des Erstellers einer *fairness opinion* verursachten Schäden ausschließlich um reine Vermögensschäden handeln. Diese gehören nach einhelliger Ansicht jedoch weder zu den durch § 823 Abs. 1 BGB geschützten Rechtsgütern noch stellen sie ein sonstiges geschütztes Recht dar.[1853] Damit kommt die Haftung eines Erstellers von *fairness opinions* aus dieser Anspruchsgrundlage nicht in Betracht.

b) Verletzung eines Schutzgesetzes (§ 823 Abs. 2 BGB)

Für die Haftung aus § 823 Abs. 2 BGB für einen reinen Vermögensschaden müsste der Ersteller einer *fairness opinion* gegen ein den Schutz des Dritten bezweckendes Gesetz verstoßen haben. Dazu kommen strafrechtliche, ebenso wie handels- und aktienrechtliche Normen in Betracht.[1854] Da alle diese Vorschriften jedoch eine Haftung nur im Falle vorsätzlicher Pflichtverletzung begründen, kommt dieser Anspruchsgrundlage im Hinblick auf die Erstellung von *fairness opinions* keine praktische Bedeutung zu.[1855] Denn ein vorsätzliches Handeln der Ersteller der *fairness opinion* dürfte durch die Anteilseigner nicht ohne weiteres darlegbar und nur schwerlich beweisbar sein.[1856]

c) Sittenwidrige vorsätzliche Schädigung (§ 826 BGB)

Der Anspruch der Anteilseigner gegen den Ersteller der *fairness opinion* könnte sich schließlich aus vorsätzlicher sittenwidriger Schädigung (§ 826 BGB) ergeben. Danach ist derjenige, der einen anderen in sittenwidriger Weise vorsätzlich schädigt, diesem zum Schadenersatz verpflichtet. Nach dieser Vorschrift kann auch ein beruflicher Sachkenner einem Dritten gegenüber haften, wenn dieser Dritte im Vertrauen auf eine falsche Expertise des Fachmanns

---

[1853] Palandt-*Sprau*, § 823 BGB, Rdn. 11; A/D/S, § 323 HGB, Rdn. 180; KK-*Claussen*, § 323 HGB, Rdn. 21; *Schäfer*, AcP 202 (2002), 808, 811.
[1854] *Quick*, BB 1992, 1675, 1679; umstritten ist im Schrifttum, ob auch vermögensschützende Verkehrssicherungs- bzw. Berufspflichten als Schutzgesetze zu qualifizieren sind, dazu *Schäfer*, AcP 202 (2002), 808, 839 mit ablehnendem Ergebnis; *Hopt*, ZGR 2004, 1, 21, mit Bezug auf die BGH Rechtsprechung zu § 31 Abs. 2 Nr. 2 WpHG und § 31 Abs. 1 Nr. 1 WpHG; gegen eine Qualifizierung von § 27 WpÜG statt aller ausführlich Baums/Thoma-*Harbarth*, § 27 WpÜG, Rdn. 141 ff. und *Santelmann*, Angebotsunterlagenhaftung, S. 267 mit Übersicht zum Meinungsstand.
[1855] Entsprechend für die Wirtschaftsprüferhaftung *Ebke*, Wirtschaftsprüfer und Dritthaftung, S. 54; *Geuer*, Management des Haftungsrisikos, S. 79; *Nann*, Wirtschaftsprüferhaftung, S. 178; *Stahl*, Dritthaftung, S. 40.

geschädigt wurde. Die Rechtsprechung hat sich dahingehend entwickelt, dass nicht nur ein bewusstes, sondern auch ein leichtfertiges, insbesondere grob fahrlässiges, und gewissenloses Verhalten einen Sittenverstoß begründen kann. Dies liegt insbesondere dann nahe, wenn der Schädiger mit Rücksicht auf sein Ansehen oder seinen Beruf eine Vertrauensstellung einnimmt oder wenn der Sachkundige wichtige Fragen zu untersuchen hat, von deren Beantwortung weitreichende wirtschaftliche Folgen für die Beteiligten abhängen.[1857] So handelt bespielsweise ein Abschlussprüfer bereits sittenwidrig, wenn er auf unerlässliche Prüfungen bewusst verzichtet oder sich bei einer wichtigen Frage auf die Feststellungen eines Gehilfen verlässt.[1858] Weiterhin hat die Rechtsprechung den schwierigen Beweis des Vorsatzes erleichtert. Nunmehr ist für die Haftung des Experten ein bedingter Vorsatz ausreichend, der anzunehmen ist, sofern der Schädiger mit der Möglichkeit rechnen muss, dass durch sein Verhalten ein anderer geschädigt werden könnte und er diese Schädigung billigend in Kauf nimmt.[1859] Auch braucht dem Schädiger die Sittenwidrigkeit seines Vorgehens nicht bewusst zu sein; vielmehr wird es als ausreichend erachtet, dass er mit der Möglichkeit gerechnet hat, dass Umstände vorliegen, die ein solches Unwerturteil begründen.[1860] Damit ist die Expertenhaftung zu einem der Hauptanwendungsbereiche des § 826 BGB geworden.[1861]

Grundsätzlich erscheint sich damit ein Haftungsrisiko für fahrlässig unrichtig erteilte *fairness opinions* zu eröffnen. Nach Auffassung der Instanzgerichte in den parallelen Fällen falscher Prospektinformationen müsste der Anteilseigner neben einem zumindest bedingt vorsätzlichen Handeln des Erstellers der *fairness opinion* dartun und beweisen, dass er in Kenntnis und im Vertrauen auf die Richtigkeit der Falschinformationen seine Anlageentscheidung getroffen hat.[1862] Dies ist meist kaum möglich. Die kurze Verjährung der deliktischen Ansprüche setzt zudem einem Schutz der Anteilseigner enge Grenzen; denn die Auswirkungen aus einer feh-

---

[1856] Entsprechend für *comfort letters Ebke/Siegel*, WM 2001, Sonderbeilage Nr. 2, 3, 14; entsprechend für Jahresabschlussprüfungen *Quick*, BFuP 2000, 525, 527; *Weber*, NZG 1999, 1, 5.
[1857] BGH NJW 1956, 1595, 1595, Gutachten eines Wirtschaftsprüfers; BGH WM 1966, 1150, 1151, Wertgutachten eines Ingenieurs; BGH NJW 1991, 3282, 3283, Wertgutachten eines öffentlich bestellten und vereidigten Sachverständigen; dazu insgesamt *Zugehör*, NJW 2000, 1601, 1608; *Fliess*, WPK-Mitt. 1992, 49, 54.
[1858] BGH NJW 1986, 180 f.; BGH NJW 1987, 1758; LG Hamburg, WM 1999, 139, 142; dazu auch MüKo-*Ebke*, § 323 HGB, Rdn. 88; *Baums/Fischer*, Haftung des Prospekt- und des Abschlussprüfers gegenüber den Anlegern, S. 14 f.
[1859] BGH MDR 1957, 29, 30; BGH WM 1986, 904, 906; OLG Karlsruhe WM 1985, 940, 942; LG Karlsruhe 1982, 1098, 1101; dazu auch *Ebke*, Wirtschaftsprüfer und Dritthaftung, S. 55 f.; *Ebke/Scheel*, WM 1991, 389, 390; *Geuer*, Management des Haftungsrisikos, S. 81; *Nann*, Wirtschaftsprüferhaftung, S. 181 f.
[1860] BGHZ 8, 387, 393; BGH NJW-RR 1986, 1150, 1151; dazu insgesamt *Zugehör*, NJW 2000, 1601, 1607.
[1861] *Damm*, JZ 1991, 373, 383; *Schäfer*, AcP 202 (2002), 808, 836 f.
[1862] Vgl. OLG München ZIP 2002, 1989, 1992; OLG München ZIP 2002, 1727 ff.; LG Bonn AG 2001, 484, 487 f.; LG Kassel DB 2002, 2151, 2152; LG Augsburg WM 2002, 592, 593; LG München I ZIP 2001, 1814, 1817; AG München WM 2002, 594, 596; dazu auch *Baums/Fischer*, Haftung des Prospekt- und des Abschlussprüfers gegenüber den Anlegern, S. 4 f.

lerhaften *fairness opinions* können durch die Anteilseigner meist nicht sofort erkannt werden.[1863] Damit ist, wie *Adolff* entsprechend für *legal opinions* folgert, durch diese Anspruchsgrundlage nur ein sehr schmaler Randbereich der Informationsdritthaftung erfasst, in welchem zudem die Anspruchsdurchsetzung durch geradezu unvermeidliche Beweisprobleme erschwert ist.[1864]

d) Zwischenergebnis

Hinsichtlich einer deliktischen Haftung kommt im Kontext der *fairness opinion* allenfalls eine Haftung für eine vorsätzlich sittenwidrige Schädigung in Betracht. Im Vergleich zu § 276 BGB ist der Haftungsmaßstab in § 826 BGB jedoch deutlich geringer. Das deutsche Deliktsrecht vermittelt bei einer engen Auslegung des § 826 BGB keine Anreize zur Einhaltung von Regeln.[1865] Vielmehr handelt es sich um einen deutlich reduzierten Haftungsstandard (bewusste oder grobe Fahrlässigkeit), um eine „Haftungskeule" zu vermeiden.[1866] Den Erwartungswert der rein deliktischen Haftungskosten wird der Ersteller einer *fairness opinion* stets, wenn auch lediglich implizit, in der Preisgestaltung berücksichtigen.[1867]

7.) Inhaltskontrolle

Den in der Praxis üblichen Maßnahmen zum Ausschluss einer etwaigen Dritthaftung für fehlerhafte *fairness opinions* könnte jedoch auf dem Wege der Inhaltskontrolle Allgemeiner Geschäftsbedingungen (AGB) zu begegnen sein; infolge einer einseitigen Gestaltungsmacht der *fairness opinion* durch ihren Ersteller könnten umfangreiche Haftungsbeschränkungen gegenüber Dritten einen missbräuchlichen Charakter aufweisen.[1868] Die Bedeutung der AGB konzentriert sich hier auf den Gesichtspunkt Pflichtenkonkretisierung und Haftungsbegrenzung; denn die Ersteller von *fairness opinions* können und dürfen den Umfang der von ihnen übernommenen Pflichten im Detail konkretisieren.[1869] Der Gesetzgeber hat in den §§ 305 ff. BGB ein erweitertes Kontrollsystem für derartige Bedingungen normiert. Eine etwaige Unwirksamkeit der verwendeten Klauseln sowie ein Rückgriff auf die gesetzlichen Haftungsregelungen kann für diesen Fall zu einer erheblichen Verschiebung des Haftungsrisikos zulasten eines Erstellers von *fairness opinions* führen. Diese Frage ist für *fairness opinions* noch völlig ungeklärt.

[1863] Vgl. *Traugott*, ZIP 1997, 872, 872.
[1864] Dazu *Adolff*, Third Party Legal Opinions, S. 110.
[1865] *Schäfer*, AcP 202 (2002), 808, 836.
[1866] *Schäfer*, AcP 202 (2002), 808, 838.
[1867] Statt vieler entsprechend für Wertgutachten *Hirte*, Berufshaftung, S. 314; *Schäfer*, AcP 202 (2002), 808, 832.
[1868] Dazu allgemein bei Dienstleistern *Hirte*, Berufshaftung, S. 452.
[1869] *Geuer*, Management des Haftungsrisikos, S. 120; *Hirte*, Berufshaftung, S. 447 f.

a)   **Tatbestandsvoraussetzungen**

Für die Qualifikation einer Klausel als AGB nach § 305 Abs. 1 BGB ist es zunächst erforderlich, dass es sich um eine den Vertragsinhalt gestaltende Regelung handelt.[1870] Weiterhin ist es erforderlich, dass die Bedingung vorformuliert und damit zur mehrfachen Verwendung bestimmt sein muss.[1871] Dabei muss diese Vorformulierung für eine Vielzahl von Verträgen getätigt sein, die von Rechtsprechung und Schrifttum auf drei bis fünf konkretisiert wurde.[1872] Es kommt darüber hinaus darauf an, dass die Bedingung „gestellt" sein muss. Dies ist anzunehmen, wenn der Vertrag derart geschlossen wird, dass die andere Partei keine reale Möglichkeit zum Aushandeln der Klauseln sieht.[1873] Diese Kriterien treffen insbesondere auf Formularverträge und Vertragsmuster zu, deren Verwendung regelmäßig zu einer Qualifizierung der ihnen entnommenen Bestimmungen als AGB führen.[1874] Weiterhin sind die AGB wirksam in den Vertrag einzubeziehen (§ 305 Abs. 2 BGB).

b)   **Qualifikation des Inhalts eines *Opinion Letter***

Klauseln zur Begrenzung der Dritthaftung des Erstellers einer *fairness opinion* sind sowohl im *engagement letter* als auch im *opinion letter* üblich. Diese könnten als Allgemeine Geschäftsbedingungen nach § 305 BGB mit der Folge einer Inhaltskontrolle nach § 307 ff. BGB zu qualifizieren sein. Der *engagement letter* zwischen einem Ersteller einer *fairness opinion* und einer Gesellschaft fällt nicht unter die – insbesondere gesellschaftsrechtliche – Bereichsausnahme des § 310 Abs. 1 Satz 1 BGB; denn er zielt auf die Vereinbarung einer Beratung bzw. eines Gutachtens. Entscheidend für die Frage der Qualifikation von Vereinbarungen innerhalb eines *engagement letters* ist die Abgrenzung zu individuell ausgehandelten Bedingungen. Dabei ist das Aushandeln im Sinne von § 305 Abs. 1 Satz 3 BGB grundsätzlich mehr als ein bloßes Verhandeln.[1875] Dazu müsste der Verwender den enthaltenen gesetzesfremden Kerngehalt seiner AGB ernsthaft zur Disposition stellen, dem anderen Teil Gestaltungsfreiheit zur Wahrung seiner Interessen einräumen und ihm die Möglichkeit geben, den Inhalt der Vertragsbestimmungen tatsächlich zu beeinflussen.[1876] Mangels konkre-

---

[1870] Palandt-*Heinrichs*, § 305 BGB, Rdn. 3.
[1871] Palandt-*Heinrichs*, § 305 BGB, Rdn. 8.
[1872] Palandt-*Heinrichs*, § 305 BGB, Rdn. 9.
[1873] Wolf/Horn/Lindacher-*Wolf*, § 1, Rdn. 27.
[1874] Zur Begriffsbestimmung von Formularverträgen und Vertragsmustern Ulmer/Brander/Hensen-*Ulmer*, § 1, Rdn. 66 f.
[1875] BGH NJW 1991, 1678, 1679.
[1876] BGH NJW 1998, 3488, 3489; Palandt-*Heinrichs*, § 305 BGB, Rdn. 21; *Berger*, NJW 2001, 2152; kritisch *Wackerbarth*, AcP 200 (2000), 45, 82 ff.

ter Bestimmbarkeit der potenziell geschädigten Anleger scheidet eine Verhandlung mit dem Ersteller der *fairness opinion* aus.[1877]

Aus Sicht des Erstellers einer *fairness opinion* sind die Haftungsbegrenzungen für einen Vertragsabschluss allerdings so entscheidend, dass ein Vertragsabschluss ohne sie nicht in Betracht gezogen wird; denn die Erstellung einer *fairness opinion* stellt aus der Perspektive einer Investment Bank das größte Haftungsrisiko in ihrem *Advisory*-Geschäft dar. Dazu gehören die Vertragsbestimmungen im *engagement letter*, dass die *fairness opinion* keine Handlungsempfehlung an Dritte darstellt. Dieser Regelung kommt somit der Charakter einer *conditio sine qua non* für das Mandat der *fairness opinion* zu. Eine derartige Bedingung kann im Geschäftsverkehr zwischen Unternehmern auch trotz der fehlenden Einflussmöglichkeiten des anderen Vertragspartners als Individualvereinbarung angesehen werden.[1878] Dies wird man für den Fall der *fairness opinion* annehmen müssen; denn eine andere Ansicht führte in ihrer Konsequenz angesichts der Höhe von Transaktionsvolumina und der damit korrelierenden etwaigen Schadenshöhen zu derart hohen, unversicherbaren Risiken, dass dies einen funktionierenden Markt für das Produkt *fairness opinion* praktisch ausschließen würde. Ein Vertragsschluss seitens eines Erstellers von *fairness opinions* wäre nach dieser Ansicht dann von vornehrein unmöglich.

Andere Gründe sprechen für eine Inhaltskontrolle der Haftungsbegrenzungen im Rahmen der Qualifikation als Allgemeine Geschäftsbedingungen. Die Ausarbeitung der Bewertung zur wirtschaftlichen Angemessenheit einer Transaktion gilt als Hauptleistungspflicht des Erstellers, der als erfahrener Spezialist besonderes Vertrauen in Anspruch nimmt und eine qualifizierte Vertrauenstellung bekleidet. Dies entspricht der Position von *Rating*-Agenturen.[1879] Andernfalls könnte sich der Ersteller einer *fairness opinion* mittels vertraglicher Vereinbarung mit der Gesellschaft jeder Dritthaftung entziehen, wodurch das Instrument der *fairness opinion* nachhaltig eingeschränkt würde. Den zweifelsohne richtigen Argumenten der Gegenansicht, dass es sich bei dem Haftungsausschluss um eine *conditio sine qua non* für den Ersteller der *fairness opinion* handele, die der Natur der Unternehmensbewertung immanent sei, ist nach dieser Ansicht im Wege der Anpassung des Verschuldensmaßstabs Rechnung zu tragen.

[1877] *Hirte*, Berufshaftung, S. 452.
[1878] BGH NJW 1992, 2283, 2285, mit Verweis auf Palandt-*Heinrichs* § 1 AGBG, Rdn. 18 jetzt § 305 BGB, Rdn. 21; kritisch dazu *Schuhmann*, JZ 1998, 127, 128 f.; Ulmer/Brandner/Hensen-*Ulmer*, § 1, Rdn. 51; Erman-*Roloff*, § 305 BGB, Rdn.19, es reiche nicht aus, dass eine Partei die Klausel für unabdingbar erklärt.
[1879] Für eine Qualifizierung entsprechend der Regulierung von Rating-Agenturen, S. 140.

Eine Lösung dieser Frage ist unwägbar[1880] und von den Umständen des Einzelfalls abhängig. Sie sollte sich jedoch an den rechtspolitischen Zielen der Inhaltskontrolle orientieren. Demnach ist eine Inhaltskontrolle der AGB dann erforderlich, wenn zwischen den Verwendern und den Nachfragern der AGB eine asymmetrische Informationslage besteht, weil Kosten und Nutzen des Lesens von AGB nicht im Gleichgewicht stehen.[1881] Gerade bei hohen Transaktionsvolumina bestehen in der Regel jedoch genügend Anreize für die Entwicklung informationseffizienter Märkte, so dass die aus rechtspolitischer Sicht notwendige Voraussetzung von Informationsasymmetrien nicht gegeben ist.[1882] In Bezug auf die *fairness opinion* ist regelmäßig von Transaktionsvolumina auszugehen, die jenseits einer von *Schäfer* für eine offene Inhaltskontrolle befürworteten Grenze von mehreren Millionen Euo liegen. Allerdings ist in diesem Zusammenhang zu berücksichtigen, dass der Anteil eines einzelnen Aktionärs nur einen Bruchteil des gesamten Transaktionsvolumens ausmacht. Daher sind trotz des ingesamt hohen Volumens einer Transaktion auf der Ebene der einzelnen Anteilseigner – nicht jedoch der Verwaltungsorgane – Informationsasymmetrien gegeben.

Aus diesem Grund sind die Risiken zu konkretisieren, welche unter der Prämisse von vergleichsweise niedrigen Kosten für Beseitung bzw. Versicherbarkeit von den Erstellern einer *fairness opinion* zu tragen sind. Dazu zählt zunächst eine Plausibilisierung der dem Ersteller vom Management der Gesellschaft zur Verfügung gestellten Daten. Dahingehend sollte ein Ersteller von *fairness opinions* seine Haftung im Rahmen der in *engagement letter* und *opinion letter* gestellten AGB nicht *per se* ausschließen können; denn anders als die Vielzahl der Anteilseigner ist er in der Lage, die Plausibilität dieser Daten mit den geringsten Kosten zu prüfen. Fraglich ist darüber hinaus die grundsätzliche Beschränkung des Adressatenkreises der *fairness opinion* auf die Verwaltungsorgane im Rahmen der gestellten AGB.

Dem Gesichtspunkt der Höhe der Transaktionsvolumina ist aus Sicht der Ersteller von *fairness opinions* durch die Anpassung der Verschuldensmaßstabs Rechnung zu tragen. Diese Überlegungen dürfen letztlich nicht zu einer Erfolgshaftung ihrerseits führen.

c) Zwischenergebnis

Der Schuldner muss sein Haftungsrisiko gegenüber Dritten, die ihm keine direkte Vergütung schulden, kalkulieren können und ihm ist auch die im Folgenden noch anzusprechende Mög-

---

[1880] Zurückhaltend zur Qualifikation von *Disclaimer*-Klauseln in der Bank Beratung, *Schlueter*, Banks as Financial Advisers, S. 43.
[1881] *Schäfer*, in: FS Ott, S. 279, 306.

lichkeit zur Versicherung seines Risikos einzuräumen.[1883] Gleichwohl kann dies insbesondere unter rechtspolitischen Erwägungen nicht dazu führen, dass die in *engagement letter* und *opinion letter* vom Ersteller einer *fairness opinion* gestellten AGB von einer Inhaltskontrolle nach § 307 BGB ausgenommen werden. Schließlich ist die Eigenart des Vertragsrahmens[1884] insofern zu berücksichtigen, als der Verschuldensmaßstab angesichts der Transaktionshöhe anzupassen ist.

8.) Zwischenergebnis

Die Dritthaftung der Ersteller von *fairness opinions* ist in das entwickelte System der Dritthaftung von Sachverständigen einzuordnen; denn spezifisch für das Instrument der *fairness opinion* wurden in Deutschland, anders als in den USA, bislang keine Haftungsfälle bekannt. Somit wurden verschiedene – teils von der Rechtsprechung entwickelte – Anspruchsgrundlagen der Dritthaftung einer eingehenden Analyse mit Bezug auf die *fairness opinion* unterzogen. Dieses Vorgehen zeigt, dass einzelfallabhängig eine Dritthaftung des Erstellers einer *fairness opinion* auch nach deutschem Recht gegeben sein kann. Eine zentrale Rolle nimmt dabei die Frage nach dem Bestand von Klauseln zur Haftungsbegrenzung im Rahmen der *fairness opinion* ein. Im Ergebnis bleibt die Durchsetzbarkeit möglicher Ansprüche durch die Anteilseigner allerdings unwägbar.[1885] Das Präventionsziel der Haftung kann jedoch nicht erreicht werden, wenn ein Schaden der Anteilseigner nicht geltend gemacht werden kann.[1886] Insofern stellt sich für die Ersteller von *fairness opinions* angesichts der möglichen Schadenhöhen die Frage nach der Versicherbarkeit ihrer Risiken.

D. Versicherungsoptionen für den Ersteller der *Fairness Opinion*

Ebenso wie im Fall der Erstellung eines *comfort letters* stellt sich auch hier die Frage, ob das Haftungsrisiko eines Erstellers auf eine Versicherung abgewälzt werden kann.[1887] Die Optionen der Versicherbarkeit ergeben sich in Abhängigkeit von der Berufsgruppe der Ersteller.

I.   Berufshaftpflicht der Wirtschaftsprüfer

Sofern ein Wirtschaftsprüfer mit der Erstellung einer *fairness opinion* mandatiert wird, kommt die Anwendbarkeit seiner Berufshaftpflichtversicherung in Betracht. Der Berufsstand

---

[1882] *Schäfer*, in: FS Ott, S. 279, 307.
[1883] *Zugehör*, NJW 2000, 1601, 1609.
[1884] *Zugehör*, NJW 2000, 1601, 1609.
[1885] Zurückhaltend zur Dritthaftung der Ersteller einer *fairness opinion* auch *von Dryander*, Börsen-Zeitung vom 10.10.2001, 11; mit ähnlichem Ergebnis in Frankreich *Cafritz/Caramalli*, La Semaine Juridique Entreprise et Affaires 2004, 805, 810, „la jurisprudence française relative à la responsabilité des auteurs d'attestations d'équité est trop limitée pour qu' un régime juridique général puisse être déduit".
[1886] In diese Richtung auch *Herrmann*, Ökonomische Analyse der Haftung, S. 73.
[1887] Vgl. *Köhler*, DBW 63 (2003), 77, 81, zur Versicherbarkeit von *comfort letters* durch den Ersteller.

der Wirtschaftsprüfer unterliegt einer verpflichtenden Berufshaftpflichtversicherung nach § 54 Abs. 1 WPO und § 1 Abs. 1 WPBHV. Grundsätzlich werden durch die Berufshaftpflichtversicherung die Risiken aus der gesamten zulässigen Tätigkeit eines Wirtschaftsprüfers abgedeckt.[1888] Unklar ist allerdings, ob der Versicherungsschutz auch besteht, wenn der Vertrag über die Erstellung einer *fairness opinion* ohne Vereinbarung einer Haftungsbegrenzung erfolgt; denn unbegrenzte Haftungsrisiken sind nicht oder nur gegen eine prohibitiv hohe Versicherungsprämie versicherbar.[1889] Auf Grund der Höhe der Transaktionsvolumina steht der verfügbare Berufshaftpflichtversicherungsschutz des Wirtschaftsprüfers in keinem Verhältnis zu den möglichen Haftungsrisiken.[1890]

II. Einzelhaftpflicht

Weiterhin besteht für den Ersteller die Möglichkeit des Abschlusses einer einzelnen Versicherung für eine *fairness opinion*. Dafür kommen spezielle *Errors & Omissions*-Versicherungen in Betracht, die für Vermögensschäden infolge fehlerhafter oder unvollständiger Angaben, Erklärungen oder Auskünfte eintreten.[1891] In diesem Fall können die Versicherungsprämien in voller Höhe an den Klienten weitergegeben werden. In der Regel jedoch werden in Deutschland zurzeit einzelne Mandate durch die Ersteller von *fairness opinions* in der Praxis nicht versichert.

III. Selbstversicherung

Eine risikoorientierte Preisgestaltung von *fairness opinions* könnte gezielt zur Finanzierung von Haftungsschäden eingesetzt werden, indem das Risiko von Schäden als Teil der Honorare verdeckt auf den Mandanten übertragen wird.[1892] Damit dient die Risikofinanzierung der Bereitstellung von Mitteln zur Begleichung gerechtfertigter Haftungsansprüche.[1893] Dabei ist zwischen auftragsunabhängigen und auftragsabhängigen Maßnahmen zu unterscheiden. Wenn die Risiken fremd versichert worden sind, kann die Höhe des erforderlichen Risikozuschlags unschwer ermittelt werden. Grundsätzlich kommt eine risikoorientierte Preisgestaltung für *fairness opinion* auch in Deutschland zur Anwendung; allerdings kann diese nicht mechanisch den einzelnen Risikofaktoren zugeordnet werden.

[1888] *Herrmann*, Ökonomische Analyse der Haftung, S. 150, *Köhler*, DBW 63 (2003), 77, 81.
[1889] *Köhler*, DBW 63 (2003), 77, 81.
[1890] Ähnlich für *comfort letters* Ebke/Siegel, WM 2001, Sonderbeilage Nr. 2, 3, 6; anders bei Haftungsgrenzen von Pflichtprüfungen, dazu *Hopt*, in: FS Pleyer, S. 341, 369.
[1891] *Reiner*, Dow Jones Investment Adviser, März 2000, ohne Seitenangabe.
[1892] Entsprechend für Wirtschaftsprüfer *Geuer*, Management des Haftungsrisikos, S. 272.
[1893] *Geuer*, Management des Haftungsrisikos, S. 272, m.w.N.

IV. Zwischenergebnis

Die wirtschaftlich sinnvollen Möglichkeiten zur Versicherbarkeit der Risiken sind für die Ersteller von *fairness opinions* insgesamt zurückhaltend zu beurteilen.[1894] Ebenso wie die Ersteller von *comfort letters*[1895] beziehen die Ersteller von *fairness opinions* die mögliche Gefährdung anderer Beratungsmandate für einen Klienten in ihre Entscheidung über die Annahme des Mandats einer *fairness opinion* ein. Damit sinkt der Erwartungswert einer Schadenzahlung unter den versicherungsmathematischen Wert bei Einzelbetrachtung.

[1894] Zurückhaltend auch *Achleitner*, Handbuch Investment Banking, S. 212.
[1895] *Köhler*, DBW 63 (2003), 77, 81.

Achter Teil   Regulierung von *Fairness Opinions*

> Now that Fairness Opinions are becoming big business, why shouldn't they be subject to logical analysis like other areas of investment banking?
>
> **Wilbur Ross, Head of Corporate Finance Rothschild**[1896]

A. Regulative Kontrolle der *Gatekeeper*

Infolge des erheblichen Verlusts von Kapitalmarktvertrauen innerhalb der vergangenen Jahre wurde die Funktion des *Gatekeeper*-Modells zunehmend in Frage gestellt. Daraufhin setzte zur Rückgewinnung des Vertrauens in vielen Bereichen eine weitgehende Regulierung von *gatekeepern* ein. Innerhalb der Diskussion um eine regulative Kontrolle von *fairness opinions* bietet sich zunächst ein umfassender Blick auf unterschiedliche Gruppen von *gatekeepern* und ihre Regulierung in den USA und in Deutschland an; denn daraus können wertvolle Erkenntnisse für die Funktion dieser Steuerungsinstrumente gewonnen werden, die auch für *fairness opinions* Anwendung finden könnten. Insbesondere infolge der Auseinandersetzungen um *Enron* und weitere Unternehmenszusammenbrüche ist es in den USA und Europa zur Umsetzung verschiedener Maßnahmen zur Regulierung von Jahresabschlussprüfern, *Rating*-Agenturen und Wertpapieranalysten gekommen. Zum Ende der neunziger Jahre wurde offensichtlich, dass die Marktregulierung allein anhand der Grundprinzipien des *gatekeepers* (hierzu oben S. 6 ff.) nicht funktioniert.

I. Jahresabschlussprüfer

Insbesondere an die Jahresabschlussprüfer werden in jüngster Zeit verschärfte Anforderungen zur Unabhängigkeit gestellt. Die wesentlichen Gesetzesinitiativen in den USA und in Deutschland können im Folgenden kurz angesprochen, angesichts des Umfangs ihrer Diskussion jedoch nicht vollständig erörtert werden. Der US-amerikanische Gesetzgeber reagierte auf die Entwicklungen der neunziger Jahre mit dem so genannten *Sarbanes Oxley Act*. Dieser verbietet zahlreiche Beratungsleistungen, die nicht im Zusammenhang mit der Abschlussprüfung stehen. So verbietet *Section 201* des *Sarbanes Oxley Acts* Wirtschaftsprüfern, dem Mandanten eine Reihe von wirtschaftsprüferfremden Beratungsleistungen anzubieten, sofern es sich bei diesem um eine Gesellschaft handelt, deren Wertpapiere öffentlich notiert sind. Der *Sarbanes Oxley Act* adressiert das Instrument der *fairness opinion* damit indirekt. Die Erstel-

---

[1896] Zitiert nach *McGough*, Forbes vom 29.7.1985, 52.

lung einer *fairness opinion* bildet ein Ausschlusskriterium für die Bestellung eines Wirtschaftsprüfers als Jahresabschlussprüfer. Davon sind allerdings nur Prüfungsmandanten eines Wirtschaftsprüfers betroffen. Für andere Klienten kann der Wirtschaftsprüfer die Dienstleistung einer *fairness opinion* weiterhin erbringen. Diese Norm wurde als *Section 10A(g)* des *Securities Exchange Acts of 1934* gefasst. Zudem werden die Jahresabschlussprüfer jetzt durch das neu geschaffene *Public Company Accounting Oversight Board (PCAOB)* überwacht, welches mit der Setzung von Verhaltensstandards für Jahresabschlussprüfer betraut ist.[1897]

Auch der deutsche Gesetzgeber reagierte mit dem Bilanzrechtsreformgesetz zur Fortentwicklung der Rechnungslegungsvorschriften sowie zur Qualitätssicherung in der Abschlussprüfung (BilReG). Dieses geht auf das 10-Punkte-Programm „Unternehmensintegrität und Anlegerschutz" der Bundesregierung vom 25.2.2003 zurück und greift die EU-Empfehlungen zur Stärkung der Unabhängigkeit des Abschlussprüfers[1898] sowie die im Nachgang zu den Unternehmenszusammenbrüchen von *Worldcom* und *Enron* erlassenen US-Vorschriften des *Sarbanes Oxley Act* auf.[1899] Parallel wurde zum BilReG mit dem BilKoG in Deutschland ein *Enforcement*-Verfahren implementiert, das Bilanzmanipulationen präventiv entgegenwirken soll.

II. *Rating*-Agenturen

Wie zuvor bereits festgestellt hat sich mit steigender Nachfrage ein zunehmender Markt für *ratings* entwickelt (hierzu oben S. 10). Im Vergleich zur *fairness opinion* ist die ebenfalls US-amerikanisch geprägte Anbieterseite des Marktes für *ratings* noch deutlich oligopolistischer strukturiert. Auch für *ratings* fehlte bislang eine detaillierte rechtliche Ausgestaltung der Rahmenbedingungen; denn auch das *rating* entwickelte sich vornehmlich exogen, d.h. durch die Marktteilnehmer gesteuert.[1900] Nicht nur in den USA, sondern auch in Deutschland wurde in jüngster Zeit im Rahmen der allgemeinen Diskussion um die Regulierung von *gatekeepern* auch die Frage nach der Regulierung von *Rating*-Agenturen aufgeworfen. Die nachfolgende

---

[1897] Section 101 (a) des Sarbanes-Oxley-Acts ermächtigt das PCAOB zur Regulierung von Jahresabschlussprüfern um die Interessen der Investoren und der Öffentlichkeit bei der Erstellung von informativen, wahrheitsgetreuen und unabhängigen Prüfungsberichten zu schützen.
[1898] Dazu *Veltins*, DB 2004, 445, 446, „Die Empfehlung dient einer EU-einheitlichen Rechtssetzung hinsichtlich der Unabhängigkeit des Abschlussprüfers bei Pflichtprüfungen. Sie verlangt, dass der Abschlussprüfer bei der Durchführung der Pflichtprüfung seinem Prüfungsmandanten gegenüber unabhängig sein muss, und zwar sowohl in Bezug auf seine innere Einstellung als auch dem äußeren Erscheinungsbild nach. Die Unabhängigkeit des Abschlussprüfers soll vor allem aus der Perspektive eines verständigen und sachkundigen Dritten als wesentlicher Gradmesser für die Objektivität und Integrität des Prüfers gelten."
[1899] Dazu *Veltins*, DB 2004, 445, 445.
[1900] *Deipenbrock*, WM 2005, 261.

Erörterung fokussiert angesichts der Parallele zu *fairness opinions* auf das *rating* von Wertpapieren und berücksichtigt nicht die Entwicklungen auf dem Bankenkreditmarkt, der als weiterer Anwendungsbereich von *ratings* zunehmend an Bedeutung gewinnt.

In Deutschland werden *Rating*-Agenturen nicht als Wertpapierdienstleistungsunternehmen im Sinne des WpHG qualifiziert und unterliegen daher weder den gesetzlichen Verhaltensregeln noch einer Aufsicht durch die BaFin.[1901] Ebensowenig bedarf es für die Aufnahme ihrer Tätigkeit einer besonderen Zulassung.[1902] Somit besteht in Deutschland keine spezifische Regulierung des *Rating*-Wesens.[1903]

Für den Wertpapierbereich formulierte der technische Ausschuss der Internationalen Organisation der Wertpapieraufsichtsbehörden (*IOSCO*) im Jahr 2003 zunächst rechtlich unverbindliche Grundsätze für die Tätigkeit von *Rating*-Agenturen.[1904] Ende 2004 legte die *IOSCO* einen "*Code of Conduct Fundamentals*" zur praktischen Umsetzung der vorgenannten grundsätzlichen Anforderungen für die Tätigkeit von *Rating*-Agenturen vor.[1905] Die *IOSCO*-Grundsätze gliedern sich in vier Kapitel mit den Titeln „Qualität und Integrität des Rating Verfahrens", „Unabhängigkeit und Interessenkonflikte", „Transparenz und Rechtzeitigkeit der Veröffentlichung des Ratings" und „Vertrauliche Informationen".[1906] Damit werden Fragestellungen angesprochen, die auch übertragen auf die *fairness opinion* von hoher Bedeutung sind. Im Abschnitt „Qualität und Integrität des Rating Verfahrens" adressiert die *IOSCO* im wesentlichen mögliche *hidden characteristics* (hierzu oben S. 211 f.).[1907] Darüber hinaus betreffen die Grundsätze zur „Unabhängigkeit und zu Interessenkonflikten" sowie zur „Transparenz und Rechtzeitigkeit der Veröffentlichung der Ratings" mögliche *hidden actions* (hierzu oben S. 212) der Ersteller von *ratings*. Insbesondere sollten demnach einerseits über das *rating* hinausgehende Geschäftsbeziehungen zwischen *Rating*-Agentur und Emittent vermieden und andererseits die Methoden und Verfahren des *ratings* offen gelegt werden. Schließlich betrifft der letzte Abschnitt zu „vertraulichen Informationen" die Geheimhaltung dieser der *Rating*-Agentur im Rahmen des Verfahrens zur Verfügung gestellten Informationen.

[1901] *Deipenbrock*, WM 2005, 261, 262; *Deipenbrock*, BB 2003, 1849, 1850; *Habersack*, ZHR 169 (2005), 185, 191.
[1902] *Zentraler Kreditausschuss*, Stellungnahme Rating-Agenturen, S. 11; *Deipenbrock*, WM 2005, 261, 262.
[1903] *Peters*, Regulierung von Rating-Agenturen, S. 150.
[1904] *IOSCO*, Statement of Principles regarding the Activities of Credit Rating Agencies.
[1905] *IOSCO*, Code of Conduct Fundamentals for Credit Rating Agencies.
[1906] Dazu *Deipenbrock*, WM 2005, 261, 265; *Habersack*, ZHR 169 (2005), 185, 193 ff.

Die im Rahmen der "*Code of Conduct Fundamentals*" veröffentlichten Umsetzungsempfehlungen der *IOSCO* konkretisieren einerseits die Grundsätze zur „Qualität und Integrität des Ratingverfahrens" und zur „Unabhängigkeit der Ratingagenturen und Vermeidung von Interessenkonflikten". Andererseits werden unter die in der Bezeichnung von den Grundsätzen abweichenden Kapitel „Pflichten der Ratingagenturen gegenüber Anlegern und Emittenten" und „Veröffentlichung des Verhaltenskodex und Kommunikation mit Marktteilnehmern" detaillierte Anforderungen an die Transparenz und die Aufforderung an die *Rating*-Agenturen zur Veröffentlichung eigener Kodices gefasst. Denn die Umsetzungsempfehlungen der *IOSCO* stellen selbst keinen Verhaltenskodex dar, sondern bilden die Mindestanforderungen an individuelle Verhaltenskodices für *Rating*-Agenturen.

III. Wertpapieranalysten

Schließlich wurde auch die Berufsgruppe der Wertpapieranalysten sowohl in den USA als auch in Europa in den letzten Jahren einer zunehmenden Regulierung unterzogen.[1908] Damit reagierten die Gesetzgeber auf die Vorwürfe um emphorische Kaufempfehlungen wider besseren Wissens der Analysten, welche zu erheblichen Verlusten von Anlegern führten. So hat sich das Verhältnis zwischen Kauf- und Verkaufsempfehlungen von Analysten zwischen 1991 und 2000 von 6:1 auf 100:1 vergrößert.[1909] Ähnlich die Situation der Ersteller von *fairness opinions* waren Finanzanalysten in den USA lange Zeit wenigen gesetzlichen Regelungen und Kapitalmarktvorschriften unterworfen. Ende 2000 begann mit der Veröffentlichung der so genannten *best practice for Research* durch die *Security Industry Association* eine Welle von Regulierungsschritten.[1910] Über die Ansätze der selbstregulierenden Organisationen aus dem Jahr 2002 hinaus, wurde von der SEC die *Regulation Analyst Certification* zur Stärkung der Glaubwürdigkeit von Analysten erlassen. Diese Maßnahmenwurden durch das *global settlement* zwischen Investment Banken und Aufsichtsbehörden flankiert, welches den Finanzanalysten zusätzliche Verpflichtungen auferlegte.

Der deutsche Gesetzgeber reagierte auf den Umstand, dass bei der „Verbreitung von Wertpapieranalysen durch Informationsintermediäre auf Interessenkonflikte, die für die Einordnung

---

[1907] Hierzu zählen insbesondere die Systematik des *Rating*-Verfahrens, eine schriftliche Dokumentation der Methoden sowie eine ausreichende Anzahl professioneller, kompetenter und integrer *Rating*-Analysten.
[1908] Ausführlich zur Regulierung von Analysten *Müller*, Analysten, Kapitel 8 und 9.
[1909] *Coffee*, Understanding Enron, S. 10, mit Hinweis auf eine Studie von *Thomson Financial/First Call* und das *opening statement* von *Congressman Paul E. Kanjorski*; Ranking Democratic Member, House Subcommittee on Capital Markets, Insurance, and Government Sponsored Enterprises, *"Hearing on Analyzing the Analysts", June 14, 2001*, S. 1; *Hong/Kubik*, 58 J. Fin. (2003), 313, mit weiteren Hinweisen zur Interessenlage.
[1910] Überblick bei *Müller*, Analysten, S. 183 f.

der Aussagekraft einer Analyse von Bedeutung sind, nicht oder nur verspätet hingewiesen wurde",[1911] im Rahmen des *Vierten Finanzmarktförderungsgesetzes* im Jahre 2002 mit der Verpflichtung zur Offenlegung von Interessenkonflikten (§ 34b WpHG).[1912] Darüber hinaus hat der deutsche Gesetzgeber im Jahr 2004 im Rahmen des Anlegerschutzverbesserungsgesetz (AnSVG) die seit dem vierten Finanzmarktförderungsgesetzbestehenden Vorschriften des WpHG ausgedehnt und weiterentwickelt, um die Markteffiziens und -integrität des deutschen Kapitalmarkts zu erhöhen und an das europäische Nivieau anzupassen.[1913]

B. Regulierung der Ersteller von *Fairness Opinions*

Während die Regulierung anderer *gatekeeper* bereits deutlich früher einsetzte, haben die Ersteller von *fairness opinions* in dieser Hinsicht zunächst nur eine begrenzte Aufmerksamkeit erfahren.[1914] Insbesondere blieb die öffentliche Kritik *Elliott Spitzers* im Jahre 2003 bislang noch ohne regulative Auswirkungen durch den Gesetzgeber (hierzu oben S. 209 ff.). Im Schrifttum regten zuletzt *Elson, Rosenbloom* und *Chapman* an, eine Regulierung für die Erstellung von *fairness opinions* durch *nongovernmental organizations* vorzunehmen.[1915] Dazu werden die *American Bar Association's Task Force on Corporate Responsibility*, die *Securities Industry Association*, die *Conference Board's Commission on Public Trust and Private Enterprise* sowie der *Business Roundtable* gezählt. Alternativ kommen nach dieser Ansicht *self regulatory organizations* wie die New York Stock Exchange oder die *NASD* in Betracht, um ein Regelwerk für ihre Mitglieder zu erlassen und damit *best practice standards* zu etablieren.[1916] Die *NASD* leitete Ende 2004 ein dahingehendes Vorhaben ein, dessen Ergebnis noch offen ist. Im Folgenden wird auf den aktuellen Stand der Diskussion Bezug genommen (hierzu unten S. 358 ff).

Die nachfolgende Erörterung zur Regulierung der Erstellung von *fairness opinions* in den USA und in Deutschland greift die im *expectation-performance gap* für *fairness opinions* (Teil 5) herausgearbeiteten Gesichtspunkte auf und diskutiert die Regulierung jeweils unter Bezugnahme auf Schrifttum, Rechtsprechung sowie weitere Initiativen.

[1911] BT-Drucks. 14/8017, S. 92.
[1912] Dazu ausführlich unten S. 365 ff.
[1913] *Müller*, Analysten, S. 138, mit ausführlichen Erläuterungen dieser Vorschriften.
[1914] *Cefali*, Evolution of Fairness Opinions, S. 1.
[1915] *Elson/Rosenbloom/Chapman*, 35 Securities Regulation & Law Report (2003), 1984, 1988.
[1916] *Elson/Rosenbloom/Chapman*, 35 Securities Regulation & Law Report (2003), 1984, 1988.

I. Unabhängigkeit bzw. Offenlegung von Interessenkonflikten

1.) USA

Vor dem Hintergrund des durch die Honorarstruktur geleiteten Eigeninteresses der Ersteller von *fairness opinions* wurde in den USA verschiedentlich die Erstellung der *fairness opinion* durch einen in die Transaktion nicht weiter involvierten Sachverständigen gefordert.[1917] Auch in der Praxis sind zunehmend Transaktionen zu beobachten, in denen die *fairness opinions* von einem zweiten, die Transaktion nicht beratenden Dienstleister erstellt werden.[1918] Angesichts der geringen Anzahl der potenziellen Ersteller einer *fairness opinion*, die über eine hohe Reputation und spezialisiertes Wissen über Strukturmaßnahmen verfügen, sind teilweise bestehende Geschäftsbeziehungen zwischen der betroffenen Gesellschaft und dem Ersteller der *fairness opinion* nur schwer vollständig vermeidbar.[1919] Vor diesem Hintergrund ist es fraglich, ob Interessenkonflikte der Ersteller in *fairness opinions* zumindest offen zu legen sind. Dies könnte dem Leser einer *fairness opinion* eine kritische, selbstständige Beurteilung der Aussagekraft der *fairness opinion* und eine Abwägung, ob er seine Entscheidungsfindung auf weitere Informationen anderer Anbieter stützen möchte, ermöglichen.[1920] Demnach dürfte eine *professional service firm* so lange weitere Dienstleistungen für ihren Mandanten erbringen, wie sie dies in ihrer *fairness opinion* offen legt.[1921]

a) Fallrecht

Als Ausgangspunkt der Betrachtung des US-amerikanischen Fallrechts ist festzuhalten, dass innerhalb der Entscheidung *Smith v. van Gorkom* des *Delaware Supreme Courts* keine Konkretisierung der Regelung zur Unabhängigkeit des Erstellers einer externen *fairness opinion* getroffen wurde.[1922] Grundsätzlich haben amerikanische Gerichte in der Vergangenheit die Position vertreten, dass frühere oder parallele Mandate des Erstellers einer *fairness opinion* diesen nicht daran hindern, das Mandat zur Erstellung einer *fairness opinion* anzunehmen,

---

[1917] So bereits 1972 *Schmults*, 3 Inst. On Sec. Reg. (1972), 205, 224, „I would say there is a very real benefit to having this expert be as independent as he possibly can be. There is no legal requirement to employ an expert, but if you are going to do so, I think it's best to employ an independent one".
[1918] Aus deutscher Perspektive exemplarisch die *fairness opinion* der *Deutsche Bank AG* für die Akquisition der *Dresdner Bank AG* durch die *Allianz AG*, bei deren Strukturierung die *Allianz AG* durch *UBS Investment Bank AG* (vormals *UBS Warburg*) beraten wurde; in Schweiz *Centerpulse / Smith & Nephew* mit drei *fairness opinions*, dazu *Nüssli*, NZZ vom 30.10.2003 23.
[1919] *Mundiya*, 4 Insights (Oktober 1997), 15.
[1920] Vgl. *Bülow*, Die Bank 1997, 290, 291, im Kontext von Wertpapieranalysen.
[1921] *Feuerstein*, 32 Bus. Law. (1977), 1337, 1337, aus der Perspektive des General Counsel von *Salomon Brothers*.
[1922] *Fischel*, 40 Bus. Law. (1985), 1337, 1452.

solange er die übrigen Geschäftsverbindungen zu der Gesellschaft dokumentiert und offen legt.[1923]

Gleichwohl sind weitgehende Interessenkonflikte der Ersteller von *fairness opinions* aber bereits weit vor der aktuellen öffentlichen Sensibilisierung für diesen Gesichtspunkt in den Entscheidungen verschiedener Gerichte kritisiert worden. So machte schon 1969 der *United States District Court for the District of New York* deutlich, dass eine *professional service firm*, die über weitergehende Geschäftsverbindungen mit der betroffenen Gesellschaft verfügt, bei Strukturmaßnahmen keine *fairness opinions* erstellen sollte.[1924] In seiner Entscheidung *In re Tri-Star Pictures Litigation* behandelt der *Delaware Supreme Court* die Unabhängigkeit des Erstellers einer *fairness opinion* der *Allen & Company Incorporated*.[1925] Es handelt sich dabei um eine *class action suit* wegen verschiedener Verletzungen der *fiduciary duties* und Veröffentlichungspflichten bei einem *business combination agreement* zwischen *Tri-Star Pictures Inc.* und dem *Entertainment Business Unit* von *Coca Cola*. In diesem Fall hatte *Allen & Company Inc.* neben der Erstellung der *fairness opinion* auch die Strukturierung der Transaktion beraten. Darüber hinaus hatte der Ersteller der *fairness opinion* weitere *Investment-Banking*-Dienstleistungen für andere Tochtergesellschaften des Mehrheitsgesellschafters erbracht. Schließlich hielt *Herbert A. Allen, President* und *Chief Executive Officer* der *Allen & Company Inc.*, einen erheblichen Aktienanteil an der Mehrheitsgesellschafterin *Coca Cola* und hatte Mandate als *Director* für *Coca Cola* und *Columbia Pictures*, deren *Chairman* er vor der Übernahme dieser Gesellschaft durch *Coca Cola* war. Ebenso war ein weiterer Director von *Allen & Company Inc.* für das Board von *Tri-Star Pictures* nominiert.[1926] Vor diesem Hintergrund beurteilte der *Delaware Supreme Court* diese *fairness opinion* als besonders fragwürdig.

Nach Ansicht des Gerichts bestand ein eigenes Interesse des Erstellers der *fairness opinion* am erfolgreichen Abschluss der Transaktion im Sinne der Mehrheitsgesellschafterin *Coca-Cola*. Zudem wurde kritisiert, dass der Ersteller der *fairness opinion* keine eigene Datenbasis erhoben habe. Insgesamt hat die Mehrheitsgesellschafterin damit eine informierte Entscheidung der Minderheitsgesellschafter über das *business combination agreement* verhindert. Auf Grund einer Verletzung der *duty of loyalty* gegenüber den Aktionären musste nunmehr durch

---

[1923] So *Mills v. Electric Autolite Co.*, 403 F.2d 429, 432 (7th Cir. 1968), vacated and remanded, 396 U.S. 375 (1970); dazu auch *Wander*, 7 Inst. On Sec. Reg. (1976), 157, 175.
[1924] *Gerstle v. Gamble-Skogmo, Inc.*, 298 F.Supp. 66, 85 (D.C.N.Y. 1969).
[1925] *In re Tri-Star Pictures Litigation*, 634 A.2d 319, 323 (Del. 1993).
[1926] *In re Tri-Star Pictures Litigation*, 634 A.2d 319, 329 (Del. 1993).

den Mehrheitsgesellschafter dem *entire fairness test* Genüge getan werden. Diese Notwendigkeit konnte jedoch nicht erfüllt werden.[1927] Aus dieser Entscheidung kann daher der Anspruch der Unabhängigkeit für den zu mandatierenden Ersteller einer *fairness opinion* abgeleitet werden.[1928]

Auch ist im US-amerikanischen Fallrecht eine vollumfängliche Offenlegung potenzieller Interessenkonflikte etabliert. Die fehlende Offenlegung, dass ein die Strukturmaßnahme unterstützendes Gutachten von einem in enger Geschäftsverbindung zu der betroffenen Gesellschaft stehenden Sachverständigen erstellt wurde, bildet eine Verletzung der *Rule 10b-5*.[1929] Auch müssen die Mitglieder eines unabhängigen Verwaltungsratsausschusses über eventuelle Geschäftsverbindungen zwischen dem Management und dem Ersteller der *fairness opinion* informiert werden.[1930] Weiterhin ist anerkannt, dass Erfolgshonorare des Erstellers einer *fairness opinion* gegenüber dem Adressaten der *fairness opinion* offen zu legen sind.[1931]

b) **Gesetzesinitiative des *Congressman Edward J. Markey***

Besonders umstritten hinsichtlich der Wahrung der Interessen der Anteilseigner waren *Management-Buy-Out*-Transaktionen zum Ende der achtziger Jahre in den USA. Während einerseits sogar ein Verbot für diese Transaktionen unter Beteiligung von Publikumsgesellschaften gefordert wurde,[1932] vertraten andere Stimmen die Ansicht, dass diese Transaktionsform die effizienteste Allokation von Kapital sicherstelle.[1933] Ursprünglich forderte auch die *SEC* ein Verbot von *Management-Buy-Out*-Transaktionen, wenn nicht sichergestellt sei, dass die bisherigen Anteilseigner einen „fairen" Wert erhielten. Letztlich wurde in der *Rule 13e-3* allerdings nur normiert, dass das Management berechtigt zu der Annahme gelangen müsse, dass

---

[1927] *In re Tri-Star Pictures Litigation*, 634 A.2d 319, 332 (Del. 1993).
[1928] *Ball/Gregory/Sandler/Aboyade,* in: Structuring M&A, S. 183, 195.
[1929] *Securities and Exchange Commission v. Senex Corp.*, 399 F.Supp. 497 (E.D.Ky. 1975).
[1930] Dazu *Mundiya*, 4 Insights (Oktober 1997), 15, mit Bezug auf die Entscheidung *Dairy Mart Convenience Stores*.
[1931] *Wallerstein v. Primerica Corp.*, 701 F.Supp. 393, 397 (E.D.N.Y. 1988), "the proxy statement at page 7 explicitly recites the fee arrangement between Primerica and Lazard and nothing more is required"; *Radol v. Thomas*, 534 F.Supp., 1302, 1315 (D.C. Ohio 1982), "without finding that First Boston was, in fact "independent", the Court concludes that in light of the other information available to shareholders, its characterization as such was not materially misleading. In short, "shareholders were provided sufficient information to draw the pejorative inference plaintiffs suggest, if they chose to do so"; *Schreiber v. Pennzoil Co.*, 419 A.2d, 952, 958 f. (Del.Ch. 1980); *Braunschweiger v. American Home Shield Corp.*, No. 10755 (Del.Ch. 1991), "Facts surrounding the compensation of investment bankers, including their prior business relationship with the corporation or its management, may be quite material in an MBO transaction in which a corporation is sold without resorting to a public auction. In such circumstance shareholders may be forced to place heavy weight upon the opinion of such an expert."
[1932] *Brudney/Chirelstein*, 87 Yale L.J. (1978), 1354, 1366 ff.
[1933] *Easterbrook/Fischel,* Corporate Law, S. 162; *Repetti*, 67 N.C. L. Rev. (1988), 121, 123.

die Gegenleistung für die bisherigen Anteilseigner angemessen sei.[1934] Dafür wird das Instrument der *fairness opinion* eingesetzt. Auch das *Telecommunications and Finance Subcommittee* nahm letztlich von einer Initiative zum Verbot dieser Transaktionsform Abstand.[1935] Die Bestimmung der Angemessenheit der Gegenleistung für die ausscheidenden Anteilseigner mittels einer *fairness opinion* kann gerade bei *Management-Buy-Out*-Transaktionen erheblichen Interessenkonflikten unterliegen (hierzu oben S. 214 ff.).[1936] Mit dem Ziel der Sicherstellung der Unabhängigkeit des Erstellers einer *fairness opinion* zum Ausgleich des Interessenkonflikts zwischen Anteilseignern und Management wurde von dem *Member of Congress Edward S. Markey* im Jahre 1987 eine Gesetzesinitiative eingebracht.[1937] Insbesondere werden darin von *Edward J. Markey* auch die Bedenken hinsichtlich der Erfolgshonorare und der fehlenden Prüfung der Annahmen des Managements durch den Ersteller der *fairness opinion* geteilt (hierzu unten S. 375 ff.).[1938]

> "In my judgment, it is not unreasonable, therefore, that all buyout proposals „be accompanied by at least one fairness opinion, drafted by reputable financial advisors who are paid without respect to the success of the buyout and who have no financial stake in the buyout itself."[1939] „It sounds a little bit like a kickback to outsiders".[1940]

Nach den Vorstellungen von *Markey* wäre es für die Durchführung einer *MBO/LBO*-Transaktion erforderlich, eine *fairness opinion* durch einen vom *Federal District Court* bestellten Gutachter einzuholen. Insofern wurde eine Regelung angestrebt, die der Vorgabe der 3. EU-Richtlinie[1941] und deren Umsetzung in § 10 UmwG bzw. der in Deutschland normierten Bestellung des Ausschlussprüfers bei einem *squeeze out* (§ 327c AktG) entspricht. Auch hier ist es das Ziel der Bestellung des Prüfers durch das Landgericht, „dem Eindruck der Nähe der Prüfer zum Hauptaktionär von vornherein entgegenzuwirken und damit die Akzeptanz des

---

[1934] Dazu *Repetti*, 67 N.C. L. Rev. (1988), 121, 123.
[1935] *Markey*, in: Leveraged Management Buyouts, S. 211.
[1936] *Lowenstein*, 85 Colum. L. Rev. (1985), 730, 739, "The owners of a business still may find themselves confronted one day by a salaried manager who announces that he is not working for them anymore. Worse yet, he goes on to say that he is taking the keys and that, using the company's credit and proxy machinery, he will shortly buy the business from the owners at a price that seems fair, at least to him and to the company's advisers. If this were a private business, the owners would quickly replace the presumptuous fellow".
[1937] Dazu *Bagley/Golze*, Nat'l. L.J.vom 5.2.1990, S5, S5; *Markey*, in: Leveraged Management Buyouts, S. 211, 212 f., "access to honest and fully informed valuations of the corporation by recognized experts is the shareholders' single most important protection"; *Gougis*, in: M&A Handbook, S. 389, 392; *Rosenbloom/Aufses*, 4 Insights (April 1990), 3.
[1938] *Markey*, in: Leveraged Management Buyouts, S. 211, 212 f., "the weak link in the protections afforded shareholders in management buyouts is the misuse of fairness opinion from investment advisors"; *Edward Markey* zitiert nach *Hinden*, The Washington Post vom 23.12.1988, D1.
[1939] *Markey*, in: Leveraged Management Buyouts, S. 211, 212 f.
[1940] *Edward Markey (Chairman Energy and Commerce Telecommunications and Finance Subcommittee)* zitiert nach *AP Meldung* abgedruckt in Los Angeles Times vom 23.12.1988, 4.
[1941] Dazu rechtsvergleichend *Carney*, 70 Wash. U. L.Q. (1992), 523, 537.

Prüfungsergebnisses für die Minderheitsaktionäre zu erhöhen".[1942] Diese Initiative konnte sich in der US-amerikanischen Gesetzgebung jedoch nicht durchsetzen, so dass die Auswahl des Erstellers der *fairness opinion* weiterhin den beteiligten Gesellschaften obliegt.

c) **Regelwerk der *Securities and Exchange Commission (SEC)***

In der Vergangenheit wurde es als sehr unwahrscheinlich eingestuft, dass sich die *SEC* der Ansicht der *Gerstle*-Entscheidung anschließen würde und *professional service firms* auf Grund früherer Mandate für eine Gesellschaft von der Erstellung einer *fairness opinion* ausschließen würde; denn diese *professional service firms* verfügen in der Regel über die besten Kenntnisse des Unternehmens für eine Beurteilung der wirtschaftlichen Angemessenheit einer Strukturmaßnahme.[1943] Zum Ende der achtziger Jahre wurden *fairness opinions* allerdings auch von der *SEC* zunehmend kritischer gesehen und weitergehende Regelungen zum Anlegerschutz zumindest in Erwägung gezogen.

> "All in all, I am quite suspicious in a significant number of cases, that the *fairness opinion* is prepared by somebody with an incentive to go along with the management. Personally, I think that needs to be addressed. […] A significant number of letters do not include the kind of information that I consider appropriate for shareholders to make a decision."[1944]

Nach einer Veröffentlichung der *SEC* aus dem Jahre 1997 erfordert *Rule 13e-3* nicht die Unabhängigkeit eines Erstellers einer *fairness opinion* in einer *Going-Private*-Transaktion, solange erhebliche Geschäftsbeziehungen innerhalb des *Schedule 13E-3* nach *Item 9(a)(4)* offen gelegt werden.[1945]

d) **Initiative des New Yorker Generalanwalts *Elliott Spitzer***

Im Jahre 2003 wurde die Unabhängigkeit der Ersteller von *fairness opinions* durch den *New Yorker* Generalanwalt *Elliott Spitzer* auch öffentlich kritisch adressiert (hierzu oben S. 209 ff.). Seither sind jedoch keine weiteren Informationen hinsichtlich einer Regulierung der Mandatierung von *fairness opinions* durch den New Yorker Generalanwalt bekannt geworden. Die Entwicklung befindet sich wohl auf Grund der begrenzten ihm zur Verfügung stehenden Ressourcen noch im Fluss.[1946] Gleichwohl sind allerdings weitgehende Initiativen von

---

[1942] Beschlussempfehlung des BT-Finanzausschusses, BT-Drucks. 14/7477, S. 72.
[1943] *Wander*, 7 Inst. On Sec. Reg. (1976), 521, 530.
[1944] *David S. Ruder* (Chairman of the *Securities and Exchange Commission*) zitiert nach *AP Meldung* abgedruckt in Los Angeles Times vom 23.12.1988, 4; dazu auch *Hinden*, The Washington Post vom 23.12.1988, D1; *Robb*, N.Y.Times vom 23.12.1988, D1.
[1945] *Securities and Exchange Commission, Division of Corporate Finance*, Manual of Publicly-Available Telephone Interpretations, S. 212.
[1946] *Leddy/Walters*, Mergers and Acquisitions Journal März 2005, 35.

Elliott Spitzer in anderen Bereichen des Börsenhandels und Wertpapierwesens bekannt geworden, die einen durchaus rigiden Umgang mit *fairness opinions* erwarten lassen.

e) **Reformvorhaben der *National Association of Securities Dealers, Inc. (NASD)***

Ende 2004 leitete die *National Association of Securities Dealers, Inc. (NASD)* mit Sitz in Washington, D.C. ein Reformvorhaben zur Regulierung von *fairness opinions* für ihre Mitglieder ein und forderte öffentlich zur Einreichung von Stellungnahmen zu dieser Initiative auf. Zentrales Element dieses Vorhabens ist die Sicherstellung der Unabhängigkeit der Ersteller von *fairness opinions* bzw. die Veröffentlichung von Interessenkonflikten. Bei der *NASD* handelt es sich um den staatlich anerkannten und mit Sanktionskompetenz ausgestatteten Berufspflichtverband der Wertpapierhändler in den USA. Diese *self regulatory organization* für das Wertpapierwesen kann Regeln für ihre Mitgliedsunternehmen erlassen und im Fall der Nichteinhaltung Geldbußen verhängen. Im Folgenden werden zunächst die Rahmenbedingungen der Initiative der *NASD* und anschließend die Diskussion der Beiträge zur Thematik von Unabhängigkeit und Veröffentlichung von Interessenkonflikten erörtert. Unter den späteren Gliederungspunkten wird dann lediglich auf die über den Aspekt von Unabhängigkeit und Veröffentlichung von Interessenkonflikten hinausgehende inhaltliche Diskussion im Rahmen der veröffentlichten Stellungnahmen Bezug genommen.

aa) ***Request for Comment***

Im November 2004 forderte die *NASD* öffentlich zur Abgabe von Stellungnahmen zu einer von ihr beabsichtigten Regulierung für *fairness opinions*, die von ihren Mitgliedern erstellt werden, auf.[1947] In ihrer *notice to members* bezieht die *NASD* ihr Vorhaben auf die wesentlichen bereits im Rahmen der Diskussion des *expecation-performance gap* (hierzu oben Teil 5) angesprochenen Gesichtspunkte. Diese schließen Durchführungsstandards hinsichtlich von Bewertungsmethoden und Modellannahmen der durchgeführten Unternehmensbewertungen, Veröffentlichungspflichten für Interessenkonflikte und Honorarstrukturen sowie die möglichen Auswirkungen von Vergütungen für die Mitglieder der Verwaltungsorgane beim Abschluss von Transaktionen für die Frage der wirtschaftlichen Angemessenheit ein:[1948]

> "NASD is considering whether to propose a new rule that would require members to (1) disclose in any fairness opinion appearing in any proxy statement any significant conflicts of interest, including, if applicable, that the member has served as an advisor on the transaction in question, and the nature of compensation that the member will

---

[1947] *NASD*, NASD NTM November 2004, 1009 ff.
[1948] *NASD*, NASD NTM November 2004, 1009; "a new rule that would address procedures, disclosure requirements, and conflicts of interest when members provide fairness opinions in corporate control transactions".

receive upon the successful completion of the transaction; and (2) require specific procedures that members must follow to identify and disclose potential conflicts of interest in rendering fairness opinions."[1949]

Mit Fristsetzung bis Januar 2005 forderte die *NASD* zur Abgabe von Stellungnahmen zu dieser Thematik auf. Weitere Schritte zur Umsetzung durch die *NASD* wurden bislang nicht veröffentlicht. Eine etwaige Regulierung durch die *NASD* entfaltet nur hinsichtlich ihrer Mitglieder eine verbindliche Wirkung.

bb) Eingereichte Stellungnahmen

Zwischenzeitlich wurden insgesamt zwölf schriftliche Stellungnahmen zur vorgeschlagenen Regulierung bei der *NASD* eingereicht, deren Absender sich in drei Interessengruppen unterteilen lassen. Zunächst beteiligten sich Ersteller von *fairness opinions* an der Aufforderung der *NASD*.[1950] Weiterhin gaben mit Unternehmenstransaktionen befasste Kanzleien sowie ihre Interessenvertreter ihre Stellungnahmen ab.[1951] Schließlich äußerten sich institutionelle Investoren und ihre Interessenvertreter[1952] sowie eine Gruppe von Wissenschaftlern mit verschiedenen Publiktionen zum Thema *fairness opinions* zu den Überlegungen der *NASD*.[1953] Insgesamt sind die Vorschläge der *NASD* höchst umstritten. Während ein Teil der Beteiligten die Vorschläge vollumfänglich unterstützt und sogar weitergehende Regelungen fordert, gehen anderen Beteiligten die von der *NASD* vorgeschlagenen Maßnahmen deutlich zu weit. Zu den Befürwortern einer Regulierung von *fairness opinions* durch die *NASD* zählen institutionelle Investoren und deren Interessenvertreter.[1954] Weiterhin unterstützen diejenigen Ersteller von *fairness opinions* das Reformbestreben, welche gegenüber der *NASD* eigene Stellungnahmen publiziert haben.[1955] Dazu gehören vorwiegend spezialisierte Ersteller von *fairness*

[1949] *NASD*, NASD NTM November 2004, 1009, 1010.
[1950] *Houlihan Lokey Howard & Zukin, Kane & Company, Inc.* und *Standard & Poor's Corporate Value Consulting*.
[1951] *Cravath, Swaine & Moore LLP, Davis Polk & Wardwell* und *The Association of the Bar of the City of New York, Special Committee on Mergers, Acquisitions and Corporate Control Contests*.
[1952] *American Federation of Labor and Congress of Industrial Organizations, California Public Employees' Retirement System (CalPERS), Council of Institutional Investors, Ohio Public Employees Retirement System* und *The Canadian Institute of Chartered Business Valuators*.
[1953] *Elson, Rosenbloom* und *Chapman*; zu dieser Thematik auch bereits *Elson/Rosenbloom/Chapman*, 35 Securities Regulation & Law Report (2003), 1984 ff.; *Elson*, 53 Ohio St. L.J. (1992), 951.
[1954] Deutlich *California Public Employees' Retirement System (CalPERS)*, Comment, S. 1, "CalPERS is very supportive of the NASD's efforts to address procedures, disclosure requirements and conflicts of interest when its members provide fairness opinions in corporate control transactions; *Council of Institutional Investors*, Comment, S. 1, "the Council asks the NASD to expand its review and reform efforts regarding fairness opinions [...]"; *Ohio Public Employees Retirement System (OPERS)*, Comment, S. 1, "we strongly urge the NASD to propose a new rule to address the important issue of fairness opinions and conflicts of interest, which is not explicitly addressed by Sarbanes-Oxley or any other related legislation, regulation or exchange listing standard".
[1955] *Houlihan Lokey Howard & Zukin*, Comment, S. 5, "given the importance of fairness opinions to the deliberations of corporate directors, we applaud NASD's consideration of ways in which to ensure the integrity of fairness opinions and the processes by which they are provided"; *Kane & Company, Inc.*, Comment, S. 1, "this

opinions, die im Vergleich zu den großen Investment Banken zu einem geringeren Grad Interessenkonflikten unterliegen. Demgegenüber werden die Regulierungsabsichten der *NASD* von Rechtsberatern, welche für Verwaltungsorgane und auch für Ersteller von *fairness opinions*, die keine eigenen Stellungnahmen abgegeben haben, tätig sind, skeptisch bis abweisend beurteilt.[1956] Im Ergebnis stellen diese sogar die Existenz des *performance-expectation gap* in Frage.[1957]

cc) **Unabhängigkeit der Ersteller von *Fairness Opinions***

Von den Befürwortern einer Regulierung durch die *NASD* wird ein hoher Unabhängigkeitsstandard für die Ersteller von *fairness opinions* gefordert. Dazu sei zunächst eine Trennung zwischen der Strukturierungsberatung und der Erstellung der *fairness opinion* innerhalb einer Transaktion gefordert. Eng damit verbunden ist auch die Frage nach der Zulässigkeit eines erfolgsabhängigen Honorars (hierzu unten S. 375 ff.). Darüber hinaus wird von einem spezialisierten Anbieter von *fairness opinions* eine grundsätzliche Trennung der Erstellung von *fairness opinions* und anderen Bankdienstleistungen gefordert.[1958] Diese Ansicht wird allerdings von anderen Befürwortern einer Regulierung als zu weitgehend eingestuft.[1959]

Zur Vermeidung von Interessenkonflikten wird zudem ein verstärktes Gewicht auf den internen *review* gelegt (hierzu oben S. 227 ff.).[1960] Wenngleich dieser bei den meisten Erstellern von *fairness opinions* bereits existiert, sollte die *NASD* nach dieser Ansicht einheitliche Regeln schaffen.[1961] Teils wird darüber hinaus gefordert, dass dem *Review*-Gremium nur Personen angehören sollten, deren variable Vergütung nicht vom Abschluss der Transaktion abhängt, bzw. dass die Vergütungen der Mitglieder des *review committees* offen zu legen sind. Dieser Ansicht wird zum Teil jedoch auch von grundsätzlichen Befürwortern des inter-

---

firm fully supports rule-making activity in this and every area where lack of independence can leave public stakeholders worse off".

[1956] *Cravath, Swaine & Moore LLP*, Comment, S. 2, "I am strongly opposed to [...] a requirement that member firms disclose 'actual or potential conflicts of interests'"; besonders deutlich *Davis Polk & Wardwell*, Comment, S. 1, "[...] our belief that additional rule-making by the NASD is neither necessary nor appropriate [...]".

[1957] Einseitig *Davis Polk & Wardwell*, Comment, S. 3, "no evidence of any need for regulation".

[1958] *Kane & Company, Inc.,* Comment, S. 2., "we can simply forbid firms with a given threshold of "securities business" for a particular corporate client from qualification to render fairness opinions for that client, much the way auditors are now barred from much ancillary consulting work for their audit clients".

[1959] *American Federation of Labor and Congress of Industrial Organizations,* Comment, S. 1, "we do not believe the mere existence of a business relationship with a company should disqualify an investment bank from providing a fairness opinion [...]"; *Davis Polk & Wardwell*, Comment, S. 5, "NASD discrimination among types of engagements could lead to more conflicts, lower the quality of financial advice and impose higher costs on shareholders and companies".

[1960] Mit einer Darstellung der Anwendung des *Review*-Verfahrens im eigenen Hause *Standard & Poor's Corporate Value Consulting*, Comment, S. 4.

[1961] *Houlihan Lokey Howard & Zukin, Kane & Company, Inc.,* Comment, S. 4; *The Association of the Bar of the City of New York, Special Committee on Mergers, Acquisitions and Corporate Control Contests,* Comment, S. 6.

nen *Review*-Verfahrens entgegengehalten, dass diese Regelung in der Praxis kaum umsetzbar und damit auch nicht wünschenswert sei; denn auf diese Weise würden Experten mit der höchsten Industrie- und Bewertungsexpertise von diesem Gremium ausgeschlossen.[1962] Letztlich wird in der Regulierung eines *Internal-Review*-Prozesses für *fairness opinions* die Gefahr gesehen, dass damit lediglich ein *lowest-common-denominator standard* erreicht werde.[1963]

Zumindest sind nach Ansicht der Befürworter einer Regulierung durch die *NASD* etwaige Interessenkonflikte der Ersteller von *fairness opinions* offen zu legen, so dass sich die Anteilseigner selbst ein Urteil bilden können, ob sie sich auf die Einschätzung des *gatekeepers* verlassen wollen.[1964] Zu den offenlegungspflichtigen Gesichtspunkten werden u.a. die Fragen nach der parallelen Strukturierung der Transaktion, nach der Gestaltung und nach dem Inhalt der Honorarvereinbarung, nach der Finanzierung der Transaktion durch den Ersteller der *fairness opinion* (*lending relationship*), nach direkten oder indirekten Eigenkapitalpositionen des Erstellers der *fairness opinion* in Wertpapieren der Gesellschaft sowie nach Geschäftsverbindungen zwischen den Parteien gezählt.[1965] Anstelle einer darüber hinausgehenden Spezifizierung der offenlegungspflichtigen Umstände sollte die Vorgabe der *NASD* nach einer Ansicht einen Wesentlichkeitsstandard (*"materiality" standard*) in Anlehnung an die *generally accepted accounting principles* und das *federal securities law* enthalten.[1966] Demgegenüber wird auch vertreten, dass sämtliche Geschäftsbeziehungen zwischen dem Ersteller der *fairness opinion* und der Gesellschaft innerhalb der letzten zwei Jahre offen zu legen sind.[1967] Hinsichtlich dieser Obliegenheit wird es teilweise als ausreichend erachtet, dass der Ersteller der *fairness opinion* die Geschäftsverbindungen gegenüber dem Verwaltungsorgan offen legt, diese aber nicht als Teil des *opinion letters* veröffentlicht.[1968] Andernfalls könnten Informationen über andere Transaktionen vorzeitig an den Markt gelangen und diese vereiteln.[1969]

[1962] *The Association of the Bar of the City of New York, Special Committee on Mergers, Acquisitions and Corporate Control Contests,* Comment, S. 6 f.; dahingehend auch *Davis Polk & Wardwell,* Comment, S. 6.
[1963] *Davis Polk & Wardwell,* Comment, S. 6.
[1964] *Ohio Public Employees Retirement System (OPERS),* Comment, S. 1.
[1965] *California Public Employees' Retirement System (CalPERS),* Comment, S. 1; *Standard & Poor's Corporate Value Consulting,* Comment, S. 2.
[1966] *Houlihan Lokey Howard & Zukin, Kane & Company, Inc.,* Comment, S. 2, "in this context, a relationship would be "material" if there were a substantial likelihood that a reasonable director would consider it important in deciding what weight to accord a fairness opinion rendered by a member firm"; ähnlich *The Canadian Institute of Chartered Business Valuators,* Comment, S. 1.
[1967] Deutlich *Kane & Company, Inc.,* Comment, S. 2.
[1968] *Cravath, Swaine & Moore LLP,* Comment, S. 2.
[1969] *The Association of the Bar of the City of New York, Special Committee on Mergers, Acquisitions and Corporate Control Contest,* Comment, S. 3.

Es bleibt in dieser Frage zu berücksichtigen, dass die Forderungen nach der Etablierung von Offenlegungspflichten für Interessenkonflikte grundsätzlich im Einklang mit den bestehenden Regelungen nach *Item 1015 (b)(4)* der *Regulation M-A* des *Securities Exchange Acts of 1934* stehen müssen.[1970] Teilweise wird daher eine weitere Regulierung durch die *NASD* für die Ersteller von *fairness opinions* als obsolet erachtet.[1971] Allerdings wird eine parallele Regelung durch die *NASD* auch befürwortet; denn die bestehenden Normen verpflichten die Verwaltungsorgane der Gesellschaft zur Offenlegung, während eine Regulierung durch die *NASD* Offenlegungspflichten für die Ersteller von *fairness opinions* schafft.[1972] Mit der Verpflichtung des sachverständigen Dritten könnte der Ermessensspielraum der Verwaltungsorgane hinsichtlich der Offenlegung eingeschränkt werden.

Weil diese Regulierung ausschließlich für die Mitglieder der *NASD* eine verbindliche Wirkung entfaltet, wird darin teilweise eine fehlende Gleichbehandlung der Marktteilnehmer gesehen.[1973]

dd) Schlussfolgerung

Das Reformbestreben der *NASD* zeigt, dass auch die Unabhängigkeit der Ersteller von *fairness opinions* in der aktuellen Diskussion um die Regulierung von *gatekeepern* nicht unberücksichtigt bleibt. Auch wenn die Mehrheit der Stellungnahmen eine Regulierung durch die *NASD* befürwortet, ist der Abschluss des Verfahrens noch offen. Anforderungen an die Veröffentlichungspflichten für Interessenkonflikte durch die *NASD* lassen allerdings keine erheblichen Auswirkungen auf die US-amerikanische Praxis erwarten; denn neben den Offenlegungspflichten für *gatekeeper* bestehen bereits weitreichende Obliegenheiten nach den *rules* der *SEC (Item 1015(b)(4) of Regulation M-A under the Securities Exchange Act of 1934)* für die Gesellschaften. Anders als die Regeln der *SEC* können die Regeln der *NASD* für die Mitglieder jedoch eine extraterritoriale Wirkung entfalten und damit auch für außerhalb der USA erstellte *fairness opinions* verbindlich werden. Anhand der Übersicht der Ersteller von *fairness opinions* in Deutschland in Anhang A wird deutlich, dass eine große Mehrheit dieser *professional service firms* aus den USA stammt und Mitglied der *NASD* ist. Damit könnten die beabsichtigten Regelungen sich auch auf in Deutschland erstellte *fairness opinions* auswirken.

[1970] Abgedruckt bei *Coffee/Seligman*, Federal Securities Laws, S. 864 ff.
[1971] *Davis Polk & Wardwell*, Comment, S. 1 ff.
[1972] *The Association of the Bar of the City of New York, Special Committee on Mergers, Acquisitions and Corporate Control Contest,* Comment, S. 3.
[1973] *Davis Polk & Wardwell*, Comment, S. 3.

g) Zwischenergebnis

Angesichts der Sensibilisierung des Kapitalmarkts für die Unabhängigkeit von *gatekeepern* wird im Schrifttum zukünftig ein wesentlich höherer gerichtlicher Prüfungsmaßstab bezüglich der Unabhängigkeit der Ersteller von *fairness opinions* erwartet.[1974] Eine derartige Tätigkeitsrestriktion der Ersteller auf isolierte *fairness opinions* stünde zudem im Einklang mit den Regelungen des *Sarbanes Oxley Acts* für Jahresabschlussprüfer und Wertpapieranalysten.[1975] Während sich eine isolierte *fairness opinion* bei großen Transaktionen in der Praxis zunehmend durchsetzt, ist im Bereich der Strukturmaßnahmen mit geringeren Transaktionsvolumina häufig noch ein gemeinsame Strukturierung und Transaktionsbeurteilung durch einen Dienstleister (*"one stop shopping"*) zu beobachten.[1976] Auch wenn die Unabhängigkeit des Erstellers der *fairness opinion* vor dem dargelegten Hintergrund von hoher Bedeutung ist, wird im Schrifttum zu Recht darauf hingewiesen, dass auf Grund eines Netzwerkes von Beziehungen zwischen den Verwaltungsorganen und den Erstellern von *fairness opinions* eine unabhängige Mandatierung in der Praxis häufig schwierig umzusetzen ist.[1977] Die Forderungen in der Literatur gehen so weit, dass Verwaltungsorgane den Ersteller einer *fairness opinion* von weiteren Mandaten für die Gesellschaft für einen bestimmten Zeitraum nach ihrer Erstellung ausschließen sollten. Ob darüber hinaus entsprechend den Regelungen des *Sarbanes Oxley Acts* für Wirtschaftsprüfer eine Trennung zwischen der Strukturierung von Transaktionen einerseits und der Erstellung von *fairness opinions* andererseits von der *NASD* angestrebt wird, ist zum gegenwärtigen Zeitpunkt noch offen.[1978]

2.) Deutschland

a) Bilanzrechtsreformgesetz (BilReG)

Ebensowenig wie der *Sarbanes Oxley Act* ist das deutsche Bilanzrechtsreformgesetz (BilReG) unmittelbar mit der Erstellung von *fairness opinions* befasst (hierzu oben S. 141 ff.). Vielmehr folgt aus den mit dem BilReG kodifizierten Normen (§§ 319 f. HGB n.F.) indirekt, dass der Ersteller einer *fairness opinion* von der Jahresabschlussprüfung der Gesellschaft in dem betroffenen Geschäftsjahr ausgeschlossen werden kann.

[1974] *Schiedemeyer*, Fairness Opinions in M&A Transactions, 16, 17.
[1975] Zu einer Anwendung auf Security Attorneys *Coffee*, Attorney as Gatekeeper, S. 20.
[1976] *Cefali*, 37 Mergers & Acquisitions (2002), 37, 40.
[1977] *Borden/Yunis*, Going Private, § 9.02[3].
[1978] *Leddy/Walters*, Mergers and Acquisitions Journal März 2005, 35.

b) Wertpapiererwerbs- und Übernahmegesetz (WpÜG)

Wenngleich der deutsche Gesetzgeber die Unabhängigkeit von Erstellern von *fairness opinions* selbst bislang nicht allgemein regelt, wird im Falle der Finanzierungsbestätigungen durch ein *unabhängiges* Wertpapierdienstleistungsunternehmen gemäß § 13 Abs. 1 Satz 2 WpÜG eine gesetzliche Regelung für einen Teilbereich getroffen. Die Finanzierungsbestätigung soll sicherstellen, dass der Bieter über die notwendigen Mittel verfügt, um die Transaktion finanzieren zu können.[1979] Ausweislich der Begründung zum Regierungsentwurf soll mit dem Merkmal der Unabhängigkeit vermieden werden, dass eine gesellschaftsrechtliche Bindung zwischen Bieter und Wertpapierdienstleistungsunternehmen besteht, welche zu einer faktischen Einflussnahme auf das Wertpapierdienstleistungsunternehmen führen kann, und dieses deswegen unter Umständen eine Gefälligkeitsbescheinigung ausstellt.[1980] Allerdings beeinträchtige allein die Beratung und Strukturierung der Transaktion durch das Wertpapierdienstleistungsunternehmen nicht dessen Unabhängigkeit, so dass es durchaus die Finanzierungsbestätigung nach § 13 Abs. 1 Satz 2 WpÜG ausstellen kann.[1981] Nach Ansicht von *Möllers* kann eine faktische Einflussnahme aber dann bestehen, wenn die Verbindungen des Wertpapierdienstleistungsunternehmens oder einer Wirtschaftsprüfungsgesellschaft signifikant über das für die Vorbereitung einer Übernahme Erforderliche hinausgehen.[1982] Damit geht der deutsche Gesetzgeber im Fall der Finanzierungsbestätigungen in Bezug auf die *fairness opinion* von einem gegenüber den Forderungen in der Literatur deutlich engeren Unabhängigkeitsbegriff aus.[1983] Bei dem Vergleich zwischen Finanzierungsbestätigung und *fairness opinion* ist jedoch die unterschiedliche Komplexität der Beurteilung zu berücksichtigen; denn die Durchführung einer Unternehmensbewertung eröffnet dem Bewerter einen wesentlich größeren Ermessensspielraum als die Erstellung einer Finanzierungsbestätigung.

c) Deutscher Corporate Governance Kodex (DCGK)

Der deutsche Corporate Governance Kodex enthält keine Regelungen betreffend *fairness opinions*; allerdings nimmt er auf die Unabhängigkeit des Jahresabschlussprüfers Bezug (7.2.1 DCGK). Der Regelungszweck des Corporate Governance Kodexes besteht diesbezüglich ausschließlich in der Schaffung von Transparenz; denn als privatrechtliches Instrument enthält er keinen eigenen Tatbestand für den Ausschluss von Wirtschaftsprüfern entsprechend der Regelung der §§ 319, 319a HGB. Eine Anwendung der Regelungen des Corporate Governance

---

[1979] KK-*Möllers*, § 13 WpÜG, Rdn. 1; ausführlich *Schulz*, M&A Review 2002, 559 ff.
[1980] Begr RegE BT-Drucks. 14/7034, S. 44.
[1981] Begr RegE BT-Drucks. 14/7034, S. 44.
[1982] KK-*Möllers*, § 13 WpÜG, Rdn. 79.
[1983] *Schiessl*, ZGR 2003, 814, 849 f.

Kodexes auf die Offenlegung von Ausschluss- oder Befangenheitsgründen von Erstellern von *fairness opinions* kommt jedoch nicht in Betracht.

d) Wertpapierhandelsgesetz (WpHG)

Vor dem Hintergrund, dass die vorgenannten Normen keine Regelungen zur Unabhängigkeit der Ersteller von *fairness opinions* enthalten, stellt sich die Frage, ob zumindest eine Obliegenheit zur Offenlegung von Interessenkonflikten besteht. Eine Offenlegung von Interessenkonflikten hat der deutsche Gesetzgeber für die *fairness opinion* bislang nicht explizit geregelt. Allerdings könnte die *fairness opinion* unter den Begriff der Wertpapieranalyse subsumiert werden, so dass die originär für *research reports* geltenden Regelungen auch für die *fairness opinion* anzuwenden wären. Für *research reports* hat der deutsche Gesetzgeber im Rahmen des Vierten Finanzmarktförderungsgesetzes (FMFG) mit § 34b WpHG erstmals eine Regelung getroffen.[1984] Damit wurden die Vorgaben der EU-Marktmissbrauchsrichtlinie (Art. 6 Abs. 5) in nationales Recht umgesetzt. Durch die Offenlegung der Interessenkonflikte sollen die Adressaten der Analysen in die Lage versetzt werden, die Objektivität der Untersuchungen besser beurteilen zu können.[1985]

aa) Begriff der Wertpapieranalyse

Für die Anwendbarkeit dieser Regelung müsste die *fairness opinion* unter dem Begriff der Wertpapieranalyse im Sinne des § 34b WpHG fallen. Allerdings definieren weder die Norm selbst noch die zugehörigen Gesetzesmaterialien den Begriff;[1986] vielmehr wird er ohne nähere Erläuterung und Abgrenzung vorausgesetzt.[1987] Daher ist zunächst auf den Wortlaut des Begriffs der Wertpapieranalyse Bezug zu nehmen. Die Analyse ist durch eine wertende Kernaussage mit Empfehlungscharakter gekennzeichnet, die den Anspruch erhebt, Ergebnis einer unabhängigen Beurteilung durch einen Experten zu sein.[1988] Dabei ist entscheidend, dass es sich um eine ausführliche Untersuchung mit inhaltlicher Tiefe handelt.[1989] Somit kann die Wertpapieranalyse von rein deskriptiven Unternehmensdarstellungen oder Datensammlungen unterschieden werden. Schließlich richtet sich die Wertpapieranalyse an eine Vielzahl von Personen,[1990] so dass sie von einer individuellen Anlageberatung im Sinne einer Empfehlung

---

[1984] Zur Umsetzung auch *ohne Verfasser*, BKR 2003, 398.
[1985] *Fleischer*, Gutachten F zum 64. Deutschen Juristen Tag, S. F 129; Schwark-*Schwark*, § 34b WpHG Rdn. 9.
[1986] Vgl. Begründung zum RegE des 4. Finanzmarktförderungsgesetzes, BT-Drucks. 14/8017, S. 92; Bericht des Finanzausschusses, BT-Drucks. 14/8601, S. 20.
[1987] *Göres*, Interessenkonflikte von Wertpapierdienstleistern, S. 218; *Heun*, Die Bank 2002, 848; *Meyer*, AG 2003, 610.
[1988] *Meyer*, AG 2003, 610, 611, Schwark-*Schwark*, § 34b WpHG, Rdn. 2.
[1989] *Schlösser*, BKR 2003, 404, 406, verlangt eine „umfassende Bewertung"; *Meyer*, AG 2003, 610, 611.
[1990] Assmann/Schneider-*Koller*, § 34b WpHG, Rdn. 4.

(§ 32 WpHG) zu differenzieren ist. Eine Konkretisierung hat der Begriff der Wertpapieranalyse erst durch die Bekanntmachung zur Auslegung von § 34b WpHG erfahren.[1991] Demnach ist unter den Begriff der Wertpapieranalyse eine der Anlageentscheidung dienende Information zu fassen, die einerseits eine Untersuchung von Wertpapieren im Sinne von § 2 Abs. 1 WpHG oder von deren Emittenten beinhaltet, d.h. insbesondere eine Auswertung oder Bewertung von Unternehmensfinanz- oder Markthandelsdaten. Andererseits hat sie die Empfehlung eines Wertpapiers im Hinblick auf eine Anlageentscheidung (z.B. „kaufen"/„verkaufen" oder ein Kurs-/Preisziel) zu beinhalten. Darüber hinaus erfolgt eine Abgrenzung des Begriffs mittels einer Positiv-/Negativliste, die den Terminus der *fairness opinion* oder eine ihm entsprechende deutsche Übersetzung jedoch nicht enthält. Aus der Definition der BaFin sind die „Untersuchung" im Sinne einer umfassenden Bewertung und die „Empfehlung" als maßgebliche Tatbestandsmerkmale für das Vorliegen der Wertpapieranalyse im Sinne des § 34b WpHG abzuleiten.[1992] Darüber hinaus fordert *Meyer*, dass unter den Begriff der Wertpapieranalyse ausschließlich Dokumente zu fassen seien, die den Anspruch einer objektiven und unabhängigen Bewertung der betreffenden Wertpapiere erheben.[1993]

Wie in der vorliegenden Arbeit dargelegt, bedient sich die *fairness opinion* in der Regel unterschiedlicher Bewertungsmethoden, die auf der Basis einer intensiven Auseinandersetzung des Erstellers mit dem Bewertungsobjekt Anwendung finden. Im Rahmen der Unternehmensbewertung für die Ausfertigung einer *fairness opinion* wird sowohl auf Unternehmensfinanzdaten – sofern es sich um eine Ertragswertberechnung handelt – als auch auf Markthandelsdaten – im Falle einer vergleichsorientierten Bewertung – zurückgegriffen. Auch wenn die Qualifikation zur Erstellung einer *fairness opinion* in Deutschland nicht gesetzlich geregelt ist, werden *fairness opinions* vornehmlich von Investment Banken und Wirtschaftsprüfungsgesellschaften verfasst. Demnach ist dem Anspruch an eine Untersuchung durch einen Experten Rechnung getragen. Auch die Konkretisierung zur Auslegung des Begriffs der Wertpapieranalyse durch die BaFin steht der Subsumtion der *fairness opinion* unter diesen Begriff nicht entgegen.

Darüber hinaus besitzt die *fairness opinion* auch das zweite maßgebliche Tatbestandsmerkmal, den Empfehlungscharakter der Wertpapieranalyse; denn die *fairness opinion* bestätigt abschließend die wirtschaftliche Angemessenheit der ihr zugrunde liegenden Transaktion

---

[1991] Bekanntmachung der Bundesanstalt für Finanzdienstleistungsaufsicht (BaFin) zur Auslegung des § 34b WpHG vom 7.3.2003, im Internet abrufbar unter www.bafin.de/bekanntmachungen/030307.htm.
[1992] *Heun*, Die Bank 2002, 848 f.; *Meyer*, AG 2003, 610.

(hierzu oben S. 19). Darin kann ein Empfehlungscharakter gesehen werden, der im Grundfall der *fairness opinion* in der Unterstützung einer vorgeschlagenen Transaktion liegt und im Fall der *inadequacy opinion* in ihrer Ablehnung besteht. Insofern entspricht das Tatbestandsmerkmal der Empfehlung der Argumentationsfunktion der Unternehmensbewertung durch eine *fairness opinion*.

Einer Anwendung des § 34b WpHG könnten allerdings die in der Praxis der *fairness opinion* üblichen *Disclaimer*-Formulierungen entgegenstehen, wonach die *fairness opinion* trotz ihres Ergebnisses der wirtschaftlichen Angemessenheit keine Handlungsempfehlung für die Anteilseigner der Gesellschaft darstelle und ausschließlich an die Verwaltungsorgane adressiert sei.[1994] Diese Einschränkung läuft allerdings dem Normzweck des § 34b WpHG vordergründig zuwider. Der Regelungszweck besteht ausweislich der Begründung zum Gesetzentwurf darin, das Vertrauen der Anleger in die Sorgfalt, Neutralität und Integrität derjenigen, die Wertpapieranalysen vornehmen, zu schützen.[1995] Damit trägt der Gesetzgeber der Tatsache Rechnung, dass zumindest in der Vergangenheit Defizite in Bezug auf nicht offen gelegte Interessenkonflikte, die für die Einordnung der Aussagekraft einer Analyse von Bedeutung waren, bestanden.[1996] Die EU-Marktmissbrauchsrichtlinie erfordert jedoch keine explizite Anlageempfehlung für das Vorliegen einer „Analyse".[1997] Insbesondere wird das Dokument mit Wissen seines Erstellers gegenüber den Anteilseignern offen gelegt. Folglich können die *disclaimer* für § 34b WpHG keine einschränkende Wirkung entfalten. Auf Basis dieser Auslegung ist festzuhalten, dass der Begriff der Wertpapieranalyse eine an die Aktionäre der betroffenen Gesellschaft gerichtete *fairness opinion* umfasst.

bb) Zugänglich-Machen bzw. öffentliches Verbreiten

Weiterhin müsste die *fairness opinion* nach dem Wortlaut des § 34b WpHG den Anteilseignern der Gesellschaft zugänglich gemacht bzw. öffentlich verbreitet werden.[1998] Eine Wertpapieranalyse wird einem Anteilseigner in dem Moment zugänglich gemacht, in dem sie nach der Verkehrsanschauung in seinen Machtbereich gelangt, so dass der Anteilseigner unter

---

[1993] *Meyer*, AG 2003, 610, 611.
[1994] Hierzu oben S. 16.
[1995] Begründung zum Entwurf eines Gesetzes zur weiteren Fortentwicklung des Finanzmarktes Deutschland (Viertes Finanzmarktförderungsgesetz), BT-Drucks. 14/8017, S. 92; dazu auch *Göres*, Interessenkonflikte von Wertpapierdienstleistern, S. 247.
[1996] *Von Kopp-Colomb*, WM 2003, 609.
[1997] ESC 23/2003 – REV 1, dazu eher zurückhaltend *Göres*, Interessenkonflikte von Wertpapierdienstleistern, S.182, mit Hinweis auf einen uferlosen Anwendungsbereich; dagegen zustimmend für die nationale Auslegung des § 34b WpHG *Schlößer*, BKR 2003, 404, 406.
[1998] Zur Differenzierung der Tatbestandsmerkmale *Heun*, Die Bank 2002, 848, 849.

normalen Umständen von ihrem Inhalt Kenntnis nehmen kann.[1999] Darüber hinaus umfasst der Begriff der Verbreitung die Weitergabe einer fremden Ansicht, ohne sich diese zu Eigen zu machen.[2000] Eine Verwendung der Analyse im Rahmen einer individuellen Anlageberatung reicht zur Erfüllung dieses Tatbestandsmerkmals bereits aus.[2001] Nach den in Teil 6 dieser Arbeit untersuchten Offenlegungs- und Auskunftspflichten sind *opinion letter* und eine Zusammenfassung des *valuation memorandums* gegenüber den Anteilseignern der Gesellschaft bekannt zu machen. Damit ist eine öffentliche Verbreitung der *fairness opinion* gegeben; denn es sind schutzwürdige Belange von Anlegern betroffen. Sie fällt andererseits nicht unter den Begriff der internen Analysen, wie exemplarisch Präsentationen im Rahmen des Werbens um ein *M&A*-Mandat gegenüber den Verwaltungsorganen der Gesellschaft (*"pitching"*) dies tun,[2002] auf die § 34b WpHG nicht anwendbar ist.

cc) **Wertpapierdienstleistungsunternehmen**

Dem Wortlaut des § 34b WpHG entsprechend müsste die *fairness opinion* für die Anwendbarkeit dieser Norm durch ein Wertpapierdienstleistungsunternehmen im Sinne des § 2 Abs. 4 WpHG erstellt werden. Dazu gehören Kreditinstitute, Finanzdienstleistungsinstitute und nach § 53 Abs. 1 Satz 1 des Gesetzes über das Kreditwesen tätige Unternehmen, die Wertpapierdienstleistungen allein oder zusammen mit Wertpapierdienstleistungen gewerbsmäßig oder in einem Umfang erbringen, der einen in kaufmännischer Weise eingerichteten Geschäftsbetrieb erfordert. Damit unterliegen inländische Investment Banken ebenso wie die Zweigstellen von Investment Banken mit Sitz im Ausland dieser Regelung. Ausgenommen sind nach § 2a Abs. 1 Nr. 6 WpHG Angehörige freier Berufe, die Wertpapierdienstleistungen nur gelegentlich im Rahmen ihrer Berufstätigkeit erbringen und einer Berufskammer in Form der Körperschaft des öffentlichen Rechts angehören, deren Berufsrecht die Erbringung von Wertpapierdienstleistungen nicht ausschließt. Mit Relevanz für die *fairness opinion* zählt zu dieser Gruppe nur der Berufsstand der Wirtschaftsprüfer.[2003]

dd) **Interessenkonflikte im Sinne des § 34b WpHG**

Weiterhin ist zu prüfen, ob die für die Erstellung einer *fairness opinion* in Betracht zu ziehenden Interessenkonflikte (hierzu oben S. 214 ff.) von den Interessenkonflikten im Sinne des § 34b WpHG erfasst werden. Der Gesetzgeber nennt in § 34b WpHG drei Regelbeispiele für

---

[1999] *Göres*, Interessenkonflikte von Wertpapierdienstleistern, S. 233; *Kümpel*, Bank- und Kapitalmarktrecht, Rdn. 16.625, die Analysen müssen den Bereich des Wertpapierdienstleistungsunternehmens verlassen.
[2000] *Göres*, Interessenkonflikte von Wertpapierdienstleistern, S. 233.
[2001] Schwark-*Schwark*, § 34b WpHG, Rdn. 4.
[2002] *Göres*, Interessenkonflikte von Wertpapierdienstleistern, S. 231 f.
[2003] Assmann/Schneider-*Assmann*, § 2a WpHG, Rdn. 29.

Interessenkonflikte.[2004] Diese Regelbeispiele werden im Rahmen einer Bekanntmachung der BaFin weiter konkretisiert. Zunächst liegt ein Interessenkonflikt vor, sofern das Wertpapierdienstleistungsunternehmen mindestens 1% der analysierten Wertpapiere hält (§ 34b Abs. 1 Nr. 1 WpHG).[2005] Darüber hinaus sieht der Gesetzgeber einen Interessenkonflikt für gegeben, sofern der Ersteller der Wertpapieranalyse einem Konsortium angehörte, das die innerhalb von fünf Jahren zeitlich letzte Emission von Wertpapieren der Gesellschaft, die Gegenstand der Analyse ist, übernommen hat (§ 34b Abs. 1 Nr. 2 WpHG). Eine notwendige Voraussetzung besteht darin, dass der Wertpapierdienstleister bei der Emission ein wirtschaftliches Risiko übernommen hat.[2006] Schließlich besteht das dritte Regelbeispiel für einen Interessenkonflikt in einem zwischen dem Emittenten und dem Ersteller der Analyse abgeschlossenen Vertrag zur Betreuung der Wertpapiere an der Börse oder am Markt (§ 34b Abs. 1 Nr. 3 WpHG). Von dieser Regelung werden vornehmlich *designated sponsors* und *market maker* erfasst, die einen direkten Betreuungsvertrag mit dem Emittenten – nicht jedoch ausschließlich mit der Börse – geschlossen haben. Im Schrifttum werden weitere Interessenkonflikte vor dem Hintergrund ihrer internationalen Diskussion genannt. So können die Vergütungsstrukturen für den Ersteller der Wertpapieranalyse zu Interessenkonflikten führen: Danach können Interessenkonflikte entstehen, sofern ein wesentlicher Teil der Vergütung des Dienstleisters von Aktivitäten in den Bereichen *corporate finance, IPO, M&A* oder Beratung/Reporting abhängen.[2007] Dabei können Zahlungen für Investment Bankdienstleistungen oder Services einer Geschäftsbank sowohl bereits geleistet worden sein als auch für deren Leistung zukünftig erwartet werden.[2008] Letztlich kann die Wertpapieranalyse auch als „Türöffner" für weitergehende Geschäftsverbindungen eingesetzt werden. Weiterhin führt *von Kopp-Colomb* Personen- und Organverbindungen – etwa in Form von Aufsichtsratsmandaten – zwischen dem Ersteller der Wertpapieranalyse und der betroffenen Gesellschaft als Quelle potenzieller Interessenkonflikte an.[2009] Letztlich kann diese Aufstellung potenzieller Interessenkonflikte keine vollständige und abschließende Liste ergeben.[2010] Eine Manipulationsgefahr ist aber immer dann denkbar, wenn der Ersteller der Wertpapieranalyse ein eigenes

---

[2004] Eingefügt auf Grund der Beschlussempfehlung des Finanzausschusses, vgl. Bericht des Finanzausschusses betreffend den Entwurf der Bundesregierung zum Vierten Finanzmarktförderungsgesetz BT-Drs. 14/8601, S. 20.
[2005] Zur Einbeziehung von Handelsbestand, Anlagebestand und Optionen in die prozentuale Berechnung der Beteiligung Assmann/Schneider-*Koller*, § 34b WpHG, Rdn. 11.
[2006] *Heun*, Die Bank 2002, 848, 851.
[2007] *Göres*, Interessenkonflikte von Wertpapierdienstleistern, S. 272.
[2008] Vgl. NASD Rule 2711 (h) (2) (A) (ii).
[2009] *Von Kopp-Colomb*, WM 2003, 609, 613.
[2010] *Schlößer*, BKR 2003, 404, 409; *Von Kopp-Colomb*, WM 2003, 609, 613, die Formulierung „insbesondere" erlaubt eine Annahme von Interessenkonflikten jenseits der drei Regelungsbeispiele.

Interesse am Ausgang der Analyse besitzt.[2011] Dabei ist es unerheblich, ob der Ersteller der Wertpapieranalyse am Resultat der Analyse nachweisbar persönlich interessiert ist; denn die Verpflichtung zur Offenlegung bezieht sich auf „mögliche" Interessenkonflikte. Daher ist es im Sinne einer abstrakten Gefährdung Dritter maßgeblich, ob es aus Sicht eines objektiven Beobachters nicht gänzlich unwahrscheinlich ist, dass das Wertpapierdienstleistungsunternehmen auf das Ergebnis der Analyse aus eigenem Interesse Einfluss nehmen könnte.[2012] Diese Interessenkonflikte decken sich mit den bei der Erstellung von *fairness opinions* vorhandenen Interessenkonflikten, die demnach offen zu legen sind. Dies schließt auch die Erteilung eines *league table credit* ein; denn dieser kommt im Ergebnis einer direkt erfolgsabhängigen Vergütung der Ersteller von *fairness opinions* gleich.

ee) Rechtsfolge

Da der Anwendungsbereich des § 34b WpHG wie zuvor festgestellt für eine *fairness opinion* eröffnet ist, ist diese mit der erforderlichen Sachkenntnis, Sorgfalt und Gewissenhaftigkeit zu erstellen (§ 34b Abs. 1 Halbsatz 1 WpHG) und mögliche Interessenkonflikte sind offen zu legen (§ 34b Abs. 1 Halbsatz 2 WpHG). Ausweislich der Bekanntmachung der BaFin sind über die Regelbeispiele hinausgehende Interessenkonflikte nur für den Fall offen zu legen, dass sie nicht durch organisatorische Maßnahmen des Wertpapierdienstleistungsunternehmens vermieden werden können.[2013] Dazu verweist § 34b Abs. 2 WpHG auf § 33 WpHG. Nach § 33 Abs. 1 Nr. 2 WpHG sind Wertpapierdienstleistungsunternehmen so zu organisieren, dass Interessenkonflikte minimiert werden. Organisatorische Maßnahmen in diesem Sinne können durch die Einrichtung von Vertraulichkeitsbereichen (so genannte *chinese walls*) getroffen werden.[2014] Bei der Beurteilung dieser organisatorischen Maßnahmen ist jedoch zwischen *equity research* und *fairness opinions* deutlich zu differenzieren. Während *research reports* von spezialisierten Abteilungen erstellt werden, die durch *chinese walls* von den Investment Banking Bereichen organisatorisch getrennt werden können, führen gerade diejenigen Abteilungen der Investment Banken, die auch mit der *M&A-* bzw. *IPO*-Beratung befasst sind, die Erstellung der *fairness opinion* aus. Es besteht folglich eine Personenidentität, die durch organisatorische Maßnahmen nicht umgangen werden kann. Der Umkehrschluss des LG Heidelberg, dass die Erstellung der *fairness opinion* durch die *Corporate-Finance*-Abteilung einer Investment Bank unabhängig von der *Research*-Abteilung erfolge und damit zu einem unab-

---

[2011] Assmann/Schneider-*Koller*, § 34b WpHG, Rdn. 10.
[2012] Assmann/Schneider-*Koller*, § 34b WpHG, Rdn. 10.
[2013] Zustimmend *Schlößer*, BKR 2003, 404, 409; *Gebauer*, Börsen-Zeitung vom 30.11.2002, 3.
[2014] Ausführlich zu *chinese walls Bülow*, Die Bank 1997, 290 ff.

hängigen Ergebnis führe,[2015] kann vor diesem Hintergrund nicht geteilt werden. Mithin kommt ausschließlich eine Offenlegung dieser Interessenkonflikte in Betracht. Nach der Bekanntmachung der BaFin hat die Offenlegung möglicher Interessenkonflikte deutlich und hervorgehoben zu erfolgen. Dazu ist die Darstellung der für den Einzelfall vorliegenden Interessenkonflikte erforderlich.[2016] Ein abstrakter Hinweis auf potenzielle Interessenkonflikte genügt nicht. Die Offenlegung hat in einer Weise zu erfolgen, die es ermöglicht, dass ein Durchschnittsanleger die Existenz von Eigeninteressen des Wertpapierdienstleistungsunternehmens konkret erkennen kann.[2017] Bezogen auf die *fairness opinion* hat die Offenlegung der möglichen Interessenkonflikte ihres Erstellers daher schriftlich als Bestandteil des Dokuments der *fairness opinion* zu erfolgen. Vor dem dargelegten Hintergrund potenzieller Interessenkonflikte bei der Erstellung von *fairness opinions* wird insbesondere auf die Honorarstruktur des Erstellers der *fairness opinion*, die neben der *fairness opinion* für die betroffene Gesellschaft erbrachten Dienstleistungen sowie die eigene Beteiligung des Erstellers der *fairness opinion* oder ihm verbundener Unternehmen an Wertpapieren der betroffenen Gesellschaft einzugehen sein.

ff) Zwischenergebnis

Auch wenn die Behandlung von Interessenkonflikten der Ersteller von *fairness opinions* in Deutschland noch nicht ausdrücklich geregelt ist, gelingt eine Subsumtion unter den Regelungsgehalt des für Wertpapieranalysen geschaffenen § 34b WpHG.[2018] Der Grad der den *fairness opinions* inhärenten Interessenkonflikte kommt den hier gesetzlich geregelten Fällen von Interessenkonflikten gleich; denn der Ersteller der *fairness opinion* hat häufig auf Grund seines über die reine Erstellung der *fairness opinion* hinausgehenden Mandats ein materielles Interesse am Ergebnis der *fairness opinion* (hierzu oben S. 214 ff.). Ein Wertpapierdienstleistungsunternehmen, welches das Risiko von Interessenkonflikten nicht durch Organisation beseitigen kann, muss hinnehmen, rigideren Verhaltenspflichten unterworfen zu werfen.[2019] Die Verletzung der Offenlegungspflichten von Interessenkonflikten des § 34b Abs. 1 Satz 2 WpHG ist gemäß § 39 Abs. 1 Nr. 4 WpHG bußgeldbewehrt.[2020]

[2015] LG Heidelberg, BB 2001, 1809, 1811, Tz. 8.
[2016] Assmann/Schneider-*Koller*, § 34b WpHG, Rdn. 14; *von Kopp-Colomb*, WM 2003, 609, 614.
[2017] Assmann/Schneider-*Koller,* § 34b WpHG, Rdn. 14.
[2018] Zu der Parallelfrage, ob § 34b WpHG auch auf Rating-Agenturen Anwendung finden kann, *Kersting*, ZHR 169 (2005), 242.
[2019] Assmann/Schneider-*Koller*, § 33 WpHG, Rdn. 15.
[2020] Dazu Schwark-*Schwark*, § 34b WpHG, Rdn. 19.

e) Rechtsprechung

Mit der Frage, ob der Ersteller einer *fairness opinion* darüber hinaus beratend für diese Mandate bei der Strukturierung der beurteilten Unternehmenstransaktion tätig sein darf, hat sich erst ein deutsches Instanzgericht beschäftigt.[2021] Nach der Entscheidung des LG Heidelberg wird es von den bei Unternehmenstransfers Beteiligten hingenommen, dass Investment Banken ein Unternehmen beraten und bewerten und zugleich dessen Aktien anbieten und handeln. Es könne daraus nicht allgemein gefolgert werden, dass die mit der Erstellung der *fairness opinion* betrauten Mitarbeiter nicht als unabhängig zu betrachten seien und das Gutachten insgesamt nicht als unabhängiges Gutachten bezeichnet werden dürfe.

f) Schlussfolgerung

Demnach ergeben sich *de lege lata* in Deutschland keine rechtlichen Schranken, die eine Beratung des Mandanten durch den Ersteller einer *fairness opinion* bei der Strukturierung der beratenden Transaktion verbieten. Wenngleich Interessenkonflikte mittels einer isoliert erstellten *fairness opinion* vermieden werden können, wird die praktische Umsetzbarkeit der Bestellung eines nicht beratenden Erstellers von *fairness opinions* aber auch kritisch beurteilt. So wird in der noch jungen Diskussion in Deutschland darauf hingewiesen, dass die isolierte Erstellung einer *fairness opinion* für Investment Banken ein im Vergleich zu der gesamten Beratung einer Transaktion weniger attraktives Geschäft sei und dass – eine gute Auslastung der Investment Banken vorausgesetzt – führende Investment Banken die Mandate einer isoliert zu erstellenden *fairness opinion* regelmäßig ablehnen würden.[2022] Auch kann nach dieser Ansicht die Erstellung von *fairness opinions* durch Nischenanbieter keine befriedigende Lösung darstellen.[2023] Dennoch lassen sich auch in der deutschen Praxis isoliert erstellte *fairness opinions* durchaus beobachten.

3.) Europäischer Vergleich

a) Österreich

Nach § 13 öÜbG hat der von der Zielgesellschaft zu bestellende Sachverständige unabhängig zu sein. Zur Auslegung des Begriffs der Unabhängigkeit ist auf die Definition der Unabhängigkeit des Beraters des Bieters nach § 9 öÜbG zu rekurrieren.[2024] Mittels Verweisung über § 8 Abs. 4-6 KMG finden die Regelungen zur Unabhängigkeit des Abschlussprüfers

---

[2021] LG Heidelberg BB 2001, 1809, 1811.
[2022] *Schiessl*, ZGR 2003, 814, 850.
[2023] *Schiessl*, ZGR 2003, 814, 850.
[2024] *Huber/Löber*, § 13 öÜbG, Rdn. 5; *Winner*, Zielgesellschaft, S. 178.

(§ 271 öHGB) Anwendung. Nach Ansicht von *Winner* kommt dieser Norm allerdings keine abschließende Regelungskraft hinsichtlich der Unabhängigkeit des Sachverständigen der Zielgesellschaft zu.[2025] Insbesondere wird von ihr die Problematik um einen indirekten Anreiz durch Erfolgshonorare nicht erfasst.

b) Schweiz

aa) Interessenkonflikte

Auch in der Schweiz sind in der jüngsten Vergangenheit Interessenkonflikte der Ersteller von *fairness opinions* vermehrt diskutiert worden.[2026] Auf Grund des „unübersehbaren Eigeninteresses der beteiligten Banken" folgerte die Schweizerische Übernahmekommission beispielsweise eine Relativierung der Aussagekraft der *fairness opinion* im Fall des Umtauschangebots der *Smith & Nephew Group plc., London* an die Aktionäre der *Centerpulse AG* (vorm. *Sulzer Medica AG*).[2027] Vor diesem Hintergrund beauftragte der Verwaltungsrat eine weitere *fairness opinion* eines dritten Anbieters. Eine normierte Verpflichtung zur Erteilung einer *fairness opinion* durch einen unabhängigen Ersteller existiert jedoch nicht. Die Praxis zeigt allerdings, dass eine Offenlegung potenzieller Interessenkonflikte auch in der Schweiz durchaus üblich ist; die Offenlegung von Interessenkonflikten unterscheidet sich allerdings in ihrem Detaillierungsgrad. So weisen einige Ersteller von *fairness opinions* sogar auf einzelne frühere Transaktionen hin, in denen sie beratend für diesen Mandanten tätig waren.

bb) Anspruchsgrundlagen für die Offenlegung von Interessenkonflikten

Zu prüfen ist allerdings, ob der Ersteller einer *fairness opinion* zur Offenlegung der Interessenkonflikte gegenüber der Schweizerischen Übernahmekommission bzw. der Öffentlichkeit verpflichtet ist. Dazu ist auf unterschiedliche Rechtsgrundlagen Bezug zu nehmen:

aaa) Art. 23 Abs. 3 BEHG

Nach Art. 23 Abs. 3 Satz 2 BEHG kann die Übernahmekommission von der Zielgesellschaft alle Auskünfte und Unterlagen einfordern. Damit kann sie von der Zielgesellschaft auch Informationen über Interessenkonflikte der mit der Erstellung einer *fairness opinion* beauftragten Sachverständigen verlangen. Nach Art. 23 Abs. 3 Satz 3 BEHG könnte die Übernahmekommission diese Informationen über Interessenkonflikte des Erstellers der *fairness opinion*

[2025] *Winner*, Zielgesellschaft, S. 178.
[2026] Insbesondere im Kontext der Fälle *Hero* und *Smith & Nephew*; statt vieler dazu *Wenger*, FuW vom 26.6.2004, 22.
[2027] Empfehlung der UEK *Centerpulse AG / Smith & Nephew Group plc.* vom 16.4.2003, Tz. 6.3.

in die von ihr abzugebende Empfehlung aufnehmen. Diese Maßnahme führt zu einer faktischen Entwertung der *fairness opinion*.

bbb) Art. 29 BEHG

Nach Art. 29 BEHG ist die Darlegung aller wesentlichen Elemente gefordert; denn die Funktion des Berichts, dessen Bestandteil die *fairness opinion* ist, besteht darin, den Inhaber von Beteiligungspapieren in den Stand zu versetzen, eine sachgerechte Entscheidung zu treffen.[2028] Sachgerecht kann eine Entscheidung aber nur dann sein, wenn der Angebotsempfänger über potenzielle Interessenkonflikte eines Sachverständigen umfassend informiert ist. Damit ist eine Offenlegung auch der potenziellen Interessenkonflikte als erforderlich anzusehen.

ccc) Art. 31 UEV-UEK

Gemäß Art. 31 Abs. 1 UEV-UEK hat der Bericht des Verwaltungsrats auf Interessenkonflikte von Mitgliedern des Verwaltungsrates oder der Geschäftsleitung hinzuweisen.[2029] Mit der Begrenzung auf den Verwaltungsrat oder die Geschäftsleitung werden Interessenkonflikte des Erstellers einer *fairness opinion* vom Wortlaut dieser Norm nicht direkt erfasst. Nach Art. 31 Abs. 3 UEV-UEK hat der Verwaltungsrat der Zielgesellschaft allerdings Maßnahmen zu treffen, um zu verhindern, dass sich *eigene* Interessenkonflikte nicht zum Nachteil der Angebotsempfänger auswirken. Eine mögliche Maßnahme besteht in der Einholung einer *fairness opinion* eines dritten Sachverständigen. Sofern aber die Vermeidung eigener Interessenkonflikte des Verwaltungsrats durch die Schaffung neuer Interessenkonflikte des Sachverständigen überlagert wird, kann der Sinn und Zweck des Art. 31 Abs. 3 UEV-UEK nur für eine Offenlegung dieser neu geschaffenen Interessenkonflikte sprechen. Andernfalls hätte der Bericht, dessen Bestandteil die *fairness opinion* wird, die Aufgabe der Rechenschaft gegenüber dem Angebotsempfänger nicht erfüllt.

ddd) Zwischenergebnis

Aus dieser Überlegung ist eine Verpflichtung zur Offenlegung von Interessenkonflikten des Sachverständigen im Bericht des Verwaltungsrats abzuleiten. Da die *fairness opinion* Bestandteil dieses Berichts wird, bietet sich in der praktischen Umsetzung die Offenlegung durch den Sachverständigen selbst an.

[2028] Vogt/Watter-*Tschäni/Oertle*, § 29 BEHG, Rdn. 3.
[2029] Dazu *von der Crone*, in: Organverantwortlichkeit als Instrument der Corporate Governance, S. 235, 246, mit der Forderung, diese Pflicht zur Offenlegung auch auf erhebliche Vorfälle der allmeinen Tätigkeit von Geschäftsleitung und Verwaltungsrat zu erweitern.

II. Verbot direkter Erfolgshonorare

1.) USA

a) Schrifttum

Im US-amerikanischen Schrifttum wird zunehmend eine nicht erfolgsabhängige Honorierung von *fairness opinions* gefordert;[2030] auch im Fall der vollständigen Offenlegung eines Erfolgshonorars müsse nach dieser Ansicht eine derartige Honorarvereinbarung zwangsläufig zur Wertlosigkeit einer *fairness opinion* führen.[2031] Gleichwohl wird darauf hingewiesen, dass für den Ersteller auch im Fall der Vereinbarung keines Erfolgshonorars ein ausreichender Anreiz bestehen sollte, qualifizierte und erfahrene Mitarbeiter mit einer *fairness opinion* zu betrauen.[2032] Darüber hinaus wird im Schrifttum angeregt, dass die Gesellschaften mit dem Ersteller der *fairness opinion* einen Ausschluss zukünftiger Beratungsmandate für einen festen Zeitraum vereinbaren sollten.[2033] Dabei ist einerseits auf die Parallele zur Jahresabschlussprüfung hinzuweisen; sie galt traditionell als *loss leader* neben deutlich profitableren Beratungsmandaten. Nach der zunehmenden Trennung von Prüfung und Beratung ist die Entwicklung der Prüfung als selbständiges *profit center* erforderlich. Andererseits ist ein Vergleich mit den Stillhaltevereinbarungen für die an einer Aktienemission beteiligten Emissionsbanken zu ziehen. Demnach ist es den beteiligten Banken untersagt, für einen bestimmten Zeitraum nach der Emission Wertpapieranalysen zu veröffentlichen.[2034] Eine vergleichbare Regelung wird im Schrifttum auch für *fairness opinions* als möglich erachtet.[2035] Auf Grund der überwiegenden Erstellung von *fairness opinions* durch *Advisory*-Abteilungen von Investment Banken, die einen hohen Anteil ihrer Honorare durch die Transaktionsstrukturierung generieren, wird die Umsetzung in der Praxis jedoch sehr kritisch beurteilt;[2036] denn anders als Strukturmaßnahmen liefern Wertpapieranalysen keinen bedeutenden eigenen Umsatzanteil für den Anbieter. Im Ergebnis müsste dieses Verbot zu einer Trennung beider Geschäftsbereiche führen und *fairness opinions* könnten ausschließlich von spezialisierten Anbietern erstellt werden.

[2030] *Reed/Lajoux*, The Art of M&A, S. 756.
[2031] *Wander*, 7 Inst. On Sec. Reg. (1976), 157, 177.
[2032] *Elson/Rosenbloom/Chapman*, 35 Securities Regulation & Law Report (2003), 1984, 1988.
[2033] *Elson/Rosenbloom/Chapman*, 35 Securities Regulation & Law Report (2003), 1984, 1988.
[2034] Rechtsvergleichend dazu *Göres*, Interessenkonflikte von Wertpapierdienstleistern, S. 293 f.
[2035] *Elson/Rosenbloom/Chapman*, 35 Securities Regulation & Law Report (2003), 1984, 1988.
[2036] Kritisch zum Ausschluss von Geschäften bei Wertpapieranalysen *Bülow*, Die Bank 1997, 290, 291, der dieses Mittel als „*ultima ratio*" kennzeichnet.

Erfolgshonorare werden auch vom früheren Chairman der *SEC, David S. Ruder*, als kritisch eingestuft und sollten aus seiner Sicht durch Regulierung ausgeschlossen werden.[2037] Gegen Erfolgshonorare für *fairness opinions* spricht sich auch *Schuldt* unter Verweis auf das Verbot einer erfolgsabhängigen Honorierung für Jahresabschlussprüfer aus.[2038] Demgegenüber forderte das Mitglied des *Subcommittees on Telecommunications and Finance Norman Lents, Long Island*, eine freie Bestimmung der Honorare durch den Markt.[2039] Zur Umgehung dieser Problematik ist es in der Praxis zunehmend üblich, dass die Verwaltungsorgane eine zweite *fairness opinion* eines unabhängigen Erstellers, der kein direktes Erfolgshonorar erhält, einholen oder grundsätzlich die Erstellung einer *fairness opinion* und die Beratung innerhalb der Transaktion separat mandatieren.[2040] Damit wird eine Regulierung durch die Etablierung von Marktusancen ersetzt.

b) Rechtsprechung

Eine Analyse der US amerikanischen Rechtsprechung hinsichtlich von Erfolgshonoraren zeigt, dass die mit *fairness opinions* befassten Gerichte diesem Aspekt bislang keine Aufmerksamkeit geschenkt haben.

c) Reformvorhaben der *National Association of Securities Dealers, Inc. (NASD)*

Auch im Rahmen des Reformvorhabens der *NASD* wird die Frage nach der Zulässigkeit von direkten Erfolgshonoraren diskutiert. Die Befürworter einer stärkeren Regulierung der Ersteller von *fairness opinions* fordern dabei eine dem Verbot von Erfolgshonoraren für Jahresabschlussprüfer durch die *SEC* entsprechende Regelung.[2041] Auf diese Weise könne eine neutralere Position des Erstellers einer *fairness opinion* bei der Beurteilung der Unternehmenstransaktion sichergestellt werden.[2042] Demgegenüber kann eine erfolgsabhängige Vergütung für die Erstellung einer *fairness opinion* jedoch für den Ersteller auch einen Anreiz zur Maximierung der Gegenleistung schaffen.[2043] Dies hat nach der Gegenansicht einen Angleich

---

[2037] *David S. Ruder* in der Diskussion mit *Mike Synar*, Subcommitee on Telecommunications and Finance zitiert nach *Hinden*, The Washington Post vom 23.12.1988, D1; dazu auch *Robb*, N.Y. Times vom 23.12.1988, D1.
[2038] *Schuldt*, 56 Mo. L. Rev. 103, 116, Fn. 86, mit Verweis auf Code of Professional Ethics § 302, Rule 302.01 (American Institute of Certified Public Accountants 1988) mit dem Vorschlag "The committee charged with selecting the outside party shall: (1) be prohibited from setting as a fee any amount contingent on the outcome of the acquisition, purchase, repurchase, or sale of the securities subject to the transaction; (2) be prohibited from selecting any outside party significantly involved in any aspect of the current acquisition, purchase, repurchase, offer to sell, or offer to purchase; (3) be prohibited from restricting such outside party to selective valuation techniques or measurement procedures in such report, opinion, or appraisal."
[2039] Zitiert nach *Robb*, N.Y. Times vom 23.12.1988, D1.
[2040] *Liaw*, Business of Investment Banking, S. 43.
[2041] *California Public Employees' Retirement System (CalPERS)*, Comment, S. 2, A.
[2042] *Elson/Rosenbloom/Chapman*, Comment, S. 2.
[2043] *The Association of the Bar of the City of New York, Special Committee on Mergers, Acquisitions and Corporate Control Contest*, Comment, S. 3.

der Interessen zwischen den Anteilseignern der Gesellschaft und dem Ersteller der *fairness opinion* zur Folge.[2044] Solange die Struktur der Honorarvereinbarung im *opinion letter* offen gelegt werde, könnten die Anteilseigner diesen Aspekt in ihrer Bewertung der *fairness opinion* berücksichtigen.[2045] Unberücksichtigt bleibt in diesem Zusammenhang allerdings die Tatsache, dass eine alternative Beurteilung der Transaktion für die Anteilseigner mit erheblich höheren Kosten verbunden wäre.

2.) Deutschland

Angesichts des aus der Vereinbarung eines Erfolgshonorars erwachsenden Interessenkonflikts für den Ersteller der *fairness opinion* stellt sich auch in Deutschland die Frage, ob derartige Vergütungsstrukturen für *fairness opinions* zulässig sind. Nach einem Urteil des OLG Karlsruhe ist die Vereinbarung eines Erfolgshonorars im Fall einer *fairness opinion* nicht *per se* zu beanstanden. Dies führe im Falle einer fehlenden Offenlegung nicht zu einer Verletzung der Informationspflichten durch die betroffene Gesellschaft und auch nicht zur Anfechtbarkeit des darauf eingehenden Hauptversammlungsbeschlusses.[2046] Im vorliegenden Fall wurde ein Teil des Honorars des Erstellers der *fairness opinion* an die Zustimmung der Aktionäre zu den die Unternehmenstransaktion betreffenden Hauptversammlungsbeschlüssen geknüpft.[2047] In der Begründung differenziert das Gericht allerdings nicht zwischen einem Erfolghonorar und einer erfolgsunabhängigen Vergütung des Erstellers der *fairness opinion*. Denn nach Ansicht des Gerichts könne es unter der Annahme der von der Klägerin an den Ersteller der *fairness opinion* gestellten Anforderungen „keine unabhängige Bewertung geben, da ein externer Sachverständiger nie kostenlos arbeiten würde und die Bezahlung durch den Auftraggeber immer zur Unbrauchbarkeit des Bewertungsberichts führen müsste".[2048]

Solange die Beratung der Transaktion neben der Erstellung der *fairness opinion* für einen Sachverständigen möglich ist, kann ein Verbot der Vereinbarung eines Erfolgshonorars Interessenkonflikte nicht nachhaltig vermeiden; denn das Honorar des Sachverständigen für die Beratung und Strukturierung der Transaktion selbst wird regelmäßig erfolgsabhängig sein. Darüber hinaus profitiert der Dienstleister in den *league tables* (hierzu oben S. 219) ausschließlich bei einem erfolgreichen *closing* der Transaktion. Folglich kann eine auf die *fair-*

[2044] Dahingehend auch *In re MONY Group Inc. Shareholder Litigation*, 852 A.2d 9, 22 (Del.Ch. 2004), "it obtained a fairness opinion from CSFB, itself incentivized to obtain the best available price due to a fee that was set at 1% of transaction value".
[2045] *Davis Polk & Wardwell*, Comment, S. 5 f., "regulation of advisor compensation could increase potential opinion bias".
[2046] OLG Karlsruhe NZG 2002, 959, 962, zu einer eine Sachkapitalerhöhung betreffende *fairness opinion*.
[2047] *Hansen*, AG 2001, R104, R106.

ness opinion begrenzte Untersagung von direkten Erfolgshonoraren Interessenkonflikte nicht vollständig verhindern.

III. Inhaltliche Standards für Bewertung und Prüfungsgegenstand

Letztlich bilden inhaltliche Standards sowie die Abgrenzung des Prüfungsgegenstands einer *fairness opinion* einen weiteren Diskussionsgegenstand in der Debatte um eine weitergehende Regulierung. Da diese Aspekte über regionale Grenzen hinweg zur Diskussion stehen, wird an dieser Stelle auf eine Differenzierung zwischen den USA und Europa verzichtet.

1.) Schrifttum

Im US-amerikanischen Schrifttum wird als einer der Gründe für die Leistungslücke das Fehlen von Standards bei der Durchführung der *due diligence* und der Unternehmensbewertung betrachtet, obwohl die Ersteller von *fairness opinions* ohne Zweifel sehr umfangreiche Kenntnisse in der Bewertung von Unternehmen haben.[2049] Infolge dieser Maßnahmen sollten sich die teils erheblichen Bandbreiten bei der Unternehmensbewertung verringern lassen. Diese Ansicht teilen *Rachelson* und *Solomon*.[2050] Ebenso fordert *Oesterle* eine Selbstregulierung durch die Ersteller der *fairness opinions*.[2051] Auf diese Standards sollte im *opinion letter* Bezug genommen werden. Eine strikte Standardisierung von Bewertungsmethoden ist nicht möglich und widerspricht grundsätzlich der Natur der Unternehmensbewertung.[2052] Auch das Ausmaß der erforderlichen *due diligence* durch den Ersteller der *fairness opinion* ist zwar durch die Gerichte (hierzu oben S. 305 ff.) noch nicht abschließend bestimmt.[2053] Ein Verzicht auf jegliche *due diligence* minimiert jedoch den potenziellen Wert einer *fairness opinion* – ungeachtet einer etwaigen Haftungsbegründung des Erstellers – erheblich.[2054] Unter diesem Gesichtspunkt würde die Reduzierung der ermittelbaren Bandbreite fairer Werte durch die Standardisierung der Bewertungsmethoden deutlich eingeschränkt.

[2048] OLG Karlsruhe NZG 2002, 959, 962.
[2049] *Elson/Rosenbloom/Chapman*, 35 Securities Regulation & Law Report (2003), 1984, 1988; *Fiflis*, 70 Wash. U. L.Q. (1992), 497, 515, "bankers have neither an ethics code nor a professional association to administer sanctions for deviations from norms. There is no minimum education or licensing procedure in place".
[2050] *Rachelson/Solomon*, 22 Corporate Acquisitions, Mergers, and Divestitures Januar 2004, 1, 3.
[2051] *Oesterle*, 70 Wash. U. L.Q. (1992), 541, 547.
[2052] A.A. vage *Rachelson/Solomon*, 22 Corporate Acquisitions, Mergers, and Divestitures Januar 2004, 1, 3.
[2053] Vgl. *Joseph v. Shell Oil Co.*, 482 A.2d 335 (Del.Ch. 1984); ohne Erfordernis einer *due diligence In re Global Crossing, Ltd.*, Fed. Sec. L. Rep. ¶ 92,645, 93,103 (S.D.N.Y. 2003).
[2054] In re Global Crossing, Ltd., Fed. Sec. L. Rep. ¶ 92,645, 93,103, 93,113 (S.D.N.Y. 2003), Fn. 9; *Rachelson/Solomon*, 22 Corporate Acquisitions, Mergers, and Divestitures Januar 2004, 1, 3, "otherwise, the [...] valuator is simply rubber-stamping management's position instead of preparing an independent fairness opinion".

2.) Reformvorhaben der *National Association of Securities Dealers, Inc. (NASD)*

Auch in den Stellungnahmen zum Reformvorhaben der *NASD* wird auf die Schwierigkeiten der Standardisierung von Bewertungsmethoden hingewiesen.[2055] Angesichts unterschiedlicher Transaktionsstrukturen, Werttreibern der beteiligten Gesellschaften oder Formen der Gegenleistung ist eine Standardisierung nach einheitlichen Ansätzen nicht praktikabel und sachgerecht.[2056] Allerdings wird zumindest eine umfassende Offenlegung der Informationen gefordert, die die Verwaltungsorgane dem Ersteller der *fairness opinion* im Rahmen des Mandats zur Verfügung gestellt haben (hierzu ausführlich oben Teil 6).[2057] Darüberhinaus wird auf die Aussagekraft einer veröffentlichten Sensitivitätsanalyse im Rahmen der *fairness opinion* hingewiesen. Insgesamt wird in diesem Kontext angeregt, die im Rahmen von Going-Private-Transaktionen nach *Rule 13e-3* bestehenden Regeln für *fairness opinions* generell zur Anwendung zu bringen.[2058]

Gegenstand der Stellungnahmen bezüglich Bewertungsstandards ist auch die bereits untersuchte Frage nach einer Verpflichtung des Erstellers einer *fairness opinion* zur Prüfung der ihm vom Management zur Verfügung gestellten Informationen (hierzu oben S. 307 ff.). Gegen eine derartige Pflicht sprechen die Schwierigkeit zur objektiven Prüfung von zukunftsorientierten Prognosedaten sowie die ggf. erforderlichen Fachkenntnisse, die bei Erstellern von *fairness opinions* häufig nicht gegeben sind.[2059] Auch wird in diesem Zusammenhang in Frage gestellt, ob sich die Mitglieder des Verwaltungsorgans im Sinne der *business judgment rule* auf diese Prüfung der Annahmen verlassen dürfen.[2060] In diesem Zusammenhang bleibt zu berücksichtigen, dass eine derartige Prüfung doloses Handeln der Verwaltungsorgane selbst

---

[2055] *Houlihan Lokey Howard & Zukin, Kane & Company, Inc.,* Comment, S. 4, "a rule seeking to regulate the technical financial analyses would be very difficult to craft, hard to enforce, and could preclude a particular methodology in a circumstance where such methodology [...] might help to highlight the strengths or weaknesses of the transaction"; *Davis Polk & Wardwell,* Comment, S. 4, "given the unique, situation-specific nature of transactions in the context in which fairness opinions are rendered, and the differing, variable and sometimes subjective factors that must therefore be considered in designing the methodology, procedures and process for rendering a fairness opinion, the subject area is not susceptible to beneficial regulation which imposes uniform methodologies, procedures or processes".
[2056] *The Association of the Bar of the City of New York, Special Committee on Mergers, Acquisitions and Corporate Control Contests,* Comment, S. 7.
[2057] *Standard & Poor's Corporate Value Consulting,* Comment, S. 2 f., "more robust disclosure would enable fiduciaries to independently assess assumptions such as sales growth, profit margins, and access to capital"; *The Association of the Bar of the City of New York, Special Committee on Mergers, Acquisitions and Corporate Control Contests,* Comment, S. 5.
[2058] *Standard & Poor's Corporate Value Consulting,* Comment, S. 3.
[2059] *The Association of the Bar of the City of New York, Special Committee on Mergers, Acquisitions and Corporate Control Contests,* "we believe it is perfectly reasonable for members who render fairness opinions, like boards of directors, to rely on the views of others, particularly management and its auditors and counsel who the member reasonably believes best know the business [...]";*Cravath, Swaine & Moore LLP,* Comment, S. 3.
[2060] *Cravath, Swaine & Moore LLP,* Comment, S. 3.

bei der Zurverfügungstellung der Informationen sicherlich nicht ausschließen kann. Gleichwohl kommt einer Plausibilisierung der Daten vor dem Hintergrund ihrer hohen Sensitivität für das Bewertungsergebnis eine erhebliche Bedeutung zu.

Schließlich wird in den Stellungnahmen die rechtspolitische Frage nach dem Umfang des Prüfungsgegenstandes der *fairness opinion* angesprochen. Dabei wird teilweise befürwortet, dass die Anteilseigner im Wege der *fairness opinion* über die Vergütungen für Mitglieder der Verwaltungsorgane bei erfolgreichem Abschluss von Unternehmenstransaktionen zu informieren seien und der Ersteller der *fairness opinion* die Angemessenheit dieser Zahlungen beurteilen solle.[2061] Damit könne für die Anteilseigner Transparenz hinsichtlich der Motivation der Mitglieder der Verwaltungsorgane zum Abschluss der Transaktion geschaffen werden. Gegen eine Beurteilung dieser Frage im Rahmen einer *fairness opinion* wird jedoch angeführt, dass die Ersteller von *fairness opinions,* anders als spezialisierte *employment and management consultants,* in der Regel nicht über die erforderlichen Kenntnisse verfügen.[2062] Zudem seien die vertraglichen Verpflichtungen seitens der Gesellschaft häufig bereits lange vor der Beurteilung der Transaktion eingegangen worden.[2063]

Über den marktüblichen Prüfungsumfang der wirtschaftlichen Angemessenheit der Gegenleistung[2064] hinaus wird weiterhin eine explizite Stellungnahme des Erstellers der *fairness opinion* zu der Frage angeregt, ob eine höhere Gegenleistung hätte erzielt werden können.[2065]

IV. Zwischenergebnis

Die Diskussion um die weitergehende Regulierung von *fairness opinions*, wie diese auch für Jahresabschlussprüfer, *Rating*-Agenturen und Wertpapieranalysten beobachtet werden konnte, lässt sich in drei Themenbereiche gliedern. Dazu gehört die Unabhängigkeit des Erstellers der *fairness opinion* und damit verbunden die Offenlegung von Interessenkonflikten. Eine besondere Bedeutung kommt der Frage nach der Vergütung des Erstellers der *fairness opinion* zu. Prüfungsgegenstand und Bewertungsstandards einer *fairness opinion* bilden den dritten inhaltlichen Schwerpunkt einer möglichen Regulierung.

[2061] *California Public Employees' Retirement System (CalPERS),* Comment, S. 2, D; *Standard & Poor's Corporate Value Consulting,* Comment, S. 4.
[2062] *Cravath, Swaine & Moore LLP,* Comment, S. 3; *Davis Polk & Wardwell,* Comment, S. 6; *Houlihan Lokey Howard & Zukin, Kane & Company, Inc.,* Comment, S. 4.
[2063] *The Association of the Bar of the City of New York, Special Committee on Mergers, Acquisitions and Corporate Control Contests,* Comment, S. 8, "an evaluation of the terms of an employment agreement, severance contract or group of such contracts or agreements is within the core competencies of such other consultants and advisors and generally not within the core competencies of most members".
[2064] Hierzu oben S. 19.
[2065] *California Public Employees' Retirement System (CalPERS),* Comment, S. 2, C.

Die Analyse von Rechtsprechung, Schrifttum, Gesetzgebungsinitiativen sowie dem aktuellen Vorhaben der *NASD* zeigt, dass die aus dem *expectation-performance gap* für die Regulierung hergeleiteten Gesichtspunkte höchst umstritten sind. Auffällig ist, dass das Thema *league table credit* (hierzu oben S. 219), obwohl dieser wie dargelegt einer direkten erfolgsabhängigen Vergütung gleichkommt, in der Diskussion ungenannt bleibt. An dieser Stelle besteht ein Anpassungsbedarf der *Hagne-Table-Kriterien*.

Für den deutschen Markt bleibt im Ergebnis festzuhalten, dass eine Verpflichtung zur Veröffentlichung von Interessenkonflikten aus der Regelung für Wertpapieranalysen hergeleitet werden kann. Auch wenn direkte Erfolgshonorare in Deutschland selten sind, wären diese nicht unzulässig. Hinsichtlich von Bewertungsstandards und Prüfungsgegenstand orientieren sich *fairness opinions* in Deutschland an angelsächsischen Usancen. Der zuvor diskutierte Standard IDW S1 kommt insbesondere bei Investment Banken kaum zur Anwendung.

Neunter Teil   Zusammenfassung und Ausblick

> The closer scrutiny of third-party advisers is consistent with an increased focus on the role of gatekeepers, those outsiders who are called in to help corporate leaders make decisions
>
> **Jill Fisch**[2066]

Die aus dem anglo-amerikanischen Rechtskreis stammende *fairness opinion* hat innerhalb weniger Jahre eine erhebliche Verbreitung in Deutschland und Kontinentaleuropa gefunden. Die Rezeption dieses *legal transplant* ist unter den Gesichtspunkten dreier zentraler Themen, die wesentliche Elemente des Gesellschafts- und Kapitalmarktrechts darstellen, untersucht worden: Zunächst stellt sich die Frage nach dem Wert und dem Nutzen einer *fairness opinion* aus der Perspektive der Verwaltungsorgane, die sie in der Regel beauftragen. Daran schließt sich eine Systematisierung der Kritik an, die gegenüber der *fairness opinion* in Schrifttum und Praxis geäußert wird. Die vorliegende Arbeit bedient sich hier des Modells des *expectation-performance gap* für Jahresabschlussprüfer. Die Offenlegungspflichten stellen für den Inhalt von *opinion letter* und *valuation memorandum*, die gemeinsam eine *fairness opinion* bilden, die zweite zentrale Thematik der Rezeption dieses Instruments und ein Steuerungsinstrument für ihre Qualität dar. Gerade hier wird anhand der Veröffentlichungen augenfällig, dass es sich um ein in der Praxis ungeklärtes Feld handelt. Schließlich führt die Thematik der Organverantwortung und des Haftungsprivilegs der Verwaltungsorgane bei Erfüllung der Tatbestandsvoraussetzungen der *business judgment rule,* die – wenngleich durch die deutsche Rechtsprechung als gedankliches Modell bereits länger etabliert – im Rahmen des UMAG jetzt normiert wurde, unweigerlich zur Frage der Verlagerung von Haftungsrisiken auf externe Dritte. Hiermit ist die Frage nach der Dritthaftung von Sachverständigen gegenüber den Anteilseignern der betroffenen Gesellschaften berührt.

Vor dem Hintergrund dieses Dreiecks der zentralen durch die *fairness opinion* adressierten Rechtsfragen von Organverantwortung, Informationsrechten und Haftung, die in einem engen ökonomischen Kontext zueinander stehen, sind im Folgenden die Ergebnisse dieser Arbeit zusammenzufassen:

[2066] *Jill Fisch*, Fordham University, zitiert nach *Shearea,* Mergers and Acquisitions Journal, März 2004, 17.

A. Organverantwortung und Anwendungsbereich der *Fairness Opinion*

Die Entstehung der *fairness opinion* in den USA ist eng mit der dortigen Bedeutung der Organverantwortung im Rahmen des *Principal-Agent*-Problems verbunden. Wie die Leitentscheidung *Smith v. van Gorkom* deutlich macht, können Verwaltungsorgane von Kapitalgesellschaften hohen persönlichen Haftungsrisiken ausgesetzt sein. Folglich sind sie, wie empirische Untersuchungen in den USA zeigen, in hohem Maße für Instrumente zur externen Abstützung ihrer Entscheidungsfindung sensibilisiert. Dabei kommt der *fairness opinion* eine zentrale Funktion als Legitimationsinstrument für Handlungen von Verwaltungsorganen aus der *Ex-Ante*-Perspektive zu.

Ein in vergleichbarem Maße gelebtes Recht zur Durchsetzung von Haftungsansprüchen gegenüber den Verwaltungsorganen von Kapitalgesellschaften gab es in der Vergangenheit in Deutschland nicht; denn es handelt sich dabei um Ansprüche der Gesellschaft und nicht direkt der Anteilseigner. Diese können seitens der Anteilseigner durchgesetzt werden, wenn sie nicht durch den die Gesellschaft gegenüber dem Vorstand vertretenden Aufsichtsrat bzw. *vice versa* geltend gemacht werden. Während einerseits die *business judgment rule* zur Schaffung eines Haftungsprivilegs im deutschen Recht normiert wird, werden andererseits die Voraussetzungen für die Durchsetzung von Ansprüchen der Gesellschaft durch die Anteilseigner deutlich vereinfacht. Hier wurden die erforderlichen Quoren für die Anteilseigner im Rahmen des § 147 AktG deutlich gesenkt. Im Ergebnis ist daher eine erhebliche Zunahme der Praxisrelevanz der Organverantwortungsklagen zu erwarten, die ein hohes Bedürfnis nach externer Abstützung von Entscheidungsfindungen schafft. Besonders hinzuweisen ist hierbei auf die im Vergleich zu den USA in Deutschland weiterhin sehr rigide Beweislastverteilung zu Lasten der Verwaltungsorgane.

Neben ihrer Legitimationswirkung kommen der *fairness opinion* zudem die Aufgaben eines Argumentationsinstruments gegenüber den Anteilseignern und eines Verhandlungsinstruments gegenüber der Gegenpartei einer Unternehmenstransaktion zu. Diese beiden Anwendungsbereiche unterliegen der Argumentationsfunktion der *Kölner Funktionenlehre*. In Deutschland kamen die ersten öffentlich bekannt gewordenen *fairness opinions* primär zur Argumentation gegenüber dem internationalen Kapitalmarkt zur Anwendung; denn die hierzulande gesetzlich normierten Prüfberichte sind international nur begrenzt vermittelbar. Wenngleich eine *fairness opinion* dem Standard IDW S1 genügen kann, weicht ihre Zielrichtung von den gesetzlichen Prüfberichten doch erheblich ab. Denn eine *fairness opinion* trifft u.a., soweit möglich, eine Abwägung gegenüber Alternativtransaktionen und erkennt hierbei marktorientierte Bewertungsmethoden gegenüber der *DCF*-Methode und der Ertragswertmethode als gleichwertig an.

Aus der Untersuchung ihrer Anwendungsbereiche im deutschen Recht lässt sich ableiten, dass Umwandlungen, insbesondere auch grenzüberschreitende Zusammenschlüsse, öffentliche Angebote sowie Unternehmenskäufe und -verkäufe wesentliche Einsatzgebiete für die *fairness opinion* bilden. Demgegenüber kann sie für Strukturmaßnahmen mit dem Ziel eines *going private* über die bestehenden gesetzlichen Schutzinstrumente hinaus nur einen sehr begrenzten Nutzen stiften und kommt hierzulande, anders als bei so genannten *13e-3*-Transaktionen in den USA, in der Praxis nicht zum Einsatz. Der Anwendungsbereich von *fairness opinions* ist theoretisch nicht auf Unternehmenstransaktionen begrenzt; vielmehr können sie in allen Situationen eines Interessenkonflikts von Verwaltungsorganen mit erheblicher Tragweite eine Rolle spielen. So denkt *von der Crone* über eine Übertragung des Modells der *fairness opinion* auf die Beurteilung von Managementvergütungen nach.[2067] Im Rahmen der von der *NASD* geführten Diskussion wurde ebenfalls eine derartige Erweiterung des Beurteilungsgegenstands angesprochen.

B. Offenlegungspflichten

Traditionell kommt den Offenlegungspflichten in den USA eine erhebliche Schutzfunktion für den Kapitalmarkt zu. Davon werden auch Verpflichtungen zur Publikation von *fairness opinions* erfasst. Neben den Vorgaben des *Securities Law* wurden diese durch die US-amerikanische Rechtsprechung jüngst erheblich erweitert. Diese Erweiterung der Offenlegung steht im Einklang mit den ebenfalls von der Schweizerischen Übernahmekommission (*UEK*) formulierten erweiterten Pflichten zur Publikation der wesentlichen Prämissen des *valuation memorandums* einer von der Zielgesellschaft eines öffentlichen Angebots mandatierten *fairness opinion* in der Schweiz. Demgegenüber ist diese Rechtsfrage insbesondere hinsichtlich einer Offenlegung der verpflichtenden Stellungnahmen von Vorstand und Aufsichtsrat der Zielgesellschaft im Rahmen eines Übernahmeangebots (§ 27 WpÜG) noch ungeklärt. Eine Pflicht zur Offenlegung ist jedoch nicht nur rechtspolitisch wünschenswert, sondern auch im Rahmen einer Auslegung der Norm des § 27 WpÜG angezeigt; diese fordert als Korrektiv für die Angebotsunterlage des Bieters, den Anteilseignern eine fundierte Informationsbasis zwecks ihrer Entscheidungsfindung über die Andienung der Wertpapiere zur Verfügung zu

---

[2067] *Von der Crone*, in: Organverantwortlichkeit als Instrument der Corporate Governance, S. 235, 254, allerdings mit Bedenken gegen eine Delegation von grundlegenden und strategischen Entscheidungen an externe Dritte.

stellen. Wenn die Stellungnahme der Arbeitnehmer dafür von Bedeutung ist, wie es der Gesetzgeber in § 27 WpÜG normiert hat, muss dies erst recht für die Stellungnahme eines Sachverständigen gelten, der sich originär mit den Interessen der Anteilseigner befasst hat.

C. Dritthaftung

„[L]'équité ne se prouve pas. Elle s'estime. Elle s'apprécie. Elle est encore l'expression d'un pur jugement subjectif."[2068]

Besonderen Schwierigkeiten ist die Begründung einer Dritthaftung des Erstellers einer *fairness opinion* gegenüber den Anteilseignern ausgesetzt. Während sie in der US- amerikanischen Rechtsprechung streitig ist, wurden in Deutschland bislang noch keine Fälle im Kontext der *fairness opinion* öffentlich bekannt.

Die Unwägbarkeit ihrer Durchsetzung ist einerseits auf die Natur der Unternehmensbewertung als einer in hohem Maße von der Wahl der Methoden und der Bestimmung der Annahmen hinsichtlich Planzahlen, Kapitalisierungszins oder *peer group* abhängigen Tätigkeit und andererseits auf rechtsökonomische Erwägungen zur Sinnhaftigkeit einer Dritthaftung zurückzuführen. Ihr Ziel kann nicht darin bestehen, eine unstreitig für die Verwaltungsorgane nicht zu vertretende Erfolgshaftung auf den sachverständigen Dritten zu verlagern, der eine *fairness opinion* erstellt. Gleichwohl zeigen die innerhalb des *expectation-performance gap* systematisierten Vorbehalte gegenüber *fairness opinions*, dass eine präventive Kontrolle ihrer Ersteller mittels des Instruments der Dritthaftung rechtspolitisch durchaus wünschenswert ist. Dies wird jedoch durch das unabsehbare Ausmaß und die Höhe möglicher Haftungsschäden für den Dienstleister begrenzt, die zu einer nachhaltigen Einschränkung eines funktionierenden Marktes für *fairness opinions* führen können. Diesem Gesichtspunkt kann durch die Festlegung des Verschuldensmaßstabs begegnet werden.

Die in Deutschland zur Dritthaftung von Sachverständigen insgesamt entwickelte Rechtsprechung zeigt, dass grundsätzlich auch ein Anspruch Dritter gegen den Ersteller einer *fairness opinion* bestehen kann. Dagegen werden in der Praxis üblicherweise Klauseln zur Haftungs-

---

[2068] *Dictionnaire Joly Bourse* zitiert nach *Cafritz/Caramalli*, La Semaine Juridique Entreprise et Affaires 2004, 805, 806.

begrenzung eingesetzt. Deren Bestandskraft ist im Hinblick auf eine Inhaltskontrolle jedoch zumindest zweifelhaft.

Die Einbindung und Stellungnahmepflicht des Sachverständigen passt in die Entwicklung, dass begleitende Sachverständige (Abschlussprüfer) verstärkt dazu verpflichtet werden, nicht nur zur Rechtmäßigkeit, sondern auch zur Wirtschaftlichkeit und Zweckmäßigkeit von Tatbeständen Stellung zu nehmen.[2069]

D. Ausblick

Zur externen Abstützung ihrer Entscheidungsfindung können *fairness opinions* für die Verwaltungsorgane einer Gesellschaft einen hohen Wert schaffen. Die Grenzen zu einer unzulässigen Delegation der Organverantworung von den Verwaltungsorganen auf Dritte sind allerdings durch die Rechtsprechung näher zu bestimmen. Zudem kann eine angemessene Informationsbasis als Voraussetzung für das Haftungsprivileg der *business judgment rule* beim Vorliegen von Interessenkonflikten der Ersteller der *fairness opinion* unter Umständen nicht gegeben sein. Insofern besteht ein zunehmendes eigenes Interesse der Verwaltungsorgane, einen unabhängigen Sachverständigen mit der Beurteilung der Unternehmenstransaktion zu betrauen. Derartige Fälle sind nicht nur in der US-amerikanischen, sondern auch in der deutschen Praxis zu beobachten. Parallel sollen Anteilseigner mittels der *fairness opinion* in die Lage versetzt werden, eine informierte Entscheidung hinsichtlich einer Strukturmaßnahme zu treffen. Dies setzt voraus, dass ihnen über den Reputationseffekt der *fairness opinion* hinaus materiell erhebliche Transaktionsinformationen gegeben werden. Die dahingehend bereits eingeschlagene Entwicklung in verschiedenen Ländern wird sich fortsetzen. Eine zunehmende Regulierung des Instruments der *fairness opinion* wird aktuell von der *NASD* forciert. Das Ergebnis dieses begonnenen Verfahrens zur Selbstregulierung durch die *NASD* ist allerdings noch offen. Angesichts der großen Zahl der Befürworter dahingehender Regelungen ist mit ihrer Umsetzung zu rechnen. Diese Regeln könnten für *NASD*-Mitglieder bei der Erstellung von *fairness opinions* außerhalb der USA extraterritoriale Anwendung finden.

[2069] *Kalss*, NZG 1999, 421, 429, Fn. 98.

E. Kernthesen

1. Die *fairness opinion* findet als Instrument zur externen Abstützung von Entscheidungsfindungsprozessen der Verwaltungsorgane zunehmende Verbreitung in Deutschland und Kontinentaleuropa. Dies ist durch die Verschärfung der Organverantwortung infolge des im September 2005 in Kraft getretenen UMAG und der in der Diskussion stehenden Organaußenhaftung bedingt. Jedoch besteht auch in Deutschland keine gesetzlich normierte Pflicht zur Mandatierung einer *fairness opinion*.

2. Primäre Anwendungsbereiche der *fairness opinion* in Deutschland bilden öffentliche Kaufangebote, der Kauf und Verkauf von Tochtergesellschaften und Kapitalerhöhungen gegen Sacheinlage. Gerade im letzteren Fall vermag die *fairness opinion* wirkungsvoll eine bestehende Rechtslücke zu schließen.

3. Ersteller von *fairness opinions* können Interessenkonflikten unterliegen. Diese werden durch Honorarstrukturen, Klientenbeziehungen und *league table credit* bedingt. Die Diskussion zur weitergehenden Regulierung der Ersteller von *fairness opinions* ist derzeit im Fluss. Hervorzuheben ist hierbei die Initiative der *NASD*. Selbst bei umfassender Regulierung kann eine *fairness opinion* jedoch niemals sicherstellen, dass in einer Transaktion die höchste Gegenleistung geboten wird.

4. *Fairness opinions* unterliegen nicht nur in den USA, sondern auch in Deutschland weitgehenden Offenlegungspflichten. So lässt sich § 27 WpÜG eine Pflicht zur Veröffentlichung von *opinion letter* und *valuation memorandum* entnehmen.

5. Die in Deutschland entwickelten Grundsätze der Dritthaftung für Sachverständige lassen sich auf das Instrument der *fairness opinion* übertragen. Die Bestandskraft der gegen die Durchsetzung von Dritthaftungsansprüchen gerichteten Klauseln zur Haftungsbegrenzung ist zweifelhaft. Als Regulativ kommt der Verschuldensmaßstab in Betracht.

Rechtsprechungsverzeichnis Deutschland

Reichsgericht:

Datum	Aktenzeichen	Form	Fundstellen
16.10.1886	264/86	Urteil	RGZ 18, 56
28.5.1895	69/95	Urteil	RGZ 35, 83
23.5.1906	I 603/05	Urteil	RGZ 63, 324
3.2.1920	II 272/19	Urteil	RGZ 98, 98
2.7.1926	III 358/25	Urteil	RGZ 114, 202
10.11.1926	II 117/26	Urteil	RGZ 115, 289
30.11.1938	II 39/38	Urteil	RGZ 159, 211
7.6.1939	II 199/38	Urteil	RGZ 161, 129

Bundesverfassungsgericht:

Datum	Aktenzeichen	Form	Fundstellen
7.8.1962	1 BvL 16/60	Urteil	BVerfGE 14, 264
1.7.1979	1 BvR 532, 533/77, 419/78 und 1 BvL 21/78	Urteil	BVerfGE 50, 290
27.4.1999	1 BvR 1613/94	Beschluss	BVerfGE 100, 289 = NJW 1999, 3769

Bundesgerichtshof:

Datum	Aktenzeichen	Form	Fundstellen
30.1.1953	I ZR 88/52	Urteil	BGHZ 8, 387
13.7.1956	VI ZR 132/55	Urteil	NJW 1956, 1595 = BB 1956, 865
26.9.1957	II ZR 274/56	Urteil	BGHZ 25, 244
29.1.1962	II ZR 1/61	Urteil	BGHZ 36, 296
10.7.1963	VIII ZR 204/61	Urteil	BGHZ 40, 91 = NJW 1963, 2071 = BB 1963, 994
6.7.1965	VI ZR 47/64	Urteil	NJW 1965, 1955 = BB 1965, 1083 = MDR 1965, 900
28.6.1966	VI ZR 287/64	Urteil	WM 1966, 1150 = DB 1966, 1801 = BB 1966, 1324
30.3.1967	II ZR 141/64	Urteil	NJW 1967, 1464 = MDR 1967, 566 = BB 1967, 559
26.11.1968	VI ZR 212/66	Urteil	BGHZ 51, 91 = NJW 1969, 269 = WM 1969, 38
29.1.1969	I ZR 18/67	Urteil	NJW 1969, 789 = MDR 1969, 455 = VersR 1969, 406
8.10.1969	I ZR 149/67	Urteil	BGHZ 52, 359 = NJW 1970, 35 = MDR 1970, 23
15.6.1971	VI ZR 262/69	Urteil	BGHZ 56, 269 = NJW 1971, 1931 = JuS 1971, 50
28.10.1971	II ZR 49/70	Urteil	WM 1971, 1548 = NJW 1972, 154 = DB 1971, 2353
5.12.1972	VI ZR 120/71	Urteil	NJW 1973, 321 = MDR 1973, 400 = VersR 1973, 247
17.1.1973	IV ZR 142/70	Urteil	DB 1973, 563 = NJW 1973, 509 = BB 1973, 305
5.6.1975	II ZR 156/73	Urteil	BGHZ 64, 325 = NJW 1975, 1412 = WM 1975, 678
28.1.1976	VIII ZR 246/74	Urteil	BGHZ 66, 51 = NJW 1976, 712 = WM 1976, 427
11.1.1977	VI ZR 261/75	Urteil	NJW 1977, 2073 = BB 1977, 772 = VersR 1977, 638
28.2.1977	II ZR 52/75	Urteil	NJW 1977, 1916 = WM 1977, 1042 = DB 1977, 1937
12.7.1977	VI ZR 136/76	Urteil	NJW 1977, 2208 = DB 1977, 2440 = BB 1977, 1419
15.2.1978	VIII ZR 47/77	Urteil	BGHZ 70, 327 = NJW 1978, 883 = DB 1978, 836
13.3.1978	II ZR 142/76	Urteil	BGHZ 71, 40 = NJW 1978, 1316 = DB 1978, 974
22.5.1980	II ZR 209/79	Urteil	BGHZ 77, 172 = NJW 1980, 1840 = ZIP 1980, 532
6.10.1980	II ZR 60/80	Urteil	BGHZ 79, 337 = ZIP 1981, 517 = WM 1981, 483
25.2.1982	II ZR 102/81	Urteil	BGHZ 83, 122 = ZIP 1982, 440 = WM 1982, 363
22.3.1982	II ZR 114/81	Urteil	BGHZ 83, 222 = NJW 1982, 1513 = ZIP 1982, 561
19.4.1982	II ZR 55/81	Urteil	BGHZ 83, 319 = ZIP 1982, 689 = WM 1982, 660

29.9.1982	IVa ZR 309/80	Urteil	NJW 1983, 1053 = ZIP 1983, 81 = DB 1983, 279
15.11.1982	II ZR 27/82	Urteil	BGHZ 85, 293 = NJW 1983, 991 = ZIP 1983, 55
2.11.1983	IVa ZR 20/82	Urteil	NJW 1984, 355 = ZIP 1984, 70 = WM 1984, 34
10.5.1984	I ZR 52/82	Urteil	NJW 1985, 2411 = WM 1984, 1233 = DB 1984, 863
23.1.1985	IVa ZR 66/83	Urteil	ZIP 1985, 398 = WM 1985, 540 = DB 1985, 1464
14.2.1985	IX ZR 145/83	Urteil	ZIP 1985, 529 = WM 1985, 552 = DB 1985, 1173
17.9.1985	VI ZR 73/84	Urteil	NJW 1986, 180 = ZIP 1985, 1506 = WM 1985, 1531
18.2.1986	X ZR 95/85	Urteil	NJW-RR 1986, 1150
19.3.1986	IVa ZR 127/84	Urteil	WM 1986, 711 = BB 1986, 1179 = JZ 1986, 1111
26.11.1986	IVa ZR 86/85	Urteil	NJW 1987, 1758 = ZIP 1987, 376 = WM 1987, 257
8.12.1986	II ZR 2/86	Urteil	WM 1987, 581
18.10.1988	XI ZR 12/88	Urteil	WM 1989, 375 = GI 1989, 95
28.11.1988	II ZR 57/88	Urteil	BGHZ 106, 54 = ZIP 1989, 23 = DB 1989, 240
22.5.1989	II ZR 206/88	Urteil	BGHZ 107, 296 = NJW 1989, 2689 = ZIP 1989, 1664
18.12.1989	II ZR 254/88	Urteil	ZIP 1990, 168 = WM 1990, 140 = DB 1990, 317
31.5.1990	VII ZR 340/88	Urteil	BGHZ 111, 314 = NJW 1990, 2461 = ZIP 1990, 928
25.3.1991	II ZR 188/89	Urteil	BGHZ 114, 128 = NJW 1991, 1830 = ZIP 1991, 653
27.3.1991	IV ZR 90/90	Urteil	NJW 1991, 1678 = WM 1991, 1177 = DB 1991, 2333
24.9.1991	VI ZR 293/90	Urteil	NJW 1991, 3282 = WM 1991, 2034 = DB 1991, 37
26.9.1991	VII ZR 376/89	Urteil	BGHZ 115, 214 = NJW 1992, 228 = WM 1991, 2092
9.12.1991	II ZR 43/91	Urteil	NJW 1992, 1166 = ZIP 1992, 108 = WM 1992, 223
13.2.1992	III ZR 28/90	Urteil	NJW 1992, 2080 = WM 1992, 1031 = DB 1992, 1572
26.2.1992	XII ZR 129/90	Urteil	NJW 1992, 2283 = WM 1992, 1160 = DB 1992, 1722
21.1.1993	III ZR 15/92	Urteil	WM 1993, 897 = NJW-RR 1993, 944 = GI 1993, 283
7.3.1994	II ZR 52/93	Urteil	BGHZ 125, 239 = NJW 1994, 1410 = ZIP 1994, 529
21.3.1994	II ZR 260/92	Urteil	ZIP 1994, 872 = NJW-RR 1994, 806 = GmbHR 1994, 459
13.7.1994	IV ZR 294/93	Urteil	NJW 1995, 51 = GI 1995, 58
10.11.1994	III ZR 50/94	Urteil	BGHZ 127, 378 = NJW 1995, 392 = ZIP 1995, 1954
14.11.1994	II ZR 160/93	Urteil	NJW 1995, 1353 = ZIP 1995, 738 = WM 1995, 701
1.12.1994	IX ZR 53/94	Urteil	GI 1995, 130
1.12.1994	III ZR 93/93	Urteil	NJW 1995, 1025 = WM 1995, 344 = GI 1995, 209
2.7.1996	X ZR 104/94	Urteil	NJW 1996, 2927 = ZIP 1996, 1664 = WM 1996, 1739
9.12.1996	II ZR 249/95	Urteil	NJW 1997, 741 = ZIP 1997, 199 = WM 1997, 224
24.2.1997	II ZB 11/96	Urteil	BGHZ 134, 392 = ZIP 1997, 1027 = WM 1997, 1098
21.4.1997	II ZR 175/95	Urteil	BGHZ 135, 244 = NJW 1997, 1926 = ZIP 1997, 883
21.4.1997	II ZR 317/95	Urteil	BGHZ 135, 260
13.5.1997	IX ZR 123/96	Urteil	NJW 1997, 2327 = WM 1997, 1398 = GI 1997, 291
23.6.1997	II ZR 132/93	Urteil	BGHZ 136, 133 = NJW 1997, 2815 = ZIP 1997, 1499
29.9.1997	II ZR 245/96	Urteil	NJW 1998, 223 = ZIP 1997, 2008 = WM 1997, 2218
13.11.1997	X ZR 144/94	Urteil	NJW 1998, 1059 = ZIP 1998, 556 = WM 1998, 440
4.12.1997	IX ZR 41/97	Urteil	NJW 1998, 1864 = ZIP 1998, 511 = WM 1998, 335
2.4.1998	III ZR 245/96	Urteil	BGHZ 138, 257 = NJW 1998, 1948 = ZIP 1998, 826
14.7.1998	XI ZR 173/97	Urteil	BGHZ 139, 225 = WM 1998, 1772 = ZIP 1998, 1528
16.7.1998	VII ZR 9/97	Urteil	NJW 1998, 3488 = ZIP 1998, 1756 = WM 1998, 2297
12.10.1998	II ZR 164/97	Urteil	NJW 1999, 143 = ZIP 1999, 84 = DStR 1999, 1884
26.9.2000	X ZR 94/98	Urteil	BGHZ 145, 187 = NJW 2001, 360 = ZIP 2001, 2114
15.1.2001	II ZR 124/99	Urteil	BGHZ 146, 288 = NJW 2001, 1277 = ZIP 2001, 416
29.1.2001	II ZR 368/98	Urteil	ZIP 2001, 412 = DB 2001, 471 = WM 2001, 467
12.3.2001	II ZB 15/00	Urteil	BGHZ 147, 108 = NJW 2001, 2080 = ZIP 2001, 734
26.6.2001	X ZR 231/99	Urteil	NJW 2001, 3115 = ZIP 2002, 356 = WM 2002, 1428
4.11.2002	II ZR 224/00	Urteil	BGHZ 152, 280 = WM 2002, 2509 = DStR 2002, 124
25.11.2002	II ZR 49/01	Urteil	BGHZ 153, 32 = ZIP 2003, 290 = NZG 2003, 216
20.4.2004	X ZR 250/02	Urteil	NJW 2004, 3035 = ZIP 2004, 1814 = WM 2004, 1887
26.04.2004	II ZR 154/02	Urteil	ZIP 2004, 1001 = WM 2004, 1085 = NZG 2004, 575
26.04.2004	II ZR 155/02	Urteil	ZIP 2004, 993 = DStR 2004, 922

Datum	Aktenzeichen	Form	Fundstellen
8.6.2004	X ZR 283/02	Urteil	NJW 2004, 3420 = ZIP 2004, 1810 = WM 2004, 1869

Bundesverwaltungsgericht:

Datum	Aktenzeichen	Form	Fundstellen
12.12.1995	1 A 1/92	Urteil	VersR 1996, 569

Bayerisches Oberstes Landesgericht:

Datum	Aktenzeichen	Form	Fundstellen
17.9.1987	3 Z 75/87	Beschluss	ZIP 1987, 1547 = WM 1987, 1361 = DB 1987, 2400
29.9.1998	3 Z BR 159/94	Beschluss	ZIP 1998, 1872 = WM 1999, 1571 = DB 1999, 2315
28.3.2003	3 Z BR 199/02	Beschluss	ZIP 2003, 1194 = NZG 2003, 691

Oberlandesgerichte:

Datum	Aktenzeichen	Instanzsitz	Form	Fundstellen
3.10.1961	6 U 36/59	Karlsruhe	Urteil	GmbHR 1962, 135
20.6.1988	8 U 328/87	Hamm	Urteil	ZIP 1988, 1051 = WM 1988, 1164 = DB 1988, 1842
30.6.1989	15 U 76/88	Karlsruhe	Urteil	ZIP 1989, 988 = WM 1989, 1134
13.4.1995	24 U 86/93	München	Urteil	WM 1997, 613 = GI 1997, 191 = WiB 1997, 210
10.5.1995	8 U 59/94	Hamm	Urteil	ZIP 1995, 1263 = AG 1995, 512
25.7.1995	12 U 57/94	Stuttgart	Urteil	WPK-Mitt. 1996, 222 = GI 1996, 71
17.12.1996	5 U 178/95	Frankfurt	Urteil	WM 1997, 361 = ZIP 1997, 107 = DB 1997, 264
1.7.1998	21 U 166/97	Frankfurt	Urteil	AG 1999, 231 = NZG 1999, 119
15.12.1998	24 U 27/98	Düsseldorf	Urteil	GI 1999, 218 = WPK-Mitt. 1999, 258
13.3.1999	5 U 193/97	Frankfurt	Urteil	ZIP 1999, 842 = WM 1999, 1881 = DB 1999, 1004
22.8.2000	14 W 23/00	Frankfurt	Urteil	ZIP 2000, 1928 = EWiR 2000, 1125
14.5.2002	30 U 1021/01	München	Urteil	ZIP 2002, 1727 = NZG 2002, 1111
28.8.2002	7 U 137/01	Karlsruhe	Urteil	NZG 2002, 959 = DB 2002, 2095 = AG 2002, 444
1.10.2002	30 U 855/01	München	Urteil	ZIP 2002, 1989 = WM 2003, 70 = DB 2003, 2430
1.4.2003	5 U 54/01	Frankfurt	Urteil	ZIP 2003, 902 = DB 2003, 2003 = AG 2003, 438
		Frankfurt	Urteil	ZIP 1392 = NZG 2003, 1120
19.10.2004	5 U 59/04	Bamberg	Urteil	DB 2005, 156

Landgerichte:

Datum	Aktenzeichen	Instanzsitz	Form	Fundstellen
16.12.1980	8 O 229/79	Hamburg	Urteil	ZIP 1981, 194
3.3.1988	24 O 75/87	Mannheim	Urteil	ZIP 1988, 773 = WM 1988, 775 = DB 1988, 1056
15.1.1990	3/11 T 62/89	Frankfurt	Urteil	WM 1990, 592
14.5.1990	17 HKT 6899/90	München I	Beschluss	WM 1991, 19 = DB 1990, 1401 = AG 1990, 75
31.5.1990	1 O 630/86	Mönchengladbach	Urteil	NJW-RR 1991, 415 = EWiR 1990, 961
22.1.1993	2 KfH O 113/92	Stuttgart	Urteil	DB 1993, 472 = ZIP 1993, 514 = AG

Datum	Aktenzeichen	Instanzsitz	Form	Fundstellen
7.8.1996	O 4/96 KfH II	Heidelberg	Urteil	1993, 471 DB 1996, 1768 = AG 1996, 523 = EWiR 1996, 901
26.2.1997	99 O 178/96	Berlin	Urteil	ZIP 1997, 1065 = DB 1997, 969 = AG 1997, 335
8.4.1997	2/18 O 475/95	Frankfurt	Urteil	WM 1997, 1932 = AG 1998, 144 = BB 1998, 1682
29.7.1997	3/5 O 162/95	Frankfurt	Urteil	ZIP 1997, 1698 = NZG 1998, 113 = AG 1998, 179
7.10.1997	3/11 O 44/96	Frankfurt	Urteil	WM 1998, 1181 = ZIP 1998, 641 = AG 1998, 488
28.5.1998	1 O 1132/97	Passau	Urteil	BB 1998, 2052 = EWiR 1999, 365
22.6.1998	402 O 70/97	Hamburg	Urteil	WM 1999, 139 = WPK-Mitt. 1999, 139 = GI 1999, 71
29.10.1999	4 KfH O 80/98	Stuttgart	Urteil	DB 1999, 2462 = AG 2000, 237
17.5.2000	1 HO 156/99	Koblenz	Urteil	AG 2001, 205 = DB 2000, 1606
25.9.2000	3/1 O 129/00	Frankfurt	Urteil	ZIP 2001, 117 = WM 2000, 2159 = DB 2000, 2159
3.5.2001	5 HK O 23950/00	München I	Urteil	ZIP 2001, 1148 = BB 2001, 1648 = EWiR 2001, 1081
26.6.2001	11 O 175/00 KfH	Heidelberg	Urteil	BB 2001, 1809 = DB 2001, 1607 = AG 2001, 298
28.6.2001	12 O 10157/01	München I	Urteil	ZIP 2001, 1814 = WM 2001, 1948 = BKR 2001, 102
9.1.2002	6 O 1640/01	Augsburg	Urteil	WM 2002, 592 = ZIP 2002, 530 = AG 2002, 465
14.8.2002	4 O 46/02	Kassel	Urteil	DB 2002, 2151 = NZG 2003, 136

Amtsgerichte:

Datum	Aktenzeichen	Instanzsitz	Form	Fundstellen
15.5.2001	11 O 181/00	Bonn	Urteil	AG 2001, 484 = EWiR 2001, 767
23.8.2001	191 C9970/01	München	Urteil	WM 2002, 594 = DB 2001, 2336 = EWiR 2001, 43

Anhang A: *Fairness Opinion*s in Deutschland

Die folgende Übersicht der in Strukturmaßnahmen unter Beteiligung deutscher Gesellschaften erstellten *fairness opinions* erlaubt es dem Leser, die Anwendungsbereiche dieses Instruments nachzuvollziehen. Im Übrigen macht diese Darstellung deutlich, dass es sich bei der *fairness opinion* um ein für den deutschen Kapitalmarkt neues Instrument handelt; denn sämtliche darin enthaltenen *fairness opinions* sind in den letzten Jahren erstellt worden. Da diese Aufstellung auf Basis öffentlich verfügbarer Informationen entstanden ist, kann sie keinen Anspruch auf Vollständigkeit erheben. Sie berücksichtigt Veröffentlichungen bis Mai 2005. Die im Kontext von Unternehmenstransaktionen von Tochtergesellschaften eingeholten *fairness opinions* bleiben jedoch vielfach unveröffentlicht. Auch ist die Grenze zu Unternehmensbewertungen zur Bestimmung des Entscheidungswerts häufig durchaus fließend.

Gesellschaft	Ersteller der fairness opinion	Datum	Anlass der fairness opinion
adidas AG	Goldman, Sachs & Co. oHG	September 1997	Erwerb der Salomon S.A.
Allianz AG	Deutsche Bank AG	März 2001	Erwerb der Dresdner Bank AG
Amadeus Global Travel Solution S.A.	Morgan Stanley Bank AG	Oktober 2002	Erwerb der Start Amadeus GmbH
Barnes Group Inc.	Houlihan Lokey Howard & Zukin	Januar 2002	Erwerb der Seeger-Orbis GmbH
BDAG Balcke-Dürr AG	Warth & Klein GmbH	August 2000	Kapitalerhöhung gegen Sacheinlage (Babcock Borsig Power GmbH)
Bilfinger & Berger AG	Lazard & Co.	Juni 2002	Mehrheitlicher Erwerb der Rheinhold & Mahla AG
Brau und Brunnen AG	Sal. Oppenheim jr. & Cie. KGaA	März 2004	Stellungnahme zum öffentlichen Angebot der RB Brauholding GmbH
Celanese AG	J.P. Morgan GmbH	Februar 2004	Stellungnahme des Aufsichtsrats zum öffentlichen Angebot der Blackstone
Celanese AG	Goldman, Sachs & Co. oHG	Februar 2004	Stellungnahme des Vorstands zum öffentlichen Angebot der Blackstone
Condat AG	KPMG Deutsche Treuhand Gesellschaft AG	Februar 2002	*share purchase* und *asset purchase agreement* (Texas Instruments)
Consors AG	J.P. Morgan GmbH	März 2002	Stellungnahme zum öffentlichen Angebot der BNP Paribas S.A.
DaimlerChrysler AG	Goldman, Sachs & Co. oHG für die Daimler-Benz AG	Mai 1998	*reverse triangular merger* zwischen der Daimler-Benz AG und der Chrysler

	CSFB für die Chrysler Corp.		Corp.
Deutsche Bank AG	Morgan Stanley Bank AG	März 2000	Beabsichtigter Zusammenschluss mit der Dresdner Bank AG
Deutsche Bank AG	Goldman, Sachs & Co. ohG	Dezember 1998	Erwerb von Bankers Trust
Deutsche Börse AG	Goldman, Sachs & Co. ohG	Mai 2000	Beabsichtigter Zusammenschluss zwischen Deutsche Börse AG und London Stock Exchange plc.
Deutsche Lufthansa AG	UBS Investment Bank AG (UBS Warburg)	Dezember 2002	Veräußerung der Beteiligung an DHL an die Deutsche Post AG
DG Bank AG	Goldman, Sachs & Co. ohG	Juni 2001	Zusammenschluss mit der GZ Bank zur DZ Bank
Direkt Anlage Bank AG	Schroder Salomon Smith Barney (Salomon Brothers International Ltd.)	September 2000	Erwerb der Self Trade S.A.
Dyckerhoff AG	Morgan Stanley Bank AG	September 2003	Stellungnahme zum öffentlichen Angebot der Bucci Unicem S.p.A.
EMTV AG	Freyberg Close Brothers	Januar 2004	Restrukturierung der Gesellschaft
Fresenius AG	nicht veröffentlicht	Juli 1998	Veräußerung des Diagnostikgeschäfts
Fried. Krupp AG Hoesch-Krupp	Merrill Lynch International	September 1998	Verschmelzung der Thyssen Aktiengesellschaft und der Fried. Krupp AG Hoesch-Krupp durch Neugründung der Thyssen Krupp AG
Gelsenwasser AG	ABN Amro Bank N.V.	Oktober 2003	Stellungnahme zum öffentlichen Angebot der Wasser und Gas Westfalen GmbH
GZ Bank AG	J.P. Morgan GmbH	Juni 2001	Zusammenschluss mit der DG Bank zur DZ Bank
Hermes Kreditversicherungs AG	Deloitte & Touche Corporate Finance	Januar 2002	Zusammenschluss zwischen der Hermes Kreditversicherung AG und der Euler S.A.
Hoechst AG	Lazard Frère & Co. LLC/Lazard Frères & Cie.	Mai 1999	Zusammenschluss mit der Rhone-Poulenc S.A.
IXOS AG	Rothschild	September 2003	Stellungnahme zum öffentlichen Angebot der 216091 Ontario Inc.
Kamps AG	J.P. Morgan GmbH	April 2002	Stellungnahme zum öffentlichen Angebot der Finba Bakery (Barilla)
Kennametal Hertel AG	Lehman Brothers	Mai 2002	Erwerb der Widia GmbH
Klöckner Werke AG	Merrill Lynch International	April 1999	Veräußerung der Peguform GmbH

Lambda Physik AG	UBS Warburg (UBS Investment Bank)	Juni 2003	Stellungnahme zum öffentlichen Angebot der Coherent Holding GmbH
Loher AG	Drueker & Co.	September 1997	Veräußerung von 99.63% der Anteile der Flender ATB Loher AG an die A. Friedr. Flender AG
Metallgesellschaft AG	N/a	August 1999	Erwerb der GEA AG
Metro AG	J.P. Morgan	Dezember 1997	Erwerb der Makro C&C
MIS AG	ESP Treuhand und Revision GmbH	November 2003	Stellungnahme zum öffentlichen Angebot der Systems Union Group plc.
MLP Tochtergesellschaften (MLP Finanzdienstleistungen AG, MLP Lebensversicherung AG, MLP Vermögensverwaltung AG, MLP Versicherung AG, MLP Login GmbH)	Fox-Pitt, Kelton	Oktober 2000	Kapitalerhöhung der MLP AG gegen Sacheinlage unter Ausschluss des gesetzlichen Bezugsrechts
Münchener Rück AG	Deutsche Bank AG	März 2001	Umtauschangebot für die ERGO AG
OHB Teledata AG	KPMG Deutsche Treuhand Gesellschaft AG	März 2002	Kapitalerhöhung gegen Sacheinlage
Philipp Holzmann AG	nicht veröffentlicht	April 2000	Emission von vinkulierten Wandelgenussrechten § 194 Abs. 4 AktG
Phoenix AG	Sal. Oppenheim jr. & Cie. KGaA	Mai 2004	Stellungnahme zum öffentlichen Angebot der Continental AG
P&I Personal & Informatik AG	O&R Oppenhoff & Rädler AG	August 2004	Stellungnahme zum öffentlichen Angebot der IPCar Beteiligungs GmbH
PrimaCom AG	Morgan Stanley & Co. Limited	Februar 2004	*purchase and sale agreement* mit der BK Breitband Kabelnetz Holding GmbH
Procter & Gamble Germany Management GmbH	Merrill Lynch International		Öffentliches Angebot für die Wella AG
RWE	Goldman, Sachs & Co oHG	Februar 2000	Zusammenschluss mit der VEW AG
SAP Systems Integration AG	Commerzbank AG	Mai 2004	Stellungnahme zum öffentlichen Angebot der SAP AG Systeme, Anwendungen, Produkte
SCA Hygiene Products AG	D. Carnegie AB	Juli 1999	Zusammenführung der Feinpapieraktivitäten mit MoDo
SER Systems AG	Lincolnshire Management Inc.	Februar 2002	*MBO* der SER Technology Deutschland GmbH und der SER Solutions Inc.
Siemens AG	Morgan Stanley Bank AG	April 2003	Erwerb des Geschäftsbereichs Med Gas Turbines der Alstom S.A.

SKW Trostberg AG	Morgan Stanley	Mai 1999	Verschmelzung mit der Viag Chemie Holding AG
Spar Handels AG	Cazenove	Januar 2005	Veräußerung der Netto-Schels-Gruppe
Sybron Chemicals Inc.	J.P. Morgan	August 2000	Erwerb durch die Bayer AG
Systematics AG	N/a	März 2001	Stellungnahme zum öffentlichen Angebot der EDS Systematics Beteiligungs GmbH
Tarkett AG	Deutsche Bank AG (Deutsche Morgan Grenfell)	August 1997	Zustimmung zum Erwerb des Bodenbelagsgeschäfts der Sommer Allibert-Gruppe
TDS AG	Equinet Corporate Finance AG	September 2003	Stellungnahme zum öffentlichen Angebot der General Atlantic Partners (TERN) L.P.
Thyssen AG	CSFB	September 1998	Verschmelzung der Thyssen Aktiengesellschaft und der Fried. Krupp AG Hoesch-Krupp durch Neugründung der Thyssen Krupp AG
Thyssen AG	J.P. Morgan	September 1998	Verschmelzung der Thyssen Aktiengesellschaft und der Fried. Krupp AG Hoesch-Krupp durch Neugründung der Thyssen Krupp AG
T-Online AG	NM Rothschild & Sons	Dezember 2004	Stellungnahme zum öffentlichen Angebot der Deutsche Telekom AG
Veba AG	Goldman, Sachs & Co. oHG	Dezember 1999	Verschmelzungsvertrag zwischen der Veba AG und der Viag AG
VEW AG	Deutsche Morgan Grenfell (Deutsche Bank)	Februar 2000	Zusammenschluss mit der RWE AG
VIAG AG	J.P. Morgan	Dezember 1999	Verschmelzungsvertrag zwischen der Veba AG und der Viag AG
VIAG AG	J.P. Morgan; Goldman Sachs & Co. oHG für die Alusuisse Lonza	März 1999	Beabsichtigter, aber nicht durchgeführter Zusammenschluss mit der Alusuisse Lonza
Viva Media AG	Merrill Lynch International	August 2004	Stellungnahme zum öffentlichen Angebot der Viacom Inc.
Voicestream Wireless Corp.	Goldman, Sachs & Co.	Juli 2000	Erwerb der Gesellschaft durch die Deutsche Telekom AG
Wedeco AG Water Technology	Drueker & Co.	Dezember 2003	Stellungnahme zum öffentlichen Angebot der ITT

			Industries German Holding GmbH
Wella AG	Greenhill	März 2003	Stellungnahme zum öffentlichen Angebot der Procter & Gamble Germany Management GmbH
WestLB	J.P. Morgan	Mai 2004	Beabsichtigter Zusammenschluss mit der NordLB

Quelle: Bundesanzeiger, Unternehmensinformationen und Marktberichte
Stand: Mai 2005

Anhang B: **Beispiel** *Opinion Letter*

5. Februar 2004

An den Aufsichtsrat der
Celanese AG
Frankfurter Straße 111
D -61476 Kronberg am Taunus

Sehr geehrte Mitglieder des Aufsichtsrats,

Sie haben um unsere Stellungnahme über die aus wirtschaftlicher Sicht betrachtete Angemessenheit des Angebotspreises an die Inhaber (nachfolgend die "Aktionäre") von Stückaktien (nachfolgend die "Aktien") der Celanese AG (nachfolgend die "Gesellschaft") gebeten, welche den Aktionären im Rahmen eines öffentlichen Übernahmeangebots (nachfolgend „das Angebot") zum Kaufpreis von EUR 32,50 je Aktie in Bar angeboten wird von BCP Crystal Acquisition GmbH & Co. KG (nachfolgend „der Käufer"), die von einer Gruppe von Investmentfonds, beraten von der Blackstone Gruppe (nachfolgend „Blackstone"), kontrolliert wird. Die Umsetzung des Angebotes erfolgt gemäß der Angebotsunterlage des Käufers vom 2. Februar 2004 (nachfolgend „die Angebotsunterlage"). Der Vorstand der Gesellschaft hat in einem Brief an die Aktionäre vom 23. Dezember 2003 angekündigt, das Angebot, vorbehaltlich der Überprüfung der ausgefertigten Angebotsunterlage, zu befürworten.

Wir haben für unsere Stellungnahme (i) die Angebotsunterlage berücksichtigt; (ii) verschiedene öffentlich zugängliche Geschäfts- und Finanzinformationen über die Gesellschaft und das Geschäftsumfeld, in dem die Gesellschaft tätig ist, berücksichtigt; (iii) die vorgeschlagenen finanziellen Konditionen des Angebots mit den öffentlich zugänglichen finanziellen Konditionen bestimmter anderer Unternehmenstransaktionen, die wir für maßgeblich erachten, und den für diese Unternehmen bezahlten Kaufpreisen, verglichen; (iv) wirtschaftliche und finanzielle Kennzahlen der Gesellschaft mit öffentlich zugänglichen Informationen zu anderen Unternehmen, die wir für maßgeblich erachtet haben, verglichen und die gegenwärtige und historische Kursentwicklung der Aktien sowie verschiedene öffentlich gehandelte Wertpapiere dieser anderen Unternehmen berücksichtigt; (v) verschiedene interne, von der Geschäftsführung der Gesellschaft angefertigte Finanzanalysen und -pläne zur Geschäftstätigkeit des Unternehmens berücksichtigt; (vi) in dem Maße, in dem sie von uns für den Zweck unserer Analyse für angemessen erachtet wurden, weitere

J.P. Morgan plc • 10 Aldermanbury, London, EC2V 7RF
Telephone: +44 (0)20 7742 4000

Registered in England number 248609 at 125 London Wall, London, EC2Y 5AJ. Authorised by the FSA. Member of The London Stock Exchange.

2

Untersuchungen und Analysen unternommen und andere Informationen berücksichtigt.

Zusätzlich haben wir mit einzelnen Mitgliedern des Managements der Gesellschaft Gespräche geführt hinsichtlich einzelner Aspekte des Angebots, die vergangene und gegenwärtige Geschäftstätigkeit, die Finanz- und Ertragslage, die zukünftigen Aussichten sowie verschiedene andere Gegenstände, die von uns für den Zweck unserer Analyse für erforderlich oder angemessen erachtet wurden.

Wir sind bei der Erbringung unserer Leistungen im Zusammenhang mit diesem Schreiben von der Richtigkeit, Genauigkeit und Vollständigkeit sämtlicher Informationen ausgegangen, die aus öffentlichen Quellen stammen, die uns von der Gesellschaft zur Verfügung gestellt wurden oder uns in sonstiger Weise vorlagen und übernehmen keine Gewähr hierfür. Wir haben weder selbst eine Bewertung oder Prüfung der Aktiva und Passiva vorgenommen noch wurde uns eine solche Bewertung oder Überprüfung zur Verfügung gestellt. Wir haben darauf vertraut, dass die uns zur Verfügung gestellten Analysen und Untersuchungen ordnungsgemäß, nach bestem kaufmännischen Wissen und Gewissen von der Gesellschaft erstellt wurden und auf den besten derzeit verfügbaren Einschätzungen und Beurteilungen des Managements der Gesellschaft beruhen, soweit sich die Informationen auf die zukünftigen Ergebnisse der Geschäftstätigkeit und die finanzielle Situation der Gesellschaft beziehen. Wir sind außerdem davon ausgegangen, dass das Angebot so umgesetzt wird wie es in der Angebotsunterlage beschrieben ist, ohne nachträgliche Änderungen, Ergänzungen oder Verzicht auf jedwede wesentliche Bestimmungen oder Bedingungen.

Unsere Stellungnahme beruht auf den gegenwärtig herrschenden Marktbedingungen und anderen wirtschaftlichen Bedingungen und den zum gegenwärtigen Zeitpunkt zur Verfügung gestellten Informationen. Wir weisen ausdrücklich darauf hin, dass zukünftige Entwicklungen Auswirkungen auf die Beurteilung der Angemessenheit haben können und wir keine Verpflichtung übernehmen, die vorliegende Stellungnahme zu aktualisieren, zu überarbeiten oder die mit diesem Schreiben übermittelte Einschätzung zu einem späteren Zeitpunkt zu bestätigen. Unsere Stellungnahme beschränkt sich darauf, dass der an die Aktionäre im Rahmen des Angebots zu zahlende Angebotspreis aus wirtschaftlicher Sicht fair und angemessen ist.

Ferner wurden wir nicht gebeten, eine Empfehlung hinsichtlich der Struktur, der genauen Höhe des Angebotspreises oder anderer Aspekte des Angebots abzugeben oder andere Leistungen als die vorliegende Stellungnahme zu erbringen. Wir waren nicht berechtigt, Interessebekundungen anderer Parteien hinsichtlich des Verkaufs der Gesellschaft oder Teilen davon oder hinsichtlich einer alternativen Transaktion zu erbitten und haben dies nicht unternommen. Wir haben nicht an den Verhandlungen des Angebots oder damit verbundener Transaktionen teilgenommen. Dementsprechend haben wir angenommen, dass die darin enthaltenen Bestimmungen aus der Sicht der Gesellschaft die vorteilhaftesten Bestimmungen sind, die unter den gegebenen Bedingungen

3

zwischen den Parteien einer solchen Transaktion aushandelbar sind. Wir geben keine Stellungnahme dazu ab, ob den Aktionären im Rahmen einer anderen Transaktion möglicherweise ein höherer Kaufpreis für ihre Aktien als der im Angebot festgelegte Kaufpreis angeboten würde. Im Übrigen stellt weder die von uns abzugebende Stellungnahme noch eine sonstige von uns abgegebene Empfehlung eine Unternehmensbewertung nach den Vorschriften des deutschen Rechts dar, wie sie in der Regel von Wirtschaftsprüfern auf der Grundlage von handelsrechtlichen Jahresabschlüssen von Unternehmen erstellt wird. Wir treffen keine Aussage dazu, ob eine solche Unternehmensbewertung in Anbetracht der Art und Umstände der Transaktion unabhängig von unserer Stellungnahme erforderlich ist. Wir vertreten nicht den Vorstand der Gesellschaft und geben keinerlei Stellungnahme ab zu einer vom Vorstand im Rahmen des Angebots abgegebenen Empfehlung oder sonstigen Handlung.

Wir erhalten von der Gesellschaft ein Beratungshonorar für die Anfertigung dieser Stellungnahme und die Gesellschaft hat zugestimmt, uns von bestimmten Haftungsrisiken, die sich aufgrund unserer Tätigkeit ergeben könnten, freizustellen. Wir oder unsere verbundenen Unternehmen haben in der Vergangenheit zuweilen wirtschaftliche Dienstleistungen und Investment Banking Services gegenüber der Gesellschaft, der Kuwait Petroleum Corporation (einem wesentlichen Aktionär der Gesellschaft) und dem Käufer, mit diesem verbundenen Unternehmen und anderen von Blackstone kontrollierten oder beratenen Unternehmen erbracht und dafür eine für derartige Leistungen übliche Vergütung erhalten. Wir werden möglicherweise auch in Zukunft derartige Dienstleistungen gegenüber den genannten Parteien erbringen und dafür angemessene Vergütungen erhalten. Im Rahmen unserer Geschäftstätigkeit handeln wir und die mit uns verbundenen Unternehmen auf eigene Rechnung und auf Rechnung unserer Kunden mit Aktien und Rentenpapieren (oder darauf bezogenen Derivaten) der Gesellschaft, mit dem Käufer verbundenen Unternehmen oder anderen von Blackstone kontrollierten oder beratenen Unternehmen und dementsprechend können wir jederzeit im Besitz derartiger Wertpapierpositionen sein.

Dies vorausgeschickt, bestätigen wir hiermit, daß wir zum jetzigen Zeitpunkt und auf Basis der vorstehenden Ausführungen den in der Angebotsunterlage genannten und von den Aktionären der Gesellschaft zu erhaltenden Angebotspreis aus wirtschaftlicher Sicht für fair und angemessen halten.

Dieses Schreiben richtet sich ausschließlich an den Aufsichtsrat der Gesellschaft und dient allein dem Zweck, diesen bei der Bewertung des Angebots zu unterstützen. Dieses Schreiben stellt keine Empfehlung an die Aktionäre der Gesellschaft im Hinblick auf die Annahme oder Nicht-Annahme des von dem Käufer unterbreiteten Angebots oder eines anderen Angebots dar. Diese Stellungnahme darf unter keinen Umständen an Dritte weitergegeben, darauf Bezug genommen oder in sonstiger Weise übermittelt werden (weder im vollständigen Wortlaut noch in Auszügen, weder im Original noch als Übersetzung) ohne unsere vorherige schriftliche Zustimmung. Dieses Schreiben darf in seinem vollen Wortlaut in seiner ursprünglichen Sprache oder der englischen Übersetzung der begründeten Stellungnahme des Aufsichtsrats gemäß § 27 WpÜG beigefügt oder in einer in den USA vom Aufsichtsrat einzureichenden oder an die Aktionäre zu versendenden Erklärung gemäß Schedule 14D-9 ("Solicitation/Recommendation Statement on Schedule 14D-9") vervielfältigt werden, jedoch ohne die vorherige Zustimmung von uns nicht in sonstiger Weise öffentlich weitergegeben werden.

Mit freundlichen Grüßen

J.P. MORGAN PLC

J. P. Morgan plc